• 北京市高等教育精品教材立项项目 •

涉港澳台区际私法

冯 霞 著

中国政法大学出版社

2012 · 北京

图书在版编目（CIP）数据

涉港澳台区际私法／冯霞 著. 一北京：中国政法大学出版社，2012.9

ISBN 978-7-5620-4491-8

Ⅰ.①涉… Ⅱ.①冯… Ⅲ.①私法-香港-教材 ②私法-澳门-教材 ③私法-台湾省-教材 Ⅳ. ①D927.658.03②D927.659.03③D927.580.3

中国版本图书馆CIP数据核字(2012)第220902号

出版发行 中国政法大学出版社
经 销 全国各地新华书店
承 印 固安华明印刷厂

787mm×1092mm 16开本 24.25印张 545千字
2012年11月第1版 2012年11月第1次印刷
ISBN 978-7-5620-4491-8/D•4451
印 数：0 001-3 000 定 价：39.00元

社 址 北京市海淀区西土城路25号
电 话 (010)58908435(编辑部) 58908325(发行部) 58908334(邮购部)
通信地址 北京100088信箱8034分箱 邮政编码 100088
电子信箱 fada.jc@sohu.com(编辑部)
网 址 http://www.cuplpress.com (网络实名：中国政法大学出版社)

作者简介

冯霞 1964年3月生，中国政法大学教授，法学博士，国际法学院硕士研究生导师，兼任中国国际私法学会常务理事，北京国际法学会理事、台北大学亚洲问题研究中心顾问、中国政法大学台湾法研究中心副主任、中国政法大学比较法学研究院两岸四地法律研究所研究员、北京商泰律师事务所律师。1986年毕业于中国政法大学后留校任教至今，主要教学与研究领域为国际私法、涉港澳台区际私法、国际知识产权法、国际民事诉讼与仲裁等。曾于1992~1995年赴比利时安特卫普大学交流学习。2010年3月~5月赴台湾大学、台湾玄奘大学做访问学者。主要著作有:《中国区际私法论》(人民法院出版社2006年版)、《国际民商事案件司法协助制度研究》(法律出版社2008年版)、《国际民商事法律适用法案例重述》(中国政法大学出版社2008年版)、《国际民商事争议解决的理论与实践》(中国政法大学出版社2009年版)。先后在《国际法学》(中国人民大学报刊复印资料)、“Frontiers of Law in China”、《国际法学论丛》、《国际私法学论丛》、《中国人民大学学报》、《河南大学学报(哲学社会科学版)》、《玄奘大学学报》(台湾)、《法制日报》、《法律适用》、《人民司法》、《经济与法制》、《国际法评论》、《中国法学教育研究》等刊物上发表中英文学术与教学改革论文30余篇。其中主要代表论文有“中国区际私法中的公共秩序保留制度”、“我国涉外遗产继承的法律适用——兼评《1988年死者遗产继承法律适用公约》”、“识别理论在中国区际民商事审判中的运用”、“我国内地区际民商事送达制度司法探索”、“论国际民商事诉讼中的协议管辖原则——兼评我国相关立法及立法建议”、“中国商业方法专利保护法律问题探究”、“中国区际私法中反致制度研究”等。此外，主持并参与省部级科研项目研究近10项。

序 言

《涉港澳台区际私法》是2009北京市高等教育精品教材建设立项法学教材。

随着中国“一国两制”方针的实施，香港和澳门分别于1997年7月1日和1999年12月20日回归祖国，中国出现了前所未有的“一个国家，两种制度，四个法域”的复杂局面。香港与澳门回归祖国十几年来，特别是海峡两岸和平发展、大交流的局面已经形成，使得涉港澳台的民商事案件与日俱增，而对于涉港澳台区际法律冲突问题，我国无论是从立法层面还是司法层面还都处在探索中，特别是法学教育中对于掌握香港、澳门、台湾三个法域的法律制度的人才培养还没有得到应有的重视。在此背景下，《涉港澳台区际私法》一书的问世，对于研究涉港澳台区际法律冲突问题的立法与实践以及相关人才的培养具有重要意义。

本人从事“国际私法”、“区际私法”研究与教学工作26年。为了填补涉港澳台区际私法在我国高校法学教育中的空白，本人分别于2004年9月和2005年9月率先为中国政法大学研究生及本科生开设了“区际私法”和“涉港澳台区际私法”这两门法学专业课，撰写了《〈涉港澳台区际私法〉课程教学大纲》及相关领域的学术论文，并于2006年11月出版了《中国区际私法论》专著。在此基础上，本人结合多年教学资料与经验开始撰写《涉港澳台区际私法》教材，并申请2009北京市高等教育精品教材建设立项，获得了批准和支持。在本书的撰写过程中，本人于2010年~2011年多次获得台湾多所高校的邀请赴台讲学交流，终将最新的资料融入本书的写作。

本书共分为三篇十章。

第一篇为总论篇，由区际法律冲突、区际私法、区际民商事司法协助三章构成。阐述了区际私法中最基本的概念（区际法律冲突的概念、特征和种类，区际私法的概念与源流、司法协助与区际司法协助概念及适用性的界定）、最基本的理论问题（区际私法与国际私法的理论与实践、区际私法公共秩序保留的理论与实践）、国际上其他多法域国家（如美国、英国、德国等）解决区际法律冲突的模式以及区际民商事司法协助中的相关制度（送达、取证、判决承认与执行、仲裁裁决承认与执行）。

第二篇为法律适用篇，也是由三章组成，分别为第四章涉港澳台区际法律冲突、第五章涉港澳台区际民商事法律适用概述和第六章涉港澳台区际民商事法律适用相关制度之运用。在第四章涉港澳台区际法律冲突中，阐述了在"一国两制"下中国形成内地、香港、澳门、台湾四个法域的原因以及中国区际法律冲突的特点、协调原则与协调模式。在第五章涉港澳台区际民商事法律适用概述中，先对我国区际民商事法律适用的历史（包括唐、宋、元、明、清）进行梳理，对港澳台三个法域的民商事法律的构成与特征进行剖析，进而对港澳台三个法域民商事法律适用的立法与实践进行较全面的论证。在第五章的基础上，第六章对涉港澳台区际民商事法律适用中的相关制度（识别、反致、法律规避、公共秩序保留以及域外法查明等），运用法院司法实践中的真实案例进行了深入的探讨，提出这些制度在区际私法中的运用与在国际私法中运用的不同之处，并提出这些制度在我国区际私法理论中完善的建议。

第三篇为程序篇，在界定涉港澳台区际民商事争议的相关问题（如区际的界定、民商事的界定）的基础上，分为四章分别论述了协商、调解、仲裁和诉讼等四种区际民商事争议的解决途径。第七章港澳台区际民商事争议之解决途径中阐述了协商和调解两种途径。在协商途径中，对协商的概念以及特点进行了阐述后，着重论证了内地与台湾、香港、澳门三个法域的民间协商以及官方协商途径和成果。在调解（ADR）途径中，围绕着一般调解、联合调解、仲裁调解、法院调解等四种方式，分别对内地、香港、澳门、台湾四个法域的相关调解制度的立法与实践以及四个法域之间的联合调解进行了阐述。第八章涉港澳台区际民商事争议之解决途径——仲裁。在第一节概述部分对仲裁概念、特点等基本问题进行阐述，在此基础上分别对我国四个法域的仲裁制度进行梳理，包括仲裁协议、仲裁机构、仲裁规则、仲裁程序、法院对仲裁的监督等。最后，对港澳台区际民商事仲裁相互认可与执行问题进行了论证。将涉港澳台区际民商事争议之解决途径——诉讼作为本书的最后两章，分别为诉讼（一）和诉讼（二）。在第九章涉港澳台区际民商事争议之解决途径——诉讼（一）中，对香港、澳门、台湾三个法域的司法制度、法院体系、管辖权制度以及律师制度进行了梳理和论证，提出协调涉港澳台民商事案件管辖权冲突的方式方法。第十章涉港澳台区际民商事争议之解决途径——诉讼（二），是关于涉港澳台区际民商事司法协助问题的探讨，在对涉港澳台区际民商事司法协助的概念、主体、模式等相关问题剖析的基础上，分三节分别深入地探讨了涉港澳台区际民商事司法协助之送达、涉港澳台区际民商事司法协助之调查取证、涉港澳台区际民商事法院判决之认可与执行等问题，运用案例、分析现状、找出不足、提出完善意见。

本书是我国第一部关于涉港澳台区际私法的高校法学专业教材，为了将学术研究和知识传授有效地结合，本书尽可能地采取了理论与实践相结合、法条与案例相结合的研究方法，力求达到以“基本概念、基本原理、基本知识”为内容，对内地、香港、澳门、台湾四个法域的民商事领域的相关立法、实践中的问题以及相互合作的成果提供客观、简明且全面的介绍与分析，并力求构建全新的《涉港澳台区际私法》基本体系、原则、概念以及体例。本人希望通过这一次全新的尝试，探索一条更新颖、更有效、更科学地传播涉港澳台区际私法知识的途径。

尽管如此，该教材毕竟是尝试性的，还有很多不完善的地方，希望学界同仁，特别是港澳台地区的同仁多提宝贵意见，以便本人不断地修订完善之。

再次感谢北京市高等教育精品教材建设立项委员会对本教材的大力支持！

冯 霞

中国政法大学国际法学院

2012 年 7 月 18 日

目 录

总 论 篇

■**第一章 区际法律冲突** …… 3
第一节 区际法律冲突的概念 …… 3
第二节 区际法律冲突的特征与种类 …… 6
第三节 区际法律冲突的解决方式 …… 9
第四节 区际法律冲突协调解决典型模式之比较 …… 11
■**第二章 区际私法** …… 28
第一节 区际私法的概念 …… 28
第二节 区际私法的源流 …… 31
第三节 区际私法与国际私法的理论与实践 …… 37
■**第三章 区际民商事司法协助** …… 45
第一节 司法协助概述 …… 45
第二节 区际司法协助概念及适用性的界定 …… 51
第三节 区际民商事司法协助范围 …… 56

法律适用篇

■**第四章 涉港澳台区际法律冲突** …… 73
第一节 涉港澳台区际法律冲突的产生 …… 73
第二节 涉港澳台区际法律冲突的协调解决原则与模式 …… 84
■**第五章 涉港澳台区际民商事法律适用概述** …… 96
第一节 我国区际民商事法律适用的历史 …… 96
第二节 涉港澳台民商事法律的构成与特征 …… 100
第三节 涉港澳台民商事法律适用的立法与实践 …… 115

■**第六章　涉港澳台区际民商事法律适用相关制度之运用** …… 127
第一节　识别 …… 127
第二节　反致 …… 133
第三节　法律规避 …… 140
第四节　公共秩序保留 …… 149
第五节　域外法之查明 …… 155

程序篇

■**第七章　涉港澳台区际民商事争议之解决途径** …… 165
第一节　涉港澳台区际民商事争议的界定 …… 165
第二节　涉港澳台区际民商事争议之解决途径
——协商 …… 174
第三节　涉港澳台区际民商事争议之解决途径
——调解（ADR） …… 190
■**第八章　涉港澳台区际民商事争议之解决途径**
——仲裁 …… 216
第一节　概述 …… 216
第二节　我国内地仲裁制度 …… 224
第三节　香港地区仲裁制度 …… 236
第四节　澳门地区仲裁制度 …… 245
第五节　台湾地区仲裁制度 …… 252
第六节　涉港澳台区际民商事仲裁裁决相互认可与执行 …… 257
■**第九章　涉港澳台区际民商事争议之解决途径**
——诉讼（一） …… 275
第一节　涉港澳台之司法制度 …… 275
第二节　涉港澳台区际民商事诉讼管辖权 …… 294
第三节　涉港澳台之律师制度 …… 311
■**第十章　涉港澳台区际民商事争议之解决途径**
——诉讼（二） …… 321
第一节　涉港澳台区际民商事司法协助概述 …… 321
第二节　涉港澳台区际民商事司法协助之送达 …… 332
第三节　涉港澳台区际民商事司法协助之调查取证 …… 346
第四节　涉港澳台区际民商事法院判决之相互认可与执行 …… 359

总 论 篇

第一章　区际法律冲突

[教学目的和基本要求]

通过本章的学习，了解法域的概念及特征，掌握区际法律冲突产生的条件、特征和种类及其解决途径，较全面了解各复合法域国家解决各自国家内部区际法律冲突的模式，要求掌握比较之后得到的结论，为我国区际法律冲突的解决模式提供借鉴。本章的重点和难点是对各复合法域国家解决区际法律冲突模式比较后的总结。

第一节　区际法律冲突的概念

一、法域（Law district）与区际（interregional）的界定

法域，在英文中有多种表述，最常见的是 Law district，此外还有 Legal unit，Legal region，territorial legal unit 等。[1] 在这些表述中，除 Legal unit 的意义较广泛外，其余着眼于地理空间上的法域。普通法系国家对“法域”有其独特的表述。由于普通法系国家的冲突法既解决国际法律冲突又解决区际法律冲突，因此，他们不喜欢用“law district”来表示一国内部具有不同法律制度的法域。英国学者一般用“country”来表示“law district”，如英国学者戴西认为“country”是“在一个主权之下服从一套法律制度的全部区域”，英国的英格兰、苏格兰、北爱尔兰、马恩岛以及各殖民地以及美国和澳大利亚的各州、加拿大的各省都是冲突法意义上的“country”；对于政治意义上的国家，他用“state”来表示。而美国学者一般用“state”来表示“law district”，如美国法学会编纂的《第二次冲突法重述》第 3 条规定：“本重述所使用的 state 一词系指具有一套独特的一般法律的区域单位”。并且在《重述》中用“nation”来表示政治意义上的主权国家。[2]

所谓法域是指法律区域的简称，它是指一个主权国家或一个地区享有立法权、司法权和行政权的具有自己独特法律制度的特定地域。学者们对“法域”一词还有不同的定义[3]。根据上述定义，法域具有三个特征：

---

〔1〕 韩德培主编：《国际私法》，武汉大学出版社 1989 年版，第 57 页。

〔2〕 参见黄进主编：《中国的区际法律问题研究》，法律出版社 2001 年版，第 26 页。

〔3〕 有的学者认为“一个具有独特法律制度的地区被称为法域”；还有的学者认为“法律有效管辖的范围即为法域”。

1. 法域为特定的地域范围。许多学者将法域分为空间范围、成员范围和时间范围，从而将法域分为属地性法域、属人性法域和属时性法域。但在这里我们是以其空间范围，也就是以属地性对法域下定义的。

2. 法域具有独特的法律制度。即无论是以国家为法域，还是以一个主权国家内的地区为法域，它们都应当具有其独特的法律制度，特别是对法域中所具有的独特的民商事法律制度进行研究，是我们研究区际法律冲突的前提。

3. 法域的法律制度具有平等性和非主权性。平等性要求各法域应相互承认彼此法律的效力，承认根据彼此法律所产生的既得权。非主权性是指各法域虽有其独特的法律制度，但它们都处于一国的主权之下，因此，这一方面决定了各法域间的冲突只能是区际法律冲突，而不是国际法律冲突；另一方面，又决定了中央立法对各法域具有制约性，表现在中央立法不仅可以限定各法域法律实施的空间范围，而且在一定程度上可以制约各法域间法律冲突的解决。

依据法域的定义标准，世界上的国家可以分为两大类：单一法域国家和多法域国家。大多数国家在其境内只有一个法域，即为单一法域国家，其领土和法域的范围是完全一致的；而另外一些国家，由于历史或政治的原因，在其境内存在两个以上的法域，即为多法域国家，常被称为“复合法制国家”，或者“复数法制国家”，其国家领土的范围则远远大于国内的各个不同法域，如美国、英国、加拿大、澳大利亚等国家。尽管称谓不同，但表述的内容都是一致的。因此，就单一法域国家而言，其领域与法域的范围是完全一致的；而就复合法域国家而言，国家领土的范围则远远大于其国内的各个不同法域，而各个不同的法域之间往往被称为“区际”。这里的“区”不仅仅代表一个地理区域，更重要表示的是该“区”在法律制度和管辖权上的独立，即各法域的法律制度彼此独立、司法权行使相互独立。这里的“区”与我们平时所称的“行政区域”有着本质的区别。行政区域是国家基于行政管理的需要而划分的若干区域，但并不一定实行彼此不同的法律制度，如中国内地的各个省、直辖市、自治区，实行统一的法律制度，具有统一的司法管辖权，因此，并不构成独立的法域。作为独立行政区域的香港和澳门特别行政区的立法权、司法权和行政权尽管来自于中央的授权，但其权力一经确定即具有独立性，不受作为最高国家权力机关的全国人民代表大会和最高国家司法机关的最高人民法院的影响。除了根据香港和澳门基本法规定的特殊事项外，全国人民代表大会的立法只能在内地施行，最高人民法院也只能在内地行使司法管辖权。所以，一个行政区域不一定构成法域，但一个法域一定是一个行政区域。

二、复合法域国家（plural legal territory）

以主权国家为单位，在法律上只有一种法律制度或全国法制统一的国家被称为“单一法域”国家；而如果一个国家内部同时存在两种以上的法律制度或法律体系，则将其称为“复合法域国家”、“多法域国家”、“复数法域国家”或“法制不同一国家”。尽管称谓不同，但表述的内容都是一致的。因此，就单一法域国家而言，其领域与法域的范围是完全一致的；而就复合法域国家而言，国家领土的范围则远远大于其国内的各个不同法域。[1]

从历史上来看，复合法域国家的成因大致有以下几种：①国家的联合，即两个以上的国家结合，原国家各自的法律在很大程度上予以保留而形成新国家内部法律的不统一。如美利坚合众国的形成。②国家的合并，如大不列颠及北爱尔兰王国的形成。③国家的复活，是指一国被数个国家瓜分，分别受制于各国的法制，在复国时被瓜分的各地区仍保留被占领时的法制而形成复合法域国家。如第一次世界大战结束时的波兰。④国家的兼并，也称征服或占领，是指一国以武力占领他国领土，取得主权，由于被兼并地区保留其原所属国的法律，使得兼并国在一个时期内成为复合法域国家，如第二次世界大战期间的德国和意大利。⑤国家领土的割让，是指一国的领土依条约转移给他国。原则上割让地的原来的法律不被废除，使得接受割让地的国家成为复合法域国家。如普法战争后德国依《法兰克福私法》对原属法国的阿尔萨斯和洛林的占领。⑥国家领土的回归，是指一国领土由于他国的侵占、割让或租借而一度被他国治理，后来该国对其恢复行使主权而形成复合法域国家。⑦分裂国家的统一，是指一国由于某种原因分裂，当该国再次实现统一时原分裂地区继续保持现有的法律制度，从而使重新统一的国家成为复合法域国家。⑧国家的殖民。⑨委任统治和托管制度。⑩民族自治等。[2] 其中因后三种原因导致的复合法域国家的情况已随着时代的进步而退出历史舞台。中国复合法域是由于1997年7月1日香港领土和1999年12月20日澳门领土的回归，以及将来台湾领土的和平统一而形成的。

三、区际法律冲突（Interregional Conflict of Laws）

法律冲突（conflict of law）是指在涉外民商事关系中，由于涉外因素导致有关国家相互不同的法律在效力上的抵触。它一般出现在主权国家之间的民商事关系中，但有时也存在于多法域国家内跨法域民商事关系中。前者为国际法律冲突（international conflict of laws），后者则为区际法律冲突（interregional conflict of laws）。

通过对以上法律概念的分析，我们可以为区际法律冲突下一个定义。所谓区际法律冲突（interregional conflict of laws），就是在一个国家内部不同地区的法律制度之间的冲突，或者说是一个国家内部不同法域之间的法律冲突。[3] 对于区际法律冲突，学者们有不同的表述。主要有区际法律冲突（interregional conflict of laws）、国内法律冲突（internal conflict of laws）、省际法律冲突（interprovincial conflict of laws）、州际法律冲突（interstate conflict of laws）、共和国之间的法律冲突（interrepublican conflict of laws）等。[4] 本书采用区际法律冲突（interregional conflict of law）这个名称来表示一个国家内部不同法域之间的法律冲突。

---

〔1〕 陈力：《一国两制下的中国区际司法协助》，复旦大学出版社2003年版，第3页。

〔2〕 参见黄进主编：《中国的区际法律问题研究》，法律出版社2001年版，第18～20页。

〔3〕 韩德培主编：《国际私法》，高等教育出版社、北京大学出版社2000年版，第274页。

〔4〕 I. Szaszy, *Conflict of Laws in the Wester, Socialist and Developing Courtries*, Leiden: A. W. Sijthoff, 1974, p. 233.

第二节　区际法律冲突的特征和种类

我们所要探讨的区际法律冲突只是众多的法律冲突现象中的一种。为了把区际法律冲突同其他法律冲突区别开来，我们有必要分析一下区际法律冲突的产生条件、特征与分类等问题，为深入探讨中国区际法律冲突的诸问题打下坚实的基础。

一、区际法律冲突产生的条件

在一国内部区际法律冲突产生的条件通常有以下几个：

1. 在一国内部存在着数个具有不同民商事法律制度的法域，如美国50个州构成50个不同的法域。如果在一个国家内部实行着全国统一的民商事法律，区际法律冲突无从谈起。

2. 在一国内各法域相互交往导致产生众多的区际或跨地区的民商事关系。由于在一个主权国家境内，各地区人民在政治，特别是在经济、民商事领域和文化领域的密切交往和不断的融合，将会产生大量的区际民商事关系，因此，区际法律冲突存在是客观的和必然的。

3. 在一国内部各法域互相承认外法域人的民事法律地位。在民商事法律关系中，要求民商事的主体在平等的基础上交往，而赋予内外法域人民同等的民商事法律地位是保证正常交往的法律依据。

4. 在一国内部各法域互相承认外法域的法律在自己地区内的域外效力，即各法域承认外法域的法律在本法域内具有域外效力。这是内外法域在法律适用上产生冲突的实质条件。

在上述各条件中，“一国内部存在着数个具有不同法律制度的法域”是产生区际法律冲突的最重要和最根本的前提条件。

二、区际法律冲突的特征

（一）区际法律冲突不同于国际法律冲突

区际法律冲突是在一个主权国家领土范围内发生的法律冲突，而不是主权国家之间的法律冲突，如果某一法律冲突超过一国领土范围，它就不是区际法律冲突。因而，解决区际法律冲突具有不同于解决国际法律冲突的特点。从这个意义上讲，美国50个州之间的法律冲突，加拿大各省之间的法律冲突，英国的英格兰、苏格兰、北爱尔兰及马恩群岛和海峡群岛相互之间的法律冲突都是区际法律冲突。同样，中国内地、香港、澳门、台湾地区相互之间的法律冲突也是区际法律冲突。因此，我们可以将中国称为具有“四个法域”的复合法域国家。

（二）区际法律冲突不同于人际法律冲突和时际法律冲突

区际法律冲突是在一个主权国家领土范围内具有独特法律制度的不同地区之间的法律冲突，这种冲突是法律在空间上的冲突，具有属地性的特点，可称其为属地性法域。区际法律冲突的这一特点使它与人际法律冲突、时际法律冲突相区别。所谓人际法律冲突，是指在一个主权国家内部，不同的种族、宗教、民族、部落以及不同阶级适用不同的法律而引起的冲突，有的学者将其称为属人性法域。例如，在第二次大战以前，奥地利国家内的天主教徒、基督教徒、犹太教徒之间因适用不同的婚姻法而产生的人际法律冲突。所谓时际法律冲突则是指一个主权国家内部，适用同一社会关系的同一地区的新法与旧法之间的冲突。有的学者将其称为属时性法域。从这个意义上说，区际法律冲突是平面上的冲突，时际法律冲突则是垂直的冲突。当然，属地性法域、属人性法域和属时性法域有时会交叉与重叠，但三者的区别是显而易见的。

（三）区际法律冲突仅指私法领域的冲突而不包括公法领域的冲突

区际法律冲突是在一个主权国家领土范围内不同地区之间的民商事法律冲突，是狭义的区际法律冲突，严格地讲是区际私法方面的冲突，而不包括刑法、行政法等公法方面的冲突。关于区际法律冲突是否包括公法领域的冲突问题，学者们持不同的观点。按照英国的冲突法理论，"一般来说，冲突法关心私法远远胜过公法。传统上英国冲突法不探讨刑事法院对在国外犯罪的管辖权、犯罪引渡、外国人的移民或放逐。"[1] 由此可见，英国学者将冲突法仅仅理解为私法领域的冲突；而匈牙利的学者萨瑟却认为，除了民商事法律冲突外，区际法律冲突还应当包括一些公法事项上的冲突。我们认为，尽管在公法之间的冲突（如刑事法律的冲突）是大量客观存在的，但由于世界各国及一国内各法域之间，基本上不承认外国或外法域的公法在本国或本法域的域外效力，即只适用自己的刑法、行政法、程序法等解决一国内或一法域内的公法问题。而在私法领域，由于各国或各法域之间相互承认民商事法律的域外效力，导致内外国法或内外法域适用民商事法律的冲突。因此，我赞同第一种观点，这里所指的区际法律冲突仅指私法领域的冲突，而不包括公法领域的冲突。

（四）区际法律冲突是一国内部各法域间平等且横向的冲突

区际法律冲突是在一个主权国家领土范围内不同地区民商事法律在效力上的抵触，是由于各法域平等而必然导致的不同地区民商事法律制度之间横向的冲突。因此，区际法律冲突是在一个主权国家领土范围内不同地区的法律制度在同一平面上的冲突。特别是由于一国内各属地性法域的平等性，各法域中法律制度是平等的，那么，各区域法律制度之间的区际法律冲突必定是同一平面上的冲突。在一国内，非同一平面上的法律冲突，如中央法律与地方法律之间的冲突；特别是在联邦制国家内联邦法律与各州，或各成员国、或各省法律之间的冲突，则不是区际法律冲突，因为它们之间的法律冲突是不同层次的法律之间的冲突，是上下级法律之间的冲突，或者说是一种垂直冲突。根据上述区际法律冲突的特征，更确切地说，区际法律冲突是在一个主权国家领土范围内不同地区的民商事法律之间在同一平面上的横向冲突。

三、区际法律冲突的种类

关于区际法律冲突的种类，学者们已有多种不同的分类。按照不同的标准我们认为可作如下分类[2]：

---

〔1〕 J. H. C. Morris, *The Conflict of Laws*, London：Stevens & Sons Limited，1987，p. 5.

〔2〕 参见韩德培主编：《国际私法》，高等教育出版社、北京大学出版社 2000 年版，第 280 ~ 281 页。

（一）以国家结构形式为标准，可将区际法律冲突分为单一制国家内的区际法律冲突和联邦制国家内的区际法律冲突

这是一种最常见的分类方法。例如，英国的国际私法学者康恩·弗劳德将国内法律冲突分为三类：联邦制国家内的州际或省际法律冲突；单一制国家内的地方间的法律冲突；以及从同一主权单位内不同团体共存中产生的人际法律冲突。此外，匈牙利的学者萨瑟以及意大利的学者维塔也从国家结构形式角度对区际法律冲突进行分类。目前，国际上现存的复合法域国家，既有联邦制的复合法域国家，如美国、加拿大、澳大利亚及瑞士等国家；也有单一制的复合法域国家，如英国、西班牙及中国等国家。一般来说，联邦制国家的区际法律冲突比单一制国家区际法律冲突更为复杂。因为，联邦制国家在它的宪法中确立了中央与地方的分权制，宪法赋予地方以独立的立法权，地方政府一般有自己的宪法、自己的立法机关和自己的法院系统，中央不得侵犯地方的立法权。而单一制国家，如英国，尽管在政治制度上也实行分权，但中央机关一般都有至高无上的权力，地方不享有独立的立法权，地方的立法一般要经过中央机关的批准或默许后才能正式生效。中央制定的法律、法规，地方有执行的义务。由此可见，国家结构形式不同，会使得复合法域的区际法律冲突呈现出复杂的表现形式。了解这一分类，有助于我们掌握我国作为单一制的复合法域国家的特点，找出解决我国区际法律冲突的更好办法。

（二）以法系为标准，可将区际法律冲突分为属于相同法系不同法域之间的区际法律冲突和不属于相同法系不同法域之间的区际法律冲突

在国际上存在着大陆法系国家与普通法系国家之分。所谓法系，是根据各国法律的特点和历史传统的外部特征，通常是把具有一定特点的某一国的法律同效仿这一法律的其他国家的法律划为同一法系。一般来讲，大陆法系国家实行成文法制度，通过法典编纂可将国内各法域的法律进行有鉴别、有目的的取舍，从而消除区际法律冲突；而普通法系国家实行“遵循先例”的法律原则，各地区的习惯法往往得到保留，法律的历史延续性更强烈，因此，区际法律冲突表现的更加严重些。从目前复合法域国家的实际情况看，区际法律冲突一般都属于相同法系不同法域之间的冲突。但有时在一个国家内部，不同法域之间的法律冲突也会表现在不同法系之间。例如，加拿大的魁北克省原来是法国的殖民地，巴黎的习惯法作为魁北克省的民法基础，1886 年魁北克完全接受了《法国民法典》，并颁布了自己的《民法典》，从而奠定了其大陆法系的基础。这与其他受普通法支配的各省之间在法律体系上存在着重大差别，这种独特的地位在 1992 年 1 月 1 日生效的《民法典》中得到了延续。因此，在加拿大存在着具有大陆法系传统的魁北克省与具有普通法系传统的其他省之间的区际法律冲突。此外，在美国，由于路易斯安那州的法律属于大陆法系，它与美国其他属于普通法系的州的法律之间的冲突，也为不同法系的法域之间的冲突。了解和分析在一个国家内，属于不同法系的法域之间的区际法律冲突的成因及特点，有助于我们认清这种区际法律冲突的复杂性。

（三）以社会制度为标准，可将区际法律冲突分为具有相同社会制度的各法域之间的区际法律冲突和具有不相同社会制度的各法域之间的区际法律冲突

综观国际上的复合法域国家的区际法律冲突，基本上都属于相同社会制度下的区际法律冲突，如美国、英国、加拿大、澳大利亚等国家的区际法律冲突，都属于资本主义

制度下的区际法律冲突。但是在1997年和1999年后，随着中国分别对香港和澳门恢复行使主权，中国出现了前所未有的资本主义制度的香港和澳门法律与社会主义制度的内地法律之间的区际法律冲突，我们应该认识到，这种区际法律冲突比社会制度相同的法域之间的区际法律冲突更加尖锐和复杂。

第三节　区际法律冲突的解决方式

区际法律冲突是区际民商事交往中解决区际民商事争议的一大障碍，如果解决不好，将会影响区际民商事交往，损害国内不同法域之间的关系，危害国家的稳定和发展，因而各国对此都十分重视。区际法律冲突的解决与国际法律冲突的解决有不同之处，世界上一些多法域国家，包括我国，为解决本国区际民商事法律冲突问题已经积累了一些立法和实践经验。归纳起来，解决区际法律冲突的途径有两种，即区际冲突法途径和统一实体法途径。

一、区际冲突法途径

通过区际冲突法途径解决区际法律冲突，就是复合法域国家内的各法域通过制定冲突规范确定各种区际民商事关系应适用的法律，从而解决区际法律冲突。[1] 运用这种方法解决区际法律冲突有以下几种方式：

1. 各法域分别制定各自的区际冲突法，用来解决自己的法律与其他法域的法律之间的冲突，而没有全国统一的区际冲突法。这种模式在历史上曾被有些多法域国家采用。如捷克斯洛伐克在1948年国际私法和区际私法颁布之前的一段时间，国内的区际法律冲突问题都是依靠各法域各自的区际冲突法解决的。[2] 我国尚没有统一的区际私法，我国台湾地区作为中国的一个法域针对我国其他法域制定了不同的区际冲突法律，如1992年9月8日实行的“台湾地区与大陆地区人民关系条例”专门用于调整对大陆的区际法律冲突；1997年4月通过的“香港澳门关系条例”专门调整台湾与港、澳之间的区际法律冲突。这种方法虽然在立法时较为简单，但操作起来就较复杂，而且容易产生冲突规范的冲突，无法从根本上避免挑选法院、法律规避等弊端。

2. 各法域有自己的冲突法，既用以解决区际法律冲突，又用以解决国际法律冲突。比较典型的是英美普通法系国家，没有国际私法和区际私法之分，在冲突法上法院将本国内的其他法域都是认同为与其他主权国家一样的“外国”，因而在解决涉及其他法域的法律冲突时，仍然适用与解决国际法律冲突基本相同的规则。例如，英国主要由三个不同的法域组成，分别适用不同的法律，在解决国内区际法律冲突问题时，英国各个法域都把对方法域看做单独的国家，都适用各自用于解决国际法律冲突的冲突法来解决区际之间的法律冲突。其实，我国目前各个法域，除台湾地区外，实际上采用的也正是这种方法。香港的冲突法和英国的冲突法一样，对国际冲突或区际冲突不加区分，既用于

---

〔1〕 黄进主编：《中国的区际法律问题研究》，法律出版社2001年版，第31页。

〔2〕 赵相林主编：《国际私法》，中国政法大学出版社2000年版，第501页。

解决国际法律冲突，也用于解决区际民商事法律冲突。澳门在1999年10月1日开始实施的新《澳门民法典》继续沿用葡萄牙民法典的传统，将冲突法规则不加区分适用于国际或区际法律冲突中。我国内地也没有专门用于调整区际法律冲突的法律，也未明确规定用调整涉外民商事法律冲突的法律调整区际法律冲突问题，只是在个别司法解释中和司法实践中采用这种做法。采用这种方法应当说有利也有弊，尽管可以在立法上省去许多麻烦，但国际法律冲突毕竟与区际法律冲突具有不同的特征，完全用国际私法来解决区际法律冲突会有局限性，无法发挥国家在各个法域之间迅速便捷地处理区际法律冲突问题的整体优势。

3. 制定全国统一的区际冲突法。这是运用冲突法解决区际法律冲突的最佳模式。在历史上，有的国家颁布过专门的全国统一的区际冲突法，如1926年波兰的区际私法典；有的国家则颁布了全国统一的解决某些方面的区际法律冲突的区际冲突法，如1979年前南斯拉夫联邦颁布的《解决关于民事地位、家庭关系及继承的法律冲突与管辖权冲突的条例》。[1] 其实，美国解决区际法律冲突的模式也与此相类似。美国是一个典型的多法域国家，由于判例法的作用，尽管各个州都有自己的冲突法，但他们的冲突法基本一致，州际冲突法之间的冲突问题并不常见，再加上美国宪法中的“充分信任条款”，使区际法律适用和区际判决的承认与执行简便易行，所以其作用并不亚于一部统一冲突法，具有统一区际冲突法在调整区际民商事法律冲突时的优势。

二、统一实体法途径

通过统一实体法途径解决区际法律冲突，就是由多法域国家制定或由多法域国家内的法域联合起来采用统一的民商事实体法，直接适用于有关跨地区的民商事法律关系，从而避免选择不同法域的法律，最终消除区际法律冲突。[2] 多法域国家在寻求这种途径的过程中所采用的方式是多种多样的，主要有以下几种方式：[3]

1. 通过中央立法机关制定全国统一的实体法，这是解决区际法律冲突的理想的模式。例如，瑞士原是一个联邦制的多法域国家，各个州拥有自己的法律制度，1912年瑞士颁布了《瑞士民法典》，以全国统一的实体法的形式基本消除了瑞士国内的区际法律冲突问题。

2. 通过中央立法机关制定仅适用于部分法域的统一实体法，用来解决有关法域之间在某一领域的区际法律冲突。例如英国1882年《票据法》和1963年《遗嘱法》只适用于英格兰、苏格兰和北爱尔兰，不适用于海峡群岛和马恩岛；而其1948年《公司法》和1968年《收养法》只适用于英格兰和苏格兰，不适用于北爱尔兰等地。

3. 通过制定“示范法”供各法域共同采用的方式，求得各法域民商事实体法的相似或类似，从而解决其相互之间的区际法律冲突。例如，美国通过“全国统一州法委员会”、美国法学会和美国律师协会等非官方的民间机构，起草统一法草案，最有影响的是《统一商法典》，除路易斯安那州部分采用外，其他各州都已采用。

---

〔1〕 黄进主编：《中国的区际法律问题研究》，法律出版社2001年版，第31页。

〔2〕 韩德培、肖永平：《国际私法学》，人民法院出版社、中国社会科学出版社2004年版，第371页。

〔3〕 黄进主编：《中国的区际法律问题研究》，法律出版社2001年版，第32～33页。

4. 通过多法域国家的最高司法机关，特别是普通法国家的法院遵循“依循先例”的原则，在审判实践中可由最高法院通过判例确立统一的规则，推动各法域之间实体法的统一，从而促进其国内区际法律冲突的解决。

综上所述，各复合法域国家对本国内的区际法律冲突的解决，虽然具体做法上有些差异，但无一不是通过区际冲突法途径和统一实体法途径来解决区际法律冲突的。在许多复合法域国家，通过统一区际冲突法来解决区际法律冲突，常常是通过统一实体法消除区际法律冲突的前奏。

第四节　区际法律冲突协调解决典型模式之比较

一、美国模式

美国是一个联邦制共和国，全国拥有 50 个州及哥伦比亚特区、波多黎各自由联邦和一些属地。美国的政体建立在“双重主权”的概念上，宪法授予联邦政府以有限的、明确的权力，即国会的立法权仅限于某些特定的领域：除了有关货币、征税、外交和防卫，国会最重要的立法领域还包括公民资格、贸易保护和破产、版权、海商法以及管理对外贸易和州贸易。而上述领域以外的所有私权和商法等事务的立法权则留给地方州政府。地方政府保留的权力是大量的、不明确的。这意味着在家庭、继承、契约、侵权行为、合伙、保险和票据等方面，50 个州的立法机构不仅有权通过自己的制定法，各州法官还有权通过判例向不同方向发展自己的法律。正是由于美国独特的宪政制度，每个州都有自己的法律。不同法域的存在和各州之间密切的经济交往，使美国成为当今冲突法发展的中心。

（一）州际冲突法与国际冲突法基本等同

在美国除少数学者主张将州际冲突法与国际冲突法加以区别外，大多数冲突法学者都主张州际冲突与国际冲突没有什么区别，其解决都适用相同的冲突规则。[1] 利夫摩尔（1ivemore）于 1828 年出版的《不同州和国家实体法对立所产生的问题研究》一书是美国第一部关于冲突法的著作。作者在该书中将州际法律冲突与国际法律冲突结合起来研究。1834 年，美国联邦最高法院法官斯托里（Story）出版了《法律冲突论》，真正开始了合并研究州际法律冲突与国际法律冲突的美国冲突法学。他在该著作中写道，法律冲突问题“不仅在完全独立的国家之间，而且在同一帝国内，犹如革命前的法国的情况一样，受不同法律支配的省之间，一定经常出现”。此后，美国学者沃顿（Wharton）、比尔（Bill）、古德里奇（GoodRich）、杜·博伊斯（Du Boisl）、英特马（Intema）在自己的著作中同时讨论州际法律冲突和国际法律冲突，甚至以讨论美国州际法律冲突为主。美国法学会主持编纂的 1934 年和 1971 年《冲突法重述》也是将州际冲突法和国际冲突法等同起来的。如 1971 年的《冲突法重述》第 10 条规定：“本重述中的规则适用于涉及美国一个或一个以上的州的案件，并且一般适用于涉及一个或一个以上的外国国家的

---

〔1〕 黄进：《区际冲突法研究》，学林出版社 1991 年版，第 109～110 页。

案件。”

不过，在司法实践中，美国将州际冲突法与国际冲突法并不是完全等同。美国《第二次冲突法重述》第 10 条虽然规定了该重述既适用于州际案件，也适用于国际案件，但它又强调：在特定的国际案件中，可能有某些因素导致与在州际案件中所达到的不同结果。这些因素主要是：①世界上各国的政治、社会和法律制度的多样化；②在美国国内，按照美国宪法存在着保证条款，如美国宪法修正案第 14 条的正当程序条款，它为在各州官方行为的公正提供了保证措施；③在美国国内有权威的宪法规则，如完全诚信条款、正当程序条款、特权与豁免条款、平等保护条款及商业条款等，它们不约束其他国家的法院，也可能不适用于在美国的国际冲突案件；④根据外国的当地法律建立的法律关系，如多配偶制，可能不为法院地州的当地法律所认同。这时一个美国州的法律选择规则允许通过适用一般原则或者类推作出公正和有预见性的判决。[1] 因此，美国法院在处理州际冲突案件和国际冲突案件时，并不是适用完全相同的冲突法规则，而是考虑到上述各种因素，分别作出取舍。[2]

根据美国宪法第 1 条第 8 项的规定，除破产、海事、专利、版权和竞争领域外，其他大部分私法事务属于各州立法范围。因此，在上述领域内，由于只存在联邦统一的实体法，因而不会产生州际法律冲突，也就不存在州际冲突法。而在属于各州立法管辖范围内，州际冲突法的存在是不言而喻的。当然，在联邦管辖范围内，联邦的立法为联邦各州所采用，从而实现了实体法的统一，如果在这些领域存在着联邦一级的冲突规则，也只适用于解决国际法律冲突问题。不过，有学者认为在例外情况下，存在联邦州际法律选择规范，这种可能是由于以下两种原因导致的：一是联邦利益占有优势；二是统一性的需要。例如，涉及许多不同州的多方当事人案（multi - party cases）中，每州定有不同的责任标准。为处理这种案件，考虑联邦利益和统一责任标准的需要可能要高于所有其他的“利益”或“联系”，并证明适用联邦法律选择规则是正当合理的。

（二）运用宪法中的限制性条款协调州际法律冲突

美国宪法中有五项条款涉及到州际法律选择问题。它们是正当程序条款（due process clause）、充分信任条款（full faith and credit clause）、特权与豁免条款（privileges and immunities clause）、平等保护条款（equal protection clause）和州际商业条款（interstate commerce Clause）。下面依照这些条款对州际法律选择问题影响的大小依次加以论述。

1. 正当程序条款（due process clause）。美国宪法第 14 修正案对“正当程序条款”的表述如下：“……任何州非经正当法律程序，不得剥夺任何人的生命、自由和财产……”此与特权豁免条款和平等法律保护条款一样，是直接针对州政府、州政府官员和地方政府的，即保障公民不受州政府的侵犯，显然是指各州所采取的任何行为必须有

[1] 美国《第二次冲突法重述》第 10 条评注 4 和第 2 条评注 2。

[2] 肖永平、杜涛：“当代多法域国家区际法律冲突协调模式研究”，载《中国国际私法与比较法年刊》，法律出版社 1998 年版。

最低限度的程序上的保证。[1] 而且该条款不仅被用来避免程序问题上的不公正，在实质问题上，也同样如此。

在早期司法实践中，联邦最高法院至少在合同案件如纽约人身保险公司诉道奇案[2]和共同人身保险公司诉里宾案[3]两个案件中曾建议，在确定合同的有效性和结果时，正当程序条款要求适用合同订立地法。在以后的审判实践中，将“正当程序”条款不作确切的规定，即“正当程序”条款不要求肯定性的法律选择规则（affirmative choice - of - law - rules)，只要求法院选择法律应“基本公平”。例如，在“沃斯顿”案[4]中，原告在路易斯安娜州买了伊利诺斯州托尼公司生产的烫发水，并在路易斯安娜州使用，因其中含有毒素而受了伤。托尼公司为这种赔偿责任在被告保险公司投保。保单的谈判在马萨诸塞州进行，交付则是在马萨诸塞州和伊利诺斯州进行。该保险单有一项条款规定受害人必须在先通过判决或协定确定托尼公司的义务后才能对保险公司直接起诉。这种条款根据马萨诸塞州和伊利诺斯州法律都是有约束力的。但路易斯安娜州法律正相反，它规定受害人可在确定产品制造者责任之前就对保险公司直接起诉，并规定如果伤害发生在路易斯安娜，即使保险合同是在外州订立的，而且保单内有禁止直接诉讼的条款，受害人仍可直接提起诉讼。被告辩论说，路易斯安娜州的上述法律违反宪法中的正当程序、平等保护及充分信任等条款。联邦法院支持被告的辩由驳回了起诉，上诉法院维持了地区法院的原判。但最高法院推翻了下面两级法院的判决，对正当程序要求路易斯安娜州法院适用马萨诸塞州和伊利诺斯州法律的论点给予了否定，支持原告直接向保险公司起诉。其理由是，路易斯安娜州对保护在州内受伤的人具有合法利益，这种利益，使该州在案件涉及其他州利益时也可以选择其本州法律。因此，美国联邦宪法上的“正当程序条款”对于法律选择主要起着一种被动限制作用。它并不要求某州必须适用某种法律，而仅仅要求它不得选择与案件没有重大联系的法律。如果两个州或更多的州都与案件有联系，那么适用任何一州的法律都能满足“正当程序条款”，因此，选择权归属于法院。[5]

2. 充分信任条款（full faith and credit clause)。美国宪法第 4 条规定的是“充分信任”条款，其全文与含义如下：[6]“各州应对任何他州的公共法令、记录和司法程序予以充分诚意和信任，国会可以一般法的形式规定此种法令、记录和程序的方式及效力；此种法令、记录和司法程序，或者其复印件，一经确认，应在合众国各州及其自治领和属地各个法院受同样充分诚意和信任，如同该州、自治领或属地自己制定的法律或判例在其法院一样。”这里所指的“司法程序”是指他州法院的判决，并已被解释为包括某

---

〔1〕 肖永平、杜涛：“当代多法域国家区际法律冲突协调模式研究”，载《中国国际私法与比较法年刊》，法律出版社 1998 年版。

〔2〕 New York Life Ins. Co. v. Dodge，264 U. S. 357 (1918).

〔3〕 Mutual Life Ins. Co. v. Liebing，259 U. S. 209 (1922).

〔4〕 Waston v. E. L. A. Corp.，348 U. S. 66 (1954).

〔5〕 韩德培、韩健：《美国国际私法（冲突法）导论》，法律出版社 1994 年版，第 254 页。

〔6〕 肖永平、杜涛：“当代多法域国家区际法律冲突协调模式研究”，载《中国国际私法与比较法年刊》，法律出版社 1998 年版。

些准司法的州裁决（例如工人赔偿裁决）。而“公共法令”则被解释为他州的成文法规和判例法。其原理是：特别优待根据州成文法提出的权利主张而歧视根据法官制定法提出的权利要求是没有逻辑根据或宪法根据的。[1]

总的来说，充分信任条款同正当程序条款一样，都不是强制法院采用特定的法律规则，如果两个州对某一案件均有利害关系，它们对某一问题适用的不同法律规则都有重大的决策依据时，其中一州的法律必须让路。至于何者让路，决定权在法院，不受充分信任条款的影响。法律选择主要是一个司法自由裁量的问题，而不是一个宪法上的强制问题。

3. 平等保护条款（equal protection clause）。作为对正当程序条款的补充，美国宪法第14条修正案规定了“平等保护条款”。它要求各州不得限制“任何人享有法律平等保护的权利”。这一条款主要运用在种族关系领域。平等法律保护条款（the equal protection clause），经常与实质性正当法律程序一起，成为最高法院审查各州立法的主要工具。

种族分类是“我们制度的可憎之处”，是“宪法上的疑问”，“应该进行最严格的审查，并且，在许多方面引起非议”。[2] 实际上，在 Plessy v. Ferguson（1896年）一案中，最高法院裁定，各州有权在公共设施的使用上实行种族隔离，但对各种族必须提供平等的设施。在该案中唯有大法官哈兰持反对意见。他说，“从宪法方面来看，在法律的眼里，我们这个国家的公民当中没有优等的统治的阶级，在这里也不存在种族等级制度。我们的宪法是色盲，既不知道也不容忍在公民中间划分等级：从人权的角度来说，所有公民在法律之前一律平等。”[3] 在“隔离但平等”公式（Separate - but - equal formula）的幌子下，以种族隔离法著称的吉姆·克劳法律（jim crow laws）在南部各州相继通过，它从生到死，从医院到墓地等各方面，都详细地规定实行种族隔离。在几十年里，为黑人提供的公共设施是隔离的，但不是平等的。20世纪40年代初，最高法院开始提出，各州必须停止在公共设施上实行种族隔离，并且着手为黑人提供确实平等的公共设施。1954年春，最高法院终于在 Brown v. Board of Education 一案中推翻了适用于公立学校的1896年判决，并且裁定“隔离但平等”在词语上是矛盾的，隔离本身就是歧视。[4] 一年以后，最高法院命令各学校当局以审慎的速度尽快取消种族隔离。[5] 1969年，即第一次裁定种族隔离为违宪的14年以后，面对南部许多州的反对和抵制，最高法院撤销了它关于各学校当局必须取消种族隔离的时间要求。最高法院申明，“以审慎的速度（deliberate speed）的时代已经过去……再也不能容忍在学校系统上推行取消种族隔离制度……今天，学校当局的任务是制定一项计划，保证现在实际着手进行这项工作。”[6] 1964年，国会授权司法部实行种族隔离的学校提起诉讼，以实际行动参加这场斗争。同时，国会还在《民权法案》第6条中规定：“任何人……不得以种族、肤色或社会出身

---

〔1〕 Carroll v. Lanza，349 U. S. 408（1955）.

〔2〕 San Antonio Independent School Dist. V. Rodriguez，411 U. S. 1（1973）.

〔3〕 Plessy v. Ferguson. 163 U. S. 537（1896）.

〔4〕 Brow v. Board of Education. 347 l. S. 483（1954）.

〔5〕 Brow v. Board of Education. 396 U. S. 19（1969）.

〔6〕 Alexander v. Board of Education . 396 U. S. 19（1969）.

为理由，被剥夺受教育的权利和享受社会福利的权利，不得在任何教学计划中受到歧视，不得在取得联邦财政资助方面受到不公正待遇。”这就意味着，联邦财政将不向实行种族隔离的地区提供拨款。1970 年学校开学之时，在学校合法地实行种族隔离的制度已经废除，不再会有学校合法地宣布其为黑人学校或者白人学校了。

平等保护条款在冲突法问题上的使用似乎受到很大限制。但柯里教授主张，该条款的重要性将与日俱增。他认为，传统的法律选择规范都建立在抽象的连结因素上，诸如合同地、侵权行为地等，这可能会导致不公正，从而引起有关平等保护问题的争论。他认为休斯诉菲特案违背的并非充分信任条款，而是平等保护条款。他认为，他所主张的利益分析方法也会带来不公正歧视的问题，因此，应谨慎克制地使用这一方法。

4. 特权与豁免条款（privileges and immunities clause）。美国宪法第 4 条规定了“特权与豁免”条款，它要求各州不应将对方的公民视为外人，要求各州承认其他州公民享有各州公民的一切特权与豁免。在过去，该条款对法律选择问题几乎没有什么影响，但在近几年，该条款在这方面已产生效用。在“鲍德温诉蒙大拿州钓鱼运动委员会”案中，联邦最高法院准许蒙大拿州向非居民收取比本州居民更高的狩猎许可证费用。法院认为，“特权与豁免”条款包括的只是“必要的”活动和“基本权利”，出于娱乐和运动目的的狩猎不属于上述情况。

目前，最高法院已经开始撤销“居住期”限制，即只有在一个州内定居一定的时间以后，才可以享有某些权益。最高法院已经裁定，有很多这种居住期限制对旅行权施加不符合宪法的条件，并且违反了宪法第 14 条修正案规定的平等法律保护条款。一个州仍然可以对其居民保留某些利益，但在允许其否定新来居民与已经定居一些时间的居民具有相同权利以前，它必须对这种确实利益加以说明。例如，一个州不得使新迁居民等待一年以后，才有权享受福利医疗，或享有投票权。只要法院允许福利开支或福利医疗的继续存在[1]，只须居住 50 天即可获得投票权的一天就指日可待[2]。另一方面，各州可以对请求离婚判决的外州人规定一年的居住期要求。从已经宣布的违反联邦宪法的判决来分析，这并不是对旅游权施加的一种限制。对于在本州的公立大学学习的州外居民，各州可以对外州的学生收取较高的学费，或者规定更为严格的入学要求，或者完全拒绝招收外州学生。各州还可以规定，新迁居该州的居民必须设定住所一年以后，才有权与原居民一样在公立大学学习。但是，各州不得据此确定，凡是来该州上大学的就不是该州的居民，从而剥夺这些学生在学习期间取得该州居民资格的权利[3]。

5. 商业条款（interstate commerce Clause）。商业条款规定在联邦宪法第 1 条第 8 款，即授权国会制定调整各州之间的、与外国的以及与印第安部落之间的商业的法律。当然由于大部分法律选择问题都包含有州际或涉外因素，国会因此有权制定适用于全国的法律选择规范以代替各州的法规。但国会并未这样做。尽管如此，根据“先占”理论，国会按照“商业”条款制定的法律不仅可以直接取代与之相悖的州法，而且也可以取代任

---

〔1〕 Shapiro v. Thompson, 394 U. S. 618 (1969).

〔2〕 Dunn. V. Blumstein, 405 U. S. 331 (1972).

〔3〕 Vlandis v. Kline, 412 U. S. 441 (1973).

何妨碍联邦立法权的普通法。此外，即使在某一领域不存在联邦法律，如果州法包含有对当地居民或商业实行保护的歧视规定，该州法也是无效的。

（三）运用多种形式推动法律的统一化运动

1. 美国联邦机构的统一立法活动推动了美国法律的统一。自 19 世纪以来，由于联邦权力的不断扩张，联邦的立法权限也随之膨胀。本来，联邦机构的立法活动应限于联邦权力行使的范围之内，但伴随着立法上的决策和权力不断向中央转移的趋势，美国联邦的立法活动正进入一个扩张时代，并已很快侵入一些传统上保留给州的私法领域。1871 年的《州际商法》、1890 年的《谢尔曼法》等都是联邦制定的在全美施行的法律。显然，美国联邦机构的统一立法活动推动了美国法律的统一，有利于解决其州际法律冲突。但由于受到宪法上及其他方面的限制，美国联邦的立法权限仍受到诸多制约。

2. 民间机构和学者是推动法律统一化运动的主要力量。

（1）统一州法全国委员会。该会成立于 1892 年，是一个半官方机构，其委员由各州州长委派，常设办事处设在芝加哥大学，通常每年举行一次会议。该组织的任务是拟定统一立法最低标准的法规草案，经全体会议通过后建议各州采用。《统一商法典》是该委员会同美国法学会合作制定的一项重要工作成果，该法典除路易斯安那州外已被全美其他各州采用。

（2）美国法学会。该学会是一个纯粹的私人性质的组织。在统一州法全国委员会的合作下制定了《统一商法典》。此外，该学会以制定模范法的形式，获得的最重要成果是《法律重述》。包括代理、合同、财产、侵权行为、冲突法等多卷。其意图是，要"重新阐明"普通法的真正规则。《重述》并非官方立法，也不是任何一州的法律，但由于其质量以及起草人和学会的崇高声誉，也会使法院按照《重述》中所阐明的情况来适用普通法。

综上所述，美国独特的宪政制度形成了美国法律的对立性与统一性的有机结合。根据美国宪法，各州都有立法权与终审权，因此从可能上讲，美国法律可以有 50 个以上的发展方式。然而事实上，所有州的法律又都是一个共同主体的变体。我们仍可以把美国法律说成是一个单元，是一个不同州内显示出不同侧面的单元，美国法律的这种冲突协调模式具有其内在的和谐性与稳定性。它既避免了一刀切似的整齐划一，又防止了地区间的各自为政。美国社会能历经 200 多年而基本维持和平与稳定发展，这与其独特的法律制度似乎不无关系。[1]

二、英国模式

英国是单一制的君主立宪的复合法域国家，全称为大不列颠及北爱尔兰联合王国。从历史上看，其领土的形成是由于国家的合并，由英格兰、苏格兰、威尔士、北爱尔兰及马恩群岛和海峡群岛组成，在法律上，上述几个地区都有自己的法律制度，因而，形成了独立的法域。尤其是英格兰与苏格兰之间，法律上的差异更大。这样，不同法域之间的法律冲突便在所难免。

---

〔1〕 肖永平主编：《内地与香港的法律冲突与协调》，湖北人民出版社 2001 年版，第 53 页。

（一）区际冲突法与国际冲突法等同

在英国无论是理论上还是实践中都将区际冲突法与国际冲突法等同起来。在学者中，戴赛（Dicey）、施米托夫（C. U. Schmitt off）、安东（Anton）、诺思（North）等学者都持这种主张。他们一般认为，在冲突法上，“涉外因素”和“外国国家”意味着一个非英格兰或苏格兰因素和非英格兰或苏格兰国家；“国家”只是一个具有独特法律制度的法域的代名词。从英格兰冲突法角度来看，苏格兰、北爱尔兰是同法国、德国或荷兰一样的“外国国家”。因此，他们认为，像英格兰与苏格兰法律之间的区际法律冲突与像德国与法国法律之间的国际法律冲突没有什么区别，其解决都适用相同的冲突规则[1]。

由判例法发展起来的大量不成文的冲突规范同样既适用于区际法律冲突，也适用于国际法律冲突。我们这里所说的冲突法是各独立法域自己的冲突法，即英格兰的冲突法或苏格兰冲突法。由于在英国法律中，属人法是以住所地为连结点的，因而在区际冲突法与国际冲突法的等同适用上也不存在明显障碍。但有关法律冲突的苏格兰法规在许多项目上与英格兰的体制极为相似，而且在一方管辖范围内作出的主要案件的判决往往为对方所重视。上议院在这方面所作的判决，不论是来自英格兰还是苏格兰的上诉，在这两个地区均具有同等权威。因此，从法律渊源上讲，二者差别不大。在历史上，英格兰区际冲突法甚至是国际冲突法发展的先导。到19世纪，随着英国与欧洲大陆商业交往和社会交往的迅速增长以及英国海外殖民地的拓展，英国法院才逐渐将用于解决国内区际法律冲突的规范用来解决国际法律冲突并加以发展。从立法上看，英国1882年的《票据法》、1892年的《外国婚姻法》、1894年的《商业运输法》及1926年的《准正法》等，都含有相应的冲突规则，它们既适用于国际法律冲突的解决，也用于英国区际法律冲突的解决。

（二）注重制定统一的成文法协调区际法律冲突

我们应当看到，英国单一制与美国联邦制的制度不同，虽然实行地方分权自治，但各地区没有独立的立法权，也没有编纂自己的法典而使传统的法律得到保持，而且中央政府对地方的控制与干预与日俱增。表现在地方政府在它的职权范围内所制订的计划非经中央批准不能执行，解决地方上的问题且由地方议会作决定，亦须由中央批准才行。地方议会制定某些法规，事先也必须报请中央有关部门认可。这种中央对地方控制权的加强必然导致各地法律上的逐步协调与趋同。19世纪末以来，随着中央政府对社会与经济干预的加强，英国在私法、商法、经济法、行政法和社会立法方面颁布了大量重要的议会制定法。这些法律在英格兰和苏格兰有着同样或相近的效力。例如，英国议会制定的1882年《票据法》、1963年《遗嘱法》、1948年《公司法》、1958年《收养法》以及后来的1968年《收养法》均是如此。值得注意的是，这些制定法并非对全英国都适用。如1882年《汇票法》和1963年《遗嘱法》只适用于英格兰和苏格兰，而不适用于海峡群岛和马恩岛；1948年《公司法》、1958年《收养法》及1968年《收养法》只适用于英格兰和苏格兰，而不适用于北爱尔兰、海峡群岛和马恩岛。这种制定法只解决了部分

---

〔1〕 黄进：《区际冲突法研究》，学林出版社1991年版，第117页。

地区间在部分领域的法律冲突问题，而没有解决所有地区间的法律冲突问题。迄今为止，在家庭法、继承法、契约法、侵权行为法方面仍没有进行全国的法典编纂。但可以肯定，这种统一编纂法典的活动毕竟对全国法制的统一起到了巨大推动作用。但英国毕竟是一个具有悠久传统的普通法国家，对英国区际法律冲突的解决或协调来说重要的仍是遵循先例。

三、德国统一后区际法律冲突协调模式

1990年10月3日，德意志联邦共和国与德意志民主共和国实现了统一，从而结束了德国战后四十余年的政治上的分裂状况，它也给两德四十多年来法律的不同发展历程划上了句号。然而，由于原联邦德国与原民主德国长期实行完全不同的法律制度：一个实行自由市场经济的法律制度，另一个实行中央集权式的社会主义计划经济法律制度。因此政治上的统一并未完全消除两个地区之间法律上的裂痕，尽快弥补这种法律上的裂痕最终实现全德法律的统一是人们强烈的愿望和要求。这也是摆在德国国际私法和区际冲突法学者面前的一个迫切课题[1]。

（一）统一前两德之间的法律冲突

在德国实现统一以前，原联邦德国和民主德国各自实行不同的法律制度，其实体私法、民事诉讼法和法律冲突法都存在着歧异，两德之间的法律冲突、管辖权冲突在所难免。

1. 在私法方面，联邦德国一直沿用于1896年公布并于1900年生效的《德国民法典》。该法典的许多条文已经过多次修改，或为一些单行法规所补充，但其基本内容未变。[2] 民主德国成立后，曾沿用战前德国的民事法规来调整民事法律关系[3]，但是1975年6月19日通过、1976年1月1日生效的《德意志民主共和国民法典》取代了《德国民法典》。而且，在此之前，1965年12月20日通过并于1966年4月1日生效的《家庭法》已取代了《德国民法典》第四编《亲属法》的内容。

2. 在民事诉讼法方面，联邦德国一直沿用原德意志帝国于1877年制定公布并于1879年开始施行的《民事诉讼法》。而民主德国成立后，对原德国民事诉讼法进行了修改，于1949年1月1日公布了新文本[4]，1976年1月1日又开始施行新的民事诉讼法。两个德国的民事诉讼法在管辖权方面的规定有所不同，由此造成了管辖权的冲突。

3. 在冲突法领域，首先，表现在国际冲突法的国内法源方面的不同。联邦德国沿用了1896年8月18日通过并于1900年1月1日生效的《德国民法施行法》，1986年又对该施行法进行了修订[5]。而在民主德国，从1965年起，《家庭法施行法》第15条至第25条取代了《德国民法施行法》关于家庭关系的法律冲突规范。1975年12月5日，民

---

〔1〕肖永平、杜涛：“当代多法域国家区际法律冲突协调模式研究”，载《中国国际私法与比较法年刊》，法律出版社1998年版。

〔2〕中国大百科全书总编辑委员会：《中国大百科全书：法学》，中国大百科全书出版社1984年版，第59～61页。

〔3〕《德意志民主共和国民法典》，费宗祎译，法律出版社1982年版，第165页。

〔4〕《德意志联邦共和国民事诉讼法》，谢怀栻译，法律出版社1984年版，第1～3页。

〔5〕孟文理：“德国1986年《民法施行法》中关于国际私法的规定”，载《中德经济法研究所年刊》，中国大百科全书出版社1991年版，第163页。

主德国又公布了调整国际民事、家庭和劳动法律关系以及国际经济法律关系的《法律适用条例》，并于 1976 年 1 月 1 日开始施行。其次，表现在国际法源方面亦有所区别。联邦德国是海牙国际私法会议及其他国际组织主持下通过的许多国际私法和国际民事诉讼法多边公约的当事国，但它所签订的涉及国际私法的双边条约为数甚少，且其内容一般只及于承认与执行外国判决事项。与此相反的是，民主德国只是为数极少的国际私法和国际民事诉讼法多边公约的当事国，但它与当时的社会主义国家以及西方国家签订了 30 多个双边的司法互助条约。在这些双边条约中，至少有 12 个由民主德国与当时的社会主义国家签订的条约包含有管辖权规范和法律冲突规范（涉及民事身份、公司、家庭、继承、法律行为的方式、侵权责任等事项，并以国籍为连结因素）。民主德国与西方国家签订的双边条约则一般只限于狭义的司法协助、判决的承认与执行以及扶养义务事项[1]。最后，表现在继承权、婚姻效力、离婚、亲子关系的成立及效力、公司或法人的资格等方面，联邦德国和民主德国的冲突规范亦存在着差异：①在涉外继承权方面，联邦德国的《德国民法施行法》和民主德国的《法律适用条例》均以国籍作为连结因素，规定适用被继承人死亡时的本国法，但民主德国的《法律适用条例》第 25 条第 2 款对位于民主德国的不动产继承规定了适用民主德国法律的强制性规定，而联邦德国的《德国民法施行法》第 25 条第 2 款则规定："对位于联邦德国境内的不动产，被继承人得依德国法规定的方式予以处置。"[2] 可见适用联邦德国的法律是选择性的而非强制性的。②根据民主德国的《法律适用条例》，婚姻的效力概依夫妻共同本国法，在夫妻无共同国籍时，则依法院地法即民主德国法。联邦德国的《德国民法施行法》则将婚姻的效力区分为婚姻的人身效力和夫妻财产制的效力，在夫妻双方未进行法律选择时，后者所适用的法律与前者相同，所采用的连结因素是夫妻的共同国籍、共同惯常居所以及"最密切联系地"等；夫妻双方还保有附条件的选择适用于婚姻人身效力的法律和适用于夫妻财产制效力的法律之权。③关于离婚问题，根据联邦德国的《德国民法施行法》第 17 条第 1 款的规定，原则上应适用支配婚姻人身效力的法律，如果该法律不允许离婚，而提起离婚请求的一方当事人在提出离婚时具有德国国籍，或在缔结婚姻时具有德国国籍，则可适用联邦德国法律。而民主德国的《法律适用条例》第 20 条则指定适用请求离婚时配偶双方的共同本国法或作为法院地法的民主德国法律。④在亲子关系方面，联邦德国的《德国民法施行法》规定了有利于亲子关系成立的不同的连结因素，亲子关系的效力适用《德国民法施行法》第 14 条第 1 款所规定的支配婚姻一般效力的法律或子女的惯常居所地法。而民主德国的《法律适用条例》则认为子女的国籍不仅是确定亲子关系成立的准据法所采用的唯一的连结因素，而且也是确定亲子关系效力的准据法所采用的唯一的连结因素。⑤关于公司或法人的资格，根据联邦德国的判例应依其实际所在地法律，而根据民主德国的《法律适用条例》第 8 条的规定，应依确定其法律地位的国家的法律。

---

〔1〕 Karl Kreutzer, "Les conflicts de Lois inter – allemandes' après l' unification de l' Ailmgne", *Rowed critique de droit international prive*, l' jarlvier – mars, 1993, pp. 1 ~ 14.

〔2〕 刘慧珊、卢松主编：《外国国际私法法规选编》，人民法院出版社 1988 年版，第 46 页。

4. 在认定两德之间法律冲突的性质方面，民主德国和联邦德国各自采取不同的态度。民主德国将统一以前的两德冲突识别为国际法律冲突。在民主德国看来，联邦德国是外国，两个德国之间的法律冲突与一般的国际法律冲突无异，应适用国际冲突法加以解决，也就是说，对涉及两德之间法律冲突的案件，一般根据民主德国的《法律适用条例》来处理[1]。而联邦德国将统一以前的两德冲突识别为区际法律冲突。在联邦德国看来，民主德国是德国的一部分而不是外国，两个德国之间的法律冲突属于一国内部实行独特法律制度的不同法域之间的法律冲突即区际法律冲突，应适用区际冲突法加以解决。联邦德国的法院在实践中通过类推适用国际私法规则来处理涉及两德之间法律冲突的案件，形成了以惯常居所取代国籍作为连结因素的德国内部法律冲突法。并逐渐形成了解决两德之间的法律冲突和管辖权冲突的判例法规则。例如，联邦德国的《德国民法施行法》第7条第1款规定："自然人的权利能力和行为能力依其所属国家的法律。"第25条第1款规定："继承依被继承人死亡时所属国家的法律"。这是两条以国籍为连结因素的解决国际法律冲突的冲突规范。联邦德国法院在类推适用这两条国际私法规则来处理两德法律冲突案件时分别将其改成"自然人的权利能力和行为能力依其惯常居所地所在法域的法律"和"继承依被继承人死亡时的惯常居所地所在法域的法律"。在联邦德国，这样产生出来的主要以惯常居所取代国籍作为连结因素的判例法规则的总体，构成了一个特殊的法律部门。它被赋予各种不同的名称，如"地区间私法"、"地方间私法"、"德国法律冲突法"和"德国内部法律冲突法"，等等，其中"德国内部法律冲突法"，比较准确地表明了其特点。但不管名称如何，对于联邦德国来说，它都属于区际冲突法性质。

（二）《两德统一条约》对原东西德地区之间法律冲突的影响

1990年8月31日签订并于10月3日生效的关于《德意志联邦共和国与德意志民主共和国实现德国统一条约》（以下简称《两德统一条约》）（Einigungsvertrag），是重新建立德国统一法制所采取的决定性步骤。该条约原则上将统一的联邦法施行于前民主德国地区（《两德统一条约》第8条），但在某些领域民主德国的法律或单行法规继续有效（当然也做了许多变通），只要其属于《两德统一条约》附件Ⅱ所明确列举的范围。由于在土地法、亲属法及劳动法领域，两德间存在的法律差异尤为突出，因此，在这些领域马上完全接受联邦法律是不可能的[2]。《两德统一条约》在实体私法、国际私法、区际冲突法等方面均对统一后的德国内部原东西德地区之间的法律冲突产生深远影响，是解决德国统一后原东西德地区之间法律冲突与协调问题的最重要的法律文件[3]。具体说来，其影响主要表现在如下几个方面：

1. 对实体私法的影响。《两德统一条约》第8条规定："德国统一后，联邦法律将在东部5个州内生效，但本条约，尤其是其附件对某些州或州的部分地区有例外规定的除

---

〔1〕 余先予："从国际经验看海峡两岸法律冲突问题的解决方法"，载《中德经济法研究所年刊》，中国大百科全书出版社1991年版，第178页。

〔2〕 肖永平、杜涛："当代多法域国家区际法律冲突协调模式研究"，载《中国国际私法与比较法年刊》，法律出版社1998年版。

〔3〕 徐冬根："德国统一后的法律冲突与协调"，载《法制日报》1991年3月10日，第4版。

外。”这就是说，自德国统一之日（1990年10月3日）起，联邦德国的大部分联邦法律在东部地区立即生效，取代了原民主德国的法律。由于调整民商事法律关系的实体私法是联邦法律的组成部分，可以说，从1990年10月3日起德国东西部地区的私法规范已大体上实现了统一。但是，我们不能据此认为统一私法的任务在德国已经全都完成。《两德统一条约》的附件Ⅱ列举了作为例外在原民主德国地区继续有效的法律。这些为数不多但尚未统一的私法规范，涉及部分民商事事项，尤其跟非婚生子女的事项有关，包括：①根据《德国民法施行法》第230条第1款，《德国民法典》上与非婚生子女的保佐人有关的规定，不扩展适用于原民主德国地区；②1990年10月3日以前在民主德国出生的非婚生子女的继承权，适用《德国民法典》关于婚生子女继承权的规定，即赋予这些非婚生子女以与婚生子女同等的继承权，而不适用该法典关于非婚生子女的特别规定；③通常由联邦政府依《德国民法典》第1615f条确定的非婚生子女的抚养费，亦可由东部各有关州的政府以法令确定之；④与合同的某些特别方面有关的《德国民法典》第616条第2、3款以及第622条的规定，也不扩展适用于原民主德国地区；⑤原民主德国法律关于住宅租赁权的规定，在作了有利于承租人的修改后暂予保留；⑥《德意志民主共和国民法典》关于在国有土地上建造的建筑物的所有权的规定以及关于国有地产用益权的规定予以保留；⑦即使被继承人死于1990年10月3日以后，统一前在原民主德国境内所立的遗嘱的效力及撤销，仍应适用原民主德国的法律；⑧原民主德国的破产条例暂予保留[1]。由此可见，在实体私法上，统一后的德国东部5个州与西部原联邦德国各州之间仍然存在不一致的地方，这就不可避免地要引起法律适用上的冲突[2]。

2. 对国际私法的影响。

（1）与国际私法有关的国际条约。1990年10月3日德国实现统一以后，民主德国作为国际法的主体已不复存在，而联邦德国的国际法主体资格依旧未变。根据《两德统一条约》第11条的规定，原联邦德国缔结或参加的国际条约继续有效，其适用范围扩展于前民主德国境内的5个州。这意味着联邦德国所缔结或参加的国际私法条约，如1961年海牙《未成年人保护的管辖权和法律适用公约》、1973年海牙《抚养义务法律适用公约》，在德国统一以后也适用于原民主德国地区。而联邦德国和民主德国都是当事国的国际私法条约，如1961年订于海牙的《遗嘱处分方式法律冲突公约》，当然会继续予以适用。《两德统一条约》还规定，其附件Ⅱ所列举的若干国际条约作为例外不适用于原民主德国地区，甚至完全失效。至于原民主德国所缔结或参加的国际条约，《两德统一条约》未就其效力作出具体规定。特别是原民主德国在私法领域与前社会主义国家间签订的双边司法协助条约，共约35个。对于这一问题，很难用现有的国际法理论来处理。根据《两德统一条约》第12条的规定，统一后的德国将在与条约各当事方充分协商的基础上，决定原民主德国缔结或参加的国际条约的效力，或使之继续有效，或加

---

〔1〕 Karl kreuzer, “Les conflits de lois inter - allemands après l' unification de l' Ailmagne”, *Revue critique de droit international prive*, l' jarlvier - mars, 1993, pp. 1 ~ 14.

〔2〕 黄进、陈卫佐：“德国统一后原东西德地区之间的法律冲突问题初探”，载《武汉大学学报（哲学社会科学版）》1995年第5期。

以修改，或终止其效力[1]。事实上，统一后的德国在实践中多以维护国家安全和法律统一为理由而终止原民主德国所缔结或参加的国际条约的效力[2]。

（2）与国际私法有关的国内立法。根据《两德统一条约》第8条，解决国际法律冲突和国际管辖权冲突的德国国际私法是联邦法律的组成部分，自德国统一之日起即扩展适用于前民主德国地区。一方面，对位于原联邦德国地区的法院来说，1990年10月3日以前在联邦德国施行的实体私法规范、国际冲突法规范、国际民事管辖权规范并未因德国的统一而发生变化，作为联邦法的组成部分，这些规范于德国统一之时即扩展适用于原民主德国地区。另一方面，对位于原民主德国地区的法院来说，则变化甚大，以适用国际法律冲突的规定为条件，1990年10月3日以前在民主德国施行的实体私法规范、国际冲突法规范以及国际民事管辖权规范均为联邦法律所取代。这意味着从1990年10月3日起废除原民主德国的《法律适用条例》。可以说，从这一天起，德国的国际私法的统一即告确立。

存在的问题是联邦德国的国际私法在扩展适用于原民主德国地区时是否具有溯及力。联邦德国的《德国民法施行法》第236条的时际法规定对这一问题采取的一般原则是区分统一前已完成的民事法律事实与统一后完成的民事法律事实。对于统一前在原民主德国完成的民事法律事实所设立、变更或消灭的国际民事法律关系，新法即联邦国际私法不溯及既往；对于统一后在东部原民主德国地区完成的民事法律事实所设立、变更或消灭的国际民事法律关系，尤其是家庭关系的效力和夫妻财产制，自德国统一之日起即适用联邦国际私法即《德国民法施行法》的有关规定。结果是，所有目前在德国境内的法院，包括位于原民主德国地区的法院，对于民事法律事实在1990年10月3日以后才完成的跨国民事案件，均应适用《德国民法施行法》。对于民事法律事实在1990年10月3日以前已完成的跨国民事案件，如受理案件的法院在原民主德国地区，则适用原民主德国的国际私法即《法律适用条例》；如受理案件的法院在原联邦德国地区，则适用《德国民法施行法》。[3]

（3）德国内部法律冲突法。无论是原联邦德国的立法者还是原民主德国的立法者都没有就两德之间的管辖权冲突或法律冲突事项进行过立法。为了更好地了解《两德统一条约》对德国内部法律冲突法的影响，有必要区分德国统一后完成的民事法律事实和德国统一前完成的民事法律事实这两种情况来加以讨论：①民事法律事实在统一后完成的案件。对于民事法律事实在德国统一后完成的纯粹的德国内部法律冲突案件来说，德国内部的法律冲突问题只发生于少数私法尚未统一的领域。《两德统一条约》未含有针对这些案件的明确的规定。鉴于以判例或习惯规则为表现形式的德国内部法律冲突法构成联邦法律的一个组成部分，根据《两德统一条约》第8条，德国内部法律冲突法的有关规则随着德国统一的实现而被扩展适用于原民主德国地区。可以认为，自1990年10月

---

〔1〕 徐冬根："德国统一后的法律冲突与协调"，载《法制日报》1991年3月10日，第4版。

〔2〕 Karl kreuzer, "Les conflits de lois inter－allemands après l' unification de l' Ailmagne", *Revue critique de droit international prive*, l' jarlvier－mars, 1993, pp. 1～14.

〔3〕 肖永平、杜涛："当代多法域国家区际法律冲突协调模式研究"，载《中国国际私法与比较法年刊》，法律出版社1998年版。

3 日起，德国内部法律冲突法的统一即告确立。这就是说，德国统一后产生的德国内部法律冲突问题可通过类推适用国际私法来解决。使用类推方法的最重要的结果是以惯常居所取代国籍作为连结因素。此外，根据《两德统一条约》第 8 条，联邦德国《民事诉讼法》关于属地管辖权的规定亦扩展适用于原民主德国地区，成为其法院审理德国内部法律冲突案件时行使管辖权的依据。②民事法律事实在统一前完成的案件。关于民事法律事实在统一前完成的德国内部法律冲突案件。换言之，发生于统一之前的两德之间法律冲突案件，《两德统一条约》并未就管辖权冲突和法律冲突作出任何明确的规定。在审理此类案件时，对位于原联邦德国地区的法院来说，一般只需照旧适用原联邦德国用以解决区际管辖权冲突及法律冲突的德国内部法律冲突法即可。对位于原民主德国地区的法院来说，情况则大不相同。由于民主德国没有专门用来解决两德之间法律冲突的特别法，其法院对于两德之间的法律冲突案件只是简单地适用民主德国的国际私法即《法律适用条例》来加以处理。相应地，德国统一后位于原民主德国地区的法院在审理统一前发生的两德法律冲突案件时，将面临比位于西部原联邦德国地区的法院复杂得多的情况，且在具体的解决方法上争议颇多。

（三）统一后的德国法院在审理涉及原东西德地区之间的法律冲突案件时所面临的若干实际问题

1. 国籍的确定问题。在联邦德国看来，联邦德国的国籍法早在统一之前即已适用于原民主德国国民。因此，在德国统一以前，所有具有原民主德国国籍的人亦同时具有全德国国籍，即联邦德国国籍；而统一以后，无论是原民主德国国民还是原联邦德国国民都只具有一个国籍，即联邦德国国籍。统一以前在原民主德国合法归化的人不仅具有原民主德国国籍，而且具有联邦德国国籍，但统一以后则仅保有联邦德国国籍。根据《两德统一条约》第 19 条，原民主德国法院作出的关于国籍的判决在 1990 年 10 月 3 日以后继续有效，但以不违反公共秩序为限。此外，丧失原民主德国国籍并不意味着丧失德国国籍，但违反宪法性禁令被剥夺德国国籍者，不在此限。

2. 民事法律事实在德国统一后完成的德国内部法律冲突案件。在德国，人们在探讨两德统一后的法律协调问题时，是将其区分为两种情况而分别对待的。一种是针对所谓的“旧事件”的德际冲突法，再一种是针对所谓“新事件”的区际冲突法[1]。所谓的“新事件”则是指在统一后发生的或者在统一前发生但一直持续到统一后完成的事件。《德国民法施行法》第 236 条第 1 款是按照“结冻过程”标准来对其加以确定的。这一标准体现在《两德统一条约》有关民法的时际规则中。在债务关系中取决于其产生，在合同关系中取决于其缔结，而在侵权行为中取决于其实施，在亲属法律关系中适用成立时间原则，而在继承关系中以被继承人死亡时间为原则。对于这类“新事件”，统一后的德国法院无论是位于原民主德国地区，还是位于原联邦德国地区，均适用统一的德国区际法，即类推适用联邦德国国际私法。由于德国的国际私法因德国的统一而统一，德国的区际法也因此而在各个地区统一起来。换言之，统一后的德国法院，无论是位于原

---

〔1〕 Deutsch – Deutsche Rechtszitschrift, 1991, Iff (2, 6). 转引自肖永平、杜涛：“当代多法域国家区际法律冲突协调模式研究”，载《中国国际私法与比较法年刊》，法律出版社 1998 年版。

民主德国地区还是位于原联邦德国地区，均适用统一的德国内部法律冲突法，即类推适用联邦德国的国际私法。既然德国内部法律冲突法是统一的，故案件无论由哪一德国法院审理，其结果都将会是一致的，不存在当事人在原民主德国地区和原联邦德国地区之间“挑选法院”的问题。

在这里，我们的讨论只涉及民事法律事实在统一后完成的纯粹的德国内部法律冲突案件。现以非婚生子女的亲子关系和非婚生子女的继承权这两个在原民主德国地区和原联邦德国地区之间实体私法尚未统一的事项为例，说明德国法院是如何审理此类案件的。在非婚生子女的亲权关系方面，《德国民法典》在赋予非婚生子女的生母以一定亲权的同时，又附加一些条件，即以不存在保佐人可依法行使权力的情事为限，因而在原联邦德国，以不存在《德国民法典》所规定的保佐人可依法行使权力的情事为限，非婚生子女与其生母之间的关系适用关于婚生子女亲子关系的规定。但原民主德国的法律却赋予非婚生子女的生母以完全的亲权，且没有关于保佐人的规定。统一以后，根据《德国民法施行法》第230条第1款的规定，《德国民法典》上与保佐人有关的规定不扩展适用于原民主德国地区。这样一来，在统一后的德国东西法域之间，在非婚生子女的亲子关系事项上就存在着法律适用上的冲突。对民事法律事实在统一后完成的涉及非婚生子女亲子关系的德国内部法律冲突案件，在无明示的冲突规范的情况下，有管辖权的德国法院通过类推适用《德国民法施行法》第20条来加以解决。具体说来，《德国民法施行法》第20条第2款规定：“父母和非婚生子女之间的法律关系依子女惯常居所地国家的法律。”德国法院在类推适用这一规定来处理这里所讨论的案件时，将其改为：涉及德国内部两法域之间法律冲突的非婚生子女的亲权关系的案件，适用子女惯常居所地所在法域的法律。如果非婚生子女的惯常居所在原民主德国地区，则其生母享有完全的亲权，如果非婚生子女的惯常居所在原联邦德国地区，则以不存在《德国民法典》所规定的保佐人可依法行使权力的情事为限，其生母被赋予不完全的亲权。此外，在非婚生子女的继承权方面，原民主德国的法律对婚生子女和非婚生子女的继承权未加以任何区别，非婚生子女享有与婚生子女同等的继承权；联邦德国的法律则区分婚生子女和非婚生子女，《德国民法典》对非婚生子女继承权作出了与生父或父系血亲有关的特别规定。根据《德国民法施行法》第235条第2款的时际法规则，如果非婚生子女生于统一前的民主德国，且其继承权在德国统一时受原民主德国的法律支配，则无论其生父死于1990年10月3日以后的德国内部哪一法域，均应适用《德国民法典》关于婚生子女继承权的规定而不适用《德国民法典》关于非婚生子女的特别规定。结果是，虽然原民主德国的民事法律在德国统一以后已为《德国民法典》所取代，但在上述情况下的非婚生子女仍可享有与婚生子女同等的继承权。这样做的目的是为了保护统一前在民主德国出生的非婚生子女的合法期望和既得权益[1]。

3. 民事法律事实在统一前完成的两德法律冲突案件。所谓“旧事件”就是指在德国统一前已产生，而在现在或将来予以判决的法律案件。有关“旧事件”的冲突规则总

---

〔1〕 黄进、陈卫佐：“德国统一后原东西德地区之间的法律冲突问题初探”，载《武汉大学学报（哲学社会科学版）》1995年第5期。

称为“德际冲突法”。对于如何处理这种发生于德国统一前的所谓“旧事件”，概括起来，主要有两种观点：一是主张适用统一的德国内部法律冲突法，即可称之为“统一说”；二是主张适用对于原联邦德国和原民主德国来说各不相同的德国内部法律冲突法，即可称之为“分裂说”。

“统一说”主张对于所谓的“旧事件”适用统一的德际冲突法，也就是类推适用联邦德国国际私法中的冲突规则。但在如何确定该统一的内部法律冲突法的问题上，却远未达成共识。主要有三种主张：①主张设立一部所谓“超级冲突法”，它通过类推适用《德国民法施行法》第4条第3项第2款的规定，根据案件与原联邦德国或原民主德国有最密切联系这一连结因素来确定应适用的法律。这一主张缺乏法律上的依据且显得过于复杂，因而支持者甚少。②主张创立一部独立于《德国民法施行法》和《法律适用条例》之外的法律来处理此类案件。③主张联邦德国的现行德国内部法律冲突法可溯及既往，适用于民事法律事实在1990年10月3日以前完成并与原民主德国有关的案件[1]。

而“分裂说”认为，应遵循官方报告的意见类推适用国际私法中的冲突规则。按照该规则，对于民事法律事实发生于1990年10月3日以前的民主德国境内的涉及两个德国之间的案件仍适用原民主德国的国际私法，反之原联邦德国地区的法院对于统一前发生在其境内的两德之间的案件也仍适用原联邦德国的国际私法。具体而言，这种观点主张对涉及德国内部法律冲突法的事项类推适用《德国民法施行法》第236条第1项的规定，即民事法律事实发生于1990年10月3日以前的民主德国境内且含有国际因素的法律冲突案件依当时在民主德国施行的国际私法即《法律适用条例》审理，并认为《法律适用条例》也可类推适用于民事法律事实在统一前完成的德国内部法律冲突案件。原联邦德国地区的法院对于统一前发生在其境内的德国内部法律冲突案件仍旧类推适用《德国民法施行法》。这样就形成了对于原东西德地区来说各不相同的德国内部法律冲突法。赞成采取这一方法的人认为，其决定性的理由在于保护原民主德国地区的当事人的合法期望和既得权益。这意味着联邦德国的现行德国内部法律冲突法对于1990年10月3日以前发生的案件不具有追溯力。如果接受这一观点，则需确定在何种情况下对统一前发生的德国内部法律冲突案件类推适用《法律适用条例》，在何种情况下适用联邦德国的德国内部法律冲突法。依占主导地位的观点，这一问题由法院地法加以解决：位于原民主德国地区的法院类推适用《法律适用条例》，位于原联邦德国各州境内的法院则适用德国内部法律冲突法（类推适用《德国民法施行法》）。反对“分裂说”观点的人认为，对统一前发生于民主德国境内的德国内部法律冲突案件，如此类推适用《法律适用条例》是不无弊端的，因为当时民主德国的立法者视联邦德国和民主德国为两个独立的主权国家，该条例被认为具有一种分离主义的倾向，亦即具有一种在法律上将两个德国分而治之的立法意图。在他们看来，这种类推适用《法律适用条例》的方法主要是以惯常居所取代国籍作为确定准据法时的连结因素，结果导致《法律适用条例》与联邦德国的德国内部法律冲突法的接近，这似乎与上面提到的该条例的分离主义倾向相背离，而且

---

〔1〕黄进、陈卫佐：“德国统一后原东西德地区之间的法律冲突问题初探”，载《武汉大学学报（哲学社会科学版）》1995年第5期。

与原民主德国立法者的意图相去甚远。因此，这部分人认为对于解决德国内部法律冲突来说，这不是一个适当的出发点。由于原民主德国和联邦德国对同一民事法律关系所制定的冲突规范的连结因素不一样或对相同冲突规范的连结因素有不同的解释，在类推适用《法律适用条例》和《德国民法施行法》的规定来处理统一前发生的德国内部法律冲突案件时，就可能出现反致的情况。这样一来，当事人便可能挑选起诉法院，通过选择于己有利的冲突规范来影响判决的结果。可见，这一方法的弊端是明显的，即它无助于消除原先存在于东西法域之间的法律分裂状态〔1〕。连这种理论的支持者比隆（Pirrung）教授也承认，可能在一个案件中，如果向不同法院起诉，会产生不同的判决，这就带来了挑选法院的问题。反对"分裂说"的学者还提到，按照分裂说理论，在德际亲属法领域会遇到法律适用上的两难境地〔2〕。

综上所述，德国统一后原东西德地区之间的法律冲突对德国来说，是一个十分复杂且现实的问题，它不仅涉及区际法律冲突，而且涉及时际法律冲突；不仅涉及统一前的两个德国及统一后的新德国的国内法（实体私法、程序法、国际冲突法、区际冲突法）的适用或类推适用，而且涉及有关的双边或多边国际条约的适用。研究这一问题，不仅对统一后的德国具有十分重要的现实意义，而且对于世界上迄今尚未实现统一、但正在逐步走向统一的国家和地区在未来实现国家政治上的统一后解决本国内部不同法域之间的法律冲突问题，必将具有一定的借鉴作用。〔3〕

通过对当代各国区际法律冲突及其协调模式的比较分析，我们可以看出，区际法律冲突的存在是大量的、普遍的。世界上不同国家解决其国内区际法律冲突的途径各不相同，这也是各国不同的国情使然。通过对不同国家区际法律冲突协调模式进行比较研究，我们可以得出如下具体结论：无论是联邦制国家还是单一制国家，无论是普通法国家还是大陆法国家，在解决区际法律冲突时，都并不局限于一种模式，而是通过不同途径，逐步地消除差异，达到协调冲突的目的。我们相信，只要认真借鉴其他国家协调区际法律冲突的经验，经过坚持不懈努力，中国一定能够逐步建立一种系统的、完善的、具有中国特色的区际法律冲突的协调模式。

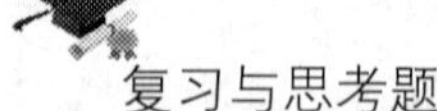

复习与思考题

1. 法域与区际的含义与特点是什么？
2. 复合法域国家的成因是什么？
3. 区际法律冲突的概念、产生条件及特征是什么？
4. 区际法律冲突的解决方式有哪些？

---

〔1〕 Karl kreuzer, "Les conflits de lois inter - allemands après l' unification de l' Ailmagne", *Revue critique de droit international prive*, l' jarlvier - mars, 1993, pp. 1 ~ 14.

〔2〕 肖永平、杜涛："当代多法域国家区际法律冲突协调模式研究"，载《中国国际私法与比较法年刊》，法律出版社 1998 年版。

〔3〕 黄进、陈卫佐："德国统一后原东西德地区之间的法律冲突问题初探"，载《武汉大学学报（哲学社会科学版）》1995 年第 5 期。

5. 美国解决区际法律冲突的模式是什么?

6. 英国解决区际法律冲突的模式是什么?

7. 加拿大解决区际法律冲突的模式是什么?

8. 德国解决区际法律冲突的模式是什么?

9. 在比较多法域国家协调模式的基础上能得出什么样的结论?这对我国有何借鉴作用?

拓展阅读

1. 肖永平、杜涛:“当代多法域国家区际法律冲突协调模式研究”,载《中国国际私法与比较法年刊》,法律出版社1998年版。

2. 赵相林、刘英红:“美国州际法律冲突立法与司法实践及其对我国的启示”,载《中国国际私法与比较法年刊》,法律出版社1999年版。

3. 张仁虹:“不同形式的法律冲突与反致和转致”,载《中国国际法年刊》,世界知识出版社1986年版。

4. 韩德培、韩健:《美国国际私法导论》,法律出版社1994年版。

5. [美]柯威恩·帕特森:《美国宪法释义》,结构群编译,(台北)结构群文化事业有限公司1992年版。

6. 黄进:《区际冲突法研究》,学林出版社1991年版。

7. 余先予:“从国际经验看海峡两岸法律冲突问题的解决方法”,载《中德经济法研究所年刊》,中国大百科全书出版社1991年版。

8. 黄进、陈卫佐:“德国统一后原东西德地区之间的法律冲突问题初探”,载《武汉大学学报(哲学社会科学版)》1995年第5期。

第二章　区际私法

[教学目的和基本要求]

通过本章学习，了解区际私法的历史，掌握区际私法的概念、调整对象，了解区际私法与国际私法区别的理论与实践。本章的重点和难点是掌握区际私法与国际私法的区别与联系。

第一节　区际私法的概念

一、区际私法的名称（private interregional law）

区际私法是调整一国内部不同法域之间民商事法律关系，解决民商事法律冲突的一门法学。也就是说，区际私法的调整对象是一国内部不同法域之间民商事法律关系，即区际民商事法律关系。区际私法既是一个法律部门的称谓，也是法律科学中一个重要分支的名称。不同的国家、不同的地区和不同的学者在不同的时期对区际冲突法有不同的称谓。

在历史上，从12世纪开始，意大利的法学者便率先研究当时意大利北部各城市的法则之间的冲突。最初，他们解决这种法则之间的冲突称之为“collision of statute”[1]，汉译为“法则抵触”。到17世纪，在荷兰著名学者胡伯（Huber，1639～1694）于1689年发表了一篇有很大影响的短文“de conflictu 1egum diversarum in divetsis imperiis”之后，学者们开始用“de conflictu legum”称呼这一法律部门。“de conflictu legum”英译为“conflict of laws”，汉直译为“法律冲突”，也有人译为“冲突法”。这个由欧洲大陆学者提出来的名称一直为英、美等普通法国家所沿用，既指国际法律冲突，也指区际法律冲突。到18、19世纪，国际法律冲突及其解决问题日益突出。相对而言，区际法律冲突及其解决问题则受到人们的忽视。1834年，美国著名法学家和法官斯托里（Story）在其著作《法律冲突论》中第一次提出用“private International law”（汉译为“国际私法”）这一名称代替“conflict of laws”，尽管他未将这一名称作为自己的书名。后来，德国学者谢弗纳（Schaeffner）和法国学者弗利克斯（Foelix）分别于1841年和1843年首先将自己的著作称之为国际私法。国际私法这一名称随后在欧洲大陆国家以及受大陆法影响

[1] 参见［英］卡思·弗罗因德：《国际私法的一般问题》，1976年英文版，第154页。转引自黄进：《区际冲突法》，（台北）永然文化出版股份有限公司1996年版，第141页。

的国家广为采用。"private international law" 代替 "conflict of 1aws" 标志着国际私法和区际冲突法在名称上分流，因为区际冲突法无论如何也不会是国际性的。

由于各复合法域国家内的区际法律冲突产生的原因不同，各复合法域国家对其国内各法域的称谓不同，以及由于学者们对区际冲突法的性质的识别互异，故现在各国和地区立法及学者赋予区际冲突法以多种多样的名称。美国和澳大利亚学者称本国的区际冲突法为"州际法"（interstate law）；瑞士学者称本国的区际冲突法为"州际私法"（droit intercantonale prive 或 interkantonales privatrecht）；加拿大学者称本国的区际冲突法为"省际冲突法"（interprovincial conflicts law）或"省际私法"（private interprovincial law）；德国、波兰和有的英国学者称本国的区际冲突法为"地方间私法"（德文为 interlokales privatrecht，英文为 private interlocal law）；德国的学者还把解决前西德和东德法律冲突的法律称之为"地区间私法"（interzonale privatrecht）；西班牙学者则把本国的解决各地区法律之间冲突的法律称为"区际私法"（private interregional law）。而且，有的学者从区际冲突法与国际私法的相对应出发，把区际冲突法称之为"国内冲突法"（internal conflicts law）；有的学者把联邦国家内各共和国的成员国之间的法律冲突法称之为"共和国间的冲突法"（interrepublican conflicts law）；还有的学者把解决殖民国和被殖民地之间的法律冲突的法律称之为"殖民地间私法"（intercolonial private law）。此外，区际冲突法在特定的具体情况下还有"域际法"（interterritoriai law），"自治地区间的冲突法"（intermunicipal conflicts law）、"非国际私法"（non－private international law）、"非国际冲突法"（non－international conflicts law）、"国内的国际私法"（internal private international law）、"准国际私法"（quasi－private international law）以及"行政区间的冲突法"（interdepartmental conflicts law）等名称。在立法上，瑞士 1891 年的解决其国内州际法律冲突的法律名为"州际法"（interkantonales recht，转译成英文为 interactional law）。1926 年 8 月 2 日的波兰专门用于解决区际法律冲突的法典则名为"区际私法典"（a code of private interlocal law）。目前我国台湾地区的国际私法学者仍沿用"准国际私法"这一名称[1]。受英国普通法影响的我国香港地区的学者则直称为"冲突法"[2]。现今中国内地学者则普遍采用"区际冲突法"或"区际私法"这两个名称。

不过，尽管区际冲突法名称繁多，各有特定的含义，但在学者著述中，更经常使用的名称是"区际冲突法"（interregional conflicts law 或 interlocal conflicts law）和"区际私法"（private interlocal law 或 private interregional law），因为，这两个名称无论是在内涵方面还是在外延方面，能更确切地表达区际冲突法这一概念，亦即能集中地概括、反映解决各种类型的区际法律冲突的法律。

本书采用"区际私法"（private interregional law）这一名称，主要理由是本书的视角是全面论述中国各法域之间民商事法律冲突及其解决问题，除了论述了区际法律适用，即区际冲突法外，还阐述了在区际民商事诉讼中的管辖权和司法协助等问题。

---

〔1〕 梅仲协：《国际私法新论》，（台北）三民书局 1984 年版，第 61 页。

〔2〕 廖瑶珠："法律冲突"，载《大公报（香港）》1986 年 4 月 5 日，A3 版。

二、区际私法的定义

关于区际私法的定义，尽管各学者的表述不一，但几乎都认为，区际私法是解决一国内部不同地区的法律之间的冲突的法律。例如，中国大陆1984年出版的《中国大百科全书（法学）》称："区际私法即解决同一国家中各地区民法抵触的法律。"[1] 中国大陆著名国际私法学家韩德培教授主编的《国际私法》一书认为："调整国内各法域之间法律冲突的法律叫做区际私法或准国际私法。"[2] 中国国际私法学者陈顾远教授在其《国际私法总论》一书中称："准国际私法者，谓虽非国际私法而可准用国际私法的原则之法则也，换言之，即同一国家内解决法律冲突之规则也。"[3] 台湾学者陆东亚在其著作《国际私法》中认为："准国际私法者，乃一国于在其领土内，因有2个以上法律相异地域之存在，发生法律上冲突问题，为予以解决而规定适用法律之法则也。"[4] 马克斯·胡伯在《瑞士的州际法》一文认为："州际法是调整联邦成员之间关系的法律。"不过，胡伯讲的州际法，不仅指的是调整州际民事法律关系的法律，而且指的是调整其他各种州际关系的法律。

综上所述，我们给区际私法下个定义，即所谓区际私法，系指用于解决一个主权国家内部具有独特法律制度的不同区之间的民事法律冲突的法律适用法[5]或是指用于解决主权国家内部不同法域之间民商事法律冲突的法律适用法。换言之，区际私法是调整一个主权国家之内各法域之间利益冲突关系，但经常表现为调整各法域之间民商事法律冲突的规则和原则的总和。

三、区际私法的特点

区际私法是为解决一个国家内部各法域之间的民商事法律冲突所需要而产生的。它具有下列两个特点：

（一）区际私法是国内法

区际私法的国内法性质是由其根本任务所决定的，即它是通过解决一国内部不同地区之间的民商事法律冲突而达到间接调整涉及该国内不同法域的民商事关系的目的。这样，区际私法只能由复合法域国家立法机关或者该复合法域国家各法域的立法机关制定，且仅在该国境内施行和生效。因此，区际私法无论是由复合法域国家统一制定，还是由复合法域国家各法域制定，它都只能是复合法域国家的国内法。由于学者们对国际私法的性质存在认识上的分歧，因而形成了所谓国际私法的"国内法学派"、"国际法学派"及"二元论学派"，但在区际私法的性质问题上，各派学者的观点则是相同的，即区际私法是国内法[6]。

（二）区际私法以民商事法律适用法为根本

区际私法的根本任务是消除和解决区际法律冲突，最重要的方法是运用法律适用法

---

〔1〕 中国大百科全书总编辑委员会：《中国大百科全书：法学》，中国大百科全书出版社1984年版，第228页。

〔2〕 韩德培主编：《国际私法》，武汉大学出版社1983年版，第52页。

〔3〕 陈顾远：《国际私法总论》，上海法学编译社1931年版，第37页。

〔4〕 陆东亚：《国际私法》，（台北）正中书局1979年版，第34页。

〔5〕 黄进：《区际冲突法》，（台北）永然文化出版股份有限公司1996年版，第141～145页。

〔6〕 赵相林主编：《国际私法》，中国政法大学出版社2000年版，第499页。

（冲突法），既不直接确定区际民商事关系当事人的实体权利与义务，也不直接确定民事诉讼主体之间的诉讼权利与义务关系，而仅仅指明涉及一国内部不同法域的民商事关系应该适用何种法律。所以，大多数学者认为区际私法既不同于民商事实体法，也不同于民事程序法，而是民商事法律适用法。在实践中，虽然英美等普通法系国家和前南斯拉夫等国认为区际冲突法或区际私法应包括管辖权规范、法律适用规范和承认与执行外法域判决或裁决规范三部分，但有的学者认为，区际私法的本体只能是解决一国内部民商事法律冲突的法律适用规范及制度，宜将它称之为区际法律冲突法或民事法律适用法[1]。

第二节　区际私法的源流

区际私法作为解决一国内部不同法域之间的民事法律冲突的法律，在区际私法发展的历史中，总是同国际私法的发展纠合在一起，但它也展示了自己的极其特殊之处。在西方（和东方区别开来），区际私法的产生早于国际私法的产生。如果说在历史上国际私法与区际私法有联系的话，那就是说国际私法是随着区际私法的产生和发展而产生并发展起来的，或者不妨说，区际私法是国际私法的最初形态。[2] 因此，我们有必要对区际私法的历史发展进行专门的研究。

一、学说法时代（法则区别说时代）

（一）意大利的“法则区别说”

早在12、13世纪，意大利北部的各城市，如威尼斯、米兰、热那亚、佛罗伦萨等，随着东西方贸易、手工业、商业和银行业的蓬勃发展，自治权力的不断发生增长，并对其周围广大地区取得了支配权，日益强大起来的城市逐渐发展成为城市国家。这些城市国家仍处于其共同统治者罗马帝国皇帝和教皇的权力之下，尽管它们都是靠对外贸易发展起来的，但彼此之间在政治上很少联系，也没有政治统一的要求。不过，由于市场的竞争，彼此之间不断发生矛盾，经常冲突。在这种各城市政治上彼此独立和经济上多有往来的情况下，这些城市逐渐把自己的习惯法编纂成“法则”，并加进一些新的内容，以适应各城市人民之间的经济和民事交往的需要。起初，各主要城市的法官完全适用自己城市的法则来调整各城市之间的民事交往关系，并不承认其他城市的法则的域外效力，因为当时人们还有这样一种观念，即当事人选择了他们的法官就无保留地选择了法官所属的法律制度。但到13、14世纪，由于各城市人民之间的商业交往进一步发展，原来的做法已不能适应新的经济形势的需要。当时，各城市之间虽然缔结了许多条约，但没有规定法律选择问题，而只对哪个城市的法官有管辖权作了规定。

在这种情况下，以巴托鲁斯为代表的一些注释学者创立了“法则区别说”，用来指导解决各城市之间的法律冲突。于是，区际冲突法开始以一种学说法的形式发展起来。

---

〔1〕 沈娟：《中国区际冲突法研究》，中国政法大学出版社1999年版，第19～22页。

〔2〕 韩德培主编：《国际私法》，北京大学出版社、高等教育出版社2000年版，第288页。

在国际私法中，巴托鲁斯常常被称为国际私法的鼻祖。严格讲，他应该说是区际私法的鼻祖。把巴托鲁斯称为鼻祖并不在于他是最早研究区际私法的人。在他之前，意大利和法国的一些法学家已相继提出过一些早期的关于法律适用的见解或冲突原则一类的东西。12 世纪后期的奥尔德里古斯（Aldricus）是最早研究意大利城市之间的法律选择问题的学者，他提出法官应适用更好的和较有益的法律。另一位叫鲍尔杜尼（Balduinus）的学者率先提出了“场所支配行为”原则，并开创实体法和程序法的区分，主张程序问题依法院地法，实体问题依行为地法。后来，法国法学家詹姆斯（Jallies）和彼得（Pil-let）接受并发展了鲍尔杜尼的主张，并推动意大利学界最终接受了鲍尔杜尼的观点。巴托鲁斯之所以被称为区际冲突法的鼻祖，是因为他集“法则区分说”之大成，他不仅揭示了区际冲突法中包含的所有多方面的可能性，而且为具体问题的解决方法开辟了新的道路。

巴托鲁斯主张将法则分为三类，即“人法法则”（Statuta oersonalia）、“物法法则”（Statuta uralia）及“混合法则”（Statuta mixta），而将其每一类规定一个冲突法法则分别适用不同种类之法律冲突：①关于“人法”的法则。以属人法为冲突原则，适用于有关人的权利能力、行为能力方面的冲突。巴氏认为，人的身份能力具有稳定性和持续性，并不因为他所处的地域不同而有所改变，因此本城市国家的法则无论对其领域内的居民或在其领域外的本国居民都应适用，故又称“域外法”（extraterritorial law）；②关于“物法”的法则。以物之所在地法为冲突原则，主要适用于不动产物权方面的冲突。巴氏认为，对不动产的物权如不适用物之所在地法，势必造成不动产制度的混乱，故亦称为“属地法”（territorial law）；③关于“行为”的法则。即混合法应以行为地法为冲突原则，即采用“场所支配行为”的原则，该原则适用于有关法律行为方式方面的冲突。巴氏认为，法律行为方式应由行为地法来决定，只要某一行为符合行为地法的规定，各国均应承认其合法性[1]。换言之，巴托鲁斯解决问题的出发点是对既存法律规则的分类，而不是对法律关系的归纳，他根据法则的不同目的，将其分为人的法则和物的法则。人法是有关人的法律，应按属人法适用，可以及于域外的属民，而物法是有关物的法律，则应按属地法适用，必须及于法则有效范围内的物。他还就法律适用提出了一些具体原则，如人的能力依其所属城市法；侵权应根据场所支配行为的原则依行为地法；合同形式依缔约地法；合同效力依合同履行地法或法院地法；不动产依物之所在地法；程序问题依法院地法等。这些原则至今仍有意义，为一些国家所采用。以巴托鲁斯为代表的法则区别说创立以后，在欧洲以后的几乎 5 个世纪里，一直为许多学者所追随。

（二）法国的“法则区别说”

15、16 世纪，法国国内省际法律冲突比较突出。解决意大利各城市之间法律冲突的“法则区别说”的发展中心便从意大利转移到法国。在当时法国的法学家中，有两个人值得一提，一位是杜摩兰（Dumoulin），另一位是达让特莱（D'Argentre）。杜摩兰生活在当时法国经济比较发达的法国南部，为了适应早期资产阶级商业交往的需要，他在其著作《巴黎习惯法评述》（Commentaire sur la Coutume de Paris）中，主张统一法国各地的

---

〔1〕 赖来焜：《当代国际私法学之基础理论》，（台北）神州图画出版有限公司 2001 年版，第 217～218 页。

法律，以消除各省之间的法律冲突，还主张扩大人的法则的适用范围，而缩小物的法则的适用范围；特别是提出了合同当事人可以选择法律支配其合同的意思自治原则。与杜摩兰恰恰相反，达让特莱长期生活在当时法国封建势力比较强大的北部的布列塔尼省，著有《布列塔尼习惯法评述》（Commentaire sur la Coutume de Bretagne），他出于封建主把其领域内一切人、物、行为都置于当地习惯法控制之下的需要，鼓吹属地主义原则，反对合同当事人意思自治，并极力主张扩大物的法则的适用范围，认为人的法则仅是那些用于解决人的身份、能力或动产（不涉及合同与侵权）的法则。为了限制人的法则的适用范围，他还提出了"混合法则"的概念，并且认为，尽管混合法则是一种既涉及人又涉及物的法则，但归根到底还是一种物的法则，是具有属地性质的法则。达让特莱的学说先在法国没取得成功，但后来在荷兰取得了成功。

（三）荷兰的"法则区别说"

1565年开始，欧洲大陆爆发了反对西班牙专制统治的尼德兰资产阶级革命。当时的尼德兰指莱茵河、缪司河，些耳德河下游及北海沿岸一带，相当于今日的荷兰、比利时、卢森堡和法国东北的一部分。尼德兰革命的结果是尼德兰南北分裂，北方各省于1581年成立了"联省共和国"，亦称荷兰共和国，这是在欧洲建立的第一个资产阶级共和国，但在荷兰共和国内，各省法律互不相同。为了指导解决荷兰国内各省之间的区际法律冲突，17世纪以保罗·沃伊特（Paul Voet）、胡伯（Huber）和约翰·沃伊特（John Voet）为代表的荷兰法学家们很快接受了"法则区别说"，并特别崇尚达让特莱的属地主义保守思想，形成法则区别说中的荷兰学派，而使"法则区别说"的发展中心从法国转移到荷兰。荷兰学派特别强调法律的属地性，认为法律只在其所属域内有效，并约束其域内的一切人，适用域外法是出于礼让的考虑。

可见，从意大利的"法则区别说"开始到荷兰的"法则区别说"，都是以解决律冲突为中心内容的，它延续了约500年的时间。可以说，这500年是区际冲突法发展史上的"法则区别说"时代。这个时代的区际冲突法还处在所谓学说法阶段。意大利国际私法学者维塔曾经断言："最早的关于冲突法的理论是探讨具有地方性的国内法之间的冲突的。"这无疑是正确的。我们也不得不说，区际私法的成长与"法则区别说"的贡献是分不开的。

二、实在法时代

（一）荷兰的"国际礼让说"是荷兰"法则区别说"的国际化

17世纪"法则区别说"进一步发展之工作，则由荷兰学者所接替。当时荷兰各省各有其本身之法律制度，因此冲突不可避免，而亟须赖以解决之原则或理论[1]。荷兰"法则区别说"既是区际冲突法学说法时代的终结，又是解决国际法律冲突的国际私法的开端。本来，荷兰的学者从意大利和法国引进"法则区别说"是为了指导解决新兴的荷兰共和国内的省际法律冲突的。但是，自作为欧洲第一个资产阶级共和国的荷兰共和国立国以后，由于资本主义生产关系取代了封建主义的生产关系，非常适合荷兰当时的生产力发展状况，资本主义势力得到迅速加强，其工商业、航运业以及海外殖民扩张也

---

〔1〕 马汉宝：《国际私法总论》，（台北）自行出版1980年版，第251页。

都有新的很大的发展。随之，国际法律冲突渐渐突出起来。由于当时荷兰共和国处于封建国家的包围之中，为了在对外关系中维护国家主权，抵抗外国势力，因此，荷兰学者对达让特莱的属地主义主张特别欣赏。荷兰学派所主张的“国际礼让说”就是在这种情况下应运而生的。

“国际礼让说”的代表人物胡伯在其著作《论罗马法和现行法》中提出了著名的解决国际法律冲突的三原则：①每一个国家的法律在其领域内施行并约束其全体臣民，而绝不行于域外；②一个国家的臣民是所有那些在其领域内的人，而不论其是常住还是暂居；③根据礼让，国家主权者承认他国的业已在其国内适用的法律到处保持其效力，但以不因此损害另外的主权者或其公民的权力和权利为条件。在这三个原则中，前两个原则强调了主权和法律的属地性，后一个原则阐明了适用外国法的根据和限制，同时提出了国际礼让的原则，前两个原则是后一个原则的基础。这三项原则可以说是国际礼让说的主要内容，毫不夸张地说，它是荷兰“法则区别说”的国际化。

“国际礼让说”的出现，反映了学者们从注重解决区际法律冲突转向更注重解决国际法律冲突，标志着学说法形式的国际私法的开始，预示了区际私法和国际私法将像兄弟般地在法律大家庭中并肩成长并成熟起来。到18世纪，“法则区别说”在法国、德国等国仍然产生着影响。

（二）18～19世纪后期国际私法迅猛发展与区际冲突法的并存

随着国际交往的范围日益扩大，在区际冲突法基础上发展起来的国际私法迅猛发展，并很快出现在制定法中。1756年的巴伐利亚法典和1794年的普鲁士法典率先规定了国际私法规范。从这两个法典关于国际私法的规定的内容来看，它们受“法则区别说”的影响是显而易见的。在随后的19世纪中，在1804年法国《民法典》的带动下，1811年的奥地利《民法典》、1829年的荷兰王国《民法总则》、1851年的智利《民法典》、1853年的苏黎世《州民法典》、1856年希腊《民法典》、1865年的意大利《民法典》、1867年的葡萄牙《民法典》、1871年的阿根廷《民法典》等，都含有解决国际法律冲突的规定。总之，从18世纪开始到19世纪后期以前，在欧洲大陆，由于新兴的国际私法蓬勃发展，又由于法国、荷兰等国的法制从不同走向统一，区际私法受到学者和立法的忽视，区际私法为国际私法发展的浪潮所淹没，上述各法典中都只有解决国际法律冲突的冲突规范便可证明这一点。

但是，在19世纪后半叶，瑞士和德国国内的区际法律冲突仍很突出。瑞士先后在1862年、1876年、1887年的三个法律草案中拟定了区际冲突法规范，可惜这三个法律草案未被采纳。从1871年到1900年，德国是一个联邦国家，其邦际法得到相应发展。而且，在这一时期内，以判例法形式出现的区际冲突法也得到一定程度的发展。在英国，尽管现在无论在理论上还是在实践中都将区际冲突法和国际冲突法等同起来，但早先其区际冲突法的发展是其国际冲突法发展的先导。早在1607年，英格兰即有判例基于外国法承认外国法院的判决。自17世纪末，英格兰法院有时在肯定自己有管辖权的情况下拒绝适用英格兰法，而适用行为地法和所在地法。18世纪末，主要由于英格兰和苏格兰的法律之间的冲突关系，冲突法问题才开始在英格兰法院中突出起来。到19世纪，随着英国与欧洲大陆的商业交往和社会交往迅速增长以及英国海外殖民地的开拓，英国法院才逐渐将用于解决国内区际法律冲突的规范用来解决国际法律冲突，并加以发展。

19 世纪以前，美国基本上没有系统的冲突法学说，其法院在司法实践中只是援引一些英国的判例和学者的理论。1834 年美国联邦最高法院法官斯托里（Story）在其于1834 年出版的《法律冲突论》（Commentaries on the conflict of law）中将在 17、18 世纪的欧洲大陆占主导地位的"国际礼让说"引进美国并加以发展，为美国冲突法，特别是州际冲突法的发展开辟了新的道路。从这一点我们可以说，美国是先接受了欧洲大陆的解决国际法律冲突的理论和规则而后运用于解决美国国内州际法律冲突的。斯托里教授在其著作中接受和吸收荷兰法则区别说，并以胡伯（Huber）之礼让说为其理论体系之基础，结合美国本身的司法实践，创立了自己的礼让说，其依据胡伯之三原则，亦提出自己国际私法学中类似的三原则为其立论基础：①基于国家主权之观念，每一国家在其领域内，享有绝对的主权和专属的司法管辖权，因而每一国家之法律，直接对位于其领城内之财产、所有居住在领域内之居民、所有在领域内缔结契约和所为法律行为，均具有约束力与效力；②基于国家平等之观念，每一国家法律都不能直接对其领域以外之财产发生效力或拘束力，也不能约束不在其领域内之国民，一个国家能自由地去拘束不在其境内的人或事物，那是与所有国家的主权不相容的；③基于国际礼让之观念，一个国家之法律，在另外一个国家有无效力与能否适用，应完全取决于该另一国家法律上的明示或默示的规定，即该另一国家法律未设规定者，法院认为外国法律在不违反法庭地之国策、公共秩序及利益之限度内，系一种"私的万民法"（jus gentium privatum）并赋予其效力，适用外国法。故法院有此权能者，系基于国与国间相互之便利，亦即依据所谓"国际礼让"（Countas getium）而非依据"法律"也[1]。

（三）第一次世界大战后区际私法的复兴

从 19 世纪末开始，特别是在第一次世界大战后，由于西方国家瓜分世界，进行战争和利益再分配的结果，一些法制本已统一的国家，如法国、意大利、希腊等，又出现特殊的区际法律冲突问题，当然还在其他一些原因的促动下，区际冲突法重新得到一些复合法域国家的立法和司法实践的重视。表现在两个方面：

1. 大陆法系国家的成文立法方面。1888 年的西班牙《民法典》第 14 条明文规定类推适用国际私法规则解决其国内的区际法律冲突，而第 15 条对区际冲突法的特殊问题作了规定。随后，1914 年 1 月 15 日第 147 号希腊法和 1923 年 4 月 22 日第 893 号意大利法亦作了相类似的规定。1891 年，瑞士颁布了一项关于州际法和适用于在瑞士居住的外国人和居住在国外的瑞士公民的法律的联邦法，主要并较详细地规定了解决瑞士州际法律冲突的冲突规范。1921 年，法国立法机关通过了一项《防止和调整法国法与阿尔萨斯和洛林的地方法之间冲突的法律》。特别值得一提的是，1926 年 8 月 2 日，波兰在颁布《国际私法典》的同时又颁布了一个完整的《区际私法典》这是人类有史以来第一部专门用于解决区际法律冲突的区际私法典。另外，1898 年的《日本法例》、1918 年的旧中国《法律适用条例》和 1939 年的《泰国国际私法》规定了依冲突规范的指引如何在多法域国家确定准据法的问题。

---

〔1〕 赖来焜：《当代国际私法学之基础理论》，（台北）神州图画出版有限公司 2001 年版，第 240 ~ 241 页。

2. 普通法系的司法实践方面。许多属普通法系的国家的法院出于解决本国国内区际法律冲突的需要，在司法实践中发展了区际冲突法。同时，普通法系的国家在区际冲突法的成文法立法方面也迈开了脚步。例如，英国1882年的《票据法》、1892年的《外国婚姻法》、1894年的《商业运输法》和1926年的《准正法》等，就所涉问题规定了既适用于解决国际法律冲突又适用于解决区际法律冲突的冲突规范。

（四）第二次世界大战后区际私法进一步发展成为国内法中的一个独立的法律部门

第二次世界大战后，各复合法域国家的区际冲突法得到进一步的发展，区际冲突法逐渐形成为其国内法中的一个独立的法律部门。从立法方面讲，值得一提的是，前捷克斯洛伐克于1948年3月11日颁布的《国际私法和区际私法典》。1961年的《苏联和各加盟共和国民事立法纲要》也专门规定了其国内各加盟共和国之间的区际法律冲突的解决办法。特别引人注目的是，前南斯拉夫于1978年颁布的《债法》第三篇和1979年颁布的《解决关于民事地位、家庭关系及继承的法律冲突与管辖权冲突的条例》，都是专门解决区际法律冲突的立法。可以说，它是现代区际冲突法的立法范例。美国一些州的立法机关也制定了或正在制定涉及专门问题的区际冲突法，如1986年1月1日生效的《威斯康星婚姻财产法》就设有专门的冲突规范；路易斯安那州正在起草的《关于继承和婚姻财产的法律草案》也就有关的州际法律冲突问题作了法律选择的规定。从司法实践方面讲，各复合法域国家的法院，特别是普通法系国家的法院在司法实践中不断丰富和发展了自己的区际冲突法。例如，从20世纪50年代开始，在美国的司法实践中就出现了许多对现代美国冲突法（包括国际冲突法和州际冲突法）发生过重要影响的判例。

（五）本世纪区际私法表现出了集中统一的趋势

从本世纪区际私法的发展来看，无论在立法方面还是在司法实践方面，无论在单一制的复合法域国家还是在联邦制的复合法域国家，区际私法表现出了集中统一的趋势，即各法域自己的区际冲突法部分地或全部地向全国统一的区际私法发展。1926年8月2日以前，波兰国内各法域都适用自己的区际私法，但1926年8月2日的《区际私法典》使之归于统一。在前苏联，尽管各加盟共和国的民事或家庭法律中可以有自己的区际冲突规范，但受中央的区际私法立法制约。例如，1962年5月1日生效的《苏联和各加盟共和国民事立法纲要》第18条就是全苏统一的区际私法立法。我们知道，在前苏联的法律体系中立法纲要仅次于前苏联宪法而又高于各加盟共和国的同类法律，每一纲要都是前苏联和各加盟共和国立法机关必须遵循的这一部门法的基本原则，各加盟共和国颁布的法典和有关法律是立法纲要的具体化。由此可以推断，上述民事立法纲要第18条的存在，实际上促成了全苏区际私法的统一。前南斯拉夫是第一次世界大战后产生的一个新的复合法域国家。在第二次世界大战前，前南斯拉夫没有专门的国内冲突法，而是将国际法律冲突和国内法律冲突同等对待，用国际私法解决之。战后，这种情况仍然延续了一段时间。1974年《南斯拉夫社会主义联邦共和国宪法》改变了这种状态，其第281条第15款明确规定由联邦立法机关“规定一个共和国或自治省的法律同其他共和国或自治省的法律发生冲突时的解决办法”。按照该立法，前南斯拉夫联邦立法机关于1978年颁布了《债法》第三篇，于1979年颁布了《解决关于民事地位、家庭关系及继承的法律冲突与管辖权冲突的条例》，它们都是全国统一的区际私法。另一方面，在司法实践中，如在澳大利亚，尽管各州原则上可以有其自己的冲突规范，但随着法律统一运动的开展，澳大利亚高等法院作为各州最高法院的上诉法院，在其司法实践中尽量避免各州过分地发展不同的冲突规范。加拿大的情况也是这样。加拿大冲突法学者卡斯特尔曾指出，关于法律冲突的普通法规则由于案件向加拿大最高法院上诉的结果已成为统一的了。

上述这种趋势的出现既反映了许多复合法域国家意欲集中统一地解决其国内的区际法律冲突，也反映了在复合法域国家内区际私法的统一易于实体法的统一。此外，在一些复合法域国家内，区际私法的统一常常是实体法统一的前奏，前者有力地带动了后者的统一，如波兰法制的统一，就是先统一了区际私法，进而统一全国的实体法的。

第三节　区际私法与国际私法的理论与实践

区际私法和国际私法的关系指的是两者之间的联系与区别。研究两者之间的关系实际上也是探讨区际私法的特性，即它是否与国际私法具有相同的性质。关于区际私法和国际私法的关系，西方区际私法和国际私法理论上有三种不同的解说：或是说区际私法不同于国际私法，或是说区际私法与国际私法相同或相似，或是说两者既有区别，又有相同或类似之处。前一种解说被称为区别说，第二种解说被称为相似说或同一说，而后一种解说被称为折衷说。由于理论上学者们对于区际私法与国际私法的关系颇有分歧。因此，我们有必要同时考察一下复合法域国家在区际私法和国际私法关系问题上的实践。严格说来，在这个问题上，复合法域国家的实践同理论上三种主张是相一致的。

一、区别说的理论与实践

区别说主张区际私法的法律性质根本不同于国际私法的法律性质。因此，用于解决国际法律冲突的国际私法规则不能适用于区际法律冲突的解决。其主要理由是区际私法和国际私法的解决对象不一样，即区际私法解决的区际法律冲突发生在一个具有复合法律制度的单独国家内。而国际私法解决的国际法律冲突则发生在与有关问题相联系的不同的国家之间[1]。主张区别说的学者又由于对国际私法性质的不同理解而分为两个分支：

国际法区别说。持这种观点的代表人物有福伊尔巴赫（Feuerbach）、普奇塔（Puchta）、普特尔（Putter）、瓦赫特尔（Wachter）、齐特尔曼（Cheathman）、克莱因（KLein）等[2]。他们主张国际私法是国际法的一部分，一国法院运用国际私法解决国际法律冲突，受到国际公法基本原则的限制，故一国法院必须遵守国际公法的原则解决国际法律冲突。而一国法院在解决国内区际法律冲突时，则无需考虑国际公法而只依照

〔1〕参见［意］维塔："区际法律冲突"（第9章），载《国际比较法百科全书》（第3卷），1985年英文版，第19页。转引自黄进：《区际冲突法研究》，学林出版社1991年版，第206页。

〔2〕参见［德］齐特尔曼：《国际私法》（第1卷），1897年德文版，第395页；［奥］克聂因：《区际私法研究》，1915年德文版，第10页；转引自黄进：《区际冲突法研究》，学林出版社1991年版，第206页。

自己国家的意志行事。

国内法区别说。这派学者主张，国际私法是国内法。在以主权为单位的国家存在着中央法律制度，中央立法者，也就是国际私法立法者，在解决国际法律冲突时有程序上的自由，即一国可以以主权方式来解决国际法律冲突。而在一国主权之下的特殊法域的立法者对解决区际法律冲突的立法无程序上的自由，这也就是说，区际冲突法立法者在解决区际法律冲突时则不具有这种自由，解决区际法律冲突有限制存在。因为他们考虑到，区际法律冲突发生于一个主权国家范围内，显然不能由区域的立法机关制定法律来解决这种冲突[1]。除上述学者外，胡伯（Huber）、帕克奇奥尼（Pacchioni）、罗古英（Koguln）、迪纳（Dicna）、斯克里马利（Scrimali）、卡西诺塔（Cuclnotta）、弗兰肯斯坦（Frankenstein）以及前南斯拉夫的布莱戈杰维奇（Blagojevic）和瓦雷戴也持这一主张。[2] 特别值得一提的是，美国冲突法学者埃伦茨童格（Chrenzweig）、斯科莱斯（Scoles）和海（Hay）亦极力主张将区际冲突法和国际冲突法区别开来。

一些复合法域国家在立法和司法实践中严格将国际私法和区际冲突法区别开来，把两者视为不同的法律部门，可称为区别实践。采取这种做法的国家主要有过去的波兰，前苏联和前南斯拉夫。1926 年 8 月 2 日，波兰颁布了两个有名的法典：一是《国际私法典》，另一是《区际私法典》，前者专用于解决国际法律冲突，后者用于解决当时波兰国内的区际法律冲突；在前苏联，既有全苏联统一的区际冲突规范，如 1926 年苏联《领事法》第 42 条和第 57 条，1931 年 2 月 10 日前苏联最高法院第 32 次会议的决议以及 1961 年 12 月 8 日批准的《苏联和各加盟共和国民事立法纲要》第 18 条，也有些加盟共和国有自己的区际冲突法立法，如乌克兰《家庭法典》第 107 条。但它们都只用于解决前苏联国内各加盟共和国之间的法律冲突，而不用来解决涉及苏联的国际法律冲突，特别值得一提的是，在《苏联和各加盟共和国民事立法纲要》中，除了关于确定各加盟共和国的法律在其他加盟共和国适用的第 18 条外，其第八章专门规定了解决国际法律冲突的国际私法规范，两者分属不同的章，互不从属，其规定的内容也大不相同。而且，前苏联法院在处理国际私法问题或区际冲突法问题时，如碰到无有关的法律冲突规则可以适用的情形时，其区际冲突法的规定和国际私法的规定不能互相类推适用，而应求助于苏联立法的一般原则和精神。前南斯拉夫于 1978 年 5 月 26 日颁布的《债法》第 1099 条至第 1105 条和 1979 年 3 月 2 日颁布的《解决关于民事地位、家庭关系及继承的法律冲突与管辖权冲突的条例》[3]，它们都是区际冲突法，专门用于解决前南斯拉夫联邦内

---

〔1〕 参见［意］维塔："区际法律冲突"（第 9 章），载《国际比较法百科全书》（第 3 卷），1985 年英文版，第 19 页。转引自黄进：《区际冲突法研究》，学林出版社 1991 年版，第 206 页。

〔2〕 参见［美］马克斯·胡伯："瑞士的州际法"，载《美国国际法杂志》（第 8 卷），1909 年英文版，第 62 ~ 98 页；［瑞士］罗古英："在国际和州际方面瑞士法律的冲突"，载《法瑞条约述评》，1891 年法文版；［意］斯克里马利：《国际法中的区际法律冲突》，1935 年意大利文版，第 76 页；［德］弗兰肯斯坦："国际私法的新趋势"，载《1980 年海牙国际去学院讲演集》（第 33 卷），1980 年版，第 307 ~ 308 页。转引自黄进：《区际冲突法研究》，学林出版社 1991 年版，第 207 页。

〔3〕 参见［苏］隆茨：《国际私法》，顾世荣译，人民出版社 1951 年版，第 34 ~ 36 页；中国人民大学苏联东欧研究所编译：《苏联和各加盟共和国立法纲要汇编》，法律出版社 1982 年版，第 12 页；转引自黄进：《区际冲突法研究》，学林出版社 1991 年版，第 49 ~ 58 页。

各共和国及自治省的法律相互之间的冲突。后来，前南斯拉夫又于1982年颁布了《关于解决在某些问题上与其他国家法律规则的法律冲突法》，专门用于解决国际法律冲突。

二、相似说或同一说的理论与实践

持这种主张的学者认为，区际冲突法和国际私法是互相类似的，许多人甚至认为两者是同一的。因为区际私法规范和国际私法规范，实质上都是法律适用规范。所以，为了方便起见，国际法律冲突和区际法律冲突应适用相似或同一的原则加以解决。在欧洲大陆法系国家，许多学者主张区际私法与国际私法相似或同一。[1] 德国著名法学家萨维尼（Savigny）试图从区际法律冲突和国际法律冲突都产生于一定的法律共同体这一事实出发，去找到区际私法与国际私法相似的实质，并认为两者的“规则经常是相同的”。另一位德国学者努斯鲍姆（Nussbauto）认为，国际私法问题起源于各地区法律制度不同，只要这种不同存在，国际私法问题就可能产生，至于这种不同是国家之间的法律，还是州、省或其他地区法律间的不同，则是无关紧要的。原则上，国际的、州际的、省际的、区际的冲突都是相同的。无论什么地区单位，法律选择通常以相同的方式加以确定。还有一位德国学者冯·巴尔（VonBar）甚至认为，将区际私法和国际私法区别开来是荒谬的。此外，德语国家的其他一些学者，如梅尔基奥尔（Melchior）、纽梅耶（Nnemneyer）、尼德纳（Nniedner）、萨特（Saner）、昂格尔（Lnger）、沃克（Walker）、拉佩（Raape）、凯格尔（Kegel）、纽豪斯（Neuhaus）、斯特姆（Sturm）、温格勒尔（Wengler）、阿福尔特（Affolter）以及吉斯克尔·泽勒（Giesker－Zeller）等，也支持相似说或同一说。他们认为，国际私法的冲突规范和区际私法的冲突规范，如同人际冲突规范，实际上都是法律适用规范，这也正是两者的相似之处或一致的地方。在法国学术界，德帕涅（Despagnet）、奥迪内（Audinet）和阿米琼（Arminjon）等也主张区际私法和国际私法是同一的，他们认为，国际私法概念包括所有类型和种类的冲突法。言下之意，当然也包括国际冲突法。意大利的尤迪纳（Udina）也持这种主张。在英、美等普通法系国家，如前所述，除少数学者主张将区际冲突法和国际冲突法区别开来外，大多数冲突法学者都赞同相似说或同一说。在英国，戴赛（Dicey）、施米托夫（C. U. Schmitthoff）、安东（Anton）、诺斯（North）等学者持这种主张，他们一般都认为，在冲突法上，“涉外因素”和“外国国家”意味着一个非英格兰或苏格兰因素和非英格兰或苏格兰的国家；“国家”只是一个具有独特法律制度的法域的代名词。从英格兰冲突法的角度来看，苏格兰、北爱尔兰是同法国、德国或荷兰一样的“外国国家”。因此，他们认为，像英格兰和苏格兰法律之间的冲突这样的区际法律冲突，与像德国和法国法律之间的冲突这样的国际法律冲突没有什么区别，其解决都适用相同的冲突规则。

1834年，美国联邦最高法院法官斯托里出版了《法律冲突论》，真正开创了合并研究区际法律冲突和国际法律冲突的美国冲突法学。他在其著作中写道：“这种问题不仅在完全互相独立的国家之间，而且在同一帝国内，犹如革命前的法国的情况一样，受不同法律支配的省之间，一定经常出现。”他认为，从现代国家的法律冲突中产生的法律制度是一个重要的公法部门，这对由不同的并且在某些方面是独立的州组成的美国来说

---

〔1〕 黄进：《区际冲突法研究》，学林出版社1991年版，第208页。

尤为重要。后来，美国学者沃顿（Wharton）、比尔（Bill）、古德里奇（Goodrich）、杜·博伊斯（Du Bois），英特马（Yntenla）在自己的著作中同时讨论区际法律冲突和国际法律冲突，甚至以讨论美国州际法律冲突为主。例如，比尔声称："的确，我们面临着相当数量的从与外国法律冲突中产生的问题，但此外，我们也面临着大量的涉及本国内的法律冲突的诉讼。没有哪个美国律师能在国家的法律冲突和地方的法律冲突之间指出任何重要的区别。"美国法学会主持编纂的1934年和1971年的《冲突法重述》也是把区际冲突法和国际冲突法等同起来的。如1971年的《第二次冲突法重述》第10条规定："本重述中的规则适用于涉及美国一个或一个以上的州的案件，并且一般适用于涉及一个或一个以上的外国国家的案件。"[1]

英、美等普通法国家在立法和司法实践中，由于它们国内的各个具有独特法律制度的地区单位在冲突法上把所有其他具有独特法律制度的地区都视为"外国"，因而它们对区际冲突法和国际冲突法不加区分，通通叫做冲突法，同时适用于解决国际法律冲突和区际法律冲突。从立法方面来看。英国1882年的《票据法》（Bills of Exchange Act, 1882）、1892年的《外国婚姻法》（Foreign Marriage Act, 1892）、1894年的《商业运输法》（Merchant Shipping Art, 1894）以及1926年的《准正法》（Legitimacy Act, 1926）等，都含有相应的冲突规范，它们都既用于国际法律冲突的解决，也用于英国国内区际法律冲突的解决。另外，在英国，还有大量的非成文的冲突规范，这种不成文的适用于区际法律冲突的冲突规范和适用于国际法律冲突的冲突规范之间也没有什么区别[2]。

从司法实践方面来看，一些普通法国家的司法判例明确肯定区际冲突法和国际私法应等同起来。不过，应该注意的是，英、美等普通法国家尽管在实践中将区际冲突法与国际私法等同起来，但实际上两者并不是完全等同的。例如，美国《第二次冲突法重述》第10条虽然规定该重述中的规则既适用于州际案件也适用于国际案件，但它又强调，"在特定的国际案件中，可能有些因素导致与在州际案件中所达到的不同结果"。这些因素主要是：①世界上各国的政治、社会和法律制度的多样化。②在美国国内，按照美国宪法存在着保证条款，如美国宪法修正案第14条的正当程序条款，它为各州官方行为的公正提供了法律保证措施。③在美国国内有权威性的宪法规则，如完全诚意和信任条款、正当程序条款、特权与豁免条款、平等保护条款以及商业条款等，它们不约束其他国家的法院，也可能不适用于在美国的国际冲突案件。④根据外国的当地法建立的法律关系，如多配偶制，可能不为法院地州的当地法律所知。这时，一个美国州的法律选择规则允许在这种新的情况下通过适用一般原则或类推作出公正和有预见性的判决。[3] 正由于在州际和国际案件之间存在着这些不同的因素，因而，在某些方面美国法院在运用冲突法处理州际冲突案件时显然不同于其对国际冲突案件的处理。这也就是说，美国法院在处理州际冲突案件和国际冲突案件时，并不是适用完全相同的冲突法规

[1] 黄进：《区际冲突法研究》，学林出版社1991年版，第209页。

[2] 黄进：《区际冲突法研究》，学林出版社1991年版，第210页。

[3] 美国《第二次冲突法重述》，第10条评注4和第2条评注。

则。由此可以得出结论说，在采取同一说的国家的立法与司法实践中，它们所主张的区际冲突法与国际冲突法的等同或同一也只是相对的，而不是绝对的。

三、折衷说的理论与实践

持这种观点的学者在上述两种学说之间采取一种居间的立场，他们既不赞成将区际私法和国际私法绝对分开的区别说，也反对区际私法和国际私法相似说和同一说，而一方面强调区际冲突法与国际私法的不同，另一方面则强调两者在某些方面的相似或同一。折衷说是建立在对区际法律冲突的不同种类加以区分的基础上的。例如，按照埃利科（Elieco）和尼波耶（Niboyet）的观点，与主权冲突相伴随的“活”法之间的“省际”法律冲突，就不宜用解决国际法律冲突相同的原则加以解决，而不与主权冲突相伴随的“死”法之间的“省际”法律冲突，就可以用解决国际法律冲突的原则加以解决了[1]。法国著名国际私法学者巴迪福（Batiffol）将省际法律冲突区分为中央立法者通过援用为每个区域法律制度制定的冲突规范来解决的冲突和依靠地方民、商法律制度解决的联邦类型的冲突。在他看来，这两类冲突至少部分地不同于国际私法冲突，因为在这两种情况下，中央权力的影响强度在每一具体情况下或大或小。但就前者而言，它更类似于国际私法冲突，因此，对于这些冲突，必须适用国际私法原则[2]。

一些复合法域国家在立法实践中，在区际冲突法和国际私法的关系问题上采取折衷的立场。其表现形式为二：①有的复合法域国家将区际私法规范和国际私法规范规定在同一个法律之中，并且以区际私法规定为主，对于含有国际因素的某些民事法律关系的法律适用，可以适用区际私法的规定。瑞士于1891年6月25日颁布的《关于州际法和适用于在瑞士居住的外国人和居住国外的瑞士公民的法律的联邦法》即属这方面的代表。该法总共39条，其中第1~27条的规定为州际法；第28~31条的规定是适用于居住在国外的瑞士公民的规定；而第32~34条是适用于居住在瑞士的外国人的规定，即国际私法规定；第35~39条这最后几条则为暂时性和结束性规定。显然，区际法的规定是主要的。因此，该法第32条规定，该法中的区际法规定可以用来调整与居住在瑞士的外国人有关的法律关系。②一些复合法域国家在立法中原则上确定，对于区际法律冲突的解决类推适用国际私法原则，但同时对于区际法律冲突解决中的特殊问题作一些例外规定。意大利、希腊、前捷克斯洛伐克曾采取过这种作法，西班牙目前仍采取这种作法。在西班牙，1883年《民法典》第14条规定，该法典中的国际私法规定类推适用于区际法律冲突的解决。但第15条接着对区际法律冲突的解决作了一些特别规定。1974年，西班牙又制定了新的民法典序则，其中第16条规定适用解决国际法律冲突的法律规则解决区际法律冲突，但又规定在解决区际法律冲突中属人法不由国籍确定，同时，关于识别、反致和公共政策的国际法律冲突规范不适用。

---

〔1〕参见［意］维塔：“区际法律冲突”（第9章），载《国际比较法百科全书》（第3卷），1985年英文版，第19页。转引自黄进：《区际冲突法研究》，学林出版社1991年版，第210页。

〔2〕参见［法］巴迪福：《国际私法原理》，1949年法文版，第276页。转引自黄进：《区际冲突法研究》，学林出版社1991年版，第210页。

四、区际私法与国际私法的区别与联系

以上我们把复合法域国家在区际冲突法和国际私法关系问题上的理论与实践从总体上进行概括和划分为三种学说，其实，各复合法域国家的具体情况并不相同且十分复杂，即使采取同一立场的国家在具体作法上仍有不同之处。但有一点是可以肯定的，无论在理论与实践中采取那种立场，各复合法域国家都不否认区际私法和国际私法既有联系又有区别。

区际私法与国际私法区别与联系

<table>
<tr><th colspan="2"></th><th>区际私法</th><th>国际私法</th></tr>
<tr><td colspan="2">联系</td><td colspan="2">①在欧洲，国际私法的产生和发展是以区际私法的产生和发展为先导的
②区际私法和国际私法都是以解决法律冲突为目的
③区际私法和国际私法都以冲突规范为核心，采用间接调整的方法
④区际私法和国际私法在发展过程中形成了一系列相同的基本理论和基本制度
⑤区际私法在确定国际私法上准据法时具有重大联系</td></tr>
<tr><td rowspan="8">区别</td><td>调整对象</td><td>一个国家内部不同法域之间的区际民商事关系</td><td>主权国家之间的国际民商事关系</td></tr>
<tr><td>法律渊源</td><td>多法域国家的国内法或判例法</td><td>除了国内法和判例法外，还有国际条约和国际惯例</td></tr>
<tr><td>制约因素</td><td>较少考虑国际因素，也不受国际公法的原则、规则和制度的制约，只受所属多法域国家的宪法或宪法性法律及国内其他具体情况的制约</td><td>不得不考虑国际因素，如国际通行的做法；不得不受制于国际公法的原则、规则和制度，如基本原则相同、条约的制度相同等</td></tr>
<tr><td rowspan="5">具体规则和制度</td><td>国籍这个连结点不起作用</td><td>国籍是很重要的连结点</td></tr>
<tr><td>不适用公共秩序保留或适用的范围很小</td><td>广泛适用公共秩序保留</td></tr>
<tr><td>一般不存在识别和准据法的调查问题，在全国统一区际私法的多法域国家，也不存在反致问题</td><td>这些制度都广泛适用，只是在反致问题上，有的国家禁止反致</td></tr>
<tr><td>一般都会互相承认与执行外法域法院的判决</td><td>承认与执行外国法院的判决困难得多</td></tr>
<tr><td>只适用于一国之内，解决不同法域之间的法律冲突</td><td>只用于调整国际民商事关系</td></tr>
</table>

其联系表现在：①国际私法本身就是在区际私法的基础上发展起来的，都以解决民商事法律在空间效力上的冲突或民商事法律的地域适用问题为目的，因而，二者所包含

的法律规范主要都是法律适用规范，规范结构及其适用方面的制度（如识别、反致、公共秩序保留、法律规避、外国法或外法域法律内容的查明等制度）具有相同或相似性。②二者的调整对象都是民商事关系，其调整方式都含间接调整方法。③在特定条件下，国际私法中冲突规范的适用往往有赖于区际私法的适用。即当一国冲突规范指定某一复合法域国家的法律为某一涉外民商事关系的准据法时，对该准据法的最终确定，就需要借助于该复合法域国家的区际私法的规定。

其区别表现在：①调整对象不同。区际私法所调整的是涉及一国不同法域之间的民商事关系，而国际私法所调整的是涉及两个或两个以上国家法律的所谓涉外民商事关系或国际民商事关系。这就决定了区际私法所解决的法律冲突是主权国家内部不同法域之间的民商事法律冲突，而非主权国家之间的民商事法律冲突。②渊源有所不同。区际私法的渊源只能是国内法，而国际私法的渊源除国内法以外，还有国际条约和国际惯例，这就决定了二者所体现的政策也有所不同。前者所体现的主要是复合法域国家处理其国家内部不同地区之间的政治、经济、民事等关系的政策，而后者主要体现的是一国的对外政策，且它的制定或实施必须考虑国际法上的一些原则。③在一些具体规则与制度上也有所不同。以属人法原则为例，区际私法仅指住所地法或惯常居所地法，而国际私法除此之外还可以是本国法。又如，对公共秩序保留制度，在区际私法中，其适用范围较窄，而在国际私法中，其适用范围较宽。区际法律冲突是在一个主权国家领土范围内具有独特法律制度的不同地区之间的法律冲突。

综上所述，区际私法与国际私法无论在理论上还是实践中，是两个既有联系又有区别的独立的法律部门。我们要在联系的基础上找差别，同时也要在两者的区别中研究联系，这样就能参考和借鉴国际私法的一般原则、规则和制度来研究和解决区际法律冲突问题。

复习与思考题

1. 区际私法的概念及特点是什么？
2. 简述区际私法的历史。
3. 简述区际私法与国际私法关系的理论。两者的区别与联系有哪些？

拓展阅读

1. 韩德培主编：《国际私法》，武汉大学出版社 1989 年版。
2. 黄进主编：《中国的区际法律问题研究》，法律出版社 2001 年版。
3. 陈力：《一国两制下的中国区际司法协助》，复旦大学出版社 2003 年版。
4. 韩德培主编：《国际私法》，高等教育出版社、北京大学出版社 2000 年版。
5. 赵相林主编：《国际私法》，中国政法大学出版社 2000 年版。

6. 韩德培、肖永平:《国际私法学》，人民法院出版社、中国社会科学出版社 2004 年版。

7. 黄进:《区际冲突法研究》，学林出版社 1991 年版。

8. 沈娟:《中国区际冲突法研究》，中国政法大学出版社 1999 年版。

第三章　区际民商事司法协助

[教学目的和基本要求]

通过本章的学习，了解司法协助的基本概念等一般法律问题，掌握区际民商事司法协助的概念、法律性质、协助模式以及公共秩序保留制度的运用。本章的重点与难点为区际民商事司法协助的范围，涉及到区际司法文书及司法外文书的送达、调取证据、法院判决的承认与执行、仲裁裁决的承认与执行等问题的相关管理论与实践。

第一节　司法协助概述

一、司法协助概念

区际司法协助的概念是从国际司法协助的概念中引申而来的。

国际司法协助是指根据国际条约或互惠原则，一国法院接受另一国法院的请求，代为履行某些诉讼行为的制度，包括送达诉讼文书、传唤证人、收集证据、承认和执行外国法院的判决和仲裁机构的裁决等。提出司法协助请求的一方称为委托方，接受委托并代为履行某些诉讼行为的一方称为协助方。关于司法协助，在国际上并没有一个统一的名称。有的国家称之为“司法协助”（judicial assistance），有的国家称之为“法律协助”（legal assistance），也有的国家称之为“司法合作”（judicial co－operation）或“司法联系”（judicial relation）。在英、美等国的立法中，则根本没有民事司法协助这一概念，它们将域外送达、取证和外国判决的执行作为相互独立的问题分别加以规定或探讨。

司法协助自古有之，古希腊时代的一块出土碑石就记录了一段关于争端当事国如何在仲裁员的指令下就询问证人、调查取证等事项彼此协助而解决争端的历史，这被认为是关于民事司法协助的最早记录；1846 年法国和巴登（现为德国的一部分）签订了世界上第一个民事司法协助条约；1933 年比利时颁布了世界上第一部《引渡法》。此后，越来越多的国家颁布有关司法协助的法律，在实践中，多以签订司法协助条约的方式展开国际司法合作，特别是在二战以后，国际司法协助的规范化、趋同化趋势愈加显著，司法协助作为克服司法管辖权障碍、便利诉讼顺利进行的重要手段，正在现代社会发挥越来越重要的作用。国际司法协助体现了世界各国在尊重彼此司法独立的基础上所形成的一种相互依赖、相互合作与协助的特点。

司法协助一般包括国际民商事司法协助、国际刑事司法协助和国际行政司法协助，各国在民事诉讼中相互提供的司法协助被称为国际民商事司法协助；各国在刑事诉讼中相互提供的司法协助被称为国际刑事司法协助；各国在行政诉讼中相互提供的司法协助被称为国际行政司法协助，例如欧洲委员会于1977年通过的《关于在行政案件中向国外送达文书的欧洲公约》和1988年的《关于在税务案件中相互提供行政协助的公约》，规定各缔约国在税务案件中相互交换情报、审查税务、协助征税以及送达文书等。国际私法上的司法协助仅指国际民商事司法协助。

关于司法民商事协助的概念，理论界有狭义司法协助和广义司法协助之分。

狭义司法协助仅仅包括送达诉讼文书、代为询问当事人或证人和域外取证，例如原苏联的《民事诉讼法纲要》对民事司法协助的规定，就仅包括协助“送达传票和其他文件，询问当事人和证人，进行鉴定和勘查现场等”；德国法学界认为，司法协助只包括送达诉讼文书和履行收集证据两项内容；日本法学界也认为，司法协助只包括送达文书和调查取证；英国虽然立法中没有统一的司法协助概念，但在与外国签订的《关于民、商事法律诉讼程序》的条约中，司法协助一般仅限于司法文书和司法外文书的送达和调查取证两方面的内容；美国的实践中，也将司法协助的范围仅限于文书的送达和调查取证两类，例如美国国务院在1976年2月3日致各国驻华盛顿外交使团的一份照会中，明确指出，“外国的判决、裁决或命令不得通过请求司法协助的方式在美国得到执行，国务院将退回这种不予执行的请求”。[1]

广义司法协助不仅包括送达诉讼文书、调查取证，还包括对外国法院判决和仲裁裁决的承认与执行。意大利对民事司法协助概念的理解是广义的。将民事司法协助的范围解释得最广泛的是法国。法国的司法实践对司法协助的注释，几乎囊括了在诉讼程序方面几乎所有的合作事项，包括：发给外国法院判决的执行状（即承认和执行外国法院的判决）、证明外国法、送达司法文书和司法外文书、发放身份证书、免除外国人诉讼费用和诉讼费用的担保、执行调查取证的请求书等。

就司法协助的实质内涵而言，该项制度有助于实现当事人的权利，是国与国之间法律制度互助互利的表现，而能否承认和执行外国法院判决或仲裁机构裁决，更是直接关系到当事人权益的实现问题，所以，对外国法院判决和仲裁裁决的承认与执行理应是司法协助制度的核心内容，因而，广义司法协助为大多数国家实践认可。

其实，不论是广义的司法协助还是狭义的司法协助，各国都承认民事判决的承认与执行同送达文书、调查取证一样，存在着各国之间相互合作的需要，有些国家之所以持有狭义的司法协助的概念主要是由于外国民事判决的承认与执行，在条件和程序方面与协助送达文书和调查取证不同。在协助送达文书和调查取证的程序中，有关请求是由外国的司法机关提出的，协助的对象是外国法院进行的民事诉讼程序，也就是说，它是通过代为履行诉讼中一定的司法行为的方式，协助外国司法机关对案件进行审理。这种协助本身并不影响案件的实质问题，也不影响当事人的民事权益，它仅具有对外国诉讼程序的辅助性质；判决的承认与执行则具有与此不同的特点，它并非直接对外国司法机关审理民事案件时的一种协助，而是在外国法院作出判决后，对当事人实现判决中的利益

〔1〕 费宗炜、唐承元主编：《中国司法协助的理论与实践》，人民法院出版社1992年版，第31页。

的协助。外国法院作出判决后，其诉讼程序也告完毕，要求执行判决需要当事人重新提出申请，进入一个新的程序。因此，在承认与执行外国判决过程中，不仅仅是履行一个协助外国法院的程序性的行为，而是要具体实现判决中规定的权利与义务，直接涉及案件的实质问题和当事人的实际利益，它是一个相对独立的程序，英美等国的法律中甚至要重新作出判决，外国判决只作为一种事实依据。在承认与执行外国法院判决的程序中，有的国家认为这是当事人实现其民事权利的一种方式，并不要求与作出判决的国家存在互惠关系。基于上述种种理由，他们认为需要对这种程序与送达文书和调查取证加以区分。另外，狭义说还可能源于这些国家对“司法”一词的理解。他们认为，“司法机关”仅指受理诉讼案件的机关，主要是法院，所以“司法协助”只能是各国司法机关在诉讼过程中相互之间的一种协助；而承认与执行外国法院判决的请求，通常是由胜诉一方当事人提出的，它并非由外国法院在审判过程中请求协助的事项，因此它不属于“司法”协助的范围。有的国家将这种协助与送达文书和调查取证称为“法律协助”，而避免提到“司法”一词，也有这方面的考虑。[1]

说到底，民事司法协助的广义、狭义之争，只不过是概念上的不同而已，并不意味着在判决的承认与执行方面不需进行国际协助，也不意味着这种协助与其他司法协助在本质上完全不兼容。采取广义的司法协助，这样有利于全面地研究这一领域的性质、原则和程序以及它们之间的相互联系，建立统一的、协调的司法协助制度。由于司法协助制度的实践性，对司法协助采取何种主张并不是最重要的，重要的是各国应在哪些领域开展合作以及如何合作。我们没有必要在理论上或者在国际范围内寻求确定一个统一的概念，而且我国今后在与其他国家订立有关条约时，在用语方面也可采取灵活立场。作为理论研究者的任务，应该将其涉及的各个方面结合起来研究，而不能有所偏废，以便更好地为实践服务。

二、司法协助的一般法律问题

（一）司法协助的法律性质的确定

关于司法协助行为的法律性质，人们的观点不太一致。有的认为国际司法协助是司法权力的一部分，并且在民事诉讼法的范围内规定了司法协助的执行，因此它属于诉讼性质；有的认为，执行司法协助是司法行政部门的职责，因此它属于行政性质；另外，也有的人认为，支配司法协助的规范部分地为诉讼法性质的规范，部分地为行政法规范，因此不宜笼统地将司法协助行为划为司法性质或行政性质。

我们认为，司法协助行为兼有诉讼性质和行政性质双重属性。一方面，被请求机关实施协助行为，一般都要通过一定的司法程序加以完成，而且在此程序中通常应遵循本国的诉讼程序规则，当事人依该诉讼程序规则享有一定的诉讼权利与义务，协助的结果直接或间接产生诉讼上的意义，因而具有诉讼性质。另一方面，法院或其他主管机关向外国有关当局提供司法协助毕竟不同于直接受理诉讼案件，在大多数情况下并不构成独立的诉讼，不对案件的是非曲直作出判断，而只是依附于在外国进行的诉讼，处于辅助地位，因而又与一般的诉讼行为有所区别；再者，一国能否向外国提供司法协助往往涉

〔1〕 费宗炜、唐承元主编：《中国司法协助的理论与实践》，人民法院出版社 1992 年版，第 34 页。

及一国的主权、安全，需要从两国关系、外交利益以及其一些政治方面加以考虑，所以实施司法协助往往不仅要通过行政途径进行联系，而且一国行政机关对于是否提供司法协助亦拥有相当大的决定权。这种决定权的依据及其行使显然超出了诉讼程序所规定的范围，所以说司法协助行为也具有行政性质。

在讨论司法协助的法律性质时还要注意的一点是，由于寻求司法协助的请求是由国家作出的，所以司法协助的执行也只是请求国对被请求国的权利，当事人没有对被请求国的请求权。如果说当事人具有任何请求权的话，那也只是对请求国的请求权，而且是否承认这种请求权，也完全依赖于请求国的成文法规范。

（二）司法协助的主体

根据司法协助的概念与特性，司法协助行为应由有权诉讼或进行有关司法行为的机关进行，而不能由其他个人或机关进行，否则，就难以在外国的诉讼程序中产生应有的法律效果。有权实施司法协助的机关主要是各国的法院，此外还包括其他一些主管机关。判断什么机关是司法协助的主管机关，取决于各国法律赋予该机关的职权及其在司法协助中的作用，国际上并无统一的标准。

虽然执行司法协助请求或实施司法协助行为的一方只能是被请求国的法院或其他主管机关，但提出司法协助请求的一方却有两种情况：一种是在送达文书和调查取证的协助中，提出请求的一方也应当是请求国的法院或其他主管机关；另一种是在承认与执行外国法院判决时，有关请求既可由作出判决的法院或其他主管机关提出，也可以由要求执行的当事人提出，在有的国家中只能由当事人提出。这是因为在前一种情况中，请求执行的事项是直接对外国法院进行诉讼活动的协助，属于两国司法机关之间的相互委托，而要求承认与执行外国判决主要是当事人为实现其民事权益而请求的事项，是在外国法院对案件审理完毕后发生的，许多国家认为它是当事人对其本身的民事权益的一种处分权，而不属于原审法院的职权范围。我国民事诉讼法中也规定，承认与执行外国法院判决的申请，除可以由作出判决的外国法院提出外，也可以由当事人直接向有管辖权的中国法院提出。

在我国，有权进行民事司法协助的主管机关，主要是法院。因为按照我国民事诉讼法的规定，所有的民事案件都由法院受理，不存在其他的诉讼机关；诉讼过程中的送达文书、调查取证等行为，也由法院的工作人员进行；对外国法院判决的承认与执行，更是属于法院的权力。另外，在司法协助的联系途径、对外国司法协助请求的审查、对外国机关直接来华进行司法活动的审批等方面，行政机关（包括外交机关和专为进行司法协助联系指定的中央机关）也具有一定的职能，在这个的意义上讲，它们也可视为民事司法协助的主管机关。除此之外，任何其他团体或个人都不是司法协助的主管机关，也无权向外国请求或提供司法协助。

（三）司法协助中国家之间的合作主要表现为协助进行一定的诉讼行为

司法协助行为必然与诉讼程序有关，否则，就不能成其为司法协助。例如，送达文书和调查取证，本身就是诉讼程序中的重要环节；承认与执行法院判决，是实现诉讼程序结果的必然要求，因此，这些协助行为都是司法协助。另外，对于外国法院进行的民事诉讼提供其他协助，例如提供本国法律的有关资料，以便外国法院在审理案件时适用，等等，也应该属于司法协助的范围。

民事司法协助的这一特征，区别于各国在法律领域的一般合作与协助，例如不同国家的对应司法机关之间进行的交换信息、交流经验、互相访问、代为培养司法人员，等等，虽然也是法律领域的合作，但与诉讼程序没有关系，因而不属于司法协助。

司法协助的行为一般可分为两类，一类是被请求方代行本应由请求方在诉讼中实行的行为，例如代为送达文书、代为调查取证、向外国法院提供本国法律的情报、承认与执行外国法院判决等，这些行为都需要被请求国的法院或其他主管机关通过积极的行为来实现；另一类则是被请求国允许和同意外国的法院或其他主管机关到其境内执行一定的司法行为，例如同意外国的外交或领事官员在其境内送达文书和调查取证、同意外国法院直接向本国境内的当事人送达传票、同意外国法院派出的人员到本国境内直接调查取证等，行为的实行者是外国的机关或个人，而本国的司法机关则是采取不作为的方式进行协助。

一般认为，上述两类协助行为都应属于司法协助。表面看来，在第二类情形中，虽然被请求国的法院或其他主管机关没有代为行使外国法院在民事诉讼中的职权，但是，本质上已经达到了司法协助的目的。主要原因是：①允许外国法院或其他主管机关直接到本国境内送达文书和调查取证，对于送达地或取证地国家而言，也是协助外国法院进行民事诉讼的方式之一，与其根据请求亲自实施有关行为相比，只是方式不同，其目的和实质是一致的。②外国法院或其他主管机关行使这些行为的前提，是必须符合行为地国的法律规定，在有些情况下还需要行为地国主管当局的特别许可，行为地国主管当局还可对这种行为规定一定的条件。这种行为并不是一种可以随意进行的行为。③当外国法院或其他主管机关进行这些行为时，还往往需要行为地国法院或其他主管当局的合作，例如一国允许外国法院派遣的人员到其境内取证时，本国司法机关往往要出席取证过程，对该外国机关的活动进行监督并提供具体帮助，等等。

在我国与外国缔结的司法协助条约中，司法协助的内容通常还包括对外国人的司法保护、诉讼费用保证金的免除、司法救助、交换法律情报、免除认证等内容。实质而言，这些内容并不直接属于司法协助的内容，因为这些事项并不是缔约国法院之间在进行民事诉讼时相互提供的协助，但是，这些方面的制度也都间接地与司法程序有关。对外国人的司法保护、诉讼费用保证金的免除、司法救助等制度，与外国人在司法程序中的法律地位有关，这些制度可以确保本国国民在缔约对方的境内进行民事诉讼时，在其权利和利益保障方面享有国民待遇；缔约国之间相互交换法律情报，虽然不一定针对特定的诉讼案件，但这种交换的法律情报显然也可为缔约国法院在审理案件时适用有关法律提供一定的信息；对某些文书免除认证，又使缔约一方法院出具的文书可以直接在缔约另一方得到接受，从而简化了有关手续，特别是这种文书也包括法院出具或证明的传票、判决书以及协助外国调查取证时出具的证据材料，等等，这些文书正是在民事司法协助中经常需要在缔约国之间交换或传递的文书。

（四）司法诉讼程序的属地性是开展国际司法协助的前提条件

由于各国法院的管辖权都受到地域范围的限制，任何一国都不能在本国领域之外从事诉讼行为，所以，一般认为，在法院审理国际民商事案件中，要使诉讼程序顺利展开，不可避免地需要相关国家的协助。司法协助实质是司法诉讼程序的属地性所必然导致的结果。

（五）公共秩序在司法协助中的作用

国际私法上的公共秩序，主要是指法院在依自己的冲突规范本应适用某一外国实体法作为涉外民事关系的准据法时，因其适用与法院地国的重大利益、基本政策、道德的基本观念或法律的基本原则相抵触而可以排除其适用的一种保留制度。[1] 关于被请求国是否可以基于公共政策而拒绝给予司法协助的问题，在法学论著中仍然存在争议。有一种主张认为，在任何国际条约和被请求国的国内法都没有规定提供司法协助的义务时，就不会发生公共秩序保留这样的问题。只有当出现下列情况时，才会出现例外：①如果可以证明互惠的存在，国际习惯法就给某一国家施加了一项提供司法协助的义务时；②当有关的法律行为与当地的法律制度与公平原则的要求相冲突，或损害内国的公共秩序或安全时；③当提出司法协助请求的国家拒绝保证互惠待遇时。

当提供司法协助的义务依赖于某一国际条约，而该条约列举了拒绝给予协助的根据，且没有明确援用公共政策条款，在这里不存在任何适用公共政策条款的问题，因为只有在根据有关公约所明确规定的情况才能拒绝给予司法协助。当某一条约规定了提供司法协助的义务，但没有规定可以拒绝给予协助的理由时，也不能适用公共政策条款。因为在这种情况下，某一司法协助的请求一旦通过正确的方式提交给了有关国家，就应该能够推定该有关国家已放弃了其拒绝提供司法协助的权利。

依据1905年的《海牙公约》第11条第3项和1954年3月1日的《海牙公约》第11条第3项的规定，当发生下列情况时可以拒绝某一司法协助的请求：①对有关文件的真实性存在疑问；②司法协助的执行不属于有关机构的权限范围；③其委托的执行有损于被请求国的主权或安全。这两个公约在拒绝理由中都没有规定公共政策条款，只提到了比一般地提及公共政策条款更为狭义的国家主权和安全的概念。

但是，无论如何，公共秩序保留已经成为了国际私法中一项最为重要的制度，在司法协助中适用公共秩序已经成为了各国的一般做法。

（六）专属管辖权与司法协助之间的关系

关于在被请求国法律规定享有专属管辖权的案件中，是否可根据这种专属管辖而拒绝提供司法协助的问题存有争议：一种理论持肯定态度，认为专属管辖权就意味着排除其他国家行使管辖权；但也有另一种观点认为，协助文书送达或调查取证，仅是一种程序上的行为，并不等于对与此有关的诉讼的认可，更不等于必须因而承认对方就该案作出的判决，因此，主张专属管辖不应成为拒绝提供司法协助的根据。事实上，1965年海牙《民商事案件司法和司法文书的国外送达公约》和1970年海牙《民商事案件中国外取证公约》在可拒绝提供司法协助的各种情况中，也一般地排除了专属管辖权这一根据。

---

〔1〕 赵相林主编：《国际私法》，中国政法大学出版社2010年版，第83页。

第二节　区际司法协助概念及适用性的界定

一、区际司法协助概念与特征

区际司法协助是指一个国家不同法域的司法机关和有关机关之间，根据法律、规则或安排，一方应另一方的请求而给予的协助，为对方代为一定诉讼行为的制度。区际司法协助这个概念来源于对国际司法协助的延伸，我国法学界在20世纪90年代开始关注这一问题。根据区际司法协助的概念可以看出，区际司法协助有以下特征：

1. 区际司法协助不同于国际司法协助产生的条件。区际司法协助产生于一个国家内部的不同法域之间，不涉及国家主权问题；而国际司法协助产生在不同的主权国家之间，是一种国家间的司法合作。二者的区别主要包括两点：①二者的法律渊源不同。区际司法协助的法律渊源只能是国内法；而国际司法协助的法律渊源除了国内法外，更重要的是国际条约和国际惯例。②二者体现的政策不同。区际司法协助主要体现维护国家统一，促进民族团结和各地经济发展的对内政策；而国际司法协助体现的是国家的对外政策，是一种以互惠为基础的国际合作。

2. 区际司法协助不同于同一法域司法机关的协作。区际司法协助是在一个主权国家领土范围内具有独特法律制度的不同地区，即不同法域之间进行的。一国内同一法域的不同地区之间的协作不属于区际司法协助的范畴。例如，在我国，各地也制定了一些地方性法规，但这些地方性法规是在全国实行统一法制的大前提下，基于地区特点而经统一的法律明文授权由地方制定的，仅在该地方区域内有效实施。各地的此类法规虽时有抵触，但非法律体系上的实质性冲突，也无须重新制定规范来调整。在我国实行统一法制的各地区之间，也存在大量的有关司法方面的行业性协作。但这种协作不需要经过特定的中转机关，不需要进行任何形式上或实质性的审查，也不存在以保护区域公共秩序为由予以拒绝协助的情形。

3. 区际司法协助是指在一个主权国家领域内处于平等地位的不同法域之间在司法方面进行的相互协作。这种法域平等不是指各法域在行政隶属上的平等，而是指各区域法制制度的平等。

4. 区际司法协助具有特定的调整对象。区际司法协助调整的是一个主权国家内不同法域间有关民事、商事、刑事以及行政司法等方面的关系。

二、区际司法协助概念的适用性

（一）区际司法协助与国家主权

有学者认为，司法协助是国际法或国际私法上特有的概念，体现的是国与国之间的法律合作关系，故只能适用于主权国家之间。如果将之适用于一个国家内部的协助，将混淆主权与非主权之间的关系，在法理上不能成立，在政治上也与“一个中国”的原则相背离，并主张用“司法互助”一词来概括国内不同法域的法院间相互委托代为进行的诉讼行为。

我们认为，区际司法协助就是一种司法协助。从历史起源角度看，司法协助并非国际法或国际私法上特有的概念。据学者考察，19 世纪初的德国学者就已经将司法协助区分为“国际司法协助”和“国内司法协助”。司法协助这一概念最初表达的含义中也包括了一国内各法域之间的司法合作关系。实际上，“司法协助”是一个属概念，“国际司法协助”与“区际司法协助”都是从属于它的种概念。在现代社会，“司法协助”一词的含义已被广泛接受，在用“国际”与“区际”界定之后，“区际司法协助”这一概念恰如其分地表明了国内不同法域之间有关司法事务的合作关系，在法理上是成立的。

（二）区际司法协助与国家结构形式

单一制和联邦制（也有人称为复合制）是现代国家所采用的两种基本的国家结构形式。应该说，一个国家是否存在区际司法协助与其国家结构形式有一定关系，但并不具有绝对关系。事实上，区际司法协助可以存在于联邦制国家中，如美国、加拿大，也可以存在于单一制国家内，如英国。单一制国家结构形式是我国固有的政治文化传统，法律制度长期以来也是单一的，由国家统一行使立法权和司法权。因此，不存在区际司法协助的可能性。但随着“一国两制”的确立与实施，必然引起区际司法协助的产生。“一国两制”的实施并未改变中国的单一制国家结构形式。香港、澳门特别行政区的设立是全国人民代表大会授予的。因此，它只能是单一制国家结构形式下的一个享有高度自治权的地方行政区域，这一点是勿庸置疑的。而且，如上所述，区际司法协助与单一制或联邦制没有必然的联系。我国存在区际司法协助，这是一个客观存在的事实，对它的承认与研究不会影响我国的国家结构形式。

三、区际民商事司法协助的法律性质

关于区际司法协助的法律性质，主要有三种观点，即认为司法协助是行政行为、诉讼行为或兼具诉讼行为与行政行为的双重性质。我们认为，区际司法协助既非行政行为，也非诉讼行为，而是一种司法行为。其理由如下：

1. 从区际民商事司法协助的主体看，必须有司法机关的参与，法院是区际民商事司法协助不可缺少的主体。一法域法院请求另一法域法院提供协助，或者是一法域法院应另一法域法院的请求而给予协助，这时的区际民商事司法协助的双方主体均为法院。当事人直接向法院提出协助请求，或是法院接受当事人的请求并提供协助，这时的区际民商事司法协助的主体一方为请求方即当事人，另一方为法院即被请求方。因此，法院必定成为司法协助的主体。

2. 从区际民商事司法协助的内容看，它属于司法权的范畴。各法域开展区际司法协助的目的，在于克服本法域司法管辖权的局限，从而使诉讼程序得以顺利进行。无论是代为送达司法文书和调查取证，还是承认与执行域外法院判决和仲裁裁决，都是司法机关行使司法权的司法行为，这些行为只有特定的司法机关才有权实施，任何其他组织或个人不能行使司法权或妨碍司法机关行使司法权。因此，区际民商事司法协助行为必然与诉讼程序和诉讼效力有关。

3. 区际民商事司法协助行为不是普通的民事诉讼行为。一般而言，民事诉讼行为来源于当事人的起诉，司法机关依法居中解决当事人之间的争议。而司法协助行为的进行则来源于域外司法机关或本法域法律规定的当事人的申请，该行为是为域外司法机关提供协助，并不是直接解决当事人之间的争议。虽然普通法系国家的法院一般允许当事人以域外法院判决或仲裁裁决为依据提起一个新的诉讼，达到承认与执行域外判决或仲裁裁决的实际效果，但该行为仍然是一个诉讼行为，而不是司法协助行为本身。因此，司法协助行为本身并不构成一个独立的诉讼，而是司法机关行使司法权力的一种司法行为。

4. 从结果上看，区际民商事司法协助的实施大多会产生诉讼法或实体法上的法律效力：①代为送达司法文书和调查取证具有诉讼法上的法律效力，所产生的法律后果与请求方自己完成该项行为的后果并无两样。司法文书的送达是诉讼程序继续进行的前提和基础，而调查取证则是查清案件事实、明确是非的前提，也是确定当事人权利与义务的基础。②承认与执行外法域法院的生效裁判与裁定，则会产生诉讼法与实体法上的双重效果。这是由判决和裁定本身所具有的双重性质所决定的。对法院判决和仲裁裁决的承认，意味着该判决或仲裁裁决具有如同本法域法院或仲裁机构作出的生效判决和仲裁裁决同样的法律效力，根据“一事不再理”原则，被承认的判决和仲裁裁决所解决的纠纷不能再在本法域法院提起诉讼或提交仲裁，对于域外判决和仲裁裁决的的执行保证了该判决或仲裁裁决所确定的当事人的实体权利得到实现。

四、区际民商事司法协助的模式

纵观各国情况，进行区际司法协助的模式主要有三种：

（一）澳大利亚模式

澳大利亚由最高立法机关制定有关区际司法协助的统一立法，来统一各州的司法协助行为，各州的法律不得与中央的法律有抵触。澳大利亚联邦制定的1992年《送达和执行程序法》规定，在联邦范围内，各州之间的送达和判决执行就像在一个州内送达和执行一样。同样，任何州不得以违反本州公共秩序为由拒绝执行其他州法院的判决。这种模式简便、迅捷、有保障、不附条件，是区际司法协助的最高形式。

（二）英国模式

英国采用统一法的形式实施有条件的区际司法协助，一方面要求各法域相互认可对方诉讼程序的效力，同时，各法域仍有权按照法定条件审查对方的诉讼行为，决定给予或拒绝司法协助。普通法系的民事诉讼为典型的当事人模式，一般由当事人或律师送达文书、调查取证。只是最初的法院传票的送达对确定管辖权有着决定性的作用，故英国的区际司法协助主要是区际判决的承认与执行。1982年《民事管辖与判决法》全面规定了联合王国内各法域之间的区际司法协助关系，即不同法域的各级法院判决可在对方高等法院登记，登记法院按不同的登记请求依相应条件予以审查，一经登记，判决即在该法域生效。需承认和执行的判决分为三类：①金钱判决的执行，但未遵守法定诉讼程序的判决和一事两诉的判决不予登记。②非金钱判决的执行，未遵守法定诉讼程序的判决、一事两诉的判决以及依非金钱法规所作的判决、违背登记地有关法律规定皆不予登记。③判决的承认，以原判决法院对案件有管辖权为条件。

（三）美国模式

美国的区际司法协助关系主要也是在于相互承认与执行判决方面，与英国一样。但与英国不同的是，美国采取三级调整的方式，即一方面由宪法规定各州合作的基本原则，另一方面由各州自愿参加统一州法来进一步协调。美国起草了一项《统一州外判决强制执行法》，推荐给各州立法机关，由各州立法机关自愿决定是否接受并在本州制定这一立法。美国《宪法》第 4 条第 1 项规定："美国各州必须对他州之法律及司法裁判给予充分信任和尊重。"故各州在处理相互之间的区际司法协助关系时，应本着"充分诚意和信任"，认可姐妹州诉讼行为的效力。这就给各州开展区际司法协助创造了互惠的环境。这是第一级调整，即宪法调整。第二级调整采取统一州法的方式，在美国各州成立了一个半官方的"统一州法委员会全国会议"，负责拟定法规草案，草案经全体会议通过后，由全体会议建议各州采用。如 1965 年，阿肯色、密苏里等八个州实施了一项统一州法，该法对相互执行州法院的判决作了具体规定。第三级调整采取各州单独立法的形式。许多州的民事诉讼法规则中都规定了区际司法协助。[1]

上述各种途径，都是有关国家从自身的国情出发选择的最适当、最有效的机制，且都是建立在同一社会制度、同一法律原则之上的。各法域的法律虽有差异，但基本法律制度是完全统一的，即是在"一国一制"的基础之上。而探索中国四法域之间的民商事司法协助的模式，不能脱离中国的国情，必须坚持以"一国两制"原则为立足点，既要体现和维护国家主权，又要充分保障香港、澳门特别行政区的高度自治权。所以简单仿照英、美和澳大利亚模式在实践中也是行不通的，我们必须认真研究中国的实际，借鉴三种模式的合理内涵，探索中国自己区际司法协助的可行方案。

五、区际民商事司法协助中的公共秩序保留

公共秩序保留在国际私法中作为排除外国法适用、保护本国利益的一项制度，在各国均有一定的认可度。区际司法协助中的公共秩序保留一般是指同一国家内某一法域的法院在收到另一法域法院的申请给予民事司法协助的请求时，如果该国法院认为同意该请求会违背本国或本法域的重大利益、基本政策、法律的基本原则或者道德的基本观念时，限制或拒绝提供民事司法协助的制度。

从效果上看，该项制度的适用在一定程度上缓解了各国间的法律冲突，在区际私法中尤其如此。由于区际私法中各法域间的法律冲突和国际私法中各国家间的法律冲突在性质上有着较大的差异，在区际私法中是否要适用以及如何适用公共秩序保留是一个值得研究的问题。目前在这一问题上，各国在理论和实践中均存在不同看法。理论上主要有排除适用论、完全适用论和有限适用论三种观点，实践中在区际私法领域也并不是所有的复合法域国家都适用公共秩序保留，即使适用，具体适用的方式和条件也有所不同。

（一）排除适用论

即绝对地排除在区际司法中适用公共秩序保留制度。持这种主张的学者有齐特尔曼、克莱因、布兰德尔、斯特赖特、劳弗凯、德贝斯、萨尔科斯基和施尼茨尔等。他们在理论上过分强调区际冲突法的特殊性，认为在各法域之上存在共同的主权，共同的宪法，甚至共同的中央立法的情况下，公共政策保留是没有意义的。例如齐特尔曼认为，在区际私法中，公共政策原则不能根据其他法域的准据法的规定与善良道德相冲突，或因他们违反法院地法的目的而加以引用。南斯拉夫的学者艾斯纳和布来戈杰维奇也完全

〔1〕 参见徐晰："中国区际司法协助方案选择"，载《政治与法律》1996 年第 1 期。

否定公共秩序原则在区际冲突法中的存在。如克莱因认为，“在区际冲突法中，公共秩序保留不能根据其他法域准据法的规定与善良道德相冲突，或因这样违反法院地法目的而加以援用，因为主权国家可以在任何它认为适当的时候建立统一的法律制度”[1]。这些学者主张排除公共秩序保留在区际私法中的适用，也必然主张在区际司法协助领域，排除此项制度的适用。

（二）完全适用论

持这种观点的学者正好与持排除适用论的学者相反，认为国际私法中的公共秩序保留应完全适用于区际法律冲突的解决。在区际司法协助领域，公共秩序保留制度也同样完全适用。持这种主张的学者有冯·巴尔、拉佩等。他们在理论上，或者至少在公共政策保留上否认区际冲突法的特殊性，认为公共秩序保留应完全适用于区际法律冲突，包括区际司法协助冲突的解决。例如冯·巴尔认为，“就法律性质而论，区际冲突法中的公共秩序保留与冲突法中的公共秩序保留是相同的”。而拉佩虽主张公共政策保留在解决区际法律冲突时应更谨慎地适用，但它必须适用。持同一论的学者大多在区际冲突法与国际私法的关系这一问题上也是持相同观点的[2]。从区际私法的理论发展史来考察，同一论自始至终只是为少数学者所坚持，从来没有得到过大多数人的赞同[3]。

（三）有限适用论

即在区际私法或者区际司法协助中可以适用公共秩序保留制度，但必须予以限制。持这种主张的学者最多，有萨维尼、吉斯克尔·泽勒、瓦萨利、埃利科、尼波耶、弗多齐、巴迪福、卡恩·弗罗因德、维塔、萨瑟和贝茨克等。他们认为各复合法域国家的情况是不同的，复合法域国家内部各法域的情况也多有差异，因此公共秩序保留是否可以适用于区际司法协助中，以及在多大范围内适用，应视具体情况而定，不能一概而论。持这种主张的学者有个共同点，即都不反对在区际冲突法中适用公共秩序保留，但这种适用不是完全的，他们同时为适用设定了条件和限制。例如，“法律关系本座说”创始人萨维尼认为，“在复合法域的法律体系中，许多因素使得公共秩序原则成为多余，或者至少在相当大的程度上限制了公共秩序保留的适用”；吉斯克尔·泽勒认为，公共秩序原则不能用来对抗中央立法者制定的实体法；瓦萨利主张，在因兼并引起的区际冲突中，公共秩序保留不能被援用；卡恩·弗罗因德认为，公共秩序保留可以适用于联邦制国家内的州际法律冲突，但它不适用于单一制国家内的地方间的冲突；而埃利科认为，对于那些不含有主权冲突的区际法律冲突不必采用公共秩序保留。

我们认为有限适用论的观点较为可取。一方面，对于复合法域国家来说，其不同法域之间在立法传统、法律基本原则方面的差异性不亚于国际私法中不同主权国家之间法律制度的差异，倘若以基于法域的独立性区别于国家主权独立性为由，排斥公共秩序原则对同一国内其他法域法律的限制性作用，要求各法域无保留地适用或承认其他法域的

---

〔1〕 马丹：“区际冲突法上的公共秩序保留制度”，载《上海财经大学学报》2002 年第 3 期。

〔2〕 对于区际冲突法和国际私法关系问题，理论上同样存在着三种不同的主张，即区别说、同一说和折衷说。参见黄进：“国际冲突法与区际冲突法的比较研究”，载《中国国际法年刊》，世界知识出版社 1989 年版。

〔3〕 吕国民：“论区际冲突法上的公共秩序保留”，载《江苏社会科学》1998 年第 3 期。

法律或判决，则会因立法传统、法系的不同而对其他法域的法制造成巨大冲击，影响各法域的司法稳定。所以，将公共秩序保留原则的适用范围扩大至区际法律冲突是各法域法制稳定的必要条件，也是法域之间司法协助顺利进行的前提。另一方面，公共秩序的外延不仅包含法律制度和基本原则，一国的基本政策、道德的基本观念也是其应有之内容。国家间由于历史背景、文化、社会制度、价值观诸多的不同，在公共利益、道德观念、社会利益上也迥然不同。而在区际法律冲突下，无论是单一制或是复合制的国家，其法域之间在文化、价值观方面或多或少都有着同化的痕迹，差别甚微，甚至不明显。而国家间在社会利益、道德观念等方面的差异性却明显大于法域间在该方面的差距，因而，限制区际法律冲突中公共秩序保留制度适用的频率和范围，实属必要。这也是合法解决区际法律冲突，维护各法域司法稳定的合理归结点所在。

第三节　区际民商事司法协助范围

司法协助的内容，也称司法协助的行为范围，即哪些司法行为需要对方司法机关提供协助。民商事司法协助的内容，由于各国和各地区的民事诉讼法的规定不同，如前所述归纳起来，在理论界有“狭义司法协助说”和“广义司法协助说”之分。我国《民事诉讼法》采取的是广义的司法协助的概念，在该法司法协助一章中，将文书的送达、调查取证、外国判决和仲裁裁决的承认和执行合并规定在一起。

在中国的国际民商事司法协助实践中，虽然我国法律并没有对此问题作出具体规定，但根据其他国家区际司法协助开展的情况以及1987年最高人民法院《关于审理涉港澳经济纠纷案件若干问题的解答》的精神，中国区际民商事司法协助的内容也应当与国际民商事司法协助的内容一致，即我国采用广义的司法协助的内容。根据我国与有关国家缔结的民事司法协助协定和我国《民事诉讼法》第四篇第二十七章规定，我国民事司法协助的内容包括：送达司法文书和司法外文书；调查取证；承认与执行外国法院判决和外国仲裁裁决，相互提供民商事诉讼所需的有关立法或判例的情报等其他诉讼程序方面的合作。由此可见，我国立法与司法实践对国际民商事司法协助的内容是采取广义观点的。从目前中国内地与香港、澳门地区在协商的基础上已经达成的司法协助的司法协议或安排的内容来看，其中涉及到了区际送达、区际调查取证、区际仲裁裁决的承认与执行、区际法院判决的认可与执行等诸领域的内容，尽管协议尚不够全面，但充分显示了我国在区际民商事司法协助内容上的广泛性。

一、区际民商事司法协助中送达制度

域外送达是指一国法院根据国际条约或本国法律或按照互惠原则将司法文书和司法外文书（Judicial and Extra－judicial Documents）送交给居住在国外的诉讼当事人或其他诉讼参与人的行为[1]。司法文书一般被认为是具有诉讼意义的文件，是一国法院在审理涉外民事案件中依法制作的各种书面材料，主要有传票、通知、决定、调解书、裁定

---

〔1〕 金彭年：《国际民商事程序法》，杭州大学出版社1995年版，第109页。

书、判决书、送达回证、公告、法庭制作的各种笔录，还包括诉讼参与人依法提交的起诉书、答辩书、反诉状、上诉状、申请书、委托书及鉴定意见书等；司法外文书指非法院制作的诉讼程序以外的文书，它包括有关国家机关依法制作的公证书、认证书、汇票拒绝书、给付催告书、离婚协议书、收养同意书、申请人提交的需要确认的材料等。

区际司法协助主要建立在各法域间协商一致的基础上。区际民事司法协助中的送达产生于一国内部的不同法域之间，不涉及主权因素。司法及司法外文书的域外（法域外）送达同样也是一国各法域间司法协助的重要内容。

（一）区际民商事司法文书送达方式

根据我国各法域有关民商事司法文书送达的法律规定，送达的方式和途径有如下几种：

1. 直接送达。广义上的直接送达，指的是由法院等送达主体直接将需送达的文书送交给受送达人的送达方式。在区际送达中，广义的直接送达主要包括狭义的直接送达、邮寄送达与公告送达等几种形式。

（1）狭义的直接送达（在台湾地区称“交付送达”）。主要是指法院等送达主体通过其工作人员亲赴另一法域向受送达人进行送达。这是一种十分有效且可靠的方式，关键在于需要得到对方法域的允许与配合。在香港，由于实行“当事人进行主义”，因而此时的送达主体往往是当事人的法定代理人。与此相关的一种送达方式是“留置送达”，内地法律和我国澳门、台湾地区相关规定中均有相应规定。虽然都是在受送达人拒绝签收有关文书的情况下而采用的将文书留置于其住所、视为已经送达的送达方式，但各有特点。其中内地方面在处理如何留置等问题上比较慎重，措施全面，但允许在与受送达人同住的成年家属拒收时亦可采用此法的做法；台湾地区和澳门地区相关规定中强调因无法律上的理由才可使用此法，显然对受送达人比较有利，香港法律中未规定这种形式。在区际送达中这种方式并非不可以采用，但应以对方法域同意使用为前提，且应十分谨慎，防止滥用。

（2）邮寄送达。指送达主体将需送达的文书通过邮寄的方式送交给受送达人。《中华人民共和国民事诉讼法》第267条第6项规定：“受送达人所在国的法律允许邮寄送达的，可以邮寄送达，自邮寄之日起满3个月，送达回证没有退回，但根据各种情况足以认定已经送达的，期间届满之日视为送达。”至于哪些属于“足以认定已经送达”的情况，则由法院逐案判断。应注意的是，我国在加入《海牙送达公约》时已声明反对外国向我国境内进行邮寄送达，然而这一规定对港澳台地区是否适用是值得商榷的。因为这三个地区的法律、规定均允许邮寄送达，况且其也非属我国境外。邮寄送达一般采用双挂号的形式，以邮局回执作为送达证明。从效果上来看，大部分采用这种形式的送达均可送达到当事人手中，但若受送达人拒绝接受或地址不准确的，则难以达到目的。在各法域中，台湾是使用这种方式最多的地区，90%以上均用此方法送达，并规定“以邮政机关执行送达者，以邮差为送达人”。[1]

---

〔1〕 李静堂、姚启超主编：《国家民商事法与台湾地区法规比较》，九洲图书出版社1997年版，第347页。

（3）公告送达。指法院通过张贴公告、登报或广播等大众传媒的方式将需送达的文书加以公布以便告知受送达人的一种行为，台湾称“公示送达”，澳门称“公示传唤”。2012年新修正的《中华人民共和国民事诉讼法》第267条第8项规定，对于在我国境内无住所的受送达人发出的文书，不能用其他方式送达的，“公告送达，自公告之日起满3个月，即视为送达”。可见，公告送达是以无法采用其他方式为基本前提的。台湾地区“民事诉讼法”中也规定了“公示送达”的要件：①须系对当事人之送达。②须有下列各款情形之一：其一，应为送达之处所不明者；其二，于有治外法权人之住居所或事务所为送达无效者。③须依当事人之申请。④须经受诉法院裁定准许。另外，台湾地区“民事诉讼法”还就不同的公示送达生效日期作了不同的规定。这一系列的规定有利于保护受送达人的合法权益，对防止滥用公告送达起到了一定的限制作用，是可资借鉴的。

2. 间接送达。间接送达，又称代为送达或委托送达。间接送达是指送达人通过请求书等方式委托对方法域中的有关机关或个人代为送达行为。在内地与澳门称为“委托送达”，在台湾称为“嘱托送达”。在这种送达方式中，送达行为是由对方的机关或个人进行的。《中华人民共和国民事诉讼法》第276条第1款规定：“根据中华人民共和国缔结或者参加的国际条约，或者按照互惠原则，人民法院和外国法院可以相互请求，代为送达文书……”在澳门，委托送达是指在被送达人不愿意、不懂或不能签收有关文书或送达人不认识被送达人的情况下，送达人可将文书交给被送达人的亲属或邀请两名证人在场将文书交给有关人士。[1] 显然，澳门有关法律在这一送达方式方面的规定比较具体、细致，可以最大限度地消除无法送达的情况，但从保护受送达人的合法权利及考虑送达效果的角度上看，有适用范围过宽之嫌。值得注意的是，由于目前内地立法和司法实践仍坚持送达是法院行使司法权的行为的观点，有权向内地提出送达请求的应是对方的法院，至于个人是否可以作为申请人也是区际送达中有待解决的问题。

一般而言，委托送达的受委托人是外国或外法域的法院。但在大陆和台湾之间的区际送达实践中，通过非官方机构进行送达也是可行的。台湾方面即在有关“条例”中肯定了司法机关嘱托或选择其他机构或民间团体代为送达的可行性，具体做法是台湾地区各级法院可直接函请海基会代为送达司法文书，而以副本送“司法院”民事厅。待送达完成后，再由海基会将送达证书寄还特定之法院，且以副本送“司法院”民事厅。[2] 此外，我国内地部分地区的法院为了解决“送达难”问题，在一审民事诉讼程序中，要求已经成功送达的当事人签订《送达地址确认书》，即当事人在该文书上注明送达地址、电话或代收人的相关资料，视为对法院此后依照该文书上注明地址送达的确认，这也在一定程度上解决了因部分当事人拒不接受送达、滥用诉讼权利导致的“送达难”问题。

（二）区际送达司法文书的意义

送达是诉讼法上的一项制度，是诉讼程序中的一个重要环节，其意义在于送达将产生一定的法律后果。送达司法文书是指在诉讼过程中，将有关司法文书交付给有关当事

---

〔1〕 单长宗主编：《中国内地与澳门司法协助纵横谈》，人民法院出版社1999年版，第255页。

〔2〕 王志文：“论国际与区际民事司法协助”，载《法学家》1997年第3期。

人或其他诉讼参与人的一种诉讼行为。有效的送达是各国民商事诉讼正当程序原则的重要内容之一。

1. 当事人有接受法院就程序进行事项给予通知的权利，法院有义务就诉讼相关事项给当事人以有效的通知，这是民事裁判具有正当性的基本前提。对于法院来说，传票和起诉状副本是否有效送达给被告，是影响法院对案件行使管辖权和进行审理的重要因素。我国并不以送达为取得管辖权的基础或条件，但合理送达无疑对管辖权的行使有重要影响。

2. 合理化的送达制度增强了缺席裁判案件的程序合法性，成为民事裁判正当性评价的标准之一。根据有关国际条约和各国立法的规定，在缺席判决的情况下，曾经及时通知被告出庭参加诉讼是该判决被外法域法院承认和执行的条件之一。就内地法院审理的涉港澳台民商事案件而言，有效的送达关系到港澳台当事人能否依法享有诉讼权利，法院主持下的诉讼活动是否具有法律效力，以及判决在港澳台最终能否得到承认及执行等一系列问题。送达是开展一系列诉讼活动的基础。只有将司法文书及时、合法地送达给有关人员，才能有效地组织诉讼活动，诉讼程序中的某些期限是从送达之日起计算的。司法文书一经送达，法院与当事人及其他诉讼参与人之间便产生一定的诉讼法律关系。诉讼参与人在接受送达后，有权利也有义务根据诉讼文书的内容，按时参加诉讼活动，保证诉讼活动的顺利进行。诉讼参与人如不实施诉讼文书中要求实施的行为，将承担相应的法律后果。如被告经合法传唤无正当理由拒不到庭的，可以缺席判决；原告经法院传票传唤，无正当理由拒不到庭的，可以按撤诉处理。

3. 送达是司法文书发生法律效力的条件之一。有的司法文书送达后，经过一定期间，即发生法律上的拘束力。如判决书送达后经过15日，当事人双方均不上诉，即为发生效力的判决。送达调解书时，双方当事人接受送达的，调解书即发生法律效力；当事人一方或双方拒绝接受的，则视为调解没有成立。从程序保障的角度看，在采用常规的送达方式难以送达的情况下，不得已以公告送达的方式拟制通知受送达人时，往往被视为是法院在法律上对保障参加机制作出的一种妥协[1]。

4. 送达具有合法性。凡是强制送达一定要合法，即符合法律规定的条件和程序。强制送达，是指无须受送达人签收或确认即产生送达法律效果的送达方式或情形，包括拟制送达（即公告送达）、留置送达、推定送达。强制送达，对受送达人而言是一种程序不利益。因此应严格依法进行，最大限度地减少这种程序不利益。送达就其含义而言，包括两个环节："送"和"达"。在区际送达领域，由于受案法院的司法权的行使仅局限于本法域，不能延伸至受送达人所在的另一法域，所以在"送"这一环节必须要强调其合法性。首先，在另一法域的"送"的过程必须不能侵犯该法域的司法权，即在未经该法域有权机关同意的情况下，受案法院不能派出公务人员到对方法域进行送达。其次，

〔1〕 王福华："民事送达制度正当化原理"，载《法商研究》2003年第4期。

在受送达人拒不接收司法文书的情况下，不能直接适用本法域强制送达的规定进行送达。[1] 最后，在另一法域的送达行为必须遵守该法域关于外法域在该法域送达的规定。在此基础上，在不违反受送达人所在法域的强制性法律规定的前提下，如果受案法院的送达为受送达人所接受，则视为送达程序正当且已完成，而不必过多关注送达的具体形式和过程。

二、区际司法协助中调查取证制度

证据是当事人维护自己民事权益的武器，是法院查明案件事实真相的手段，是使裁判具有公信力的基础。域外证据，是指在本法域以外的其他地方产生和存在的证据，它主要包括多法域国家内其他法域中产生的证据、在其他国家产生的证据。本书中所称的域外证据，是指在中国一个法域中进行的区际民商事诉讼中使用的、产生于另一法域的证据。域外证据是涉外案件中特有的。在非涉外案件中，由于法律关系的各个方面均不具有涉外性，因此不可能存在域外证据。由于涉外民商事案件的涉外性，每一个涉外案件中都存在可作为认定案件事实依据的域外证据材料；当然，并不是每一个涉外案件中都会收集到域外证据材料，这主要取决于当事人的自愿。但是，域外证据问题是只有在审理涉外民商事案件中才能遇到的特殊问题；正是由于域外证据的存在，涉外民事诉讼中的证据问题才呈现出与非涉外民事诉讼中证据问题的些许不同。域外调查取证是指一国司法机关通过一定的方式取得位于法院国境外的证据的行为。

（一）区际域外证据的范围

域外调查取证的内容涉及两个问题：①关于证据的概念和范围，各国的规定各有不同。英美法系国家的证据制度没有明确规定什么是证据，但规定了一整套规则来确定哪些事实可以采纳为证据，哪些不能被采纳为证据。大陆法系则多采用自由心证的证据制度，即对证据的取舍、范围、运用及证明力的大小，法律不预先作出规定，而是让法官凭借“良心”和“理性”作出判断，并依据心证形成的内心确信对案件事实作出认定。[2] 因此，大陆法系国家的证据制度并不具体规定采用和评定证据的范围，完全交由法官进行“自由心证”。②域外调查取证主要包括哪些取证行为，各国规定以及相关的国际条约的规定也各有不同。但通常认为包括以下内容：询问诉讼当事人、证人、鉴定人或其他诉讼参与人，进行鉴定和司法勘验，同外国法院或者其他机构或公证人一起实现对某一原始文书或物证的提供或保全和管理，[3] 收集其他证据。

在区际民事诉讼中，需要收集的域外证据包括两个部分：关于符合涉外民事诉讼起诉条件及授权委托事项的域外证据和关于涉及案件实体事实的域外证据。《中华人民共和国民事诉讼法》第119规定了起诉所应具备的四个条件，其中的三个条件是当事人在提起诉讼时就应提交相关的证据材料予以证明的事项，包括有关原告主体资格、被告主

---

〔1〕 例如，在广东省高级人民法院审理的一宗涉港货物买卖合同纠纷二审案中，原审法院通过中国法律服务（香港）有限公司代为送达，但是，该公司在将有关司法文书送至受送达人的住址时，受送达人拒不接收，该公司在征得原审法院同意后，决定将该司法文书予以“留置送达”，二审法院经审理认为原审法院的这种做法属于程序违法。

〔2〕 江伟主编：《民事诉讼法》，高等教育出版社、北京大学出版社2000年版，第131页。

〔3〕 李双元、谢石松：《国际民事诉讼法概论》，武汉大学出版社2001年版，第422页。

体资格以及法定住址、属于人民法院受理民事诉讼范围和受诉人民法院管辖的证据。在涉外民商事案件中，属于此范围的比较重要的证据是关于被告的主体资格和法定地址以及受诉法院有管辖权的证据，而这方面的证据又是当事人容易忽视的证据。依据最高人民法院法释［2003］15号《关于适用简易程序审理民事案件的若干规定》第8条第1款第2项的规定：原告不能提供被告准确的送达地址，人民法院经查证后仍不能确定被告送达地址的，可以被告不明确为由裁定驳回。另外，委托代理人参加诉讼的授权委托手续也是重要的程序方面的证据。在涉外民事诉讼中，当事人从域外提供的授权委托手续一定要注意两个方面的问题：一是要有明确的授权范围；二是要履行法定的证明手续。在审判实践中，曾发生代理人因其提交的授权委托手续未办理法定证明手续而导致其代理资格不被法院认可的案例。在区际民事诉讼中，管辖权的确立是受案法院受理该案的前提，当事人不仅要举证证明法院地国对该案有司法管辖权，还要证明受案法院对该案的管辖符合法院地国关于级别管辖和地域管辖的规定。一般而言，关于管辖权的证据往往存在于证明案件实体事实的证据之中。

（二）区际调取证据具有严格的属地性

调查取证，是国家司法主权在诉讼程序中的体现，具有严格的属地性。未经同意，一国不得在其他国家境内从事调查取证的行为。同时，各国关于调查取证的制度也各有不同，例如，在英美法系国家实行“抗辩制度”下的取证制度，即当事人负有获取并提供用于审判证据的义务，法院不起主导作用，只是在当事人之间不能达成协议时才介入。对于国外取证，只要有关的人自愿提供证据，且未施加强制措施，则国家并不干预。在大陆法系国家则采取“纠问制度”下的取证制度，调查取证专属法官和司法机关的职权，取证属于公法性质，是国家司法行为，必须由司法机关或者经法律授权的个人进行，而当事人仅起辅助作用。未经许可，外国不得在本国境内从事任何形式的取证行为，否则即是对司法主权的侵犯。[1]

调查取证所具有的严格的属地性以及各国调查取证制度的不同，使得域外调查取证问题更为复杂，更容易产生冲突。而域外调查取证又是国际民事诉讼程序中非常重要的一项内容，直接关系到法院对案件是非曲直的判断以及当事人的权利能否得到有效的保护，对案件得到迅速、及时、有效的审理具有重要意义。为此，各国在该领域开展了广泛的合作。域外调查取证的依据主要是国际条约、国内立法和互惠原则，而且，在有国际条约的情况下，国际条约优先适用。只有在没有国际条约和国内立法的规定时，才依照互惠原则进行域外取证。

就中国区际调取证据而言，由于中国四个法域间存在着两大法系证据制度的冲突，各法域证据规则的差异及证据法的严格属地性，使得每一法域的主管机关不能或难以直接在其他法域进行调查取证活动，那么区际调查取证将是极为复杂和困难的程序。因此，迫切需要在各法域之间设立有效的协议机制，以规范法域间相互调查取证的途径、方式以及应当遵循的原则。

---

〔1〕 李双元、谢石松：《国际民事诉讼法概论》，武汉大学出版社2001年版，第421页。

（三）区际域外证据的效力

域外证据由于其是在域外产生的，法域的不同导致构成证据的真实性和合法性的要素也有所不同。比如就公文书证而言，不同的国家和地区的行文特点和印鉴的使用均有不同，法官在没有其他凭据的情况下对于这些域外证据的真实性和合法性往往难以形成内心确信。这就需要对提供域外证据施加程序及手续上的限制，以增强其真实性和合法性，消除司法权的地域局限给民事诉讼带来的不利影响。正是基于这一原因，各国法律均对域外证据的审查认定规定了特殊的要求。《最高人民法院关于民事诉讼证据的若干规定》第11条规定：当事人向人民法院提供的证据系在中华人民共和国领域外形成的，该证据应当经所在国公证机关予以证明，并经中华人民共和国驻该国使领馆予以认证，或者履行中华人民共和国与该所在国订立的有关条约中规定的证明手续。当事人向人民法院提供的证据是在香港、澳门、台湾地区形成的，应当履行相关的证明手续。该规定的第12条规定：当事人向人民法院提供外文书证或者外文说明资料，应当附有中文译本。上述规定一方面明确了对域外证据的特殊要求，另一方面又对来源于国外的证据和来自于港澳台的证据作了不同规定。其原因在于：①内地与港澳台分属不同的法域，对来自于港澳台的证据作特殊要求是必要的；②内地与港澳台毕竟同属一个国家之内的不同地区，不存在国际间的使领馆认证问题。所以，对产生于港澳台的证据的证明问题与产生于其他国家和地区的证据的证明问题是不同的。

三、区际民商事判决的承认与执行制度

（一）基本概念和范围

1. 判决的概念。根据《布莱克法律词典》的表述，判决（judgment）是指“法院就诉讼各方的权利义务或他们所提出的诉讼请求做出的最后决定，也称法律决定”。我国内地学者一般认为，判决是指“人民法院对其受理的民事案件，经过法庭审理，根据查明和认定的案件事实，正确适用法律，以国家审判机关的名义，对案件中的民事实体权利义务争议，作出权威的判定”[1]。由此可见，判决的确定含义中一般包括如下因素：①判决是由审判机关依职权作出的决定。这里所称的审判机关在各国一般被称为法院，但也不尽然，如在香港，各种审判机关的名称不一致，有的被称为法院（Court），如终审法院、高等法院和区域法院；有的被称为法庭，如裁判署法庭、专门法庭等；还有的被称为审裁处（Tribunal），如小额钱债审裁处，劳资审裁处和土地审裁处等。②判决的作出有非常严格的程序性要求。③民事判决的内容是对当事人的实体权利义务作出的决定。判决可以分为许多种类，如给付判决、宣告判决、构成判决、确认判决、缺席判决、驳回判决及部分判决。[2] 在英美法系国家，根据判决所依据的管辖权基础，判决被分为对人判决、对物判决和准对物判决。

2. 判决的承认与执行。任何民事判决都具有双重性质，它是一种国家司法行为的结果，又是当事人之间的一种交易。判决作为一种司法行为结果的属性决定了其效力仅局限于判决作出的法院所在国的主权领土（在区际是本法域）之内，在其领土或法域之外

---

〔1〕 谭兵主编：《民事诉讼法学》，法律出版社1997年版，第412页。

〔2〕 参见李双元、谢石松：《国际民事诉讼法概论》，武汉大学出版社1990年版，第483页。

则不具有任何效力，除非有关国家或地区承认其效力。经济全球化和地区经济一体化的结果要求判决在国际或区际得到相互承认和执行以保证交易安全，正因为这个原因，判决承认与执行制度应运而生。

所谓判决承认与执行就是指，主权国家或国家内各法域之间在一定条件下相互承认对方法院判决在本地的效力，需要执行的，则给予执行的一种司法合作行为。“承认”和“执行”是既有紧密联系又有区别的两个不同概念。承认的含义是，承认外国或外法域判决具有同本国或本地判决相同的法律效力〔1〕，其功能之一在于防止判决一方当事人在外国或外地就相同事实在相同当事人之间提起新的诉讼。而执行则是指，在承认的基础上对需要执行的外国判决根据一定的执行程序予以实施，其功能则在于保障胜诉当事人的判决权利得以实现。在司法实践中，有的外地判决只须承认其效力，而无须执行。例如，一个驳回某种请求权的判决或确认某种身份或权利的判决，就没有执行的问题。一个离婚判决或宣告婚姻无效的判决，也只须承认其效力，而无须执行。但如果离婚判决附有给付赡养费或子女教养义务的判决，那就有执行的问题了。一般认为，承认是执行的前提，没有承认则无所谓执行；反过来，执行又是承认的结果，虽然不是必然的。但是，根据有些国家的实践和国际立法，承认并非执行判决的绝对前提。“在他们看来，承认与执行是两个完全独立的不同概念，执行一个没有终局效力的判决并非不可想象。因为有些判决就只存在承认，而根本没有执行问题。同样的，也有些判决根本就无需通过承认而直接予以执行。”〔2〕比如，欧共体《1968 年关于民商事管辖权和判决执行的布鲁塞尔公约》第 31 条就不要求申请执行的判决须具有终局的效力，而只要求具有执行力即可〔3〕。

3. 可予承认和执行的判决范围。从当前国际社会的立法和司法实践看，可予承认和执行的判决一般限于民商事领域的判决。在实践中，“判决”一词也可包括裁定（decree）、裁决（decision）、调解书以及法院对刑事案件中附带民事诉讼所作的判决和公证机关对某些特定事项所作的具有强制执行效力的决定。1971 年海牙《民商事案件外国判决承认与执行公约》规定，公约只适用于缔约国法院作出的民事或商事判决，它包括缔约国法院作出的所有决定，不论请求国在诉讼程序上或在决定中称作为判决、裁定还是命令。1968 年《布鲁塞尔公约》规定，无论使用何种名称，在本公约意义上，判决是指由一缔约国司法机关作出的任何裁决，如命令、判决、执行令以及书记官对司法费用的决定。根据绝大多数的公约和有关国内立法，税收、关税及行政事项的决定不在判决范围之内。关于临时措施和保护措施问题，国家之间和各条约之间的做法尚存在差异。如 1968 年《布鲁塞尔公约》和 1999 年《关于管辖权和外国判决的海牙公约草案》就把临时措施和保护措施列入公约的适用范围，但 1971 年《海牙公约》则将之排除在外。因此，对于可予承认与执行的判决范围，如是否仅限于民商事判决或是否排除特定的民商

---

〔1〕 See Robert C. Cased, *Issue Preclusion and Foreign Country Judgment*: Whose Law 2，70 Iowa L. Rev. 53（October，1984）.

〔2〕 宣增益：《国家间判决承认与执行问题研究》，中国政法大学 2004 年博士论文，第 2 页。

〔3〕 《布鲁塞尔公约》第 31 条规定，由一个缔约国作出的并可在该国执行的判决，经利害关系人的申请，而由另一缔约国发出执行命令时，可在另一国执行。

事判决，随着国际立法和司法实践的发展，也会有所改变和发展。例如，1968 年《布鲁塞尔公约》在第 1 条中明确规定公约适用的范围不包括婚姻以及自然人身份案件判决；但是 1998 年欧盟《关于婚姻事项的管辖权与判决的承认和执行公约》（《布鲁塞尔公约 2》）及欧盟理事会 2000 年第 1347 号规则则明确将离婚、司法别居、婚姻无效以及离婚诉讼中夫妻双方对于子女的亲子责任的判决纳入可予承认和执行的判决范围。

（二）对外法域法院民商事判决的审查

无论是根据成文法国家的外地判决承认和执行制度，还是根据普通法国家的普通法诉讼方式或登记制度承认与执行外地判决，受理申请的法院无一例外地要对相关判决进行审查。虽然由于国际或区际的区别，国家或地区间紧密关系的区别，审查的范围和严格程度有所不同，但一般而言，审查均包括以下几个方面的内容：

1. 管辖权审查。判决的承认与执行制度总是与管辖权制度联系在一起，可以说没有管辖权就谈不上判决的承认与执行，而判决在法院地以外获得承认和执行又是行使合格管辖权的结果。然而，在认定判决作出地法院是否有管辖权的标准问题上，由于各国在管辖权的理念、规定方面还存在很大差距，使得判决承认与执行中的管辖权问题更加难以解决。

（1）由于法律文化传统的不同，不同法系在民商事管辖权依据的规定上有很大差异，从而进行管辖权审查的法律依据也不同。在英国、美国等普通法系国家，一直坚持以“存在”和“接受管辖”作为行使管辖权的基础。虽然从 19 世纪后期以来，英国国内法院行使管辖权的依据已经较该传统观点有很大进步，但是在对承认与执行外地判决领域，仍然坚持上述传统标准。所谓“存在”，包括两种情况：①在诉讼开始时，被告处在原判决法院地并对之有效送达了传票，英国法院就承认判决地法院的管辖权；②被告在判决地有居所。现在，美国认定“存在”依据的是 20 世纪 40 年代在“国际鞋业公司案”中确立的“最低限度联系”标准。“最低限度联系”标准主要取决于被告是否在法院地从事系统和连续的商业活动以及原告的诉讼是否源于这些商业活动，至于被告是否在法院地出现则无关紧要。在理论上，学者们习惯将依据此种标准建立的管辖权称为“长臂管辖权”。1980 年，美国联邦最高法院在“国际大众公司诉伍德森案”[1] 的判决中，又将“有意利用”明确作为判定“最低限度联系”的一个标准，即被告为了自己的利益有意地利用法院地的商业和其他条件。在英美法系中，“接受管辖”是指被告在合同中同意外地法院对争议有管辖权，以及被告出庭应诉答辩的，视为接受管辖，受案法院据此可以行使管辖权。

大陆法系国家的管辖权标准分为两种：普通管辖权和特别管辖权。普通管辖权是指针对被告的任何权利要求的一种管辖权，其标准就是通常所说的“原告就被告”原则，即被告所在地法院拥有普通管辖权。在对被告所在地认定上，对自然人有两种标准：一种是被告的住所地和惯常居住地，这一标准强调被告与法院地的社会经济联系；另一种是被告的国籍或户籍地，其强调的是法院地与被告的政治联系。越来越多的司法实践证明，各国更倾向于根据第一种标准认定普通管辖权，因为“被告国籍作为管辖权基础不

---

〔1〕 World - wide Volkswagen Corp. v. Woodson, 444U. S. 268, 100S. Ct. 559, 62 L. Ed. 2d 490.

利于在双方当事人之间实现公平、公正。作为社会和经济联系的惯常居所要比作为政治联系的国籍更加体现诉讼便利；而且从私人之间的纠纷所涉及的权利要求和关系角度，社会和经济联系远比政治联系重要"[1]。在被告为法人的情况下，一般以法人成立地、管理中心所在地或主营业地作为确立普通管辖的基础。所谓特别管辖权，是指各国法律为某些特殊案件规定的管辖权，专属管辖即属这种情况。各国关于这种管辖权的规定差别较大。除此之外，在大陆法系国家还有一些其他管辖权根据，如原告国籍[2]、被告财产所在地等。

与英美法系相比，大陆法系国家的管辖权标准明白具体，容易把握和认定。英美法系对"存在"的认定如"最低限度联系标准"等过于灵活和模糊，对于作出特定判决的法院是否有管辖权，不同法院的法官基于其不同的价值观会得出不同的结论。

从目前国际社会司法实践看，审查判决地法院管辖权的法律依据有三种：依据被请求国的法律审查，以被请求国对该案是否有专属管辖权为标准进行审查，以及根据条约规定的标准进行审查。但是，无论是持上述哪一种立场的人，都不否认这一现实：从承认外地判决角度讲，被请求法院至少在某些情况下可以否定原判决所依据的管辖权，如根据承认地法律该判决所涉案件属于承认地法院专属管辖的范围。

（2）从国际上几个主要复合法域国家承认和执行区际和国际民商事判决的立法和司法实践看，区际民商事判决承认与执行中，承认地法院对原判法院管辖权的审查较宽松。如在澳大利亚，管辖权问题根本就不能作为反对对他州判决予以承认与执行的抗辩依据[3]。在美国，管辖权问题可以作为区际法院拒绝对判决予以承认与执行的抗辩依据，但判决作出地法院关于其自身管辖权的认定具有充分性。加拿大在区际民商事判决的承认与执行条件方面以前与国际判决承认与执行的条件没有区分，在管辖权问题上亦根据普通法规则加以规定，然而近年来亦出现了放宽对本国内各省管辖权依据审查的倾向。在1990年的Mudguard案[4]中，加拿大联邦最高法院认为，如果某省法院对某一案件行使管辖权是公平合理的，则外省法院应承认和执行由此产生的判决，而所谓公平与合理的标准则是诉讼所在地省与该案件具有真实的和实质性联系。这一标准与普通法上的标准相比，无疑是要宽松得多。

2. 正当程序标准。在对拟于承认和执行的外地判决的审查中，各国和各法域均对外地判决程序的正当性进行审查。所谓正当程序，强调的是原判决法院必须给予当事人同样的对待，如必须保证被告获得适当的通知，给予了被告充分的时间和机会进行抗辩。在英美法系国家，正当程序标准一般是以普通法典型的抽象概念——自然公正原则的方式确立下来的；而在大陆法系国家，法律一般会通过明白具体的条文形式将正当程序标

---

〔1〕 宣增益：《国家间判决承认与执行问题研究》，中国政法大学2004届博士论文，第24页。

〔2〕 如《法国民法典》即有以原告国籍作为管辖权根据的规定。

〔3〕 澳大利亚联邦立法《1993送达与执行程序法》与该法1901年的版本相比，其中重要的进步之一就是取消了区际判决中管辖权问题的审查。该法第109条规定，登记地法院不得援引国际私法上之普通法规则拒绝执行已登记的判决，被告不得根据缺乏国际意义上的管辖权、或该判决是非终局性判决、或判决违反了登记地的公共政策、或属税收判决、或非属支付一定金钱的判决等理由提出抗辩。

〔4〕 Mudguard Investment L. td v. De Savory (1990) 35 C. R. 1007.

准的具体内容加以规定。如我国在与一些国家的双边司法协助协定中规定的“判决是在被告缺席又未经合法传唤或在被告无诉讼行为能力又未得到适当代理的情况下作出的”等。在有些国家对外国判决的审查中，除上述内容外，还存在其他的一些审查事项，如英美法系中的“欺诈例外”以及对法律选择标准进行审查等。但这些审查事项均不具有普遍意义，在此不做详述。

3. 终局性要求。判决的终局性，也被称为判决的确定性，各国的立法一般都规定，拟在本国承认和执行的外地判决必须是终局性判决。但是对于何为终局性，在不同的国家有不同的认识。如在美国，初审判决一经作出即被视为是终局的[1]，他们认为，判决一经作出即具有约束力，这种约束力从宣判开始到提出某一种司法救济时止是一直存在的。但是，约束力和终局效力是两个概念，在大多数国家看来，当某一判决不能再被提出司法救济的争辩时，或者不再存在正常司法救济时，才是一个终局的判决。根据1971年海牙《民商事管辖权和判决承认与执行公约》的规定，判决的终局性是指“判决在原判决国不能再作为普通程序的上诉标的”[2]。终局判决并非绝对不可变更的判决。在英美法系和大陆法系之间，虽然对判决的终局性认识不同。但至少有一点是相同的：在双方所认为的具有终局性的判决中均有可以变更的判决。1993年英国《外国判决（相互执行）法》第1条第3款规定：为适用本条的目的，即使某一判决在原判决国的任何法院中可能存在一个对该判决的上诉抗辩，或仍然可以被提起上诉，也应该被认为是终局的和确定的判决。而在大陆法系国家，由于审判监督程序的普遍存在，对于终审法院作出终局判决，如果确有错误，法院可以通过审判监督程序予以变更。在认定判决终局性的法律依据问题上，国际社会普遍认为应当适用判决作出地法律，因为“只有作出判决的法院才有权决定它作出判决的法律意义”[3]。美国《对外关系法第三次重述》第481条之评论5就认为，在确定某一外国判决是否具有终局性的问题上，应当适用判决作出地的法律，而不是美国法律。然而，在被申请法院的个案审查中，法官有时会利用本地的法律思维和观念去理解应适用的判决作出地法律，从而得出不同于判决地法院对该判决终局性认识的结论，如后文中将要论述的香港法院承认与执行内地法院判决的普通法诉讼中对内地终审判决终局性的理解和认识。

4. 公共秩序标准。公共秩序是承认与执行外地判决的一个否定性标准，如果承认与执行外地判决不符合本地公共利益的要求，被申请法院可拒绝承认与执行该判决。

（1）普通法系国家的公共政策标准。英美法系在援引公共政策以拒绝承认与执行外地判决上是非常谨慎的。在美国和英国，虽然各法域法院都有公共政策标准的规定，但在实践中很少引用。美国第三巡回法院上诉法院就曾认为，拒绝外国判决的基础是，“判决明显对公共健康、公共道德、公众对司法纯洁性的信心造成损害，或对保障私人

---

〔1〕 See Adrian U. Do rig, *the Finality of U. S. Judgments in Civil Matters as a Prerequisite for Recognition and Enforcement in Switzerland*, 32 Tex. Int’1L. J. 271（Spring，1997）.

〔2〕 卢峻主编：《国际私法公约集》，上海社会科学出版社1986年版，第667页。

〔3〕 董立坤：“内地与香港相互承认与执行民商事判决中的‘终局性判决’问题”，载《2004年内地与港澳地区商事法律实务研讨会论文集》，第475页。

权利的意识造成破坏”[1]。此外，如果判决属于刑罚性质或涉及税收，美国法院也可基于公共政策拒绝承认。在英国援引公共政策的案例大都集中在家庭法方面，在此领域之外适用公共政策的范围很难确定，只能根据个案具体分析。一般而言，英美法系的公共秩序标准至少包含如下内容：①在外地起诉的一方当事人不得以公共政策为由抵制判决，除非执行法院在诉讼中存在保护特定当事人的利益；[2] ②在外地取得的判决在本地是不可能获得，或在外地成为诉因但在本地不能成为诉因等事实均不足以构成拒绝承认外国判决的公共政策基础；③惩罚性赔偿判决，在大陆法国家一般不能被接受，但在英美及其他英联邦国家是可完全接受的。对于英美法系国家的公共政策标准，卡多佐法官在“鲁克斯诉纽约标准石油公司案”[3] 中作了很好的归纳：“法院没有根据法官好恶随意拒绝外国判决的自由，没有推销个人的公平、公正观念的自由。法院（对外国判决）不能关闭大门，除非承认将违反公正的基本原则、普遍接受的善良道德和根深蒂固的公共福利传统。”

（2）大陆法系国家的公共政策标准。大陆法系国家的公共政策标准均具体规定在各国法律和国际公约如《1968 年布鲁塞尔公约》中。在德国，根据德国民事诉讼法的规定及其司法实践，一般在其法律制度的基本价值或国家政策的根本目标受到威胁等特殊情况下，才可援用公共政策否定外国判决效力。法国也强调，外国判决的内容必须与内国法律的基本原则并非不相容的情况下才可予以承认和执行。根据《1968 年布鲁塞尔公约》，下述情形不能作为援引公共政策标准以拒绝承认与执行彼此间判决的理由：①管辖权问题；②法律适用问题；③原判决的实质内容错误问题。但是，被告未获合理通知或未获充分时间进行辩护或缺席判决，会被认为违反了公共政策。

总体而言，无论是在普通法系还是大陆法系国家，各国对于公共政策的认识比较一致，且都认识到该标准在判决承认与执行领域应当慎用。在区际法院判决承认与执行中，公共政策的适用较国际受到了更为普遍的限制。例如，澳大利亚法律根本未提及公共秩序对区际法院判决承认与执行的影响，但不得违背公共政策则是该国承认和执行外国判决的一个条件。

我国许多学者认为区际民商事判决的承认与执行作为中国区际民商事司法协助的主要内容，应在“一国两制”原则指导下，以两个基本法为依据，由各法域平等协商并以协议的方式加以解决。

四、区际商事仲裁裁决的认可与执行

仲裁和诉讼都是解决民商事争议的常用的有效方法，各国均在仲裁法中允许当事人通过协议方式将争议提交仲裁而排除法院对争议的司法管辖权，承认本国仲裁裁决的效力，并规定在一方当事人不自觉履行仲裁裁决确定的义务时对方当事人可以申请法院强制执行。但是，如同判决一样，各国或各法域的仲裁裁决根据本国法律确立的法律效力只局限于本国或本法域境内，在外国或外法域并不当然或自动获得法律效力。当某一国

---

〔1〕 宣增益：《国家间判决承认与执行问题研究》，中国政法大学 2004 届博士论文，第 30 页。

〔2〕 See Perrin v. Perrin, 408F. 2d107 (3d Cir. 1969).

〔3〕 Lucks v. Standard Oil Co. of New York, 22N. Y. 99 (1918).

或某一法域的仲裁裁决需要在另一国或另一法域执行时，就产生了仲裁裁决的承认和执行问题。

（一）仲裁裁决的承认与执行是国际商事仲裁制度的核心问题

当事人将争议提交仲裁庭进行仲裁，是为了能够通过仲裁这种便捷的方式迅速解决争议，而解决争议不能仅仅依靠仲裁庭作出的一纸裁决，关键在于作出的裁决是否能够在有关国家得到承认和执行。在国家之间或法域之间，仲裁裁决的相互承认和执行，是国际或区际司法协助的重要内容，它使跨越一国国境或跨法域的民商事争议得到真正、彻底的解决，确保商务交易公平进行并减少违约的可能性，从而有利于国际或区际经济交往。仲裁裁决的承认是指有关国家的法院对仲裁机构所作出的具有约束力的裁决予以认可，并赋予其强制执行力的司法行为。“承认是仲裁裁决取得执行力的必经程序，使仲裁裁决在法院地国取得如同内国法院之终局判决一样的既裁效力。”〔1〕对外国仲裁裁决的承认除了宣示仲裁裁决与司法判决有相似的法律约束力外，还有阻止仲裁失败的一方诉求相关法院，以司法判决对抗仲裁裁决的企图。因此，仲裁裁决的承认是一个甚至比执行更有理由独立存在的概念。

所谓仲裁裁决的执行，是指在承认的基础上通过国家的强制力使已经发生法律效力并取得了执行力的仲裁裁决得以实施的司法行为。仲裁裁决的承认与执行具有密切的关系。承认是执行的前提，一项外国或外法域裁决如被执行，则其效力必然已得到管辖法院的承认。从这个意义上讲，“承认”被并入“执行”。但是，承认裁决并非没有独立的价值，裁决的承认并不必然导致裁决的被执行，如一项裁决的内容成为关联诉讼案的证据，法院承认它就足够了。1958 年的《承认及执行外国仲裁裁决公约》（以下简称《纽约公约》）第 3 条规定：“各缔约国承认仲裁裁决具有拘束力，并依援引裁决地之程序规则及下列各条所载条件执行之。承认或执行适用本公约之仲裁裁决时，不得较承认或执行内国仲裁裁决附加过苛之条件或征收过多之费用。”显然，公约肯定仲裁裁决的承认具有独立的价值，即承认裁决的拘束力是缔约国的一项基本义务。此外，仲裁的一方当事人如向法院就同一争议事项提出诉讼，另一方当事人可凭有效的仲裁裁决要求法院以“一事不再理”为由终结诉讼。总之，仲裁裁决的承认在于固定、确认裁决的效力，防止当事人反言；仲裁裁决的执行则是法院根据胜方当事人的申请，以查封、扣押、强行划拨银行存款等强制手段迫使败方当事人履行裁决。正因为如此，实践中，当事人主要是申请执行仲裁裁决。

通常说来，从本法域的角度看，仲裁裁决的承认与执行包括三种情况：①承认及执行地和裁决作出地在同一个国家，例如，中国国际经济贸易仲裁委员会仲裁庭作出的仲裁裁决在中国法院的承认与执行，对此种裁决的执行一般依照该国的法律进行，不会涉及国际公约的调整。尽管如此，但因其具有涉外性，所以与承认和执行一项纯粹的国内裁决还是有所不同，甚至有的国家在法律适用上实行不同的规则和条件，所以也是我们应该探讨的内容。②承认及执行地和裁决的作出地在同一个国家，但因为仲裁适用了外

---

〔1〕郑远民、吕国民、于志宏编著：《国际私法——国际民事诉讼法与国际商事仲裁法》，中信出版社 2002 年版，第 352 页。

国的仲裁法或仲裁规则而被认为是非内国的仲裁裁决。凡是做这种认定的国家均依照承认和执行外国仲裁裁决的程序和条件进行。③承认及执行地和裁决作出地在不同国家，即当事人在裁决作出国以外的国家寻求裁决的承认与执行。这就是狭义上的“外国仲裁裁决的承认与执行”概念，一般依照国际条约承认与执行。综观各国承认与执行外国或其它法域的仲裁裁决的法律依据，主要有国内立法与国际条约。世界上大多数国家或独立法域制定了自己的仲裁法，一般均涉及到外国仲裁裁决的承认与执行问题。若无仲裁法，其民事诉讼方面的法律，对外国仲裁裁决的承认与执行也会有相关规定。

区际相互承认与执行仲裁裁决的法律依据目前发展尚不完善，比较典型的是英国与美国的实践模式。英国不同法域的英格兰与威尔士之间，相互承认与执行对方仲裁裁决参照适用《纽约公约》；在美国，不同法域的州与州之间亦是参照《纽约公约》以保证申请承认与执行仲裁裁决的顺畅与便利。两国这种实践模式是各法域之间相互承认与执行法院判决理念的延伸，是一种简便而较为成功的方式。就中国区际仲裁裁决而言，应只包括中国境内各法域相互执行彼此的仲裁裁决的情况。在“一国两制”的情形下，除非法律另有明确规定，确认外法域仲裁裁决的效力是不言而喻的，不必专门确立一套程序和条件。

（二）关于仲裁裁决的形式

各国仲裁立法和仲裁规则都要求仲裁裁决以书面形式作成。仲裁裁决应由仲裁庭全体或多数仲裁员签名，但各国对此规定有所不同。例如，《联合国国际贸易法委员会仲裁规则》第 32 条第 4 款规定，如果 3 名仲裁员中有一人未能在裁决书上签名，则应在裁决中说明未能签名的原因。1976 年修正的瑞典《1929 年仲裁法》第 17 条和第 20 条规定的更为严格，要求裁决书必须由仲裁员签名，在裁决书由多数仲裁员签名的情况下，则必须在该裁决书上附有没有签字的仲裁员曾参加仲裁程序和裁决的证明时，该项裁决才属有效裁决。依照我国仲裁法的规定，裁决书应由仲裁员签名，并加盖仲裁委员会印章。对裁决持不同意见的仲裁员可以签名，也可以不签名。

（三）关于裁决书的内容

裁决书的内容除应写明仲裁机构名称、裁决书编号、仲裁员姓名、当事人双方的名称和住所地、裁决作出的准确时间和地点等一般性内容外，还应说明以下问题：①法律适用问题，一是关于仲裁程序的法律适用，二是争议实体问题的法律适用。②有关裁决背景的事实情况，如双方当事人的仲裁协议、仲裁申请和仲裁庭的组成情况，仲裁双方当事人的仲裁要求和支持其要求的根据。③仲裁庭根据当事人双方的申请、抗辩、证据和适用的法律对案件作出的评论以及从这些评论中得出的关于判定当事人权利义务的结论。④当事人需支付的仲裁费用。对于作出的裁决，是否要附具裁决所依据的理由，各国法律及仲裁规则有所不同，但普遍的趋势是要求附具理由。依照《中华人民共和国仲裁法》（以下简称《仲裁法》）第 54 条的规定，裁决书应当写明仲裁请求、争议事实、裁决理由、裁决结果、仲裁费用的负担和裁决日期。当事人协议不愿写明争议事实和裁决理由的，可以不写。对于裁决的决定，一般依多数票作出。例如《联合国国际贸易法委员会仲裁规则》第 31 条规定，在有 3 名仲裁员的情况下，任何仲裁或其他决定应由仲裁员的多数作出。但关于程序问题，在未取得多数意见的情况下或由仲裁庭授权时，首席仲裁员可以单独作出决定，但应遵从仲裁庭可能的修正。我国《仲裁法》第53条规定，裁决应当按照多数仲裁员的意见作出，少数仲裁员的不同意见可以记入笔录。仲裁庭不能形成多数意见时，裁决应当按照首席仲裁员的意见作出。裁决作出之后，对当事人具有拘束力，任何一方当事人都无权向法院起诉或请求其他机构变更裁决。当事人任何一方都无权不理会或否定该项裁决。对此各国立法和仲裁规则的规定是一致的。我国《仲裁法》第62条规定："当事人应当履行裁决。一方当事人不履行的，另一方当事人可以依照民事诉讼法的有关规定向人民法院申请执行。受申请的人民法院应当执行。"

复习与思考题

1. 简述司法协助的概念以及其包含的一般法律问题。
2. 区际司法协助的概念及特征是什么？
3. 区际民商事司法协助的法律性质与模式是怎样的？
4. 什么是区际民商事司法协助中的公共秩序保留？
5. 区际民商事司法协助的范围是怎样的？
6. 区际民商事司法协助送达指什么？
7. 区际民商事司法协助调查取证指什么？
8. 区际民商事判决的承认与执行指什么？
9. 区际民商事仲裁裁决的承认与执行指什么？

拓展阅读

1. 费宗炜、唐承元主编：《中国司法协助的理论与实践》，人民法院出版社1992年版。

2. 赵相林主编：《国际私法》，中国政法大学出版社2010年版。

3. 涂晰："中国司法协助方案选择"，载《政治与法律》1996年第1期。

4. 吕国民："论区际冲突法上的公共秩序保留"，载《江苏社会科学》1998年第3期。

5. 金彭年：《国际民商事程序法》，杭州大学出版社1995年版。

6. 李静堂、姚启超主编：《国家民商事法与台湾地区法规比较》，九洲图书出版社1997年版。

7. 单长宗主编：《中国内地与澳门司法协助纵横谈》，人民法院出版社1999年版。

8. 江伟主编：《民事诉讼法》，高等教育出版社、北京大学出版社2000年版。

9. 李双元、谢石松：《国际民事诉讼法概论》，武汉大学出版社2001年版。

10. 郑远民、吕国民、于志宏编著：《国际私法——国际民事诉讼法与国际商事仲裁法》，中信出版社2002年版。

法律适用篇

第四章　涉港澳台区际法律冲突

［教学目的和基本要求］

通过本章学习，首先，了解“一国两制”构想的基本内涵以及我国区际法律冲突产生的条件；其次，重点掌握中国区际法律冲突的特殊性，掌握解决中国区际法律冲突应坚持的原则，了解中国区际法律冲突的解决模式，在比较的基础上得出适当的结论。本章的重点和难点是理解和掌握中国区际法律冲突的特殊性。

第一节　涉港澳台区际法律冲突的产生

在中国的历史上，台湾、香港和澳门一直是中国领土的组成部分。但后来，内地、香港、澳门、台湾随着历史性的分割，其相互间的关系也有了很大的改变。四个法域在不同的环境下，产生和发展了相互差异的政治、经济、法律制度。随着历史的发展与考虑到历史的原因，中央人民政府使台湾、香港、澳门适用不同于内地的政治、经济、法律制度，台湾、香港、澳门的经济得到了不同的发展。在现阶段，若强求中国在一种制度下统一，要求香港、台湾、澳门改变现行制度，必将损害这三个地区人民的现实利益，破坏这三个地区的繁荣稳定，不利于祖国和平统一大业的完成，因此，中央人民政府提出“一国两制”统一祖国的方针。根据这一方针，中国统一后，内地实行社会主义制度，香港、澳门、台湾仍实行资本主义制度，四个区域各自的政治、经济、法律制度均不改变，各自享有立法权、行政管理权、独立的司法权和终审权。

一、“一国两制”方针与港澳台法域的形成

（一）“一国两制”方针的基本内涵

所谓“一国两制”是指一个国家，两种制度，其核心是在一个统一的中华人民共和国内，中国内地实行社会主义制度，中国香港、澳门、台湾地区实行原有的资本主义制度。

“一国两制”构想的提出最初是从解决台湾问题出发的，但首先运用于解决香港和澳门问题。1979 年元旦，全国人民代表大会常务委员会发表《告台湾同胞书》，宣布了和平统一祖国的方针。1981 年国庆前夕，全国人民代表大会常务委员会委员长叶剑英发表九条声明[1]，第一次提出：国家实现统一后，台湾作为特别行政区，享有高度的自治

〔1〕 参见 1981 年 9 月 30 日《人民日报》。

权，并可保留军队，台湾现存的社会、经济制度不变，生活方式不变，同外国的经济、文化关系不变。这九条声明，虽然没有概括为一国两制，但实际上就是一国两制的思想。1982 年中共中央顾问委员会主任邓小平在会见英国首相撒切尔夫人时，第一次提出“一国两制”的概念。他说，关于收回香港主权问题，可以采用“一个国家，两种制度”的办法解决。据此，中国政府开始制定对香港的基本方针政策。同年 12 月，“一国两制”在第五届全国人民代表大会第五次会议通过的《中华人民共和国宪法》（以下简称宪法）中得到确认和反映，《宪法》第 31 条规定：“国家在必要时得设立特别行政区。在特别行政区内实行的制度按照具体情况由全国人民代表大会以法律规定”。这就为中国在实现和平统一，恢复对港、澳、台行使主权后，推行“一个国家，两种制度”，在香港、澳门和台湾设立特别行政区，并实行不同于内地的制度和政策，提供了法律依据。1984 年 5 月 15 日，中国政府在向全国人民代表大会第六届二次会议所作的《政府工作报告》中，正式向国家最高权力机关提出“一国两制”方针，并获得大会通过，从而成为一项具有法律效力的基本国策。根据《宪法》第 31 条的规定，并按照“一个国家，两种制度”的方针，1984 年 9 月 26 日在北京草签的中英关于香港问题的联合声明中，中国政府正式宣布了中国对香港的十二条基本方针政策，其中规定：1997 年 7 月 1 日，中华人民共和国对香港恢复行使主权。根据宪法设立香港特别行政区。特别行政区直辖于中央人民政府，香港特别行政区享有高度自治权。除外交和国防事务由中央人民政府管理外，香港特别行政区享有行政管理权、立法权、独立的司法权和终审权。香港现行的社会、经济制度不变，生活方式不变，法律基本不变。香港特别行政区政府由当地人组成等。[1] 声明中的上述规定，体现了原则性和灵活性的高度结合。在维护国家的主权、统一和领土完整的原则性方面毫不含糊，在具体政策和措施方面，又充分照顾实际情况和各方面的利益。这样，就把“一个国家，两种制度”的构想，如何在香港地区付诸实施更具体化了，也为香港特别行政区基本法的制定创造了条件。香港特别行政区基本法正是上述思想理论和基本方针的条文化、法律化。至此，关于“一国两制”，就成了有理论指导、有法律依据和有政策措施的科学构想。

对“一国两制”这一科学构想的基本含义，不能简单地从字义上来理解和解释，应当看到它是中国在特定的历史条件下形成的，因而有着中国特色的特定含义和内容。“一国两制”首先是“一个国家”，即统一的中华人民共和国，在对内对外方面，只有一个由中华人民共和国代表的国家主权，香港、澳门和台湾是国家不可分割的神圣领土。在解决香港、澳门和台湾问题时，国家主权、统一和完整是前提，是不容置疑、不容谈判的。其次是“两种制度”问题，即在一个国家的前提下，香港、澳门和台湾地区可以实行与内地社会主义制度不同的资本主义制度，两种制度长期并存，和平共处，共同发展。这不仅在中国历史上，就是在世界史上也是绝无仅有的。[2]

---

〔1〕 参见《中华人民共和国政府和大不列颠及北爱尔兰联合王国政府关于香港问题的联合声明》，北京外文出版社 1984 年版，第 3 ~ 6 页。

〔2〕 肖蔚云主编：《一国两制与香港基本法律制度》，北京大学出版社 1990 年版，第 3 ~ 4 页。

（二）"一国两制"方针与香港法域

香港地区地处广东省珠江口外，濒临南海，面积约1092平方公里，香港地区可分为香港岛、九龙和"新界"。人口600多万，绝大多数为华人。1840年，英国殖民主义者为了扩张殖民地，悍然对中国发动了罪恶的鸦片战争。清政府迫于英国坚船利炮的压力，先后在1842年、1856年和1898年与英国签订了《南京条约》、《北京条约》及《中英展拓香港界址专条》等3个不平等条约，"中英两国政府议定大略，按照黏附地图，展扩英界，作为新租之地，……以99年为期限"[1]。据此，英国占领了整个香港地区。

中华人民共和国成立后，我国政府曾多次阐明，香港是中国的领土，对于上述3个不平等条约中国政府不予以承认。20世纪70年代末至80年代初，随着租期日趋届满，中国政府指出香港是中国的一部分，这个问题本身不能讨论，但在20世纪和21世纪初的相当长的时期内，香港可以搞资本主义，我们搞社会主义。后来，在这个思想的基础上，中英双方在1984年12月19日达成协议，签署了《中华人民共和国政府和大不列颠及北爱尔兰联合王国政府关于香港问题的联合声明》，确定中国政府于1997年7月1日收回香港，恢复行使主权。1990年4月4日《中华人民共和国香港特别行政区基本法》（以下简称《香港基本法》）颁布，它把"一国两制"的总方针和我国对香港的基本方针政策以法律的形式规定下来，从法律上保证了"一国两制"伟大构想在香港的实现。

众所周知，"一国两制"的一个重要内容就是在香港设立直辖于中央人民政府的特别行政区，特别行政区享有高度的自治权，其中包括管理权、立法权、独立的司法权和终审权、财政独立权、社会治安维持权及现行法律基本不变。从香港基本法律不变来看，香港原有法律主要包括：①"英皇制诰"和"皇室训令"，这是香港的宪法性文件；②普通法和衡平法；③条例；④附属立法；⑤习惯法。1997年7月1日后，香港原有法律在三个方面发生变化：①《香港基本法》及附件是香港地区的宪法性法律文件；②《香港基本法》相抵触的原有法律失效；③香港特别行政区立法机关修改过的原有法律失效。因此，香港特别行政区现在实施的法律有：①《香港基本法》及在香港特别行政区实施的全国性法律；②基本不变的原有法律；③香港特别行政区立法机关制定的新法律。[2] 由此可见，"香港无论是在1997年7月1日前还是此后，它都是一个独立的法域"。[3] 香港作为中国的一个特别行政区，成为中国内部与内地、澳门和台湾并行的法域之一。

（三）"一国两制"方针与澳门法域

澳门地区位于中国南部海岸边缘，包括澳门半岛及凼仔、路环两岛，其中澳门半岛被称为澳门市，凼仔和路环两岛被称为海岛市。澳门地区的面积为21.45平方公里（1996年），现有人口约40万，大多数为中国人。澳门自古以来就是中国领土。从1553年到1849年，中国政府一直拥有澳门的主权和管理权，包括行政、军事、司法、海关、

---

〔1〕 中华名人协会等编：《香港新纪元》，人民出版社1997年版，第118页。

〔2〕 韩德培主编：《国际私法》，高等教育出版社、北京大学出版社2000年版，第298页。

〔3〕 张学仁主编：《香港法概论》，武汉大学出版社1996年版，第632页。

土地等方面。在行政上，中国委任官员对澳门进行全面管理。在军事上一直由中国派遣陆军、海军进行守卫。在司法上，不管是中国人，还是葡萄牙人犯法，一律按照中国法律制裁。如清乾隆八年（1743年），一个居住在澳门的葡萄牙人杀害了一个中国人，在两广总督和香山县知县的交涉下，按照《大清律例》把杀人犯处以绞刑。对外贸易上，中国在澳门设立海关征税。在土地管理上，不允许葡萄牙人买卖土地，他们只拥有土地的使用权，而且必须在中国政府规定的土地范围内盖房使用，开始时甚至盖什么样的房子，也必须由中国政府批准。这个期间，明、清大臣经常巡视澳门，而且居住在澳门的葡萄牙人总是隆重迎送。1839年清政府派林则徐为钦差大臣到广东禁烟，在9月3日还巡视了澳门。[1]

但是，自从葡萄牙人在澳门居住后，就采用行贿、武力等办法，在澳门不断地扩张他们的势力。1887年中英鸦片战争以后，清政府腐败无能，先后与葡萄牙政府签订了《中葡会议草约》和《中葡北京条约》（即《和好通商条约》），规定"葡国永驻管理澳门以及属澳之地与葡国治理他处无异"。但由于中国人民的强烈反对，始终未能就葡占澳门的界址达成协议。1928年4月，中华民国政府曾通知葡萄牙政府，终止《和好通商条约》，但未有结果。20世纪60年代，由于西方和香港经济发展的影响，澳门经济逐步向现代化迈进。在1974年的葡萄牙"4·25"革命[2]后，葡萄牙政府承认澳门是中国的领土、由葡国管理的地区。1976年颁布葡国新宪法和《澳门组织章程》，成立澳门立法会，并准许澳门享有内部的自主权。

1979年2月8日中葡建交，两国政府就澳门主权问题达成谅解，双方同意在适当的时候通过两国政府的谈判来解决澳门回归中国的问题。1987年4月23日双方在北京签订中葡《中华人民共和国政府和葡萄牙共和国政府关于澳门问题的联合声明》，宣布澳门于1999年12月20日正式回归中国。1993年3月31日《中华人民共和国澳门特别行政区基本法》（以下简称《澳门基本法》）颁布，1999年12月20日澳门顺利回归祖国。[3]

与香港地区的情况相似，在长达100多年的葡萄牙殖民统治下，澳门的法律形成了以葡萄牙法律为主体的独特的法律制度。澳门的法律属于大陆法系，其发展大致可分为两个阶段：第一阶段是1974年"4·25"革命以前，基本上适用葡萄牙的法律；第二阶段是1974年"4·25"革命以后，由于葡萄牙政府实行"非殖民化"政策，把澳门从葡萄牙的海外省变为"按其特殊情况的章程进行管理"的地区，澳门自身制定的法律逐渐增多，但澳门主要部门的法律仍是葡萄牙法律。[4] 澳门于1999年回归祖国，同样是按照"一国两制"的方针，澳门原有的法律基本不变，《澳门基本法》第8条规定："澳门

---

〔1〕参见安冠英："澳门回归历程"，http：//www.cndca.org.cn/memberCommunity/home/201001/t20100106_50210.html.

〔2〕1974年4月25日，由葡萄牙一批年青军官组成的革命组织"武装部队运动"取得国家政权，史称"4·25"革命。革命后的新政府发表声明，宣布放弃殖民主义，放弃海外所有殖民地，承认澳门是中国的领土，不是殖民地，只是葡萄牙管理的一个特殊地区。来自 http：//www.hudong.com/wiki.

〔3〕黄进主编：《中国的区际法律问题研究》，法律出版社2001年版，第51页。

〔4〕王叔文：《澳门特别行政区基本法导论》，中国人民公安大学出版社1994年版，第81~82页。

原有的法律、法令、行政法规和其他规范性文件，除与基本法相抵触或经澳门特别行政区的立法机关或其他有关机关依照法定程序作出修改外，予以保留。”因此，澳门在回归后也是中国的一个特别行政区，也成为中国内部与内地、香港和台湾并列的单独的法域。

（四）“一国两制”方针与台湾法域

1949年10月1日中华人民共和国中央人民政府宣告成立，取代中华国民政府成为中国唯一合法的政府，在国际上中国唯一合法的代表是中央人民政府，并且在我国内地实行社会主义制度；而国民党集团退踞台湾后，其政权继续使用“中华民国”和“中华民国政府”的名称，虽然无权代表整个中国行使主权，但事实上统治着台湾，实行着独立于我国大陆地区的政治、经济和法律制度。半个多世纪以来，海峡两岸的关系经历了严重军事对峙、局部军事冲突时期、冷战对峙时期、和平对峙时期和民间交流时期。“迄今，两岸的敌对状态并未正式结束。”[1] 随着两岸地域上的隔离和政治上的对立，两岸在立法上也出现重大差异。

中华人民共和国政府在成立之初即宣布废除旧中国的“六法全书”[2]，旧中国的“法统”[3] 在我国已不复存在，而代之以全新的社会主义的法律体系；而国民党退踞台湾后，在台湾地区仍旧延续了旧中国的“法统”。随后，台湾地区或修改、完善旧法制，或引进移植外国的相关制度，台湾地区的“法律”主要是学日本和德国的大陆法系模式，形成了与我国大陆地区不同的法律体系。尽管两岸在政治上互不承认对方的政府，也曾长期互不承认对方的法律，但由于中央人民政府始终坚持“一个中国”的原则，因此，国际上大多数国家承认台湾地区是中国的一部分。综上所述，许多学者认为自从1949年中华人民共和国中央人民政府宣告成立，国民党统治集团退踞台湾开始，中国事实上已经成为多法域国家。

“一国两制”方针是以民族利益为重，尊重历史、尊重现实地解决台湾问题的最佳方案。中国政府1993年发表的《台湾问题与中国的统一》白皮书，对用“一国两制”解决台湾问题作出了具体的论述。主要内容如下：①“一个中国”，即坚决反对“两个中国”、“一中一台”和“台湾独立”等违背一个中国原则的言行；②“两种制度”，即实行社会主义制度，台湾仍然实行资本主义制度；③“三个不变”，即统一后台湾的社会经济制度不变，生活方式不变，与外国的经济联系不变；④享有“四权”，即台湾地区享有行政管理权、立法权、独立的司法权和终审权；⑤“五个允许”，即统一后台湾允许高度自治，允许保留军队，允许财政税收独立，允许一定的外事权，允许参与全国

---

〔1〕 参见2000年2月1日中华人民共和国国务院台湾事务办公室、国务院新闻办公室《一个中国的原则与台湾问题》。http：//www. huaxia. com/zt/tbgz/09 －007/03/1336735. html.

〔2〕 “六法全书”，是国民党南京国民政府法律制度的总称。因汇编时通常被分为宪法及其关系法规、民法及其关系法规、民事诉讼法及其关系法规、刑法及其关系法规、刑事诉讼法及其关系法规和行政法及其关系法规等六大部分而得名。

〔3〕 所谓法统，其最基本的含义可理解为以宪法为核心进而构成国家统治权的政治、法律依据。它不同于某项法律或某个法律体系，但它却涵盖或统领着国家的整个制度。张万明：《涉台法律问题总论》，法律出版社2003年版，第1页。

事务的管理；⑥“六项保护”，即统一后台湾地区的私人财产、房屋、土地、企业所有权、合法继承权、华侨和外国人投资等，一律受法律保护。[1] 我们相信，依港澳模式，中国必将在“一国两制”方针的指引下，实现两岸的和平统一。

综上所述，新中国成立后，台湾地区与我国大陆地区的对峙局面在局部诱发了中国复合法域的形成，香港和澳门回归后“一国两制”由构想变为现实，则标志着我国已从一个单一制国家发展成为一个多元法制国家。随着中国和中国台湾于2001年11月先后加入WTO（中国香港和中国澳门分别于1986、1991年加入），从而使得中国“一国四域”的现实得到了国际社会的普遍认同。这种“一国两制”、“一国四域”的格局，再加上台湾与大陆政治上的对立，将会产生中国的区际法律冲突，并呈现出复杂的局面。

二、涉港澳台区际法律冲突产生的条件

随着香港、澳门的相继回归，中国四个法域之间的关系更加紧密，各种交往也日益增加，四个法域相互间的法律冲突开始由过去的“准国际法律冲突”转变为区际法律冲突。中国目前“一国四法域”的格局是产生区际法律冲突的前提，但是，这种情况的存在并不必然地产生法律冲突，它只是为产生区际法律冲突提供了可能性，要想将这种可能性转变成现实性，它还要具备其他的条件[2]。

（一）各法域赋予其他法域的民事主体与域内民事主体同等的民事法律地位

所谓的民事法律地位是指民事主体所享有的民事权利和所承担的民事义务。赋予其他法域民事主体同等的民事法律地位是确保不同法域之间进行正常民事交往的前提条件。我国的宪法和其他有关法律，对于内地、香港、澳门民事主体在对方法域的民事法律地位予以了法律上的保障。但是，对于大陆与台湾地区民事主体在对方域内的民事法律地位这个问题上就比较复杂了。从理论上说，台湾地区是中华人民共和国不可分割的一部分，台胞应该与大陆居民享有同等的民事法律地位，但由于历史的原因，台湾地区与大陆长期隔离甚至处于敌对状态，这就使得两岸居民在对方域内的民事法律地位都受到了一定程度的限制。在两岸关系解冻后，我国通过一系列的立法，诸如《关于受理台胞专利申请的意见》、《国务院关于鼓励台湾同胞投资的规定》等法律重新确认了台湾同胞在大陆的民事法律地位，同时，台湾方面也在1992年通过“台湾地区人民与大陆地区人民关系条例”肯定了大陆人民在台湾享有一定的民事法律地位。至此，四个法域之间彼此相互赋予对方民事主体在自己域内一定的民事法律地位，为产生区际法律冲突奠定了现实基础。

（二）各法域都在一定程序上承认了对方法律在自己法域内的域外效力

所谓法律的域外效力是指法律在制定者管辖领土之外仍然能产生效力。内地与香港、澳门之间彼此承认对方法律在自己域内仍然有效力，这一点在我国的宪法以及两个特别行政区的基本法中都有所规定。但在与台湾地区相互承认法律域外效力问题上却经历了一个漫长的过程。新中国成立初期，我国政府明确宣布国民党法律为反动法律，拒绝承认其在台湾地区及整个大陆的效力；在允许两岸人民相互探亲的初期，由于台湾当

---

〔1〕 李家泉：“按照‘一国两制’方针解决台湾问题”，载《人民日报（海外版）》1997年6月10日。

〔2〕 赵相林主编：《中国国际私法立法问题研究》，中国政法大学出版社2002年版，第569页。

局采取对台湾人民到大陆探亲的“不涉入”政策，使得在相当长一段时间内，台湾人民在大陆所产生的民事纠纷单方面的由大陆法律来解决。因此，在两岸处于敌对时期和开放探亲的初期，都不会产生法律冲突。这种单方面解决纠纷的方法不利于正确解决矛盾，也不适应两岸民事交往快速发展的需要。基于这种情况，最高人民法院在 1998 年 5 月 26 日施行的《最高人民法院认可台湾地区有关法院民事判决的规定》中确认了台湾地区民商事法律在一定条件下和一定程度上在大陆有效。另外，台湾地区也在“两岸人民关系条例”中规定，我国大陆的法律在不违背台湾地区的公共秩序的条件下在台湾地区具有效力，可以在特定的涉及两岸之间的民商事案件中由台湾地区法院直接加以适用。

（三）各个法域都有法定的或者事实上的立法权、司法权、终审权和行政管理权

香港、澳门回归后，我国宪法以及两个特别行政区的基本法都肯定了它们享有立法权、司法权、终审权和行政管理权。台湾地区的这些权力虽然没有得到我国宪法的承认，但在长期的实践中得到了事实上的认可。这样，就形成了主权国家内部四个法律制度不同区域的并存。

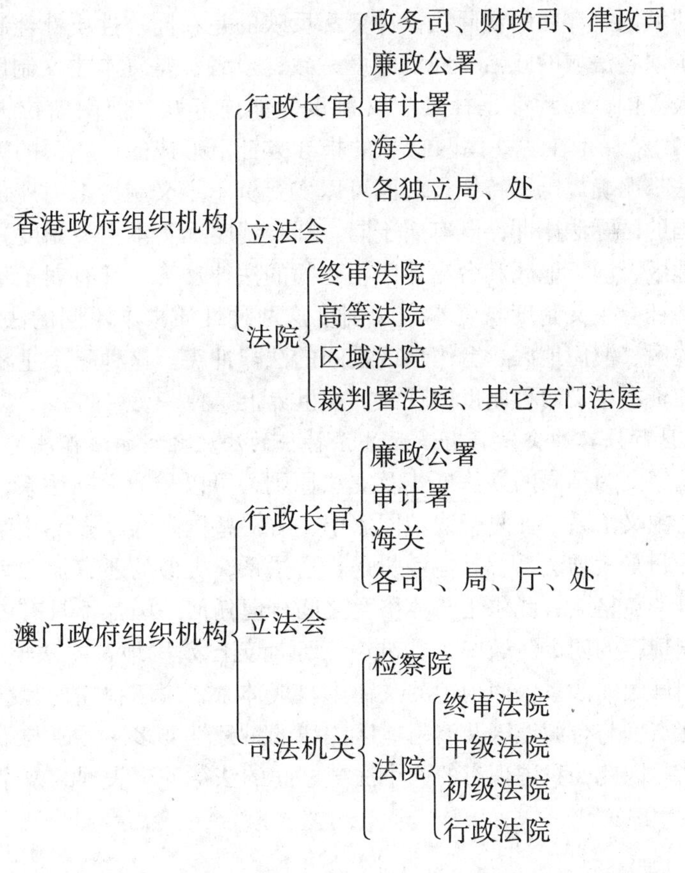

香港、澳门政府组织机构示意图

由于以上原因的存在，四个法域的居民进行交往时就会产生在纠纷出现时应由哪个法院享有管辖权、以哪一个法域的法律作为审判的依据、判决作出后能否在其他法域得到承认和执行这些问题。中国的区际法律冲突将会在一段时间内持续下去，随着两岸“三通”的实行和两岸加入世界贸易组织，四个法域之间的民事交往势必会越来越多，采取何种立法模式解决它们之间的区际法律冲突就成为一个急需解决的问题。

三、涉港澳台区际法律冲突的特殊性

中国目前“一国四法域”的格局是产生区际法律冲突的前提，内地、香港、澳门和台湾地区在不违反《中华人民共和国宪法》的基础上可以根据自己的实际情况制定经济、金融、文化、体育、旅游等方面的法律，这样，在同一涉外民商事法律关系中就有不同的法律规定，为产生区际法律冲突提供了条件。区际法律冲突不是中国特有的现象，由于我国国情的特殊性及产生区际法律冲突原因的特殊性，使得我国的区际法律冲突与世界上其他国家的区际法律冲突相比具有自己的特点。关于中国区际法律冲突的特点，由于各个学者的认识角度不同，他们的总结也有差异，有的概括为四点，有的概括为五点，但大同小异。我们将中国区际法律冲突的特点归纳为以下五点：[1]

（一）中国区际法律冲突是存在于不同社会制度的法域之间的法律冲突

世界上多法域国家存在的区际法律冲突都反映的是在同一性质社会制度下法律冲突的特征，这些国家各法域的政治、经济制度一致，或者都是资本主义制度，如美国、澳大利亚、加拿大等国；或者都是社会主义制度，如前苏联、前南斯拉夫等国。而我国“一国四法域”的格局是在“一国两制”的指导方针下形成的，我国的宪法及两个特别行政区的基本法都明确规定了特别行政区可以实行资本主义制度，内地仍是社会主义制度。这样，中国的区际法律冲突既有属于同一社会制度（资本主义制度）的法域之间的冲突，如香港地区、澳门地区和台湾地区相互间的法律冲突；又有属于不同社会制度法域间的冲突，即社会主义制度与资本主义制度这两种性质根本不同的法律之间的冲突，如内地与香港地区、澳门地区、台湾地区之间的法律冲突。这种一个主权国家内部同时存在社会主义和资本主义两种制度的现象，在世界上是独一无二的。

（二）中国区际法律冲突是具有多元法系特征的法域之间的法律冲突

世界上的国家因为不同的立法模式及立法原则，可以分为大陆法系、英美法系、伊斯兰法系和社会主义法系。在复合法域国家中，有一些国家存在多元法系的情况，如美国的路易斯安那州是大陆法系，其他各州是普通法系，类似的还有加拿大的魁北克与其他省之间，英国的英格兰、威尔士与苏格兰之间，但任何一国都不具有中国多元法系的复杂性。在我国现存的四个法域中，香港由于原属英国殖民地，立法模式为英美法系，台湾地区和澳门属大陆法系，而内地的法律则自成体系，属于独立的社会主义法系，但因其成文法的特点，与台湾地区及澳门地区法律的一致性要多一些，与香港地区法律的差异则更大一些。因此，我国现有的四个法域之间的法律冲突表现为复杂的多元法系之间的冲突。

---

〔1〕冯霞：“试述中国区际法律冲突的特点及其解决”，载《法律适用》1999年第4期。

（三）中国区际法律冲突是在其各有独立的司法权、终审权和最高法院的条件下产生的

许多复合法域国家为了统一协调各法域之间的立法和司法，消除不合理的障碍，实施必要的监督，通过多种途径对各法域保有一定的控制力。而按照香港和澳门基本法的规定，中国的特别行政区设有自己的终审法院，内地的最高人民法院与特别行政区终审法院之间没有隶属关系，特别行政区法院审理的案件不能上诉到内地的最高人民法院。因此，我国在四个法域之上并不存在统一的最高法院来协调它们之间的区际法律冲突。

我国宪法规定的特别行政区制度——高度自治权

	特别行政区	中央
立法权	特别行政区立法会制定属于特别行政区自治范围的法律	①全国人大常委会的发回权；②全国人大常委会增减《基本法》附件三的全国性法律；③在全国人大常委会决定宣布战争状态或因特别行政区内发生特别行政区政府不能控制的危及国家统一或安全的动乱而决定特别行政区进入紧急状态时，中央人民政府可发布命令将有关全国性法律在特别行政区实施
司法权和终审权	特别行政区法院对特别行政区所有的案件均有审判权	特别行政区法院对国防、外交等国家行为无管辖权。特别行政区法院在审理案件中遇有涉及国防、外交等国家行为的事实问题，应取得行政长官就该等问题发出的证明文件，行政长官在发出证明文件前，须取得中央人民政府的证明书
行政管理权	特别行政区政府自行处理特别行政区的行政事务	①中央人民政府负责管理与特别行政区有关的防务；②中央人民政府任命特别行政区行政长官、行政机关的主要官员。在香港，主要官员包括各司司长、副司长，各局局长，廉政专员，审计署署长，警务处处长，入境事务处处长，海关关长；在澳门，主要官员包括各司司长、廉政专员、审计长、警察部门要负责人和海关主要负责人、检察长
处理对外事务的权力	中央授权特别行政区依照《基本法》自行处理有关的对外事务	中央人民政府负责管理与特别行政区有关的外交
注意：《香港特别行政区基本法》第18条第2、3款规定："全国性法律除列于本法附件三者外，不在香港特别行政区实施。凡列于本法附件三之法律，由香港特别行政区在当地公布或立法实施……任何列入附件三的法律，限于有关国防、外交和其他按本法规定不属于香港特别行政区自治范围的法律。"		

世界上其他多法域国家的区际法律冲突在无法协调的情况下会借助本国最高法院的力量，如美国具有联邦和州的双重法院系统，各州虽然都有一个最高法院对本州内下级法院的上诉具有管辖权，但是，州最高法院并非终审法院，在涉及联邦法律问题的判决上要受制于向联邦最高法院提起的进一步上诉。另外英国、加拿大和澳大利亚等国家在各法域之上设立最高上诉法院，作为各法域的终审法院。因此，这些国家的法院及高等法院在协调统一各州或省的法律冲突中也发挥着最终裁判者的作用。

（四）中国区际法律冲突既表现为四法域之间适用各法域本地法律方面的冲突，又表现为四法域之间适用国际条约的冲突

1969 年《维也纳条约法》第 29 条规定："除条约表示不同意，或另经确定外，条约对每一当事国之约束力及于其全部领土。"世界上其他多法域国家，无论是联邦制国家还是单一制国家，均是以主权国家的名义行使对外交往权及缔结国际条约的，联邦国家的各成员及单一国家的各行政区域均没有对外交往权力。但有个别联邦制国家存在例外，如前苏联的各加盟共和国依其宪法的规定，有一定的对外交往权，由于历史的原因，乌克兰和白俄罗斯两个加盟共和国还是联合国的成员；在瑞士，依宪法规定所属各州可以就某些地方性事务与外国签订协定；近年来，加拿大的魁北克也有权同法国及其他法语国家签订有关文化方面的国际条约。[1] 而中国由于特殊的国情，除内地之外的其他三个法域也可以缔结经济、贸易、金融、体育、旅游、文化等方面的国际条约。按照《中英联合声明》、《中葡联合声明》以及两个基本法的规定，香港和澳门特别行政区可以分别以"中国香港"和"中国澳门"的名义[2]在上述领域单独同世界各国、各地区及有关国际组织保持和发展联系，签订和履行有关协定。但是，值得注意的是，中华人民共和国缔结的国际条约并不当然的适用于其他三个法域，中央人民政府可根据情况及香港地区、澳门地区的需要，在征询香港和澳门特别行政区的意见后，决定该国际条约是否适用于香港和澳门特别行政区；反之，中华人民共和国尚未参加的而港澳台原有的条约在不违背中华人民共和国宪法的基础上予以保留，但也并不当然的适用于内地地区。这样势必会出现一些国际协定适用于某一法域而不适用于其他法域或不同法域适用的国际条约不同的情况，从而使中国的法律冲突更为复杂。

这种复杂性，学者们将其总结为四个层次：第一个层次，国际公约对解决区际法律冲突的限制。表现为特别行政区作为单独的法域，受国际公约的限制并不当然地意味着法域是国际公法意义上的主体，特别行政区在受国际公约的约束时要注意恰当的身份或者转化为国内安排。第二个层次，对回归前已经在特区生效的国际公约特别是国际私法公约的存废问题，牵涉到国际公法中关于条约的继承问题。如自 1997 年 7 月 1 日起适用于香港的国际条约，在原有的 300 多个条约中，有 214 个条约继续有效。而且，香港特

---

〔1〕 周洪钧主编：《国际法》，中国政法大学出版社 1999 年版，第 37～38 页。

〔2〕《中英联合声明》附件一第十一节规定："香港特别行政区可以'中国香港'的名义，在经济、贸易、金融、航运、通讯、旅游、文化、体育等领域单独地同世界各国、各地区及有关国际组织保持和发展关系，并签订和履行有关协定。""（中国）缔结的国际协定，中央人民政府可根据香港特别行政区的情况和需要，在征询香港特别行政区政府的意见后，决定是否适用于香港特别行政区。中华人民共和国尚未参加但已适用于香港的国际协定仍可继续适用。"《中葡联合声明》也有这样的规定。

区将继续以适当方式参加其已参加的34个国际组织的活动。第三个层次是关于国际私法公约在一国领土单位、领地或属地的适用问题〔1〕，这牵涉到特别行政区成立后中央政府所签订的国际条约特别是国际私法公约能否在大陆以外法域适用的问题。第四个层次直接源自特别行政区的特殊独立的地位。

（五）中国区际法律冲突表现为单一制国家内部中央法律和地方法律的冲突

世界上的多法域国家的区际法律冲突都是州与州之间，或省与省之间的法律冲突，即横向的法律冲突。而中国的区际法律冲突则较为特殊，由于中国是单一制国家，香港和澳门是特别行政区是中国的行政地方单位直辖于中央人民政府，因此，中国的区际法律冲突既不是完全的横向冲突，也非完全的纵向冲突。之所以说不是完全的横向冲突是因为它不是各省与特别行政区之间的冲突，而是包括31个省、自治区和直辖市的内地和两个特别行政区及台湾地区之间的法律冲突；之所以说不是完全的纵向冲突是因为并非所有的中央立法都与特别行政区法律发生纵向冲突，只有中国宪法的部分条款及香港、澳门基本法及其附件三中的中央立法（附件三中的全国性法律都是涉及国防、外交等事务的）才能够在香港地区、澳门地区得到适用，这些在香港及澳门特别行政区适用的全国性法律与特别行政区法律之间也会产生法律冲突。〔2〕但大多数学者从法域平等的角度出发认为，中国的区际法律冲突与世界上许多复合法域国家一样呈现出横向冲突的趋势。

特别行政区的政治体制

<table>
<tr><th colspan="2"></th><th>香　港</th><th>澳　门</th></tr>
<tr><td rowspan="2">行政系统</td><td>行政长官</td><td>行政长官是香港特别行政区的首长，代表香港特别行政区，对中央人民政府和香港特别行政区负责。行政长官由年满40周岁，在香港通常居住连续满20年并在外国无居留权的香港特别行政区永久性居民中的中国公民担任。行政长官任期5年，可连任1次</td><td>类左</td></tr>
<tr><td>行政机关</td><td>行政机关的主要官员由在香港通常居住连续满15年并在外国无居留权的香港特别行政区永久性居民中的中国公民担任</td><td>主要官员的任职资格不要求有“无外国居留权”的条件</td></tr>
</table>

〔1〕黄进：“论国际私法公约在法制不统一国家的适用”，载《中国国际私法与比较法年刊》（第二卷），法律出版社1999年版。

〔2〕王磊：“我国内地与香港区际法律冲突的特点”，载魏振瀛、王贵国主编：《内地与香港特别行政区法律比较研究》，北京大学出版社1998年版。

续表

		香 港	澳 门
立法系统	首长	立法会主席由立法会议员互选产生，任职资格同香港特别行政区行政长官相同	立法会设立主席、副主席各1人，任职资格同澳门特别行政区行政机关的主要官员
	议员	立法会由选举产生。立法会除第一届任期为2年外，每届任期4年	立法会多数议员由选举产生
司法系统	法院	终审法院、高等法院、区域法院	终审法院、中级法院、初级法院、行政法院设立检察院。检察官由行政长官任命
	法官	行政长官任免	行政长官任免

第二节 涉港澳台区际法律冲突的协调解决原则与模式

一、涉港澳台区际法律冲突的协调解决原则

关于中国区际法律冲突的协调解决原则，各个学者的概括有所不同，但一般认为应包括促进和维护国家统一原则、一国两制原则、平等互利原则、促进和保障正常区际民事交往原则。我们在此将其归纳为以下几个原则：

（一）坚持“一国两制”原则，维护国家统一

“一国两制”既是实现国家统一的设计和方案，也是实现国家统一最有效的途径。解决区际法律冲突不能有损于“一国两制”的构想和实践。坚持“一国两制”原则要求我们在解决我国的区际法律冲突时，对公共秩序保留制度的适用必须严格限制。此外，由于港、澳、台地区的法制根本不同于内地的法制，解决中国的区际法律冲突问题，不宜简单、草率、操之过急地采取统一各个地区的实体法的方式，因此，只宜多利用区际冲突法的方式来解决，各地区已上升为法律制度的生活方式和社会制度要加以保留，否则危及“一国两制”方案的实现。我国《宪法》第31条以法律的形式确立了“一国两制”的方针，顺利收回了香港和澳门，并将这项原则贯彻在香港、澳门的两个基本法中，而且我们有理由相信，台湾问题在“和平统一、一国两制”方针的指导下，也将最终得到解决，实现国家的完全统一。维护国家统一的原则成为解决我国区际民商事法律冲突问题的首要的基本原则，也是我国解决香港、澳门和台湾问题的终极目标。它要求各法域的法律、法规中不得有违反一个中国原则的提法和做法，否则其他法域应不予承认。因此，我们必须坚持香港、澳门和台湾地区是中华人民共和国领土不可分割的组成部分，本着各法域协助合作的精神，在确定解决我国的区际法律冲突所采用的法律方

式、途径和步骤时，都应以维护国家统一的大局为重，都必须有助于而无害于国家的统一。

（二）坚持各法域平等原则，促进和保障正常的区际民商事交往

所谓法域平等原则，是指国家内部各法域对于涉外案件“法律适用地位”上，处于平等地位，不同法域就该法院有管辖权的涉外案件，其法律适用选择的机会均等，各法域的法律无所谓阶位效力的高低或特别优先适用的关系。法域平等原则反映在立法方面，各法域应相互承认和给予外法域人相互平等的民事法律地位，相互承认其他法域民商事法律的域内和域外效力，同时各法域在制定区际冲突规范时，应尽量采用双边冲突规范的方式，而避免单方决定适用某一法域的法律为准据法。[1] 法域平等原则反映在司法方面，则表现为各法域对外法域的判决应给予承认与执行，不能以意识形态为借口，滥用公共秩序保留制度加以拒绝。各法域间因管辖权发生争议时，不能相互推委，在没有共同遵守的准则以前，可由有关法院公平合理、协商解决。[2] 只有这样，才能保证各个法域的民商事法律在有关区际民商事案件中有平等的被适用的机会，才能保证各个法域法院作出的生效的民商事判决或裁定能在其他法域得到顺利的承认和执行。

（三）坚持事实求是的原则，促进和维护各个区域的繁荣稳定

坚持实事求是原则，就是要一切从实际出发，各个法域相互尊重其他法域的社会政治制度、经济制度和法律制度，相互尊重对方的生活方式和价值观念。这也是我国“一国两制”方针的具体要求。表现在解决中国区际法律冲突的立法和司法实践上应当尊重各个法域现行的法律法规，应当尊重我国区际法律冲突的特殊性，承认各个法域相对独立的立法权、司法权和终审权的现实，承认我国各法域在立法、司法上的相对独立性和较大自主性，尽量利用一个国家内不同区域间区际协议的方式解决区际民商事法律冲突。从各个法域共同作为一些条约缔约方的现实出发，条约被用于解决国际民商事法律冲突的方式时，只要能够解决我国区际民商事法律冲突问题，就应当尽量变通后采用，而不是一味地排斥；另外，我们还应承认和尊重我国尚未完全统一的现实，在区际民商事法律冲突问题的处理上，尽量赋予台湾地区与香港特别行政区和澳门特别行政区大致相同的地位，并且通过适当的方式明确承认台湾地区的民商事法律的域内和域外效力。只有这样才能保证中国的区际法律冲突问题的处理，不会影响中国各个法域的繁荣与稳定，[3] 使得各法域达到四赢的局面。

二、涉港澳台区际法律冲突的协调模式和解决途径

一般学者认为解决中国区际法律冲突的模式不外乎是区际冲突法和统一实体法途径。前者为通过冲突法指定跨地区的民、商事法律关系应适用何地的法律，从而达到解决不同法域之间法律冲突的目的。后者为通过跨地区制定统一的实体民商法，使得跨地区民商法律在实体上得以统一，达到避免和消灭区际法律冲突的目的。笔者在坚持上述

---

〔1〕 宣增益：“中国内地与澳门法律冲突研究”，载《政法论坛》1994 年第 4 期。

〔2〕 韩德培：“论我国的区际法律冲突问题——我国国际私法研究中的一个新课题”，载《中国法学》1988 年第 6 期。

〔3〕 赵相林主编：《中国国际私法立法问题研究》，中国政法大学出版社 2002 年版，第 574 ~ 575 页。

解决中国区际法律冲突的三项原则的基础上，结合中国区际法律冲突的特殊性，将我国法学家们提出的五种解决中国区际法律冲突之模式的可行性进行深入的探讨，在此基础上提出务实性与建设性的意见[1]：

（一）区际冲突法的立法模式

1. 适用国际私法。由于历史的原因，中国各法域已形成不同的法律制度和法律体系，它们有各自的适用范围和效力所及的空间范围。就现实而言，各法域间的法律冲突及法律适用的选择，可以采用国际私法的方式和原则，采用国际私法方式可以避免"一国两制"情况下可能发生的双重规范、双重义务甚至双重制裁等问题。但是，这种方式在各法域的政治现实上则会产生以下的问题：[2] ①国际私法的前提是双方互相承认对方为主权国家，这显然不适合各法域的政治现实情况及其发展趋势。②国际私法以国籍为连结点，而各法域均主张"一个中国"而且主权及于整个中国，各法域人民具有同一国籍。显然，各法域的法律冲突是无法以国籍作为连结点，而只能以住所地或居所地为连结点，所以我们不能以适用国际私法的理论解决中国区际法律冲突。

2. 类推适用国际私法。类推适用国际私法之规定以解决区际法律冲突的途径，在各国法制上亦有前例可循，如1948年捷克《国际私法和区际私法典》第5条规定："区际法律冲突类推适用国际私法解决区际法律冲突。"1888年西班牙《民法典》第14条亦规定该法中的国际私法规则同样适用于解决西班牙国内的区际法律冲突[3]。目前多数内地学者均主张初步采用此途径以解决"一国两制"下各法域间的区际法律冲突现象[4]。但在采用此种途径时，必须考量由于香港、澳门和内地不属于同一法系，以及国际私法上所采用冲突法则和规范内容所反映的国际习惯[5]。类推适用国际私法之规定以解决"一国两制"下香港、澳门法域间之区际法律冲突，短期内似乎可行，但终究非永久解决之道。

3. 各法域分别制定区际冲突法。由国家内部之各法域自行制定单行的区际冲突法来解决区际法律冲突，这种解决模式不仅为多数学者所主张，而且已被各法域所采用，例如《香港基本法》、《澳门基本法》、"两岸人民关系条例"与"香港澳门关系条例"。然而，内地与港、澳、台分属两种社会制度、三大法系，各自制定自己的区际冲突法必然会发生冲突法之间的冲突，使问题更加复杂化。

（1）各地区自己制定区际冲突法，往往更多地从本地区利益出发，尽力扩大其法律适用范围，过多保护域内利益，从而使他法域处于不利地位，这与各法域民事法律平等的思想恰恰相背。"两岸人民关系条例"就是以两种手段实现对域内利益的特别保护的。

---

〔1〕王国治："一九九七后台湾、香港、澳门与大陆之区际法律冲突与解决模式"，载《国家发展学刊》1998年第4卷。

〔2〕信春鹰、吴新平、李湘如、高旭晨："海峡两岸法律冲突规范问题研究"，载福建省台湾法研究中心、福建省法学会、福建省台湾法律研究所主编：《海峡两岸交往中的法律问题》，厦门鹭江出版社1992年版。

〔3〕I. Szaszv, *Conflict of Laws in the Western. Socialist and Developing Countries*, Leiden: A. W. Sijthoff, 1974, p. 247.

〔4〕张学仁主编：《香港法概论》，武汉大学出版社1992年版，第542页；许崇德主编：《港澳基本法教程》，中国人民大学出版社1994年版，第165页。

〔5〕曾陈明汝：《国际私法原理》，（台北）三民书局1999年版，第32页。

表现在以下两方面：①尽量扩大台湾法的适用，限制或排斥大陆法的适用。如该条例第41条第1项规定："台湾地区人民与大陆地区人民之民事事件，除本条例另有规定外，适用台湾地区之法律。"在家庭财产关系问题上，若大陆人民涉及的财产位于台湾，不论动产或不动产，须适用台湾法，显然缩小了大陆法在财产关系上的适用范围，而扩大了台湾法的适用。②限制大陆人民的民事财产权利。如第67条第1项关于财产继承总额，每人不得逾新台币200万元的规定中表现的相当明显。但是，台湾地区的"香港澳门关系条例"第1条第2项及第38条第1项规定，涉及港澳人民继承之民事事件，类推适用"涉外民事法律适用法"，从而排除"两岸人民关系条例"之适用。因此，台湾地区在财产继承的问题上已实行了"一地三制"的法律规定，即大陆地区人民适用"两岸人民关系条例"，港澳地区人民适用"涉外民事法律适用法"或与民事法律关系具有最重要牵连关系地的法律，台湾地区人民适用台湾的法律。

（2）各法域单独确定自己的区际冲突法，区际法律适用规则就会不统一，这样实体法的冲突之外又增加了冲突法之冲突，必然引起反致、转致等问题，降低了民事法律关系的透明度，引起当事人不必要的顾虑，使这一问题更复杂难解。另外，区际法律适用规则不统一，同一案件在不同法域起诉适用的准据法不同，当事人出于利己动机很可能"挑选法院"（forcum shopping），导致对案件处理不够公正。正是由于这些原因，解决中国区际法律冲突的问题，不宜采用各法域自行颁布区际冲突法之模式。但在全国统一的区际冲突法制定之前，这种局面不可避免地要持续一段时间[1]。

4. 制定全国统一的区际冲突法。由全国最高立法机关制定统一适用于全国的区际冲突法，目前采取这种方式的国家有南斯拉夫、波兰等国。制定全国统一的区际冲突法是一种较为理想的解决区际法律冲突的方式。这是因为从目标上来看，解决各地区之间法律冲突是各地区的共同要求，符合各地区自身的利益；从可能性来看，由于区际冲突法的统一并不涉及各地区之间存在着根本分歧的实体民商法领域，因而比实体法的统一更易取得成功；从区际冲突法本身来看，制定全国统一的区际冲突法，不仅能使各地区的法院对同一案件的审理得出相同的结果，从而根本上防止"挑选法院"的现象出现，而且可以避免区际冲突法本身的冲突和反致问题的产生，也使识别问题变得简单多了，还可为各法域实体法的统一奠定基础。然而，鉴于大陆和台湾的统一尚难断定时日，同时考虑到《香港基本法》和《澳门基本法》没有规定区际法律冲突原则解决条款以及规定全国人大有权制定全国统一的区际冲突法，再加上台湾已经制定"两岸人民关系条例"及"香港澳门关系条例"的区际冲突法则的实际情况，制定全国统一的区际冲突法虽比较理想，但在立法上会碰到许多困难，且在短期内难以实现。因为这需要具备一定条件：①港、澳、台已回归祖国，特别行政区已建立起来；②内地与特别行政区都已积累了处理彼此间法律冲突的较为丰富的经验；③中央政府与各特别行政区政府进行充分协商，征得其同意。如果制定全面的完备的民事、商事的统一区际冲突法典的条件尚不具备，可先就民商事领域中的某些具体问题，如扶养、继承、经济合同等问题制定单行的区际冲突法规，也可就与此有关的管辖权、司法协助等问题作出规定，逐步过渡到制定

---

〔1〕 孟宪伟："论我国区际法律冲突的特点及其解决"，载《法律科学—西北政法学院学报》1989年第2期。

完备的区际冲突法典。许多学者认为武汉大学韩德培教授及黄进教授曾草拟的《内地地区与台湾、香港、澳门地区民事法律适用示范条例》，值得作为制定全国统一的区际冲突法时的借鉴和参考。

（二）统一实体法的立法模式

1. 制定全国统一的实体法。法国曾于1804年和1807年分别制定《民法典》和《商法典》，由于实现了全国实体法规定的统一，从而消除了国家内关于民、商事法律的冲突问题；美国则在各州成立“统一州法律委员会全国会议”，该会于1958年与美国法律学会合作，制定通过《统一商法典》，目前除路易斯安那州以外，已为其他各州所统一采用。以上两者均是通过制定全国统一实体法的途径，来解决国内区际法律冲突的实例。

尽管解决区际法律冲突的最好方法应是制定全国统一的实体法，但是由于中国内地、香港、澳门和台湾的法律相互差异很大，特别是中国内地的法律具有社会主义性质，与其他各地区的具有资本主义性质的法律有本质上的不同，要实现全国实体法的统一并不是轻而易举的事情。加上中国实行“一国两制”，就意味着要在较长时期内肯定各地区法律存在的差异，所以统一全国实体法只能是一个渐进的过程。目前要利用制定全国统一的实体法来解决区际法律冲突，显然是不现实，也是行不通的。对于制定全国统一的实体法，本文又区分成下列三种：

（1）采用《民法典》中以专章专节规定解决区际法律冲突的《区际冲突法》规范。例如增修我国1986年《民法通则》专章或专节规定，以适用于各法域的实体法。

（2）在各个具体法规中规定解决具体问题的法律规范。国家有计划、有组织、有系统地清理暂时可以“参照适用”或“准用”各法域各自现有的“国际私法规范”，即用“国际冲突法”来解决中国的区际法律冲突。这是一个比较现实的解决方法。比如在工业产权方面，我国《专利法》既是一部国内法，又是一部国际法，一些条款均可适用于各法域之人民或法人申请专利；我国《民法通则》第148条规定：“扶养适用和被扶养人有最密切联系的国家的法律。”这样的规定用来解决各法域区际法律冲突，就可以将条文中“国家”二字解释和理解为“地区”，这就是用一种变通的方法来处理，也可以说是“准用”、“参照适用”。类似这样的“适用”问题，可由各法域的立法机关和法院来解决为妥[1]。

（3）在宪法中设立专门条文。内地学者认为，以我国现行《宪法》第31条作为“一国两制”下的特别行政区及其独特法律体系存在的最高法律依据是不够的，需要加以完善和具体化。理由是我国《宪法》第31条规定：“国家在必要时得设立特别行政区。在特别行政区内实行的制度按照具体情况由全国人民代表大会以法律规定。”从这一条中，我们不能想当然解释出“在特别行政区内可以实行与内地地区的社会制度不同甚至相矛盾的制度”的涵义来。宪法是有至高无上尊严的法律，任何人不得随意解释。到目前为止，唯一拥有宪法解释权的全国人民代表大会常务委员会尚未正式作出这样的解释。中央领导人的政策性讲话不能构成宪法解释。所以要从宪法上充分而明确地体现

---

〔1〕 黄进主编：《区际司法协助的理论与实务》，武汉大学出版社1994年版，第86～87页。

出“一国两制”的国家根本政治结构来，我国的法律体系模式应该是这样组成的：[1]①宪法第一编总纲。它明确规定国名、国家疆域、各行政区共同的基本政治、社会经济理念，亦即“两制”、“求大同”，用以体现“一国”之涵义。②宪法第二编一般行政区。它规定内地地区实行社会主义的政治、经齐、社会制度，坚持马列主义毛泽东思想和共产党领导，并依此相应的规定人民权利义务和政治机构。③宪法第三编特别行政区。它规定特别行政区名称、标识、区域，规定其有高度自治权的具体内容，如有立法权，有司法终审权，有高度自治权，等等。④宪法第四编国旗、国徽、国歌、国语、国都、纪年、国庆。⑤宪法附编《香港基本法》、《澳门基本法》以及未来的《台湾基本法》。它们是中国宪法的组成部分，也是宪法性文件。⑥各行政区（一般行政区和特别行政区）部门法（民法、刑法、诉讼法，等等）。⑦各行政区之间法律事件（关系）的法律适用、管辖、裁判执行及其他司法协助的双边或多边协定。⑧中国加入的国际公约（或个别行政区已单独加入的国际公约），中国（或个别行政区）对外签订的一些条约。

2. 制定适用部分法域的实体法。从统一实体法途径来讲，制定这一方式不宜采用或宜少采用。因为这一方式只能局部地适用在某些问题上而不能彻底地、全国地消除区际法律冲突，并且还会由于各法域因其法律在这些问题上得到统一而形成为新的法域，反而增加了问题的复杂性。

3. 共同加入国际统一实体法公约。复合法域国家在解决其国内区际法律冲突的实践中，有的国家根据其国内法制，通过缔结或者参加统一冲突法和统一实体法关系条约，并将之转化为国内法，从而在国际条约所涉及问题上实现国内冲突法或者实体法的统一，解决相关的区际法律冲突问题。笔者认为，世界各国为国家竞争力的提高及经贸发展，各国家之间相互结盟而产生区域性经济合作组织已经是不可避免的世界潮流，1997年后的各法域除了通过国际组织如亚太经合会（APEC）或世界贸易组织（WT0）等规范外（内地以“中华人民共和国”、香港以“中国香港”、澳门以“中国澳门”、台湾以“台、澎、金、马关税领域”或“中华台北”等名义共同加入），也可通过国际惯例的建立，以民间性的经贸活动为主轴，再以经贸活动开展的需要带动其他机关交流活动之进行，此种互补互利的关系最能促进各法域的良性活动，奠定未来各法域区际法律冲突解决的模式基础。

4. 由多法域地区的最高法院在审判中积极发挥作用推动各法域之实体法的统一。由最高人民法院以司法解释或意见的形式规定涉港、澳、台民事案件中的法律适用问题。近几年来，大陆的涉台法律规定主要采取这一方式，取得了一些经验。但是最高人民法院不是立法机关，司法解释的法律效力问题容易引出来的涉台立法“层次不够高，不能充分表现内地对涉台法律问题的重视”的问题，因此，可以考虑把最高人民法院的司法解释或批复中成型的经验吸收进全国人大常委会制定的有关法律，提高其权威性[2]。但是，由于中国成为复合法域国家后，各法域都有自己的终审法院，而在各法域之上无统

---

〔1〕 范忠信：“台湾法的定位及‘一国两制’国家结构下的法律体系探讨”，载福建省台湾法研究中心、福建省法学会、福建省台湾法律研究所主编：《海峡两岸交往中的法律问题》，厦门鹭江出版社1992年版。

〔2〕 孟宪伟：“论我国区际法律冲突的特点及其解决”，载《法律科学—西北政法学院学报》1989年第2期。

一的终审法院，因而中国今后区际法律冲突的解决，不可能像加拿大和澳大利亚那样通过最高司法机关在审判实践中促进各法域的实体法统一，从而来解决区际法律冲突。

（三）区际司法协助之模式

所谓区际司法协助（interregional judicial assistance）是指不同法域的司法机关在司法诉讼活动中相互提供的便利、帮助与合作[1]。一般认为，区际司法协助是指法域之间根据有关协议就诉讼文书的送达、委托调查取证和判决的承认与执行等司法问题，或者其他与司法关系密切的问题，进行互惠合作的活动。开展区际司法协助是解决区际法律冲突问题的实质举措。

目前，在区际司法协助问题上，我国取得了一定的进展：①各法域之间已经开始签订有关司法协助协议。例如，最高人民法院与香港特别行政区律政司签订了《关于内地与香港特别行政区相互执行仲裁裁决安排》；最高人民法院与澳门特别行政区行政法务司签署《关于内地与澳门特别行政区法院对民商事案件相互委托送达司法文书及调取证据的安排》等6个司法协助协议。②各法域之间已经开展了初步的司法协助工作，特别是在刑事法律领域。目前，区际刑事司法协助主要通过两种途径：一是通过国际刑警组织。国际刑警组织在香港和台北均设有中心局，与澳门警方也有着密切联系；我国于1984年加入国际刑警组织，专门设立了国际刑警组织中国国家中心局广东联络处，处理涉及港、澳的刑事案件。二是通过司法协助途径。例如，广东省人民检察院与香港廉政公署长期以来一直积极合作，在相互提供证据、传询证人等方面保持着密切的合作关系；又如，澳门警察机关和广东省公安机关定期举行粤澳两地治安会晤，在互通情报、遣返逃犯等方面建立了良好的互助关系。还有，两岸之间也曾在移交案犯上进行过合作。1989年，双方通过国际刑警组织，大陆警方将抓获的台湾案犯杨明宗移交给台湾警方。1999年，通过双方红十字会组织，台湾警方将潜逃至台湾的大陆重大经济案犯吴大鹏移交给大陆司法机关，由此达成“金门协议”。同年据此协议，大陆警方将特大枪支走私案犯吴文信等17名台籍案犯遣送台湾。尽管区际司法协助取得一些进展，但是，无庸讳言的是，目前区际司法协助范围狭窄，手续复杂，具有很大的局限性，远远不能适应内地与香港、澳门、台湾四法域之间司法联系和合作的现实需要。

法域之间开展区际司法协助作为一种社会现实需求，随着香港、澳门回归中国，已更加强烈和迫切。由于区际司法协助是一个全新的课题，加之中国区际法律冲突较之其他复合法域国家法律冲突更为复杂，所以中国区际司法协助有一个探索和磨合的过程。目前，关于区际司法协助方面，以下问题是值得研究的：[2]

1. 关于区际司法协助的主体。关于区际司法协助的主体，目前形成三种意见：①法院主体论，认为司法协助是指不同法域内的法院之间相互代为诉讼行为，所以法院是进行司法协助的有权机关。②司法机关主体论，认为司法协助主体包括所有司法机关。③有权机关主体论，认为依法享有职权的任何机关都是司法协助的主体。笔者倾向于第

〔1〕 黄风：“试论中国未来的区际司法协助”，载《法学家》，1995年第4期。

〔2〕 费成康、宁子：“中国区际法律冲突若干问题研究”，载吴志良、杨允中编：《澳门2000》，澳门基金会出版2000年版。

三种观点。根据复合法域国家区际司法协助的丰富实践和当今世界司法协助理论的最新发展，区际司法协助的内容与范围都已扩展，既有民事、刑事方面的司法协助，也有商事仲裁、行政司法方面的司法协助。所以，区际司法协助主体已不限于不同法域的司法机关之间，而扩展到其他主管机关之间。例如，公证机关之间进行协助相互认可公证文书；又如，各法域的税务机关相互委托进行税务审查，等等。因此，我们认为，中国区际司法协助主体不仅应该包括各法域的法院、检察院、警察局等司法机构及具有司法机关性质的行政机构，例如香港的廉政公署、澳门的反贪公署；且应该包括公证机关、税务机关、海关、仲裁机构等依法行使职权的专门机构。

2. 关于区际司法协助的范围。司法协助范围素有宽窄之争。由于区际司法协助并不涉及主权问题，为了更妥善地解决区际法律冲突问题，区际司法协助范围应该宽泛一些。笔者认为，中国区际司法协助应该包括民事、商事、刑事、行政司法协助四大类别，区际民事、商事司法协助应该包括司法文书相互送达、协助调查取证、相互承认法院判决和仲裁裁决、代为执行某些强制措施（搜查、扣押、冻结账户、没收财产）、相互提供公证、相互提供法律情报资料等内容。区际刑事司法协助应该包括相互协助缉捕和遣返罪犯、相互承认和执行法院判决、为其他法域的刑事诉讼活动提供服务性的协助（包括司法文书送达，代理询问证人、嫌疑犯，移送证据，委托勘验、鉴定）、被判刑人移管等内容。区际行政司法协助可以包括各法域的海关相互合作打击走私活动、税务机关相互提供帮助、进行税务审查等。

3. 关于区际司法协助的程序要求。区际司法协助是一个主权国家内的不同法域之间的司法协助，所以无须如同国际司法协助那样设定复杂的繁琐的审查程序。应该以有利于各法域开展诉讼活动或者司法行政活动为出发点，尽可能地简化司法协助审查程序，减少不必要的限制规定。例如，在相互遣返罪犯上，就不应该采用国际罪犯引渡制度中的“双重审查制度”和“双重归罪原则”，而应相互尊重对方法域的刑事法律和司法行为，直接给予认可与协助。

（四）中立区或中介团体模式

随着 1997 年、1999 年港澳问题解决，有学者提出，海峡两岸应考虑在适当城市设立中立区。在中立区内，两岸人民可以自由从事经济贸易活动，遇有经贸纠纷或其他法律问题，应由两岸共同选定律师、民意代表及司法人员等组成仲裁机关解决。有人甚至建议在金门及厦门设立中立区，以促进两岸经济关系的顺利发展。但是中立区方式只能部分解决法律冲突问题，不能全面地解决法律冲突问题，因此，现实意义不大。而所谓中介团体方式，即成立民间机构，直接为两岸当事人提供法律服务，协调解决两岸冲突问题。中介团体不具官方色彩，政治上比较灵活，这是优点。但是，中介团体裁决的法律效力仍然有问题。纠纷或冲突双方必然有一方处于相对不利地位，不利的一方拒绝执行裁决时，应通过何种方式处理？再有，中介团体既然是非官方机构，就不可能是单一的，各有关组织行业都会成立自己的中介机构，这些机构在两岸都存在着被官方认可的问题。例如，在台湾成立的“两岸经贸与商务协调会”便因没有得到台湾当局的承认而使其功能大大受到限制。现在台湾一些人士主张成立两岸“省对省”的中介机构，以绕开两岸政治上互不承认、互相矮化的僵局。

可以预见，在当前两岸政治上互不承认的情况下，中介团体必然会发展而且会起到一些协调和沟通作用，但是，就解决法律冲突来说，中介团体显然有很多不适应的地方[1]。

(五) 运用判例法之模式

判例法方法是指法官在审理案件的过程中创制具有约束力（binding effect）或说服力（persuasive effect）的法律规范，并依据遵循先例原则（doctrine of stae decisis）适用这些法律规范的一种创制和适用法律的方法。判例法方法是普通法系的产物，普通法系区别于大陆法系的一个显著标志就是判例在法律渊源中占有极为重要的地位。实行判例法方法的普通法系国家，法律冲突和其他法律部门一样是法官智慧和才能的结晶，判例自始至终是这一法律领域里最重要的渊源。在大陆法系国家，无论是法学家还是法官都认为制定法是首要的，几乎是独一无二的法源。“法官是法律的忠实仆人。”尽管这一观点有点极端，但从整体上不可否认，制定法至今仍是大陆法系各国的主要法律渊源。然而，在法律冲突法等少数几个法律领域，判例法方法却有着不可忽视的作用，例如法国、挪威、德国与日本等这些大陆法系国家，也开始在解决某些问题时建立判例法制度。因此，运用判例法方法解决中国区际法律冲突问题也能起到积极的作用。具体设想如下:[2]

1. 设立“区际法院”。关于这个问题，有以下几种选择：①由最高人民法院审理区际冲突案件并作出具有约束力的判例。但这会产生最高人民法院判例的效力问题。根据《中英联合声明》、《中葡联合声明》、《香港基本法》第2条及《澳门基本法》第2条规定，1997年、1999年之后港澳特别行政区享有独立的司法权和终审权。显然，最高人民法院的判例要约束港澳特区法院与以上的规定是不一致的。②分别由中国内地高级人民法院和特别行政区高等法院创制区际法律冲突判例。中国内地高级人民法院创制的判例对中国内地的法院审理区际法律冲突的类似案件有约束力，特别行政区高等法院创制的判例对特别行政区法院审理区际法律冲突的类似案件有约束力。这种办法类似国际法律冲突的解决办法。但是特别行政区和中国内地的关系毕竟不是国与国之间的关系，而是一国之内不同行政区域之间的关系，尽管特别行政区享有高度的自治权。况且，由中国内地法院和特别行政区法院分别创制判例并不能完全解决区际法律冲突问题。不仅如此，由于中国内地和特别行政区在社会制度、法律传统、价值观念等方面存在根本的差异，因此中国内地法院和特别行政区法院创制的判例也会有很大的不同，这样又会产生中国内地法院通过判例创立的法律原则和规则之间的冲突，有鉴于上述两种方案都难以实现，所以解决这一难题的最佳途径就是由中国内地和特别行政区联合建立“区际法院”。可由最高人民法院和特别行政区高等法院联合组成。这样就可以有效地协调中国内地和特别行政区之间的利益关系，有效、公证、合理地维护各方当事人的权益。同时，通过组建联合法院可以促进中国内地司法界与特别行政区司法界的直接联系，为将

---

〔1〕 信春鹰、吴新平、李湘如、高旭晨：“海峡两岸法律冲突规范问题研究”，载福建省台湾法研究中心、福建省法学会、福建省台湾法律研究所主编：《海峡两岸交往中的法律问题》，厦门鹭江出版社1992年版。

〔2〕 钟建华：“试论运用判例法方法解决我国区际法律冲突问题”，载《法学天地》1993年第2期。

来最终消灭区际法律冲突创造条件。

2. 判例法的渊源。上述“区际法院”的法官在创制判例法时可以考虑以下三个方面的渊源：①国际私法的基本原则。这些基本原则有的已订入国际条约，有的已被吸收到中国内地和特别行政区的法律之中，因此容易被各方当事人接受。如国际私法中关于管辖权的基本原则主要有：被告所在地、债务履行地、侵权行为发生地和结果地、协议管辖不得排除专属管辖规则等；关于法律适用的基本原则主要有当事人意思自由、最密切联系因素原则等。②在中国内地实施的法律，如《民法通则》、《涉外经济合同》以及《民事诉讼法》等法律、法规对解决民事经济法律冲突作了明确规定。③特别行政区的法律。这里包括特别行政区参加的有关国际条约和特别行政区现有的法律。

3. 建立判例汇编制度。判例汇编是判例法存在和发展的先决条件。运用判例法方法来解决区际法律冲突问题就要建立判例汇编制度，有两个方法可供选择：①在《最高人民法院公报》中开辟专栏公布区际法律冲突判例；②出版专门的判例汇编，编辑出版“区际法院”的判例。

我们认为，此种运用判例法之模式解决中国区际法律冲突问题，前提是必须已建立“区际法院”，而且已经积累了丰富的经验，方可作为解决模式之参考，但就现今中国区际法律冲突之解决方法的迫切性来看，此种解决模式不宜贸然采行。

（六）其他途径

1. 互派学生。自中国政府开始将“一国两制”统一祖国的事业付诸实践以来，内地与港澳即已互派学生到对方学习法律，一向封闭的海峡两岸现在也已开始互相接待对方的学生。现在，内地已有 10 多所大学招收港澳台各类学生，其中，中国政法大学等政法院校也已向港澳台地区招收本科生、硕士生、博士生。在政法院校中，港澳台地区学生系统地学习我国内地实施的法律，学成之后，他们将成为港澳台地区对我国内地实施的法律有较全面、深入了解的人员。四个地区之间的学术交流活动更是日趋频繁，其规模和所涉范围不断扩大。互派学生和举行交流活动都能收到良好效果，增进法律的相互了解和理解，加强相互之间的联系和熟悉程度，开发相互之间的共识。这些都会对中国区际法律冲突的解决起到有力的推动作用。

2. 互派考律师资格者。在涉港澳台区际法律冲突的解决中，律师可起到很大作用，尤其是在涉港澳台区际法律冲突状况形成初期，由于各地区解决法律冲突的立法不完善，律师往往可起到弥补立法不足的作用。此外，在涉港澳台区际法律冲突解决中，各地区的律师还可提供域外法律的内容，代当事人到外法域出庭，以及办理其他涉外法域的法律事务，等等。可见，律师在区际法律冲突解决中有着其独特的作用。但律师要真正起到上述作用，必须要在熟知本法域法律以外，还能了解其他法域法律，并可在其他法域以律师身份进行活动。

律师要熟知外法域法律不是很容易的。同时，各地区律师法一般都规定，只有通过本地区律师资格考核的人，才能在本地区以律师身份从事相关活动。在内地实施的《律师法》、台湾地区“律师法”、澳门地区《律师通则》都有这类规定。因此，各地区应准许其他三地区人员到本地区从事律师资格的考取，合格者授予律师资格，可在本地区从事律师工作。这样，一方面，各地区人员通过到其他三个地区参加资格考核，以及取得律师资格后在当地工作，便可对所在地区法律有直接、广泛的了解，能准确地为本地区法院和当事人提供所在地区法律的内容；另一方面，取得所在地区律师资格的律师，可在该地区以律师身份活动，这些人既同时熟知本地区法律和所在地区法律，又具有同时在两个地区以合法身份活动的便利，在解决两个地区法律冲突中可起到更全面的作用。可见，各地区相互派出人员到对方地区考取律师资格，是一种十分有利于区际法律冲突解决的方法。

在中国的四个法域中，内地早在1994年就已经首次允许符合条件的港澳台地区居民参加全国律师资格考试（自2002年起改为国家司法考试〔1〕），港澳台地区考生须拥护《中华人民共和国宪法》，品行端正，未受过刑事处罚（但过失犯罪刑满5年的除外），已取得国家教委认可的内地高等院、校（系）颁发的大专以上法学学历（学位）证书，或参加由中国律师资格考试中心、中国人民大学法学院与香港树仁学院在香港举办的“中国法律课程培训班”成绩合格者，即可报名参加内地律师资格考试，当年港、澳、台三地共有359人报考，有18个人通过（香港有15人，台湾有3人），通过率大概在2‰。但当时律师执业资格考试举行之后，由于一些其他的问题，也包括相关执业规定等在当时都不够成熟与完善，所以当年举行了一次就停止了。随着香港澳门回归祖国，特别是中央政府与特区政府签署的CEPA的安排后，自2004年始，按照《国家司法考试实施办法》和《香港特别行政区和澳门特别行政区居民参加国家司法考试若干规定》，港澳居民被允许报名参加国家司法考试。随着两岸经济贸易往来的加温，台商对熟悉大陆法律制度并且具备大陆法律服务工作执业资格者的需求越来越多，但苦于制度性的限制，台湾居民一直无法报考律师、企业法律顾问等考试。在2008年4月16日，大陆有关部门公布了《台湾居民参加国家司法考试若干规定》（司法部令第110号），大陆的司法考试对台湾居民开放，距离上一次开放台湾人士报考大陆的律师考试，已经超过了10年。据中国司法部司法体制改革领导小组办公室2012年2月28日发布的数据称，截至2011年，共有近4000名港澳台居民报名参加司法考试，274人通过考试取得了法律职业资格。〔2〕我国内地提供的这种律师交流模式，相信会在解决涉港澳台区际法律冲突的路径中树立典范而发挥作用的。

3. 互派司法人员。中国区际法律冲突的困难，大多产生于司法环节，如司法人员对外域法的不了解，造成外域法难以适用或适用错误的结果；了解外域法的困难，致使司法人员不愿适用外域法，外域法在大多数情况下被排除适用；在提供法律内容、基于司法协作方面，各地区司法人员缺乏合作，等等。解决这些困难，除了上述两种方法外，还有一种方法就是各地区互派司法人员到对方法域工作。一个地区司法人员到另一地区内工作，可使所在地区司法机关在必要时，很便利地向派出地区在所在地区工作的司法

〔1〕司法考试是大陆国家统一组织的从事特定法律职业的资格考试。初任法官、初任检察官和取得律师资格必须通过国家司法考试，相当于台湾的律师、司法官考试。不同的是，台湾的司法官考试和律师考试是两个不同的考试，一个属于司法人员特考，一个属于专门技术人员高考，而大陆的司法考试是一个法律工作者的资格考试，取得这个资格的人，可以从事律师工作，但如果有志成为法官（审判员）和检察官的话，通常还必须要通过大陆的公务员考试，取得相关证明后，由各法院、检察院个别甄选聘用。

〔2〕http：//news. gd. sina. com. cn/news/20120229/1248471. html.

人员寻求提供派出地区法律内容、在派出地区内送达文书和调查取证、在派出地区承认和执行所在地区判决等方面的协作。这比一个地区司法人员到另一地区内去完成这些工作或寻求完成这些工作所需的援助要便利得多。同时通过各地区司法人员之间的这种交往和相互协作的关系，可促使它们之间发展一种友好和熟悉的关系，建立积极和默契合作的基础，也有助于各地区司法人员对其他地区法律的了解和理解。

目前，内地已向香港和澳门派驻了司法联络小组，由内地司法机关富有司法实践经验和高深理论知识的人员组成。这些内地司法人员在港澳地区，一方面了解港澳地区的法律内容和司法实践情况，另一方面负责协调内地与港澳地区的司法协作。由他们作为中介人员，地区之间的相互关系和司法协作活动便可得到良好发展。因此，今后各地区应继续派出司法人员到其他地区工作，并更好地发挥司法人员在区际法律冲突解决中的积极、有效的作用。

综上所述，对以上六种解决中国区际法律冲突的模式分析之后，我们认为只有排除政治因素的干扰，单纯就区际法律冲突的理论来解决中国区际法律冲突问题，才能得到圆满的结果。我们有理由相信，只要认真借鉴其他国家协调区际法律冲突的经验，在结合我国国情的基础上，经过努力，一定能过逐步建立起一种系统、完善、具有中国特色的区际法律冲突的解决模式，从而为我们进一步深化改革，扩大开放，促进发展和建设海峡两岸经济区提供强有力的司法保障。

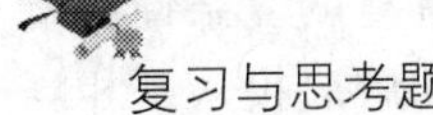

复习与思考题

1. “一国两制”方针的基本内涵是什么？
2. 简述“一国两制”方针与中国多法域的形成。
3. 中国区际法律冲突的特殊性是什么？
4. 中国区际法律冲突的协调原则有哪些？
5. 中国区际法律冲突的协调模式有哪些？

拓展阅读

1. 赵相林主编：《中国国际私法立法问题研究》，中国政法大学出版社2002年版。

2. 张学仁主编：《香港法概论》，武汉大学出版社1992年版。

3. 许崇德主编：《港澳基本法教程》，中国人民大学出版社1994年版。

4. 孟宪伟：“论我国区际法律冲突的特点及其解决”，载《法律科学—西北政法学院学报》1989年第2期。

5. 赵国强：“‘一国两制’下的中国区际司法协助”，载《法学家》1995年第2期。

6. 冯霞：“试述中国区际法律冲突的特点及其解决”，载《法律适用》1999年第4期。

第五章　涉港澳台区际民商事法律适用概述

[教学目的和基本要求]

通过本章的学习，首先了解我国区际民商事法律适用的历史；其次了解中国各法域民商事立法的构成及特征；最后，掌握中国各法域区际民商事法律适用立法状况和特点。本章的重点和难点是掌握我国各法域区际法律适用法的内容，特别是新立法的内容。

第一节　我国区际民商事法律适用的历史

中国有五千多年的文明史，在极其辽阔的疆域内，容括了众多的民族，在中国出现第一个中央集权统治政权时，就产生了中国区际冲突存在的可能性，从那时起直至清朝，中国区际冲突始终存在。中国的区际冲突有着一般区际冲突所不具有的复杂性和特殊性。在始终存在区际冲突的中国历史上，历代统治者都对区际冲突的解决投入了相当多的关注。可以看到，他们采取了多种方式解决区际冲突，其中最主要的方法是推行统一全国各地区的法律和选择适用不同地区的法律。

一、汉民族统一法律的推行使中国历代的法律保持长久的一致性[1]

自秦汉以后，维护中央集权制下中国的统一，成为历代统治者为政治国的首要目标，其中，中国统一的一个重要内容即是法律的统一。因此，在中国历史上，除了考虑有利于统治和国土统一的需要而允许有差别的地方法律存在，并为此制定法律选择规范之外，历代统治者都以推行统一全国的法律，作为解决和消除区际冲突的主要的、长久的方法。归纳起来历代统治者通过以下方法推行统一的法律：

1. 建立纳贡制度。汉朝统治者为行使宗主权，与周边外族地区称臣的属国间建立了一套纳贡制度，要求属国必须向中央统治者纳贡和送人质。由于这些人质是各属国王室成员，而且往往是统治者的继承人，因此，他们便成为汉王朝推行中央统一法律的桥梁，从而使汉民族法律和制度对外族地区的属国产生影响。

2. 建立与外族地区和亲的制度。向外族地区推行汉民族统一的法律的另一种方法是和亲。为了维护与外族地区友好和平的关系，汉朝曾数次将王室公主或后宫宫妃嫁给外族地区统治者。她们把汉朝的法律带到这些外族地区，并通过婚姻和血缘关系，将外族

---

〔1〕 沈娟：《中国区际冲突法研究》，中国政法大学出版社 1999 年版，第 33～36 页。

发展成一个亲汉的集团。这对外族地区接受汉朝制度起了很大的作用[1]。

3. 接纳外族王室成员来朝廷所在地学习的推行汉民族统一的法律。唐朝“到太宗时，长安已成为一个真正的国际都市。它接待了来自亚洲各国的使臣，居住着许多不同种族的民族，它的学院和寺院也给高丽、新罗、百济、吐蕃和高昌等国的王室子弟提供了学习的机会。”[2] 可以肯定，外族王室子弟学习的内容包括唐朝的法律、制度和习俗，这对在外族地区推行唐朝的汉民族法律有积极意义。

4. 汉民族法律对外族的自然渗透和外族的接受。汉民族是人口最多的民族，当汉族人与其他民族人杂居时，众多汉族人所奉行的习俗对少数民族有极大的影响力和渗透力，这可使非汉族人最终被同化。而且，在汉族统治衰弱时，少数民族人要对庞大的汉族人集团进行有效统治，也不得不采行汉族法律和习俗。因此，汉族与外族交往的过程也是一个外族被汉族在法律和习俗方面同化的过程。而且，在中国历史上，以华夏文化作基础的汉族法律，远远比周围非汉族的法律或习惯法发达，这使非汉族地区的统治者愿意采用汉族法制，或模仿汉族法律制定自己的法律。例如，唐朝是中国的封建盛世，其成熟的法制形态被认为是中华法系的形成，唐律不仅被后来历代统治者继承，也为当时周围各民族和各国所采用和模仿。“……如日本的《大宝律令》、《近江令》，朝鲜的《高丽律》，越南的《国朝刑律》和以后的《黎朝法典》，其篇章结构、内容原则都以唐律为蓝本。”[3]

尽管中国历史上有两个相对长久的非汉族统治的朝代，即元朝和清朝，但是元朝的法律是以唐宋法律为基础制定的，大清律几乎是大明律的翻版。因此，虽有两次异族统治，但中国的法律仍因为承继了内在一致性，而保持了长久的内容上的统一。

二、法律选择规则的出现——全世界最早的成文冲突法[4]

我们可以从史料中看到，中国历代统治者向外族地区推行统一的法律的同时都明确意识到，应当对外族地区法律或习俗的独立性和差异性给予适当承认，只有这样才能维持国家的统一进而保持法律的统一。这些法律选择规则主要表现在以下几个朝代的法律中：

（一）*唐朝和宋朝*

早在7世纪中叶，唐《永徽律》及《唐律疏议》（或称《唐律疏》）公布施行，其中已有了类似今日冲突法之规定，可作为世界之最的国际私法萌芽。唐《永徽律》之第一篇《名例律》中规定：“诸化外人，同类自相犯者，各依本俗法；异类相犯者，依法律论。”[5]；且《唐律疏议》解释条文：“化外人，谓蕃夷之国别立君长者，各有风俗，制法不同；其有同类自相犯者，须向本国之制，依其俗法断之。异类相犯者，若高丽之与百济相犯之类，皆以国家法律论定刑名。”[6] 在《唐律疏议》的附录中，对唐律上述

---

〔1〕［美］费正清等编：《剑桥中国秦汉史》，中国社会科学出版社1992年版，第27页。
〔2〕［美］费正清编：《剑桥中国隋唐史》，中国社会科学出版社1990年版，第234页。
〔3〕张晋藩：《中国古代法律制度》，中国广播电视出版社1992年版，第23页。
〔4〕沈娟：《中国区际冲突法研究》，中国政法大学出版社1999年版，第36～47页。
〔5〕张晋藩：《中国古代法律制度》，中国广播电视出版社1992年版，第214页。
〔6〕（唐）长孙元忌等撰：《唐律疏议》，北京中华书局1983年版，第133页。

规定及立法思想有进一步解释："化外人同类相犯，此谓蕃夷之国，同其风俗，习性一类，若是相犯，即从他俗之法断之。异类相犯，此谓东夷之人与西戎之人相犯，两种之人，习俗既异；夷戎之法，各又不等。不可以其一种之法断罪，遂以中华之政决之……"[1]在中国历史上，中华民族对生活在四周的少数民族统称为"四夷"即东夷、西戎、南蛮、北狄。所谓"化外人"显然指外国人，并不是指国内少数民族，所谓"同类"就是有相同国籍之当事人，所谓"异类"系指不同国籍的当事人，"相犯"就是争议或争执的事件，"各依本俗法"即各自依其本国法，"依法律论"及"以国家法律论"即依唐朝法律论，即《永徽律》。总体意思是说，具有同一国籍之外国人在中国发生相互侵犯权益之行为，依当事人共同本国法，不同国籍之当事人在中国发生相互侵犯权益之行为，依法庭地法[2]。中国古代的法律是民刑法合一的，虽然唐律大部分是刑法，但也有一部分民法规定，因此，唐律上述规定既是刑法规定，又是国际私法规定。就中外文献来看，同一时期的外国法律中未见有如此明确的规定，故该规定应属全世界最早的成文的冲突法。

据上述唐律的规定和对此规定的解释，一般认为唐律中的这项法律选择规则只是调整中国人与外国人之间的国际性法律冲突。而沈娟教授认为，唐律中的这项规则，也同样用于调整中国国内的区际法律冲突。因为，在中国历史上，所谓化外人并非在任何时候都等同于具有外国国籍的人；所谓蕃夷之国也并非在任何时候都用以指代外国。化外人和蕃夷之国应是中原统治者对外族人和外族地区的称谓，常包括中国境内的异族人和异族地区。当这些化外人被纳入中国体制，其居住的地区被划归中国管辖范围时，他们虽仍被称为化外人，但无疑已是中国人，其所居之蕃夷之国也是中国的一个享有自治权的地区。中央赋予各地区自治权，表现为中央对各地区内部事务不进行干涉，并允许这些地区适用自己的习俗。由于各地区习俗不尽相同，与中央适用于直接控制地区的法律也不相同，因此，在各地区人员交往中必然引起区际法律冲突。从唐律中的法律选择规则的内容看，其正是对这种冲突作出的法律（习俗）适用的确定。根据这项规定，在中央直接统治地区，服从相同习俗的外族人之间产生纠纷，司法机关依他们共同遵守的习俗处断；若是不属于同一民族的外族人之间产生纠纷，由于其所服从的习俗各不相同，便依中央所制定的法律判决。因此，沈娟教授认为，上述唐律和宋律中的法律选择规则，既可以调整中国与外国之间的国际冲突，也可以调整中国国内各外族地区之间以及各外族地区与中央统治地区之间的区际冲突。

此外，在《唐律》中还有一些国际私法萌芽之原则：①外国人无人继承遗产归国库原则。如《唐律疏议》及其论述有规定，即"海商客死，官藉其货，满三月，无妻子诣府者，则没入。"②外国人必须遵守所在地国法律原则。《唐律疏议》及其论述有规定"既入吾境，当依吾俗，要用岛夷俗哉"[3]。

宋朝的法律直接承袭唐律而制定，因此，其中的法律选择规则与上述唐律的规定

---

〔1〕（唐）长孙元忌等撰：《唐律疏议》，北京中华书局 1983 年版，第 629 页。

〔2〕余先予主编：《冲突法》，上海财经大学出版社 1999 年版，第 44～45 页。

〔3〕沈娟：《中国区际冲突法研究》，中国政法大学出版社 1999 年版，第 27 页。

相同。

（二）元朝

元朝是中国历史上第一个由汉族以外的民族统一国家的朝代，而且元朝疆域辽阔、民族杂多，存在着广泛的区际冲突。元朝统治者将众多民族的人民分成四等：蒙古人、色目人（西域诸国人）、汉人（北方汉人、契丹人、女真人和高丽人的统称）、南人（南方汉族人和其他各族人）。对各族人，元统治者允许各依其本俗法，这样就不可避免地要产生大量的国内区际冲突。有研究告诉我们，元朝时北方蒙古族的习俗与南方中原汉族的法律相差较大，若强求以一种法律来完成法律的统一，则于治国不利。究其原因在于"法之不立，其原在于南不能从此，北不能从南。然则何时而定乎？莫若南自南而北自北，则法自立矣。以南从北则不可，以北从南则尤不可，南方事繁，事繁则法繁；北方事简，事简则法简。以繁从简，则不能为治，以简从繁，则人厌苦之。或南北相关者，各从其重者定罪。若婚姻，男重而女轻，男主而女宾，有事则各从其夫家之法论，北人尚续亲，南人尚归宗之类是也。"〔1〕 所以，元朝在建朝初期，只能允许法律的差异存在，让各民族或各地区适用自己的法律。在产生南北法律冲突时，刑事法律冲突适用定罪从重的法律解决；民事法律冲突，如关于婚姻的法律冲突，则依丈夫一方所属法律解决。因此，我们认为上述元律中的各项规定是直接针对在民族众多且习俗各异的情况下所产生的区际冲突而制定的，其法律选择规则和原则，在所涉及的法律关系范围、所指向的主体和所针对的法律冲突的性质等方面，都比唐宋两朝法律更为明确和广泛。由于元朝存在的时间短暂，汉族法律没有占绝对主导地位，民事关系主要由各民族的法律或习俗调整。

（三）明朝和清朝

明朝是汉人复兴的朝代，其恢复了汉族人对全中国的统治，汉族法律重新占统治地位。明朝统治者已不能再像以前各朝统治者那样，平等看待汉族法律和其他民族的法律。虽然，在明代仍有蕃夷之国被不断纳入，但在调整汉族地区和异族地区法律之间的冲突时，明律一反以前各朝所采取的属人主义与属地主义相结合的原则，在制定法律选择规则时，只采取了属地主义原则，不愿再选择适用外族法。《大明律》中规定："凡化外人犯罪者，并依律拟断。"〔2〕 从这条极其简略的规定看，同一民族化外人之间、不同民族化外人之间和化外人与汉人之间产生纠纷的情况，都属于这条规定调整的范围，而且无论哪一种情况，都只适用明律。与唐律和宋律的有关规定相同，这项规定既可解决国际冲突，又可解决区际冲突。从明朝时中原地区四周的"蕃夷之国"已大部分被纳入中国的情况看，这项规定更多地会用来调整国内的区际冲突。

清朝是继元朝之后的第二个由汉族以外民族对整个中国实行统治的朝代，同时清王朝又是自秦汉以后最为稳固的统一多民族王朝。清朝周围的少数民族地区此时已基本上全部被稳固地纳进中国体制，为了对统一的多民族国家实行有效统治，清朝发展了较为发达的民族立法。"在清朝统治时期制定的调整民族关系和民族事务的立法，是整个立

---

〔1〕 张晋藩：《中国古代法律制度》，中国广播电视出版社 1992 年版，第 600 ~ 601 页。

〔2〕 西南政法学院编：《中国法制史参考资料集编》（第 1 辑），西南政法学院 1980 年版，第 284 页。

法中的重要组成部分。无论在数量和内容上都达到了中国古代民族立法的顶峰。"[1] 因此，在清朝的民族立法中，也就必然包括了许多调整这种区际冲突的规则和原则。清朝仿明律而制的《大清律例》大部分规定与明律无异。但对涉及化外人的案件另有重大的例外规定。《大清律·名例律》中对"化外人有犯"作了总的原则性规定："凡化外人犯罪者，并依律拟断，隶理藩院者，仍照原定蒙古例（化外人既来归附，即是王民，有罪并依律断，所以示无外也）。"

该条规定中所指化外人应为已归附清政府的化外人，这再一次证实了化外人不是外国人的同义词，而只指异族。这表明，该条所调整的主要是国内区际冲突，而不是国际冲突。这是因为随着各地区化外人被稳固纳入中国大家庭，中央所制定的法律中的关于化外人的条款的作用已由主要调整国际冲突转为主要调整区际冲突。这又可进一步验证，自唐律起，化外人条款即具有了调整区际冲突的功能。而且，关于化外人的法律适用，已逐渐从唐宋时期同时选择属人法和属地法，演变至明清时期仅选择属地法的状况。但从上述清律的规定也可看出，清政府并非决定让任何民族都服从清律，由理藩院管辖的地区便作为例外。这表现在对于那些人口众多、分布面积广泛、新近归附的与中央法律差异较大的民族地区法律，清政府仍给予尊重。因此，清政府专门制定了各种单行的民族立法，调整民族地区间关系。[2] 由此可见，与照搬明律的化外人条款相比，上述这些民族立法应是清朝调整区际冲突的法律中更重要和更主要的部分。

纵观中国历史可以看到，中国的区际冲突不仅是民族法之间的冲突，更是地域法之间的冲突，中国区际冲突的产生都是由于在统一过程中不断将新的具有独立法律或习俗的地区划入国内，区际冲突的消除则是由于各地区法律或习俗自然和人为地相互渗透、融合、以至最终同化。

第二节　涉港澳台民商事法律的构成与特征

一、内地涉外民商事法律的构成及特征

中华人民共和国成立后，我国废除了帝国主义列强强加给自己的所有不平等条约，取消了外国人在华的一切特权，为独立自主地进行对外交往，乃至建立完善的国际私法法制创造了良好的条件。但是，在最初的近三十年里，由于种种原因，我国立法机关对

---

〔1〕 张晋藩：《中国古代法律制度》，中国广播电视出版社1992年版，第875页。

〔2〕 清人关后，清政府制定了《蒙古律例》，用于调整蒙古地区的涉及行政、民事、刑事、军事、司法程式各方面问题。《理藩院则例》适用于西藏、青海地区，适用的对象不仅有蒙古族，还有藏族。该则例沿用了前述《大清律》中的原则，规定蒙古人和民人之间的案件，适用案件发生地区的法律。故其他地区人民与青、藏地区人民之间的案件，也应适用案件发生地的法律。在回疆维族地区，清政府制定了《回疆则例》，确立了其自治地位。由于伊斯兰法是这一地区的主要法律，当这一地区法律与其他地区法律发生冲突时，多依属地原则解决，如其他地区人在这一地区与穆斯林之间产生纠纷，要依伊斯兰的法律解决。清朝时苗疆地区泛指云、贡、川、广、湘各省苗民分布地区，苗民泛指苗、瑶、壮、黎、彝等多个少数民族。清政府在《大清律例》中设制的《苗例》，对苗民习惯法与其他地区法律、特别是适用于内地的大清律之间的冲突，作出了法律适用的确定。转引自［美］费正清等编：《剑桥中国晚清史（上卷）》，中国社会科学出版社1955年版，第83页。

国际私法立法没有加以重视。1978 年我国实行改革开放政策后，随着中国大陆对外开放向深度和广度发展我国国际私法立法工作终于提到国家立法工作日程上来。在近十几年中，我国陆续颁布的《中华人民共和国宪法》、《民事诉讼法（试行）》、《中外合资经营企业法》、《中外合资经营企业法实施条例》、《合同法》、《继承法》、《技术引进合同管理条例》、《民法通则》、《民事诉讼法》、《收养法》、《海商法》、《仲裁法》、《票据法》等许多法律，都含有涉外民商事法律适用法的规定。特别是在 2010 年 10 月 28 日，社会各界期盼已久的《中华人民共和国涉外民事法律关系适用法》（以下简称《法律适用法》）经第十一届全国人民代表大会常务委员会第十七次会议表决，获高票通过，并于 2011 年 4 月 1 日起正式实施。这是一个历史性的事件，它标志着经过几代国际私法立法者与学者的不懈努力，新中国终于制定出第一部较为完善、系统的国际私法法规，同时亦向世界宣告，中国的民事法律体系就此告别了昔日封闭、保守、落后的状态，[1]一个以开放性、包容性、系统性为特征的、具有中国特色的社会主义民事法律体系已经基本建立。

在司法方面，最高人民法院相继发布了大量的司法解释，特别是 1987 年发布的《关于适用〈涉外经济合同法〉若干问题的解答》，1988 年发布的《关于贯彻执行〈中华人民共和国民法通则〉若干问题的意见（试行）》和 1992 年发布的《关于适用〈中华人民共和国民事诉讼法〉若干问题的意见》，从司法解释角度创造性地丰富和完善了涉外民商事法律适用法制，法院审理了大量的涉外民商事案件，并积累了不少典型的涉外民商事案例。例如，大连海事法院初审后经辽宁省高级人民法院审判的“广州海运管理局诉美国金鹰航运公司案”就是关于涉外管辖权的一个典型案件[2]。而广州海事法院审理的“海南省木材公司诉新加坡秦坦船务公司和达斌私人有限公司案”则开创了中国法院运用公共秩序保留这一国际私法制度的先河[3]。

此外，为了更好地适应国际经济贸易和国际仲裁发展的要求，1956 年根据中央人民政府政务院的决定成立了中国国际经济贸易仲裁委员会，当时定名为“对外贸易仲裁委员会”。1980 年，国务院为了适应我国对外开放的需要，决定将其更名为“对外经济贸易仲裁委员会”。1988 年 6 月经国务院批准，又更名为“中国国际经济贸易仲裁委员会”（China International Economic and Trade Arbitration Commission，简称 CIETAC，又称中国国际商会仲裁院）。该仲裁委员会在国际上享有良好的声誉，其仲裁裁决的公正性已经获得国内外的一致好评。中国海事仲裁委员会（China Maritime Arbitration Commission，简称 CMAC）是 1959 年根据国务院的决定成立的，原名为“中国国际贸易促进委员会海事仲裁委员会”。1988 年 6 月经国务院批准，更名为“中国海事仲裁委员会”。此外，1994 年 8 月 31 日颁布的《中华人民共和国仲裁法》对涉外仲裁作了特别规定，进一步完善了中国内地涉外仲裁体制，使中国涉外仲裁制度更加国际化、规范化和现代化。中

---

〔1〕《中华人民共和国合同法》于 1999 年 3 月 15 日颁布，并于 1999 年 10 月 1 日实施；《中华人民共和国物权法》于 2007 年 3 月 16 日颁布，并于 2007 年 10 月 1 日实施；《中华人民共和国侵权责任法法》于 2009 年 12 月 26 日颁布，并于 2010 年 7 月 1 日实施。

〔2〕顾倚垄、吕国华编：《海峡两岸法律冲突及海事法律问题研究》，山东大学出版社 1991 年版，第 213 ~ 217 页。

〔3〕金正佳、郭生平：“涉外海事审判中的法律适用”，载《法学评论》1989 年第 6 期。

国还于1986年12月加入了1958年在纽约订立的《纽约公约》，该公约已从1987年4月22日起对中国生效。加入该公约为中国和其他缔约国之间相互承认和执行各自的仲裁裁决开辟了道路。

在国际立法方面，中国也较为积极，主要表现在两个方面：一是中国积极地参加从事国际私法统一工作的国际组织并参与这些组织所开展的国际私法统一活动；二是积极参加或缔结一些国际统一私法条约。近十几年来，中国政府在国际私法领域的国际立法协作方面也开展了许多工作，取得了很大的进展。自1981年起，中国曾多次应邀派代表作为观察员出席海牙国际私法会议的特别委员会会议。1986年10月，中国向海牙国际私法会议提交加入申请。1987年7月3日，中国正式成为海牙国际私法会议的成员国。1988年10月，中国第一次派出政府代表团参加海牙国际私法会议的第十六届大会。会议期间，中国代表团参与确定第十七届海牙国际私法会议的工作议题以及审议通过《死亡人遗产继承的法律适用公约》的工作。中国于1991年正式加入迄今国际上有关域外文书送达方面最为完备的1965年《海牙送达公约》，即海牙国际私法会议于1965年11月15日订立的《关于向国外送达民事或商事司法文书和司法外文书公约》。这是中国加入的第一个海牙国际私法会议订立的公约。总部设在意大利罗马的国际统一私法协会是国际上另一个以统一和协调不同国家以及国家集团的私法规则为宗旨的政府间组织。1983年初，中国政府应该组织的邀请派代表参加了在日内瓦召开的讨论国际货物销售代理公约的外交会议，同该组织建立了联系。1985年6月，中国正式加入了该组织，随后就一直积极参与该组织统一私法的国际活动。而且，自1987年以来，中国还分别同法国、比利时、波兰等40多个国家签订了司法协助协定。在过去的实践中，中国主要通过外交途径来开展一些司法协助工作，而近年来中国通过参加或缔结多边和双边有关司法协助的协定，这使中国司法机关开展国际司法协助工作迈开了新的步伐。总而言之，中国开始积极参加国际上在国际私法领域的统一活动，大大推动了中国国际私法制度的国际化和现代化，增进了中外国际私法界的了解和交流，弥补了中国国际私法国内法制的空缺和不足，有利于中国依法调整涉外民商事法律关系，及时解决有关涉外民商事法律纠纷，保护当事人的合法权益。这对于促进改革和开放的进一步深入，促进对外经济贸易的进一步发展，促进文化交流和人员来往，都具有积极意义。因此，中国政府有关部门和中国国际私法学界应加强这方面的研究工作。

二、香港特别行政区法律的构成及特征

（一）香港回归以前的法律渊源

香港的法律渊源有一个发展演变的过程。这一过程既是香港殖民政府积极推导的结果，也是香港法律文化自身发展的必然。由于当时政治形势的复杂性以及香港固有传统的坚韧性，香港的法律渊源具有复合性特征，其形式也非常多样化。

1. 中国的法律及习俗。在英占初期，香港还近乎一个荒岛，居民很少，且都是渔民和农民。毫无疑问，这些居民生活在清帝国律例和本地习俗之下。因此，1841年当英军统领布伦默将军率兵登陆香港并宣布香港为英国属地时，也曾为如何在香港适用法律而烦恼不已。因为一方面，自己所熟悉的英国法律显然并不完全适合这片神秘陌生的东方土地；另一方面，完全适用清帝国法律也不符合自己想要改造这块殖民地的理想模式。

因此，英方在法律上对中外居民实行分治的政策。这项政策的标志便是 1841 年 2 月 2 日，由英国皇家海军舰长、英国在华贸易总监以及英国在华利益全权代表义律向香港居民颁布的命令——《义律公告》。《义律公告》宣称香港已割让于英国，其政府职权，现时由在华英商总监行使；香港政府的必要法例、规条，现时由英商总监发布；香港岛所有英籍人和外国人均受英国法律保护和管辖等。同时，《义律公告》又宣称，“在未获女王陛下进一步指示之前，香港岛上原有居民及所有居港华人，均受中国法律及习惯之约束，但所有拷打刑罚则除外。”例如，男子可以纳妾。因此香港华人纳妾被视为合法，这一规定直到 1971 年香港颁布《婚姻改革条例》之后才被废除。再如 1904 年在一个关于土地使用权纠纷的案件中亦指出，被告不能在属于他的海滩一部分土地上新建建筑，因为当地渔民要求保持他们在这块土地上晾晒鱼网的习惯权利，这个习惯已被证明至少在 70 年或更早前已经存在。[1]

2. 英国在香港适用的成文法。英国殖民者引进英国法律文化特别是司法文化的过程是相当漫长且又有步骤的。在《义律公告》颁布不久，即 1843 年 4 月，英国统治者又公布了两个具有宪法性的法律文件《英皇制诰》和《皇室训令》，其中就有司法官员的任免以及司法官员须向总督负责的规定。

3. 香港制定的成文法。1843 年，香港成立了立法局，陆续制定了 500 多章的法例，全部被收入《香港法律汇编》。立法局还可以授权一些组织和团体立法，这种法律规范被称为“附属规则”。但香港法院在审判案件的过程中，可以基于一定理由宣布某项“附属规则”没有法律效力。

4. 英国以及香港的判例法。如同其他曾受英国殖民统治的国家和地区一样，香港地区也移植英国的判例法。判例法包括普通法和衡平法。香港在《英国法律适用范围条例》中强调声明：“普通法和衡平法的原则均在香港有效。”它们是“适合香港环境及其居民的”。[2]

（二）香港回归以后的法律体系

香港特别行政区成立之后，香港原有法律除与《香港基本法》相抵触或经香港特别行政区立法机关作出修改者外，予以保留。可见今后在香港特区实行的法律有：《香港基本法》、被保留的香港原有法律、香港特区立法机关制定的法律和《香港基本法》附件三所列的六项全国性法律。其中，《香港基本法》是香港特区其他一切法律的法理渊源。

香港特区的法律是指 1997 年 7 月 1 日香港特区成立后，在香港实行的《香港基本法》、香港特区保留下来的原有法律（包括普通法、衡平法、条例、附属立法和习惯法）和香港特区立法机关制定的法律，它们共同组成了以《香港基本法》为核心的香港特别行政区法律体系，是中国社会主义法律体系中的一个分支。从法律渊源看，除了《香港

---

〔1〕 陈同：“中国法律习惯在香港长期存在的历史考察”，载 http：//www. cngr. cn/article/61/388/2006/200607189743. shtml.

〔2〕 吴东汉：“中国区域著作权制度比较研究”，载 http：//www. chinalawedu. com/news/21604/5900/65/2005/9/li04101720441729500287345_ 174899. htm.

基本法》和少数在香港特区适用的全国性法律是由全国人大及其常委会制定的外，其他绝大多数的法律，包括香港原有的法律，如普通法、衡平法、条例、附属立法、习惯法，以及香港特区制定的法律，就其渊源而言，都应该属于资本主义性质的法律；就其内容而言，都反映了资本主义政治制度、经济制度、司法制度的必然要求。当然，我们也必须看到，由于《香港基本法》在香港特区的地位，以及少数全国性法律的适用，情况也有一些改变，香港特区资本主义与全国性的社会主义法律发生着某种联系，尤其是香港特区的法律不得与《香港基本法》相抵触，而《香港基本法》又具有社会主义的性质。

此外，香港特区法律在中国法律体系中的地位，应该属于地方性法规，它与全国人大及其常委会制定的法律地位是不同的。我们也必须看到，香港特别行政区的法律与内地地方性法规，包括民族自治地方的自治条例和单行条例的不同，二者之间存在着显著的差异，这也正显示出其特别之处：①二者性质不同。后者属于社会主义性质的法律，前者则属于资本主义性质的法律。②二者制定的依据不同。后者必须在与宪法、法律、行政法规不相抵触的前提下制定，而前者制定的法律和香港原有法律，则要求在不与《香港基本法》相抵触的前提下制定或适用。③二者生效的条件不同。后者所制定的自治条例和单行条约，须报全国人大常委会批准后，才能生效；而前者制定的法律，只须报全国人大常委会备案，并且这种备案不影响该法律的生效。④二者失效的程序不同。后者如与宪法、法律相抵触，全国人大常委会有权依法撤销；前者如与《香港基本法》相抵触，则应依照《香港基本法》规定的程序修改或停止生效。

香港基本法的解释和修改

	基本法的解释	基本法的修改
权　力	全国人大常委会、特别行政区法院	全国人大
程　序	特别行政区法院在审理案件时需要对《基本法》中关于中央人民政府管理的事务或中央和特别行政区关系的条款进行解释，而该条款的解释又影响到案件的判决，在对该案件作出不可上诉的终局判决前，应由特别行政区终审法院请全国人大常委会对有关条款作出解释	修改提案权属于全国人大常委会、国务院和特别行政区。特别行政区的修改议案，须经特别行政区的全国人大代表2/3多数、特别行政区立法会全体议员2/3多数和特别行政区行政长官同意后，交由特别行政区出席全国人大的代表团向全国人大提出

综上所述，1997年7月1日香港特别行政区顺利回归后，从香港特别行政区法律的构成来看，在香港特区实行的法律有基本法、香港原有法律、香港特区立法机关制定的法律、少数在香港适用的全国性法律。上述法律是现行香港特区的全部法律，构成香港特区不同层次的统一的法律体系。

1.《香港基本法》。第四十三届全国人民代表大会第三次会议于1990年4月4日通过并公布了《中华人民共和国香港特别行政区基本法》（简称《香港基本法》）。与此同时，全国人民代表大会还发布了《关于实施〈中华人民共和国香港特别行政区基本法〉

的决定》。该决定指出："香港特别行政区基本法是根据《中华人民共和国宪法》，按照香港的具体情况制定的，是符合宪法的。香港特别行政区设立后实行的制度、政策和法律，以香港特别行政区基本法为依据。"这表明《香港基本法》的地位。该决定还规定《香港基本法》于1997年7月1日起实施。《香港基本法》内容丰富，涉及面广，总的来看它贯彻了如下三个重要原则：

（1）"一国两制"原则。"一国两制"包含着"一国"和"两制"两个方面。"一国"是大前提，有了"一国"才能有"两制"。《香港基本法》第1条开宗明义地规定："香港特别行政区是中华人民共和国不可分离的部分。"第12条又明确规定，香港特区是中国的"地方行政区域，直辖于中央人民政府"这是根本性的前提。在"一国"的前提下，《香港基本法》第5条规定："香港特别行政区不实行社会主义制度和政策，保持原有的资本主义制度和生活方式50年不变。"当然，"一国两制"体现在经济、政治、文化、社会等多个方面。它是贯穿在整个基本法里面的总精神、总原则。

（2）高度自治原则。《香港基本法》第2条规定：全国人大授权香港特区依法"实行高度自治，享有行政管理权、立法权、独立的司法权和终审权"。香港特区行使自治权的范围十分广泛。例如，基本法规定港币继续流通，港币的发行权属于特区政府，外汇基金由特区政府管理支配；特区财政独立，财政收入不上缴中央；中央不在香港征税，等等。从实际情况来看，香港特别行政区实行自治的程度非常之高。但是，高度自治不是"完全自治"，自治不能没有限度。一切都须严格按照基本法的规定办事。特区的权力来自中央授权。中央授予多少权，香港特区就有多少权，没有明确的，根据《香港基本法》第20条的规定，中央还可以授予，不存在所谓的"剩余权力"问题。

（3）港人治港原则。基本法规定香港的永久性居民享有选举权和被选举权。《香港基本法》第3条明确规定："香港特别行政区的行政机关和立法机关由香港永久性居民依照本法有关规定组成。"这些都鲜明地反映了港人的主人公地位和香港的高度民主。不仅如此，基本法还规定：香港居民中的中国公民依法参加全国性事务的管理，可以选出香港特区的全国人大代表，参加最高国家权力机关的工作。凡此种种，都是民主的表现。邓小平指出："港人治港有个界线和标准，就是必须由以爱国者为主体的港人来治理香港。"他还具体地提出爱国者的三条标准，回答了"什么叫爱国者"的问题。爱国者的标准也就是"要尊重自己的民族，诚心诚意拥护祖国恢复行使对香港的主权，不损害香港的繁荣稳定。"[1] 这个标准清楚地表明，爱国和爱港是统一的整体，是不可分割的。任何已经站在治港者行列的人或者有志加入这个行列的人都必须符合这个标准。邓小平的这些论述是我们正确理解"港人治港"和高度自治的指导思想。

2. 香港原有法律。《香港基本法》第8条规定："香港原有法律，即普通法、衡平法、条例、附属立法和习惯法，除同本法相抵触或经香港特别行政区的立法机关作出修改者外，予以保留。"此条规定对香港原有法律作了明确界定，将原适用于香港的英国法律或英国专门为香港制定的法律，如《英皇制诰》、《皇室训令》等，排除在"香港原有法律"之外，不予保留。1997年以后，香港原有法律依法被保留的基本条件，即不

---

〔1〕 参见 http：//www. qstheory. cn/dd/2011/xfts/201104/t20110427_ 78644. htm 求实理论网。

与基本法相抵触或未经香港特区立法机关修改。在香港实行的普通法、衡平法，已被认可为中国法律的一部分，在结构上它与英国法律已不发生任何联系，但为了维护普通法的传统，香港特区法院在依法审判案件时，其他普通法地区的司法判例，包括对原已适用于香港的判例作了修改的新的判例原则，可作参考适用，但不得与《香港基本法》相抵触。对于适用于香港特区的普通法和衡平法原则，还可以通过立法和司法两条途径予以修改，即或由香港特区立法机构制定新的法律，或由香港特区终审法院在一个案件中确立新的原则，使之与《香港基本法》相符合。现行适用于香港的条例、附属立法，将成为未来香港特区法律的主体部分，对于其中与《香港基本法》相抵触的，或予以废止，或经由香港特区立法机构重新修订。总之，对于香港原有法律，即普通法、衡平法、条例、附属立法和习惯法，只有经过香港特区立法机构根据《香港基本法》，对其审定、修订、重订，使其符合《香港基本法》，才可成为香港特区法律的组成部分。

3. 香港特区立法机构制定的法律。《香港基本法》第 17 条第 1 款规定："香港特别行政区享有立法权。"《香港基本法》第四章第三节专门规定了香港特区立法机关的组成、地位、职权和立法程序等。香港特区立法机关制定的法律，将成为香港特区法律的重要组成部分，成为特区的主干法律。

香港特区立法机关制定的法律，必须符合法定条件，按法定程序制定，才能成为有效的法律。其要求有以下几点：

（1）香港特区立法机关制定法律必须在《香港基本法》规定的职权范围内进行，凡不属于香港特区立法机关职权范围内的事项，其制定的法律无效。根据《香港基本法》的规定，有关外交、国防等涉及主权范围的事务，应由中央人民政府负责管理。因此，凡涉及外交、国防等事务的立法权限应属于中央，香港特区无权制定。

（2）香港特区立法机关制定法律必须依照法律规定的程序进行，否则，其立法无效。根据《香港基本法》的规定，香港特区立法会议员可以依照法定程序提出法律议案，但对涉及政府政策者，提出前须得到行政长官的书面同意，然后提交立法会审议通过。香港特区立法会通过的法案，须经行政长官签署、公布，再报全国人民代表大会常务委员会备案，备案不影响该法律的生效。

（3）香港特区立法机关不得制定任何使香港同中央脱离或危及国家主权完整的法律。《香港基本法》第 23 条规定："香港特别行政区应自行立法禁止任何叛国、分裂国家、煽动叛乱、颠覆中央人民政府及窃取国家机密的行为，禁止外国的政治性组织或团体在香港特别行政区进行政治活动，禁止香港特别行政区的政治性组织或团体与外国的政治性组织或团体建立联系。"

4. 《香港基本法》附件三规定的全国性法律。全国性法律是指由全国人大及常委会制定的在全国适用的法律。《香港基本法》附件三所规定的全国性法律，于 1997 年 7 月 1 日起由香港特区在当地公布或立法实施，这些在香港适用的全国性法律，构成香港特区法律的组成部分。它们是：

（1）《关于中华人民共和国国都、纪年、国歌、国旗的决议》；

（2）《关于中华人民共和国国庆日的决议》；

（3）《中央人民政府公布中华人民共和国国徽的命令》附：国徽图案、说明、使用办法；

(4)《中华人民共和国政府关于领海的声明》；

(5)《中华人民共和国国籍法》；

(6)《中华人民共和国外交特权与豁免条例》。

随着今后情况的变化，全国人大常委会可对列于附件三的法律作出增减，但在修改前须征询基本法委员会的意见。

5. 经中央审查和同意，在香港适用的国际条约也构成香港法律一个重要部分。在1997年7月1日前，香港通过英国政府，由英国缔结或参加的部分国际条约也适用于香港。根据《中英联合声明》和《香港基本法》的规定，对在1997年7月1日前适用于香港的国际条约进行了审查，中华人民共和国驻联合国代表团于1997年6月向联合国秘书长递交外交照会，全面阐述了中国政府关于香港特别行政区适用国际条约的原则，并要求将在1997年7月1日以后适用于香港特别行政区的214项条约记录在案，并通知联合国的其他成员和联合国的专门机构。同时，1997年7月1日以后，中国参加的非外交类国际条约也扩展适用于香港特别行政区。

从以上有关香港特别行政区法律构成来看，香港特别行政区法律，特别是有关民商事法律，体系、结构、内容仍然隶属于英国的普通法系，同中国内地法律的体系、结构和内容有着根本的区别，正如香港大学陈弘毅教授指出的那样：香港和中国内地法律的基本理念、价值取向、架构设计、文化基础以至其实体法和程序法的具体原则，都有着深刻的分歧。[1]

三、澳门特别行政区法律的构成及特征

(一) 澳门回归以前的法律体系

在1974年葡国“4·25”革命之前，葡萄牙政府视澳门为其殖民地，完全推行殖民化政策，澳门适用的法律、法令及行政法规基本上来自于葡萄牙。“4·25”革命以后，葡萄牙制定了新宪法，并对海外殖民地推行非殖民化政策，澳门地位也随之发生变化。《葡萄牙共和国宪法》第292条第1款规定，澳门成为“受葡萄牙行政管理”的地区，并接受“适合其特别情况之通则约束”。1976年澳门立法会正式运作之后，由澳门立法机关制定的法律逐年增多。因此，澳门作为葡萄牙管制的一个特别区域，其最终立法权仍属于葡萄牙主权机构。《澳门组织章程》规定，澳门立法会、澳门总督的立法权范围只限于未保留给共和国主权机关的事宜，但究竟哪些事项属于共和国主权机关的立法权限，法律并未明确规定。事实上，自1976年以后，葡萄牙主权机关很少使用这一权力来为澳门立法，也很少将葡国制定的新法律适用于澳门。《葡萄牙共和国宪法》第113条第7款规定共和国总统、共和国议会、政府及法院为主权机关。澳门回归前，葡国主权机构制定的实施于澳门的法律规范包括：葡国议会制定的宪法性法律（包括《葡萄牙共和国宪法》、《澳门组织章程》）和一般性法律；葡国政府的法令及具有对外规范性的规章、具有规范效力的共和国总统令；具有普遍拘束力的葡国宪法法院合议庭判决；最高法院或审计法院的司法判例。

---

〔1〕 陈弘毅：“宪政主义在台湾与香港的实践”，载 http：//www. my1510. cn/article. php？ id =72842.

从适用范围看，葡国主权机构制定的实施于澳门的法律可分为三类：

第一类是专门为澳门地区制定的法律。尽管这些法律是葡国主权机构制定的，但适用范围仅限于澳门。其中包括：1964 年的《澳门省政治行政规程》、1970 年的《澳门银行法》、1975 年的《澳门保安部队组织法》、1976 年的《澳门组织章程》、1989 年的《关于澳门地区发出的认别证效力法令》、1991 年的《澳门司法组织纲要法》等。

第二类是引申适用于澳门的葡国法律。此类法律是葡国法律体系的组成部分，在引申适用于澳门时，要受到一定的限制。如《葡萄牙共和国宪法》中明确提及澳门地区的宪法条文、澳门组织章程直接或间接援引的宪法规范（如基本原则、“权力、自由、保障”以及“合宪性监察”的部分规定）及与澳门组织章程的精神和澳门地区的经济、财政、立法、行政等自治权均无抵触的宪法规范可以适用于澳门地区，其他宪法条文则不适用。除宪法外，引申适用于澳门的法律主要是葡萄牙的五大法典，即 1867 年的《葡萄牙民法典》、1886 年的《葡萄牙刑法典》、1888 年的《葡萄牙商业法典》、1929 年的《葡萄牙刑事诉讼法典》、1961 年的《葡萄牙民事诉讼法典》。

第三类是葡国为海外省制定的法律。此类法律自然也在澳门实施，如 1961 年的《税务法令》等。

1. 葡萄牙法律在澳门实施的条件。上述各类葡萄牙主权机关制定的法律，并不能自动地、无条件地在澳门实施。它们要在澳门实施，须受一定条件的限制。根据《澳门组织章程》第 72 条、第 73 条的规定，葡国法律施行于澳门，须遵循以下条件：①格式上的要求。由葡国主权机构制定的实施于澳门的法律，须在法规文本内载明“应在澳门政府公报公布”。②程序上的要求。在澳门实施的葡萄牙法律须经有关《政府公报》转载，方得在澳门地区生效。③生效时间上的要求。“法规于《政府公报》公布后 5 日期间届满时起在澳门地区开始生效，但有特别声明者除外。”“如法规附有声明应立即施行及属其他紧急情况者，应以电报或传真传达有关内容，并应立即将电文或传真文转载于《政府公报》或其副刊内；在此情况下，该法规在上述文件公布之日起开始生效。”④保留有关法规在葡萄牙共和国公报内之公布日期。其目的在于统一有关法规在葡国、澳门内的识别。

2. 葡萄牙法律在澳门法律体系中的地位。葡萄牙法律一旦施行于澳门，就成为澳门法律体系的组成部分。在澳门法律体系中，来自于葡国的法律占有相当大的比重。据澳门政府立法事务办公室统计，自 1910 年 10 月至 1994 年 12 月，在澳门实施的法律总数为 30 088 件，其中 9250 件是葡萄牙主权机关制定的，占总数的近 1/3。[1] 这些法律不仅本身起着十分重要的作用，而且对澳门本地法律的制定和修改也有重大影响，可以说在澳门法律中起着基础和骨干的作用。从葡萄牙法律与澳门本地法律的效力关系来看，在澳门实施的葡萄牙议会制定的宪法性法律的效力无疑高于澳门本地管理机关制定的法律。其他葡国法律在效力上并非都高于澳门本地法律。根据《澳门组织章程》第 42 条的规定，当实施于澳门的葡国法律与本地立法机关制定的法律不一致时，应按照法律所涉及的内容来确定效力的高低。当葡国主权机关制定的法律涉及人的身份及能力、权

---

〔1〕 参见 http：//portal. gov. mo/web/guest/citizen.

利、自由及保障、罪行、刑罚、保安处分及其必要条件，刑事诉讼程序之规定，违反纪律之惩罚以及有关程序之一般制定，公用使用及公用征收之一般制度，租赁之一般制度，货币制度及度量衡的标准，公共团体与被管制者的保障，行政当局的民事责任，公共企业的通则大纲等内容时，优先适用葡国法。当涉及澳门地区本身管理机关专属权限的事宜时，则优先适用本地立法机关制定的法律。

（二）澳门回归以后的法律体系

1986 年 6 月，中葡两国开始就澳门前途问题进行谈判。到 1987 年 3 月 26 日，中葡双方在北京完成最后一轮谈判，草签了《中葡联合声明》。同年 4 月 13 日，中葡两国政府总理在北京正式签署了《中葡联合声明》。从此，澳门进入回归中国的过渡时期。澳门于 1999 年回归祖国，同样是按照“一国两制”的方针，澳门原有的法律基本不变。《澳门基本法》第 8 条规定：“澳门原有的法律、法令、行政法规和其他规范性文件，除同本法相抵触或经澳门特别行政区的立法机关或其他有关机关依照法定程序作出修改者外，予以保留。”从澳门特别行政区法律的构成来看，在澳门特区实行的法律有以下几种：

1.《澳门基本法》。1988 年 4 月 13 日即《中葡联合声明》签署 1 周年之际，第七届全国人民代表大会第一次会议通过决定，成立中华人民共和国澳门特别行政区基本法起草委员会，负责《澳门基本法》的起草工作。基本法起草委员会向全国人民代表大会及其常务委员会负责。1988 年 10 月，由 48 位起草委员（其中澳门委员 22 位）组成的澳门特别行政区基本法起草委员会举行第一次全体会议，正式开始运行。在为期 4 年 5 个月的起草过程中，基本法起草委员会曾先后召开 9 次全体会议、3 次主任扩大会议、72 次专题小组会议、3 次区旗区徽会议，并多次到澳门直接听取澳门各界的意见、建议和要求，得到由各界别 90 位有代表性人士组成的澳门特别行政区基本法咨询委员会的密切合作，终于顺利完成了《澳门基本法》的起草工作。《澳门基本法》经第八届全国人民代表大会第一次会议审议通过，于 1993 年 3 月 31 日正式颁布，完成了立法程序，成为继《香港基本法》之后又一部体现“一国两制”构想和国家对港澳基本方针政策的宪法性法律。《澳门基本法》是根据《中华人民共和国宪法》并按照澳门的具体情况制定的。1993 年 3 月 31 日中华人民共和国主席令第 3 号公布，自 1999 年 12 月 20 日起实施。因此，《中华人民共和国宪法》和《澳门基本法》共同构成了澳门特别行政区的宪法性法律。

《澳门基本法》有以下规定：澳门特别行政区是中华人民共和国不可分离的部分；澳门特别行政区同时是享有高度自治权的地方行政区域，直辖于中央人民政府；全国人民代表大会授权澳门特别行政区依照《澳门基本法》的规定实行高度自治，除外交和防务由中央人民政府负责外，享有行政管理权、立法权、独立的司法权和终审权；澳门特别行政区不实行社会主义的制度和政策，保持原有的资本主义制度和生活方式 50 年不变；澳门原有的法律、法令、行政法规和其他规范性文件，除同《澳门基本法》相抵触或经澳门特别行政区的立法机关或其他有关机关依照法定程序作出修改外，予以保留。加上澳门特别行政区立法机关在非国防和外交以及其他不属于澳门特别行政区自治范围的事项上有广泛的立法权，这意味着澳门特别行政区的法律同在内地、香港和台湾地区施行的法律有很大的不同。

2. 全国性法律在澳门特别行政区的适用。《澳门基本法》对中央和澳门特别行政区的权力范围进行了划分，规定了中央管辖的事项、中央和澳门特别行政区的关系以及属于澳门特别行政区高度自治范围的事项。对于不属于澳门特别行政区自治范围的事项，中央当然可以制定法律并将其实施于澳门特别行政区。因此，基本法在规定全国性法律一般不在澳门特别行政区实施的同时，也规定了在例外情况下，即国家行使主权所必需的情况下，一少部分全国性法律可以在澳门特别行政区实施。

根据适用的范围，实施于澳门特别行政区的全国性法律可以分为以下两类：一类是全国人大及其常委会专门为澳门问题而作出的规范性决定或决议，其适用范围仅限于或主要限于澳门。如《全国人民代表大会关于设立中华人民共和国澳门特别行政区的决定》、《全国人民代表大会关于澳门特别行政区第一届政府、立法会和司法机关产生办法的决定》等。这类全国性法律不受基本法第 18 条规定的条件和程序的限制，而直接在澳门特别行政区实施。另一类是全国人大及其常委会制定的通行于全国的有关法律。这类法律不仅在内地与香港适用，而且还引申适用于澳门特别行政区。如《中华人民共和国国籍法》、《中华人民共和国国徽法》等。此类全国性法律并不自动地、无条件地在澳门特别行政区适用。根据《澳门基本法》第 18 条的规定，此类全国性法律在澳门特别行政区实施须遵循以下条件和程序：

（1）须列入基本法附件三。这是对通行于全国的法律在澳门特别行政区实施所施加的形式上的限制。目前，列入澳门基本法附件三的全国性法律只有 8 部，即《关于中华人民共和国国都、纪年、国歌、国旗的决议》、《关于中华人民共和国国庆日的决议》、《中华人民共和国国籍法》、《中华人民共和国外交特权与豁免条例》、《中华人民共和国国旗法》、《中华人民共和国国徽法》、《中华人民共和国领海及毗连区法》以及《中华人民共和国香港特别行政区驻军法》。

（2）全国人大常委会在征询其所属的澳门特别行政区基本法委员会和澳门特别行政区政府的意见后，可以对列入基本法附件三的全国性法律进行增减。实施于澳门的全国性法律并不是一成不变的。根据情况的变化和实际的需要，实施于澳门的全国性法律还可以增加或减少。但只有全国人大常委会有权对基本法附件三中的全国性法律作出增减。根据我国宪法的规定，全国人大常委会是最高国家权力机关的常设机关，它不仅有权制定法律，还有权解释法律和监督法律的实施。因此，由它来决定有关全国性法律是否在澳门行政区实施是恰当的。根据基本法的规定，全国人大常委会行使此项权力时，在程序上还受到一定的限制，即它在作出增减决定前，须征询澳门基本法委员会和澳门特别行政区政府的意见。通过征询两者意见，全国人大常委会对基本法附件三所列全国性法律作出的增减决定就会更符合实际，更为澳门各界所接受。

（3）任何列入基本法附件三的全国性法律，只限于国防、外交和其他按基本法规定不属于澳门特别行政区自治范围的法律。这是对通行于全国的法律实施于澳门所施加的内容上的限制。之所以作出这种限制，是因为基本法已对中央和澳门特别行政区管理的事务进行了划分。对于澳门特别行政区高度自治范围内的事项，只有澳门特别行政区享有立法权，中央不能超越自己的权限范围，代替澳门特别行政区立法。

（4）全国性法律在澳门特别行政区的实施方式。对于列入基本法附件三的全国性法律，基本法规定了以下两种实施方式：一是直接在当地公布实施；二是间接实施，即由澳门特别行政区立法实施。至于一项全国性法律究竟应采取何种方式实施，由澳门特别行政区视具体情况作出决定。至于全国性法律在澳门特别行政区的生效时间，基本法并没作出规定。根据澳门现制，任何法律须登载于《澳门政府公报》之后才能生效。“九九”之后，这种情况不会改变。因此，我国的全国性法律不论以何种方式实施，其生效都应取决于在《澳门政府公报》上的登载。但是，当澳门特别行政区出现了一些非常情况时，有关全国性法律在澳门特别行政区的实施不受上述条件的限制。基本法规定了以下两种非常情况：一是全国人大常委会决定宣布战争状态；二是全国人大常委会因澳门特别行政区发生了澳门特别行政区政府不能控制的危及国家统一和安全的动乱而决定其进入紧急状态。在这两种情况下，中央人民政府可直接发布命令将有关全国性法律在澳门特别行政区实施。

（三）澳门原有法律的本土化

澳门“原有的法律”是指1849年以后澳门在葡萄牙管治下逐渐发展起来的法律制度。由于葡萄牙有效管治澳门近一个多世纪，故澳门“原有的法律”无论在形式上还是在内容上都深受葡萄牙法律的影响，实际上绝大多数法律都是葡萄牙法律的延伸或翻版。在这个意义上，我们可以说，澳门“原有的法律”是以葡萄牙法律为模式建立起来的，属大陆法系，具有大陆法系的传统和特征。另一方面，又由于澳门是一个以华人居民为主的社会，地域狭小，与相邻的中国内地和香港在社会经济生活方面有千丝万缕的联系，特别是在澳门的许多葡萄牙式的法律与澳门民众有严重隔膜的情况下，澳门“原有的法律”或多或少都受到相邻地区的法律和风俗习惯以及澳门当地的风俗习惯的影响。澳门曾经有《华人风俗习惯法典》，曾设华务检察宫和澳门华人专有法庭，并曾承认华人在婚姻家庭和继承方面的风俗习惯。在商务领域，澳门法律则受香港法律的重大影响，在银行票据、外贸等领域尤甚。

在民商法领域，葡萄牙先后将1867年《葡萄牙民法典》、1888年《葡萄牙商法典》、1901年《有限公司法》、1961年《葡萄牙民事诉讼法典》和1966年《葡萄牙民法典》（取代1867年《葡萄牙民法典》）等延伸适用于澳门，形成了在澳门适用的民商法体系。由于上述民商事法律严格地讲都是葡萄牙的法律，不宜直接适用于澳门特别行政区，因而在澳门进入过渡时期后开始将上述法律进行本地化，即顺应澳门回归祖国的形势，在确保与《澳门基本法》相衔接的前提下，根据澳门本地的实际情况和法律的现代发展，将澳门原有的法律，主要是葡萄牙延伸适用于澳门的法律，进行系统的清理、调整、修订、编纂和中葡文双语化，然后由澳门本身的立法机关完成必要的立法程序，使之转变为澳门本地的法律。澳门法律本地化虽然对澳门原有法律内容和形式有所修订和变更，但其实质内容仍然“基本不变”。

上述可见，澳门特殊的历史背景和法律文化传统使澳门“原有的法律”有自己鲜明的特色，它无论在内容上还是在形式上都自成一体，不同于内地、香港和台湾地区的法律。澳门回归中国后，也是中国一个具有独特法律制度的独立法域。

四、台湾地区现行之民事法律制度及其特征

（一）台湾地区现行法律的形成过程

1949年国民党集团败退台湾以后，国民党政权统治大陆时期所构筑的政治法律制度的基本框架，特别是法律制度上的一些风格特征，一直极为深刻地影响着台湾现行法律的结构和风格。但是，在过去的60余年中，随着国际和台湾岛内形势的变化，台湾法律制度已有了很大的发展与变迁。除了在主要框架、基本风格、主要制度上存在着渊源承受关系以外，台湾现行法律制度与前国民党南京国民政府的法律制度已有了许多的不同。

1. 在台湾现行的法律规范中，来台以后新颁布的以及在过去60余年中修改过的法律占有重大比重。在来台以前制定、来台以后继续适用但又未作任何修改的法规已越来越少。除“宪法”以外，有些法规虽然未明确宣布废除，但由于时势的变迁，其已失去适用的可能性，实际上已经被“搁置”起来。因此，台湾现行法律制度并不是前南京国民政府法律制度在台湾的简单重复或简单繁殖。

2. 台湾现行法律制度在理论上有了更大的发展。在过去60余年中，台湾法律界在各项法律的制定、修改工作中，注意吸收世界上新的法律理论，革除原有法律中的陈旧部分，使“台湾法”在整体上适应了世界法学理论的发展。因此，台湾现行法律制度也不是原有法律理论的简单重复和表现。

3. 在过去60余年中所制定的诸多法律法规，特别是一些较低位阶的法规法令，很大程度上是针对台湾地区的具体情况制定的，在内容和适用范围上都带有明显的“区域性”。因此，无论在理论上还是在实际上，“台湾法”都已不再是前南京国民政府时那种适用于“全中国”的“国家法”了，而明显属于“区域法”。

（二）台湾现行法律的主要成分和特征

长期以来，人们习惯把旧中国国民党制定的法律制度简称为“六法”或通称为“六法全书”。实际上，国民党政权的法律体系的基本框架也是由“六法”即六大类基本法典构成的。虽然在学术界对“六法”的具体分类组合不尽相同，但一般都包括宪法、民法、民事诉讼法、刑法、刑事诉讼法、行政法等六大类。从规范构成上来说，“六法”体系包括以下几个层次：

1. 基本法典。构成“六法”体系的核心是宪法、民法、刑法和程序法等基本法典。在“六法”体系中，宪法、民法、民诉法、刑法、刑诉法都有基本法典，在这些基本法典之下，形成各自的“关系法规”（唯一例外的是行政法，因为没有制定大而全的专门行政法典，故在“六法”体系中行政法仅以内政、地政、经济、财政、教育、人事等分类集合，构成行政法规系统）。这些基本法典构成了国民党政权法律体系的骨架。

2. 关系法规。所谓“关系法规”，是指围绕基本法典而制定的低位阶法规，如法、条例、细则、办法等。这些关系法规作为一种补充，与各自的基本法典一起构成了一个完整的法律部门。

3. 判例、解释例。构成“六法”体系的另一个重要层次是“最高法院”依照法定程序作成的判例和“司法院”大法官会议作出的解释例和决议。国民党政权法律制度属于大陆法体系，以成文法作为基本法律渊源。依照“宪法”、“法院组织法”、“司法院

大法官会议法”及其他相关法规的规定，“最高法院”的判决例，经“采为判例，纳入判例要旨”，并报“司法院”核定者，具有法律效力。若“最高法院”各庭之间就某一判例有争议，则由“‘司法院’变更判例会议”作出决定。“司法院”大法官会议则拥有解释“宪法”、法律的权力，其作出的解释例或决议，具有与“宪法”或法律同等的效力。

（三）台湾地区现行的民商事法律

台湾地区现行的民事法律制度，具有中国地方法规的性质，是指自1949年12月国民党统治集团退败台湾后，作为中国的一个地方当局所认可或制定的仅调整台湾地区社会关系的各种规范的总称。尽管这种法规制度形式上可能延袭了“六法全书”的某些体例，但无论是性质上、内容上，还是适用范围上都发生了根本或重大的变化。60多年来，台湾当局根据台湾地区的情况和外界的变化，几乎对原有全部法规都作过修改并出台了大量新的规定，最突出表现在解决民商事法律冲突法规的制定上。

台湾的“民法”源于1908年~1911年清末修律时制定的第一个民律草案及民国时期1925年~1926年公布的第二个民律草案。20世纪二三十年代的中国社会，是一个半封建半殖民地社会，资本主义经济虽然有了一定的发展，但是自给自足的小农经济仍占着重要的地位，尤其是在广大的农村，小农经济仍占着统治地位，工业化正处在起步阶段。而在民事立法上，当时的立法者采取拿来主义，大量移植德日等资本主义国家的法律，其除物权亲属中一部分规定外，亦纯为外国法之接受[1]。致使民国民法大大超越当时的社会经济条件，而成为“超前之立法”。这种超前之立法，虽脱离当时之社会实际，无法奏效于当时之社会，但却起着引导社会向现代法制社会发展的积极作用；同时，也使得旧民法数十年来无需修订，呈现出法律相对稳定的局面。1895年，甲午战争失败，日本帝国主义强占台湾，在台推行殖民政策，适用日本民法。1945年，抗日战争胜利，台湾回归祖国，始适用民国民法。由于民国民法与日本民法同属于资本主义法律，反映的是资本主义市场经济的要求，且在法律传统上同样继受德国、瑞士等西方国家法律，因此台湾回归后，虽发生法律变更，但“私法秩序并未因此受到影响，仍在既有的基础上稳定继续地成长”。日据时代，日本殖民者推行“工业日本、农业台湾”的殖民经济政策，台湾经济以农业经济为主，基本上无工业可言。

1949年国民政府迁台后，提出了“以农业培养工业、以工业发展农业”的口号，采取了鼓励投资、“替代进口”、“出口扩张”、发展工业和高科技术等一系列措施，加快台湾工业化进程，到1964年台湾第3个四年经济建设计划完成，实现了以农业为主的内向型经济向以工业为主的经济形态的转变。到20世纪70年代，台湾最终确立了工业社会的地位。进入工业化时代的台湾社会，与日据时期的台湾和20世纪二三十年代的中国社会，就其经济制度来说，均属于资本主义性质，然而其发展程度（深度和广度）却不可同日而语。20世纪70年代以后的台湾已经成为新兴的工业化社会，迅速进入世界经济发达地区行列。尽管台湾“民法”具有超前性，但它毕竟产生于20世纪二三十年代，面对20世纪70年代已经实现工业化的台湾，“民法”也“确已不敷所需”。

---

〔1〕 卢晓亮：“台湾民法典的立法概况及对大陆制定民法典的启示”，载《商务与法律》2004年第4期。

台湾地区的“民法”采用德国式的结构，分为总则、债权、物权、亲属、继承五编，共计1225条。1974年，台湾地区成立了“民法研究修正委员会”，着手研究修正“民法”。修正“民法”的基本原则是：①加强对社会公益的保护；②适应台湾社会发展的需要；③修正原法律中不明确或难以实行的条文；④增列性质上纳入“民法”的特别民事法规；⑤参减增列性质上得以条文规定的“司法院解释”、“最高法院判例”或学说上有争议的事项。这次修订前后持续18年，也是分编进行的，“民法总则编修正案”于1982年正式公布施行；“民法亲属编和继承编修正案”于1985年6月正式公布施行；“民法债编修正案”于2000年5月正式公布施行。

台湾地区的商事立法是以条例的立法模式围绕着民法典而展现的，形成了以作为组织法的“公司法”为轴心，同时包括“票据法”、“海商法”、“保险法”等活动法的商事立法体系。这些单行商事法规自颁行后进行了多次修正，其中“公司法”共进行了9次修改，内容发生了很大变化，台湾地区“公司法”及适时的修正，对推广股份制，促进台湾地区经济的成长，确实起了相当大的作用。“公司法”的历次修正的趋势主要有两个方面：一是健全规范公司制度；二是给予公司更大的活动空间。台湾地区“票据法”采用的是“三票一法”的立法模式，关于空头支票的规定曾有“由松到严再放松”的过程。“保险法”主要修正内容为保护消费者权益和减少保险业投资不动产的限制等方面。“海商法”比起其他商事法具有更强的国际性，因而在修改内容上有着明显的国际化倾向。

综上，台湾地区“民法”具有以下两个特点：

第一，采取相对的民商合一的立法模式。因为从形式上看，只编制民法典而不另立商法典，看似民商合一，实际上民法典只规定一般性商法问题，另订特别法规定商法的特殊问题，如商业登记、商号及商业账簿通常属于商法总则规定的事项，也通过制定单行法规加以规定。而特别法的运用又优于民法的运用，因此实质上又像是民商分立。

第二，超前性与传统性的结合。台湾“民法典”是在西方的法国、德国和瑞士等国制定民法典一百多年或者几十年后制定的，因此，台湾地区的“民法典”除吸收了法国、德国和瑞士等国民法典中的传统原则、基本制度等方面的可取之处外，还吸收了垄断资本主义时代后在民法原则、制度方面的最新成果，例如，国家干预经济原则、限制意思自治原则；通过立法对所有权特别是不动产所有权加以限制；通过反垄断法、保护消费者法、不正当竞争法等限制契约自由；增加从事高度危险来源作业的无过失责任。台湾地区“民法”的传统性表现在，“民法典”总则第1条规定：“民事，法律所未规定者，依习惯；无习惯者，依法理。”这将在民国时期整理的清末几百年来大量“活法”的民商事习惯的法律效力予以承认，形成了不同于外国民法的特色。如第八章专章规定了典权〔1〕，债编第十九节之一专门规定了“合会”〔2〕，在亲属和继承编保留了立嗣制度、招赘婚、和婚约的规定等。另外，台湾地区“民法”在形式上非常明显的一个特点就是每一编都有自己的施行法。

---

〔1〕 典权为我国特有的制度，起源于唐朝中叶。

〔2〕 合会也是由来已久的习惯，原是指一种解决民间困境需要而形成互助融通资金的金融制度。

第三节　涉港澳台民商事法律适用的立法与实践

涉港澳台区际法律冲突的产生，使各法域对这一问题无论是从立法上或实践上都给予了极大的关注。为调整区际法律冲突，各法域特别是内地和台湾产生了一些针对区际法律冲突而制定的法律和规定。

一、中国内地相关法律及草案

（一）调整区际法律冲突的相关立法

中国内地调整区际法律冲突的立法几乎没有。有些学者认为，内地区际冲突法产生之前，可推定适用解决国际法律冲突的相关立法解决区际法律冲突问题。主要体现在以下几部立法和规定中：

1.《中华人民共和国宪法》和《香港基本法》、《澳门基本法》是解决我国区际法律冲突的最高立法。

2. 2011 年 4 月 1 日施行的《中华人民共和国涉外民事关系法律适用法》（以下简称新《法律适用法》）。自改革开放以来，我国颁布的法律、法规和司法解释含有国际私法规范的条款约有 420 多条，特别是 1986 年《中华人民共和国民法通则》的颁布，它在第八章“涉外民事关系的法律适用”中以 9 条 13 款较系统地规定了涉外民事关系的法律适用的原则，这为中国国际私法立法奠定了基础。新法是在 1986 年制定的《中华人民共和国民法通则》的第八章“涉外民事关系的法律适用”和 1988 年最高人民法院《关于贯彻执行〈民法通则〉若干问题的意见（试行）》等相关冲突法立法的基础上制定的。由于上述民法通则等立法在 1997 年和 1999 年以前，既适用于调整与我国有关的国际法律冲突，也可以用来调整内地和港澳之间冲突，因此，不少学者认为，可推定适用《民法通则》第八章的规定解决区际法律冲突。那么新《法律适用法》是否也可以推定适用于区际法律冲突的解决呢？该法中没有规定。

3. 2012 年修订颁布的《中华人民共和国民事诉讼法》第四编“涉外民事诉讼程序的特别规定”和最高人民法院于 1992 年颁布关于 2008 年修订的《关于适用〈中华人民共和国民事诉讼法〉若干问题的意见》。一般认为此法目前可作为解决中国区际程序法冲突的准用法。但该法第四编和《关于适用〈中华人民共和国民事诉讼法〉若干问题的意见》，也都未指明所谓“涉外”是否包括涉港澳台。

（二）中央和地方调整区际法律冲突的规范性文件

为了解决中国的区际法律冲突问题，与立法机关没有相关立法相比，国务院等有关部门制定了一些主要是涉及大陆与台湾之间冲突问题的规范性文件。如 1988 年国务院《关于鼓励台湾同胞投资的规定》、1992 年国务院《中国公民往来台湾地区管理办法》、1988 年国家版权局《关于出版台湾同胞作品版权问题的暂行规定》、1988 年中国专利局《关于台湾同胞到内地申请专利的八项规定》、1988 年最高人民法院和最高人民检察院《关于不再追诉去台人员在中华人民共和国成立前的犯罪行为的公告》、1988 年最高人民法院《处理涉台刑事申诉、民事案件座谈会纪要》和《关于人民法院处理涉台民事案件的几个法律问题》、1987年最高人民法院《关于审理涉港澳经济纠纷案件若干问题的解答》、1998年最高人民法院《关于人民法院认可台湾地区有关法院民事判决的规定》以及2009年的《补充规定》、2008年4月最高人民法院《关于涉台民事诉讼文书送达的若干规定》、2009年2月最高人民法院《关于涉港澳民商事案件司法文书送达问题若干规定》、2011年1月1日施行的最高人民法院《关于审理涉台民商事案件法律适用问题的规定》等。此外，还有福建省、广东省的一些地方法规。这些中央或地方法律文件，基本上是实体性规定，较少涉及法律选择问题。

（三）调整区际法律冲突各法域之间签订的双边安排

为了解决内地、香港、澳门程序法方面的冲突问题，1998年12月30日内地最高人民法院与香港特别行政区代表协商通过《关于内地与香港特别行政区法院相互委托送达民商事司法文书的安排》、1999年6月21日内地最高人民法院与香港特别行政区律政司签署《关于内地与香港特别行政区相互承认和执行仲裁裁决的安排备忘录》、2001年9月15日内地最高人民法院与澳门特别行政区行政法务司签署《关于内地与澳门特别行政区法院对民商事案件相互委托送达司法文书及调取证据的安排》，2006年3月内地最高人民法院与澳门特别行政区行政法务司又达成了《关于内地与澳门特别行政区关于相互认可与执行民商事判决的安排》，2007年9月内地最高人民法院与澳门特别行政区行政法务司通过《关于内地与澳门特别行政区仲裁裁决执行安排》，2008年8月内地最高人民法院与香港特别行政区代表协商通过《关于内地与香港特别行政区法院判决执行安排》。另外，1988年7月施行的《广东省高级人民法院和香港最高法院相互委托送达民事、经济纠纷案件诉讼文书问题的协定》（此协定共7条），也可作为法律依据。

对于海峡两岸而言，目前由于两岸官方并没有正式的沟通管道，所以从80年代开始，大家所熟悉的会谈或协商，基本都是通过民间机构或团体进行的。自从1993年4月内地的海峡两岸关系协会〔1〕和台湾地区海峡交流基金会〔2〕于“汪辜会谈”中签订《汪辜会谈共同协议》至今，特别是2008年恢复两会会谈机制——“陈江会谈”后，共进行了8次会谈，签署了共18项协议，即《两岸公证书使用查证协议》、《两岸挂号函件查询、补偿事宜协议》、《海峡两岸包机会谈纪要》、《海峡两岸关于大陆居民赴台湾旅游协议》、《海峡两岸食品安全协议》、《海峡两岸邮政协议》、《海峡两岸海运协议》、《海峡两岸空运协议》、《海峡两岸空运补充协议》、《海峡两岸金融合作协议》、《海峡两

---

〔1〕 海峡两岸关系协会1991年12月1日成立，是社会团体法人，现任会长陈云林，以促进海峡两岸交往，发展两岸关系，实现祖国统一为宗旨。自“海协会”成立以来，在中共中央台湾事务办公室，国务院台湾事务办公室的直接指导下，在各地、各部门的大力支持及台湾各界人士和有关团体的热情帮助下，“海协会”积极贯彻“和平统一，一国两制”的方针，为两岸关系的发展做了大量的工作，对海峡两岸的经贸合作，人员往来，各项交流及扩大与“海基会”的交往与沟通等，都发挥了积极的作用。

〔2〕 海峡交流基金会1991年11月2日成立，是财团法人，现任董事长江丙坤。依章程规定目前设秘书长1人、副秘书长3人、主任秘书1人，及文化服务处、经贸服务处、法律服务处、旅行服务处、综合服务处、秘书处等六处，暨人事、会计两室，另配合政府政策就近服务中部及南部地区民众，设有中区服务处及南区服务处。自1991年开放台湾地区民众赴大陆探亲以来，两岸民间交流日益频繁，由于接触之广泛，而衍生出海上犯罪、偷渡走私、文书查（验）证、财产继承、婚姻关系、经贸纠纷等诸多问题。为了解决上述因两岸民间交流而衍生之问题，并兼顾两岸情势，行政院乃协助民间各界筹组海基会，协助处理政府处理相关大陆事务。

岸共同打击犯罪及司法互助协议》、《ECPA 两岸经济合作框架协议》、《两岸渔工合作协议》、《两岸农产品检验检疫协议》、《两岸标准计量检验认证认可协议》、《两岸知识产权保护合作协议》、《两岸投资保护和促进协议》、《两岸海关合作协议》。

（四）调整区际法律冲突的学术成果（示范法或草案）

1. 1993 年 12 月中国国际私法研究会在深圳举行年会时，与会代表建议起草一部《中华人民共和国国际私法示范法》（以下简称《示范法》）。经过几年的多次讨论和反复修改，前后易稿数次，最后定稿是第六稿。该草案共分五章，即第一章总则、第二章管辖权、第三章法律适用、第四章司法协助、第五章附则，共有 166 条。《示范法》采取法典的模式，内容比较全面，规定比较科学合理，顺应了国际私法立法的世界潮流，可将其参考适用于解决中国区际法律冲突问题。

2. 1991 年由著名法学家韩德培教授与黄进教授草拟的《内地地区与台湾、香港、澳门地区民事法律适用示范条例》。该示范条例分为总则、自然人和法人、民事法律行为和代理、物权、债权、知识产权、婚姻和家庭、继承、时效、附则等五章，共 50 条。该示范条例内容完整，所涉范围广泛，其规定为法律选择规则。此示范条例阐明拟普遍适用于内地、香港、澳门、台湾四个法域，该示范条例已在台湾和香港等地引起相当注意。[1]

3. 1989 年由中国管理科学研究院台湾法律研究所草拟的《内地地区与台湾地区人民关系法建议草案》。该建议草案共计 37 条，涉及两岸人民基本权利、知识产权、婚姻家庭、继承、民事诉讼、刑事犯罪等方面冲突的解决。从该建议草案名称即可看出，此草案只拟适用于内地和台湾之间区际冲突的解决，不涉及内地与港澳之间区际冲突的解决。该建议草案第 7 条明确指出“民事法律的适用采用属地主义原则。”这是两岸关系处理中普遍存在的适用法律属地性的表现。此外，该建议草案中既有法律选择规则，也有不少实体规定，并且注意了刑事冲突的解决。

4. 大连海运学院司玉琢和李兆良所拟的《统一区际海事冲突法（草案）》。该草案共 10 条，涉及了船舶物权关系、船舶优先权关系、合同关系、船舶碰撞关系、海上救助关系、船舶所有人责任限制、共同海损等方面的法律适用。草案拟适用于中国四个法域，其规范形式主要是法律选择规则。

二、香港地区相关冲突法的法律

香港原有的法律是英国长期占领香港的过程中按其海外属地法律制度模式建立起来的。这种模式就是引进英国法，结合地方情况加以运用；在一定范围内保留原有法律和习惯；建立地方立法机关为本属地立法机关。这样，香港特别行政区法律的历史渊源就包括英国法（普通法、衡平法和制定法）、英国占领香港前后中国的法律与习惯、原香港政府的立法。在这些法律中，经过 100 多年的发展，中国的传统法律与习惯所起作用日益缩小，英国法律及在英国控制下香港政府的立法早已占压倒优势，但前者的影响仍然存在，在香港法院的判例之中至今偶尔还能见到引用中国传统习惯的判决。正如台湾学者所云：“香港经过近百年的英国统治，在许多地方仍不改其原有的中国味道，主要

---

〔1〕 沈娟：《中国区际冲突法研究》，中国政法大学出版社 1999 年版，第 66 页。

可能就是因为英国政府对一国数法的现象，早已习惯并能接受。”[1] 由此可见，香港广泛采用了英国普通法，建立了以习惯法或判例法为主体的法律体系。但随着历史的发展，我们注意到成文法在香港法的体系中已居于首要地位。

香港没有一部调整冲突的系统法律，调整国际冲突的法律规定散见于一些相关的判例法和成文法中。由于英美普通法国家对国际冲突和区际冲突不加区分，认为冲突法的意义只在调整法域之间的冲突，而不论这些法域属于一个单一主权国家还是多法域主权国家。香港法渊源于英国法，在此方面有着与英国法同样的特点。因此，香港回归后那些散布于香港各种法律中的冲突法规则，既可用于调整香港和其他国家之间的国际冲突，也可用于调整香港与内地、澳门、台湾之间的区际冲突。但是，由于这种方式缺乏针对性，因此其将很难适应中国区际法律冲突特殊而复杂的现实。

香港冲突法主要涉及以下三方面内容：一是关于涉外民事案件的管辖权的问题，包括对人诉讼的管辖、对物诉讼的管辖和司法管辖的豁免；二是关于法律适用问题，包括一般性问题，如识别、反致、公共政策、属人法等，以及财产关系、合同关系、侵权行为、继承关系、婚姻家庭关系等方面的法律适用；三是关于香港与其他法域之间的司法协助问题，香港冲突法在此方面调整的内容包括文书送达、调查取证、外国判决的承认和执行。

三、澳门地区相关冲突法的法律

作为长期被别国占领的地区，与香港长期以来主要适用英国法一样，澳门主要适用的是葡萄牙法，因而属大陆法系地区，其法律的特点是以成文法为主，主张区别对待国际冲突和区际冲突，其国际冲突法不能同样用于调整区际冲突。1999 年 12 月 20 日以前，对澳门来说，与内地、香港、台湾之间的区际冲突还不是现实存在的问题，没有制定区际冲突法的需要，因此，澳门目前没有调整区际冲突的法律。我们可以借助澳门国际冲突法来了解和研究澳门调整冲突的原则和规定。

1. 葡萄牙的冲突法于 1999 年前适用于澳门地区，它规定在《葡萄牙民法典》总则编中。澳门冲突法所涉范围广泛、内容较为详尽，主要包括两个方面：①一般性问题，如属人法的确定、反致和转致、公共秩序保留、法律规避、外国法的查明。②法律适用，规定了合同之债、无因管理和不当得利、侵权行为、物权、结婚和离婚、夫妻身份关系和财产关系、收养、法定继承和遗嘱继承等各种关系冲突的解决。

2. 适用于澳门地区的葡萄牙《国籍法》第 27 条和第 28 条，对自然人国籍的积极冲突的解决以及多国籍人属人法的确定作出了规定，这两条规定也应属澳门冲突法部分。

3. 1999 年澳门回归后，实施已经本土化的《澳门民法典》，冲突法以专章的模式规定在该法典总则第一篇第三章法律中，该章的标题由原来的“外国人之权利及法律冲突”改为“非本地居民之权利及法律冲突”，表明该章内容可作为解决区际法律冲突的主要依据。

四、台湾地区调整区际冲突的法律及草案

1918 年 8 月 5 日，北洋政府颁布了中国近现代的首部冲突法——《法律适用条例》。

---

[1] 刘铁铮、陈容传：《国际私法论》，台北三民书局 1998 年版，第 750 页。

该条例共七章27条，大体上是以1896年的德国《民法施行法》和1898年的日本《法例》为蓝本而制定的。国民政府迁台之后，1918年颁布的《法律适用条例》在台湾地区继续适用。由于台湾经济的发展，台湾地区人民与其他国家和地区人民的经济贸易关系与民间交流日益增多，《法律适用条例》已无法满足这种交往的需要，于是就对此条例作了一次全面修订，1953年6月6日正式公布施行。修订后的法律更名为“涉外民事法律适用法”，共计31条。台湾为了解决因1997年香港回归与1999年澳门回归而产生的法律冲突，制定了共计96条的“两岸人民关系条例”与共计62条的“香港澳门关系条例”。台湾地区自1953年颁布实施“涉外民事法律适用法”已经近60多年的历史，自1999年开始启动对该法的修法过程，经过十几年的努力，“涉外民事法律适用法”之增修条文修正案终于在2010年4月30日通过台湾“立法院”三读，并于2011年5月26日起生效施行。

台湾地区的冲突法具有自身发展的历史和体系。目前，台湾地区有以下三部冲突法：

（一）2011年“涉外民事法律适用法”

1952年春完成草案、1953年6月6日正式公布施行的“涉外民事法律适用法”是在对1918年的《法律适用条例》作了一次全面修订和更名后完成的。该法由原来的27条扩充到31条，扩大了涵盖的范围，更新了陈旧的内容，改进了立法技术，在法律适用规则上也有所创造，应该说比1918年的法律有了显著进步[1]，表现在以下几个方面：①涵盖涉外民事法律关系的面更加广泛。这个法律涉及自然人的身份、能力、外国法人的认可、物权、债权、契约、婚姻、家庭、侵权行为、无因管理、不当得利以及票据等涉外法律关系的法律适用规则。其中行使或保全票据上权利之法律行为，其方式依行为地法；关于船舶之物权依船籍地法；航空器之物权依登记地法等规则都是新增加的。②更新了内容，使法律术语更加规范化。如原“私生子”被“非婚生子”所代替，“事务管理”被“无因管理”所代替，“准禁治产”、“保佐”等概念在该法律上消失等。③深化了规范的内涵，使制度更加完整。如反致的制度，其作用是扩大本地法或有利于法院地利益的法律的适用，1918年法律只规定了直接反致，1953年的法律已扩展到转致和间接反致。④改进了立法技术，使法规的逻辑结构更为合理。如取消了总纲等章名，不再设章；把法律行为的方式的法律适用调到人的法律地位之后；把债的法律适用调到物权之前等。⑤在法律适用规则的灵活化方面有所创新。如第28条规定，依本法适用当事人本国法时，如其国内各地方法律不同者，依其国内住所地法，国内住所不明者，依其首都所在地法。这里的“首都所在地法”的概念具有新意。又如第30条规定，涉外民事，本法未规定者，适用其他法律之规定，其他法律无规定者，依法理。将“法理”正式纳入法律适用的规则，应该说是一个大胆的突破，大大增加了法律适用的灵活性。

当然，1953年台湾地区的“涉外民事法律适用法”也有明显的缺陷和不足。问题主

---

〔1〕 余先予主编：《台湾民商法与冲突法》，东南大学出版社2001年版，第591～638页。

要有以下几点：[1] ①保守性大，不能适应世界国际私法发展的潮流。如过分强调适用当事人本国法或住所地法，对世界上流行的“惯常居所地法”的概念未有反映，债权的法律适用停留在古老的“意思自治原则”与行为地法上面，世界上流行的“最密切联系原则”、“特征履行规则”等都没有吸收。另外，单边冲突规范很多，许多法律关系都要适用台湾的法律，极力扩大台湾法律适用的范围，具有明显的保护主义的倾向，不利于与外界的交往。②封建主义残余仍很明显。在婚姻家庭关系上，多处要求适用“夫之本国法”、“其母之夫的本国法”、“父之本国法”等，甚至还保留了封建法律中“赘夫”的概念。当所谓的“赘夫”涉及法律关系时，又不适用“夫之本国法”了，其婚姻效力、夫妻财产制、离婚的效力等都要适用台湾的法律，可以说是公开歧视“赘夫”，由前一种台湾人之间以男性为核心的男女不平等，走向了台湾人与外国之间以女性为核心的另一种男女不平等。正因为存在这些严重问题，1953 年“涉外民事法律适用法”已经不能适用当前台湾涉外民事关系发展的需要。

为回应台湾国际私法学界以及实务界的修法建议，台湾“司法院”于 1998 年 10 月推出一项“‘司法院’涉外民事法律适用法研究修正计划”。依据该计划组成实务与学界相结合的“‘司法院’涉外民事法律适用法研究修正委员会”，目的在于对涉外民事法律适用法进行“全面检讨”与“彻底修正”，并依据以下两个程序进行：一是由研究委员会决定修正原则、方向及重点，并委托学术机构研究提出修正草案初稿条文；二是将初稿条文提交研究修正委员会讨论，逐条审查并定稿。自 1999 年 10 月 30 日“司法院”召开涉外民事法律适用法研究修正委员会第一次会议至 2007 年 6 月 1 日最后一次，共举行了 29 次会议讨论原稿、初稿和第一稿等。

修正后的“涉外民事法律适用法”共分为 8 章 63 条。第一章为通则（第 1 ~ 8 条），第二章为权利主体（第 9 ~ 15 条），第三章法律行为之方式及代理（第 16 ~ 19 条），第四章债（第 20 ~ 37 条），第五章物权（第 38 ~ 44 条），第六章亲属（第 45 ~ 57 条），第七章继承（第 58 ~ 61 条），第八章附则（第 62 ~ 63 条）。这部修正后的新法具有以下特点：①台湾修正前的“涉外民事法律适用法”在体系上不分章节，且将通则性规范置于该法后段；修正后的新法则分为 8 章，体系结构清晰，将通则性规范置于该法前段，并进行了明显地更新，包括公序良俗、“国籍”积极冲突与消极冲突、一国数法、反致、法律规避、法源等。②台湾修正后的新法，删除了旧法中若干单边冲突规则，尤其在亲属关系的法律适用方面相当程度地减少了法院地法的适用，但在第二章权利主体中，仍采纳了一定数量的单边冲突规则。③台湾修正后的新法纳入了若干海商法与票据法相关的法律适用规范。

（二）“两岸人民关系条例”

1. 1992 年“两岸人民关系条例”。1987 年 11 月台湾当局在祖国大陆对台新政策的巨大压力下，开放民众赴祖国大陆探亲。从此，两岸从对峙、隔绝走向交流。为了适应两岸交往出现的新问题，早在 1989 年 2 月，“法务部”公布了第一个“台湾地区与大陆地区人民关系暂行条例草案”，经“立法院”4 个会期 18 次会议长达 3 年的审议，终于

[1] 余先予主编：《台湾民商法与冲突法》，东南大学出版社 2001 年版，第 594 ~ 595 页。

在 1992 年 7 月 16 日三读通过，该法最后定名为“台湾地区与大陆地区人民关系条例”。

“两岸人民关系条例”是一种性质非常特殊的法律。从内容上看，既有实体法，又有程序法；既有民事法、行政法，又有刑事法；既有一般公法、私法，又有冲突法。这种将上述各种性质的法规糅合于一部法典中的做法相当少见，该法旨在于处理两岸民间交往的一切事宜、高于其他法律的根本性法律，以适应两岸关系的复杂性、特殊性的要求。

“两岸人民关系条例”包括总则、行政（共 32 条）、民事（共 34 条）、刑事（共 4 条）、罚则（共 16 条）和附则等 6 章，共计 96 条，对民事、刑事和行政三方面的法律冲突给予了同等重视。第一章“总则”，主要规定了立法目的及宗旨，对“大陆地区”及“台湾地区”和“大陆地区人民”及“台湾地区人民”等概念作了界定，又规定了设立两岸间中介机构处理两岸往来事务、两岸间文书认证和其他司法协助事宜等。第二章“行政”，主要规定两岸人民相互往来应经许可、雇佣祖国大陆劳工、祖国大陆人民申请在台湾定居、定居后的权利、祖国大陆学历认证、两岸间招生、祖国大陆人民在台获利交税、两岸认证、两岸船舶及外国船舶在两岸间航行的禁止和许可、两岸间的广告制作与播映、两岸投资与技术合作、金融业务往来、货币进入、出版物入台、货币入台之税负课征抵扣问题。第三章“民事”，主要规定了两岸间各类民事事件的“准据法”，包括法律行为方式、债之契约、无因管理和不当得利、侵权行为、物权、结婚或两愿离婚、结婚或离婚之效力、夫妻财产制、非婚生子女和收养、亲子关系、监护、扶养、继承、遗嘱、捐助等民事行为的法律适用问题。第四章“刑事”，主要规定了两岸间刑事犯罪的处理问题。如规定在祖国大陆或在大陆船舰、航空器内犯罪，虽在祖国大陆曾受处罚，仍得依据台湾“刑法”处断，但得免除刑罚之全部或一部之执行。本章内容仅 4 条，多为程序性规定。第五章“罚则”，主要规定了对违反关于两岸间往来关系的法律规定的行为的行政处罚或刑罚。第六章“附则”，是授予行政机关就两岸交流实施的新举措在经报“立法院”决议而“立法院”久拖不决情况下自动生效的权利。

为实施“两岸人民关系条例”，台湾有关部门还制定了一系列实施细则，主要包括：1992 年 9 月公布的“台湾地区与大陆地区人民关系条例施行细则”，此细则共 65 条，对两岸文书验证、大陆劳工去台、大陆人民去台定居和继承遗产等作出了实施性解释和规定；1990 年公布的“对大陆地区间接输出货品管理办法”、“对大陆地区间接投资和技术合作管理办法”、“‘行政院’委托民间团体办理大陆事务要点”、“民众航空器飞航大陆地区办法”、“大陆地区物品管理办法”；1991 年通过的“现阶段金融事务管理对大陆地区间接通汇作业要点”；1993 年公布的“大陆地区人民在台湾地区定居或居留许可办法”、“台湾地区人民进入大陆地区许可办法”、“大陆地区人民进入台湾地区许可办法”等。由此可见，目前台湾在调整与大陆之间区际冲突方面，已逐步形成了以“两岸人民关系条例”及其一系列施行细则（此类施行细则仍在继续拟制）为主体构成的体系，而且，这一体系还在不断修改、补充，以适应变化着的两岸关系和两岸冲突状况。1992 年 1 月修正 1 条、1993 年 1 月修正 1 条、1994 年 9 月修正 1 条、1995 年 7 月修正 1 条、1996 年 7 月修正 1 条、1997 年 4 月修正 20 条增订 5 条、2000 年 12 月修正 3 条增订 1 条、2002 年 4 月 2 日修正 3 条。最近一次修订是在 2011 年 10 月 31 日完成的。这一体系是台湾在实践中调整两岸冲突的主要依据，同时也是我们研究台湾区际冲突立法以及探讨中国区际冲突法发展导向的重要依据。

2. 2003 年“两岸人民关系条例”修订内容。“两岸人民关系条例”1992 年颁布实施，随着两岸关系发生重大的变化，条例的许多内容已经不能适应形势的发展和需要，因此，在各方面的压力和一再呼吁下，台湾当局决定对条例进行实施以来最大幅度的修订。修正草案去年就送到“立法院”审查，各政党也多次进行协商，但都因“台湾团结联盟”等“台独”势力的阻挠，迟迟无法通过，此次修改过程也是一波三折。最终，台湾“立法院”2003 年 10 月 9 日下午通过“两岸人民关系条例”修正草案，对这一施行 11 年的条例进行了较大幅度的修改，备受台湾各界关注的“三通”条款、大陆配偶 8 年取得身份证等条款获表决通过。

关于修订过程中争议最大的大陆配偶取得身份证问题，修订后的“条例”规定，结婚已满 2 年、到台依亲居留满 4 年、长期居留满 2 年后，可以申请在台定居。“台湾团结联盟”延长大陆配偶获得身份证期限或不给予大陆配偶身份的图谋，被“立法院”其他政党联手挫败。

新通过的“三通”条款规定，台湾的船舶、航空器及其它运输工具，经主管机关许可，可以航行至大陆。有关许可及管理办法，必须在 18 个月内提出，如果要延期提出，必须获得“立法院”的同意。这一条款被舆论认为对民进党当局企图拖延两岸“三通”具有一定的制约作用。新“条例”还规定，大陆教育机构可以在台湾办理招生事宜或从事介绍行为，大陆公司经许可可以在台设立分公司与办事处；台湾居民将获准携带一定限额以下的人民币进出台湾。

新“条例”也增加了“复委托”条款，即台湾“行政院大陆委员会”或其他主管部门，可以委托具有公信力、专业能力的法人，协助处理两岸人民往来有关事务；“陆委会”委托处理两岸事务的机构或民间团体，也可以再委托其它法人协助处理两岸事务。

3. 2011 年“两岸人民关系条例”修订内容。几年来，台湾当局对“两岸人民关系条例”进行了多次修改，最终在 2011 年 10 月 31 日初审通过，这是台当局近十年来对两岸条例最大幅度的一次修改。除两岸直航等几项争议条款保留协商外，共计通过 126 条增修订条文。修正内容涉及两岸通航、台湾民众赴大陆任职限制和两岸谈判架构重整等重要条文。修正方向由原本的“原则禁止，例外许可”改为“原则开放、必要管制”。

（1）对大陆企业赴台湾投资的相关规定。①大陆地区人民、法人、团体、其他机构或其为第三地区投资之公司经许可赴台湾投资，可给予税捐上优惠的规定，以符合世界贸易组织（WTO）相关规范；②解除了原本对大陆地区人民、法人、团体或其他机构，持股超过 20% 的外国公司不予认可的限制，将参照现行“侨外”投资核准制度建立“许可制”。

（2）对台湾民众赴大陆任职、经商的限制。①对于赴大陆地区从事投资或技术合作的台湾地区民众、法人、团体或其他机构，在向台湾“教育部”申请备案后，可以在大陆设立高级中学以下学校，并可附设幼儿园，同时明定如学校学生回台就学，其学历可以与台湾地区同级学校相衔接。②台湾金融业赴大陆设立分行、分公司或子公司等分支机构，必须经主管机关许可后才能登陆，并且另外配合增订资金回流机制有关条文。③对于未经许可“偷跑”到大陆投资的厂商，草案中特别提高了刑罚幅度，违反禁止类项目厂商除须接受行政罚外，还增订刑罚规定。④将台湾民众进入大陆地区的规范，从许可制放宽为“申报制”。但对于一般公务员、情治机关未具公务员身份的人与涉及岛内机密特殊身份的人员，仍维持许可制的管制措施。⑤“遇有重大突发事件、影响台湾地区重大利益或于两岸互动有重大危害情形”的时候，台湾“行政院”可以在一定期间内，对台湾民众进入大陆地区采取限制、禁止或其他必要处置。⑥台湾赴大陆任职人员过去只开放运动员、会计师、仲裁员等，修正后，条文主要分为禁止、许可与开放三大类，即台湾“党政军”原则上全面禁止；针对跟岛内安全、岛内重大利益以及对产业有重要影响需做必要管制者，必须经“公告”后许可；除前述两类之外，其他则完全开放。⑦草案增订“台湾地区民众不得在大陆地区设有户籍或领用大陆地区护照”，违反规定者将丧失台湾民众的身份及在台地区选举、罢免、创制、复决、担任公职及在台设有户籍衍生的权利。

（3）关于两岸谈判的规定。①草案中增订了“复委托”机制，也就是以后两岸间要签署协议，当局除可委托民间团体“海基会”外，也可以授权具有“公益法人”性质的团体，在委托机关监督授权下，参与协助三通等两岸事务谈判并签署协议。②“陆委会”或经“行政院”同意的各主管机关，委托上述机构或民间团体以受托人自己的名义，与大陆地区相关机关或其授权的法人、团体或其他机构协商签署协议，所签署的协议则限于两岸就涉及行使公权力或政治议题事项所签署的文书，且须将协议草案报经委托机关报“行政院”同意，始得签署。③台湾“陆委会”为处理两岸人民往来事务，可以委托符合相关资格的民间团体，包括当局捐助财产总额达1/2，并以“陆委会”为主管机关或目的事业主管机关的民间团体，采取“逐案委托”的方式，委托具公信力、专业能力及经验的其他公益性质法人，必要时得委托其代为签署协议。④有关两岸协商的条文增修草案重点主要包括增加公益性法人团体为辅助协商；增订监督机制，以期有效使用民间团体协助，并确保公权力及公共利益不被侵蚀；增订两岸协议处理规定，以理清“行政”、“立法”部门的权责，并落实立法监督的作用。⑤台湾地区各级地方政府机构、民代机关、公务人员、公职人员非经“陆委会”授权，不得与大陆方面以任何形式协商签署协议。⑥台湾地区各级地方政府机关或各级地方“立法”机关，非经“内政部”同意，亦不得与大陆地区地方机关缔结联盟。根据此一条款所称，包括缔结姐妹市、兄弟市、友好城市、友谊城市联盟均在规范范围，而大陆的民意机关也在限制之列，因此，台湾民意机关若欲与大陆民意机关缔结联盟，也要经主管机关同意。

综上，“两岸人民关系条例”有其合理之处，同时也存在着大量缺陷：首先，条例在措辞上，当提到应以台湾地区的法律为准据法时，规定应“适用台湾地区之法律”，而在以大陆法律为准据法的情况下，一律规定应“适用大陆地区之规定”，刻意回避“法律”二字。这种歧视性的用语是对大陆法律的不尊重，也体现出台湾当局相当程度的政治顾虑。其次，条例中的冲突规范，尽量扩大台湾法律的适用，体现出明显的法律属地主义。条例大量采用单边冲突规范，忽视双边冲突规范的作用，将许多民事关系都规定为只能适用台湾法律，排除大陆法律的适用。而且，在条例中有关当事人民事实体权利的规定中，也作了限制性的规定，如限制大陆地区继承人继承遗产的数额，既有悖法理，也不合情理。最后，大量采用“委任立法”方式，为应对两岸关系的未来变化预留空间，以便于行政机关依形势变化随时制定或修正有关规定（子法）而不必修改该条例这一“母法”。如对两岸人民出入境及定居、大陆劳工入台、两岸三通、台商赴大陆投资以及技术合作、两岸金融往来等14项事务，均授权“内政部”或“管理办法”，报“行政院”核定后实施。这种广泛的“委任立法”方式在以前的立法中可谓空前。

值得肯定的是，2012年8月16日台湾工业总会向马英九递交了“2012年白皮书”，呼吁当局全面检讨“两岸人民关系条例”等现有法规，包括优先检讨台商出任大陆各级政协委员的适法性、开放大陆广告登台、开放大陆人士来台招商等，以扩大两岸经贸交流。马英九在接见台湾工业总会代表时表示，同意业者的看法，将会针对现有两岸政策及法规部分重新检讨，针对各界有共识的部分进行调整。在台湾社会形成共识的情况下，也应该继续放宽陆资赴台，并依照两岸签订的投保协议予以保障，以提高陆资赴台意愿。还有陆生赴台、大陆配偶等有关两岸政策也都应检讨，[1] 以适应新的两岸发展趋势。

（三）1997年4月“香港澳门关系条例”

随着《香港基本法》和《澳门基本法》的成功制定，台湾不得不接受香港和澳门成为中国的两个特别行政区的事实以及台湾与港澳关系的未来发展趋势。为顺应这一历史变化，及时调整与港澳的关系，台湾方面于1993年4月决定制定确立台港澳新关系及调整台港澳之间冲突的规定，即“香港澳门关系条例”。1994年3月，此条例草案完成初稿。1997年4月，在完成起草并获通过后，台湾公布了“香港澳门关系条例”，于1997年7月1日首先适用于台湾与香港之间关系。

该条例体例与“两岸人民关系条例”相同，包括总则、行政（共32条）、民事（共5条）、刑事（共4条）、罚则（共9条）和附则等6章，共计62条。其中有关行政、刑事、罚则的规定多属实体性规定，而有关民事的规定仅5条，似不成比例。这是因为在这一章中实际上并没有关于处理民事关系的具体规定，只有第38条作了一项原则性规定：“民事事件，涉及香港或澳门者，类推适用‘涉外民事法律适用法’，‘涉外民事法律适用法’未规定者，适用与民事法律关系最重要牵连关系地法律。”除此以外，在“民事”一章中再没有关于具体的民事法律关系如何适用法律的规定。这表明，台湾在处理未来与港澳之间冲突的态度是仍将台港澳之间冲突作为“国际冲突”对待。除“香港澳门关系条例”外台湾当局还相继公布了一系列调整台湾与港澳关系的规定，包括“香港澳门关系条例施行细则”、“香港澳门居民进入台湾地区及居留定居许可办法”、“对香港澳门投资或技术合作审核处理办法”等，共10多项。这些规定以“香港澳门关系条例”为核心，共同构成一个体系，是目前研究台湾对待将来台港澳之间关系和冲突的立场、观点和规定的重要依据，也是研究中国区际冲突法发展走向的不可缺少的基础。由于1997年和1999年之前台港澳之间的冲突应属于“国际性冲突”，适用台湾“涉外民事法律适用法”，而且，根据上述台湾“香港澳门关系条例”第38条规定，即

[1] http://news.ifeng.com/taiwan/3/detail_2012_08/17/16892451_0.shtml.

使在1997年和1999年以后台港澳之间冲突仍准用“涉外民事法律适用法”解决，因此，台湾解决台港澳之间冲突的有关规定除了“香港澳门关系条例”之外，还应有“涉外民事法律适用法”。

纵观台湾地区上述冲突法的立法，其具备以下特点：

1. “国际冲突法”与区际冲突法并存。台湾作为独立法律体系的法域，既要和其他国家发生经济、民事关系，又要和大陆法域、香港法域和澳门法域发生经济、民事关系，所以形成了两类性质不同的法律冲突规范。前者主要是“涉外民事法律适用法”，后者是“两岸人民关系条例”和“香港澳门关系条例”。这两类性质不同的冲突规范分别调整“国际”平面的民商事法律冲突问题和区际平面的民商事法律冲突问题。这样分类处理的思路与大陆法系许多法域国家（地区）的做法是一致的。

2. 区际冲突法缺乏合理性。台湾“区际冲突法”虽然率先颁行，但其合理性、可行性大有疑问。首先，中国的四个法域的区际法律冲突如何解决，在有利于区际民商事交往的前提下，应由四个法域共同协商解决，而由两个法域单独拟定办法，很难得到其他法域认同，不利于区际民商事交往。其次，现在台湾颁行的“两岸人民关系条例”，如前指出有许多保守和歧视的条款，不可能为大陆所认同。最后，按照台湾目前的设计，与港澳的法律冲突问题类推适用解决“国际”平面法律冲突的规则来处理，这样，不仅是与大陆区际法律冲突同质的问题适用相异的处理原则，逻辑上不能成立，而且，港澳已经回归祖国了，还用外国实行殖民统治时的老办法去处理它的问题已不合理。因此，有必要重新定位。

复习与思考题

1. 中国古代区际冲突法的雏形是什么？
2. 中国各法域民商事立法现状是怎么样的？
3. 中国各法域冲突法的构成是什么？
4. 两个《基本法》的主要内容是什么？
5. 2011年《中华人民共和国涉外民事关系法律适用法》主要内容是什么？
6. 台湾地区2011年“涉外民事法律适用法”主要内容是什么？
7. 台湾地区2011年修订的“台湾地区人民与大陆地区人民关系条例”主要内容是什么？

拓展阅读

1. 余先予主编：《台湾民商法与冲突法》，东南大学出版社2001年版。
2. 沈娟：《中国区际冲突法研究》，中国政法大学出版社1999年版。
3. 刘铁铮、陈容传：《国际私法论》，台北三民书局1998年版。

4. 卢晓亮："台湾民法典的立法概况及对大陆制定民法典的启示"，载《商务与法律》2004 年第 4 期。

5. 顾倚垄、吕国华编：《海峡两岸法律冲突及海事法律问题研究》，山东大学出版社 1991 年版。

6. 金正佳、郭生平："涉外海事审判中的法律适用"，载《法学评论》1989 年第 6 期。

7. 张晋藩：《中国古代法律制度》，中国广播电视出版社 1992 年版。

8. 余先予主编：《冲突法》，上海财经大学出版社 1999 年版。

9. 相关法律法规：

《中华人民共和国宪法》

《中华人民共和国香港特别行政区基本法》

《中华人民共和国澳门特别行政区基本法》

2011 年《中华人民共和国涉外民事关系法律适用法》

台湾地区 2011 年"涉外民事法律适用法"

台湾地区 2011 年"台湾地区人民与大陆地区人民关系条例"

台湾地区"香港澳门关系条例"

第六章 涉港澳台区际民商事法律适用相关制度之运用

[教学目的和基本要求]

本章是对国际私法中相关法律制度在区际私法中的运用的介绍，包括识别、反致、法律规避、公共秩序保留和外法域法的查明等。为了更好地理解上述法律制度，本章结合了我国内地人民法院在审理涉港澳台民商事审判中的真实案件剖析这些制度。通过本章的学习，了解我国区际民商事审判存在的问题，掌握相关制度的概念以及具体运用。本章的重点与难点在于上述相关制度在国际私法和区际私法中运用的差异。

第一节 识 别

识别是我国法院审理区际民商事案件首先遇到的冲突法理论问题，对于识别问题的探讨和规制有利于正确确定区际民商事案件性质，有利于正确适用冲突法确定区际民商事案件所适用的准据法[1]，从而实现区际民商事判决的公平与公正，对促进中国各法域之间不断的融合，保障各法域的人民之间正常交往的顺利进行具有极其重要的意义。

一、识别的理念

识别（Qualification \ Classification）是国际私法学中极其重要的理论。它是指依据一定的法律概念对待决案件的事实情况或有关问题进行定性或分类，把它归入特定的法律范畴，从而确定应援用哪一条冲突规范[2]的认识过程。把识别作为国际私法中的一个基本问题进行研究的学者，首推德国法学家康恩（Franz Kahn）。康恩于1892年在其所著的《法律冲突》一文中，首次对识别问题予以讨论。不久，法国学者巴丹（Bartin）于1897年在《国际私法上法律关系定性论》一书中也不约而同地对该问题进行了更为详尽的讨论。他们认为，有时即便两个国家规定了相同的冲突规则，但是如果两国法律赋予

〔1〕 准据法是国际私法特有的法律概念，它是指按照冲突规范的指定而援用来确定涉外民事关系当事人具体权利与义务的特定实体法。参见赵相林主编：《国际私法》，中国政法大学出版社2011年版，第104页。

〔2〕 冲突规范，又称为法律适用规范、法律选择规范，它是指出某种涉外民事关系应该适用何国法律来调整的规范。冲突规范在结构上则由“范围”和“系属”两部分组成。“范围”是指冲突规范所要调整的民事关系或要处理的法律问题；“系属”是调整这一民事关系或处理该法律问题所应适用的法律。在“系属”中还有一个非常重要的组成部分，这就是把特定的民事关系或法律问题和某国法律连结起来的标志，称为“连结点”。参见赵相林主编：《国际私法》，中国政法大学出版社2011年版，第91页。

相同概念以不同的内涵，也会对同一事实的法律性质做出不同的分类，从而导致适用不同的冲突规则。后来，美国学者劳任森（Lorenzen）和英国学者贝克特（Beckett）分别于1903年和1934年将之介绍到美国法学界和英国法学界。康恩将识别冲突称为“隐存的法律冲突”，巴丹称之为“识别冲突”，英国学者戴赛（Dicey）和莫里斯（Morris）则直接称其为“冲突规范之间的冲突”。从此，识别问题在世界各国的国际私法中逐步成为一个基本问题。

在国际私法中之所以发生这种识别冲突有以下几个原因：首先，由于有关国家在法律上对同一种事实情况赋予了不同的法律性质或将其归入不同的法律范畴，从而导致识别冲突。例如，关于未达一定年龄的青年结婚需要父母同意的问题，法国法将其识别为婚姻能力问题，英国法则认为是婚姻形式问题。依照法国法识别，应援用当事人的属人法[1]来判定其有无结婚能力，而依照英国法识别，则应适用婚姻举行地法。其次，不同国家把具有共同内容的法律问题分配到不同的法律部门中去也可以导致识别冲突。例如，关于时效问题，一些国家将其划归为实体法范畴，而另一些国家则将其划归为程序法范畴。如果属程序法问题，就只能适用法院地法；如果属实体法问题，则需依各种不同性质的法律关系另行确定准据法。因而，作不同的归类往往导致适用不同的冲突规范，得出相互抵触的判决结果。英国法院1933年受理的普拉扬诉柯伯案[2]（Societt Prayon v. Koppel）就是这方面的典型案例。最后，不同国家对同一问题规定的冲突规范具有不同的含义，也就是说，尽管不同国家对同一问题规定有相同的冲突规范，但各国对冲突规范中所使用的法律名词或概念所赋予的法律含义却不相同。例如，各国法律都主张“不动产依不动产所在地法”，但各国对什么是动产，什么是不动产却有不同理解，同样是蜂房，法国法律将其列入动产范围，而荷兰法律则将其纳入不动产范围。另外，在与案件有关的国家之间，如果与事实情况相关的法律概念在一个国家的法律上存在，而在另一个国家的法律上不存在，这种情况也需要解决识别问题。

在司法实践中，适用法律调整社会生活，运用一定的法律观点或概念对有关事实进行正确的识别是正确适用法律的一个前提。所以说，在案件的审理中，无论是国际民商事案件还是国内民商事案件，法官首先都要面临一个识别问题，只不过对国际民商事案件的识别会产生法律适用的冲突问题，也就是到底应当依据哪一国法律进行识别的问题。因为各国对各种涉外民事法律关系都规定了指引其准据法的冲突规范，比如将一个事实识别为合同争议和识别为侵权争议，所适用的冲突规范不同，而不同的冲突规范又会通过不同系属中的连结点指引不同的准据法，最终会影响当事人的实体权利义务的确定。所以，识别是适用冲突规范的前提，其目的是正确适用冲突规范。

---

〔1〕属人法是指当事人的国籍、住所或居所作为连结点的系属公式，主要用于解决有关人的能力、身份、婚姻家庭和财产继承等方面的法律冲突问题。参见赵相林主编：《国际私法》，中国政法大学出版社2011年版，第99页。

〔2〕该案为一个以德国法为准据法的合同，已过德国法规定的时效期限，但未过英国法规定的时效期限。一方当事人在美国法院提起诉讼。依德国法进行识别，时效问题属实体法范畴，因而应适用合同的准据法——德国法。由于时效已过，当事人的实体权利即告消灭，被告将胜诉；如依美国法进行识别，时效问题属程序法范畴，因而应适用作为法院地法的美国法，则被告将败诉。最终美国法院依美国法对该问题进行了识别。

二、识别在我国内地区际民商事审判实践中的基本层次

识别是确定应适用哪一冲突规范去援引准据法的认识过程。法院从确定管辖权开始一直到适用何种法律，都在进行分类或定性工作。我国内地法院在审判实践中运用识别理论具体可表现为三个层次：一是确定案由，即对当事人所争议的基本法律关系的识别。二是对案件的涉外或涉港澳台的性质进行识别，以决定在诉讼程序上是否适用《中华人民共和国民事诉讼法》第四编“涉外民事诉讼程序的特别规定”，在实体方面是否适用新《法律适用法》等相关法律的规定。这一层次的识别是涉外民商事审判中必不可少的。三是对案由以外的涉案法律关系、法律事实或法律问题进行识别，这一层次的识别虽不是在每个案件中都存在，但不少案件存在这种识别。

以上三个层次的识别过程是统一的，法官作出任何一个层次的识别，目的都是为了使涉案法律关系、法律事实或法律问题最终归入特定的法律范畴，以顺理成章的适用涉外民事诉讼程序或法律适用规则解决案件争议。我们以“香港公民高树涛诉东方航空公司旅客运输合同纠纷案”为例对识别问题进行具体的阐述。

案例与评析

【案情简介】香港公民高树涛（以下称原告）因有紧急商务于2003年7月25日购买了东方航空公司（以下称被告）8月4日从上海赴洛杉矶的双程飞机票。8月4日登机时，值机人员告知因美国签证政策有变化回程时可能会有问题。原告因考虑有美国公司的邀请信，回来时可在墨西哥办理入美签证，因此决定前往洛杉矶。值机人员要求原告签署“免责声明书”后让原告登机。洛杉矶时间8月4日11点左右，航班到达洛杉矶，美国移民局以原告没有签证，在美国转机系非法入境为由拘留了原告，同时告知5年内不得进入美国。被告也被美移民局处以罚款。随后原告被拘禁2天后被遣返中国上海。原告认为，被告作为专业航空公司应知晓美国从2003年8月2日之后对转机乘客实行签证的新政策，但工作人员未告知，在原告被移民局官员盘问时，被告工作人员也未帮原告作必要解释，致使原告被采取强制性措施，声誉因此受影响。原告因此起诉要求被告在全国性报纸上书面道歉，赔偿经济损失20677元，赔偿5年内不得进入美国的损失5万元，赔偿精神抚慰金10万元，律师费、翻译费、委托公证费4900元。

【评析】本案原告起诉到上海浦东新区法院，法院在对本案作出是否受理的决定时，就首先涉及到对本案的定性识别，本案的识别过程可分为两步：

1. 该案件是国内旅客航空运输纠纷还是国际旅客航空运输纠纷。首先，对该案的涉外性进行识别。依据最高人民法院《关于适用〈民事诉讼法〉若干问题的意见》第304条规定：“当事人一方或双方是外国人、无国籍人、外国企业或组织、或者当事人之间民事法律关系的设立、变更、终止的法律事实发生在外国，或者诉讼标的物在外国的民事案件，为涉外民事案件。”本案原告是中国香港特别行政区居民，被告是中国大陆的法人，涉及不同法域的主体。因此，将本案定性为涉港案

件。其次，本案是否是“国际运输”，应依据1929年《统一国际航空运输若干规则的公约》[1]（以下简称《华沙公约》）进行识别。《华沙公约》所定义的“国际运输”是指根据当事人签订的运送合同，不论在运输中是否有间断或转运，其出发地和目的地是在两个缔约国的领土内，或在一个缔约国领土内，而在另一个缔约国或非缔约国的主权、宗主权、委托统治权或权力管辖下的领土内有一个约定的经停地点的任何运输。本案中原告乘坐被告的国际航班从中国上海到美国洛杉矶，双方之间是国际旅客航空运输合同关系。综上，上海浦东新区法院将本案识别为（涉港）国际旅客航空运输纠纷。

2. 该案是国际旅客航空运输合同纠纷还是国际旅客航空运输违约与侵权竞合的纠纷。首先，依据机票所载声明《华沙公约》适用于该项运输，将本案识别为国际旅客航空运输合同纠纷是没有问题的。但由于《华沙公约》中只规定了运输合同主义务的履行及旅客上下航空器和运输过程中发生损害的赔偿问题，并未涉及本案中违反合同附随义务[2]的情况，故《华沙公约》不适用于本案纠纷的解决。那么按照法律适用的一般原则，不同法域主体之间因合同发生纠纷，当事人可以选择处理合同争议所适用的法律，当事人没有选择的，适用与合同有最密切联系的国家的法律。因本案合同的签订地和履行地均在我国大陆地区，故本案依据最密切联系原则应适用中华人民共和国大陆地区的相关法律。其次，违反合同附随义务是否构成违约与侵权竞合的问题，应依据《中华人民共和国合同法》和《中华人民共和国民用航空法》进行识别。《中华人民共和国民用航空法》规定的也仅是运输合同主义务及“航空器上或旅客上下航空器过程中的事件”，并未涉及本案中的情况。而《中华人民共和国合同法》则对合同履行作了规定，即违约与侵权竞合是指违约行为本身侵犯他人合法权益的情况。本案中，原告遭扣留是美国政府的执法行为，被告在这一过程中是否作解释也影响不了美国政府的行为，因此，本案被告只承担违约责任。

综上所述，本案经过识别应当定性为一起因航空公司违反合同附随义务而引起的国际旅客航空运输合同纠纷。

三、我国区际民商事审判中识别依据的规制

识别冲突是指法院在处理涉外民事争议时，由于各国法律对同一“事实构成”作出不同的分类，或对冲突规范的范围中同一法律概念赋予不同的内涵，采用不同国家的法律观念进行识别就会适用不同的冲突规范，最终导致适用不同准据法的结果。依据什么法律概念或法律意识进行识别，是解决识别冲突问题的关键。

对于中国内地法院审理涉港澳台区际民商事案件而言，识别冲突就是依内地法（法

---

〔1〕 1929年《统一国际航空运输若干规则的公约》，自1929年10月12日在华沙签订，1933年2月13日生效以来，经过多次修订，现有130多个国家参加。我国于1958年递交了加入通知书，同年11月8日起对我国生效。

〔2〕 附随义务是依诚实信用原则而发生的义务，注意义务、告知义务、照顾义务、保密义务、不作为义务等均为附随义务，违反这一义务给对方造成损失，应承担赔偿责任。参见《中华人民共和国合同法》第60条。

院地法）识别和依有关港澳台法识别之间的冲突。识别是否可依内地法院地法进行是一个颇有争议的问题。对此，按照传统国际私法中的理论，识别依据有法院地法说、准据法说、分析法说和比较法说以及个案识别说。其中法院地法说是各国普遍采纳的依据并得到了实践的支持，即法院依据自己的法律对法律概念进行定性，至于该案件本身与外国或外法域是否有某种重要联系，法院不加以考虑。但对此说持反对意见的学者认为，如果一概以法院地法进行识别，有时会导致有关的法律关系本应适用外国法的却得不到适用，而本不应适用外国法的却适用了外国法。这是因为识别是法官在法律选择中的推理过程，因此，为了实现利己的目的法官往往会先决定适用某国或某法域的法律，然后再依此进行识别，我们称其为“不诚实”的识别。此外，在法院地法没有类似于外国法概念的情况下，也无法用法院地法进行识别。

在新《法律适用法》颁布以前，我国的法律对识别依据没有作出规定。在涉外审判实践中，中国内地法院通常依据法院地法作为识别的依据，但在我国区际民商事审判的司法实践中也出现了例外的情况。我们以“广东省轻工业品进出口集团公司与（香港）TMT 贸易有限公司商标权属纠纷上诉案”为例进行阐述。

案例与评析

【案情简介】广东省轻工业品进出口集团公司（下称轻工业品公司）分别于1979 年、1980 年与香港东明贸易有限公司（下称东明公司）签订两份“包销协议”，约定由东明公司定牌及包销轻工业品公司生产的 TMT 吊扇，吊扇所用 TMT 牌文字和图形组合由东明公司提供，由轻工业品公司在国内办理商标注册，轻工业品公司只是作为受托人代表 TMT 公司持有此商标。东明公司在香港地区和中东部分国家办理 TMT 商标注册。1982 年东明公司歇业，由 TMT 公司接收原东明公司与轻工业品公司的业务，也承受了 TMT 商标。1994 年 10 月 6 日，轻工业品公司与 TMT 公司签订一份协议，约定在中国境内，“TMT”牌商标属轻工业品公司注册，轻工业品公司有绝对的经营和管理权利。后来双方在履行中发生纠纷。1998 年 TMT 公司向广东省高级人民法院起诉，以轻工业品公司违背双方的委托约定，意图侵吞 TMT 公司委托其在国内注册的商标，请求判令终止其委托轻工业品公司在国内注册和管理 TMT 商标的关系，并要求轻工业品公司返还因委托关系而取得的财产并赔偿损失人民币 1 亿元。

广东省高级人民法院经审理认定双方当事人之间存在商标委托注册并管理的关系，依照《中华人民共和国民法通则》及《中华人民共和国民事诉讼法》中的有关规定，确认轻工业品公司注册的 TMT 商标属于 TMT 公司所有，并判决 TMT 公司向轻工业品公司做出一定的补偿。

轻工业品公司不服一审判决上诉到最高人民法院。在上诉中，TMT 公司答辩称轻工业品公司与 TMT 公司之间存在着事实上的信托法律关系。1998 年最高人民法院经过审理认为，结合案件事实，按照双方定牌加工合同的约定，东明公司提供TMT 等商标，目的是要求轻工业品公司定牌生产东明公司指定牌号的商品，且双方已经实际履行了定牌生产合同，故双方形成了事实上的商标权财产信托法律关系。原审法院根据《中华人民共和国民法通则》的有关规定判决将商标权返还TMT公司是正确的，但原审判决认定存在委托关系，未考虑该商标是以被委托人名义注册并管理的这一事实，未认定存在信托关系，所作认定欠当。依据《中华人民共和国民法通则》第4条及《中华人民共和国民事诉讼法》的有关规定作出与广东省高级人民法院相同的判决。

【评析】通过对上述案情的了解我们知道，对于该案中双方当事人就争议商标在国内注册产生的是何种性质的关系，广东省高级人民法院依法院地法，即依据《中华人民共和国民法通则》将案件的性质识别为（涉港）委托代理合同关系，而最高人民法院经审理认为应将案件的性质识别为（涉港）信托关系。所谓信托是指委托人基于对受托人的信任，将其财产权委托给受托人，由受托人按委托人的意愿以自己的名义，为受益人的利益或者特定目的，进行管理或者处分的行为。[1] 从该案事实来看，一方面，当事人双方就争议商标由谁在何处注册、使用、管理有明确的约定和分工，轻工业品公司是基于这种约定在国内注册争议商标并进行使用和管理的；另一方面，TMT公司作为争议商标实质上的权利人，通过合作关系授权轻工业品公司以自己名义在国内注册争议商标，只是在双方不能继续合作下去的情况下，才要求轻工业品公司返还争议注册商标。这就说明该案双方之间的关系应认定为商标权财产信托法律关系，即受托人以自己名义为委托人从事民事活动是本质特征，在信托关系终止时，受托人就应当将占有、管理的委托人的财产、利益返还给委托人。由此可见，最高人民法院经审理认为将案件的性质识别为（涉港）信托关系是正确的。但当时《中华人民共和国民法通则》中没有信托制度的规定，《中华人民共和国信托法》[2] 也没有颁布，因此，我们推断出最高人民法院对该案的识别没有依据法院地（内地）的法律进行识别，实际上可能是依据香港地区的信托法[3]进行的识别。也就是说，最高人民法院将该案定性为（涉港）信托关系在识别依据上，并没有坚持适用法院地法作为识别的唯一原则，而是适用了与案件有关的外法域（香港地区）法律进行识别，这样既避开了中国内地立法的缺失，又使对案件性质的识别有法可依。最高人民法院对于该案识别依据的变通，我们认为是可取的。

综上所述，在中国区际法律冲突的特殊形式下，尽管各法域法律制度和法律概念存在差异，识别冲突必不可免。尽管2011年新《法律适用法》在第8条规定涉外民事关系的定性，适用法院地法律。但由于在一个国家下的区际识别冲突不存在

---

〔1〕《中华人民共和国信托法》第2条。

〔2〕《中华人民共和国信托法》于2001年4月28日第九届全国人民代表大会常务委员会第二十一次会议表决通过，2001年10月1日正式实施。

〔3〕香港信托法深受英国的影响在其法律中占据了非常重要的地位。香港信托法由判例、规则和单行法规所组成，其中有关信托的制定法主要有：《受托人条例》、《香港政府证券受托人条例》、《信托资金管理规则》、《司法委托人规则》等。

司法主权性，因此，识别依据也不应采用单一的法院地法标准。笔者建议，应当结合中国区际冲突的特点，确立以法院地法识别为主、辅之以特殊识别的法律制度，在识别依据上具体可采用以下途径：

1. 对于区际民商事案件中有关动产或不动产的识别，应依物之所在地法进行识别。这种做法的合理性在于：①依物之所在地法进行识别有利于更准确地确定争议的法律性质。由于各法域关于动产与不动产问题存在较大冲突，动产与不动产权利具有很强的属地性，依法院地法进行识别常常不能反映争议的性质。②依物之所在地法进行识别有利于判决的承认与执行。从动产与不动产的价值和其对社会秩序的影响来看，关系到整个社会的安定与发展，一旦依法院地法对争议的性质进行识别，进而适用法律的结果与物之所在地法域的相关法律相违背，则有关的判决将很难在该法域得到承认与执行。③依物之所在地法确定动产与不动产权利已成为普遍的立法实践，它有利于识别依据与法律适用依据的统一，进而更有利于判决结果的公正。

2. 当各法域的区际冲突规范是通过参加某一国际私法条约的途径来实现的，那么可采取海牙国际私法条约通常的办法，即各法域对该冲突规范的解释和识别应依据条约中的法律概念进行，这样就使得该区际冲突规范得到统一的适用。

3. 在以法院地法难以识别，即案件中的某一法律关系或问题无法归入法院地的任何法律范畴，或者依法院地法识别可能会导致不公平的结果时，可以采用以下两种途径进行识别：①可依据准据法进行识别。这种识别方法适用的基本条件是准据法在识别之前已经确定，如合同当事人在争议发生前已约定了准据法，或在案件的基本法律关系的准据法确定后，依据该准据法对案件中的其他法律关系、法律事实或法律问题进行的识别。②可借鉴“分析法学与比较法学”的方法，按照各个法律制度在法律生活中的作用来定性，并综合考虑各法域对该法律制度的普遍法律认识和共同规则，以此来解决识别的依据问题。这种方法的好处在于使得各法域的法律歧异和利益要求得到平衡。

第二节　反　致

目前所谓“中国区际私法”，事实上是由内地、台湾、香港与澳门的区际私法所组成，由于台湾、香港、澳门都不同程度地承认反致制度，而且反致作为一种能灵活协调法律选择冲突的制度也确有其适用价值，因此，在中国区际私法中研究反致制度是具有重要意义的。

一、反致制度的源流

反致是在适用冲突规范选择准据法的过程中发生的一个问题，它是冲突规范本身发生冲突的一种表现形式。反致问题萌芽于 1652 年和 1663 年法国港口城市鲁昂议会的某些决定中，最早论及这些含有反致问题规定的是法国学者佛罗兰德，因此，佛罗兰德成为第一个论述反致学说的学者。[1] 从19世纪开始，反致制度在一些欧洲国家法院的司法判例的判决中得到体现，由于判决中没有在理论上讨论反致问题，甚至都没有使用反致这种表述，因而没有引起法学界的注意。

反致得到广泛研究并逐渐在一些国家作为一种制度被接受下来，是从1878年法国最高法院对“福果继承案”作出判决后开始的。

> 福果（Forgo）是个非婚生子，具有巴伐利亚国籍。他从5岁至去世一直生活在法国。福果于1869年在法国去世并未留遗嘱，而其母亲与妻子都早于他去世，他又没有子女，于是母亲的旁系亲属向法国法院提出请求，需要继承福果在法国留下的一笔动产。对于动产继承，法国的冲突规范当时规定适用被继承人住所地法，而根据当时法国法的认定，福果的住所地是在巴伐利亚，因此应适用巴伐利亚法。根据巴伐利亚的实体法规定，非婚生子的旁系亲属可以继承该非婚生子的遗产。而巴伐利亚的冲突规范规定，动产的无遗嘱继承适用被继承人的住所地法，这里的住所在巴伐利亚是指事实上的住所，福果在法国居住多年，其事实住所按巴伐利亚法律和法国法律都在法国。结果，法国法院适用了巴伐利亚冲突规范，按其指定又返回来适用法国实体法，据此作出判决，非婚生子的旁系亲属不享有对该非婚生子遗产的继承权，福果在法国留下的遗产按无人继承财产收归法国国库所有。很显然，法国法院采用反致的目的是为了扩大内国法的适用，并因此适用内国法而获得经济利益。

反致（renvoi）有广义和狭义之分。一般讲的反致是广义的反致，包括直接反致（remission）、转致（transmission）、间接反致（indirect remission）。所谓直接反致，通常简称为“反致”，是指对某一涉外民事关系的调整，甲国法院按照其本国的冲突规范，应适用乙国法律，而乙国的冲突规范规定，应适用甲国的法律，结果甲国法院按此规定，最后适用了甲国的实体法。所谓转致是指对某一涉外民事关系的调整，甲国法院按照其本国的冲突规范，应该适用乙国的法律，而乙国的冲突规范规定应适用丙国的法律，最后甲国法院适用了丙国实体法作为准据法。所谓间接反致是指对某一涉外民事关系的调整，甲国法院根据本国冲突规范应适用乙国法，乙国的冲突规范规定应该适用丙国法，而丙国的冲突规范又规定应该适用甲国法，甲国法院最后适用了甲国实体法。反致、转致和间接反致三者彼此既有联系，又有区别：①反致是核心，转致和间接反致是反致的延伸和变异。②反致涉及两个国家的法律，转致和间接反致涉及三个国家的法律。反致与间接反致的过程都是始于法院地国的冲突规范而终于法院地国的实体法规范；转致的过程则从法院地国的冲突规范开始，以第三个国家的实体法规范结束。③在法院地冲突规范的援引下，三者都拒绝适用某一外国法，共同发挥着限制或否定外国法的作用。需要注意的是，在反致、转致与间接反致中，虽然适用的法律不断由一个国家转变到另一个国家，但审理案件的法院只是一个国家的法院，始终未变，不可误把法律

---

〔1〕 参见韩德培主编：《国际私法》，高等教育出版社、北京大学出版社2000年版，第124页。

的转变同法院的转变对应起来。

反致制度产生，学者们认为是基于以下三个原因：①客观方面的原因，即法院地国与有关国家对同一民商事法律关系或民商事法律问题的法律适用作出了不同的规定或不同的解释。②主观方面的原因，即法院把其冲突规范指向适用的外国法理解为该国的实体法和冲突法都包括在内，并且只适用其中的冲突法。在实践中，反致问题产生与否取决于各国国际私法的政策取向。③致送关系存在连续性，即针对同一个具体案件，有关国家法院在法律适用上存在消极冲突，也就是他们根据各自的冲突规范都不适用自己国家的法律，从而出现了法律指定上的致送关系。反致的产生，必须同时具备上述三个条件，缺一不可。

从反致制度产生以来，国际社会关于反致问题的理论争论就没有停止过，理论界围绕着是否应采用反致制度这一问题，形成了尖锐对立的两大派，即赞成派与反对派。各国立法与实践对反致制度的态度也不一，有的国家既接受反致，也接受转致；有的则只接受反致，而不接受转致；有的只在有限的民事关系上采用反致；还有的根本就不采用反致制度。

二、区际私法上的反致与国际私法上的反致之比较

区际私法上的反致是从国际私法上的反致借鉴引申而来，其概念和含义与国际私法上的反致基本相同，只不过这种反致不是发生在不同国家的法律之间，而是发生在某一法律制度不统一的国家内部不同区域（法域）的法律之间，或者是发生于国际私法与区际私法交替适用的时候。区际私法上的反致既然是从国际私法上的反致借鉴引伸而来，因此其与国际私法上的反致存在着较多的联系，两者不仅在形式、含义方面具有很多相似之处，而且有关的原则、原理也基本相同。但由于区际私法与国际私法两个不同部门法的差异，这两种反致也有许多差异。

（一）区际私法上的反致与国际私法上的反致所体现的原则与政策不同

区际私法上的反致主要体现的是复合法域国家处理其内部各法域之间政治、经济、民事、商事、民族等关系的政策与原则，而国际私法上的反致则集中体现一国的对外政策和对国际上解决法律冲突的原则的态度。例如，随着我国恢复对香港与澳门行使主权，我国已成为一个“四法”并存的复合法域国家，我国的区际私法采用反致制度，所体现的政策与原则必将是维护“国家统一”原则与“一国两制”的政策与原则，而我国的国际私法采用反致制度的话，所体现的政策与原则必将是主权原则与平等互利原则。

（二）区际私法上的反致与国际私法上的反致产生的条件有所不同

国际私法上的反致产生的必备条件是，一方面主观上法院地立法承认反致，法院地冲突规范所援引的外国法，必须包括其冲突法；另一方面客观上法院地冲突规范与被援引的外国冲突规范对于同一事件规定了不同的系属与连结点存在致送关系的连续性。由于反致产生的客观基础在国际社会中是必然会发生的，因而，在国际私法上反致的存在与否主要取决于各主权国家主观上的态度。而在区际私法中，由于所有的法律冲突均发生于一个主权国家之内，因此容易存在统一的区际冲突法，即对于同一事件采用同样的系属与连结点，这样反致产生的客观基础就消除了。所以在国际私法上，是否采用反致主要取决于各国对反致的态度，而在区际私法中，是否存在反致很大程度上取决于复合

法域国家内部的法律结构形式，即是否存在统一的区际私法制度。例如，由于波兰、前南斯拉夫联邦等复合法域国家内采用制定全国统一的区际私法的法律结构形式，因此，在波兰1926年颁布的《区际私法典》，前南斯拉夫联邦在1979年颁布的《解决关于民事地位、家庭关系及继承的法律冲突与管辖权冲突的条例》等统一的区际私法中均未规定反致制度，这是因为其国内各法域都采用统一的冲突法，对于同一事件，采用相同的系属与连结点，从而反致产生的客观基础就不存在了。

此外，就冲突规范的连结点而言，国际私法上国籍是一个很重要的连结点，甚至有的学者将国际私法上反致的含义仅限于对本国法的反致。[1] 我国台湾地区的“涉外民事法律适用法”第29条规定：依本法适用当事人本国法时，如依其本国法就该法律关系须依其他法律而定者，应适用该其他法律，依该其他法律更应适用其他法律者亦同。但依该其他法律应适用台湾法律者，适用台湾法律。[2] 在他们看来，没有国籍这个连结点，就不可能产生反致问题。但是对于区际私法上的反致来说，除少数联邦制国家（如前苏联和前南斯拉夫，国籍作为连结点在区际私法上有一定意义）外，国籍这个连结点完全不起作用。[3] 因为区际法律冲突不可能由于民事法律关系主体具有不同的国籍而产生，而往往是由于主体的住所或习惯居所不同而产生。

（三）区际私法上的反致理论与国际私法上的反致理论争论的焦点不同

国际私法上关于反致的理论争论，焦点集中于国际私法上是否应当采用反致这一价值判断问题；而区际私法上关于反致的理论争论，焦点则集中于区际私法上是否存在着反致这一事实判断问题。区际私法中是否存在反致，学者们的看法不同。意大利学者德诺瓦（De Nova）认为，如果具有复合法域的法律制度的国家有统一的区际冲突法制度，则在区际冲突法中反致原则不能适用；但是，如果在复合法域国家内的每一个区域都有自己不同于其他区域法律制度的区际冲突规范，那么反致问题就可能在区际冲突法中产生。[4] 匈牙利学者萨瑟（Szászy）则认为，一般为国际私法公认的原则应适用于区际法律冲突。在反致问题上，如果中央或区域的立法者在制定法中明确接受或排除反致，中央和区际司法机关的法官应遵守规定。如果没有明确规定，区际反致问题必须依据在国际私法中相同的原则加以解决。[5] 可见，虽然论证的角度不同，但这些学者肯定反致制度可能存在于区际私法中。例如，波兰在1926年的《区际私法典》颁布前，前捷克斯洛伐克在1948年的《国际私法与区际私法典》颁布前，其国内各法域均有自己独立的区际私法制度。这种类型的国家，其国内各法域的冲突规范各不相同，对于同一事件，采用不同的系属与连结点，具备了反致产生的客观基础，因此，这些复合法域国家在区际私法上是采用反致制度的。

（四）区际私法上的反致较之国际私法上的反致适用范围较小

国际私法上的反致是各国长期以来比较普遍采用的一种制度，适用的范围较广，也

---

〔1〕 董立坤：《国际私法论》，法律出版社1988年版，第73页。

〔2〕 余先予主编：《冲突法资料选编》，法律出版社1990年版，第15页。

〔3〕 余先予主编：《冲突法》，法律出版社1989年版，第290页。

〔4〕 黄进：《区际冲突法》，台北永然文化出版股份有限公司1996年版，第254页。

〔5〕 黄进：《区际冲突法》，台北永然文化出版股份有限公司1996年版，第255页。

较经常。而区际私法上的反致在实践中的适用则十分有限，反致问题很少产生。这是因为区际法律冲突是一国内部不同法域之间的法律冲突，尽管各法域的法律制度不尽相同，但毕竟都处于共同的主权之下，存在着更多的共同利益，其利益冲突显然小于国家与国家间的法律冲突，因此不需要过多地采用反致制度去排除适用应当适用的外法域法律。此外，区际私法上的反致还受到一国中央立法的制约，受到宪法性规定的限制及国内法律秩序协调的影响。如美国联邦宪法第4条第1款“完全诚意与信任条款”（the Fail and Credit Clauses）的相关规定，在区际私法的运用中，法官往往解释为一般情况下，各州根据自己的冲突规范，应当适用外州的法律时，根据“完全的诚意与信任”便应该适用，而不应当采纳反致或公共秩序保留等制度回避外州的实体规则。由此可见，区际私法上的反致适用范围必然会缩小。[1]

（五）区际私法上的反致制度与国际私法上的反致制度的法律渊源不同

国际私法上的反致制度，除了在国内的成文法、判例法上有规定外，还有可能由国际条约规定。在国际条约中明确规定反致制度的有1930年和1931年订立的关于汇票、支票的法律冲突的两个日内瓦公约第2条关于出票人能力问题的规定，1951年订立于海牙的《关于解决本国法和住所地法冲突的公约》第1条的规定，1902年订立于海牙的《婚姻法律冲突公约》第1条关于婚姻的权利的规定，1988年海牙《死者遗产继承法律适用公约》第4条等。[2] 但是区际私法上的反致制度，其法律渊源仅仅是国内的成文法或判例法，这是因为区际私法完全是一国的国内法的缘故。

三、涉港澳台各法域反致制度的立法与实践

综观中国各法域现行冲突法的立法，反致制度的立法与实践存在差异。

（一）内地现行立法没有关于反致的明确规定

内地现行立法没有关于反致的明确规定，只在最高人民法院有关司法解释中有两条涉及反致的条款。一条是已废止的1987年《关于适用〈涉外经济合同法〉若干问题的解答》第2条第5款的规定：“当事人协议选择的或者人民法院按照最密切联系原则确定的处理合同争议所适用的法律，是指现行的实体法，而不包括冲突规范和程序法。”这一规定只表明，在合同领域不接受反致，并不表明内地对反致的一般态度。[3] 另一条是1988年《关于贯彻执行〈中华人民共和国民法通则〉若干问题的意见（试行）》第178条第2款规定：“人民法院在审理涉外民事关系的案件时，应当依照民法通则第八章的规定来确定适用的实体法。”这条对是否适用反致并未作明确规定。总体看来，内地地区立法对反致的态度是原则上拒绝。在《民法通则》起草的过程中，曾有人试图规定接受反致和转致，但有些学者以采用反致不符合冲突法的宗旨为由反对采用之。结果，《中华人民共和国民法通则》对反致问题没有作出明确的规定，即使后来《民法通则》的司法解释也未明确是否接受反致。2011年新《法律适用法》第一次以立法的形式继续

---

〔1〕 例外的是，我国的各法域，由于其法律制度的根本性质不同，法律制度的差别必然很大，区际私法上若采用反致制度，则其适用范围将较为广泛。

〔2〕 李双元主编：《国际私法》，北京大学出版社1991年版，第135页。

〔3〕 中国国际私法学会：《中华人民共和国国际私法示范法》，法律出版社2000年版，第92页。

坚持拒绝反致的态度，即第 9 条涉外民事关系适用的外国法律，不包括其法律适用法。表明我国内地立法不承认反致制度的一贯立场。

（二）香港地区坚持“双重反致”

香港地区法院的司法实践是将区际私法问题视同为国际私法问题，其在区际私法中，将遵循英国普通法例确立的“双重反致”（double renvoi）原则。[1]“双重反致”原则是英国法院于 1926 年审理“安斯利继承案”中确立的，是英国冲突法中一项特有的制度，它是指英国法官在处理特定范围的涉外民事案件时，如果依英国的冲突规范应适用某一外国法，英国法官应“设身处地”地将自己视为在外国审判，再依该外国对反致所报的态度，决定最后所应适用的法律。[2]，在这种情况下，如果英国冲突规范所指向的那个外国是个采用反致制度的国家，英国法院就以该外国的实体法作为准据法，也就出现了“双重反致”；如果该外国是个拒绝采用反致制度的国家，英国法院就以英国的实体法作为准据法，即只会出现“单一反致”的结果；如果该外国还承认转致，其适用结果还可能出现转致，导致第三国实体法的适用。当然，“双重反致”原则在香港的适用范围与英国一样是非常有限的，只适用于以下领域：①在继承领域，有关遗嘱的形式（但对属于《1963 年遗嘱法》范围内的案例不再适用，即冲突规范仅指向有关的实体法）、实质有效性及无遗嘱继承；②在婚姻领域，有关婚姻的形式要件及婚姻的实质要件（婚姻的能力及事后婚姻的准正）；③位于国外的不动产所有权的转移；④位于国外的动产所有权的转移。[3] 由此可见，香港地区对于反致制度的适用是采取肯定而有限的态度，并且在审判实践中受相关国家对待反致态度的影响。

（三）澳门地区采纳反致与转致制度

澳门地区则依从葡萄牙接受反致的实践，采纳了反致与转致制度，其处理区际法律冲突与国际法律冲突均采用相同的冲突规则。澳门国际私法关于反致问题的规定较为详细，[4] 在澳门施行的《澳门民法典》用 4 个条文分别规定了反致的一般原则（第 16 条）、对第三国法律的反致（第 17 条）、对澳门法律的反致（第 18 条）以及不接纳反致的情况（第 19 条）。而且，该法典第 36 条第 2 款和第 65 条第 1 款还就所设问题作了反致的规定。此外，在澳门适用的一些国际私法公约，如 1930 年《解决汇票、本票法律和冲突公约》和 1931 年《解决支票法律冲突公约》，也有关于反致的规定。

澳门地区关于反致的一般原则规定在《澳门民法典》第 16 条中。该条规定：如无相反规定，仅适用冲突规范所指定的外国法的国内法。这意味着，在原则上，澳门国际私法的冲突规范对外国法的指定是指定外国的实体法，但法律有例外规定的除外。可以说，《澳门民法典》第 17 条、第 18 条、第 36 条第 2 款和第 65 条第 1 款均属例外规定。《澳门民法典》第 17 条就对第三国法律的反致及转致作了规定。该条第 1 款规定：如果澳门冲突规范所指定之法律之国际私法引用另一法律，而该法律认为本身为规范有关情

---

〔1〕 张学仁主编：《香港法概论》，武汉大学出版社 1992 年版，第 508 页。

〔2〕 肖永平：《肖永平论冲突法》，武汉大学出版社 2002 年版，第 80 页。

〔3〕 J. G. Collier , *Conflict of Laws*, Third edition 2001 , Cambridge University Press, p. 26.

〔4〕 黄进、郭华成：“论澳门国际私法的反致”，载《武汉大学学报》1997 年第 4 期。

况之准据法，则应适用该法律之国内法。这一规定包括了转致和含直接反致的转致这两种情况。该条第 2 款是对第 1 款的一个限制。它规定：如果澳门冲突规范所指定的法律为属人法，且当事人常居于澳门或某一个国家，而该国的冲突规范认为该当事人国籍国之国内法为准据法时，停止适用第 1 款之规定。理解和适用这一规定首先要注意的是，法院所适用的澳门冲突规范是以属人法为系属。其次，既然冲突规范以属人法为系属，那么按《澳门民法典》第 25 条之规定，这一款的适用仅限于人的身份状况、能力、亲属关系及继承领域。最后，法律关系的当事人在澳门域内或在其冲突规范也指定适用当事人国籍国法的国家有惯常居所所在地的澳门或某一外国的冲突规范指定的属人法。这一规定没有在所有有关属人法的情形方面限定上述两款关于反致特殊情形的规定是以有利于法律行为成立的原则为基础的，并不以判决的国际一致性为目标。《澳门民法典》第 16 ~ 19 条关于反致的一般规定对这两款没有制约作用，也就是说，这两款规定是第 16 ~ 18 条的特别规定。

综上所述，澳门国际私法关于反致的规定是以实体法指定或实质指定为一般原则的，但它又通过对反致（第 18 条）和转致（第 17 条）的规定以及对有关反致的特殊情形的规定设置例外，为了维护一般原则，它又通过排除适用反致和转致的规定（第 19 条）来对第 17 条和第 18 条的适用加以限制。澳门国际私法所采取的反致规定是一个较为独特的体系。它不同于传统的单一反致或双重反致模式，但同双重反致模式比较接近，因为它要求法院在决定反致问题时不仅应考虑被指定的外国法的冲突规范，而且还要考虑其在反致事项上的态度。

（四）台湾地区法律的反致制度

台湾地区在处理海峡两岸的区际法律冲突时，采用的是单独制定区际冲突法的做法，其区际私法立法明确接受大陆法律对于台湾地区法律的反致，但未接受转致制度。1992 年“两岸人民关系条例”第 44 条（反致）规定：“依本条例规定应适用大陆地区之规定时，如大陆地区就该法律关系无明文规定或依其规定应适用台湾地区之法律者，适用台湾地区之法律。”台湾地区处理与香港地区和澳门地区的区际法律冲突时，采用的是类推适用国际私法的做法，1997 年台湾“香港澳门关系条例”第 38 条（民事事件之准据法）规定：“民事事件，涉及香港或澳门者，类推适用‘涉外民事法律适用法’。‘涉外民事法律适用法’未规定者，适用与民事法律关系最重大牵连关系地法律。”而 2011 年 5 月生效的台湾地区新“涉外民事法律适用法”延续 1953 年的旧法是接受反致与转致制度的，其第 6 条规定，“依本法适用当事人本国法时，如依其本国法就该法律关系须依其他法律而定者，应适用该其他法律。但依其本国法或该其他法律应适用台湾法律者，适用台湾法律。”

由此可见，台湾地区“涉外民事法律适用法”的立法对反致的态度比较宽容。“两岸人民关系条例”第 44 条是台湾地区法律中的狭义反致。至于为何在该条例中规定狭义的反致，“立法院”司法、内政、法制三委员会联席会议的审查报告并未详细说明其立法理由，[1] 其目的无非是为扩大台湾地区法律的适用。

---

〔1〕 李后政：《两岸民事关系条例与审判实务》，台北永然文化出版股份有限公司 1994 年版，第 335 页。

四、完善涉港澳台区际私法中反致制度的立法

中国各法域的法律冲突是一种特殊的区际法律冲突，区际法律冲突的解决无非通过两种办法，即制定统一的或各自的区际冲突法和类推适用各自的国际私法。在现在和较长时期的将来，我国区际私法立法宜采取各法域国际私法类推适用于区际法律冲突的做法，因而所谓“涉港澳台区际私法”事实上是由内地、台湾、香港与澳门的区际私法所组成。各法域区际私法对反致问题的态度与国际私法对反致问题的态度相同，由于台湾、香港、澳门都不同程度地承认反致，反致在“涉港澳台区际私法”中是有意义的。[1] 但是在这一过渡时期结束后，各法域的区际私法最终统一，采用共同的冲突规范与识别制度，反致将丧失其存在的客观基础，其在“涉港澳台区际私法”中将失去意义。目前，中国没有适用于“两岸四地”的统一的区际冲突法，所以，在区际冲突法领域产生反致问题的客观基础仍然存在。

鉴于港澳台三个法域均接受反致制度，而且反致作为一种能灵活协调法律选择冲突制度确有其适用价值，因此，内地在立法上也应在适当的范围内采纳反致制度。为了避免法官通过反致制度限制法院地法律适用规范所指引的外域实体法的适用而扩大法院地实体法的适用，内地立法应借鉴《澳门民法典》的规定，对反致制度的运用加以必要的限制。具体应作如下限制规定：

1. 如因反致而使原为有效或产生效力之法律行为变为非有效或不产生效力，或使原为正当身份状况变为不正当身份状况时，即不适用反致制度。

2. 如果法院地法律适用规范允许当事人选择法律，而当事人所选择法律中的法律使适用规范发生反致的情况，也不应该接受这种反致，而应直接适用当事人所选择法律中的实体法。

3. 如果通过反致所援引的法律适用后的结果，将损害当事人的正当权益，则此时不应采用反致制度。

4. 限制反致制度适用的领域，规定在传统的身份能力、婚姻家庭和继承领域适用，而在合同、侵权等领域不采用反致制度。

第三节　法律规避

法律规避（evasion of law），又称“诈欺规避”、“诈欺设立连接点”（fraudulent creation of points of contact），我国台湾学者又称之为“选法诈欺”或“窃法舞弊”，是指在涉外民事领域，当事人为利用某一冲突规范，故意制造出一种连结因素，以避开本应适用的准据法，使对其有利的另一国法律得以适用的行为。随着现代国际民商事交往的发展，法律规避现象也在逐步增长，这种现象不仅存在于亲属法、婚姻法、契约法领域，而且已经渗透到国际民商法的其他各个领域。

---

〔1〕 沈娟：《中国区际冲突法研究》，中国政法大学出版社 1999 年版，第 100 页。

一、法律规避制度的形成

自从1878年法国最高法院对“鲍富莱蒙王妃案”作出判决后，法律规避问题便引起了国际私法学界的广泛注意和较为深入的研究。而该案亦成为有关法律规避的最著名、最典型的案例。该案案情如下：

> 法国王子鲍富莱蒙之妻，原系比利时人，因与王子结婚而入法国籍，其后因夫妻不睦而分居。在1884年以前，法国法禁止离婚，鲍富莱蒙之妻为了达到离婚后与罗马尼亚比贝斯柯王子结婚的目的，便只身前往德国并归化为德国人（德国法律允许离婚）。归化德国的次日，即诉请德国法院与法籍丈夫离婚并获得离婚判决，随后即在柏林与比贝柯斯王子结婚。鲍富莱蒙王子在法国提起诉讼，要求宣布离婚和再婚为无效。法国法院最后认为，该离婚判决是借法律规避而取得的，应否定其效力，再婚当然也无效。[1]

导致法律规避现象普遍存在的原因主要有三：首先，各国法律对同一事项的规定存在歧异，这是法律规避得以产生的客观条件。其次，人的趋利避害的价值取向，是法律规避行为得以产生的主观成因。最后，冲突规范自身的特点为当事人有计划地选择法律提供了可能性。构成国际私法上的法律规避，应具备以下四个要件：

1. 从主观上讲，当事人规避某种法律必须是出于故意，也就是说，当事人有逃避适用某种法律的故意。

2. 从行为表现上讲，当事人规避法律是通过有意改变或制造某种连结点来实现的。

3. 从规避的对象上讲，当事人规避的法律是本应适用的强行性或禁止性的规定。

4. 从客观结果上讲，当事人规避法律的目的已经达到。

除以上四点构成要件外，还有一点关系到法律规避案件的提出和发展，即当事人为利用冲突规范而创造了条件以后，就与该冲突规范的所属国家或地区仍然存在某种联系。这是因为既然当事人改变或制造某种具体事实是为了使有关的冲突规范指向适用对其有利的法律，那么肯定要与该冲突规范所属国家存在某种联系，例如在该国居住、营业、起诉或进行某种活动等，这样，当事人希望利用的冲突规范才有可能由该国的法院或其他机关适用于与当事人有关的民事关系或法律问题。

在法律规避的构成条件中，有一点提到规避的法律是强制性法律。一国法院不准许当事人利用冲突规范规避法院地国的强制性法律，是因为法院认为这些法律本来就应该适用。一国的强制性法律往往属于该国国内的公共秩序范畴，以当事人规避法律为理由或者直接为了维护本国的公共秩序，都可以排除外国法的适用。于是，一些人从二者都维护本国强行法的效力出发，把法律规避视为公共秩序保留问题的一个特殊部分。但更多的人认为，法律规避与公共秩序保留不能等同，它们是两个互相独立的问题，二者虽然都常常导致排除外国法适用的同样结果，但它们在性质上仍有区别：因当事人规避法律而不适用外国法，法院强调的是当事人避开内国法的诈欺行为；因公共秩序保留不适

---

〔1〕 李双元等：《中国国际私法通论》，法律出版社1996年版，第136页。

用外国法，法院重视的是与本国公共秩序相抵触的外国法内容及其适用的结果。

法律规避的范围是否包括外国强行法存在两种不同的主张：有些国家主张规避法律仅指规避本国（亦即法院地国）强行法。例如，前南斯拉夫《法律冲突法》第5条规定：“如适用本法或其他联邦法可以适用的外国法，是为了规避南斯拉夫法的适用，则该外国法不得适用。”又如1972年塞内加尔《家庭法》第851条规定：“当事人利用冲突规则故意使塞内加尔法不适用时，塞内加尔法取代应适用的外国法。”以上规定都有一个共同之处，即仅规定规避了本国法律时的处理办法，而对规避外国强行法时，本国法院将会如何处理未作规定。另一些国家则主张规避法律既包括规避本国强行法，也包括规避外国强行法。其理由是规避作为一种不道德的行为，不符合善良风俗。规避外国法首先可能表现为对内国冲突法的规避，因为依内国冲突规范，该外国法可能就是本应适用的法律，因此一些国家将外国强行法也纳入了法律规避的范围。例如在法国，根据传统的判例，被规避的法律只能是法国的法律，而今天这种法律显然也可以是某一外国的法律，而且法国法院越来越经常同意制裁规避外国法的行为。[1] 可见，在法国，法律规避是包括规避外国法的。也有一些国家在立法中作出了明确的规定，例如阿根廷《民法典》第1207条规定：“在国外缔结的规避阿根廷法律的契约是无效的，即使该契约依缔约地法是有效的。”第1208条规定：“在阿根廷缔结的以规避外国法为目的的契约是无效的。”即将对外国强行法的规避行为也视为法律规避的一种。英美法系国家对此问题原则上持宽容态度，法院一般不承认法律规避问题。因为英美法院如果不让内国法为当事人所规避，他们可以通过其他方法，如对冲突规范作某种解释，以排除外国法的适用，从而达到同一目的。

目前，越来越多的国家和地区出于人类对法律正义价值的追求和对本国法律威严的捍卫，都通过立法或司法实践来对法律规避加以禁止或限制。

二、法律规避制度在我国区际民商事法律适用中存在的可能性和复杂性

我国学者对于涉外民商事领域的法律规避问题关注较多，对该制度的定义、构成要件、法律效力等方面作了广泛的研究，但结合我国多法域的现状研究区际法律冲突中的法律规避问题较少。实际上，法律规避制度在区际法律冲突中仍然有着重要意义。尽管有些多法域国家禁止法律规避作为一项国内冲突法的制度。[2] 但要认清中国的区际法律冲突有着其他国家区际法律冲突所不具备的复杂性和特殊性。中国的区际法律冲突是在国家尚未统一的历史条件下，资本主义和社会主义两种制度并行背景中的法律冲突。香港、澳门以及未来的台湾将具有高度的自治权。这些特殊性和复杂性为当事人规避法律

---

〔1〕［法］亨利·巴蒂福尔、保罗·拉加德：《国际私法总论》，陈洪武等译，中国对外翻译出版公司1989年版，第514页。

〔2〕南斯拉夫学者瓦雷戴认为：“在国内法律冲突中，法律规避问题是非常难以处理的问题。一方面，在一国制造人为的连结点比在国际上制造人为的连结点要容易得多，挑选法院变的非常容易；另一方面，在南斯拉夫国内的不同共和国或自治省的法律差异不大，这就削弱了在国内冲突中的规避的重要性。此外，为查明是否存在欺诈而调查新制造的连续点还可能造成社会的混乱和法律的不确定，面对这种复杂的困境，南斯拉夫立法者决定将禁止法律规避作为一项国内冲突法的制度。”转引自万蓉：“有关中国统一区际冲突法基本制度的设计”，载《对外经济贸易大学学报》1999年第4期。

创造了有利的条件。

“一国两制”不同法系下的法律内容差别很大，不同的法律对不同的当事人有利，给当事人提供了很大的法律选择余地。又由于各地区民商事法律的平等，一法域更容易承认当事人规避实行不同制度法域的法律所产生结果的合法性，使当事人因规避行为易于成功而达到规避法律的目的。以婚姻制度中的离婚为例，中国各法域相继制定了不同的离婚法律制度，这种不同主要表现在离婚的实质要件和形式要件两个方面的法律冲突。

1. 离婚实质要件主要通过原则性规定和列举性规定两种方式表现出来，例如，我国内地法律采用原则性的立法方式，规定以“感情确已破裂”作为离婚的实质要件。香港地区法律关于离婚的法定理由，采用原则性和列举性相结合的方式。在具体条件上却与其他法域有很大的差别，表现在：①原告遭被告遗弃，且遗弃须持续 2 年以上，可构成离婚的原因，内地只规定遗弃行为即可构成离婚的法定条件。②分居是香港整个婚姻制度的重要组成部分，香港法律对分居规定了严格的条件，分居 2 年且被告同意时，可判定婚姻破裂的理由成立，连续分居 5 年，即使被告不同意离婚，也可判定离婚。内地没有分居制度，只是将感情不和分居满 2 年，作为认定夫妻之间感情破裂的一个事实，并成为法院判决离婚的理由。③在离婚的其他法定理由上，香港的法律不仅强调被告的过错，也强调原告因被告的过错而不能忍受与之共同生活的因素，内地法律并无此规定。④关于离婚的方式，内地有协议离婚和诉讼离婚之分，在法律效力上具有等同性，而香港只承认诉讼离婚，不承认当事人的协议离婚。香港法律规定在一般情况下，当事人从结婚之日起 3 年内不得向法院提出离婚申请。而内地则没有这种严格要求。⑤关于离婚的法定限制，内地和香港有较大的分歧，内地主要从对现役军人离婚的特别保护、对女方的特别保护和对离婚时间三个方面作了限制；香港法律对离婚的限制主要体现在事实和时间上，其《婚姻诉讼条例》15A 和 15B 规定了三种限制离婚的情形，即被告有通奸行为，但原告在获悉此事后，仍然与之继续共同生活 6 个月以上的；原告以被告行为已无法使其与被告正常生活而提出离婚的，如果原告所称的行为发生后，仍然与之继续共同生活 6 个月以上的；原告以双方分居已达 5 年为理由提出离婚的，但如果法院认为判决离婚会使被告生活及其他方面造成严重经济困难或其他困难，从婚姻的全部情况来看，离婚是不适当的。台湾地区法律对离婚实质要件的规定采用列举性的方式，比大陆法律规定的更为详尽，例如台湾“民法”第 1052 条规定：“夫妻之一方以他方有下列情形之一者为限，得向法院请求离婚：①重婚者。②与人通奸者。③夫妻之间一方受他方不堪同居之虐待者。④妻对夫之直系亲属为虐待或受夫之直系亲属之虐待致不堪为共同生活者。⑤夫妻之一方以恶意遗弃他方在继续状态中者。⑥夫妻之一方意图杀害他方者。⑦有不治之恶疾者。⑧有重大不治之精神病者。⑨生死不明逾 3 年者。⑩被处 3 年以上之徒刑或因犯不名誉之罪被处徒刑者。”

2. 离婚的形式要件表现为“协议离婚”和“诉讼离婚”两种形式。例如，我国内地法律在离婚的形式上采用上述两种方式。澳门地区的离婚从类型上看，可分为两愿离婚和诉讼离婚。两愿离婚既可向法院声请，在没有夫妻两人所生未成年子女时，也可以向民事登记局申请。两愿离婚的要件包括结婚满 1 年以及就提供扶养、行使亲权、家庭居所等事宜达成协议，而不要求双方透露离婚的理由，这是非常人性化的规定。两愿离婚诉之法院的，法官还应召集一至两次会议进行调解，并对上述协议进行审查，有违子女利益的，限期修改，否则驳回离婚申请。诉讼离婚的法定理由包括因过错违反夫妻义务、事实分居满2年、失踪且音信全无满3年、对方精神变化逾3年，且因其严重性导致不可能继续生活。限制离婚的法定理由包括以下两种：①曾唆使对方作出被其援引作为请求离婚理由之事实，或曾故意制造有利于该事实发生之状况；②在发生有关事实后，从其本身之行为，尤其透过明示或默示之原谅，表现出其不认为对方作出之事实会妨碍共同生活者。该规定既体现了对诈欺行为的纠正，又表现出对现行社会秩序稳定的维护，这一点与香港法律有类似之处。

综上所述，通过对我国各法域离婚方面法律规定的比较，充分说明我国区际法律冲突的复杂性及法律规避存在的可能性。事实上，只要各法域中对同一事项的规定存在歧异，当事人就有可能利用冲突规范挑选法院规避本应适用于他的强制性规定，从而使各法域对同一案件的审理应得出相同结果的法律适用目标落空，在规避法律的人与奉公守法的人之间形成法律适用的不平等、不合理，还会给本已十分复杂的中国区际冲突制造混乱，加深各法域间的对抗，增加冲突解决的困难。

三、法律规避制度在我国区际民商事审判中的运用

在我国内地法院的区际民商事审判实践中，法律规避制度已得到适用，其中“中国银行（香港）有限公司与中国长城工业总公司担保合同纠纷案”[1] 是适用法律规避排除香港法律适用的典型实例。

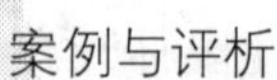

案例与评析

【案情简介】 1991年9月17日，中国长城工业总公司（以下简称长城公司）根据浙江兴业银行香港分行（以下简称兴业香港分行）起草的担保书格式，向兴业香港分行出具一份贷款担保书，称：“承贵行同意提供贷款及银行便利予华长电子有限公司（以下简称借方）本金50 000 000美元，我中国长城工业公司特出具此持续的、不可撤销的及无条件的担保，保证借方按贷款规定，依时偿还一切本金、利息、费用及其他应付款项……本担保书受香港法律管辖并根据香港法律阐释。”并于1991年9月19日，长城公司以长经字（1991）第209号《关于为我香港华长电子有限公司贷款担保的报告》向国家外汇管理局备案，但该担保书未获国家外汇管理局批准。1992年7月29日，华长电子有限公司（以下简称华长公司）与兴业香港分行签订一份循环信用贷款协议，长城公司未在该合同上签字盖章，兴业香港分行与华长公司亦未将该合同通知长城公司。1998年6月24日，兴业香港分行与华长公司、长城公司及中国航天工业总公司签订了一份《华长公司重新安排还款方案》。该协议同时约定，该协议应由长城公司、中国航天工业总公司来函确认，但长城公司、中国航天工业总公司并未确认。1998年11月18日，华长公司被清盘

〔1〕 赵相林主编：《国际私法教学案例评析》，中信出版社2006年版，第99页。

破产。

【审理】2000 年 2 月 24 日，中银香港公司以长城公司为被告向北京市高级人民法院起诉，称：长城公司为华长公司向我方借款 50 000 000 美元提供不可撤销的连带担保。北京市高级人民法院审理认为：长城公司于 1991 年 9 月 17 日出具的为华长公司向中银香港公司借款 50 000 000 美元承担连带责任的担保书，因其未按当时我国有关金融、外汇管理法律法规的规定向国家外汇管理局办理外汇担保许可登记手续而无效，长城公司对此有过错。因该担保合同被确认无效，担保书中关于受香港法律管辖的约定不再适用，而应适用内地法律。北京市高级人民法院依据《中华人民共和国民法通则》第 58 条第 1 款第 5 项（违反法律和社会公共利益的行为无效）、第 2 款、第 61 条第 1 款之规定判决驳回中银香港公司的诉讼请求。案件受理费人民币 1 633 725 元，由中银香港公司负担。[1]

中银香港公司不服北京市高级人民法院一审判决，向最高人民法院提起上诉。最高人民法院审理认为：我国是实行外汇管制的国家。根据国家有关规定，境内机构对外提供外汇担保应当履行审批及登记手续。但本案担保并未获得国家外汇管理部门的批准，亦未办理外债登记手续。长城公司与中银香港公司在外汇担保书中虽明确约定"受香港法律管辖并根据香港法律阐释"，但内地公司提供外汇担保应当履行批准及登记手续是内地法律法规的强制性要求。在未履行规定的审批及登记手续的情况下，双方当事人有关适用香港法律的约定违反了内地法律法规的强制性规定。根据本院《关于贯彻执行〈中华人民共和国民法通则〉若干问题的意见（试行）》第 194 条的规定，当事人规避我国强制性或者禁止性法律规范的行为，不发生适用外国法律的效力。对于当事人选择适用香港法律的情形，亦应当参照这一规定执行。本案当事人对外汇担保未履行审批及登记手续的行为，规避了内地法律法规的强制性规定，故不发生适用香港法律的效力，本案仍应适用内地有关法律规定予以处理。长城公司在其出具外汇担保书中明确承诺"出具担保的一切手续已办妥及完备"。但根据实际情况，在长城公司出具担保书时，中银香港公司与华长公司之间的贷款合同并未签订，其外汇担保已不可能获得国家外汇管理部门的批准，长城公司和中银香港公司对此事实均是明知的。因此，对于不发生适用香港法律的后果，双方均有责任且责任相当。中银香港公司上诉称本案应适用当事人约定的香港法律处理的主张无理，本院不予支持。原审法院依据内地有关金融、外汇管理法律法规的规定认定长城公司出具的担保书无效并无不当，依法应予维持。依照《中华人民共和国民事诉讼法》第 153 条第 1 款第 1 项之规定，最高人民法院审判委员会讨论决定并判决如下：驳回上诉，维持原判。[2]

---

〔1〕 北京市高级人民法院民事判决书（2000）高经初字第 58 号，载 http：//www. law - lib. com/flsz/sz_ view. asp? no = 1226.

〔2〕 中华人民共和国最高人民法院民事判决书（2001）民四终字第 16 号，载 http：//www. law - lib. com/flsz/sz_ view. asp？ no = 1226.

【评析】从本案的审理结果来看，一审法院与二审法院的审理结果是一致的，都是驳回了中银香港公司的诉讼请求，但驳回中银香港公司诉讼请求的法律依据，北京市高级人民法院与最高人民法院不一致，北京市高级人民法院适用的是《中华人民共和国民法通则》第58条第1款第5项公共秩序保留的规定，最高人民法院适用的是最高人民法院《关于贯彻执行〈中华人民共和国民法通则〉若干问题的意见（试行）》第194条法律规避的规定，二者虽然殊途同归，但在理论上差异是很大的。特别是最高人民法院在本案中运用法律规避制度排除香港法律的适用，存在的需要探讨的问题就更多一些。

1. 本案当事人的行为是否构成法律规避。法律规避的构成条件前已叙及，我们主张法律规避的构成必须同时符合上述四个构成条件。首先，法律规避制度中行为人所规避的法律，是民事关系必须适用的法律，而这一法律的适用会对当事人产生不利的法律后果，所以，当事人刻意规避这一法律的适用。与本案有关联的法律是内地的法律和香港地区的法律，两法域的法律在本案中可以平等适用，其次，当事人没有实施故意制造连接点或改变连接因素的行为，没有法律规避行为。最后，当事人在本案中选择适用香港法域法律，当事人主观上是否存在规避大陆法域法律的故意无法判断，所以，本案当事人的行为不构成法律规避。

2. 法律选择与法律规避不具有同一性，二者不应混同。法律选择是指当事人在缔结合同时，或合同履行过程中发生争议，当事人之间进行协商，选择调整合同关系或解决合同争议所适用的法律。调整合同关系的法律多为任意性、选择性条款，所以，各国法律多规定允许当事人选择合同适用的法律。我国的作法与世界各国的作法一样，允许当事人选择合同适用的法律。《中华人民共和国涉外经济合同法》第5条规定："合同当事人可以选择处理合同争议所适用的法律，当事人没有选择的，适用与合同有最密切联系的国家的法律"。[1] 法律赋予了当事人选择法律的权利和自由，当事人按照法律的规定选择合同适用的法律，这不能称之为法律规避。

诚然，当事人选择法律时，会选择对自己有利的法律，或者选择有利于涉外民事关系成立的法律，这种法律选择，客观上会产生对法律未被选择作为准据法的一方当事人或者国家不利的后果，但这种法律后果是立法者立法时就已预见到的，是国家认可并接受的，所以，不能因当事人选择的法律对本国国家、本国当事人不利就否定当事人对法律的选择，就认定当事人对法律的选择是法律规避，从而排除对当事人选择的法律的适用。仅因当事人选择的法律对本国国家、本国当事人不利就否定当事人对法律的选择，这实质上是否认本国的立法制度。司法否定立法是不能被接受和承认的。

法律规避也是当事人选择法律的行为，但法律规避行为人对法律的选择与合同当事人对法律的选择是有区别的：①法律规避行为人规避法律时，民事关系应适用的法律是确定的、唯一的，而这一法律的适用必定会产生对法律规避行为人不利的后果；合同当事人对法律的选择，是在与合同有关的国家的法律中进行选择，当

---

〔1〕 本案中的合同是1991年9月17日签订的，当时有效的法律是《中华人民共和国涉外经济合同法》。

然，有的国家也允许当事人选择与合同没有关联的国家的法律，合同当事人选择法律时，被选择的法律不具有确定性和唯一性。②法律规避行为人规避法律时，必须实施制造连结点、改变连结点的行为；合同当事人对法律的选择，不需要实施制造连结点、改变连结点的行为。③法律规避行为人规避法律时，有规避一国禁止性、强制性法律的故意，这种规避法律的故意为一些国家所否定，当然，有的国家并不否定当事人这种规避法律的故意，这也是一些国家不认为法律规避无效的原因；合同当事人对法律的选择，因当事人选择的法律多为任意性、选择性规范，所以各国法律并不十分关注当事人选择法律时的主观状态。④法律规避行为人规避法律时，是民事关系一方当事人的单方行为；合同当事人对法律的选择，是一种合意选择，是当事人双方的共同行为，所以，合同当事人选择法律的行为不为各国法律所追究，只是当事人选择的法律在适用过程中如与一国公共秩序相抵触，各国才考虑适用公共秩序保留排除外国法律的适用。

3. 本案中中国银行（香港）有限公司与中国长城工业总公司签订担保合同时选择适用香港法律，根据我国法律的规定，应认定当事人对法律的选择是有效的，本案的准据法为香港法律。香港法律没有外汇管制的规定，没有外汇贷款担保需要国家外汇管理局批准的规定；内地法律有外汇管制的规定，有外汇贷款担保需要国家外汇管理局批准的规定，香港法律与内地法律抵触。内地法律中外汇管制的规定，外汇贷款担保需要国家外汇管理局批准的规定属强制性法律，适用香港法律时不得与这些强制性规定相抵触，香港法律与这些强制性规定相抵触，故排除香港法律的适用，适用内地的法律。适用内地的法律首先适用的是法律适用规范，在当事人选择的法律无效时，根据《中华人民共和国涉外经济合同法》第5条规定，适用的法律是与案件有最密切联系的法律。与本案有关的法律是香港法律和内地法律，香港法律因与内地法律相抵触被排除适用，本案应适用的法律是内地法律。

4. 中国银行（香港）有限公司与中国长城工业总公司签订的担保合同未生效，而不是无效。根据1996年9月25日中国人民银行令第3号发布的《境内机构对外担保管理办法》第12条"经外汇局批准后，担保人方能提供对外担保"的规定，涉外担保合同是要式合同，要式合同只有具备法律规定的形式要件，合同方能生效。《中华人民共和国涉外经济合同法》第7条第2款规定："中华人民共和国法律、行政法规规定应当由国家批准的合同，获得批准时，方为合同成立。"根据这一规定，中国银行（香港）有限公司与中国长城工业总公司签订的担保合同因未获国家外汇管理局批准未生效，中国长城工业总公司无须为华长公司承担贷款担保责任。

四、法律规避制度在我国区际民商事审判中的效力认定

中国各法域对法律适用领域的法律规避制度的态度各不相同。

我国的法学界对法律规避的效力也存在着很大的分歧，概括地说，主要有三种具有代表性的主张：第一种主张认为规避外国法正当合理的规定的行为无效，规避外国法不

合理的规定行为的则有效[1]。这是我国目前理论界占主导地位的主张，并一直对我国的司法实践产生着较大的影响。第二种理论则认为规避外国法的行为一概无效。该理论主张只要当事人规避的法律是本应适用的强行法或禁止性规定，则不论其是实体法还是冲突法，也不论是内国法还是外国法，只要其符合法律规避的构成要件，都构成法律规避，并应认定这种行为无效[2]。第三种是规避外国法有效说。该理论认为规避外国法的行为原则上有效，但如果该当事人本国和我国签订或共同参加的有关的国际条约对法律规避的效力做了另外的规定，则依条约的规定[3]。在立法上，我国内地目前尚无有关法律规避问题的系统规定。实践中主要以最高人民法院1988年发布的《关于贯彻执行〈中华人民共和国民法通则〉若干问题的意见（试行）》为依据。该意见第194条规定："当事人规避我国强制性或禁止性法律规范的行为，不发生适用外国法律的效力。"但该规定仅规定规避中国法是无效的，对于规避外国法的行为是否无效，该法并没有作明确的规定。2007年8月8日起新施行的最高人民法院发布的《关于审理涉外民事或商事合同纠纷案件法律适用若干问题的规定》第6条规定："当事人规避中华人民共和国法律、行政法规的强制性规定的行为，不发生适用外国法律的效力，该合同争议应当适用中华人民共和国法律。"第11条规定："涉及香港特别行政区、澳门特别行政区的民事或商事合同的法律适用，参照本规定。"新的司法解释与以前的相比有了很大的变化：一是将当事人规避的行为更加明确化，即当事人必须有规避我国法律和行政法规中强制性规定的行为。二是明确了法律规避行为无效后，应适用我国的法律解决合同争议。三是明确规定涉港澳合同争议适用该司法解释。但是，2011年新《法律适用法》对法律规避问题没有进行规定。

香港地区法律深受英国法的影响，基本上肯定法律规避的效力。只有在绝对需要适用香港地区法律的情况下，才对法律规避行为加以排斥。

澳门国际私法中，当事人规避内国法及外国法，均被视为无效，葡萄牙、澳门学者采用了列举的方法列出以下五种情形不视为法律规避：①某当事人改变了国籍，但他在其新的国籍所属国连续居住，且该国籍正是该当事人长期期望取得的。在这种情况下，该当事人改变其国籍不能视为法律规避。②某当事人错误地规避不存在的某项实体规范的适用，这种行为可以不视为法律规避。③某当事人改变连结点时，选择了一个错误的连结点，即该当事人选择了一个并不指向其所希望适用并对其有利的法律的连结点。④某当事人拟改变或创设一个新的连结点，但事实上他未成功，在这种情况下法律规避没有成立。这也就是说，不存在未遂的法律规避。⑤如果某法人在特定国家有一个"有效的住所"，不论其选择此住所的用意如何，不能将此项选择视为法律规避。[4]

台湾地区对法律规避问题并无明确规定。[5]

综观我国四个法域对于法律规避制度的立法以及审判实践，我们认为我国在未来的

---

〔1〕 韩德培主编：《国际私法》，高等教育出版社、北京大学出版社2000年版，第135页。

〔2〕 肖永平：《冲突法专论》，武汉大学出版社1999年版，第155页。

〔3〕 田曼莉："国际私法上法律规避效力新诠释"，载《同济大学学报（社科版）》2001年第6期。

〔4〕 黄进、郭华成："澳门国际私法中的法律欺诈"，载《法学研究》1997年第2期。

〔5〕 金彭年："我国台湾地区国际私法学述评"，载《国际法学》（中国人民大学书报资料中心）1997年第1期。

区际冲突法的设计和制定中，应依照“欺诈使一切归于无效”的原则，明文禁止区际法律规避，即在我国未来的统一区际冲突法中宜坚持规避域内法和域外法均归无效的态度。这是因为，区际私法中的法律规避毕竟不同于国际私法中的法律规避，区际法律冲突是主权国家内部的冲突，既要承认法律彼此歧异的现实，又要在解决冲突的过程中相互尊重，缓和对立。坚持规避内域法和外域法统属无效的态度，强调法域间的法律有平等的效力，这样才能保证“一国两制”构想的贯彻，有利于各法域法律的长期共存。

第四节　公共秩序保留

公共秩序保留制度对维护本国利益起着最后一道“安全阀”的作用，在国际私法上得到了世界各国的肯定。而公共秩序保留制度在解决区际法律冲突中的作用以及该制度在我国区际冲突中的运用等问题，已经引起了人们的普遍关注。

一、公共秩序保留制度在区际冲突法上的理论与实践

公共秩序保留（reservation public order），在英美法中称公共政策（public policy），法语中称公共秩序（ordre public），在德语中称保留条款（Vorbehaltsklausel），而在我国的法律规定中，则以“社会公共利益”来表述。但是，究竟什么是公共秩序以及在什么情况下可以援用公共秩序原则，学者有不同的看法，各国实践也各异，甚至一国的实践也有前后矛盾的情况。关于公共秩序的内容在各国的国际私法著作中，有的认为是一国的善良风俗和道德，有的认为是一国的法律政策，有的认为是一国法律的禁止性规定，有的认为是一国法律的基本原则，众说纷纭。一般认为公共秩序包含以下三重含义：①在依法院地国或国际公约中的冲突规范本应适用某外国实体法作准据法时，因其适用与法院国的重大利益、基本政策、道德的基本观念或法律的基本原则相抵触而可排除外国法的适用。②法院国认为自己的某些法律具有直接适用于涉外民事关系的效力，从而也可排除外国法的适用。③法院在被请求承认或执行外国法院所作出的发生法律效力的判决或外国仲裁机构作出的裁决时，如其承认或执行将违反法院国的公共秩序，则可不予承认与执行。[1] 笔者认为，虽然各国对公共秩序有着不同的理解，但从本质上来说公共秩序是一种富于“弹性”的制度，它可以消除隐含在国际私法中的某种危险性，从而起到排除外国法适用的作用。所以有人将公共秩序保留比喻为“安全阀”。

公共秩序的萌芽可以追溯至13、14世纪，被誉为“国际私法鼻祖”的意大利人巴托鲁斯提出的“法则区别说”中即包含了这种思想。他认为法则可以分为人法和物法，物法只具有域内效力，人法具有域外效力，但人法中那些“令人厌恶的法则”并不具有域外效力，这是公共秩序观念的最早形态。虽然很多人把法则区别说看成是国际私法的最早理论形态，但严格说来，法则区别说主要是为了解决意大利当时各城邦之间的区际法律冲突而产生的。因此，可以说公共秩序保留制度最早是从解决一国内部不同法域之间的区际法律问题开始的。综观国际上对于区际私法中是否适用公共秩序保留制度的理

---

〔1〕 李双元主编：《国际私法学》，北京大学出版社2000年版，第226页。

论研究，主要有以下三种不同的观点：

（一）同一论

持这种观点的学者主张在区际冲突法中适用公共秩序保留，该制度在区际冲突的地位和作用完全与其在国际私法上的地位和作用一样，两者在承认其他法域法律效力的意义上无本质区别。冯·巴尔就曾经说过："就法律性质而言，区际冲突法的公共秩序保留与国际私法中的公共秩序保留是相同的。"[1] 从区际私法的整个理论体系的发展史来看，同一论的观点始终只为少数学者坚持，从来没有获得过大多数学者的认同。

（二）否定论

持这种观点的学者认为，一国内部不同法域之间在各方面的差异较之国家之间的差异要小的多，不涉及国家主权和安全。而且，区际冲突法只不过是一国内部不同地区之间的法律冲突，与国际私法上不同主权国家之间的法律冲突有着本质的区别。因此，在区际冲突中无采用公共秩序保留制度的必要，应否定公共秩序保留制度在区际冲突法中的存在。奥地利学者克来因认为："在区际冲突法中，公共秩序保留不能根据其他法域准据法的规定与善良道德相冲突，或因这样违反法院地法目的而授用，因为主权国家可以在任何它以为适当的时候建立统一的法律制度。"[2] 不过，这种主张已为越来越多的国际私法学者所抛弃。

（三）区别论

区别论也称限制适用论。持这种观点的学者承认公共秩序保留原则在区际冲突法中的地位，但与国际私法中的公共秩序保留制度相比较，区际冲突法上公共秩序保留制度的适用应限制在一定范围内。在诸多持区别论的学者中，匈牙利学者萨瑟的观点尤为突出，他认为公共秩序保留在区际冲突法中仅在非常罕见的情况下适用，即在比国际私法更狭小的范围内可以适用。[3] 这种主张得到了很多国际私法学者的认同，至于应在何种程度和范围内限制公共秩序保留制度的适用，学者们并未达成一致意见。

二、中国各法域关于公共秩序保留制度的立法现状

一般认为，公共秩序是一国在特定时间内、特定条件下、特定问题上的重大的或根本利益所在。因此，它是一个法律概念，也是一个政治概念，不可能在政治制度、社会结构、传统习惯等方面都不同的国家之间和在不同的时间内，有一个共同和统一的理解。我国各法域在政治制度、社会结构、传统习惯等方面有着自己的特点，对于公共秩序保留制度都作了规定。

（一）我国内地法律对公共秩序制度作了明确规定

我国1987年1月1日生效的《民法通则》第150条从法律适用的角度对公共秩序保留予以了规定，该条指出："依照本章规定适用外国法律或者国际惯例的，不得违背中华人民共和国的社会公共利益。"此外，我国于1993年7月1日施行的《中华人民共和国海商法》及于1996年3月1日施行的《中华人民共和国民用航空法》也分别作出了与

---

〔1〕黄进：《区际冲突法研究》，学林出版社1991年版，第198页。

〔2〕黄进：《区际冲突法研究》，学林出版社1991年版，第199页。

〔3〕［英］莫里斯主编：《戴西和莫里斯论冲突法》，李双元等译，中国大百科全书出版社1998年版，第149页。

《民法通则》第150条完全一样的规定。《海商法》第276条规定："依照本章规定适用外国法律或者国际惯例，不得违背中华人民共和国的社会公共利益。"《航空法》第190条规定："依照本章规定适用外国法律或者国际惯例，不得违背中华人民共和国的社会公共利益。"在国际民事程序方面，我国1982年试行的《中华人民共和国民事诉讼法》第202条第2款和第204条分别在司法协助及外国判决、仲裁裁决的承认与执行问题上规定了公共秩序保留条款。1991年4月9日生效的《民事诉讼法》基本上承继了上述两个条款。2012年新《民事诉讼法》第276条第2款规定："外国法院请求协助的事项有损于中华人民共和国的主权、安全或者社会公共利益的，人民法院不予执行。"该法第282条同时指出："人民法院对申请或者请求承认和执行的外国法院作出的已经发生法律效力的判决、裁定，依照中华人民共和国缔结或者参加的国际条约，或者按照互惠原则进行审查后，认为不违反中华人民共和国法律的基本原则或者国家主权、安全、社会公共利益的，裁定承认其效力，需要执行的，发出执行令，依照本法的有关规定执行。违反中华人民共和国法律的基本原则或者国家主权、安全、社会公共利益的，不予承认和执行。"2011年新《法律适用法》继续坚持公共秩序保留制度的运用，第5条规定：外国法律的适用将损害中华人民共和国社会公共利益的，适用中华人民共和国法律。2011年1月1日生效实施的《最高院关于审理涉台民商事案件法律适用问题的规定》第3条规定，根据本规定确定适用有关法律违反国家法律的基本原则或者社会公共利益的，不予适用。

由此可见，我国内地对公共秩序保留一贯是持肯定态度的，关于公共秩序保留的立法是比较完备的，它分别从实体法、程序法和冲突法的角度，对公共秩序保留制度作了比较全面的规定；而且在公共秩序保留的适用标准方面，我国新近的几个立法均采纳了先进的"结果说"，即认为只有在外国法的适用结果会违背"中华人民共和国的社会公共利益"时，才可以排除外国法的适用。此外，我国立法中的"公共秩序"是一个含义比较广泛的概念，它不但包括国家主权、安全，也包括社会公共利益乃至道德的基本观念和法律的基本原则。[1]

（二）香港地区通过判例法的形式确立了公共秩序保留制度

香港现行的冲突法是香港现行法律的重要组成部分，它与英国冲突法基本相同，其冲突规范大多由英国普通法判例明确规定。由于英国政府同其他国家缔结的关于冲突法的条约和协定大都适用于香港，所以，适用于香港的有关条约和协定也属于香港现行冲突法的一部分。与英国冲突法一样，香港的冲突法对国际冲突法和区际冲突法不加区分，笼统叫做冲突法，既适用于解决国际法律冲突，也适用于解决区际法律冲突。因此，香港冲突法以法院审理涉外民事案件作为确定冲突法内容的出发点，认为冲突法解决三个问题，即涉外民事案件的管辖权、法律适用或法律选择以及民事司法协助。关于在解决区际法律冲突时适用公共秩序保留制度，香港法院也主要类推适用其国际私法规则，依据自己的冲突规范承认和执行外国（外法域）法时，如果它认为承认和执行该外国法的结果与香港法的公共政策不一致，可以拒绝承认该外国（外法域）法。另外，

〔1〕 李双元等：《中国国际私法通论》，法律出版社1996年版，第162页。

《最高人民法院关于内地与香港特别行政区相互执行仲裁裁决的安排》也规定，双方法院在相互承认和执行对方仲裁裁决时可援用公共秩序保留制度加以拒绝。

（三）澳门地区在民法典中确立公共秩序保留制度，并将其上升为冲突法的“一般规定”

1999年12月20日以前，对澳门来说，与内地、香港、台湾之间的区际冲突还不是现实存在的问题，没有制定区际冲突法的需要，而且澳门属于大陆法系地区，主张区别对待国际冲突与区际冲突，因此，澳门目前没有调整区际冲突的法律。我们可以借助对澳门国际冲突法调整冲突的原则和规定来推知澳门调整区际冲突的主张。作为长期被别国占领的地区，澳门主要适用的是葡萄牙法，其法律的特点是以成文法为主。葡萄牙的冲突法于1999年前适用于澳门地区，它规定在葡萄牙民法典总则编中。澳门冲突法主要包括两个部分，即一般规定和法律适用。

同世界上所有国家一样，葡萄牙和澳门国际私法都采用了国际公共秩序原则，并且把国际公共秩序原则上升到国际私法的“一般原则”的高度，这是其独特之处。过去澳门《民法》对公共秩序保留问题作出了明确的规定：“如适用冲突规范所指外国法律的规定使澳门公共秩序的基本原则受侵害时，不适用该等法律，在这种情况下，应适用较合适且具有许可权的外国法，或适用澳门法。”这样的规定较为合理，既可适用较合适且具有许可权的外国法，也可适用澳门法律。这种任意性选择的冲突规范，使法院在确定此项法律适用时，较为灵活、具体，便于取舍。现行《澳门民法典》在1999年11月1日开始生效，第20条规定：“①如适用冲突规范所指之澳门以外之法律规定，导致明显与公共秩序相违背，则不适用该等规定。②在此情况下，须适用该外地准据法中较合适之规定，或补充适用澳门域内法之规定。”第21条规定：“澳门法律中之规定，如基于其特定标的及目的而应强制适用者；优先按下节规定所指定澳门以外之法律规定。”〔1〕此外，最高人民法院《关于内地与澳门特别行政区法院对民商事案件相互委托送达司法文书及调查取证的安排》中规定双方可以援引公共秩序保留制度拒绝提供司法协助。

（四）台湾地区在其区际冲突法中确立了公共秩序保留制度

台湾地区目前是调整区际冲突的立法最丰富的地区，特别是有关台湾地区与大陆地区冲突解决的立法。台湾于1992年9月公布了“两岸人民关系条例”，为了实施这个条例，台湾有关部门还制定了一系列实施细则，因此，台湾地区在调整海峡两岸之间的区际冲突方面，已逐步形成了以“两岸人民关系条例”及其一系列实施细则为主体构成的体系。这一体系还在不断地修改、补充，从1992年至今共进行了近10次修正，以适应变化着的两岸关系和两岸冲突状况。最新成果为2011年5月公布实施的新“两岸人民关系条例”。关于公共秩序保留制度，“两岸人民关系条例”第44条作了规定：“依本条例规定适用大陆地区之规定时，如其规定有背于台湾地区之公共秩序和善良风俗者，适用台湾地区之法律。”公序良俗在“两岸人民关系条例”中的主要作用之一是作为排除

---

〔1〕［英］莫里斯主编：《戴西和莫里斯论冲突法》，李双元等译，中国大百科全书出版社1998年版，第116、118、119页。

大陆法律适用的依据。

此外，随着香港与澳门回归祖国，为顺应这一历史变化，及时调整与港澳的关系，1997 年 4 月台湾公布了“香港澳门关系条例”，于 1997 年 7 月 1 日首先适用于台湾与香港之间的关系。条例第 38 条规定：“民事案件，涉及香港或澳门者，类推适用‘涉外民事法律适用法’。‘涉外民事法律适用法’未规定者，适用与民事法律关系最重大牵连关系地法律。”因此，台湾解决台港澳之间的冲突的规定，应适用“涉外民事法律适用法”。关于公共秩序保留制度在“涉外民事法律适用法”中作了规定，即依“涉外民事法律适用法”适用外国法（包括港澳法）时，如其规定有悖于台湾地区公共秩序和善良风俗者，不适用之。

三、对中国区际私法中运用公共秩序保留制度的思考

对我国各法域现行立法的分析表明我国各法域对公共秩序保留制度是持肯定态度的。在解决我国区际冲突时如何更好地发挥公共秩序保留制度的作用，需要结合我国的实际情况进一步做如下探讨：

（一）我国区际法律冲突的特点决定了各法域将继续适用公共秩序保留制度

判断公共秩序保留制度在我国区际冲突中是否继续存在，应结合我国区际法律冲突具有独特复杂性的特点，从公共秩序保留制度的功能角度认真加以分析。从本质上看，公共秩序保留是各法域间法律冲突的一种折射，各法域间法律制度差异越大，法律冲突就越激烈、越不可调和，这时就需要适用公共秩序保留制度作为最后的防卫手段。而我国各法域间的区际法律冲突就具有这种独特的复杂性，表现为以下几点：一是既有属于同一社会制度下的法律冲突，又有属于不同制度下的法律冲突。二是我国区际法律冲突表现为不同法律渊源的冲突。三是我国的区际法律冲突不仅表现为各地区与本地法之间的冲突，而且有时还表现为各地区的本地法和其他地区适用的国际条约之间以及在各地区适用的国际条约相互间的冲突。[1]

另外，判断公共秩序保留制度在我国区际冲突中是否继续存在，还要看是否我国有弱化各法域间法律差异和冲突的有效机制。目前，在我国缺乏统一性的全国法律和最高司法机关或其他渠道来制约、协调、弱化各法域间极其复杂的法律冲突，主要表现如下：一是我国没有统一性的全国法律来对各法域的法律冲突起制约和弱化作用，宪法中除了第 31 条作为建立特别行政区的依据外，其他条款只有有关维护国家主权统一和领土完整的部分才对特别行政区有约束力；二是我国各特别行政区均享有独立的司法权和终审权，各法域之上没有一个全国统一的最高司法机关，在解决区际冲突方面，没有统一的最高司法机关进行协调；[2] 三是我国的民间学术团体较少，中国国际私法学会在这一领域起主导作用，其制定的《中国国际私法示范法》也没有起到化解区际法律冲突的作用。

综上所述，我国各法域间的法律差异极大，法律冲突极其激烈和复杂，同时又缺乏弱化各法域法律冲突的有效协调机制，因此各法域间发生的法律冲突将会在很大范围和

〔1〕 张仲伯主编：《国际私法学》，中国政法大学出版社 1999 年版，第 103～104 页。

〔2〕 冯霞：“试述中国区际法律冲突的特点及其解决”，载《法律适用》1999 年第 4 期。

程度上继续出现，所以公共秩序保留制度在解决我国区际法律冲突中应予以继续保留和适用。

（二）我国各法域应协调一致地“限制适用”公共秩序保留制度

从以上分析来看，在我国各法域中，公共秩序保留制度仍然有其存在的必要，但我们应该正确掌握和运用这一法律制度。“一方面不必任意扩张它的适用范围，同时另一方面也不能忽视它的作用，把它视为无足轻重。”[1] 公共秩序保留制度是夹杂在冲突解决中的一种“干扰素”，它的存在往往出乎意料地妨碍公认的冲突规则的正常发挥。因此，公共秩序保留制度的“限制适用”要求在一个主权国家内解决区际法律冲突时，一个法域可以公共秩序保留为由，拒绝适用依据自己的冲突规范所指向的其他法域的法律，或拒绝为其他法域提供司法协助，从而避免两法域法律制度的直接冲突，维护各法域的独立和纯洁；同时，对公共秩序保留的适用施加严格的限制，防止滥用公共秩序保留阻碍司法正义的实现和当事人权益的保护，从而促进各法域的不断融合和交往。为了实现公共秩序保留制度的限制适用，保证该制度在我国各法域中确立及协调发展，笔者认为应从以下几个方面加以指导：

1. 明确各法域适用公共秩序保留制度的指导原则。首先，适用公共秩序保留制度应把促进和维护国家主权作为解决中国区际法律冲突所遵循的最重要的原则。“一国两制”是解决港澳台问题的基本方针，虽然“两制”抑制了各法域法律制度的迅速融合，为各法域继续适用公共秩序保留制度提供了必要条件，但同时必须意识到各法域同属“一国”。各方都有义务维护和促进国家的统一和安全。因此，各法域不可以滥用公共秩序保留制度，妨害国家的统一和领土主权的完整。其次，适用公共秩序保留制度还应当坚持平等协商、促进和保障正常的区际民商事交往的原则。随着各法域民商事交往的日益频繁和复杂，为了更好地促进区际民商事正常交往，更有效地保护当事人的合法权益，要求各法域谨慎地适用公共秩序保留制度，在需要援用公共秩序保留制度时，应首先寻求平等协商的方式加以解决，而不轻易地适用公共秩序保留制度，更不能使公共秩序保留制度成为保护地方利益的手段。

2. 统一各法域公共秩序保留制度所适用范围。一般认为，公共秩序保留制度在法律适用和司法协助这两个大的领域适用。在区际法律适用领域采用公共秩序保留制度没有争议，但在司法协助领域是否有必要全部适用公共秩序保留制度存在许多争议。许多学者认为在区际调查取证、财产和证据保全等方面可以考虑排除适用。因此，我国各法域也应当在解决区际问题时缩小公共秩序保留制度的适用范围，并将各法域的适用范围统一起来，以消除不必要的冲突。

3. 统一各法域公共秩序保留制度的适用标准，即统一采取“客观说”。具体而言，各法域在法律适用方面，不能仅仅因为要适用的法律内容与本法域的公共秩序相矛盾，就运用公共秩序保留手段，而只有当适用该法律的判决结果危及本法域的公共利益时，才能适用公共秩序保留制度。此外，在司法协助方面，例如各法域在承认和执行其他法域的判决时，不应审查其判决的内容和适用的法律是否恰当，而应看承认和执行此判决

〔1〕 韩德培：《国际私法》，武汉大学出版社 1989 年版，第 81 页。

的法律后果是否违反了本法域的公共秩序。

4. 统一各法域公共秩序保留制度的适用程度，应在“明显违背”本法域公共秩序的情况下，才能适用此制度排除应适用的法律。“明显违背”的措辞体现了在立法上限制公共秩序保留制度适用的思想，从而也能在一定程度上限制法官的裁量权。

“一国两制”下的我国各法域的法律制度存在很大的差异，而各法域的融合又是渐进缓慢的，公共秩序保留制度的存在可以屏蔽各法域之间某些不可协调的法律冲突，维护各法域的独立性，从而维护各自法律制度下的独立生活方式，保护各法域的根本利益不受侵犯。因此，公共秩序保留制度在现阶段不仅有存在的必要，而且为实现“一国两制”的方针提供制度上的保障。同时，考虑到内地、香港地区、澳门地区和台湾地区同属于一个主权下的中国，考虑到司法正义和各法域相互融合的趋势，对公共秩序保留制度应在协调一致的基础上进行“限制适用”。这种统一的“限制适用”为将来实现四法域法律制度的融合将打下坚实的基础。

第五节　域外法之查明

一、区际法律查明问题的界定

一般而言，域外法的含义是指某一法域之外的法律，即不仅包括外国法，也包括同一国家内的其他法域的法律。我们可将上述两种情况分别称之为外国法查明和区际法律查明，并且两者有着本质的区别：首先是查明对象不同。外国法查明所查的是某一独立主权国家的法律，而区际法律查明所查的是同一主权国家内具有不同的法律制度的独立法域的法律。其次是体现的政策不同。外国法查明体现了国家与国家之间相互协作的对外政策，而区际法律查明是在一个国家内部的不同地区之间获得法律信息，主要体现国家处理其内部不同地区之间民商事关系的政策。最后是立法时考虑的因素不同。区际法律查明可以考虑在一国内不同地区之间建立法律资料信息提供机构解决域外法的查明问题，相对于建立国家之间相互提供外国法内容的查明机构而言比较容易实现。[1]

所谓区际法律查明，是指法院审理涉外民事案件时，根据本法域冲突规范指定应适用的外法域法律时，如何查明该外法域法律的存在和内容。这是中国各法域法院按照冲突规范适用外法域法律时首先面对的问题，只有确定了应适用的外法域法律的内容，才能将该外法域法具体适用于区际民商事关系，最终确定当事人的权利义务。区际法律的“查”，我们可称之为区际法律的提供，是指通过一定的方法收集并提供以证明某一外法域实体法律制度是否存在以及该外法域实体法律制度内容如何的证据材料的行为。区际法律的“明”，我们称之为外法域实体法的确认，是指法院、当事人通过一定的诉讼程序对所查到的证明外法域法的证据材料进行审查，以确认该外法域法律制度是否存在或其内容如何的活动。

---

〔1〕 郑新俭、张磊：“中国内地域外法查明制度之研究”，载《2005 年内地、香港、澳门区际法律问题研讨会论文集》。

在国际上域外法查明问题的产生主要基于两方面原因：①虽然“法官谙熟法律”是一句古老的格言，但事实上，由于世界各国的法律千差万别，浩如烟海，并经常发生变化，任何法官都不可能通晓世界各国的法律。因此，当一国法官在审理涉外民商事案件，需要适用外国法时，就必须通过一定的方法来确定该外国法中有关规定的存在并了解其内容。②很多国家的诉讼法在不同程度上都要求把法律与事实分开，对适用法律与证明事实分别采用不同的程序。按照这种观点，法律和事实是相互对立的，法院或法官应该知道法律，法律只能由法院或法官提出，至于事实，则应由当事人举证，法院只根据当事人所证明的事实加以认定并适用法律作出判决。因此，在依冲突规范应适用某一外国法时，就提出这样一个问题，即究竟把该外国法视为法律还是视为事实，这是外国法内容的查明问题产生的另一个原因。

基于对域外法性质的不同认定，实践中各国对于外国法的查明方法也不一致，综合起来，主要有以下四种：①把外国法看作事实，必须由当事人主张和证明。英美等普通法系国家和部分拉丁美洲国家采用这种方法。他们不是把外国法看作法官主动适用的法律，而是将其视为当事人引用来主张自己请求权的事实。外国法中是否存在相关规定以及其内容如何都必须由当事人负举证之责，法官对此不负有依职权查明的义务。英国冲突法学者莫里斯认为，在英国，“虽然外国法是一个事实问题”，但它是“一个特殊类型的事实问题”[1]。②把外国法看作事实，原则上由当事人负责举证，但法官也可直接认定。法国即采用这种方法，即在法院很容易知道或已经知道外国法的情况下，即使当事人未提供相应的证据，法官也可以直接认定该外国法。③把外国法看作法律，由法官依职权查明。欧洲的某些国家，如意大利等采用这种方法。例如，意大利有一种理论认为，外国法不是事实而是法律，它与内国法具有同样的效力，因为它通过内国冲突规范的援引而合并到内国法律体系中而成为内国法的一部分，所以应该以确定内国法内容的程序去确定，由法官依职权予以查明。④基本上把外国法视为法律，原则上由法官负责查明，必要时也可要求当事人予以协助。德国、奥地利、瑞士、土耳其、秘鲁等国采取这种方法。这种主张认为，对外国法内容的查明，既不同于查明内国法律的程序，也不同于查明事实的程序，原则上应由法官负责调查，当事人也应负协助的责任。这种做法更重视法官的调查，对当事人的证据，既可以确认，也可以限制或拒绝。

二、区际法律查明途径的司法探索

（一）内地查明域外法的途径

由于我国存在着“一国两制”下的区际法律冲突，内地与香港地区、澳门地区及台湾地区之间的法律存在巨大的差异，在审理涉港澳台民商事案件的过程中，首先要确定案件所应适用的准据法，然后才能依据该准据法对案件实体问题作出裁决。内地法院确定涉港澳台案件的准据法一般分为四个步骤：一是法官依据内地法律将案件识别为“涉港澳台”性质的民商事案件；二是法官依据我国内地法律的冲突规范指引某一外法域的法律，并查明该域外实体法的内容；三是针对该域外法，法院在采用法律规避、公共秩序保留等制度后，最终确定本案所适用的准据法。四是如果域外法违反我国的公共秩

[1] ［英］莫里斯：《法律冲突法》，李东来等译，中国对外翻译出版公司1990年版，第40页。

序、法律规避等强制性法律规定或域外法不能查明，则排除该域外法的适用，而一般适用内地法律为案件的准据法。由此可见，域外法的查明是法院确定案件所应适用准据法和依据该准据法作出判决的必经程序。但是由于我国内地法院的法官任职[1]并不要求对港澳台地区的法律熟知，无法发挥“法官谙熟法律”的作用，内地法院法官查明涉港澳台地区法律的途径就成为不容忽视的重要问题。

我国2011年新《法律适用法》及一些司法解释对域外法的查明问题作出明确规定。首先，在外国法的查明途径方面，新《法律适用法》第10条第1款规定：“涉外民事关系适用的外国法律，由人民法院、仲裁机构或者行政机关查明。当事人选择适用外国法律的，应当提供该国法律。”《最高人民法院关于贯彻执行〈中华人民共和国民法通则〉若干问题的意见（试行）》第193条指出：“对于应适用的外国法律，可通过下列途径查明：①由当事人提供；②由与我国订立司法协助协定的缔约对方的中央机关提供；③由我国驻该国使领馆提供；④由该国驻我国使馆提供；⑤由中外法律专家提供。”其次，在外国法不能查明的解决办法方面，我国采取的是以法院地法取而代之的办法。例如，新《法律适用法》第10条规定第2款规定：“不能查明外国法律或者该国法律没有规定的，适用中华人民共和国法律。”《最高人民法院关于贯彻执行〈中华人民共和国民法通则〉若干问题的意见（施行）》第193条也指出：“……通过以上途径仍不能查明的，适用中华人民共和国法律。”最后，在外国法适用错误方面，由于我国对民事案件实行两审终审制，没有事实审与法律审的区别，根据“有错必纠”原则，对中国法院在审理涉外民商事案件时发生的适用外国法的错误，无论是属于适用内国冲突规范的错误，还是属于适用外国法本身的错误，当事人均可对之提起上诉，要求加以纠正。

“法官谙熟法律”是法官依法裁判的前提。各国均对法官任职规定有严格的选拔程序，其中精通本国法律是最基本要求，本国法律包括本国国内实体法和冲突法、本国加入的国际条约、认可的国际惯例等。目前，我国内地法院法官任职必须通过全国统一的司法考试，但是考试的内容仅限于在内地实施并适用的相关法律及我国加入的国际公约，并没有包括港澳台地区的法律。可见，我国内地司法制度并没有要求我国内地的法官悉知港澳台地区的法律。因而，如何查明港澳台地区的法律是不容忽视的问题。

（二）澳门地区法律的查明途径

澳门地区回归祖国以前，由于长期受葡萄牙管治，其法律制度具有典型的大陆法系的特点，成文法是最主要的法律渊源。不论案情如何，成文法相对明确和稳定。因此，我国内地法院应该直接查明所应适用的澳门地区的法律内容，无需当事人举证。也就是将澳门地区法律的查明责任交给法院，如果要求当事人逐案举证所应适用澳门地区的法律，当事人举证不便，且会增加诉讼成本。内地法院应依职权通过区际司法协助或其他官方渠道查明澳门地区的法律。然而，法官去哪里查，哪个机构有权发行澳门地区法律的内容，这些问题全国人民代表大会或最高人民法院都没有明确规定，例如，由澳门特别行政区法律汇编委员会编写、2000年由中国社会科学院出版社出版的《澳门特别行政区法律汇编》，收入了2000年5月2日之前在澳门地区生效的所有法律（共3325页），

〔1〕 主要指内地在法官任职资格的司法考试中，并没有要求掌握港澳台地区的法律。

应当认为它是查明澳门地区法律的非常好的文件之一。但由于澳门特别行政区编委会是否具有全国人民代表大会或最高人民法院的授权没有明确规定，这样给内地法院直接适用该汇编查明澳门地区的法律带来一定的困难。根据内地法院目前查明澳门地区法律的现状，我们认为查明澳门地区法律的具体途径可从以下方面考虑：①内地法院可以直接引用全国人民代表大会常务委员会公报、最高人民法院公报等官方公布的澳门地区的法律；②内地法院可以直接引用其他法院已经生效判决中所查明的澳门地区的法律；③建议内地设立专门机构，邀请相关的法学专家统一查明澳门地区的法律并予以公布，下级法院可直接引用。这样可以避免各级法院重复调查，浪费司法资源。

（三）香港地区法律的查明途径

香港地区回归祖国以前，由于受英国管治，其法律制度承袭了英美普通法系的判例法传统，香港地区成文法相对较少。由于个案的案情不同、争议的焦点不同，因此，多数案件是由法官在实践中根据有限的成文法、以前的判例、参加的国际条约，或根据法理以及著名法学家的学说作出裁决，因而法官在裁决中所适用的法律和对法律的解释有所差异，即法官可以创制法律。由此可见，对于内地法院涉港案件的法律查明与涉澳案件的法律查明不能统一采用“法院依职权查明”的方法，而应当借鉴英美国家的相应做法查明香港地区法律，即相当于把香港地区的法律视为法律事实，应当由当事人根据个案情况举证证明所应适用有关香港地区法律的内容和解释，包括有关香港地区法院的有效判例。内地法院对当事人提供的香港地区法律作为证据进行审查，必要时内地法院也可以依职权主动调查。

结合我国内地现有的司法体制及借鉴英美普通法系国家的做法，我们认为，在内地法院审理的涉港案件中，查明香港地区的法律应采用以下方法：

1. 通过当事人协议的方式证明香港地区的法律。即如果双方当事人对香港地区法律内容和效力的理解一致，他们可以向法院提交一项关于香港地区法律内容的协议，法院可以直接适用协议中查明的香港地区法律作出判决。

2. 通过专家证明的方式证明香港地区的法律。即如果各方当事人对香港地区法律的内容存在分歧，各方则必须提出证据来证明各自的主张。法院认定这种分歧的是与非，不得仅仅依靠各方当事人向法院提供的香港地区法律的条文、相关判决或书籍，还必须由专家或鉴定人到庭质证。关于必须要求专家出庭质证，在现阶段我国司法实践操作中会有一定的困难。笔者建议，对于从事香港地区法律研究的内地法学专家、学者、资深律师，可以要求其本人出庭接受质证；对于香港地区的法学专家、学者、资深律师出具的法律意见书，应当经内地司法机关指定的资深专家委托公证人〔1〕认可后才具有证据效力。这样可以提高法律意见的真实性和合法性，而且也便于内地法院进行审查。

3. 通过援引内地法院的司法判决和裁决对香港地区的法律加以证明。根据英国《1972年民事证据法》（The Civil Evidence Act）第4条第2款之规定，由英国高等法院、皇家法院，某些其他法院或枢密院司法委员会在民事或刑事诉讼中得到确认的、载有域

〔1〕 参见2002年2月20日司法部部长会议通过的《中国委托公证人（香港）管理办法》（中华人民共和国司法部令第69号）中所规定的具有公证人资格的资深律师。

外法内容的裁定或判决，可以在以后的民事诉讼中作为证明域外法内容的证据。虽然我国是非判例法国家，但是为了节约诉讼成本，保持内地法院审判涉港案件裁判制度的统一性，借鉴内地已生效的裁决中所查明的香港地区法律是必要的。不过，对于这种先前判例应当限定在最高人民法院公报上公布的最高人民法院所作出的裁决或者经最高人民法院认可的下级人民法院的裁决。

4. 通过内地法院依职权查明香港地区特殊领域的法律。即对于某些特殊领域的香港地区法律的查明，无须当事人证明，而是由内地法院查明所要适用的香港地区法律。这种做法，因证明域外法比较便利，已被许多普通法系国家所采纳。例如，美国的一些州已经陆续采用《统一州际和国际诉讼程序法》中确立的法官查明域外法的范围。[1] 加拿大魁北克 1991 年《民法典》第 2809 条规定，只要当事人提出请求，法官可以依据职权查明加拿大其他省或附属地的法律和外国法。[2] 在运用这种方法时，我国内地有关部门应对其适用范围作出规定。我们认为，应根据所涉案件的法律关系的性质来区分香港地区法律查明的责任，即亲属法、物权法、合同法、劳动法方面的香港地区的法律，应由当事人举证证明；知识产权法、侵权法以及民商事法一般制度方面的香港地区的法律，应由法官负责查明。另外，对我国没有加入但适用于香港地区的国际条约，也应当列入法官依职权查明的范围。

（四）台湾地区法律的查明

为正确审理涉台民商事案件，准确适用法律，维护当事人的合法权益，根据《民法通则》、《民事诉讼法》等有关法律，最高人民法院制定的《关于审理涉台民商事案件法律适用问题的规定》（以下简称《规定》）已于 2010 年 4 月 26 日由最高人民法院审判委员会第 1486 次会议通过，并予公布，自 2011 年 1 月 1 日起施行。该规定仅有 3 条规定：第 1 条规定："人民法院审理涉台民商事案件，应当适用法律和司法解释的有关规定。根据法律和司法解释中选择适用法律的规则，确定适用台湾地区民事法律的，人民法院予以适用。"第 2 条规定："台湾地区当事人在人民法院参与民事诉讼，与大陆当事人有同等的诉讼权利和义务，其合法权益受法律平等保护。"第 3 条规定："根据本规定确定适用有关法律违反国家法律的基本原则或者社会公共利益的，不予适用。"涉台诉讼中，外法域法律的查明只有当事人提供和法律专家提供这两种方式。法律专家提供的外国法，仍需要进行质证。经过质证仍不能确定的，案件由合议庭根据案件事实及提供的外法域的法律自由裁量。必要时，适用大陆法律的相关规定。涉台民事诉讼的司法实践中，有关当事人选择适用台湾地区法律的，人民法院在引用时不得使用"中华民国"的称呼，而应当称之为"台湾地区某某法"。如果应当适用的台湾地区的法律对有关问题未作规定或者规定不明确的，则适用大陆的有关法律规定。适用台湾地区的法律应当坚持以下原则：①限于台湾地区的民商事法律；②不违反"一个中国"原则；③不违反我国的社会公共利益。

---

[1] Louise Ellen Teitz, *The Increasing Need to Prove Foreign Law in US Court*, Journal of Maritime Law & Commerce, January, 2003.

[2] Willian Tetely, *International Conflict of Laws*, International Shipping Publications, 1994, Canada, p. 776.

综上所述，中国区际法律冲突的复杂性决定了内地法院查明其他三法域法律的责任与途径的多样性。各法域的密切交流与合作是正确适用法律审理区际民商事案件的基础。因此，我们认为，可借鉴1968年《关于外国法资料的欧洲公约》（以下简称《欧洲公约》），建立中国区际交换法律资料协助机构。《欧洲公约》是一个多边的国际公约，欧洲理事会的大多数成员国都批准加入。它允许任何缔约国的司法机关，在诉讼开始之后依照公约请求另一缔约国提供有关民事和商事或刑事方面的实体法或程序法或有关司法组织的资料，通过设立在国内的专门转递机构，将请求转递给在请求国设立的接收转递的机构。答复由被请求国的联络机关准备或由官方或私人团体及合格律师准备。《欧洲公约》很好地解决了成员国之间外国法查明的问题。当然，中国的区际法律资料交换协助有别于欧洲国家间的协助，即不可能通过中央机关和外交途径，但是可以采取区际司法协议的模式，由各法域的最高司法机关之间签订区际交换法律资料的司法协议，分别成立专门的转递机构和答复机构处理各法域要求提供法律资料的申请，从而实现法律互助。这种模式既有法律依据[1]，又有司法实践为基础[2]，因此是一条可行的途径。

三、域外法无法查明时的法律救济

我国内地上述法律和司法解释中规定，在域外法无法查明时，适用我国内地法律来代替本应适用的域外法。我国有些学者认为在域外法无法查明时，不能简单地规定代之以内地的法律，而应该在与案件相关的其他所涉法律中寻找一个与案件联系较为密切的法律。但何谓与案件有较为密切联系的法律没有一个客观的判定标准，只能在实践中由法官自由裁量，而我国的国情决定了在现阶段我们不适合赋予法官过多的自由裁量权，而应该加强立法的严密性和可执行性。因此，在域外法不能查明的时候，规定适用法院地的法律同国际上大多数国家的做法一致，而且在司法实践中也比较容易操作。但笔者认为，在中国区际域外法查明的制度中，如果内地法院审理涉港澳台案件，仅规定依内地法律代替无法查明的域外法，过于单一。为了避免有些案件适用内地法律导致裁判结果不公平或难以作出裁判的情况出现，将与案件有最密切联系法域的法律作为内地法院最后选择的一种方案还是很必要的。

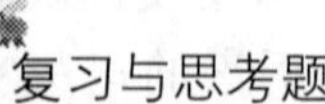

复习与思考题

1. 识别制度在解决中国区际法律适用问题时的具体运用。

---

〔1〕 参见《中华人民共和国香港特别行政区基本法》第95条、《中华人民共和国澳门特别行政区基本法》第93条。

〔2〕 在1998年12月30日内地最高人民法院与香港特别行政区代表协商通过的《内地与香港特别行政区法院相互委托送达民商事司法文书的安排》、1999年6月21日内地最高人民法院与香港特别行政区律政司签署《内地与香港特别行政区相互承认和执行仲裁裁决的安排备忘录》、2001年9月15日内地最高人民法院与澳门特别行政区行政法务司签署《内地与澳门特别行政区法院对民商事案件相互委托送达司法文书及调取证据的安排》以及2006年3月12日内地最高人民法院与澳门特别行政区行政法务司签署《内地与澳门特别行政区关于相互认可与执行民商事判决的安排》。

2. 反致制度在解决中国区际法律适用问题时的具体运用。

3. 法律规避制度在解决中国区际法律适用问题时的具体运用。

4. 公共秩序保留制度在解决中国区际法律适用问题时的具体运用。

5. 域外法查明制度在解决中国区际法律适用问题时的具体运用。

拓展阅读

1. 李双元：《国际私法（冲突法篇）》，武汉大学出版社 1987 年版。

2. 余先予主编：《台湾民商法与冲突法》，东南大学出版社 2001 年版。

3. 欧阳振远："涉外和涉港商事审判法律适用存在的问题与对策"，载《法律适用》2004 年第 9 期。

4. 朱珍钮主编：《涉台审判实务与案例评析》，人民法院出版社 2001 年版。

5. 中国国际私法学会：《中华人民共和国国际私法示范法》，法律出版社 2000 年版。

6. 肖永平：《肖永平论冲突法》，武汉大学出版社 2002 年版。

7. ［英］莫里斯主编：《戴西和莫里斯论冲突法》，李双元等译，中国大百科全书出版社 1998 年版。

8. 冯霞："中国区际私法中的公共秩序保留制度"，载《河南师范大学学报（哲学社会科学版）》2005 年第 5 期。

程序篇

第七章　涉港澳台区际民商事争议之解决途径

[教学目的和基本要求]

通过本章的学习，了解涉港澳台区际民商事争议的解决途径的多样性，一般包括协商、调解、仲裁与诉讼等。掌握区籍、协商、调解的基本含义，掌握涉港澳台区际协商的成果，掌握中国四个法域的调解制度。本章的重点和难点在于海峡两岸协商和调解途径以及成果。

第一节　涉港澳台区际民商事争议的界定

一、争议的“区际性”——区籍与住所

根据最高人民法院发布的《关于适用〈中国人民共和国民事诉讼法〉若干问题的意见》第304条的规定，我国对“涉外民事案件”的认定主要指相关法律关系中的主体、客体以及引起民商事争议法律事实等三要素具有一个或一个以上的涉外因素的民商事案件。需要特别指出的是，这里所讲的涉外因素既包括外国，又包括一个国家之内的不同“法域”（territorial legal unit）之间的民商事争议。就我国而言，内地与香港、澳门特别行政区、台湾地区之间均属不同的法域。这时，也可以参照涉外民事关系的原则，适用有关规定来调整。

在界定区际民商事争议时，从上述三要素中，将民商事法律关系中的客体与法律事实认定为区际民商事争议较容易，即依据一个国家内部的法域之间空间地理上的位置来确定，也就是说，当民商事争议的客体或法律事实发生在中国的四个法域中，即可认定为区际民商事争议。但是如何从主体要素判断区际民商事争议呢？由于一个国家不同法域的当事人具有相同国籍，因此，确定国际民商事争议主体要素的“国籍”在确定区际民商事争议时失去意义。正如意大利学者E. 维塔所言：“国籍标准在区际冲突法中是毫无用处的。因为，一国之内仅有一个国籍，不可能将该国国民依据其国籍与一个法域而不是另一个法域联系起来。”[1] 综合考察各国的立法例表明，在很多复合法域国家的区际冲突法中采用住所地、籍贯地或居所地确定主体的区际性，其中住所尤其受到重视，如在日本的司法实践中有“本籍”这一概念，以此来判断区际民商事争议，从而代替国际民商事争议中“国籍”。

---

〔1〕［英］莫里斯主编：《戴西和莫里斯论冲突法》，李双元等译，中国大百科全书出版社1998年版，第234页。

我国“一国两制”方针的实施，在解决区际民商事争议中也应当增加“区籍”的概念来判定主体的区际性。一般而言，在存在区际冲突的国家中，自然人或法人都具有双重法律身份，即在国际关系中以国籍显示自己所隶属的国家；在国内的区际关系中又以“区籍”显示自己所隶属的区域。考察我国四个法域的相关立法，各法域对自然人“区籍”问题已作出了不同的规定。具体可分为两种方法：

1. 将户籍作为确定“区籍”的标志。即自然人在哪个地区设有户籍即具有哪个地区的区籍，属于该地区自然人。这种方法主要是大陆和台湾地区采用，如台湾地区“两岸人民关系条例”第 2 条第 3 款规定：“台湾地区人民指在台湾地区设有户籍之人民。”第 4 款规定：“大陆地区人民指在大陆地区设有户籍或台湾地区人民前往大陆地区继续居住逾 4 年之人民。”1986 年的《中华人民共和国民法通则》第 15 条规定：“公民以他的户籍所在地的居所地为住所，经常居住地与住所不一致的，经常居住地视为住所。”《中华人民共和国户口登记条例》第 6 条还规定：“公民应当在经常居住的地方登记为常住户口，一个公民只能在一个地方登记为常住户口。”根据这两条规定可知，内地法律规定一个自然人只能有一个住所，并以经常居住即连续居住 1 年以上为确定住所的要件。前述内地学者所拟《内地与台湾、香港、澳门地区民事法律适用示范条例》第 5 条第 5 款也规定：“大陆地区自然人，系指在大陆地区设有户籍者、自大陆地区旅居国外并未取得外国国籍者。定居大陆地区的外国人除外。”也就是说大陆和台湾地区都以在本地区设有户籍的人为本地区自然人，反之，未在本地区设籍者，不为本地区人。但是，对定居于大陆和台湾地区，但未取得中国籍的外国人，大陆和台湾地区不将他们视为本地区的人。

2. 将居民身份证作为确定“区籍”的标志。这种方法主要是香港地区和澳门地区采纳，即取得了港澳地区居民身份证的人，属于港澳地区自然人。根据《香港基本法》第 24 条和《澳门基本法》第 24 条的规定，符合香港地区法律和澳门地区法律的人，可取得香港地区和澳门地区居民身份证，成为香港地区和澳门地区的永久性居民和非永久性居民，即具有香港地区区籍和澳门地区区籍的人，其中既有中国籍人，也有外国籍人，包括英国人和葡萄牙人，还有无国籍人。澳门地区于 1990 年 1 月颁布的《澳门入境、逗留及定居条例》规定，凡持有香港身份证、香港永久性居民身份证或回港证的香港居民，只要能够提出在澳门有不动产业权登记证明书或买卖契约、本地区楼宇租赁合约的副本或缴付有关费用的收据，以及其他足以证明其在澳门实际居住的证据，证明在本法公布前已在澳门定居的，可连同其家庭成员一起，向澳门有关部门申领澳门永久居留证。这种规定就使这些人成为既是香港人又是澳门人的双重身份人士。在香港地区和澳门地区，能够领取居民身份证的自然人，应是居住在香港地区和澳门地区的自然人，即只有在香港地区和澳门地区设有住所或惯常居所的人，才能领取居民身份证。如果一个自然人在香港地区或澳门地区没有住所或惯常居所，就不可能成为香港地区或澳门地区的居民，也就不可能获取香港地区或澳门地区的居民身份证，成为香港地区或澳门地区自然人。这种方法实际上是将住所或惯常居所的有无，作为决定是否发给自然人居民身份证的条件之一，这与港澳国际性地区的特点很适合。依据这种方法，自然人即使不具有中国国籍，但只要在港澳有合法住所或惯常居所，取得了港澳居民身份证，便可成为港澳地区居民。两个基本法的第 25 条都规定，本地区居民在法律面前一律平等，无论国籍等方面的差别。而且，基本法的规定表明在香港地区和澳门地区的法律中，“区籍”的意义大于国籍，即无论具有哪国国籍的人，甚至无国籍的人，只要依法取得了港澳居民身份证，就是港澳地区居民，享有港澳法律赋予的基本权利。由此可见，在中国范围内发生的区际民商事争议的解决，就应依据港澳地区的法律作为这些外国人的属人法，而不以他们国籍所属国的法律为他们的属人法。

综上所述，从内地、香港、澳门、台湾四个地区的上述各项规定看，在一般情况下，区籍地与住所地是一致的，即自然人一般在其区籍地有住所，如自然人因在内地或台湾地区经常居住，便在内地或台湾地区设立户籍，具有内地区籍或台湾地区区籍；自然人如在香港地区或澳门地区有住所或惯常居所，则可根据港澳地区法律规定，获取港澳居民身份证，具有港澳地区区籍。但在有些时候，区籍地与住所地也可能不一致，在区籍和住所发生变化时，区籍是随着住所的变更而变更的，使区籍与住所的分离成为暂时的。这说明，在区籍和住所两个连结点中，住所起着主导作用，反映自然人与地区之间的联系的实质情况。一方面，自然人如果在一个地区有住所或惯常居所，就有可能取得该地区籍；反之，如果在一个地区没有住所或惯常居所，则不可能取得该地区籍。另一方面，当自然人的区籍和住所不一致时，即具有某一地区籍的自然人在另一地区有住所或惯常居所时，如果仍以区籍为连结点确定属人法，就不能反映自然人与住所地法之间的实际联系。因此，在解决涉港澳台区际民商事争议适用法律时，除了区籍所在地的法律外，住所地的法律，特别是实际上持续居住的惯常居所地的法律往往会得到优先适用。但自然人作为涉港澳台区际民商事争议的主体，还是应以该自然人在中国的某一地区所获区籍来确定，而不宜以其在国外的住所确定。

上述两种确定区籍的方法，使得在涉港澳台区际民商事争议的解决中以自然人的区籍代替其国籍，作为确定中国区际民商事争议的主体要素。当然，涉港澳台区际民商事争议中自然人的区籍冲突问题，各地区现有立法几乎都未涉及。笔者认为可以参照国际上解决国籍冲突的方法解决自然人的区籍冲突问题。具体规定如下：在一个自然人有两个或更多区籍时，如果该自然人在其中一个区籍所属地区有住所，则以此区籍为准；如果该自然人在每一个区籍所属地区都有住所，则以其中自然人惯常居住的住所所在地区的区籍为准；在一个自然人不具有任何区籍或区籍不明的情况下，以其住所或惯常居所所在地确定其区籍。

涉港澳台区际民商事争议中的法人与自然人一样，也具有国籍和区籍的双重身份，也应当以法人的区籍来确认区际民商事争议。由于法人是由法律赋予资格的主体，故其区籍应为批准其成立的法律所属地区，即法人在一个地区依该地区法律成立，就具有该地区区籍。关于法人区籍冲突的解决，笔者认为可采用国际上解决住所标准的方法，即法人具有多个区籍时，以在多个区籍的地区中设有住所的区籍为准；如果法人在多个地区都有住所或都没有住所，则以法人登记地所在地作为其区籍；如果法人不具有任何一个区籍，以该法人住所地为其区籍。

由此可见，就内地而言，只要民商事争议的主体有一方或一方以上具有中国香港、澳门、台湾任何一个法域的区籍，或者争议的客体位于中国上述三个法域，或者争议的法律事实发生在上述三个法域，我们就可以将其认定为涉港澳台区际民商事争议。

二、争议的“民商事性”

（一）两大法系对于“民商事”的确定

民法与商法是调节民事关系和经济关系的法律。中世纪的罗马市民法，是近代民法的基础。早期地中海沿岸商业聚集，有约定俗成的商业习惯，逐步演化为商习惯法、商人法和商行为法，是近代商法的基础，使原由民法调整的商事关系从民法中独立出来。法国于1804年和1807年颁布了《法国民法典》和《法国商法典》，开创了民法与商法分立的先河。民法的主体是公民，基础是社会，调整对象是人与人之间的社会关系。民法的特点是社会性，坚持公平优先原则、人格平等原则、保护合法私有财产原则、合同自由原则和权利与义务一致原则。商法的主体是以营利为目的的经济组织，基础是经济，调整对象是主体之间的经济关系。商法的特点是经济性，坚持尊重和保护个人利益原则、商事活动效率优先原则和保护合法私有财产原则。

在大陆法系国家看来，法律可以分为公法和私法两大部分，民法、商法、公司法、海商法等属于私法，宪法、刑法、行政法、诉讼法等属于公法，还有一个新兴的部门法，即“经济法”或称为社会法部门，介于固有的公法与私法分类之间。这个部门既包括调整平等主体之间生产经营活动中所产生的财产关系的法律规范，也包括调整经济行政与经济管理关系的法律规范。理论界对于经济法是否是一个独立的法律部门还有争论。这对界定民商法部门的范围存在一定的影响。另外，由于各国民商事立法采取“民商分立”或“民商合一”的立法制度不同，也将各国民商事法律问题的界定复杂化。

在英美普通法系国家，则没有公法和私法的划分，而是普通法和衡平法，所以不存在一个统一的“民商事”法律部门。

总之，尽管各国法律对于法律部门的划分存在差异，但在司法协助制度中，无论是国内立法还是国际条约，一般都是将民事领域理解为既包括民事又包括商事的一个领域。在立法上，有的称为“民事或商事”，有的称“民事”但商事案件也包括其中，其主要原因是，虽然各国在实体法划分方面存在较大的差异，但在程序法方面，各国对这些方面的诉讼案件基本上都适用统一的程序法，即民事诉讼法。另外，在有些国际条约中采用明文规定的方式对“民商事”的适用范围作了限制，例如海牙《关于承认与执行外国民事和商事判决的公约》第1条第2款规定：“本公约不适用于主要决定下列事项的裁决：①人的身份或能力，或家庭法上的问题，包括父母子女之间和夫妻之间的人身或财产权利义务问题；②关于法人的存在或成立，或者法人机构的职位；③关于不包括在本条第2款第1项之内的扶养义务问题；④有关继承问题；⑤有关破产、清偿协议问题，或者类似的诉讼程序，包括由此可能引起的并且与债务人行为的有效性有关的判决；⑥社会保障问题；⑦关于核能所造成的损失或损害。本公约不远用于责令支付一切关税、税款或罚款的判决。”显然，这种排他性的规定并不是认为上述事项不属于理论上的民商事范围，而只是对它们不适用公约的有关制度。

尽管大陆法系传统民法的代表——《法国民法典》、《德国民法典》、《日本民法典》等均采民商分立，但并没有因其广泛传播而使民商分立主义被各国立法所借鉴。迄今为止，世界上有40多个国家颁布了商法典，属民法与商法分立体系；其他国家仍然实行涵盖商法内容的民法典，属民法与商法合一体系。不论两法合一还是两法分立，正是由于生产社会化和经济市场化的发展，使得民法与商法形成了各自特定的调整对象，成为既有明确分野又有必然联系的法律体系。

（二）我国各法域关于“民商事”的界定

涉港澳台区际民商事争议就性质而言是“民商事”的，但就判断“民商事”的标准四个法域也并不统一。

1. 内地采用“民商合一”的标准。在我国内地，学理上基本依照大陆法系的划分方法，体现“民商合一”之立法体系。就法律形式而言，没有所谓的商法，即没有形式意义的商法，但关于商事的法律仍然存在，除编入《民法通则》的以外，采取单行商事法规的立法方式，分别制定《公司法》、《合伙企业法》、《个人独资企业法》、《破产法》、《票据法》、《证券法》、《海商法》、《保险法》、《拍卖法》、《信托法》等法律，以及有关商事登记等方面的法规。基于此种立法格局，中国内地实际上已经基本构建了实质意义上的商法体系。

特别是《合同法》的制定，使民法与商法有机地结合在一起，提供了“民商合一”的典范。《合同法》采取三种方法很好地处理了民法与商法之间的矛盾。①在某一类合同中同时规定有所谓商人参与的合同关系和没有商人参与的合同关系。如《合同法》第十二章“借款合同”中明确规定了公民之间的借款关系和银行参与的信贷关系。②只规定有所谓商人参与的合同关系，而忽略另一种关系，或者相反。如《合同法》第二十一章“委托合同”中只规定了商事委托合同。③不区分民事规则与商事规则，用统一规则来统一调整，有例外情形的，适用例外性规定。如《合同法》关于合同行为形式、瑕疵通知义务的规定。另外，我国也和大多数国家一样，对“商事”尽可能作广义的解释。

我国与外国缔结的民事司法协助条约中，对于“民商事”的规定一般以两种形式出现：①在条约的名称和约文中直接使用“民事或商事”的文字，不再对之作进一步解释，如《中华人民共和国和法兰西共和国关于民事商事司法协助的协定》就是这样的规定；②在条约的名称和约文中使用“民事”一词，并用专门条文对民事的范围作出说明，如《中华人民共和国和波兰人民共和国关于民事和刑事司法协助的协定》中专设的“定义”一条规定：“本协定中所指‘民事案件’，也包括商法、婚姻法和劳动法范围内有关财产权益和人身权利的案件”（第12条）。但是，上述两种形式都没有直接对“民事”一词规定精确的定义，至于何种案件属于这些范围之内，仍留待各自在实践中灵活处理。我国于1986年12月2日加入《承认及执行外国仲裁裁决公约》（以下简称《纽约公约》），为了履行该公约，最高人民法院发布了《关于执行我国加入的〈承认及执行外国仲裁裁决公约〉的通知》，该通知第2项对公约作出商事保留的声明，即我国只对根据我国法律认定为属于契约性或非契约性商事法律关系所引起的争议适用该公约。[1]

---

〔1〕所谓“契约性或非契约性商事关系”，具体指由于合同、侵权或者根据有关法律规定而产生的经济上的权利义务关系。例如，货物买卖、财产租赁、工程承包、加工承揽、技术转让、合资经营、合作经营、勘探开发自然资源、保险、信贷、劳务、代理、咨询服务和海上、民用航空、铁路、公路的客货运输以及产品责任、环境污染、海上事故和所有权争议等。赵秀文编著：《国际商事仲裁法》，中国人民大学出版社2004年版，第12页。

但不包括外国投资者与东道国政府之间的争端。从上述规定可以看出，我国还是采纳了联合国国际贸易法委员会对“商事”一词的解释。

综上，我国《民法通则》和《合同法》没有对“商事”和“民事”加以区别，均采用了广义的“民事”概念，“民事”行为包括了“商事”或者“经济”行为。需要说明的是，我国现行法律体系中并没有一个被称为“商法”的法律部门。我国与外国缔结的司法协助条约使用“商法”这一在我国国内法上并不存在的概念，主要是为了在同“民商分立”的国家谈判缔结司法协助条约过程中，避免在概念的使用上产生过多的分歧。

2. 台湾地区亦采用“民商合一”的标准。台湾地区的民商法的渊源来自于旧中国的民商法律体系。

中国的商事立法是从 20 世纪初期清末的大规模修律时开始的。先后制定的单行商事法规有《奖励公司章程》、《商会简明章程二十六条》、《商标注册试办章程 28 条》、《公司注册试办章程》等。1904 年颁行的《钦定大清商律》是我国法律史上第一部独立的商法。其内容简略，只有商人通例 9 条和公司律 121 条，体例仿照日本，内容借鉴德国。光绪三十二年七月十三日（1906 年 9 月 1 日），修订法律馆起草了《大清商律草案》，共分为总则、商行为、公司律、票据法、海船法五编。1929 年国民党中央政治会议决议订立民商统一的民法典。在立法体例上，当时的立法者将本应属商法总则及商行为中的若干内容并入民法债编，不能并入民法者，分别制定各单行商事法，因此陆续公布了公司法、票据法、海商法、保险法等单行商事法规。故可以说，因台湾地区采“民商合一”的立法体例，无形式意义的商法，而有实质意义上的商法或商事法。据称，在台湾，命名为商事法的教科书，多直接阐述公司法、票据法、海商法、保险法的内容。但一般认为，台湾商事法不限于传统上的前述四法，还包括破产法、银行法、投资法、贸易法、公平交易法、消费者保护法等法律。在这些单行法之中，台湾的公司法、票据法、海商法均延续了旧中国时期的法律而历经修改。保险法则是 1963 年公布并付诸实施。而有关其他一些单行法，台湾地区根据其经济发展实际均建立了一套比较务实的法规体系。比如关于投资法，台湾地区建立了一个内容完备、实用可行、配套成龙的投资法规体系，其中既有关于吸收侨外资金的法规，也有关于奖励投资方面的法规，还有关于出口加工区和科学工业园区管理的法规。

总体上看，台湾地区商法开始是以大陆法系为楷模制定的，后来台湾在发展经济尤其是开展对外贸易中，工商企业发展较快，受英美法特别是美国法的影响日益加深，商法也随之渐渐转向英美法系。因此，台湾商事法在原有大陆法系商法的基础上，又吸收了许多英美法系的内容和长处，并使之融合，形成了自己的特色。目前，随着岛内经济的不断发展，台湾地区立法机关除了加大既有商事法的修正力度外，还在不断增加新的商法规范的立法工作，商事法律、法规的数量日益增多，内容更加充实，体系逐步趋于完备。[1]

3. 澳门地区采用“民商分立”的标准。澳门的法律制度反映了多元性的文化特征，

---

〔1〕 余先予主编：《台湾民商法与冲突法》，东南大学出版社 2001 年版，第 560、575 页。

具有特殊的价值。具体地说，澳门的法律制度，就是以葡萄牙法律制度模式和原理为架构和制度基础，以传统中国文化行为规则为实际补充调整机制，吸收当今世界上先进法律制度和原则，在澳门地区生效实施的法律制度。现行澳门民、商法典都是在后过渡期才提上政府的议事日程。

1996 年，澳葡政府在施政方针中提出了若干解决法律问题的措施，其中包括向立法会提交有关民法典、民事诉讼法典的研究报告、预备性文件。1997 年度政府施政方针则进一步将制定本地化的民法典作为法律本地化的工作任务之一。1999 年 11 月，新的《澳门民法典》、《澳门商法典》及《澳门民事诉讼法典》开始生效。现行《澳门民法典》与此前适用于澳门的《葡萄牙民法典》一样接受了德国民法典的模式；新《澳门商法典》则对此前适用于澳门的于 1888 年制定的《葡萄牙商法典》在内容上作了适当的修改。新《澳门商法典》基本上沿用了大陆法系国家商法典的体例，同时也吸收了英美法系商法典的一些经验，并采纳了不少国际商务惯例。《澳门商法典》规模适当，内容较为详尽，共四卷 1268 条。〔1〕

澳门特殊的地理位置、与众不同的历史背景及其对世界经济的灵敏反应决定了《澳门商法典》具有以下几个方面的特点：

（1）本地化程度较强。较澳门其他法律而言，《澳门商法典》更为本地化，这主要取决于以下几个因素：一是商法特性使然。商法作为调整商业活动及因此而产生的各种商业法律规范，势必要适应经济形势的发展而促进商事交易。二是自 80 年代以来，澳门本地区立法获得了长足的发展，许多直接规范商业活动或有关商业活动的法律相继颁布，如有关商业登记、保险、金融及对外贸易法律等。三是立法精神也体现了商法本地化的价值取向。以《公司法》为例，为保持立法的地区特色，建立了以葡萄牙公司法为模式的澳门公司法框架，结合本地区的实际情况及未来的发展，以适应当地商事活动之需要。所以《澳门商法典》第二卷《公司法》继承了《葡萄牙商法典》及《有限公司法》之

---

〔1〕《澳门商法典》的内容：第一卷为经营商业企业之一般规则。下分 10 编。依次为：第一编商业企业主、商业企业及商行为，主要有一般规定、商事能力、经营商业企业之障碍和抵触，已婚商业企业主之正当性及商业企业主之义务。第二编为商业名称，主要包括了对商业企业的一般规定、特殊规定、商业记载及商业名称之取消。第三编商业记载。第四编登记。第五编账目之提交。第六编经营企业之代理。第七编因经营企业而承担之责任。第八编商业企业主之民事责任。第九编商业企业。第十编竞争规则。本卷不仅对商业企业设立、经营等作了详尽的规定，而且对企业主及营业行为及法律责任也予以规制。第二卷为合营企业之经营及企业经营之合作。本卷对各类企业形式作了规定，具体包括公司、经济利益集团，合作经营合同及隐名合伙，第一编公司中设总则，对各种公司所共同具备的事项予以规定。公司的形式则规定为无限公司、两合公司、有限责任公司及股份有限公司四类。因股份两合公司这种公司形式并未在实际生活中得以发展，故而未作规定。第二编经济利益集团则对其性质、机关、成员之权利与义务、解散及清算以及成员的出、入作了详尽的规定。第三编合作经营合同，规定了该合同的性质、对内合作、对外合作及该类合同的终止。第四编隐名合伙，由三章组成，分别为一般规定、合同之履行及合同之终止。第三卷为企业外部活动。第一编对各种商业债务之共同点予以规定。第二编至第十八编共规定了 17 类合同，分别为寄售合同、供应合同、行纪合同、承揽运送合同、代办商合同、商业特许合同、特许经营合同、居间合同、广告合同、运送合同、一般仓储寄托、旅舍住宿合同、交互计算合同、回购合同、银行合同、担保合同和保险合同。其中，对商事活动中日益增多的广告合同、银行合同及保险合同规定得最为详尽。第四卷为债权证券。这一卷为《澳门商法典》之首创。第一篇为一般债权证券，规定了无记名式证券、指示式证券和记名式证券。第二编特别债权证券，则包括了汇票、本票及支票三种最为普遍的有价证券。

精髓，但其中又有符合当地实际之条款。

（2）以葡国法律为体，以周边地区法律为用，兼采世界各国法律之长。如前所述，澳门商法在很长一段时间内是葡国商法的延伸，所以《澳门商法典》深受《葡萄牙商法典》及《有限公司法》之影响。其立法模式、结构、内容、风格均以葡国法律为范例。与此同时，因为澳门北接广东，东邻香港，所以华南地区之习惯和香港法律也对《澳门商法典》之制定有相当影响。而澳门一直与台湾地区有着较为紧密的经济联系，所以台湾地区的法律也在《澳门商法典》中留下了较为深刻的痕迹。自1979年中葡建交以来，特别是《中葡联合声明》签署以后，澳门又转以中国内地的法律为参照，尤其是近年来，随着澳门与内地、台湾、香港的商业及经济往来的日益增多，三地的商事法律已越来越多地渗透和影响着澳门商事法律。因此，《澳门商法典》杂糅了周边地区的商事法律。《澳门商法典》的立法过程正是国际经济合作日益频繁之际，而因澳门与世界各国均保持着充分、全面、紧密的联系，所以有较多的机会了解世界各国商事立法并汲取其长处。如在《公司法》卷规定了"公司秘书"一职（第237～238条），并将其作为一个机关，这一制度为英美法系之独创，其对公司日常管理效率有着极为重要的意义。此外，《公司法》卷还参照了日本、韩国等国的公司法例。

（3）《澳门商法典》富有创新性。文化交融为文化创新提供了契机。澳门是东西方文化荟萃之地，故而澳门文化在交融之时也出现了较多的创新之处，法律文化自不例外。就《澳门商法典》而言，该法典第四卷第一编以概括性规范制定了债权证券规则，尤其是将债权证券确定为一法律概念，这是其他国家的商法典所不具备的。另外，该法典对商业企业及以商业企业作为标的法律行为，加以特别规范，规定的对企业之所有权也是其一大创新。此外，《澳门商法典》重视法学理论，紧跟经济形势发展也是其突出特点。众所周知，澳门属典型的海岛型经济，对外依赖性大。政府采取不干预政策，实行自由的经济制度。现阶段，澳门仍处于经济转型期，旅游博彩业及其他商业服务业正逐步取代制造业而居于主导地位。而且由于地域狭小，工商业的经营规模也都是小型化的。而现行民商法所建立的一套全新的体系，并未充分顾及现实经济关系，难免给商户的经营活动带来困扰。例如，《澳门商法典》所强调的以保护交易安全为目的的某些规定，虽然符合国际潮流，如增加企业透明度、企业登记制度等，但在这种生产关系下推行就遇到了阻力。《澳门民法典》中的若干制度如婚姻财产制度、预约合同制度、分层所有权制度，或是过于复杂，脱离现实生活，或是配套性不强，在实施过程中遇到不少问题。

总之，澳门现行民商法实施仅有3年，不可否认，民商法作为历史的产物，只是在形式上将澳门的某些社会习惯纳入法律范畴，但作为具有法律性质的价值取向尚未获得广泛的认同。如果仅从法律文本上看，该两部法典所确认的法律原则、所依据的法学思想、所体现的立法技术都是质量上乘的法典，是回归前完成的法律领域的重大工程。然而，仅仅在回归次年，应社会的强烈要求，立法会就通过了对《澳门商法典》的修改建议，并由此引发了澳门法学界关于法律适应化的讨论。但本地化的过程并没有改变这五部法典作为葡萄牙法律在澳门的延伸的实质。这些法律作为澳门法律制度的基础设施，还有待于根据澳门社会的实际情况，尤其是文化背景，进行调整和修订，才能使之真正成为澳门社会自己的法律。可见，澳门民商法研究所面临的问题，首先是法典与本地区经济形态、商业习惯、风俗习惯相适应的问题，其次是民商法理论本身的发展问题。

4. 香港地区的民商事条例与判例。香港属于英美法系，没有形式意义上的民法典和商法典，但有具体的民事法和商事法。

在民事立法方面，英国占领香港之初，在法制上实行属人主义，华人仍然受中国法律和习惯的约束，英国人及其他外国人则适用英国法律。随着英国殖民政权日益完善和巩固，中国法律逐步被英国法律所取代，只有习惯法残存下来，例如家事法、新界的土地法。同时，香港当局为了统治华人，适应华人习惯于成文法的特点，以成文法形式把中国法律中部分可适用的内容融合在香港法律之中。现行香港民法的渊源主要有以下几种：①英国法即普通法和衡平法及成文法；②香港立法局通过并经港督批准的法律；③按社会环境风俗习惯（包括经本港和英联邦国家法庭判决过的案例）而形成的习惯法。民法的任务是处理和调解私人的权益、财产、婚姻、家庭、税务、遗产等问题。民法主要有合同法、代理法、侵权行为法、财产法、合约法及有关婚姻、家庭、遗产方面的法律，公司法、银行法、分期付款法、保险法及有关劳工、税务方面的法律也属民事法律范畴。

在商事立法方面，比如香港立法机关制定的一些成文法，像《售卖货品条例》、《合伙经营条例》、《有限责任合伙经营条例》、《公司条例》、《商业登记条例》、《破产条例》、《票据条例》、《海上保险条例》、《第三者（追讨保险人之权益）条例》、《汽车保险（第三者意外）条例》、《保险公司条例》等是其商事法的渊源。此外，由于香港属于英美法系，香港自身形成的判例法，甚至予以保留的香港回归前的普通法、衡平法均是其商事法的渊源。如果将合同法看做是重要的商事行为法，我们可以简单地以合同法为例说明香港法律突出的英美法属性。追随英国法的香港合同法要求，合同必须符合法定的方式，合同形式依不同的合同种类有不同的要求。香港的合同分为简单合同和特种合同。只要成文法无特殊要求，简单合同可以口头、书面、默示等形式订立。特种合同的订立必须采用书面形式，并满足签名、盖章、送交的要件才能成立。按照英国法例，公司的组织大纲和章程、超过3年的土地租赁、转让船舶、转让土地、抵押和合伙合同等必须以正式合同的形式订立。在合同的有效要件、影响合同效力的因素等方面，其迥异于大陆法的特征同样明显。总之，香港商法的范围包括很广，比较重要的有合伙法、代理法、公司法、合同法（契约法）、售货法、票据法（汇票法），等等。还有许多应属于商法范围的，如关于债券、海运、证券、股票交易、专利、商标、版权、雇佣、破产、仲裁等。上述各法在香港都有自己的成文法，但均与英国的法律相似，如合同法大半是根据判例制定的，票据法在以前是习惯法，现在已有了成文法。

综上所述，在我国的四个法域，香港地区受英美法系的影响，只存在商法，没有民法的概念；澳门回归的时候，颁布了《澳门商法典》；台湾地区没有形式商法，只有实质商法。由此可见，在我国的四个法域中，没有统一的民法或统一的商法，特别是商法的统一难度很大。那么，在涉港澳台区际民商事争议解决的过程中，确定案件是“民事性”还是“商事性”，就存在识别上的法律冲突，由此会带来争议解决途径上的差异。我们不妨参照美国《统一商法典》的模式统一我国的商法，使各法域的商事范围归于统一，其示范性集中表现为本法各条款的效力可以通过当事方的协议加以改变，并且，使商业可以通过协议不断获得发展。显然通过示范法科学地统一不同法域的市场交易规则，建立适应一国两制的新市场交易秩序，使不同法域的商人在市场交易中具有更多的可预见性、安全感，减少和避免市场交易的法律纠纷，稳定法律秩序，促进相互监督，增强市场交易的紧密性，推进不同法域的经济更加繁荣。

第二节 涉港澳台区际民商事争议之解决途径——协商

区际民商事争议的解决方法在实践中常用的有两大类：司法解决方法和非司法解决方法。司法解决方法也称司法诉讼方法，它是指由争议当事人在一国中一个法域的法院提起诉讼。非司法解决方法是指诉讼之外的争议解决方法，包括协商、调解和仲裁。[1]而在司法解决方法和非司法解决方法中，仲裁和诉讼是独立的争议解决程序[2]。协商和调解则既可以作为独立的争议解决程序，也可以与其他争议解决程序（仲裁、诉讼）相结合。我国《仲裁法》和《民事诉讼法》倡导仲裁和调解相结合、诉讼和调解相结合的做法。

一、协商（consultation）概述

协商就是指在争议发生后当事人最先选择采用的争议解决方法，它是指民事争议各方当事人在自愿、互谅的基础上，按照有关法律、法规的规定，在不损害国家和集体的正当权益，不损害社会公共利益的前提下，针对所发生的争议直接进行口头或书面的磋商或谈判，自行、友好解决纠纷的方式。自行协商有时也可以请第三者从中斡旋，但以双方当事人的意思一致作为达成协议的根据，第三人只是在当事人之间起“牵线搭桥”的作用，并不实质上参与当事人间的协商。当事人间签订的协议在他们自愿的基础上执行，如果一方反悔，拒绝执行，另一方可以提请有关部门进行调处，也可以直接向人民法院提起诉讼。协商方式具有如下特点：

1. 协商在双方当事人自愿的基础上进行，因此达成的和解协议易于被各方当事人履行。协商方式的采用，协商的开始、进行与中断、终止完全由双方当事人自己决定，不受另一方当事人或当事人之外任何人的干预和限制。任何一方当事人均无权强迫另一方当事人必须通过协商解决争议。即使双方当事人在合同或协议中选用了先行协商方式，也不意味着必须要以协商方式使争议得到解决。

2. 协商根据相关法律和双方签署的合同进行。协商达成的协议应合乎法律规定，不能违反有关国家的强制性法律规范以及社会公共利益，不得损害第三人的合法权益。例

---

〔1〕 有学者认为，近年来，仲裁作为解决国际商事争议的方法被越来越广泛地适用于解决国际商事争议。它既不属于诉讼的方法，也不属于传统意义上的非诉讼方法，而是逐步地演变成为独立于司法方法与非司法方法的一种独特的争议解决方法。赵秀文编著：《国际商事仲裁法》，中国人民大学出版社2004年版，第4页。

〔2〕《中华人民共和国合同法》第128条规定：“当事人可以通过和解或者调解解决合同争议。当事人不愿和解、调解或者和解、调解不成的，可以根据仲裁协议向仲裁机构申请仲裁……当事人没有订立仲裁协议或者仲裁协议无效的，可以向人民法院起诉。”

如，按规定个人承租的公房不得擅自转租他人，如果在协商解决纠纷时，当事人违反此规定而达成协议，则这种协议被视为无效。

3. 协商程序简单、形式灵活。协商不需要遵从严格的法律程序，也不需要遵从特定的形式，口头协商方式和书面协商方式均可。

4. 协商既可以是一种独立的解决争议的程序，也可以结合其他争议解决程序（如结合仲裁程序[1]或者结合诉讼程序）。例如，我国《仲裁法》第49条规定："当事人申请仲裁后，可以自行和解。达成和解协议的，可以请求仲裁庭根据和解协议作出裁决书，也可以撤回仲裁申请。"[2]"当事人达成和解协议，撤回仲裁申请后反悔的，可以根据仲裁协议申请仲裁。"[3]《民事诉讼法》第50条也规定："双方当事人可以自行和解。"

5. 在协商基础上达成的和解协议只构成新合同或对原合同的修改补充。只要和解协议符合形式要件即具有法律效力，当事人应严格执行，否则视为违约。

综上，协商解决民事纠纷的优点在于当事人自行协商解决民事纠纷，简单易行，迅速稳妥，有利于双方当事人统一认识，增进了解，不伤感情，加强团结，也有利于日后协作关系的发展。例如，在相邻取水、截水的争议上，自行协商便不会影响生产。同时，自行协商能使纠纷尽快地解决，防止损失扩大，并能节约开支。而且协商的程序比较简单，其形式一般是在双方当事人意思一致的基础上达成书面协议，属于临时性的问题，双方还可以口头同意、即时了结。正是由于协商方式程序简单灵活，因而大多数当事人在合同中规定，争议发生后应先行协商。很少有当事人在发生争议后不与对方当事人协商而直接提起仲裁或诉讼。

二、两岸民间协商途径与成果

"一个中国"原则是两岸商谈与对话的基础。海峡两岸关系协会与台湾的海峡交流基金会作为两岸分别授权的民间团体，自90年代开始实现接触后，所进行的包括第一次"汪辜会谈"在内的各种层级的17次商谈和1998年10月的政治对话，就是在"一个中国"原则下两岸平等协商的体现。两岸商谈与对话在两岸关系发展中具有重要的指导意义，对解决两岸交流中的具体问题、维护两岸同胞的正当权益、促进两岸经贸合作和各项交流的发展起到积极作用，也为促进两岸关系的发展创造有利的气氛。两岸商谈与对话的曲折历程表明政治分歧是影响两岸关系稳定发展的根本障碍，只有进行政治谈判，才能从根本上改善和发展两岸关系。

有协商就有了解与融合，2008年以来两岸两会制度化的协商成果，创造了经济契机，方便了两岸人民，增加了两岸从官员到百姓的了解，巩固了台海地区的和平。更重要的是，协商的价值和观念被两岸越来越多地接受与肯定，因为协商为两岸带来了和解、合作、双赢。

---

〔1〕有学者将这种形式的磋商称为"商事仲裁和解"。商事仲裁和解是指在仲裁机构受理案件以后，仲裁庭作出终裁裁决之前，双方当事人在自愿的基础上经协商一致，达成和解协议，以解决彼此之间的商事法律争议，从而终结商事仲裁程序的活动。参见谢石松主编：《商事仲裁法学》，高等教育出版社2003年版，第246页。

〔2〕我国《仲裁法》第49条。

〔3〕我国《仲裁法》第50条。

（一）海协会与海基会：两岸协商的授权组织

海峡两岸关系协会（简称海协会）（Association for Relations Across the Taiwan Straits，缩写 ARATS）于1991年在北京成立，是社会团体法人。理事会为海协会最高权力机构。原上海市市长汪道涵1991年12月当选为海协会首任会长。海协会成立至今共组成过两届理事会。2008年6月3日，海协会第二届理事会第一次会议推举陈云林为海协会会长。海协会以促进海峡两岸交往、发展两岸关系、实现祖国和平统一为宗旨。为实现上述宗旨，海协会致力于协助有关方面促进海峡两岸各项事务的交往和交流；协助有关方面处理海峡两岸同胞交往中的问题，维护两岸同胞的正当权益；接受大陆有关方面委托，与台湾有关部门和授权团体、人士商谈海峡两岸交往中的有关问题，并可签订协议性文件。海协会成立的工作重点主要有以下四项：①逐步建立和发展与台湾岛内外民间团体和人士的联系与相互合作，发挥民间力量，共同促进两岸的直接三通和双向交流。根据国台办的授权，协会将负责与台湾海峡交流基金会有关团体进行联系，处理相关问题。②将就合作打击台湾海峡海上走私、抢劫问题与台湾授权团体海基会具体商谈。③协会如受到委托，也将协同有关方面与台湾授权团体或人士就处理台湾海峡海上渔事纠纷和违反有关规定进入对方地区之居民及相关问题进行商谈。④协会将积极为台湾岛内外各团体、各界人士提供有关祖国大陆投资、贸易和其他交流活动的政策、法规等咨询和服务。同时也积极向祖国大陆有关方面和地方提供对台文化、学术、体育、科技交流等咨询。

台湾财团法人海峡交流基金会（简称海基会）（Straits Exchange Foundation，缩写为 SEF）成立以来，以“中国的、善意的、服务的”为宗旨。以民间财团法人基金会形式出现的海基会，接受台湾“大陆委员会”的委托，办理台当局不便与不能出面的两岸事务。海基会以“是一座桥，不是一堵墙”为已任，在初成立时的定位是以协调处理台湾地区与大陆地区人民往来有关事务，并以保障两地人民权益为宗旨，不以营利为目的。台湾地区自1988年开放台湾民众赴中国大陆探亲，两岸民间交流日益频繁，也由此衍生出海上犯罪、偷渡走私、文书查（验）证、财产继承、婚姻关系、经贸纠纷等诸多问题。为解决上述因两岸民间交流而衍生之问题，并兼顾两岸情势，由“行政院”主持民间各界成立海基会，以协助政府处理与中国大陆相关的事务。1990年11月21日海基会召开捐助人会议，并举行第一届董监事第一次联席会议，通过《财团法人海峡交流基金会捐助暨组织章程》；1991年2月8日经“行政院大陆委员会”许可，并于同日向台北地方法院办妥财团法人登记，辜振甫担任首任董事长，3月9日正式对外服务；1991年4月9日与“行政院大陆委员会”签订委托契约，处理有关两岸谈判对话、文书查（验）证、民众探亲、商务旅行、往来纠纷调处等涉及公权力之相关业务，因而海基会可视为海峡两岸联系的中介机构。海基会通过台湾“行政院大陆委员会”对台湾地区“立法院”负责，同时接受台湾“国民大会”监督。其资金来源大多是当局拨款，少部分为工商企业界捐款。2008年5月，江丙坤接任董事长。海基会设董事会和监事会，根据章程之规定设秘书长1人、副秘书长3人、主任秘书1人，分设秘书处、文化服务处、经贸服务处（台商服务中心）、法律服务处（法律服务中心、法律服务专线、大陆配偶关怀专线）、旅行服务处（两岸人民急难服务中心）及综合服务处等六个业务单位，另配合政府政策就近服务中部、南部民众，设有中区服务处、南区服务处及东区服务处（已于2008年10月1日裁撤）。海基会的主要工作有如下7项：①两岸人民入出境收件、核转及有关证件签发补发。②祖国大陆地区文书验证、身份关系证明、协助诉讼文书送达及两地人犯遣返。③祖国大陆地区经贸资讯的收集发布，间接贸易、投资及其争议的协调处理。④两岸人民有关文化交流事宜。⑤协助保障台湾地区人民在祖国大陆地区停留期间的合法权益。⑥两岸人民往来有关咨询服务。⑦政府委托办理的其他事项。[1] 2012年9月27日，海基会举行第八届董监会第四次会议，接受江丙坤辞去董事长职务，并选举林中森[2]为新任董事长。

（二）海峡两岸两会会谈的基本原则

1994年4月28日至5月3日，海基会副董事长兼秘书长陈长文率团来北京访问。4月29日，国务院台办副主任唐树备在会见陈长文时，提出了处理海峡两岸交往中的具体问题应遵循的五条原则：

1. 台湾是中国领土不可分割的一部分。中国的统一是海峡两岸同胞的共同愿望和神圣使命，两岸同胞都应为促进祖国和平统一而共同奋斗。

2. 在处理海峡两岸交往事务中，应坚持一个中国的原则，反对任何形式的“两个中国”、“一中一台”，也仅对“一国两府”以及其他类似的主张和行为。

3. 在坚持一个中国的原则下，考虑海峡两岸存在不同制度的现实，应消除敌意，加深了解，增进共识，建立互信、实事求是、合情合理地处理海峡两岸交往中的各种具体问题，维护海峡两岸同胞的正当权益。

4. 积极促进和扩大两岸同胞的正常往来，尽早实现直接通邮、通航、通商，鼓励和发展海峡两岸经济、文化、体育、科技、学术等各方面的双向交流。

5. 海峡两岸许多团体和人士致力于促进直接“三通”和双向交流，应继续充分发挥他们的积极作用。同时，为解决海峡两岸交往中各方面的具体问题，应尽早促成海峡两岸有关方面以适当方式直接面谈。[3]

（三）海峡两岸两会会谈的历史进程

1986年5月3日，台湾“中华航空公司”B198号波音747货机机长王锡爵驾机自泰国曼谷飞往香港途中，在广州白云机场降落，要求在我国大陆定居。为妥善处理这起事件，经过中国民航两次电邀，台湾当局终于同意“华航”代表与中国民航代表进行商谈。从5月17日至20日，双方通过4次商谈，达成了协议。这是1949年以来，海峡两岸有关方面就处理具体问题进行的第一次公开商谈。

---

〔1〕参见 http：//baike. baidu. com/view/135314. htm.

〔2〕林中森，1944年12月出生，早年曾在台北市和高雄市政府工作。近年来，曾先后出任台湾行政机构秘书长、中国国民党秘书长等职务。来自于人民政协网。http：//cppcc. people. com. cn/n/2012/0928.

〔3〕参见 http：//www. gwytb. gov. cn/lajlwl/rywltj/201101/t20110120_ 1715616. htm 国务院台湾办公室网站。

两岸商谈与对话一览表（1986～1993）

时　间	地点	名义与层级	议题与内容	备　注
1986年5月17日～20日	广州	中国民航与台湾“中华航空公司”	处理王锡爵驾机来大陆，台“华航”B198号货机返台事宜	
1990年9月10日	金门	中国红十字总会与台湾红十字组织	解决违反有关规定进入对方地区的居民和刑事嫌疑犯或刑事犯的遣返问题[1]，达成“金门协议”	
1991年11月3日～7日	北京	国台办副主任唐树备以个人名义与海基会副董事长陈长文	商谈合作打击台湾海峡海上走私、抢劫犯罪活动的程度性问题	
1992年3月	北京	海协会副主任与海基会处长	两岸公证书使用和两岸挂号函件遗失查询及补偿业务问题。	中国公证员协会、中国通信学会邮政专业委员会参加
1992年10月27日～29日	香港	海协会副主任与海基会处长	商谈两岸公证书使用问题。此后不久，通过函电联系，双方达成各自以口头方式表述的“海峡两岸均坚持一个中国的原则”共识	“九·二共识”确立
1993年3月25日～27日	北京	海协会副秘书长、副主任与海基会处长	讨论汪辜会谈预备性磋商的程序性事宜，并就“两岸公证书使用查证”、“两岸挂号函件查询、补偿事宜”两项协议草案达成一致意见	
1993年4月8日～11日	北京	海协会负责人与海基会负责人	汪辜会谈的预备磋商。两会负责人草签了《两岸公证书使用查证协议》、《两岸挂号函件查询、补偿事宜协议》	
1993年4月22日～26日	新加坡	海协会负责人与海基会负责人	为汪辜会谈作最后准备	

[1] 1990年7月21日，台湾军警在遣返大陆私渡人员时，用“闽平渔5540号”船装载76名人员，除13名驾船外，其余63人被分别关进四个船舱内，并用铁钉将船舱钉死，致使被关在二、三船舱内的25名人员因缺氧窒息死亡。同年8月13日，被遣返的50名大陆私渡人员乘“闽平渔5202号”船返回福建省途中，在基隆港以北13海里处与押送的台湾军舰相撞断成两截，50人全部落水，29人被救起，其余21人失踪。

1992 年，“九 · 二共识” 确立，为时任海协会会长汪道涵与时任海基会董事长辜振甫的 “汪辜会谈” 铺平道路。

两岸商谈与对话一览表（1993）

时　间	地　点	名义与阶级	议题与内容	备注
1993 年 4 月 27 日 ~29 日	新加坡	海协会会长汪道涵与海基会董事长辜振甫	第一次汪辜会谈就两会会务、两岸经济和文化科技交流等问题交换意见，签署了《汪辜会谈共同协议》、《两岸公证书使用查证协议》和《两岸挂号函件查询、补偿事宜协议》	
1993 年 8 月 30 日 ~9 月 3 日	北京	海协会副秘书长与海基会副秘书长	讨论落实汪辜会谈有关协议和安排问题	
1993 年 11 月 2 日 ~8 日	厦门	海协会副秘书长与海基会副秘书长	协商解决“两岸劫机犯遣返”、“协商处理两岸海上渔事纠纷、违反有关规定进入对方地区人员遣返及相关事宜” 3 项事务性问题	公安部、农业部、福建省边防局官员以海协顾问名义参加商谈
1993 年 12 月 18 日 ~23 日	台北	海协会副秘书长与海基会副秘书长	同上	

1993 年 4 月，汪道涵与辜振甫在新加坡正式举行第一次会谈，达成了《两会联系与会谈制度协议》、《汪辜会谈共同协议》、《两岸公证书使用查证协议》、《两岸挂号函件查询、补偿事宜协议》等四项协议。会谈结束当年，台湾对大陆转口贸易额从 1992 年的 74 亿美元升到 170 亿美元的新纪录。

1994 年 1 月 31 日 ~2 月 5 日、1994 年 8 月 4 日 ~8 月 7 日，海基会副董事长兼秘书长焦仁和与海协会常务副会长唐树备先后在北京、台北进行二度“焦唐会谈”，就如何落实“汪辜会谈共同协议”及后续事务性协商问题进行会谈，两度“焦唐会谈”后，1994 年 8 月 24 日，依“两会联系与会谈制度协议”第 5 条通过《两会商定会务人员入出境往来便利办法》。

1995 年，李登辉以私人访美为借口，在国际上进行“台独”分裂活动，两岸关系跌至冰点；1997 年，香港顺利回归，因应新形势，我们采取主动，继续推动第二次“汪辜会谈”。1998 年 10 月，汪道涵与辜振甫在上海二度会晤，开启了两岸政治对话并达成四项共识。

两岸商谈与对话一览表（1994）

1994 年 2 月 1 日 ~4 日	北京	海协会负责人与海基会负责人	就上述三项议题和两岸经济、文教交流及开办两岸特快专递事宜交换意见，发表《共同新闻稿》	
1994 年 3 月 25 日 ~30 日	北京	海协会副秘书长与海基会副秘书长	继续协商“两岸劫机犯遣返”等三项议题	
1994 年 7 月 29 日 ~8 月 2 日	台北	海协会副秘书长与海基会副秘书长	同上	
1994 年 8 月 3 日 ~8 日	台北	海协会负责人与海基会负责人	就解决上述三项议题中的症结问题达成文字共识，并就台商投资保护、维护两岸同胞权益等问题交换意见，发表了《共同新闻稿》	
1994 年 11 月 23 日 ~26 日	南京	海协会副秘书长与海基会副秘书长	继续讨论“两岸劫机犯遣返”等三项议题。海基会推翻了两会负责人 8 月在台北达成的共识	

两岸商谈与对话一览表（1995 ~1999）

时　间	地点	名义与层级	议题与内容	备　注
1995 年 1 月	北京	海协会负责人与海基会负责人	就“两岸劫机犯遣返”、“违反有关规定进入对方地区人员遣返”两项议题达成一致的协议文本，但台湾当局拒绝签署	
1995 年 5 月 26 日 ~29 日	台北	海协会负责人与海基会负责人	第二次“汪辜会谈”第一次预备性磋商。双方商定当年 7 月在北京举行第二次“汪辜会谈”。但由于李登辉访美从事制造“两个中国”活动，两会事务性商谈被迫中止	
1998 年 4 月 22 日 ~25 日	北京	海协会副秘书长与海基会副秘书长	就辜振甫来访事宜和开展两岸政治对话交换意见	
1998 年 7 月 24 日 ~31 日	台北	海协会副秘书长与海基会副秘书长	海协会副秘书长率交流团赴台参访，继续就辜振甫来访事宜和开展两岸政治对话交换意见	

续表

时间	地点	名义与层级	议题与内容	备注
1998 年 9 月 22 日 ~24 日	北京	海协会负责人与海基会负责人	商定辜振甫来访安排	
1998 年 10 月 14 日 ~19 日	上海、北京	海协会会长汪道涵与海基会董事长辜振甫	在上海，汪、辜达成包括进行政治、经济对话和汪道涵适当时候访问台湾等四项共识	
1999 年 3 月 17 日 ~18 日	台北	海协会副秘书长与海基会副秘书长	就汪道涵访问和两会对话安排事宜交换意见	
1999 年 6 月 27 日 ~28 日	北京	海协会副秘书长与海基会副秘书长	继续就汪道涵访问和两会对话安排事宜交换意见。原则确定汪道涵于当年秋天访台。7 月 9 日，李登辉抛出“两国论”，两会接触、交流、对话再次被迫中断	

1999 年 6 月 29 日，两会就落实四项共识交换意见，并就汪道涵当年秋天访台达成初步共识；但是李登辉抛出“两国论”，拆毁两会商谈基础，两会联系便告中断。

（四）2008 年复谈后的两岸两会八次会谈及成果

2008 年 3 月，承认“九·二共识”的中国国民党在台湾地区领导人选举中胜出，马英九表示“两岸同属中华民族”，两岸关系出现新气象，为恢复两会商谈带来契机。

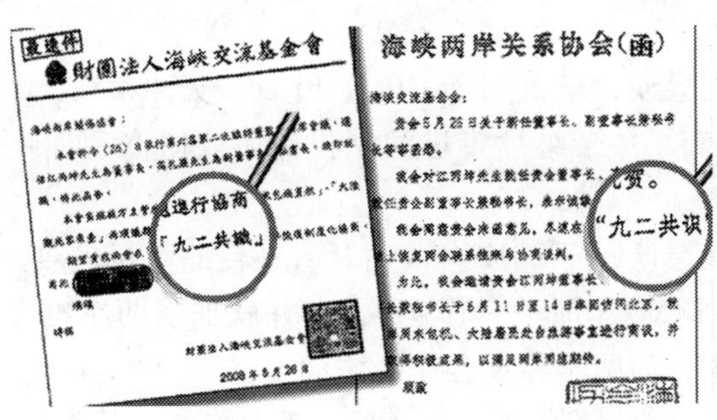
財團法人海峽交流基金會
進行協商
「九二共識」
2008 年 5 月 26 日
海峡两岸关系协会（函）
海峡交流基金会：
“九二共识”

附图：海基会 2011 年 8 月 24 日公布 2008 年的海基会与海协会往返函电，清楚明示两岸是基于“九·二共识”恢复两岸协商。[1]

2008 年 5 月 26 日，国民党副主席江丙坤当选台湾海基会新任董事长，6 月 3 日，海峡两岸关系协会第二届理事会正式产生，陈云林被推举为新会长。6 月 11 日，海基会代表团抵达北京，中断 9 年的两会接触重新开启。

两会领导人会谈确定了每年两次、分别在两岸举行的机制。2008 年 5 月以来，两会

---

〔1〕 参见 2011 年 8 月 25 日中国新闻网。

共签署了18项协议，达成了2项共识，极大方便了两岸同胞的往来，促进了两岸交流与合作，推动了两岸关系和平发展，成效显著。

两会领导人第一次会谈，于2008年6月11日～13日在北京举行。双方签署《海峡两岸包机会谈纪要》与《海峡两岸关于大陆居民赴台湾旅游协议》。纪要与协议都自签署之日起7日后生效。

两会领导人第二次会谈，于2008年11月3日～7日在台北举行，这是海协会与海基会首度在台湾举行协商谈判。双方签署《海峡两岸食品安全协议》、《海峡两岸邮政协议》、《海峡两岸空运协议》和《海峡两岸海运协议》。协议生效后，当年年底基本实现了大陆方面一直主张的两岸直接“三通”。

两会领导人第三次会谈，于2009年4月25日～27日在南京举行。双方签署《海峡两岸金融合作协议》、《海峡两岸共同打击犯罪及司法互助协议》和《海峡两岸空运补充协议》，并就大陆资本赴台投资事宜达成共识。

两会领导人第四次会谈，于2009年12月21日～23日在台中举行。双方签署《两岸标准检测认验证合作协议》、《两岸渔船船员劳务合作协议》和《两岸农产品检验检疫协议》，并就两岸共同防御自然灾害达成共识。

两会领导人第五次会谈，于2010年6月28日～30日在重庆举行，双方签署《海峡两岸经济合作框架协议》与《海峡两岸知识产权保护合作协议》。

两会领导人第六次会谈，于2010年12月20日～22日在台北举行，双方签署《海峡两岸医药卫生合作协议》。国台办发言人曾在例行新闻发布会上表示，两岸在协议的执行方面都高度重视，协议总体执行情况良好。协议促进了两岸各领域的交流合作迈向机制化、规范化的轨道。协议的签署增进了两岸同胞的福祉，为两岸同胞包括台湾同胞带来了实实在在的利益。

两会领导人第七次会谈，于2011年10月20日在天津举行，双方签署《海峡两岸核电安全合作协议》，公布了关于继续推进两岸投保协议协商和加强两岸产业合作两项共同意见。

两会领导人第八次会谈，于2012年8月9日在台北举行，双方签署《海峡两岸投资保护和促进协议》、《海峡两岸海关合作协议》，并就加强两岸投资者及相关人员人身自由与安全保护达成共识，为两岸经贸合作再添动力。

（五）两会协商的重要成果之一——《海峡两岸经济合作框架协议》（ECFA）

《海峡两岸经济合作框架协议》（Economic Cooperation Framework Agreement，ECFA）是两岸关系进入和平发展阶段后的重大成果，它是当前两岸关系和平发展架构下的合理选择，也是推动未来两岸关系和平发展的重要路径。其洽签过程与后续推动将为两岸关系其他领域的交流与合作提供有益借鉴。ECFA签字生效后，台资银行有望获准在大陆设立分行，参股大陆银行，符合条件的台资金融企业还有可能开展人民币金融业务。同时，两岸的证券业和保险业可以进一步合作，两岸可以增加核准合格机构投资者的数量和投资额度。两岸还可以开放银行人民币和新台币兑换业务，建立货币清算制度，促进大陆银行卡尽快在台湾消费使用。依该协议的附件规定，八百多项早期收获计划产品降税的实施时间是2011年1月1日起，实施后2年内，最多分3次，降为零关税。

根据该协议，双方成立“两岸经济合作委员会”（以下简称委员会）。委员会由双方指定的代表组成，负责处理与本协议相关的事宜，包括但不限于以下事项：①完成为落实本协议目标所必需的磋商；②监督并评估本协议的执行；③解释本协议的规定；④通报重要经贸信息；⑤根据本协议第10条规定，解决任何关于本协议解释、实施和适用的争端。协议还规定委员会可根据需要设立工作小组，处理特定领域中与本协议相关的事宜，并接受委员会监督。委员会每半年召开一次例会，必要时经双方同意可召开临时会议。与本协议相关的业务事宜由双方业务主管部门指定的联络人负责联络。2011年1月6日“两岸经济合作委员会”在两会框架下正式成立。经海协会与台湾海基会协商由海协会常务副会长郑立中与海基会副董事长高孔廉作为委员会会议召集人；大陆方面委员会首席代表是海协会特邀顾问姜增伟（商务部副部长），代表包括商务部、国台办、发展改革委、工业和信息化部、财政部、海关总署、质检总局等7个部门的海协会理事、专家。双方同意未来可视议题需要调整和增补相关人员。两岸经济合作委员会台湾方面首席代表为梁国新（台湾经济部门负责人）。ECFA执行以来已取得一定成效，但后续商谈仍面临政治、利益分配等不确定因素。两岸应在共同维护和平发展环境前提下，先易后难、循序渐进地务实推动ECFA后续进程。

ECFA的正式签署是两岸关系进入和平发展时期以来取得的最重要成果。作为包含两岸经济关系主要领域的经济合作框架协议，它的签署不仅标志着两岸经济关系迈向正常化、制度化与自由化进程，也成为两岸关系走向良性互动与深化发展的重要标志。2011年ECFA的早期收获已进入正式实施阶段，其和平红利的效果开始显现；而依据ECFA成立的两岸经济合作委员会也进入运作阶段，后续协商正在进行。但总体来看，除了早期收获外，ECFA仍处于框架协议阶段，其确立的目标能否最终实现，对两岸关系将产生重要与深远影响。

ECFA的签订对于两岸来说是跨时代意义的大事，因为它指明了两岸经济关系往制度化、机制化的发展方向，并且实现了经济的自由化，其中有一个很重要的因素就是，双方的投资必须要有安全保障。值得一提的是，作为ECFA协议重要的后续协商内容之一，2012年8月9日第八次两会会谈签署了《海峡两岸投资保护和促进协议》和《海峡两岸海关合作协议》，诸多亮点令台商对它充满关注和期待：一是在争端解决方面，提供了协商、协调、协处、调解、行政和司法程序等五种解决方式，建立了制度化、多元化的解决机制。二是除了投资保护之外，就如何促进相互投资提出了逐步减少投资限制、投资便利化等双方共同解决方案，对进一步优化两岸商贸与投资环境起了积极作用。三是对于人身安全问题，也以共识的方式达成“将依据各自规定，对另一方投资者及相关人员，自限制人身自由时起24小时内通知”，回应了台商的关切。对于同时签署的《海峡两岸海关合作协议》进一步强化双方海关在征税、监管、缉私和统计方面的合作。该协议将对提高通关效率、降低营运成本、建立贸易秩序等有极大的帮助。[1] 值得关注的是，上述投保协议在2年的商谈中几经延宕，其中既有历史延续下来的问题，也有面对未来的问题，这一过程中两岸寻求共识，积累经验，实现了“三个共同”，令人

---

〔1〕 http://news.xinhuanet.com/yzyd/gangao/20120810/c_112691669.htm. 访问日期：2012年8月10日。

印象深刻：首先，两岸共同面对问题。台商在大陆发展的二十多年，恰恰也是大陆改革开放的过程，在管理体制、法律法规等方面的调整非常频繁，因此产生了很多历史遗留问题，处理与解决也较为复杂。投保协议的签署是两岸共同面对、搁置争议、共创双赢的结果。其次，两岸共同发展。两岸经济都是中华民族经济的组成部分，两岸在发展过程中，不仅注重对投资的保护，更注重未来如何完善投资环境，创造更好的条件和基础，展现出两岸共同发展的美好愿望。最后，两岸共同提升。两岸经济合作的目的并不只是市场开放或解决两岸经济发展碰到的障碍和瓶颈，而是要通过合作提升两岸经济的竞争力，从而在全球竞争中处于更有利的地位。[1] 这次协议的签署对于未来两岸一系列协议的签署提供了良好的基础和借鉴，我们有理由相信两岸一系列后续协商将更加快速和高效，对未来两会协商和签署协议可持有更乐观态度。

综上，海峡两岸有协商就会有协议，有了协议，交流与合作就在规范和保障下进行，两岸交流向经济、社会、文化等各领域深度发展。例如，2012 年 6 月 17 日，一年一度的“海峡论坛”在福建厦门市举行，在海峡论坛大会上，国台办主任王毅宣布了台湾居民可以在福建、江苏、天津等六省市的事业单位任职。[2] 大陆还将增加两岸交流基地[3]、赴台旅游的大陆组团社和个人游范围，开放进口台湾大米。大陆的工商银行、中国银行、建设银行以及国家开发银行将在未来 3～4 年内对台资企业再提供 6000 亿人民币的贷款额度。此外，根据教育部最新决定，台湾居民可以在大陆高校申请教师资格证。在大陆高校工作的台胞，凡办理了居住证明的，根据自愿原则，可申请认定大陆高校相应种类的教师资格，条件和程序与大陆申请人相同。公安部决定，台胞来往大陆签注延长至 2 年，民政部也决定设立海峡两岸婚姻服务中心，受理两岸婚姻家庭当事人的咨询、呼吁和投诉，维护当事人合法权益，海峡两岸婚姻家庭服务网（http：//c－smf.mca.gov.cn)[4] 也同时开通，关注两岸收养、养老金等问题，加强相关法律的修改。现在，既有学者探讨两岸如何最终结束对立、进行政治谈判这样的大课题，也有百姓之间串亲戚、做生意的寻常事务。台湾的街头巷尾，东北人、江南客，你来我往，而大陆也早成为台湾最大的贸易顺差地和台商创业的首选。两岸迎来一甲子间最和平、最有前景

---

〔1〕 http：//news.xinhuanet.com/yzyd/gangao/20120810/c_ 112691669.htm. 访问日期：2012 年 8 月 10 日。

〔2〕 国台办主任王毅透露，目前在大陆的台湾居民可以在福建、江苏两省的事业单位就业。大陆将对该项政策扩大试点范围，新增天津、上海、浙江、湖北 4 省市。在大陆毕业的台生，通过公开招聘可以到试点地区的事业单位就业；取得大陆认可学历的台湾居民可以到试点地区的高等学校、公共文化服务机构、医疗卫生机构等事业单位工作。这意味着在大陆毕业的台湾学生和台湾居民可以在大陆 6 省市的事业单位任职。参见 http：//news.xmnn.cn/thxw/201206/t20120618_ 2353808.htm 厦门网，2012 年 6 月 18 日。

〔3〕 王毅称，在两岸交流方面，大陆将在大陆各地已设立 11 个两岸交流基地基础上，再新增福建永定客家文化园、山西运城解州关帝庙、河南固始根亲博物馆、四川成都大熊猫繁育研究基地、安徽合肥刘铭传故居、浙江象山县等 6 个两岸交流基地。大陆的自然科学基金委员会和福建省也共同决定设立“促进海峡两岸科技合作联合基金”，每年投入 3000 万元。参见 http：//news.xmnn.cn/thxw/201206/t20120618_ 2353808.htm 厦门网，2012 年 6 月 18 日。

〔4〕 民政部部长李立国在海峡论坛首次举办的海峡两岸婚姻家庭论坛上表示，民政部正积极采取措施，增进两岸婚姻家庭利益福祉。据介绍，自 1989 年首例涉台婚姻在厦门市登记以来，两岸婚姻已超过 32 万对，并以每年 1～2 万对的速度在增长。参见 http：//news.xmnn.cn/thxw/201206/t20120618_ 2353808.htm 厦门网，2012 年 6 月 18 日。

的黄金时代。

三、内地与香港地区协商途径与成果

(一)司法协商合作

内地与香港特区根据所达成的共识，在实践中确立并建立了“一国两制”下内地与特区司法运作的新模式。按照这一模式，对有关的司法协助事项，按照《香港基本法》第95条关于“特别行政区可与全国其他地区的司法机关通过协商依法进行司法方面的联系和相互提供协助”的规定，最高人民法院与香港特区政府共同协商签署有关安排，再由最高人民法院发布司法解释，香港特区制定相关法律、法规予以落实。这是内地与香港特区法律专家和法律实务工作者的一大创造。

根据上述模式，十五年间，最高人民法院与香港特区已经签署了《关于内地与香港特别行政区法院相互委托送达民商事司法文书的安排》、《关于内地与香港特别行政区法院相互执行仲裁裁决的安排》及《关于内地与香港特别行政区法院相互承认和执行当事人协议管辖的民商事案件判决的安排》三个司法协助成果。最高人民法院与香港特区之间的民事司法协助已经顺利地进入了规范化的运作轨道。在香港回归的十五年时间里，建立起上述行之有效的司法协助模式，并且实现了上述三个安排的正式签署和转化适用，这是最高人民法院与香港特区在“一国两制”方针指引下，严格执行两个基本法的重要成果，这一成果丰富了中国特色的司法体系的内容，同时也为贯彻落实“一国两制”方针提供了有力的司法支持。

从目前情况看，内地与香港的司法合作非常顺利，上述安排的执行情况已经初见成效。据不完全统计，安排实施至今，内地法院委托香港法院送达的司法文书5400多件，香港法院委托内地法院送达的司法文书390多件；在执行仲裁裁决方面，香港特区法院目前已批准执行内地仲裁裁决60余件，内地法院执行香港特区的仲裁裁决10余件。[1]内地与港澳特区在刑事司法协助领域，虽然尚未达成有关安排，但是，内地与香港特区关于相互移交逃犯、已判刑人员移管问题的磋商工作已经分别于1999年和2000年启动，由于问题复杂，目前双方仍在积极研究探索。在短时间内要求所有涉及两地的法律问题全部通过法律化、规范化的“安排”模式加以解决并不现实，因此，在通过安排形式开展司法协助的同时，内地与特区的有关机关也尝试着其他的合作方式。在共同打击犯罪，维护两地社会治安方面，内地与香港特区通过国际刑警组织及相应执法部门密切合作，定期会晤，互通情报、互派人员协查、证人出庭作证、追缴赃款赃物及协查抓捕犯罪嫌疑人；在调查取证方面，内地法院配合香港有关方面在内地调取证据。

(二)《内地与香港关于建立更紧密经贸关系的安排》(CEPA)及补充协议

为了支持香港特区经济发展，维护香港的繁荣稳定，2003年6月29日中央政府与香港特区政府签署《内地与香港关于建立更紧密经贸关系的安排》(Closer Economic Partnership Arrangement，简称CEPA)，内容主要涵盖货物贸易、服务贸易和贸易便利化三个方面，宗旨是促进内地与香港经济共同繁荣与发展。CEPA是在“一国两制”方针下和世界贸易组织框架内作出的特殊安排，体现了中央政府和内地人民对香港的关心和

---

〔1〕 参见 http：//www. court. gov. cn/qwfb/.

支持。CEPA于2004年1月1日正式实施，对香港有较大实际利益的273个税目的香港原产地货物，进入内地市场实行零关税；内地部分服务行业对港资企业取消股权比例限制，降低注册资本和资质条件等门槛，放宽地域和经营范围限制；对贸易投资促进、通关便利、法律法规透明度、电子商务、商品检验检疫和质量认证、中小企业合作、中医药产业合作等7个领域，简化手续，提供便利。

2004年10月27日，CEPA补充协议签署。根据补充协议，自2005年1月1日起，内地对《第二批内地对原产于香港进口货物实行零关税的产品清单（现有生产产品）》中列明的原产香港的进口货物实行零关税，允许香港永久性居民中的中国公民依照内地有关法律、法规和行政规章，在内地各省、自治区、直辖市设立个体工商户，无需经过外资审批。

2005年10月18日，CEPA补充协议二签署，内地进一步扩大对香港开放。

2006年6月27日，CEPA补充协议三签署，内地进一步在服务贸易领域对香港扩大开放，并加强与香港在贸易投资便利化领域的合作。

2007年6月29日，CEPA补充协议四签署，内地对香港的开放进一步扩大。

2008年7月29日，CEPA补充协议五签署，34项涉及服务业、贸易投资便利化及专业资格互认三个领域对香港进一步开放的措施，把内地与香港的经贸交流与合作提升到新阶段。

2009年5月9日，CEPA补充协议六签署，内地推出29项市场开放措施，涉及20个服务领域，其中“研究与开发”、“铁路运输”为新增领域。

2010年5月27日，CEPA补充协议七签署。“补充协议七”涵盖19个领域，共有35项市场开放和贸易投资便利化措施，包括14个服务领域的27项开放措施，其中8项属“先行先试”措施。“补充协议七”涉及的市场开放措施从2011年1月1日起实施。至此，CEPA所涵盖的服务贸易开放领域由42个增至44个。

为进一步加强内地与香港经贸合作和交流，CEPA补充协议八于2011年12月13日在香港签署。“补充协议八”共有32项服务贸易开放和便利贸易投资的措施，当中包括16个服务领域的23项开放措施以及加强两地在金融、旅游和创新科技产业等领域的合作。双方还同意完善货物贸易原产地标准和放宽香港服务提供者的定义及相关规定。在这32项措施中，共有15项是落实国务院副总理李克强8月访港时所宣布的支持香港发展、深化两地合作的措施。“补充协议八”有关完善原产地标准的措施，放宽香港服务提供者的定义及相关规定以及各项服务贸易措施从2012年4月1日起生效。届时，CEPA所涵盖的服务贸易开放领域由44个增至47个，涉及共301项开放措施。[1]

CEPA的实施减少了内地与香港在经贸交流中的体制性障碍，加速了相互间资本、货物、人员等要素的更便利流动，提高了内地与香港经济交流合作的水平，对香港经济发展起到积极的促进作用，同时也推动了内地的经济建设和改革开放。

(三)《粤港合作框架协议》

粤港毗邻相接，两地合作由来已久。香港在19世纪60年代大力发展制造业，实现

---

〔1〕 参见http://chn.chinamil.com.cn/gat/2011-12/13/content_4740.

经济起飞，跻身亚洲四小龙之列。70年代末中国改革开放，打开经贸大门，香港成为国家开放的一个重要窗口，港商北上投资亦成潮流，至今香港依然是内地吸引外资最多的地区。港商北上设厂，投资最多的就是广东。香港为广东提供了发展最需要的资金、技术、市场和管理，港商则利用广东省的优惠政策，将制造业大举北移，创造了双赢。这一“前店后厂”的模式一直延续至今。[1] 如今，粤港两地均“今非昔比”，昔日“前店后厂”的模式也已过时。广东省的综合经济实力突飞猛进，香港的金融中心功能和现代服务业已完全成熟，资金技术管理不再是粤港双方的“供求”焦点。香港经济发展亟需找到新增长点，广东迫切需要产业升级和发展现代服务业，令粤港转变合作方式和内容成为可能。同时，经济全球化加剧了国家间及地区间的竞争，也使同文同种、同声同气的粤港两地深化合作显得非常必要。

为落实《珠江三角洲地区改革发展规划纲要（2008～2020年）》、《内地与香港关于建立更紧密经贸关系的安排》（CEPA）及其补充协议，促进粤港更紧密合作，广东省人民政府和香港特别行政区政府经协商一致，于2010年4月7日在北京签署《粤港合作框架协议》（以下简称《框架协议》），为粤港合作定位。这是国务院批准的首份跨区域合作纲领性文件，为粤港合作乃至广东及香港未来十年的发展提供了广阔的空间，定下了明确的路径。为粤港合作各“大门小门”提供了钥匙，是一个重要里程碑。

《框架协议》将“坚持市场主导、政府推动，促进要素便捷流通和资源优化配置”列作粤港合作的原则之一，实质上就是要扫除障碍，让人员、物资、资金、信息等各种生产要素自由流通和配置，就是在“一国两制”和《香港基本法》的框架下，打破那些不必要的政策樊篱，让普通市民在两地之间的往来和生活更加便利、更多选择，为企业开拓更加广阔、高效、持续的发展空间。《框架协议》回应了情势的改变，粤港合作从过去的制造业转为服务业。金融、旅游、物流、会展、专业服务、服务外包、文化创意、工业设计成为粤港之间八大重点发展的合作领域。这些是香港的优势产业，也是广东正需要的，发展这些行业，既可拓宽香港服务业的发展空间，也可帮助广东完成产业升级。金融合作是《框架协议》众多内容中的一大焦点，“要提升香港国际金融中心地位，加快广东金融服务业发展，建设以香港为龙头，珠三角城市金融资源和服务为支撑的金融合作区域”。这是首次在官方文件上明确粤港金融合作的定位，即以香港为龙头，珠三角为支撑。金融合作是粤港合作的重头戏，包括跨境贸易人民币结算试点扩至全广东，允许香港金融机构到广东设置村镇银行及贷款公司，深交所推出港股指数期货，等等，都一一展开。这些对于稳步推进内地金融业开放以及不断扩大香港金融业优势产业规模都有着积极的促进作用。

签署《框架协议》的重要意义，还体现在合作机制的确定上，可称是为未来取得合作成果上了“保险”：①这是在中央政府全力支持下的区域战略大合作，当中既有香港对国家可作出的贡献，也有国家帮助香港经济转型的具体措施；②协议对各行业粤港双方的分工、互补作出明确约定，并在高层会晤、联席会议、工作机制、沟通渠道等方面以制度化形式加以说明；③赋予“先行先试”的自主权，可因应情况变化更新内容，推

[1] 参见 http：//hm. people. com. cn/GB/42490/11352461. html.

出“先行先试”措施，毋须再待中央批准。相信在各方各面的努力下，到2020年12月31日协议终止之日，总共11章50条款的内容都能成为现实，在粤港两地紧密融合的基础上，经济实现各自的飞跃，真正成为一个世界级的新经济区域。

四、内地与澳门地区的协商途径与成果

（一）司法协商合作

澳门回归以后根据“一国两制”原则和特区的实际条件，克服了人手严重短缺、经验严重不足等困难，积极推动与内地的法律合作与互动，并取得了全方位的可喜成果，在司法协助方面也取得了重要的进展。在2001年8月，澳门特别行政区法务司与最高人民法院签署了《关于内地与澳门特别行政区法院就民商事案件相互委托送达司法文书及调取证据的安排》后，两地又分别于2006年和2007年达成了《关于内地与澳门特别行政区关于相互认可和执行民商事判决的安排》和《关于内地与澳门特别行政区相互认可和执行仲裁裁决的安排》。随着三个《安排》的订立和实施，在澳门和内地之间已成功地建立了两地民商事司法合作的框架。与香港和台湾同内地业已建立的相关安排和机制相比，澳门与内地间的一系列合作安排的涵盖范围更为全面，实际合作更为深入，互动更为常态化，更具有灵活务实、积极推进的特点，是对法域间平等协商，相互尊重，增进互信，循序渐进，勇于创新及借鉴国际经验等区际司法合作原则的成功实践。这些安排的签署和实施不仅使《澳门基本法》的相关规定得以具体落实，密切了澳门和内地的司法合作和联系，丰富完善了澳门回归后的法律制度，而且使澳门在两岸四地区际司法合作与互动方面居于领先的地位。

（二）《内地与澳门关于建立更紧密经贸关系的安排》（CEPA）及其补充协议

《内地与澳门关于建立更紧密经贸关系的安排》（Closer Economic Partnership Arrangement，简称CEPA）于2003年10月在澳门签署，2004年1月1日正式实施。根据“安排”，内地对273个税目的澳门产品实行零关税，并不迟于2006年1月1日，对273种以外的澳门产品实行零关税；内地向澳门进一步开放管理咨询、会议展览、运输、旅游等18个服务行业，对澳门提前实施对世贸组织成员的部分开放承诺；贸易投资便利化方面，在贸易投资促进、通关便利化和商品检验等7个领域加强合作。

2004年10月29日，《〈内地与澳门关于建立更紧密经贸关系的安排〉补充协议》签署。自2005年1月1日起，内地对第二批共190种原产澳门的进口货物实行零关税；内地扩大开放首批服务行业，并新增8个服务行业。

2005年10月21日，《〈内地与澳门关于建立更紧密经贸关系的安排〉补充协议二》签署。自2006年起，所有原产于澳门的货物，除内地明令禁止或特殊产品外，经确定原产地标准后，全部准以零关税进口内地；服务贸易方面，内地在法律和会计等9个领域进一步放宽市场准入条件。

2006年6月26日，《〈内地与澳门关于建立更紧密经贸关系的安排〉补充协议三》签署。内地进一步在服务贸易领域扩大对澳门开放，并加强与澳门在贸易投资便利化领域的合作。

2007年7月2日，《〈内地与澳门关于建立更紧密经贸关系的安排〉补充协议四》签署，内地进一步扩大对澳门开放。

2008 年 7 月 30 日，《〈内地与澳门关于建立更紧密经贸关系的安排〉补充协议五》签署。内地对原有已开放的 16 个服务贸易领域作进一步深化开放，同时，新增加与采矿相关服务、与科学技术相关的咨询服务 2 个领域；贸易投资便利化方面，内地新增了 1 项“品牌合作”，使累计合作领域增加至 9 个。

2009 年 5 月 11 日，《〈内地与澳门关于建立更紧密经贸关系的安排〉补充协议六》签署。内地进一步对已开放服务贸易领域中的 18 个领域内容作深化开放，并新增研究和开发服务领域，使“安排”涵盖的服务贸易开放领域达 41 个。

2010 年 5 月 28 日，《〈内地与澳门关于建立更紧密经贸关系的安排〉补充协议七》在澳门签署，共涉及 30 项措施，其中包括服务贸易方面 13 个领域的 24 项具体措施，该补充协议涉及的市场开放措施从 2011 年 1 月 1 日起实施，使《安排》所涵盖的服务贸易开放领域由 41 个增至 43 个。

2011 年 12 月 14 日《〈内地与澳门关于建立更紧密经贸关系的安排〉补充协议八》在澳门签署，并于 2012 年 4 月 1 日起正式实施。“补充协议八”在“安排”及其 7 个补充协议的基础上，在服务贸易方面新增三个领域，从而使内地对澳门的开放领域增至 14 个，措施增至 19 项。在对法律、人员提供与安排、分销、保险、银行、证券、医院、旅游、公路运输、专业技术人员资格考试和个体工商户等 11 个领域在原有开放承诺基础上，进一步放宽市场准入条件、取消股权限制、放宽经营范围和经营地域的限制等。新增 3 个领域的开放承诺，分别是跨学科的研究与实验开发服务，与制造业有关的服务，图书馆、档案馆、博物馆和其他文化服务。协议签署后，内地对澳门共开放服务贸易领域 46 个，累计开放措施达 281 项。“补充协议八”在保险、旅游、创新科技、检测认证、电子商务、知识产权等领域增加了新的合作内容，增强了内地与澳门经贸合作的针对性。同时，修订了货物贸易原产地规则和澳门服务提供者定义，便利了两地制造业进行深度的资源整合和工序配置，扩大了澳门服务提供者利用 CEPA 的范围，增加了他们进入内地的灵活性，对 CEPA 开放措施起到放大作用。统计显示，2012 年 1 月 ~ 11 月，澳门以零关税方式进入内地市场的货物总金额超过 7700 万澳门元，同比上升 35.4%。“补充协议八”的签署，对澳门经济适度多元发展提供有益的帮助，也为内地经济带来新活力。[1]

（三）《粤澳合作框架协议》

在中央的支持和指导下，粤澳双方经过一年多的紧密合作、反复磋商，为落实《珠江三角洲地区改革发展规划纲要（2008 ~ 2020 年）》、《横琴总体发展规划》[2]、《内地与澳门关于建立更紧密经贸关系的安排》（CEPA）及其补充协议，推进粤澳更紧密合作，推动广东科学发展和澳门经济适度多元发展，广东省人民政府和澳门特别行政区政府经协商一致，广东省人民政府和澳门特别行政区政府 2011 年 3 月 6 日在北京签署了

---

〔1〕 参见 http：//www. sccom. gov. cn/xxfb/priManager. do？behavior = pri&id = 62135&page = /page/bwxx/pri. j.

〔2〕 横琴新区是珠海市横琴岛所在区域，处于广东珠海市南部，毗邻港澳，也是东南亚和中国这个经济活跃地区的中心。2009 年 8 月 14 日，国务院正式批准实施《横琴总体发展规划》，将横琴岛纳入珠海经济特区范围，要逐步把横琴建设成为“一国两制”下探索粤港澳合作新模式的示范区。参见 http：//www. hudong. com/wiki/%E3%80%8A%.

《粤澳合作框架协议》。《粤澳合作框架协议》共8章38条1万多字，涵盖了粤澳经济、社会、民生、文化等领域，明确了新形势下粤澳合作的定位、原则、目标，确立了合作开发横琴、产业协同发展、基础设施与便利通关、社会公共服务、区域合作规划等合作重点，提出了共建粤澳合作产业园区等一系列具体、务实、可操作的合作举措，并明确了完善合作机制等保障机制安排。

《框架协议》的签署是粤澳两地落实《珠江三角洲地区改革发展规划纲要》和《内地与澳门关于建立更紧密经贸关系的安排》，携手推进更紧密合作的重大举措，相信在“一国两制”方针的指引下，扎实落实框架协议提出的各项合作事宜，粤澳合作将迎来更加美好的明天。《粤澳合作框架协定》的签署和“十二五”规划的实施，将使澳门未来真正实现经济适度多元发展，并有助于澳门更好发挥中国与葡语系国家经贸合作的平台作用。《粤澳合作框架协议》的签署，为探索创新区域合作机制先行先试迈出了第一步。

第三节　涉港澳台区际民商事争议之解决途径——调解（ADR）

一、调解（ADR）概述

调解或替代性争议解决方法（Alternative Dispute Resolution，简称ADR）是一个自愿、非约束性私下解决争议的程序，其中由一位中立人士——调解员协助双方达成协商的协议。调解员无权强行要求解决争议，其作用是打破僵局，鼓励当事各方友好和解。民商事争议中，僵局的产生往往不是因对对方的诚信缺乏信任，就是因对争议的事实或对争议提交法院解决结果的看法真诚地各执一词。调解员就像穿梭外交家那样为当事人联络沟通，消除情绪化的成份，使当事人将焦点集中在潜在的目标上。

（一）调解（ADR）及其特点

ADR这一概念既可以根据字面意义译为“替代性（或代替性、选择性）纠纷解决方式”，亦可根据其实质意义译为“审判外（诉讼外）纠纷解决方式”或“非诉讼纠纷解决方式”、“法院外纠纷解决方式”等。ADR概念源于美国，原指20世纪逐步发展起来的各种诉讼外纠纷解决方式的总称，现在已引申为对世界各国普遍存在的民事诉讼制度以外的非诉讼纠纷解决方式或机制的称谓。ADR原来本是民间解决纠纷的办法，与在法院进行的诉讼无关。但是，自20世纪70年代以来，英美法系国家特别是美国的一些州法院在法院内设仲裁和调解等第三人解决纠纷的制度，实际上是把ADR当作了诉讼程序中的一环，这种 ADR 叫做司法 ADR，或称附设在法院的 ADR（Court Annexed ADR）。[1] 我国大部分学者认为 ADR、仲裁与司法诉讼属于不同的解决争议的方法。现代意义上的 ADR，并不包括仲裁解决争议的方法。[2] 按照这种理解，通过 ADR 方式达成的协议并不具有法律约束力。因此，如果一方当事人不履行其与另一方达成的协议，仍然需要以仲裁或诉讼方式解决。概括而言，这种含义上的 ADR 方式具有如下特点：

1. 合意性（选择性或自治性）。争议当事人的意思自治在替代性争议解决方法中占有重要地位，表现在以下方面：首先，通常是否选择替代性争议解决方法作为争议解决的方法，由当事人自行决定；其次，当事人可自行决定采用 ADR 解决争议的程序；最后，解决争议的程序结果是否有约束力的决定权也在当事人。

2. 非正式性。替代性争议解决方法以解决当事人之间的争议为目的，不是通过国家权力和法院的介入来解决争议的方法。从程序上看，替代性争议解决方法没有严格的证据规则以及其他保证程序按一贯方式进行的规则，因此，具体做法上比较灵活而不够正式。

3. 共融性。ADR 可以单独使用，也可以在仲裁和司法诉讼程序中使用。[3] 如我国国际经济贸易仲裁委员会的仲裁规则，国际商会（ICC）的仲裁规则都有在仲裁中调解的规定。美国公众援助中心（Center of Public Sources，简称 CPS）提供的 ADR 示范程序中的两步争议解决程序：调解/微型审判—仲裁/诉讼和三步争议解决程序：谈判—调解/微型审判—仲裁/诉讼，表明了 ADR 各种机制的共融型。实践中，一些当事人也已经在某些合同中约定"ADR—仲裁方式"。例如，香港新机场工程即采用了此种方式。其工程承包合同规定以下顺序的争议解决方式：将争议提交工程师解决；调解；裁判；仲裁。其中，调解、裁判、仲裁由香港国际仲裁中心管理。[4]

4. 结果的非强制性。由于替代性争议解决方法在本质上是由当事人合意决定，没有公共权力的参与或公共权力对争议解决过程的影响程度不深，结果通常不具有强制性。因此，ADR 不是解决争议的最终方法，不影响当事人将争议提交法院解决或者根据仲裁协议提交仲裁。

总之，与建立在双方当事人"对立"基础上的诉讼相比，替代性争议解决方法充分尊重当事人在纠纷解决中的自主性，使得解决纠纷的程序通常比较灵活、快捷，费用比较低廉，节约了解决纠纷的成本，提高了解决纠纷的效率，并有利于当事人保持良好的关系，因而，替代性争议解决方法被广泛地用于解决各种纠纷。

---

〔1〕 附设在法院的 ADR 虽然是诉讼程序的一环，但从法院解决纠纷的传统方法来看，ADR 仍然被视为诉讼外的即不经过判决解决纠纷的程序。此外，当事人之间的和解是美国解决纠纷的主要形式，而法院采取 ADR 的目的，主要是促进当事人之间的和解。根据《美国联邦民事诉讼规则》第 16 条第 3 款的规定，法院召开双方当事人或律师参加的审理前会议协商案件的审理前准备，其中一个很重要的协商内容就是研究和解的可能性和是否利用审判外的程序解决纠纷的问题。参见 http：//www. legaldaily. com. cn/locality/content/2011 - 09/01/content_ 2918577_ 2. htm.

〔2〕 赵秀文："论选择性争议解决方法及其适用"，载《法学杂志》2005 年第 5 期。

〔3〕 赵秀文编著：《国际商事仲裁法》，中国人民大学出版社 2004 年版，第 5 页。

〔4〕 参见 http//dee3. ju. edu. cn/webcourse.

(二) 调解 (ADR) 的意义

ADR 的价值与功能集中表现为大幅削减诉讼费用、当事方在争议的解决中掌握更多主权，充分体现意思自治、争议双方也能够维持良好关系。ADR 使纠纷解决途径多元化、人性化、民主化。ADR 最初主要在于有效分流诉讼案件，现代 ADR 具有更多的功能。ADR 具有与诉讼不尽一致甚至截然相反的理念，正是这种多元化的理念起到了对诉讼补偏救弊的作用。ADR 以"常理"为标准，以公序良俗、诚实信用等理念为原则，顾及人类的生活习惯和义理人情。当事人可以根据个人倾向或通过成本核算，结合实际情况选择最适合自己的方式。市场经济条件下不同人群有不同的要求。在人类追求正义的过程中，虽然我们还不能确定正义的标准，但如果能由当事人在实质正义和程序正义的方向上做出选择，这样可能更容易接近最终的正义。ADR 是合作意识和自治意识的觉醒。ADR 有利于建立公平、民主、秩序的社会。[1] 因此在美国引起关注后，随即在欧洲大陆各国、日本、韩国、澳大利亚等国广为盛行。[2] 目前，ADR 在许多地区和国家正在受到推崇。

(三) 调解 (ADR) 的分类

调解可以是一种独立的争议解决程序，也可以与其他争议解决程序相结合。当它被不同的调解人使用或者与不同争议解决程序相结合时，就产生了不同类型的调解。

1. 民间调解。民间调解是指在非司法性和非行政性的民间组织、团体或者个人主持下进行的调解。[3] 主持调解的这些民间组织、团体或者个人被称为"民间调解人"。经民间调解人主持所达成的调解协议构成一项新合同或对原合同的修改补充，对争议双方当事人具有约束力，各方应严格履行，否则视为违约。根据民间调解人的不同，民间调解可以分为如下类型：

(1) 个人调解。个人调解是指自然人以个人身份作为调解人所进行的调解。该自然人由争议各方共同选定，被选定的自然人通常是相关领域的专家，而且不限国籍。

(2) 民间机构调解。一些商会或者行业协会通常设立专门的调解机构，并适用专门的调解规则进行调解。例如，中国国际贸易促进委员会下的中国国际商会调解中心 (Conciliation Centre of CCOIC) 及其各分会的调解中心，就属于我国的常设民间调解机构。

(3) 联合调解。联合调解也称共同调解 (joint conciliation)，它是指由中国国际经济贸易促进委员会下的中国国际商会调解中心与国外调解机构共同对一个争议案件进行调解的做法。该做法是由中国国际经济贸易促进委员会与美国仲裁协会于 1977 年共同开创的解决国际商事争议的新方式[4]。1987 年，北京调解中心与设在德国汉堡的北京—汉堡调解中心签署了合作协议，并制定了《北京—汉堡调解规则》，供双方共同调解涉

---

〔1〕 李融："ADR 的法律价值及其展望"，载《甘肃农业》2006 年第 4 期。

〔2〕 廖青松、盛文辉："我国发展之正当性分析——从诉讼纠纷解决机制的缺陷说起"，载《湖南经济管理干部学院学报》2006 年第 6 期。

〔3〕 尹力：《国际商事调解法律问题研究》，武汉大学出版社 2007 年版，第 16 页。

〔4〕 1977 年有三宗中美当事人之间的合同争议几乎同时提交中国贸易促进委员会贸易仲裁委员会和美国仲裁协会仲裁。于是中美两个机构决定在北京进行联合调解，并调解成功。

及中德当事人的案件。此后，中国国际经济贸易促进委员会下的中国国际商会调解中心先后与美国、阿根廷、英国、瑞典、韩国、加拿大、我国香港特别行政区和澳门特别行政区、日本等多个国家和地区的相关机构签署了合作协议，建立了合作关系。到目前为止，调解中心已经分别与相关国家共同组建了中加联合调解中心、[1] 中韩商事争议调解中心、[2] 中美商事调解中心、[3] 中意商事调解中心。[4] 此外，调解中心还与澳门组建了内地与澳门商事争议解决中心。[5]

联合调解的程序是，由争议当事人中的一方向另一方发出书面通知，邀请其按照两国调解机构的联合调解规则调解解决争议。如果另一方当事人接受了调解邀请，调解程序即开始。当事人可以协商选定两国调解机构秘书处中的任何一个作为案件的行政管理机构。如未选定，则由被申请人所在国家的秘书处进行管理。秘书处负责组织安排调解会议。调解程序开始后，双方当事人分别在其所在国的调解机构的调解员名册中指定一名调解员。调解员可以单独会见一方当事人，也可以提出和解建议。调解成功则制作调解书，撤销案件。调解员在调解中提出的建议或当事人所作的承认或接受不能作为仲裁或诉讼中的证据。

2. 仲裁与调解相结合。仲裁与调解相结合，是指仲裁庭在进行仲裁程序过程中，可以对审理的案件进行调解。广义上的仲裁与调解相结合[6]（Arbitration - Mediation）泛指仲裁与调解的各种结合形式，包括“先调解后仲裁”（Med - Arb）、“影子调解”（Shadow - Mediation）、“仲裁中调解”（Arb - Med）、调解失败每方当事人提供一个最后仲裁方案（Medaled）、“调解仲裁共存”（Co - Med - Arb）以及“仲裁后调解”（Med - Post - Arb）六种形式。狭义的仲裁与调解相结合仅指“仲裁中调解”，即在仲裁程序启动后，由仲裁员对案件进行调解，调解不成或调解成功后再恢复仲裁程序。仲裁与调解相结合可以三种形式进行：一是面对面调解；二是背对背调解；三是监督调解。实践中

---

〔1〕 与加中贸易理事会共同组建。

〔2〕 与大韩商工会议所/中国韩国商会联合组建，2001 年 12 月就成立“中韩商事调解中心”达成了协议。

〔3〕 与美国公共资源中心争议解决机构于 2004 年共同组建。美国公共资源中心争议解决机构成立于 1979 年，属于非营利性机构，在世界范围内吸收法律部门、律师事务所、法官和学者作为会员。该机构的使命是促进公共资源的优化并进行独立的可替代争议解决。该机构保持独立公正，是 ADR（可替代争议解决）的主要倡导者。

〔4〕 与意大利意中商会、米兰仲裁协会共同组建。双方于 2004 年 12 月 7 日在北京举行《中意商事调解中心合作协议》签字仪式。这是中国与欧盟国家建立的第一个商事调解机构。

〔5〕 与澳门世界贸易中心于 2002 年共同组建。

〔6〕 由于大陆法系国家传统上允许法官调解案件，这一做法自然也惠及于仲裁。但仲裁员在仲裁程序中进行调解的做法通常未为法律明文规定，只是荷兰例外。荷兰 1986 年的《仲裁法》第 1043 条规定了仲裁员可以尝试调解。传统上对法官和仲裁员进行调解持反对态度的一些普通法国家，近来态度却发生了积极的变化。如 1993 年和 1999 年英国商事法院发布的指导性的司法陈述（Practice statement），鼓励当事人以诉讼的方式来了结案件。尤其值得一提的是印度 1996 年制定的《仲裁与调解法》，该法第 80 条规定，仲裁员在当事人同意的情况下在仲裁中可以调解案件。世界上各仲裁机构对仲裁与调解相结合的态度不尽相同。有的明确规定仲裁员有权对同一争议进行调解，如印度仲裁院的《仲裁规则》第 42 条允许先调解后仲裁的纠纷解决方式。有的仲裁规则只是一般性的将调解作为解决争议的一种可能方式，但并没有规定具体的调解方式，如美国仲裁协会《商事仲裁规则》。有的仲裁规则规定，仲裁员可以用最经济的办法来解决争议，如瑞典《斯德哥尔摩商会仲裁院仲裁规则》。尽管具体规定各不相同，但各仲裁规则几乎都实际上允许仲裁员担任调解员。

较为常用的是第二种形式。此种形式也称为“私访”、“交替密谈”或“穿梭外交”。在此种形式下，仲裁庭分别听取当事人的意见，不但可以避免当事人的对抗情绪，而且仲裁员处于信息源的上端，可以自身对案件是非曲直的把握提醒当事双方对其所处的地位与优劣保有较为清晰的认知，致力于在当事双方的底线上达到平衡，从而获得解决方案的最优化。

仲裁与调解相结合是日益普及的 ADR 的一种特殊混合，作为一种独特的争议解决方式，仲裁与调解相结合具有如下特征：

（1）这是一种较为灵活的可选择性争议解决方式。依据一般的仲裁程序规则，调解并非仲裁程序的必经程序，调解的启动取决于争议当事人的意愿、各方的合理期待、仲裁员的威望与调解能力等诸多方面因素的综合权衡。但是，达成调解并不需要特别的书面明示。以契约的视角，仲裁员根据案件的实际需要与仲裁程序规则的规定向当事人征求是否同意调解的建议，此种行为属于商事调解服务合同的要约，倘若当事人双方同意，则构成承诺，于是关于商事调解服务的合同就达成了。

（2）仲裁与调解相结合是一种具有较强兼容性的争议解决机制。作为一种复合式的争议解决方式，一方面，调解程序是在仲裁程序进行过程中促发的，调解程序依附于仲裁程序；另一方面，调解程序又具有相对的独立性。仲裁案件进入调解程序后，仲裁员的身份转换为调解员，此时调解的范围与仲裁的范围可以不一致，调解员需注意的程序事项也有别于仲裁程序。如果当事人同意调解，他们希望在作为调解员的第三人的积极协助下，友好地解决他们之间的争议，或者他们至少希望能够友好地解决争议；而如果他们同意仲裁，那么他们就采取相反的态度，要求对他们之间的争议作出裁决，尽管此项裁决是由他们自己选择的私人裁判员而不是由国家指定的法官作出的。尽管如此，调解的最终目标与仲裁的目的是相符的，都基于争议解决的出发点，因而两种程序具有兼容性。在仲裁与调解相结合中，仲裁员的身份经历了从单一仲裁员到仲裁员、调解员双重身份的转变。倘若达成调解，当事人可以请求撤销案件，也可以请求依据调解协议作出调解书或裁决书；如若调解不成，仲裁庭可以继续之前的仲裁程序，此时仲裁员恢复至原先仲裁员的身份，将依据案件的是非曲直作出仲裁裁决。

（3）将调解程序融于仲裁程序当中，必然存在特殊的程序事项。调解程序较为灵活，参与者在其中的意见表述与承诺，并不具有拘束力，因而参与各方均可适当地表达意见与承诺。且依据调解原则，调解员无需对调解方案作出明确的肯定或否定的意见，无需对争议作出孰是孰非的判断，只需引导当事双方朝着达成调解协议的方向发展。源于在调解过程中，当事人的意见、承诺或者方案都是在友好协商、互谅互让的基础上提出的，无关基础合同的过错认定与责任分担，也无关法律规定的权利义务关系；因而倘若调解失败，仲裁程序恢复后，这些意见、承诺、当事人作出的妥协，均不能作为仲裁庭审理的依据以及作出仲裁裁决的理由。

仲裁与调解相结合的优势在于仲裁与调解相结合的争议解决方式得以形成并获得发展，凸显了其在商事争议解决领域上的优势：

第一，仲裁源于当事人拥有对自身权利的处分权，而作为民间组织的仲裁机构，其权利来源于当事人对自身实体权利的有限让渡，倘若有悖于当事人的意志，当事人可以放弃仲裁与调解相结合甚至是仲裁的方式来解决争议。

第二，仲裁与调解相结合的方式在最大限度上尊重了当事人的意思自治，不仅程序的启动须经双方当事人的同意，调解过程中包括庭上调解、庭外和解、面对面以及背对背等形式均须由当事人选择，程序的终止亦出于当事人的自愿，而且双方当事人所达成的协议内容包括履行的时间、平衡地点以及方式等都是在当事人自愿的基础上作出的。在仲裁与调解相结合的程序中，当事人拥有充分的主动性，并占据主体地位，此种解决途径促使争议向当事人自我解决的方向回归，为和解协议的达成创造良好的氛围，在社会效益上避免了利益冲突的加剧，最终达到双方当事人利益的平衡、维系双方当事人的商业合作关系。

第三，仲裁与调解相结合的优势还在于节省当事人的时间、精力与金钱。一般说来，争议产生的根源在于利益制衡格局的打破，然后诉求某一程序希冀能协调或者重新分配利益从而达到相对的利益均衡。但出于人性的原本希求，任何一方当事人都会在达成合意时追求自身利益的最大化。而这极易引发博弈论（Games Theory）中的“囚徒困境（prisoner’s dilemma）”。囚徒的困境，缘由之一在于他们不能商量沟通。调解在一定意义上就是商事争议解决过程中“商量沟通”的最好方式之一。将博弈论应用于商业谈判中，倘若双方当事人均竭力于自身利益得到最大满足、死守底线不肯松手，结果可能就会与囚徒困境所反映出的博弈机构一样，最终只是浪费当事人的时间与精力，导致双方之前良好的商业关系趋于恶化。在仲裁程序中进行调解，当事人毋须交纳在单独的调解程序中应当交纳的调解费用；而且当事人无须再纠缠于争议中，为争议的解决进一步寻找证据、准备文件资料，相反可以全身心投入到生产经营活动中。

众所周知，在争议解决中，灵活性与终局性都是当事人所希冀的，仲裁相对而言灵活性不足；调解具有灵活性，却不能保证所达成的协议具有终局执行力；而仲裁与调解相结合则能实现灵活性与终局性的双重目标。当然，调解程序把握不当，也可能前功尽弃，造成当事人时间与精力的浪费。因此，做好调解工作并不是一件简单的事情，在调解过程中必须注意调解的技术性和专业性，聘请专业化的调解员从事调解工作，妥善的安排双方的权利和义务，实现当事人的共赢。最终实现仲裁与调解相结合整个程序的价值。

3. 法院调解（司法 ADR）。法院调解也称司法 ADR，是案件进入法院之后各种非诉讼纠纷解决方式的总称，它是 20 世纪末国际上兴起的于司法程序内迅速解决纠纷的一种新的手段与方法。司法 ADR 又称法院附设 ADR（Court Annexed ADR），是在 ADR 基础上发展起来，附设于法院之内非审判的纠纷解决方式，是以法院为主持机构或者受法院指导，既不同于诉讼程序又具有准司法性质的诉讼外纠纷解决模式。因此，司法 ADR 虽然是诉讼程序中的一环，但又区别于诉讼不经过审判而解决纠纷的程序。

司法 ADR 实质上是国家将部分司法权附条件委托给某些地方性或专门性 ADR 机构进行处理，同时也保留法院对它们的司法审查权，它作为一种直接辅助民事诉讼程序的替代性纠纷解决方式，既节约了司法资源，提高了司法效率，又不偏离法治的轨道，成为诉讼程序的有益补充。首先，在规范适用方面，司法 ADR 具有一定的合意性，当事人可以选择地方习惯、行业惯例或其他社会规范作为解决纠纷的依据，而不必像审判程序那样，必须遵从一定的实体法和程序法规定，在纠纷解决的程序上也具有一定的灵活性和简便快捷性。其次，相对于法院之外的ADR而言，司法ADR又具有一定的司法性，一般由法院进行管理、监督或者主持，和法院诉讼程序有一定制度上的联系。可见，司法ADR构成了司法系统的一部分，是案件进入法院后的非审判纠纷解决途径，它与审判相辅相成，共同承担着解决纠纷的司法职能。从本质上看，司法ADR是一种具有准司法性质的程序。作为替代性的纠纷解决方式，司法ADR在消除诉讼迟延，提高诉讼效率，降低当事人诉讼成本，节约国家有限的司法资源等方面发挥了重要的作用。

综上所述，尽管有各种调解方式，但是，所有调解方式与协商方式一样，都是建立在当事人自愿和互谅互让基础上的。与协商方式相比，由于有第三方作为调解人，而且调解人具有较多的调解经验，因而更有利于调解协议的达成，有利于维护各方当事人的合法权益。而与仲裁和诉讼相比，调解方式的明显优势在于程序简单灵活，费用较低。

二、内地调解制度

随着我国经济体制改革的进一步深化，经济交往日趋频繁，经济关系也日渐复杂，诉诸法院的纠纷也在激增，其后果是直接导致法院负担极其沉重，积案居高不下、案件质量无明显提高。[1] 要解决法院的大量积案，把法官从超负荷运作中解放出来。我们认为重要的途径之一是完善和发展我国的ADR程序，将大部分民事纠纷导入法院以外的纠纷解决机构。实践表明，很多纠纷完全没有必要到法院解决，即使到了法院也没有必要由法官来解决。诉讼并不是人们获得正义的唯一途径，我们应该拓宽人们获得正义的渠道。其实通过诉讼外的方式解决纠纷也同样能够获得正义，因而在我国目前和今后很长一段时间内很有必要大力发展和推进ADR程序建设，以拓宽人们获得正义的渠道。

目前，在内地存在着四种调解类型，即人民调解、行业调解、仲裁调解和法院调解，本书仅对人民调解、仲裁调解和法院调解进行阐述。

（一）人民调解制度

1. 人民调解制度在中国具有历史传统。人民调解制度起源于历史上的民间调解，是在对旧的民间调解进行扬弃的基础上逐步形成与发展起来的。运用调解的方式平息民间纠纷在我国有很长的历史，最早可以追溯到西周奴隶时代。据考证，在3000多年前的西周官府中，就设有“调人之职”，“司万民之难而谐合之”的官职，专司调解纠纷，平息诉讼，维护社会秩序的工作。到2000多年前的秦汉时期，调解制度发展为乡官治事的调解机制，县以下的乡、亭、里设有夫，承担“职听讼”和“收赋税”两项职责，“职听讼”即调解民间纠纷。唐代沿袭秦汉制度，县以下行政组织设有审判权，乡里民间纠纷、讼事，则先由坊正、村正、里正调解。调解未果，才能上诉到县衙。明代沿袭和发展了历代的调解制度，并将民间调解行为上升为法律规范，《大明律》专门有关于“凡民间应有词讼，许耆老、里长准受于本亭剖理”的规定。清代县乡以下基层组织实行保甲制，设排头、甲头、保正，负责治安、户籍、课税和调解民间纠纷。中华民国政府《区自治施行法》和《乡镇自治施行法》都规定，区、乡、镇设立调解委员会，其成员

---

〔1〕 廖青松、盛文辉：“我国发展之正当性分析——从诉讼纠纷解决机制的缺陷说起”，载《湖南经济管理干部学院学报》2006年第6期。

由具有法律知识和公众威望的公正人士担任，并且由所在区、乡、镇公民中选举产生。[1]

人民调解制度萌芽于第一次国内革命战争时期，最早在广东海丰农民运动中产生，农会设立的仲裁部，行使调解职能。新中国成立后特别是改革开放以来，人民调解制度得以较快发展，人民调解委员会作为基层群众性组织的法律地位及其主要职能被宪法等法律、法规所确定，使人民调解在中国不仅成为一种纠纷解决的技术或方式，更成为构建社会主义和谐社会的一种重要制度。

2010 年 8 月，全国人大常委会审议通过了《中华人民共和国人民调解法》（以下简称《人民调解法》）。这部法律规定的调解原则包括以下内容：一是自愿、平等原则。当事人在调解活动中可以选择或者接受人民调解员，可以接受、拒绝或者终止调解，可以要求调解公开或者不公开进行，可以自主表达意愿，自愿达成调解协议。二是合法原则。调解不得违背法律、法规和国家政策。三是尊重当事人权利原则。不得因调解而阻止当事人依法通过仲裁、行政、司法等途径维护自己的权利。2010 年制定的《人民调解法》，将人民调解工作长期积累的好经验、好做法上升为法律，从法律上完善了人民调解制度，明确人民调解与其他纠纷解决机制的关系，加强对人民调解工作的支持和保障，有利于充分发挥人民调解制度的特点和优势。目前，中国有人民调解组织 80 多万个，人民调解员 490 多万人，在解决民间纠纷、化解社会矛盾、促进和谐稳定等方面，人民调解发挥着重要作用。[2]

2. 人民调解的适用范围。由于民事诉讼本身是当事人所选择的纠纷解决机制的一种方式，而人民调解也是当事人的一种选择权，故原则上民事纠纷案件都可适用人民调解，但也有例外情况。以下类别的民事案件不宜适用人民调解：①从民事案件所适用的审判程序上看，凡依民事诉讼法规定的适用特别程序、公示催告程序、督促程序、企业法人破产还债程序的民事案件，不适用人民调解。因为这类民事案件没有明确的原告、被告，不属于民事权益之争，而是请求法院对某项法律事实加以认定，因此不能适用人民调解。②从当事人向法院提出保护实体权益的请求种类即诉的种类上看，单纯的确认之诉案件不适用人民调解，如确认民事行为无效、经济合同无效、确认身份关系以及婚姻关系等案件。③从起诉时一方当事人人数是否确定来看，对民事诉讼法规定的当事人一方人数众多，在起诉时尚未确定的集团诉讼案件，不适用人民调解。④对于有关身份关系诉讼的案件，如亲子关系、收养关系、婚姻关系案件，不适用人民调解，因为此类案件涉及当事人的身份权，对当事人的权利义务影响巨大。而关于身份权，当事人就不能像财产权那样随意处分，从保障人权的角度出发不应适用人民调解。并且此类案件通过法院审判过程中法官对当事人的说服教育，可能会取得更好的法律效果及社会效果。

3. 人民调解协议的效力。人民调解协议是发生民事纠纷的当事人在人民调解委员会的主持下自愿达成的解决纠纷的协议。人民调解协议完全具备民事合同的特征和性质，应当依法具有民事合同的法律效力。

---

〔1〕 参见 http：//hi. baidu. com/sk_ pf/blog/item/91b8142518e30613c8955915. html.

〔2〕 参见 http：//yyfx. chinacourt. org/public/detail. php？ id =409 中国法治建设年度报告（2010）发布。

（1）人民调解协议内容和形式上成立的有效要件应包括以下几个方面：①经人民调解委员会调解；②双方自愿，不带强迫性；③双方当事人的真实意思表示；④不违反法律强制性规定；⑤当事人签名盖章；⑥人民调解员签名，并加盖人民调解委员会印章。

（2）民法上的合同是民事主体设定、变更或者消灭民事权利义务的合意，凡是在民事主体之间就财产利益或者某些身份利益所自愿达成的协议，均属民事合同。人民调解协议无论是设定当事人之间的民事权利义务关系，或者是变更当事人之间既存的民事权利义务关系，还是终止当事人之间既存的民事权利义务关系，均不影响其民事合同的性质。人民调解委员会主持并促使当事人双方通过自愿协商达成调解协议，如同当事人通过中间人的协助或者协调而达成买卖协议一样，不应影响人民调解协议的合同性质。

（3）民事合同的效力为法律所赋予。根据合同自由原则，只要合同真实地反映了双方当事人的意志且不损害社会公共利益和他人合法利益，合同即具有法律强制力。因此，合同当事人具有相应的民事行为能力、意思表示真实、合同内容合法，是合同法的法定有效条件。依法达成的人民调解协议是当事人双方真实意思表示，即使调解协议的内容确定了一方当事人对于某些权利或者利益的放弃，只要该种利益的放弃出于当事人的真实意愿，仍然对其具有法律约束力。

总之，人民调解协议应被视为民事合同的一种，对其效力的认定，协议的履行以及不履行协议的法律后果的确定，以及协议变更、终止等有关问题的处理，均应适用《合同法》及其他有关法律的规定。2010 年 1 月 1 日起施行的《人民调解法》第 33 条明确规定，经人民调解委员会调解达成协议后，双方当事人认为有必要的，可以自调解协议生效之日起 30 日内共同向人民法院申请司法确认，人民法院应当及时对调解协议进行审查，依法确认调解协议的效力。人民法院依法确认调解协议有效，一方当事人拒绝履行或者未全部履行的，对方当事人可以向人民法院申请强制执行。人民法院依法确认调解协议无效的，当事人可以通过人民调解方式变更原调解协议或者达成新的调解协议，也可以向人民法院提起诉讼。

4. 人民调解制度的优势。民间调解这种具有纯朴性质的原始民主和人道精神的调解，在中华民族五千年的历史文化中，被糅和到我国政治、哲学、宗教、伦理、道德、社会风俗民情以及民族心理素质中，成为中华民族的精神财富、处事习惯以及和解纠纷、息事宁人、和睦相处的美德。当双方发生矛盾纠纷不能解决时，就求助于长辈、亲朋以及处事公道的人予以调解，以消除纠纷和保持和睦，维护社会的和谐稳定。人民调解作为司法制度的补充几千年来长盛不衰，成为中华民族的优良传统之一。近几年涉诉信访案件增多，影响社会和谐稳定的因素增多，做好人民调解工作，有利于在更大范围、更广大的领域内维护社会和谐稳定。

（1）人民调解能够减少当事人双方的对抗性。人民调解能够减少当事人双方的对抗性，为双方当事人提供对话沟通的机会，有利于纠纷的平和解决。首先，人民调解坚持依法调解和依社会公德调解，这是公正解决矛盾纠纷的基础。法律和社会公德都是一种社会规范，是人们应该遵从的最基本的行为规则。依法调解和依社会公德调解，也是一种最现实最生动的普法宣传和社会公德、精神文明的教育，通过调解矛盾纠纷，使当事人懂得了什么是合法，什么是违法，什么是社会公德，公民享有哪些权利，应该履行哪些义务，增强了公民自觉地用法律武器保护自己，用合法的途径解决矛盾纠纷的法律意识。使公民知法、懂法、守法，自觉维护社会主义法制秩序，这也是人民调解制度重要而长远的使命之一。其次，人民调解坚持平等自愿原则，是尊重人权的体现。双方当事人在调解员的启发引导下，可以充分地发表自己的意见，针对矛盾的症结，通过通俗的语言、合理的疏导、耐心的说服、情感的感化，在弄清事实和平等自愿的基础上达成一致协议，而不必严格按照法律所规定的死板和冗长的诉讼程序进行。当事人不在法庭、法袍、法槌前的活动，其对抗性必然会有所减小。这样不仅使矛盾纠纷得到合理解决，而且还有效地缓解和改善了当事人之间的紧张关系，有利于社会的安定团结。

（2）人民调解能够促进法的安定性。从纠纷解决的社会效果来说，裁判的对抗机制不如人民调解的对话机制有效。与审判必须严格依照法律规范的普遍标准不同，人民调解由于给予当事人自主决定的权利，当事人合意的形成基本上是以是否有利、是否有理的评价标准为基础，所达成的解决方案应当最符合他们自己的利益需求，也最接近当事人追求的实体公正。在我国诉讼量增长、判决比例提高的同时，审判的上诉率、再审率居高不下、判决缺乏既判力和终局性已成为我国司法最严重的问题之一，这些上诉、再审、申诉、缠诉的频繁、大量发生，也极大影响了社会的稳定及法的安定。而通过人民调解解决纠纷，有利于当事人息讼，减少上诉、再审、申诉、缠诉等现象，还可降低诉讼成本，节约司法资源，促进社会和谐稳定。

5. 人民调解制度与诉讼的衔接。如果说司法审判是维护社会稳定、确保社会公正的“最后一道防线”，那么，以人民调解为主的包括其他民间性质的调解及其当事人之间的和解，就共同组成了解决社会矛盾纠纷的“第一道防线”。搞好这两道“防线”之间的衔接，建立一个由低到高的，完整的社会矛盾纠纷解决机制，是实现社会稳定的关键，也是人民调解工作的生命线。

（1）把调解协议书与法院民事调解书衔接起来，即人民法院可以应当事人的申请，按照一定的法律程序，根据当事人双方达成的调解协议书制作民事调解书，当事人可以以此申请法院强制执行。仲裁制度为这种调解书的衔接提供了参考蓝本：《中国国际经济贸易仲裁委员会仲裁规则（2012 年）》第 48 条规定，当事人在仲裁委员会之外通过调解达成和解协议，可以凭当事人仲裁协议和他们的和解协议，请求仲裁委员会指定 1 名独任仲裁员，按照和解协议的内容作出仲裁裁决书。我们可以合理借鉴仲裁制度的规定，实现调解协议书与民事调解书效力的衔接。

（2）人民法院应加强对人民调解工作的指导。通过对人民调解工作的指导，以实现人民调解与诉讼的有效衔接，这不仅有利于树立人民调解的权威与公信力，也有利于激励人民调解机构去深入地化解更多的社会矛盾，方便、快捷地维护当事人的合法权益，维护社会的和谐稳定。

（3）在人民调解过程中当事人申请人民法院对调解活动进行协调的，人民法院可以委派审判辅助人员或者邀请、委托有关单位和个人从事协调活动。即当事人申请庭外和解的，人民法院应予准许，并可以委托人民调解工作人员主持调解，一旦达成协议，人民法院可以根据当事人的申请，依据该协议书制作民事调解书，通过这一连贯的过程，实现人民调解与诉讼调解的完美结合。

中国特色的人民调解法律制度，应成为解决社会矛盾纠纷的主要手段，其不但节约诉讼成本，可以提高解决社会矛盾的效率，而且方法灵活，当事人易于接受，易于履行，不易激化矛盾。我国改革开放和司法实践表明，人民调解法律制度不仅十分重要，而且必将得到不断的健全、完善和发展。

（二）法院调解

近年来，我国法院的案件压力越来越大，鉴于国际上司法 ADR 发展的趋势与经验，司法 ADR 在我国也开始起步并有了较大发展。我国 2012 年新修正《民事诉讼法》第一编第八章专门规定了法院调解问题。法庭调解必须遵守如下规定：[1] ①调解不是法院审理案件的必经程序，而是当事人自愿选择的程序。人民法院审理民事案件，应当根据自愿和合法的原则进行调解；调解不成的，应当及时判决。②调解人由法官担任。人民法院进行调解，可以由审判员一人主持，也可以由合议庭主持，并尽可能就地进行。人民法院进行调解，可以用简便方式通知当事人、证人到庭。调解达成协议必须双方自愿，不得强迫。调解协议的内容不得违反法律规定。③由法院制作调解书。“调解达成协议，人民法院应当制作调解书。调解书应当写明诉讼请求、案件的事实和调解结果。调解书由审判人员、书记员署名，加盖人民法院印章，送达双方当事人。调解书经双方当事人签收后即具有法律效力。”[2] “调解未达成协议或者调解书送达前一方反悔的，人民法院应当及时判决。”[3]

关于司法 ADR 的规范性文件主要是 2004 年 11 月 1 日实施的《最高人民法院关于人民法院民事调解工作若干问题的规定》，该司法解释进一步强调了人民法院审理民事案件必须全面贯彻调解工作的基本原则，提出调解组织应当多样化。针对我国审判力量的严重不足，为提高诉讼效率，确保司法公正，该规定扩大了调解人员的范围，调解员参与调解主要通过三种方式实现：

1. 协助调解，就是人民法院邀请与当事人有特定关系或与案件有一定联系的企事业单位、社会团体或其他组织，以及具有专门知识、特定社会经验、与当事人有特定关系并有利于促成调解的个人协助法院开展调解工作。协助调解人与法官相互配合，合理分工，共同实现有效调解。这种调解很大程度上还是由法官把握案件的判断标准，具有显著的法院司法特征。

2. 委托调解，又称为独立调解，是经各方当事人同意，人民法院委托上述单位和个人对案件进行调解。如人民调解组织、行业主管部门、协会、居委会、技术专家等。经调解达成调解协议的，由人民法院依法予以确认。这种调解的 ADR 色彩更浓厚，调解人能够独立行使调解职责，具有较大自主性。

3. 和解协调，当事人请求人民法院对其和解活动进行协调的，人民法院可以邀请、委托有关单位或个人或者委派审判辅助人员从事协调活动。

上述三种调解方式中，协助调解在我国法院的诉讼调解中早已存在，委托调解则是

---

〔1〕 我国《民事诉讼法》第 93 ~96 条。

〔2〕 我国《民事诉讼法》第 97 条。

〔3〕 我国《民事诉讼法》第 99 条。

一种新的借助社会力量解决民事纠纷的制度，是更具制度建构价值的司法 ADR 形式。

随着两岸四地的交流交往日益密切与频繁，涉港澳台民商事案件也在不断增加，在涉港澳台案件中引入司法 ADR，构建特邀调解员制度，能够有效克服传统诉讼所固有的弊端和宿疾，能够在纠纷解决方面起到对诉讼审判制度补偏救弊、分担压力和补充替代作用，减少涉港澳台案件当事人纠纷解决的成本和代价，从而有效地调整人际关系和社会关系，节约社会资源。例如福州中院审理的“廖运明诉被告王健民债务纠纷一案”[1]，双方当事人均为来福建投资的台湾同胞，涉案标的达 2668 万人民币。法院在审理过程中注意到，此案诉讼标的较大，此前双方有过多年合作关系，为了能够使二人重修关系，法院积极邀请涉台特邀调解员参与调解工作，最终促成双方当事人达成调解协议，被告及时履行了协议。此案不但节约了诉讼成本，易于执行，而且取得了良好的社会效果。

当前，海西建设进入加快发展的重大历史机遇期，《国务院关于支持福建省加快建设海峡西岸经济区的若干意见》[2] 明确了海峡西岸经济区的战略定位，它是中国经济走向世界的特点和独特优势的地域经济综合体，是一个涵盖经济、政治、文化、社会等各个领域海峡西岸经济区，其地理位置是指台湾海峡西岸，以福建为主体包括周边地区，南北与珠三角、长三角两个经济区衔接，东与台湾岛、西与江西的广大内陆腹地贯通，具有对台工作、统一祖国，并进一步带动全局的综合性概念，总的目标任务是“对外开放、协调发展、全面繁荣”，基本要求是经济一体化、投资贸易自由化、宏观政策统一化、产业高级化、区域城镇化、社会文明化。经济区以福建为主体涵盖浙江、广东、江西三省的部分地区，截止目前海峡西岸经济区扩张，包括福建福州、厦门、泉州、漳州、龙岩、莆田、三明、南平、宁德以及福建周边的浙江温州、丽水、衢州；江西上饶、鹰潭、抚州、赣州；广东梅州、潮州、汕头、揭阳共计 20 个市。

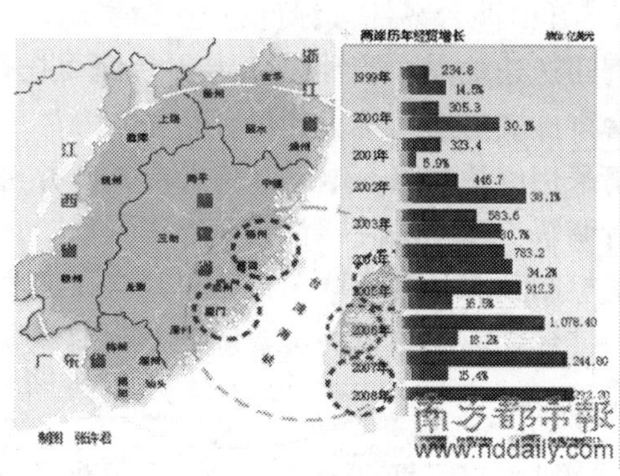

附图：海峡西岸经济区[3]

---

[1] 参见 http://fzszy.chinacourt.org/public/detail.php? id = 8356 福州法院网。

[2] 2009 年 5 月 4 日《国务院关于支持福建省加快建设海峡西岸经济区的若干意见》(国发〔2009〕24 号)，参见 http://politics.people.com.cn/GB/1026/9301732.html 人民网。

[3] 图片来源于 http://tech.southcn.com/tzrz/content/2009 - 05/20/content_ 5172432.htm 南方网。

福建省作为海西经济区的核心，依法服务和保障加快建设海峡西岸经济区，是福建各级法院的重大政治责任和司法使命。2010年，福建各级法院共审（执）结各类涉台案件2041件，占同期大陆法院审（执）结各类涉台案件总数的43.9%。[1] 福建省高级人民法院2011年6月出台《关于加强涉台审判工作服务保障福建科学发展跨越发展的意见》，强调妥善处理涉台纠纷案件，维护两岸同胞合法权益。该《意见》提出健全多项工作机制，包括探索平潭综合实验区[2]开放开发司法保障机制，创新涉台审判工作指导协调机制，完善涉台审判管理机制，健全涉台审判诉讼服务保障机制，推行涉台审判司法公开机制，完善涉台民商事纠纷诉讼与非诉讼相衔接解决机制，构建闽台司法交流合作常态化机制。因此，发挥福建省独特的对港澳台优势，努力构筑两岸四地交流合作的前沿平台，涉港澳台审判工作要以有益两岸四地友好交流与合作为重点，把握机遇，提升站位，主动融入，先行先试。而引进涉港澳台案件的司法ADR制度，正是先行先试妥善解决涉台港澳纠纷的重大举措和重要体现。据统计，截止到2011年底福建各级法院已聘请139名台籍人士担任特邀调解员。[3]

以福建省漳州市法院为例，台胞陪审员或调解员参与审判或调解案件是漳州法院司法“品牌优势”。福建省漳州是台胞重要祖籍地和大陆台商投资密集区，为依法维护台商、台资企业合法权益，2007年7月，漳州法院在大陆率先设立“维护台商合法权益合议庭”，专门负责审理涉及台商、台资企业的民商事案件。2009年3月，漳州中级人民法院在内地首创成立涉台案件审判庭，集中受理有管辖权的包括诉讼当事人一方或双方为台湾地区居民、台湾地区法人、台资企业的一审、二审民商事案件、刑事案件和行政案件。其后又首次选任8名台胞陪审员参加涉台案件审理工作，并聘请20名台胞担任涉台民商事案件调解员、监督员、顾问，将涉台案件调解、审理、监督影响范围扩大，让担任陪审员或调解员的台胞台商亲自参与到案件的审理、调解中，参与审判过程监督。同时，“涉台案件审判庭”开辟涉台案件“绿色通道”，实现快速立案、快速审理、快速执行。在立案阶段主动询问送达地点，当面确定涉诉台商委托代理人，采用邮寄送达、委托送达等方式缓解涉台案件文书送达难；针对台商往来两岸、参与法院调解时间相对少的情况，法官根据案情采用电话联络、电子邮件等方式，并选择节假日、灵活安排时间，组织双方当事人进行调解。漳州法院“涉台案件审判庭”还构建多元化的涉台纠纷调解机制，包括诉前调解机制和服务台商联动机制等。合议庭主动与政法委、台办、台商协会等沟通，共同开展涉台民商事纠纷的排查调处和诉前疏导工作，最大可能地将矛

---

〔1〕 参见 http：//baike. baidu. com/albums/377230/377230/0/0. html#0 $ c87c6ecffd507a00f9dc6172.

〔2〕 2009年5月14日，国务院正式下发《关于支持福建省加快建设海峡西岸经济区的若干意见》，标志着海西建设从区域战略上升为国家战略，为地处海西“桥头堡”的平潭加快发展提供了前所未有的战略机遇。福建省平潭综合实验区位于福州市东南部海域的平潭县。平潭县是大陆距离台湾省最近的县，面积392.92平方千米，由海坛岛等126个岛屿和近千个岩礁组成，主岛海坛岛为中国第五大岛，人口35万，辖7个镇、8个乡。区管委会和县人民政府驻潭城镇。福建省平潭综合实验区的发展定位为探索两岸交流合作先行先试的示范区和海峡西岸经济区科学发展的先行区。2012年2月，国家发改委发言人表示将在平潭综合实验区实行“双币制”，福建省省长苏树林则表示要在实验区探索实行“五个共同”的新模式。参见 http：//baike. baidu. com/view/2791755. htm.

〔3〕 参见 http：//www. alets. org/newsShowForm. aspx？ selMenuID＝23&selNewsID＝423.

盾消除在萌芽状态。自2009年3月漳州中级法院成立大陆首家涉台案件审判庭以来，台胞协助参与调解漳州法院各类涉台案件110件、其他未进入诉讼程序的涉台民商事纠纷130件；在审结的案件中77.6%调解撤诉结案，其中当事人自动履行53件，标的额达到2580万元。[1]

综上，将司法ADR引进涉港澳台案件的审理工作，构建涉港澳台案件特邀调解员制度，有利于妥善化解纠纷，树立涉港澳台审判司法品牌，推进地区经贸平稳有序发展。涉港澳台案件坚持调解先行，积极进行社会管理创新，探索更有益于两岸四地同胞的友好交流与合作的纠纷解决机制，在涉港澳台案件中引入司法ADR模式，建立涉港澳台案件"全面、全程、全员"调解机制。在诉前送达、财产保全、庭审中和庭审后等案件审理的各个环节，由特邀调解员共同参加对台港澳小额贸易纠纷司法调解、涉港澳台案件调解建议书以及涉港澳台案件"审执一体"的速调模式等诉讼与非诉讼有效衔接措施，让情、理、法深入交融，当事人之间互谅互让既不伤感情，又能够从根本上化解纠纷，体现了中华民族"和为贵"的美德，减轻港澳台商诉累，营造良好的投资法治环境，促进了两岸四地同胞更加密切的经贸交流和人员往来。

（三）仲裁调解

仲裁与调解相结合的做法起源于中国，是与中国深厚的调解文化分不开的。早在西周时期，我国便有了关于调解的历史记载。经过漫长的历史演进，中国的调解观念已是根深蒂固，形成了深厚的社会文化积淀。中国国际经济贸易仲裁委员会首创的仲裁与调解相结合的做法，可以说是传统文化和现实需要激情碰撞的结晶，被誉为"东方经验"。[2]仲裁与调解相结合在中国的起源和发展可分为三个阶段：

第一阶段，20世纪50年代至20世纪70年代末。中国的仲裁以及在仲裁中进行调解，始于20世纪50年代，由于受苏联模式的深刻影响，1956年的《仲裁程序暂行规则》中没有规定调解。但在仲裁实践中，受中国传统调解文化的影响，调解逐渐被提升至相当高的地位。20世纪70年代，对外经济贸易仲裁委员会又与美国仲裁协会共同创造了"联合调解"的纠纷解决方式，是仲裁史上的又一创举。

第二阶段，20世纪80年代至20世纪末。适应改革开放的需要，1988年，贸促会制定的《仲裁规则》第37条规定可以对仲裁条件进行调解。这是我国首次在仲裁规则中规定调解。1994年修订的仲裁规则在仲裁与调解相结合方面增加了若干重要条文。1994年颁布的仲裁法首次以法律形式确认和规定了"仲裁与调解"相结合的制度。

第三阶段，2000年10月颁布的第六套仲裁规则进一步发展了仲裁与调解相结合的制度，包括增加规定了当事人在仲裁程序开始前进行的调解如何与仲裁相结合，并且通过简易的仲裁途径使得调解所取得的成果具有了法律上的强制执行力。2012年5月1日中国国际贸易促进委员会新的《仲裁规则》出台，规定了仲裁与调解相结合的规则。

纵观我国的立法，1995年施行的《中华人民共和国仲裁法》是仲裁与调节相结合的

---

〔1〕 参见 http：//www.chinataiwan.org/local/gedishetaihuodong/201010/t20101013_1558157.htm.

〔2〕 Russell THIRGOOD, A critique of Foreign Arbitration in China, *Journal of International Arbitration*, 2000, 17 (3) p. 96.

法律基础，即有关于当事人“自行和解”、裁决前“先行调解”、当事人自愿时“应当调解”的规定。随着民事纠纷的增多和人们对纠纷解决机制设置的认识的深入，民事纠纷解决机制不仅更为多样化，并逐步走向各机制之间在功能上的协调与对接。2009 年 7 月最高人民法院《关于建立健全诉讼与非诉讼相衔接的矛盾纠纷解决机制的若干意见》[1] 颁布实施。中国仲裁机构在实践中从国情出发，从传统文化中汲取精华，创造性地发展了一套在仲裁中调解的实际做法。最早在条文中明确规定仲裁中可以采取调解方式的，是 1988 年修订的《中国国际经济贸易仲裁委员会仲裁规则》。2010 年 8 月 28 日，我国专门制定《人民调解法》。2011 年 5 月，中央社会治安综合治理委员会、最高人民法院、最高人民检察院、国务院法制办公室、公安部等 16 家单位联合印发《关于深入推进矛盾纠纷大调解工作的指导意见》，提出要“积极推行仲裁调解制度，指导仲裁机构建立完善仲裁调解工作机制和制度，发展仲裁调解队伍，从仲裁人员责任、仲裁程序等环节落实调解工作内容”。

目前，中国国际贸易促进委员会、北京、上海、广州、西安仲裁委等大部分仲裁机构制定了专门的调解规则，积极探索仲裁调解方式和方法，充分彰显调解的优势和特色，很好地实现了仲裁法律效果与社会效果的统一。中国国际贸易促进委员会下的中国国际商会调解中心[2]（Conciliation Centre of CCOIC）及其各分会的调解中心以调解的方式解决发生在商事、海事等领域的争议。包括当事人在贸易、投资、知识产权、房地产、物流、金融证券、保险等领域的争议的调解。调解中心受理下列争议案件：国际的或涉外的争议案件；涉及我国香港特别行政区和澳门特别行政区和台湾地区的争议案件；国内争议案件。2012 年 5 月 1 日中国国际贸易促进委员会新的《仲裁规则》第 45 条规定了仲裁与调解相结合：

（1）双方当事人有调解愿望的，或一方当事人有调解愿望并经仲裁庭征得另一方当事人同意的，仲裁庭可以在仲裁程序进行过程中对其审理的案件进行调解。双方当事人

---

〔1〕 2009 年 7 月最高人民法院《关于建立健全诉讼与非诉讼相衔接的矛盾纠纷解决机制的若干意见》（法发〔2009〕45 号）第 4 条规定：要“认真贯彻执行《中华人民共和国仲裁法》和相关司法解释，在仲裁协议效力、证据规则、仲裁程序、裁决依据、撤销裁决审查标准、不予执行裁决审查标准等方面，尊重和体现仲裁制度的特有规律，最大程度地发挥仲裁制度在纠纷解决方面的作用。”第 9 条规定：“没有仲裁协议的当事人申请仲裁委员会对民事纠纷进行调解的，由该仲裁委员会专门设立的调解组织按照公平中立的调解规则进行调解后达成的有民事权利义务内容的调解协议，经双方当事人签字或者盖章后，具有民事合同性质。”第 29 条规定：“各级人民法院应当加强与其他国家机关、社会组织、企事业单位和相关组织的联系，鼓励各种非诉讼纠纷解决机制的创新，通过适当方式参与各种非诉讼纠纷解决机制的建设，理顺诉讼与非诉讼相衔接过程中出现的各种关系，积极推动各种非诉讼纠纷解决机制的建立和完善。”这些规定不仅为诉讼与仲裁制度的对接提供了依据，也为仲裁调解的发展提供了支持和依据。

〔2〕 中国国际贸易促进委员会下的中国国际商会调解中心于 1987 年在北京成立，并自 1992 年起陆续在全国各省、市、自治区及一些主要城市的中国国际贸易促进委员会分会设立调解中心（如设在北京分会的“首都调解中心”、设在河北分会的“河北调解中心”、设在上海分会的“上海调解中心”等）。其中，“首都调解中心”是总会的调解机构。各调解中心使用统一的调解规则，在业务上受总会调解中心的指导。调解中心根据当事人之间约定的调解协议受理案件，如果当事人之间没有调解协议，经一方当事人申请在征得他方当事人同意后，也可受理。总会调解中心及各分会调解中心均备有各自的调解员名单，供当事人在个案中指定。参见 http://tw.people.com.cn/GB/14815/14885/867099.html 人民网。

也可以自行和解。

（2）仲裁庭在征得双方当事人同意后可以按照其认为适当的方式进行调解。

（3）调解过程中，任何一方当事人提出终止调解或仲裁庭认为已无调解成功的可能时，仲裁庭应停止调解。

（4）经仲裁庭调解达成和解或双方当事人自行和解的，双方当事人应签订和解协议。

（5）经调解或当事人自行达成和解协议的，当事人可以撤回仲裁请求或反请求；当事人也可以请求仲裁庭根据当事人和解协议的内容作出裁决书或制作调解书。

（6）当事人请求制作调解书的，调解书应当写明仲裁请求和当事人书面和解协议的内容，由仲裁员署名，并加盖“中国国际经济贸易仲裁委员会”印章，送达双方当事人。

（7）调解不成功的，仲裁庭应当继续进行仲裁程序并作出裁决。

（8）当事人有调解愿望但不愿在仲裁庭主持下进行调解的，经双方当事人同意，仲裁委员会可以协助当事人以适当的方式和程序进行调解。

（9）如果调解不成功，任何一方当事人均不得在其后的仲裁程序、司法程序和其他任何程序中援引对方当事人或仲裁庭在调解过程中曾发表的意见、提出的观点、作出的陈述、表示认同或否定的建议或主张作为其请求、答辩或反请求的依据。

（10）当事人在仲裁程序开始之前自行达成或经调解达成和解协议的，可以依据由仲裁委员会仲裁的仲裁协议及其和解协议，请求仲裁委员会组成仲裁庭，按照和解协议的内容作出仲裁裁决。除非当事人另有约定，仲裁委员会主任指定 1 名独任仲裁员组成仲裁庭，按照仲裁庭认为适当的程序进行审理并作出裁决。具体程序和期限，不受本规则其他条款关于程序和期限的限制。

此外，国内关于调解的规则主要见于中国国际贸易促进委员会（中国国际商会）调解中心的调解规则与北京仲裁委员会、广州仲裁委员会、湘潭仲裁委员会的调解规则以及西安仲裁委员会调解中心调解暂行规则等。以湘潭仲裁委员会的现行《调解规则》为例。其于2009 年 12 月 25 日通过施行的《湘潭仲裁委员会调解规则》，系在 2002 年学习武汉仲裁委经验，并不断借鉴各地仲裁调解规则有益经验的基础上，三次修订而成，因此其内容不失为较为全面地反映了当前仲裁调解的实践创新和前述特点。具体包括：①将“公正、和谐、高效地化解民商事纠纷”作为仲裁调解的基本理念，也是《调解规则》制定的立意和宗旨。②以保障调解的自愿自决性和防范调解的非正当性作为调解的基本原则。其内涵包括当事人自愿参加调解、自愿退出调解、自主选择调解员、自主设计调解程序、自主决定调解结果，不受他人干涉，从而防范强迫调解。③将调解纠纷的范围扩大至“当事人可处分权利的争议”。其规定合同纠纷、物权纠纷、侵权赔偿纠纷以及其他涉及当事人可处分权利的争议均可提交调解。④建立了 7 种仲调结合机制，形成先行调解、全程调解、全员调解、仲调对接、调裁结合的和谐解纷格局。具体包括仲裁确认机制——本仲裁委员会外和解、调解与仲裁相衔接的机制；无仲裁协议纠纷的调解机制；组庭前调解机制；仲裁庭主持的开庭前调解、开庭中调解和裁决前调解机制；裁决书执行中的调解机制。⑤改变了单一的仲裁庭调解，形成了由专门设立的调解组织调解、仲裁庭调解、仲裁部调解的多元格局。对于无仲裁协议或者仲裁协议无效的纠纷，可根据当事人的请求由调解组织调解；经立案人员审查，事实清楚、法律关系明确的小额纠纷，经征询各方当事人意见，一致同意组庭前调解的，可由调解组织进行组庭前调解；对于裁决执行中的调解则由仲裁部派员进行。⑥明确了可以采用灵活多样的方式进行调解。在调解中，可以分清是非但不纠缠是非。调解员只要不违背当事人的意愿，可以采用与当事人分别沟通、由当事人提出或调解员主动提出调解方案和争议解决建议、邀请当事人双方都信任的专家、律师和有关人士参与等灵活多样的方式进行。〔1〕

从上述立法和规定可以大致地归纳出中国特色仲裁调解制度所具有的以下内涵：①制度立意的高度性。将仲裁调解定位于维护社会主义市场经济，建设社会主义和谐社会的基本目标，“公正、和谐、高效”的基本理念。②调解意志的当事人自主性。是否选择调解和达成协议，均决定于当事人的自主意志。③调解范围的广泛性。调解纠纷的主体对象范围并不局限于商业群体，而是延伸至社会的各个群体和阶层，只要是当事人“可处分权利的争议”即可。④调解阶段的贯穿性。立案前、仲裁立案后组庭前可进行调解组织调解；组庭后至裁决前各个阶段均可进行仲裁庭调解；裁决后执行阶段可进行仲裁部调解等。⑤与其他调解的衔接性。仲裁调解可通过仲裁确认机制与人民调解、行政调解、行业调解、律师调解等诸多调解实行对接联动。⑥调解与仲裁的结合性。在仲裁程序中，调解可以随时根据当事人的意愿或仲裁庭的决定终止，调解程序结束后，仲裁程序即随之恢复；仲裁委员会调解组织调解、其他组织调解、仲裁过程中的调解以及裁决后执行中的调解所达成的协议，可通过裁决书的形式予以确认。在我国仲裁调解实践中，调解实际上是仲裁过程中的一种辅助手段。一旦调解失败，则自动回复到仲裁程序中，调解依附于仲裁。如图〔2〕：

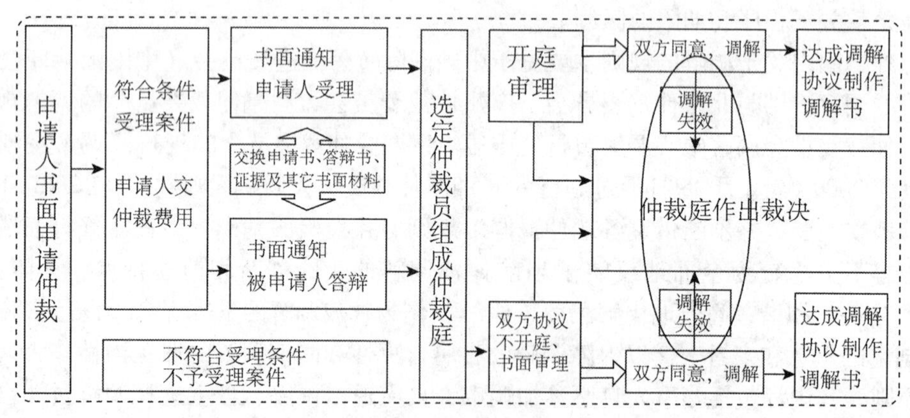

⑦调解方式的灵活多样性。调解只要严格遵守当事人自愿自决原则，可以不拘泥于某些机械的形式，并且可以借助外部力量的参与，一切以是否有利于纠纷的“公正、和谐、高效”解决为标准。⑧进行过程的规范性。调解的深度运用和广泛运用，以及方式的灵

〔1〕《湘潭仲裁委员会调解规则》，参见 http：//www. xtac. org/class. asp？id＝490 湘潭仲裁员会网。

〔2〕图片来源：http：//www. whac. org. cn/zczn. asp 武汉仲裁委员会网站。

活多样性，并非可以任意而为，而是必须遵照规范的条件和程序进行。

综上，所谓中国特色的仲裁调解制度，即相较国际上的仲裁调解制度而言，是以纠纷的“公正、和谐、高效”解决为基本理念，调解纠纷的范围较为广泛，调解与仲裁有机结合，仲裁调解与其他调解相衔接，方式灵活多样的纠纷解决制度。总之，中国特色仲裁调解制度的产生和发展不仅有着内在的政治、文化、经济和法律依据，适应了我国社会主义市场经济对仲裁制度的政治需要、重视调解的法律文化传统、经济发展的不平衡状态和纠纷解决机制发展的内在要求等，有利于充分发挥我国仲裁制度的纠纷解决功能，其在纠纷解决上的优势也为实践所证明。

三、香港民商事调解制度

（一）概述

调解在香港的应用始于20世纪80年代，但多限于建筑和婚姻诉讼。香港地区的民事调解虽然与内地的人民调解目的一致，都是解决纠纷的一种非诉讼方式，但是在调解组织的性质、调解员的构成、调解的方式等方面却有很大的差别，如最明显的差别是，在香港调解不仅要向调解员支付报酬，而且还要支付调解场地的租金，而香港的调解方式亦与内地调解不一致。香港调解资讯中心将调解的含义解释为：调解是一种自愿参与的程序，当中由一名公正和受过训练的第三者，即调解员，协助争议各方在良好的气氛下，达成既能满足各方所需，又为各方所接受的和解。在调解过程中，争议各方均有机会陈述本身的论点和聆听对方的说法。调解员的任务并非为各方作出决定，而是帮助各方探讨本身论据的强弱，并寻求可行的解决方案，从而便利各方达成和解，调解员不会就谁对谁错作出裁决，亦无权强行各方和解，作出决定的权利始终在争议各方的手上。香港调解制度主要现况如下：

1. 建筑争议调解。早在1984年，香港政府已率先推行调解试验计划，解决16份选定的土木工程合约的建筑争议，有关合约由香港工程师学会负责管理。经过二十多年的发展，2006年9月，司法机构开始实施一项为期2年的调解建筑争议试验计划。计划相当成功，并且配合民事司法制度改革，在2009年4月2日全面推行。在该计划下，自愿采纳调解已成为建筑与仲裁审讯表所处理案件的常规。其后，有香港国际仲裁中心的香港调解会推行一项小额建筑争议试行计划，该计划鼓励不熟悉调解事宜的机构考虑以调解作为解决争议的第一个方法。

2. 家事调解。香港早在80年代后期，非政府机构率先在香港提供家事调解服务。司法机构在2000年5月推行一个为期3年的家事调解试验计划，并于家事法庭大楼设立一个家事调解统筹主任办事处。家事调解统筹主任负责主持调解讲座，以协助夫妇考虑用调解来解决他们的婚姻纠纷。数据显示，在推广使用调解以解决家事纠纷方面成效卓著。根据香港理工大学2004年发表的《最后评核报告》，在2000年5月2日至2003年5月14日期间完成的933宗家事调解个案之中，有69.5%达成全面协议，另外9.7%达成局部协议。[1] 家事调解是香港确立已久的服务，但是由于其非政府性而造成自身经费来源不稳定，因此没有足够的力量去提供持续的调解服务。律师调解的出现也会对其造

---

〔1〕 参见 http://www.polyu.edu.hk/cpa/polyu/index.php.

成一定的冲击，因此，家事调解机构的经费问题有待完善解决。

3. 商业调解。2007 年 7 月至 2008 年 12 月，香港调解会推行商业争议调解试行计划，这项计划现已发展为商业争议调解计划，其目标为“以提供一个综合性标准计划，协助商业争议中的当事方通过调解，友好、经济而客观地和解解决争议”。这个计划的目标是尽力以当事方最低的成本，最少的不便，在合理时限内圆满解决商业纠纷。在雷曼兄弟相关迷你债券纠纷中，以调解作为解决投资产品纠纷的一个方法，受到了传媒界的关注成为焦点。香港保险业在 2007 年推出新保险索偿调解试行计划，由香港保险业联会向香港调解会提供 25 万港元（“新保险索偿调解试行计划基金”）用于调解，以解决涉及工伤的人身伤害索偿争议。该计划在商业调解中的具体适用，显现出调解制度的灵活特点，更有利于争议双方的利益的衡平。

此外，香港的调解制度实践还有小区调解、建筑物管理调解、亲子调解、校本朋辈调解、受害者与犯罪者和解会议。整个调解制度体系的构建都详尽地针对特定的纠纷进行特定的调解活动，其主体有司法机关，但也有大部分的非政府机构，通过电台、电视和报刊的宣传，推广调解服务，得到了社会的大力扶持和广泛关注。

值得注意的是，香港调解的蓬勃发展还基于司法机构对调解方式的大力支持。筹备 9 年的民事司法制度改革于 2009 年 4 月 2 日正式实施，改革中一个大方向是推动调解，以便利各方就其争议及早和圆满地达成和解，香港司法机构发出《实务指示 31——调解》，适用于高等法院原讼法庭和区域法院所有相关的民事案件，采用另类调解程序解决彼此的争议，已于 2010 年 1 月 1 日起生效。据此，在 2010 年 7 月 12 日香港高等法院在大楼地下一层设立了联合调解专线办事处，由香港调解会、香港大律师公会、香港律师会、英国仲裁学会（东亚分会）、香港仲裁司学会、香港建筑师学会、香港测量师学会和香港和解中心联合运作。联合调解专线办事处是以非牟利担保有限公司模式成立，旨在推动调解成为在香港解决争议的方式之一。联合调解专线办事处的职能是为有意使用调解服务的人士提供转介服务，但其服务范围不包括提供调解服务以解决各类型家事、小区或楼宇管理等纠纷。联合调解专线办事处不向各方当事人收取任何费用，只会就个案向调解员或提供调解服务的相关机构收取港币 500 元作为行政费用。虽然联合调解专线办事处不向当事人收取费用，但调解服务是需要收费的，调解费用主要分为委任费及调解员本身所收取的调解费用。一般情况下，委任费及调解员费用均由个案当事人共同或个别地承担，个案当事人必须就个案向调解服务机构及/或调解员支付有关费用。同时，联合调解专线办事处通过举办免费的调解讲座等方式，为诉讼人士提供有关调解的资讯，藉此协助他们考虑是否应该尝试以调解解决争议，及利于他们向专业团体寻求调解服务。

此外，法庭行使酌情权裁定讼费时，会考虑所有相关的情况，包括根据法庭可以接纳的资料而证实诉讼人没有合理解释但不曾参与调解一事。法律代表须向其当事人提出忠告，使他们明白可能会对不曾参与调解但没有合理解释的一方，发出不利的讼费令。就是说，除有合理解释外，如果一方拒绝参与调解，那么即使胜诉，也要承担自己和对方的律师费。以一个标的为港币 100 万元的债务案件为例，整个诉讼过程可能双方各花律师费 100 万元，虽然法庭最后判决债权方胜诉，但是如果债务方提出诉前已向债权方发出调解通知，且明确表示愿意偿付债务而遭到拒绝，那么法庭可以判决由债权方承担双方的律师费200万元。最后，债权方因拒绝调解，胜诉后的结果是不但没有得到100万元，反而损失100万元。

随着香港民事司法制度出现的重大转变，新的《香港事务律师专业操守指引》也作了相应的规定，即律师接到如钱债、股东纠纷、侵权、合约、劳工、婚姻、土地争执、业主租客等个案，都应该与当事人商讨，考虑通过调解解决问题。在香港调解员需要培训及给予认可资格，目前多个机构均提供培训及给予认可资格但没有统一的认可标准。例如，香港律师会和大律师公会这两个法律机构都会加强培训会员成调解员，律师会现时有53名律师被认可为调解员，大律师公会也有59名律师被认可为调解员。此外，测量师学会、建筑师学会、仲裁司学会、香港国际仲裁中心等都提供调解服务。[1]

（二）香港民事调解制度的特点

香港民事调解制度与内地调解比较而言是一种促进式的调解。二者具有以下显著不同：

1. 强调公正和中立。调解员是完全独立的第三方，且整个调解过程只有一名由双方当事人选定调解员参加调解。调解员不提供法律意见，不释法。即使调解员本人是合格的律师，但为了避免出现利益冲突的情况，在调解过程中也不会给予法律意见。如果当事人认为需要了解争议事项所适用的法律及为调解做准备，应自行咨询律师寻求独立的法律意见；另外，调解员不提解决方案，调解过程主要是透过调解员，沟通双方的看法，以协商的方式有效地解决争议。调解员将双方的问题一一列举出来讨论，还可单独与当事人会面谈，最终引导双方提出解决方案。

2. 强调保密性。调解过程在任何时候均被视为不可公开和必须保密，其表现在：①调解过程在所有时候必须保密，除各方当事人及调解员外，绝无第三者参与有关程序；②在任何情况下，如未获当事人准许，调解员不得向另一方披露在单独会谈中商谈的任何事宜；③调解时有关内容双方均不得用于任何法律程序上。

3. 有偿性。香港调解员一般来自不同的专业背景，可以是律师、医学专业人士、工程师、社会工作者、管理学专业人士或其他受过有关调解技巧和方法训练的专业人士。香港许多机构都有自备的调解员名册，这些机构可能是专门的调解组织，也可能不是，如香港调解会、香港律师会、香港仲裁司学会、香港建筑学会、香港测量师学会、香港和解中心等。这些调解员为当事人提供调解服务当然要收取费用。调解费用由当事人平均或按协议协商分担包括调解员的计时费用（包括审阅文件及所有调解会议的时间）、租用会议须缴付的租金。2010年7月成立的联合调解专线办事处，以年租金1元在高等法院设有三间办公室，成为诉讼人与调解员的联络机构。其主要是提供转介服务，将个案转交至调解服务机构处理。其收费标准为调解员的委任费为每方港币2000元，调解员的费用按照争议金额计费：初步调解会议（不超过4小时）从港币5000元起计，后续调解会议（如有需要）从每小时港币2000元起计。虽然费用不低，但是一般还是远远

---

〔1〕 参见 http：//news. sohu. com/20090323/n262956585. shtm.

少于诉讼需要支付的律师费。[1]

（三）香港民事调解制度值得借鉴之处

1. 将调解制度上升为司法制度。中国人讲究“和为贵”，崇尚“无讼”，人民调解被国外同行誉为“东方经验”并得到赞赏，是与我国的特定的文化背景相吻合，是通过说理与讲法相结合的方法，让当事人自觉自愿地接受调解结果，自觉履行调解协议。而香港司法机构所颁布的《实务指示31条》，在制度设计上侧重鼓励当事人选择调解。若调解方案不被接受，案件转入法庭审理，拒绝的一方当事人如果没有得到比调解结果更有利的判决时，则要承担拒绝调解以后双方所产生的费用。这种带有惩罚性质的措施增加了双方当事人的诉讼风险，在一定程度上抑制了双方当事人滥用诉讼权利的行为，增强了调解的可接受性。在我国，司法制度的设计很多方面不利于对债权人的保护，债务人总是穷尽各种方法“赖账”，败诉或者迟延履行并没有使其损失更多利益。建议可以适当引入强制调解，并设置相应的惩罚措施。明确规定将调解设置为某些类型的纠纷进入诉讼的必经程序，如涉及特殊社会关系的婚姻家庭纠纷、相邻关系纠纷，争议标的额较小、事实清楚、争议不大民间借贷、劳务合同纠纷、物业纠纷等。

2. 调解组织的多元化。香港的调解员多是兼职人员，却是相关行业的专业人员。如家庭纠纷调解员多由社会工作者、家庭辅导员、心理学家担任，物业纠纷调解员多由工程师、测量师等担任，医疗纠纷调解员多由医学专家担任。专业人员对纠纷的成因分析更为准确，更易引导纠纷各方达成解决方案。建议应大力培育各种民间调解组织，充分发挥社会各方面的力量，鼓励建立各种形式的民间调解机构。例如个人主持的调解工作室、律师调解组织、社会团体、行业协会调解组织等，只要有助于解决纠纷，促进社会和谐，都可以大胆尝试。而且，也应允许这些民间调解机构收取适当的费用。

综上所述，调解正在香港植根。在某些范畴，调解已经有良好的发展。在民事案件中使用调解服务方面，香港的司法机构担当积极的角色。调解获确认为法庭法律程序以外解决争议的重要辅助方法。

四、台湾地区调解制度

台湾地区关于调解的法律规定是很详细的，主要见于台湾地区“民事诉讼法”、“乡镇市调解条例”、“公害纠纷处理法”以及其他民事或行政单行法规，如“工会法”、“土地法”、“劳资争议处理法”等法条中。

（一）调解制度概览

按调解主体的不同，台湾调解制度大致可分为四类：职业团体所进行之调解；政府机关所进行之调解或调处；调解委员会之调解或调处以及法院调解。

1. 职业团体所进行之调解。调解主体：工人组织之工会、商人组织之商业团体、农人组织之农会、工业界所组织之工业团体以及渔民组织之渔会，他们均为法人团体。上述各种职业团体，均可为调解组织。调解范围：他们对于会员间或同业间之私权纠纷，依法均应受理而进行调处。如台湾地区“工会法”第5条第9款规定：“工会之任务如左……⑨劳资间纠纷事件之调处；⑩工会或会员纠纷事件之调处。”调解效力：若当事人

---

〔1〕 参见 http://blog.sina.com.cn/s/blog_9c2121da01015f6q.html.

之纠纷经调处成立，其效力仅有私人和解契约之效力而已。倘当事人不依调处内容履行义务时，他方当事人无法据以请求法院为强制执行。因此，此类调处的成立对当事人之强制拘束力不大，这是此类调解的缺点。

2. 政府机关之调解或调处。调解主体：台湾省省辖市政府及县政府之地政机关。调解范围：对于人民之因土地登记、土地处分分割、土地公告及异议、房屋或土地之租用争议、土地重割结果之异议等纠纷，均应受理而为调解或调处，例如“依法得分割或为其他处分之共有土地或建筑改良物，共有人不得自行协议分割或处分者，任何共有人得声明该管市、县地政机关调解，调解不成者，该管地政机关得依任何共有人之声明，移送该管司法机关审理。”（台湾地区“土地法”第 34 条第 6 项）。“因房屋租用发生争议得由该管市县地政机关予以调处，不服调处者，得向司法机关诉请处理。”（台湾地区“土地法”第 101 条）。调解效力：由政府机关调解或调处之成立结果，对当事人无强制之拘束力，当事人无法请求法院对义务人为强制执行，权利人必须另向法院提起民事诉讼来解决。

3. 调解委员会之调解或调处。调解主体：包括依台湾地区“乡镇市调解条例”之规定由乡镇市公所设置的调解委员会，依台湾地区“耕地三七五减租条例”之规定，在直辖市或县（市）政府及乡（镇市区）公所分别设置的耕地租佃委员会，依“劳资争议处理法”规定在政府机关设置的劳资争议调解委员会及劳资争议仲裁委员会等。下面仅以台湾地区“乡镇市调解条例”为例来介绍其调解委员会的运行机制。调解对象：台湾地区“乡镇市调解条例”第 1 条规定：“乡镇市公所应依本条例之规定设置调解委员会，办理左列调解事项：①民事事件；②告诉乃论之刑事事件。”可见，乡镇市调解委员会的调整范围是很广泛的。调解效力：调解成立后，乡镇市公所应将调解成立之调解书，送法院审核。经法院核定之民事调解，与民事确定判决有同一效力（台湾地区“乡镇市调解条例”第 1 条、第 23 条、第 24 条）。

4. 法院调解。法院调解作为一种调解方式，其调解主体是法院。调解范围：进行法院调解之民事事件分为两类，一为强制调解事件，另一为任意调解事件。例如台湾地区“乡镇市调解条例”第 427 条规定之财产事件（因房屋定期租赁或定期借贷关系所发生之争执涉讼者及雇佣人与受雇人间因雇佣契约涉讼，其雇用期限在 1 年以下者），依第 403 规定，于起诉前应经法院调解；依台湾地区乡镇市调解条例第 577 条规定，离婚及夫妻同居之诉、终止收养关系之诉于起诉前应经调解。所谓任意调解事件是指不合于强制调解规定之事件。对于这类事件，“当事人亦得于起诉前，声明调解”（台湾地区“乡镇市调解条例”第 404 条）。调解效力：法院调解成立者，不分强制调解或任意调解，与法院确定判决有同一效力，得据以对当事人为强制执行。

台湾仲裁的一个特色是和解是仲裁前的必经程序。台湾“仲裁法”第 44 条规定：“仲裁事件，于仲裁判断前，得为和解。和解成立者，由仲裁人作成和解书。前项和解，与仲裁判断有同一效力。但须声请法院为执行裁定后，方得为强制执行。”据此，和解成功的，双方达成和解书和和解协议，视为双方建立了新的契约关系，应自动履行。如一方不履行，则视为违约，另一方可继续以仲裁、诉讼途径寻求解决。但如果在协议书上第三者（调解人）签字，并有仲裁机构盖章，则视为调解书或调解协议。该法第 45

条规定："未依本法订立仲裁协议者，仲裁得依当事人之申请，经他方同意后，由双方选定仲裁人进行调解。调解成立者，由仲裁人作成调解书。前项调解成立者，其调解与仲裁和解有同一效力。但须声请法院为执行裁定后，方得为强制执行。"

由此可见，台湾"仲裁法"区分了调解和和解，在当事人之间有仲裁协议的情况下，当事人可以进行和解；而在当事人之间没有仲裁协议的情况下，当事人只能提请仲裁机构进行调解。事实上，在未达成仲裁协议而提交仲裁的情况下，提请仲裁机构进行调解，未必符合仲裁机构的宗旨，因为在此情况下任何人都可以进行调解，不必一定要专门由仲裁员来进行调解。另外，根据台湾"仲裁法"，仲裁中作出的和解书或调解书具有与仲裁判断同一的效力，无须再根据和解或调解协议制作裁决书，从而充分地肯定了和解与调解的法律效力。但同时也带来了一些问题，例如如何在外国适用"外国仲裁判断的承认及效力"的规定，请求承认与执行等。我们认为，台湾地区仲裁和解与调解的规定非常值得大陆借鉴。

（二）调解制度之借鉴

通过以上介绍，我们可以看到台湾法律中关于调解制度的规定颇多，且十分广泛。与中国大陆现行调解制度相比，台湾调解制度确有值得借鉴之处。这主要体现在台湾地区的调解制度较之大陆有较强的可操作性，具体表现如下：①台湾地区职业团体调解范围广泛。台湾地区工、商、农、渔等各界法人团体数量多，规模大，且都有配套的法律予以规范。②调解委员会的调解与法院的联系相当密切，如"公害纠纷处理法"第24条"调解委员会得请求有关机关协助调查证据行为"。根据第25条，调解委员会得委托鉴定，其鉴定费用由政府先行支付。另外，调解书制成以后，经法院核准的具有法律效力。③程序设置周全合理。除普通调解程序外，还规定了违法调解的追究程序。如台湾地区"民事诉讼法"规定，"调解有无效或得撤销之原因者，当事人得向原法院提起宣告调解无效或撤销调解之诉"。

五、澳门调解制度

澳门回归后，在南中国经济圈中的重要地位得到加强，如今澳门不仅内部商业交往频繁，而且与中国内地、香港和台湾乃至世界均有广泛的商业联系。在这种背景下也伴随着更多社会矛盾、纠纷出现，并出现"诉讼爆炸"。根据澳门法院的统计资料，2000年初级法院的各类型案件入案总数为5912宗，2008年至2010年间的入案每年均超过12000宗。[1] 由于社会矛盾增多，公民的法律维权意识不断增强，司法诉讼案件剧增，与有限的司法资源分配不成比例。大量案件的积压，使司法诉讼效率低下，同时司法资源入不敷支，司法机关压力重大，仅仅通过司法诉讼途径解决矛盾纠纷，已经不能满足社会发展的需求。因此，澳门应该在制度上考虑增加仲裁和调解的方式解决日常纠纷。

（一）澳门没有专门调解机构

澳门虽然有不少仲裁机构，如1998年成立的消费争议仲裁中心、1998年成立的世界贸易中心有限公司自愿仲裁中心、2001年成立的澳门金融管理局仲裁中心，却没有专门的调解机构，调解只附属于仲裁机构内。

---

〔1〕 参见 http：//www. macaulaw. gov. mo/cn/index2. asp.

澳门的诉讼调解一般也只属于任意性调解，根据《澳门民事诉讼法典》第 428 条第 1 款规定："如案件所涉及之事宜系双方当事人有权处分者，而双方当事人共同声请试行调解该案件，或法官认为宜试行调解者，得于提交诉辩书状之阶段结束后 15 日内，或如有采取按上条第 1 款之规定而进行之措施，于该等措施结束后 15 日内，试行调解有关案件。"只有双方当事人申请或者在认为适宜的情况下才由法官依职权施行。《澳门劳动诉讼法典》第 27 条第 1 款也只规定了试行调解的规定；对于调解具体开展方式没有专门的程序规定，调解协议只能视为协议文件其执行力也没有法律保障。由于调解缺少宣传，致调解制度得不到全澳市民的知晓和认可。

（二）澳门与中国内地设立经贸纠纷"联合调解中心"

澳门回归祖国以来，社会安定，经济稳步发展，与内地的经贸联系日益紧密。中国加入世界贸易组织以后，市场更加开放，为澳门与内地的合作带来了崭新的机遇，开拓了广阔前景。然而，由于两地法律制度的差异和其他一些原因，往往造成两地之间的经贸争议和纠纷。而引进一套较为完善和有利于坦诚协商解决争议的调解机制，是解决问题的一个较为可行的方案。合作协议的签署，标志着澳门与内地经贸争议解决机制迈进一个新的里程。

早在 2002 年年初，中国国际贸易促进委员会（中国国际商会）调解中心和中国国际贸易促进委员会（中国国际商会）法律部的领导在珠海和澳门两地分别会见了澳门世界贸易中心、澳门投资促进局等机构负责人，就开展联合调解和法律咨询服务等事宜进行了初步洽谈，达成了初步意向。之后，中国国际商会调解中心与澳门世贸中心经反复协商、研究，就联合调解合作协议和法律咨询服务的内容，调解规则，调解机构组成人员，调解员名单等事宜，达成了一致。并于 2002 年 12 月 16 日，双方在澳门正式举行两个协议的签署仪式，即《联合调解中心合作协议》和《法律咨询服务协议》，内地与澳门联合调解中心正式成立，宗旨是促进内地与澳门工商企业开展贸易投资，方便内地与澳门企业解决经济纠纷，促进两地经贸建设的有序发展。双方拟订的《调解规则》规定，"联合调解中心"为一个机构，实行统一的调解规则、统一的调解员名单，使用统一名称印章。主席、副主席实行轮值制，以 2 年为一个周期；两地分设秘书处，双方各派 1 名秘书长负责处理日常工作，可聘请顾问若干人。

"联合调解中心"用调解的方式解决产生于中国内地与澳门特别行政区在经济、贸易、海事等领域的争议，以促进两地经贸事业的发展。调解员由中国国际商会调解中心和澳门世界贸易中心分别聘请在经济、贸易、金融、证券、投资、知识产权、房地产、运输、保险以及其他商事、海事或法律方面具有专门知识和实际经验、公道正派的人士担任。为促进落实内地与港澳更紧密经贸关系，随需迅速解决的经济纠纷增加，2004 年 5 月由中国贸促会设置的"内地—澳门联合调解中心秘书处暨珠海调解中心"在珠海正式挂牌成立。[1]

在澳门社会多元化发展的今天，矛盾、纠纷激增，当诉讼被过度用于纠纷解决时，司法机关不堪重负，从而导致诉讼迟延、诉讼成本过高，以及投入的司法资源无法与诉

---

〔1〕 参见 http://www.pprd.org.cn/cepa/200503041129.htm.

讼量的增长速度相适应等问题相伴产生。在有限的司法资源与诉讼案件的大量堆积之间产生矛盾情况下，为减少司法机构的压力和高效地解决纠纷，节约司法资源，强化以人为本的理念，为广大公民谋福利实现公正与效率相统一，澳门应该在制度上增加调解机制，建构一套完备的调解制度，有效地借助社会力量共同开展调解工作，引导更多的公民知晓并愿意通过选择调解解决纠纷，不断提高矛盾纠纷的解决率。

复习与思考题

1. 协商的基本含义与特点是什么？
2. 海峡两岸协商的机构与成果是什么？
3. 调解的概念、特点、类型是什么？仲裁调解与法院调解有什么不同？
4. 中国四个法域相关调解制度有什么不同？

拓展阅读

1. 佘先予主编：《台湾民商法与冲突法》，东南大学出版社2001年版。
2. 赵秀文编著：《国际商事仲裁法》，中国人民大学出版社2004年版。
3. 朱建林："ADR的几种做法"，载《国际商报》1998年9月5日。
4. 李融："ADR的法律价值及其展望"，载《甘肃农业》2006年第4期。
5. 廖青松、盛文辉："我国发展之正当性分析——从诉讼纠纷解决机制的缺陷说起"，载《湖南经济管理干部学院学报》2006年第6期。
6. 尹力：《国际商事调解法律问题研究》，武汉大学出版社2007年版。
7. 自1993年以来两岸两会会谈成果，即20个协议：

《两会联系与会谈制度协议》

《汪辜会谈共同协议》

《两岸公证书使用查证协议》

《两岸挂号函件查询、补偿事宜协议》

《海峡两岸包机会谈纪要》

《海峡两岸关于大陆居民赴台湾旅游协议》

《海峡两岸食品安全协议》

《海峡两岸邮政协议》

《海峡两岸空运协议》

《海峡两岸海运协议》

《海峡两岸金融合作协议》

《海峡两岸共同打击犯罪及司法互助协议》

《海峡两岸空运补充协议》

《两岸标准检测认验证合作协议》

《两岸渔船船员劳务合作协议》

《两岸农产品检验检疫协议》

《海峡两岸经济合作框架协议》（ECFA）

《海峡两岸知识产权保护合作协议》

《海峡两岸医药卫生合作协议》

《海峡两岸核电安全合作协议》

8. 内地与港澳之间相关协商成果：

《内地与澳门关于建立更紧密经贸关系的安排》（CEPA）及其补充协议

《内地与香港关于建立更紧密经贸关系的安排》（CEPA）及其补充协议

9. 我国相关立法与规范文件及规则：

《中华人民共和国人民调解法》

《中华人民共和国民事诉讼法》（2012 年修正版）

《中华人民共和国仲裁法》

中国国际贸易促进委员会（中国国际商会）调解中心《调解规则》

2012 年 5 月 1 日中国国际贸易促进委员会新的《仲裁规则》

《关于支持福建省加快建设海峡西岸经济区的若干意见》

《横琴总体发展规划》

《珠江三角洲地区改革发展规划纲要（2008～2020 年）》

第八章　涉港澳台区际民商事争议之解决途径——仲裁

[教学目的和基本要求]

通过本章学习，掌握仲裁的概念、特点、类型，了解中国各法域的仲裁制度，掌握内地与港澳《仲裁裁决执行安排》的内容。本章的重点和难点是掌握中国区际商事仲裁裁决承认与执行问题。

第一节　概　述

因为法院诉讼程序复杂，费用高昂而且还需要长时间排期等候，所以仲裁作为诉讼以外的另一种解决私法关系争议方式在世界各国已经非常普遍。

在民商事交往中，以仲裁解决民商事争议的方式受到人们的欢迎，它已成为世界上得到普遍承认和广泛采用的替代司法诉讼的解决民商事争议的方式。仲裁的重要原则是当事人意思自治，即当事人可以通过签定合同中的仲裁条款或达成的仲裁协议自行约定或选择仲裁事项、仲裁地点 、仲裁机构、仲裁员、仲裁程序、仲裁使用的法律、仲裁裁决的效力以及仲裁裁决的语言等。仲裁虽以当事人意思自治为特点，但它又可以得到法院的适度监督和支援，以保证仲裁裁决的公正性和有效性。例如，一方当事人不自动执行仲裁裁决时，另一方当事人可以请求有管辖权的法院强制执行该裁决；而法院对于基于无效的仲裁协议作出的裁决可以撤销或不予强制执行。

中国由于存在“一国两制四法域”的复杂情况及近年来各法域间经济联系的进一步密切，仲裁以其公正、迅速、费用低廉以及对选择适用法律原则、商业惯例较富弹性的优点，越来越多地被各法域当事人选择作为处理他们之间已经或将要发生纠纷的手段。因此，仲裁在解决我国区际民商事争议方面起着非常重要的作用。为了更好地运用仲裁解决区际民商事争议，各法域纷纷加强了本法域的仲裁立法，如内地于1995年颁布实施了第一部《仲裁法》，香港于2000年对《仲裁条例》进行了再次修订，澳门在1996年颁布了《内部仲裁法》并于1999年开始实施《涉外商事仲裁专门制度》，台湾地区在1998年底公布并实施了新的“仲裁法”。

一、仲裁的概念

仲裁是现代非诉讼解决民商事争议的重要方式之一，随着社会经济的发展，仲裁越来越受到重视。仲裁作为解决民间争议的一种方式，起源于古罗马，形成发展于英国、瑞典等欧洲国家，继而普及于世界各地，成为解决民商事争议主要方式。

澳门的法律专家和部分葡萄牙法学者，根据对澳门仲裁制度（《自愿仲裁法》和《涉外商事仲裁法》）[1] 和相关规定的理解，把仲裁定义为当事人透过合同的条款或仲裁协议书，将争议交由作为仲裁员的私人审理的一种司法方式。而法律承认，由此作出的裁决具有与国家法院判决相同的既判力和执行效力，且争议一旦交由仲裁方式解决，法院对有关争议就无权审理。[2] 国际上尤其是内地的学者将仲裁理解为根据当事人之间的协议，对双方当事人发生争议的事项，由一定的机构以第三者的身份居中作出具有约束力的裁决，以解决当事人之间的争议，确定当事人的权利义务关系；[3] 或将仲裁理解为争议当事人自愿将他们之间的争议交由各方同意的非司法机构的第三者独立公正地进行审理，并作出对争议各方均具有约束力的裁决的一种解决争议的法律制度。台湾学者将仲裁定义为当事人双方就某项争议提请第三者依法进行审理，并由第三者居间作出对双方当事人都有拘束力的裁决。从上述理解可以总结出，强调的都是双方当事人自愿协商通过仲裁方式解决争议，而解决争议的第三人是当事人选定的或通过当事人之间约定的方式指定的。同时，当第三人解决争议的裁决作出后，对双方当事人具有约束力。仲裁定义中，着重强调的是双方当事人自愿协商通过仲裁方式解决争议。在澳门仲裁的主要依据是当事人透过订立仲裁协议，以意思自治原则为基础进行自愿仲裁。另外，还可以通过规定必须由仲裁员解决争议的强制性法律规定，进行必要仲裁。如在澳门，采用必要仲裁作为解决冲突的方式见于《公共工程及公共服务的批给制度纲要法》[4] 及有关公用征收的法律制度。[5] 目前自愿仲裁的事宜主要是由《自愿仲裁》制度规范，该法规对自愿仲裁作出了详细规范，但该法第40条提到的必要仲裁，则适用为此制定的特别法。同样，在内地也有必要仲裁的规定，如劳动争议方面的仲裁。但是，由于必要仲裁普遍存在行政公权力的参与，所以，有关必要仲裁并不被认为是真正意义上的民商事仲裁。因此，在此不涉及必要仲裁这一领域。

综上，仲裁是指在商事活动中，当事人依据事先在合同中订立的仲裁条款或事后达成的仲裁协议，自愿把他们之间产生的或可能产生的契约性或非契约性商事争议交由常设仲裁机构或临时仲裁庭进行评断和裁决。仲裁机构或仲裁庭所作出的裁决是终局的，对各方均有约束力。仲裁裁决是指仲裁庭对仲裁当事人提交的争议事项进行审理终结后作出的结论性意见。裁决作出之后，仲裁程序即告终结。

二、仲裁制度的历史发展

仲裁作为解决民商事争议的一种有效方法和手段，在国际上已有悠久的历史。早在古罗马时期，地中海沿岸一带，海上交通比较发达，商品经济有了相当的发展，成为商品生产比较发达的地区。再加上，因为随着商品生产和商品交换的出现和日益扩大，人

---

〔1〕 6月11日第29/96/M号法令核准通过的《自愿仲裁法》第1条，以及6月11日第29/6/M号法令规范的澳门《涉外商事仲裁法》第3条。

〔2〕 邵博韬："澳门之自愿仲裁"，载《法域纵横》1998年第1期。

〔3〕 杨荣新主编：《仲裁法理论与适用》，中国经济出版社1998年版，第2页。

〔4〕 澳门5月14日第3/90/M号法律第25条。

〔5〕 澳门10月20日第43/97/M号法令，尤其是第21条、第26条及续后数条。

们相互之间不可避免地要发生多种经济往来关系，由此就产生各种民事经济争议。为了保持商业关系的顺利发展，当事人必须及时地解决日益增多的争议，这势必要寻求某种途径或方法来解决彼此间的矛盾和争议。在解决争议的实践中，大家慢慢地发现，争议双方自愿协商的情况下，共同委托大家都信赖的、德高望重的、办事公道的、熟悉情况的第三人对争议进行居中裁判的方法，是一种比较简便易行的方法，能为大家所接受。这样就逐步自发地形成了由争议双方当事人共同约请第三者居中裁决其争议的习惯，这就是最早的仲裁。不过，那时候的仲裁从形式到内容都比较简单，主要用来解决债权、债务等民商事争议，并没有形成制度，裁决的执行也主要是依靠当事人对裁决者的信赖和道德观念的约束而自觉履行，不受法律的调整。古代罗马早期制定的《十二铜表法》，就对仲裁制度作出了规定，而且在后来制定的《民法大全》中更记载了当时五大法学家之一保罗的观点，他认为解决争议，正如可以进行诉讼一样，也可以进行仲裁。罗马的法学家把仲裁发展成为一种诉讼制度，称为仲裁诉讼，在这种制度中，仲裁员根据当事人的协议以及善良和公平的标准进行裁决。[1] 就这样，仲裁作为处理民商事争议的一种方式出现以后，显示出很强的适应性和生命力。随着交通运输、生产力特别是商品经济的发展，仲裁中的一些做法逐步定型化、制度化，进而法律化，并在实际中得到完善，以至形成为仲裁法律制度。

自古希腊罗马时代开始用仲裁方法解决争议后，仲裁于长期实践的基础上逐步被确立为一种法律制度。1697 年，英国正式承认了仲裁制度，并于 1889 年制定了世界上第一部关于仲裁的法律——《仲裁法》。19 世纪末 20 世纪初，很多国家制定了有关仲裁的法规，承认仲裁的法律地位，仲裁制度从而普及世界各地。也正是从这一时期开始随着国际经济贸易的迅速发展，采用仲裁方式解决国际商事争议获得国际社会的普遍承认。1892 年英国成立伦敦仲裁院，1917 年瑞典成立了斯德哥尔摩商会仲裁院，并于 1929 年通过《瑞典仲裁法》的同时通过了《瑞典关于外国仲裁协议和仲裁裁决的条件》，专门就国际商事仲裁中的有关问题作出规定。1922 年美国成立美国仲裁协会，1923 年法国在巴黎成立国际商会仲裁院，同年，国际联盟在日内瓦签订了关于承认仲裁条款的《仲裁条款议定书》。之后，为适应国际商事仲裁实践的需要，关于仲裁问题的国际性立法也开始出现并日趋完备，国际社会首先从统一仲裁裁决的承认和执行方面的制度着手，制订了一系列的国际公约。这些公约有区域性的，有国际性的，也有双边的。其中在 1927 年缔结了第一个关于执行外国仲裁裁决的公约。1958 年在联合国主持下，于纽约订立了《承认及执行外国仲裁裁决公约》。为指导各国的仲裁立法，1985 年 6 月 21 日，联合国通过了《国际商事仲裁示范法》。

目前，仲裁在解决各种社会争议和协调社会经济关系方面，发挥着越来越重要的作用。仲裁发展到现在，不仅因国家或地区范围内的经济贸易往来日趋频繁，国家或地区之间的国际经济贸易交往也逐渐增加，更促使不少国家设立了国际仲裁机构。因此，仲裁作为一项解决国际争议的制度也逐渐完善起来，并受到世界各地和国际社会的普遍重视和广泛采用以及国际社会的承认和执行。仲裁是近现代非诉讼解决商事争议的重要方

---

[1] 刘景一、乔世明：《仲裁法理论与适用》，人民法院出版社 1997 年版，第 2 页。

式之一，随着社会经济的发展，仲裁越来越受到青睐。在美国的 ADR（Alternatives Disputes Resolution）机制中，仲裁是最为常用和最为重要的一种解决争议的方式，特别是在解决国际民商事争议的领域中，发挥着诉讼无法比及的作用。综观其历史发展，仲裁制度经历了以下几个变化：首先，由纯民间性的自力救济的方式，发展成为由国家所承认或明确规定的一种解决争议的法律制度，这意味着由自力救济的方式发展成为公力救济的方式。其次，仲裁裁决由依靠道德规范的约束力来保障履行发展到由国家强制力来保障其最终执行，即赋予了仲裁裁决以国家强制力。最后，由解决国内的民商事争议发展到解决国际民商事争议、海事争议以及国际争端，即仲裁成为国际化通用的争议解决方式。也正由于仲裁的这三个变化，使得仲裁成为一种新的更趋完善的争议解决机制。

近年来，仲裁的形式和内容有了极大的发展。就仲裁范围而言，仲裁逐步由国内范围的民商事仲裁扩大和发展到国际经济贸易仲裁、海事仲裁、解决国家间争端的国际仲裁等。就仲裁裁决的执行而言，早期是单纯依靠当事人的自觉履行，后来当仲裁方法被国家用法律形式规定下来，其仲裁的执行又具有国家强制力的保证。就仲裁组织而言，仲裁员也从初期的由享有一定声望的个人担任，发展为具备仲裁职能的组织机构，并由一国范围内的仲裁机构发展到国际性的仲裁机构。就仲裁活动本身而言，从最初的由仲裁员凭公平原则和行业惯例、职业道德进行仲裁，发展为依照既定的法律和程序规则进行仲裁。在仲裁制度完善，仲裁经验丰富，仲裁员素质提高的同时，有必要大力宣传仲裁制度和重视仲裁工作，进一步规范仲裁制度，以充分展示用仲裁方式解决民商事争议的优越性。

中国“两岸四地”的经济和政治飞速发展，这带来前所未有的新局面，所有与国际经济贸易以及与解决民商事纷争有关的法律制度都必须作出适当调整。仲裁作为解决民商事争议的有效手段，为越来越多的当事人所选择运用。同时，社会各界也通过不断深入学习和研究仲裁制度，正确地理解和把握仲裁的本质属性及特征。当社会的仲裁意识得到普遍提高后，大家将主动地在合同中写入仲裁条款，或在争议发生后订立仲裁协议，将争议提交仲裁。不论是申请人还是被申请人都积极参加到仲裁程序中来，严格按仲裁法和仲裁规则的规定，在仲裁庭主持下，进行仲裁活动，并自觉接受仲裁裁决的约束，履行裁决。司法机关对仲裁的监督只限于形式审查，而不进行实质审查，更不干预仲裁庭对案件的审理和裁决工作。这必将促进仲裁事业在正常的轨道上迅速健康地发展。另外，从仲裁实践过程中吸收经验以完善仲裁制度，这是仲裁法律制度发展的必然趋势和结果。在仲裁制度得到进一步完善后，其将对仲裁实践活动起严格的规范和积极的指导作用，并在此基础上促进仲裁实践在正确的轨道上迅速健康地发展，同时也为人们通过仲裁手段解决争议时提供更为明确、可靠的法律依据。另外，随着国际经济贸易的迅速发展，科学技术及通讯产业的高度发达时代的到来，世界经济迈向一体化的趋势越来越明显，而借着仲裁方式来解决大部分因国际或涉外民商事争议，也有全球化的大趋势。所以，民商事仲裁法律制度也随之而走向国际化，不再只局限于双边或区域之间。因为大多数的民商事仲裁法律规范中，都允许当事人自主决定适用任何法律体系来解决其争议，一经当事人指定所适用的法律体系后，除特别情况外，仲裁庭均受其选择的约束。因此，研究比较民商事仲裁法律制度也有国际化的趋势和必要。这一观点，从多位学者在近期多个研讨会上所发表的论文及讲话中都可以得到验证。可以肯定的是，仲裁法律制度的研究不再局限于国内，应以双边或多边的比较研究逐步地向国际化过渡。

三、仲裁类型

（一）国内仲裁、国际仲裁

单从仲裁关系中的国籍为区分准则，仲裁可被分为国内仲裁和国际仲裁（或涉外仲裁）。涉外仲裁与国内仲裁的主要区别在于前者的仲裁关系中存在涉外因素，后者并不存在涉外因素。划分涉外仲裁与国内仲裁在于国内仲裁的成立、生效及其效力等都要受较严的国内法律规范，而涉外仲裁则采取较宽松的国际立法与司法解释为准则。也就是说，涉外仲裁在国际化与自由化的程度上，肯定较国内仲裁要高。内地对涉外仲裁订立了具体标准，当事人在订立仲裁协议时，各自的营业地点位于不同法域。当事人的营业地点位于同一法域时，仲裁地点或履行大部分义务的地点或与争议标的关系最密切的地点位于该区域以外，以及当事人按照意愿明确表示仲裁协议的标的与一个以上法域有关。虽然法律对仲裁的涉外性质作出规范，但只在规定中提到涉外性质的活动、国际争议或涉外争议，并未提供任何足以说明具有涉外性质的特征。

根据我国《仲裁法》的规定将仲裁分为国内仲裁和涉外仲裁（即国际商事仲裁）。《仲裁法》第七章“涉外仲裁的特别规定”从第65条到第73条规定了涉外仲裁，其中第65条规定：“涉外经济贸易、运输和海事中发生的纠纷的仲裁，适用本章规定。”但是《仲裁法》并没有对“涉外”的内涵进行具体的规定。最高人民法院《关于适用〈民事诉讼法〉若干问题的意见》第304条规定：“当事人一方或双方是外国人、无国籍人、外国企业或组织，或者当事人之间民事法律关系的设立、变更、终止的法律事实发生在外国，或者诉讼标的物在外国的民事案件，为涉外民事案件。”现在通行的观点认为：只要民事法律关系的主体、客体和内容诸因素中有一个是与外国有联系的即为“涉外”。《仲裁法》第66条规定：“涉外仲裁委员会可以由中国国际商会组织设立。”第73条规定：“涉外仲裁规则可以由中国国际商会依照本法和民事诉讼法的有关规定制定。”我国现阶段的涉外仲裁机构只有两个，即中国国际经济贸易仲裁委员会和中国海事仲裁委员会。但是，国务院办公厅国办发［1996］22号文规定：“重新组建的仲裁委员会的主要职责是受理国内仲裁案件；涉外仲裁案件的当事人自愿选择新组建的仲裁委员会仲裁的，新组建的仲裁委员会可以受理。”所以内地的涉外仲裁机构是多主体的。涉外的仲裁亦适用于台湾、香港和澳门。

香港仲裁分为港内仲裁与国际仲裁。港内仲裁，是指凡仲裁协议中明示或默示地规定该争议不在香港以外的任何国家或地区进行仲裁，并在仲裁开始，签署该仲裁协议或提出仲裁申请的人，如其为自然人，则都为香港居民，或居住在香港以外地区；如其为法人或公司，则其成立地或主要营业机构所在地均在香港。对港内仲裁，根据香港仲裁规定予以裁决。国际仲裁，是指仲裁当事人中有一方或双方为外国国籍或居住在香港以外地区的自然人；如果提出仲裁申请的为公司或法人，则该公司成立地在香港以外地区，或者该公司的主要营业地所在香港以外地区。它包括所有的国际贸易仲裁与海事仲裁。

（二）机构仲裁、临时仲裁

以仲裁机构的组织形式为标准，可以把仲裁分为临时仲裁与机构仲裁。机构仲裁主要是根据国内法、国际组织和国际公约而设立的专门解决争议的常设性仲裁机构，通过仲裁方式以解决当事人之间争议的仲裁。

临时仲裁，也称特别仲裁，是指依据当事人之间的仲裁协议，在争议发生以后，由双方当事人各自推选仲裁员临时组成仲裁庭，负责审理当事人之间的争议。该仲裁庭仅负责审理本案，并在审理终结作出裁决后自行解散。与机构仲裁相比，临时仲裁的优点是：①比较灵活，当事人可以依据争议性质协商制定仲裁程序规则，而不必受制于仲裁机构固定的仲裁程序规则；②费用比较低；③速度快，程序简便，免受仲裁机构内部程序规则中的期间限制。不过，临时仲裁能否有效进行完全取决于当事人的合作，如果当事人无法形成一致的意思表示，反而会延误仲裁，其优越性就不复存在了。临时仲裁是国际商事仲裁中最早采用的方式。在19世纪中叶常设仲裁机构产生之前，国际商事仲裁都是采用临时仲裁的方式，后来，随着仲裁制度的发展，在临时仲裁的基础上，才逐渐产生并发展了机构仲裁。即使在今天，临时仲裁仍然占有一定的地位，很多国际条约对临时仲裁持肯定态度。例如，1958年《纽约公约》第1条第2款规定："'仲裁裁决'一词不仅指专案选派之仲裁员所作裁决，亦指当事人提请仲裁之常设仲裁机关所作裁决。"显然，前者就是指临时仲裁。1961年在日内瓦签订的《关于国际商事仲裁的欧洲公约》也肯定了临时仲裁制度，该条约第4条规定，在当事人决定将他们的争议提交临时仲裁机构审理的情况下，双方当事人可以自由指定仲裁员或确定仲裁员的方法、决定仲裁地点、规定仲裁员必须遵循的程序等。

我国目前的仲裁立法没有对临时仲裁作出规定。不过，对于当事人约定在外国进行临时仲裁的仲裁条款的效力，我国法院是予以承认的。[1] 同时，我国又是1958年《纽约公约》的缔约国，有义务承认和执行外国的临时仲裁裁决。应该说，临时仲裁具有机构仲裁不具备的优势，不失为一种可供选择的解决商事纠纷的途径。为适应中国入世及对外贸易不断深入发展的新形势，法律应该给临时仲裁一个适当的位置。总之，承认临时仲裁制度不仅有利于完善仲裁法律制度，而且更有利于中国的仲裁制度符合市场经济的规律，与国际接轨，走向世界。

机构仲裁是指由常设的仲裁机构进行的仲裁。常设仲裁机构是依据国际公约或国内立法而成立的，有固定的名称、地址、组织形式、组织章程、仲裁规则和仲裁员名单，并且有完整的机构和健全的行政管理制度，用以处理国际商事争议的仲裁机构。机构仲裁的优点在于：①实行专业化管理。常设仲裁机构通常设有秘书处，从事仲裁程序的组织和行政管理工作，为当事人提供服务与便利。②为当事人提供确定的仲裁规则。当事人不必像临时仲裁那样要去创设一套规则，而可以直接使用由专家创设并经多年实践检

---

〔1〕 1995年10月20日最高人民法院《关于福建省生产资料总公司与金鸽航运有限公司国际海运纠纷一案中提单仲裁条款效力问题的复函》（法函〔1995〕135号）指出："涉外案件，当事人事先在合同中约定或争议发生后约定由国外的临时仲裁机构或非常设仲裁机构仲裁的，原则上应当承认该仲裁条款的效力，法院不再受理当事人的起诉。"

验的较科学、实用的仲裁规则和程序。③便于选择胜任的仲裁员。仲裁机构都备有经过精选产生的仲裁员名单。一般当事人都能按照自己的意愿选择胜任仲裁工作的仲裁员。④机构仲裁裁决的执行更能够得到司法部门的支持。⑤机构仲裁可以进行缺席审理，作出缺席裁决。

四、仲裁的特点

根据前面所述，可知仲裁是当事人透过合同条款或仲裁协议书，将争议交由作为仲裁机构裁断的一种方式，而法律承认，由此作出的裁决具有与国家法院的判决相同的既判力和执行效力，且争议一旦交由仲裁解决，法院对有关争议就无权审理。可以得出仲裁制度主要具有以下特征：

（一）以当事人意思自治为基石

当事人有充分的自治权，双方当事人可以自行约定仲裁地点、仲裁机构、仲裁事项、仲裁员以及仲裁适用的程序法和实体法，从而对仲裁进行控制，以排除因为国别、社会制度、法律传统等因素而可能产生的不公正性。这一点日益成为当事人愿意选择以仲裁的方式解决争议的最主要因素。各地的仲裁立法都普遍规定，双方当事人可以通过合同条款或仲裁协议书，在争议发生之前或之后，约定将争议提交有关仲裁机构来裁决。

（二）民间性

以仲裁来解决当事人之间的争议，一般来说，当事人可以透过协议约定由独任仲裁庭或由合议仲裁庭来裁决他们的争议，而组成仲裁庭的仲裁员通常以私人身份参与仲裁程序。同时，仲裁机构大多是由民间组织设立的，不具有国家司法机关的权限。在尊重当事人自主选择的基础上，进行独立公正仲裁，并且其裁决是终局的，能得到当事人的自觉履行。国际民商事仲裁是通过民间机构而非属于国家机关的法院来解决争议。民间机构一般是国际性的仲裁机构、区域性的仲裁机构、国家性的仲裁机构或专业性的仲裁机构。

（三）约束力

虽然仲裁机构只具民间性质，但仲裁程序的提起是基于当事人双方自愿将有关争议交由仲裁机构处理的结果。所以，仲裁机构的裁决对当事人而言具有与国家法院的判决相同的既判力和执行效力，法律赋予仲裁裁决与法院裁判同等的法律效力，保证了当事人之间争议的最终解决。

（四）排他性

仲裁制度是以自由处分民事权利为原则，当争议双方当事人愿意将他们之间的争议提交仲裁机构来解决时，国家的司法机关就被排除，即当事人能为解决争议达成有效的仲裁协议时，法院就无权审理有关的争议。

（五）终局性

在仲裁中实行一裁终局的原则，是世界各地仲裁实践中的普遍做法和仲裁立法中的普遍规定。如我国《仲裁法》第9条规定，仲裁实行一裁终局的制度。裁决作出后，当事人就同一争议再申请仲裁或者向法院起诉的，仲裁委员会或法院不予受理。同时，第57条到第62条进一步明确，裁决书自作出之日起发生法律效力。当事人应当履行裁决。

一方当事人不履行的，另一方当事人可以依照民事诉讼法的有关规定向法院申请执行。受申请的法院应当执行。

（六）受法院监督和支持

仲裁以国家法律为根据，以国家司法机关的支持、协助和监督为后盾。世界各地仲裁实践中的普遍做法和仲裁立法中的普遍规定，当事人达成仲裁协议，一方向法院起诉的，法院不予受理。仲裁机构作出裁定后，一方当事人不自觉履行仲裁裁决，另一方当事人依照法律有关规定向法院申请执行。

（七）秘密性

仲裁的裁判过程是保密的，不公开的。现代的商业活动，尤其是大型商业活动，由于商业秘密或商业形象等问题，不希望公开开庭审理的情况是相当多的。而公开审判是法院审理案件的基本制度，公开审判，不利当事人隐私之保障，尤其商业秘密，可能曝光，媒体报导影响企业形象。仲裁的审理根据仲裁的秘密性原则不予公开，这一特点在解决国际经济贸易争议中尤其受到欢迎，当事人既解决争议，又保守了不愿意公开的商业秘密，保护了自己的商业信誉。

（八）和谐性

仲裁机构在审理过程中一般会经过多次和解及调解的程序，以充分询问、有效沟通，尽量在法理情都兼顾的情况下作出裁决，达到在和谐气氛中解决争议的目的。

（九）快速、经济

仲裁采取一局终局制度，仲裁裁决是终局的，这比诉讼的二审终审或三审终审制的审理案件程序要简单、快捷得多，当事人支出的费用也会相应减少。仲裁既节省了当事人的时间、精力和花费，有利于争议的快速解决，又稳定了当事人之间的经济关系，充分显示了仲裁的快捷性和灵活性。

（十）专业性、权威性

组成仲裁庭的仲裁员专业性很强，往往由各行业的专家组成。仲裁机构的仲裁员均从在各相关领域享有较高威望的专家中选聘，当事人可以从中选择他们认为合适的人解决争议。对于一些需要专门行业知识的案件，这些专家比专门研究法律的法官更具有权威性和说服力。

（十一）协议管辖

仲裁庭的管辖权来自当事人的协议，如果当事人不选择仲裁的话，仲裁庭对民商事争议案件就不享有管辖权，这不同于法院的管辖权是通过法律规定的，合法有效的仲裁协议与法院的司法管辖权相排斥。

（十二）易于执行

采用仲裁解决争议可以在争议方之间获得有强制力、可执行的裁决，这优于法院外调解和其他非诉讼方式解决争议。在签订仲裁协议或制订仲裁条款时，履行仲裁裁决，可以被视为是当事人默示的许诺。因而，无论是临时仲裁还是常设机构仲裁的裁决，通常都被赋予如同法院诉讼中的终审判决同样的效力。

（十三）灵活性

仲裁的伸缩性很大，可以不用比照法院严格的程序法。只要以当事人双方地位平等，权利义务对等，裁决者中立的结构作为仲裁公正性的保障即可。在仲裁中，仲裁时间、仲裁程序均具有很大的灵活性。关于程序问题，法院没有自由裁量权，因为法院只能按照法律规定的程序及时间完成有关案件的审理。仲裁以仲裁程序的规范性、灵活性而成为及时、公正、迅速解决争议的有机体系。只要不违反自然公道（natural justice），仲裁员怎么做都可以。所以，有人说，仲裁员是程序的主人（master of procedure）。

可见，仲裁在解决民商事争议中，快捷性、灵活性以及经济性等优势使其在现代和未来的争议解决体系中占据非常重要的地位。但也正由于仲裁的这些优势，使得仲裁程序和仲裁裁决的公正性保障明显弱于诉讼。这是因为仲裁包括两方面的因素，即契约性因素和司法性因素。契约性因素主要体现在仲裁的原则之中，如仲裁权的取得来源于当事人之间的仲裁协议，仲裁权的行使受到当事人授权的限制，仲裁庭的裁决不能超出当事人的授权，等等。司法性因素主要体现在仲裁立法中，反映了司法对仲裁的支持与干预。也因为仲裁的契约性和司法性的结合，又使仲裁具有民间性的特点。正因为这样，仲裁就具有迅速、经济、保密、和谐、自由选择适用法律和分离讼源等优点，且因仲裁制度具民间性质，较无政治色彩，可回避敏感的国家主权问题，而成为解决国际经贸争议的重要方式。

第二节　我国内地仲裁制度

一、法律渊源

我国内地仲裁立法始于涉外仲裁制度的建立。1954年5月6日，中央人民政府政务院第215次政务会议正式通过《中央人民政府政务院关于在中国国际贸易促进委员会内设立对外贸易仲裁委员会的决定》。1958年11月21日，国务院全体会议第82次会议通过《中华人民共和国关于在中国国际贸易促进委员会内设立海事仲裁委员会的决定》。上述两个决定，为中国涉外仲裁立法打下了基础。1980年2月对外贸易仲裁委员会更名为对外经济贸易仲裁委员会，案件受理范围扩大到有关中外合资经营、外国来华投资建厂、中外银行相互信贷等各种对外经济合作方面发生的争议。此后，《经济合同法》、《技术合同法》、《涉外经济合同法》、《著作权法》、《铁路法》、《民事诉讼法》等也对仲裁作了有关的规定。1986年12月2日，我国加入1958年《纽约公约》[1]，最高人民法院《关于执行我国加入的〈承认及执行外国仲裁裁决公约〉的通知》，标志着我国在国际商事仲裁方面开始走上国际化和统一化的道路。进入20世纪90年代，我国经济体制改革和对外开放都取得了突出成就，跨国贸易量增加，相应地涉外经济贸易纠纷也日益频繁，我国的涉外仲裁机构受案量显著增加。国家根据现实的需要，于1991年在新的

---

〔1〕 1958年联合国经济和社会理事会在纽约召开了由45个国家和有关国际组织的代表参加的国际商事仲裁大会，于6月10日通过了《承认及执行外国仲裁裁决公约》（简称《纽约公约》），并于1959年6月7日生效。目前已有120多个国家加入了《纽约公约》，这为承认和执行外国仲裁裁决提供了保证和便利，为进一步开展国际商事仲裁活动起到了推动作用。

《中华人民共和国民事诉讼法》中，单列一编特别规定了涉外民事诉讼程序包括涉外仲裁的基本制度，内容涉及可以进行仲裁的案件范围（涉外经济贸易、运输和海事中发生的纠纷）、仲裁和诉讼的关系、财产保全、仲裁裁决的执行。然而，最具划时代和里程碑意义的莫过于1994年8月31日《中华人民共和国仲裁法》（以下简称《仲裁法》）的颁布，表明我国国际商事仲裁制度在其发展进程中进入了一个新阶段。它以迅速、灵活、节省当事人的费用和时间等优越条件，彻底改变了我国旧有计划经济体制下的仲裁制度，这对规范和统一国内仲裁制度，促进我国国内仲裁制度与国际上通行的仲裁制度接轨起到了积极作用，从此我国的仲裁走上了制度化、体系化、现代化之路。

《仲裁法》施行之后，最高人民法院为了配合我国《仲裁法》的贯彻与实施，针对在仲裁实践中出现的问题，先后作出了30余项有关仲裁制度的司法解释，以弥补仲裁立法的空白，这对促进我国仲裁制度的进一步发展和完善起到了重要作用。2005年12月26日公布的最高人民法院《关于适用〈中华人民共和国仲裁法〉若干问题的解释》（以下简称《仲裁法》司法解释）对《仲裁法》作了补充完善和发展，对以前的司法解释也作了修改和优化，使得我国的仲裁法律制度更加科学、合理。1999年6月18日，最高人民法院与香港特别行政区政府签署了《关于内地与香港特别行政区相互执行仲裁裁决的安排》，并于2000年2月1日正式生效执行。2007年10月30日最高人民法院与澳门特别行政区政府签署了《关于内地与澳门特别行政区仲裁裁决执行安排》，并由最高人民法院审判委员会第1437次会议通过，自2008年1月1日起实施。

同时，随着仲裁实践的不断深入，我国专业仲裁从业人员逐渐增多，逐步形成了具有特色的仲裁运行模式。中国国际经济贸易仲裁委员会50多年来始终坚持独立性和民间性，实行与国际通行做法相一致的商事仲裁规则，以此处理了大量国际和国内仲裁案件，仲裁裁决的公正性得到了普遍认可，赢得了国际声誉，并已成为与国际商会仲裁院、美国仲裁协会、伦敦国际仲裁院、瑞典斯德哥尔摩商会仲裁院等齐名的国际商事仲裁机构。国际商事仲裁理论的研究也取得了丰硕的成果。一批专业人员成为了雅典奥运会国际体育仲裁院（CAS）仲裁员和2008年北京奥运会临时仲裁庭仲裁员，一些研究机构成功地与英国、美国等的国际仲裁机构举办了国际性仲裁专业研讨会，标志着我国仲裁与国际仲裁的接轨，进入了国际理论研究的领域，可以说中国国际商事仲裁正逐步步入辉煌。

二、仲裁机构

内地的仲裁是完全的机构仲裁，实践中没有临时仲裁。仲裁机构包括国内仲裁机构和涉外仲裁机构。《仲裁法》第10条规定：“仲裁委员会可以在直辖市和省、自治区人民政府所在地的市设立，也可以根据需要在其他设区的市设立，不按行政区划层层设立。仲裁委员会由前款规定的市的人民政府组织有关部门和商会统一组建。设立仲裁委员会，应当经省、自治区、直辖市的司法行政部门登记。”第66条规定：“涉外仲裁委员会可以由中国国际商会组织设立。”因此，内地目前有许多仲裁机构，涉外仲裁机构主要是中国国际经济贸易仲裁委员会（CIETAC）和中国海事仲裁委员会（CMAC），但根据国务院的规定，国内仲裁的机构也可以受理涉外仲裁案件。从理论上讲，内地有存在临时仲裁的可能性。在中国现行的仲裁立法中，唯一能找到临时仲裁影子的，是在中国与其他国家订立的双边投资保护协定中的有关于仲裁解决投资争议的规定。例如，中国与荷兰之间订立的《关于相互鼓励和保护投资协定》第9条第3款规定："征收、国有化或其他类似措施发生后，有关将要支付的补偿额的争议，从任何一方要求友好解决之日起6个月内未能依照本条第1款规定解决，若投资者愿意，应提交接受投资缔约一方有管辖权的法院或国际仲裁。"而该协定的《论定书》对于上述"国际仲裁"的解释为："根据上述协定的协定书规定，如果投资者选择将争议提交国际仲裁，该争议应提交专设仲裁庭（ad hoc arbitration，即临时仲裁）解决，并就专设仲裁发生的组成、仲裁程序以及仲裁裁决的效力均作出规定。截至1994年底，中国先后与英国、德国、法国、日本、澳大利亚、韩国、马来西亚等67个国家签订了投资保护协定，其中许多协定中都有通过临时仲裁庭解决投资者与东道国之间投资争议的规定，但至今尚未发生这样的争议。

内地的常设仲裁机构比较复杂。一类是专业仲裁机构，一般直接设于行政机构之下，与行政机构合署办公，实际上是两块牌子，一套班子。如劳动仲裁委员会，一般都设在劳动局下，由劳动局的仲裁科或仲裁处的行政人员直接处理劳动争议，仲裁员本身就是国家公务员。一类是普通仲裁机构。内地以前是国内仲裁机构和涉外仲裁机构分头发展，分别受案。随着仲裁服务竞争的日益加剧，现在两类仲裁机构在业务受理范围上基本混同，几乎没有国内与涉外之分，当事人可以自愿选择任何仲裁机构。因而内地由中国国际商会组建的中国国际经济贸易仲裁委员会、中国海事仲裁委员会与按照地域范围在省会城市与设区的地级市设立的仲裁委员会并存。

关于仲裁委员会性质，内地仲裁委员会除劳动仲裁委员会等专业仲裁委员会外，其他均独立于行政机关，与行政机关没有隶属关系。仲裁委员会之间也没有隶属关系。我国《仲裁法》第11条规定的仲裁委员会的设立条件实际上与法律对企业法人的要求相类似。从法律本身的角度看，我国内地仲裁委员会应该是一个企业法人，但由于内地的具体情况，需要解决仲裁委员会工作人员的待遇和经费问题，而这些都需要得到政府的支持。因此，内地仲裁委员会实际上享受着事业单位的待遇。《仲裁法》第10条规定，仲裁委员会应当由符合条件的城市人民政府组织有关部门和商会统一组建。这里所谓"有关部门"一般是当地市政府办公厅，而所谓的商会指中国工商联下的各城市地方工商联。依照内地仲裁法精神，设立仲裁委员会应当经省一级的司法行政部门登记。

（一）中国国际经济贸易仲裁委员会

1. 中国国际经济贸易仲裁委员会及其分会的设立。中国国际经济贸易仲裁委员会（China International Economic and Trade Arbitration Commission，简称CIETAC，又称中国国际商会仲裁院）。1954年5月6日中央人民政府政务院第215次会议通过了《关于在中国国际贸易促进委员会内设立对外贸易仲裁委员会的决定》。根据政务院的决定，中国国际贸易促进委员会（简称中国贸促会）于1956年4月成立了对外贸易仲裁委员会。1980年2月26日，国务院发布《关于将对外贸易仲裁委员会改称为对外经济贸易仲裁委员会的通知》，对外贸易仲裁委员会改名为对外经济贸易仲裁委员会。根据1988年6月21日国务院《关于将对外经济贸易仲裁委员会改名为中国国际经济贸易仲裁委员会和修订仲裁规则的批复》，对外经济贸易仲裁委员会改为现名。2000年，中国国际经济贸易仲裁委员会（以下简称贸仲委）同时启用中国国际商会仲裁院的名称。

中国国际经济贸易仲裁委员会现行适用的是2012年5月1日施行的新《仲裁规则》[1]。根据该《仲裁规则》第3条，其受案范围是仲裁委员会根据当事人的约定受理契约性或非契约性的经济贸易等争议案件，具体如下：①国际的或涉外的争议案件；②涉及香港特别行政区、澳门特别行政区或台湾地区的争议案件；③国内争议案件。[2]该仲裁委员会在国际上享有良好的声誉，其仲裁裁决的公正性已经获得国内外的一致好评。第4条规定了该《仲裁规则》的适用，本规则统一适用于仲裁委员会及其分会/中心。当事人约定将争议提交仲裁委员会仲裁的，视为同意按照本规则进行仲裁。当事人约定将争议提交仲裁委员会仲裁但对本规则有关内容进行变更或约定适用其他仲裁规则的，从其约定，但其约定无法实施或与仲裁程序适用的强制性规定相抵触者除外。当事人约定适用其他仲裁规则的，由仲裁委员会履行相应的管理职责。当事人约定按照本规则进行仲裁但未约定仲裁机构的，视为同意将争议提交仲裁委员会仲裁。当事人约定适用仲裁委员会制定的专业仲裁规则的，从其约定，但其争议不属于该专业仲裁规则适用范围的，适用本规则。

1982年，深圳经济特区派人到中国贸促会面谈，提出深圳面临不少涉外经济贸易争议案件，亟待解决。深圳特区各公司及有关单位迫切要求在深圳设立一个仲裁机构。全国人大常委会法制委员会办公厅也向中国贸促会转交了广东省有关方面的意见，建议中国贸促会对外经济贸易仲裁委员会在广东特区设立仲裁机构。经中国贸促会与中央和广东省等有关方面研究后认为，根据当时国内外经济贸易形势和开展对外经济贸易工作的需要，有必要在深圳特区设立仲裁机构，就地解决一些与外商、港商经济贸易往来中存在的争议。为了充分利用和发挥中国贸促会对外经济贸易仲裁委员会成立近30年的实践经验和在国际上的信誉，并便于仲裁裁决在国内外的顺利执行，以利特区工作的开展，可以由中国贸促会在深圳特区设立对外经济贸易仲裁委员会的分会。1982年11月9日，由中国贸促会会同对外经济贸易部、外交部向国务院上报请示，“拟由贸促会在深圳特区设立对外经济贸易仲裁委员会的分会。分会的设置分二步走。第一步先设立仲裁委员会的办事处，由贸促会配备办事处的领导干部和业务骨干并在当地吸收部分干部。办事处的任务暂定为以下两项：①调解特区有关涉外经济贸易争议案件；②代对外经济贸易仲裁委员会接受当事人申请的仲裁案件。经仲裁委员会同意仲裁庭可在深圳审理。”“办事处的业务主要由贸促会领导；干部管理和政治思想工作等主要由特区领导。”经国务院同意，中国贸促会行文批复广东省人民政府和深圳市人民政府，中共深圳市委于

---

〔1〕 2012年《仲裁规则》更加突出了贸仲委仲裁服务的国际特色，进一步强调尊重当事人意思自治原则。修订要点如下：①当事人没有约定仲裁语言时，最方便当事人的语言可能被确定为仲裁语言。当事人对仲裁语言有约定的，从其约定；当事人没有约定的，仲裁程序以中文为仲裁语言；在当事人没有约定语言的情况下，仲裁委员会也可视案件的具体情形确定其他语言为仲裁语言。②当事人可以选择仲裁协议效力的准据法、可以约定适用于实体争议的法律。③明确了贸仲委总会与分会在管理案件上的分工。如果当事人没有约定由分会或中心仲裁，或约定的分会或中心不存在或约定不明确的，则由贸仲委秘书局在北京接受仲裁申请并管理案件。当事人对案件程序管理地点有争议的，由贸仲委作出决定。载http：//news. xinmin. cn/rollnews/2012/04/05/14296086. html. 2012年4月5日法制日报。

〔2〕 参见《中国国际经济贸易仲裁委员会仲裁规则》（2012年5月1日施行）第3条。

1984 年 2 月 28 日印发通知。办事处设正副主任三人，主任和一名副主任由对外经济贸易仲裁委员会派员担任，另一名副主任由深圳市派员担任。经批准，深圳办事处于 1989 年更名为深圳分会，于 2004 年更名为华南分会。

为了适应上海市对外开放事业发展的需要，上海市有关方面在征得中国贸促会同意后，上海市对外经贸委向上海市人民政府上报《关于设立中国对外经济贸易仲裁委员会上海分会的请示》。1987 年 4 月 25 日，上海市人民政府办公厅行文通知上海市外经贸委，责成市贸促分会着手筹建“中国对外经济贸易仲裁委员会上海分会”工作，并上报中国贸促会转报国务院审批。1988 年 3 月 12 日，中国贸促会在上报国务院《关于中国贸促会两个仲裁委员会改名和修改仲裁规则的请示》中提出“拟将对外经济贸易仲裁委员会深圳办事处改为分会，并在上海设立对外经济贸易仲裁委员会分会。以后，还拟在条件具备的其他地方设立分会”。1988 年 6 月 21 日，国务院批复同意。1988 年 8 月 17 日，中国贸促会行文批准设立贸仲委上海分会。1988 年 12 月 27 日，上海市人民政府办公厅行文通知上海市对外经贸委，“根据贸促总会的决定，贸促会上海分会要求在本市设立中国国际经济贸易仲裁委员会上海分会（简称上海仲裁分会）事，已经批准。”“上海仲裁分会行政上隶属于贸促会上海分会（不定级别），并受其管理；经济上为独立核算的事业性单位，并要逐步做到自收自支、自负盈亏。该会对外是独立的民间仲裁机构，即在中国国际经贸仲裁委员会的垂直领导下独立办案。”

近年来，国家需要有涉外能力的中介机构进一步发挥作用，各地政府也更加重视法律服务软环境建设。贸仲委审时度势，根据事业发展的需要，在全国布局，在对外经济区域中心城市增设派出机构，以更好地服务于我国对外经济贸易事业的发展。

为了支持天津滨海新区开发开放，2008 年 2 月 1 日中国贸促会与天津市人民政府签订了《关于设立中国国际经济贸易仲裁委员会天津国际经济金融仲裁中心的框架协议》。根据框架协议，贸仲委于 2008 年 5 月 28 日在天津滨海新区设立了贸仲委天津国际经济金融仲裁中心（天津分会）。

为了配合中央关于重庆市建设开发的战略部署，支持重庆内陆开放型经济的发展，2008 年 5 月 7 日中国贸促会与重庆市人民政府签订了《关于设立中国国际经济贸易仲裁委员会西南分会的框架协议》。根据框架协议，贸仲委于 2009 年 3 月 20 日在重庆设立了贸仲委西南分会。

贸仲委天津国际经济金融仲裁中心和西南分会由贸仲委全面管理，天津市和重庆市人民政府予以支持。

为了服务于中国企业“走出去”战略，贸仲委还将进一步在境外设立派出机构。

2. 中国国际经济贸易仲裁委员会及其分会的关系。在业务管理上，贸仲委及其分会始终是一个仲裁委员会。1993 年贸仲委《章程》对分会的地位作出明确规定，“分会是贸仲委的派出机构”。此后，贸仲委先后于 1995 年、1999 年、2005 年和 2012 年修订《章程》，均延续并确认了上述规定。2012 年贸仲委《仲裁规则》第 2 条也规定，仲裁委员会的分会/中心是仲裁委员会的派出机构，根据仲裁委员会的授权接受仲裁申请并管理仲裁案件。

1994 年颁布的我国《仲裁法》第 10 条规定：“仲裁委员会可以在直辖市和省、自治区人民政府所在地的市设立，也可以根据需要在其他设区的市设立，不按行政区划层层设立。”第 66 条规定：“涉外仲裁委员会可以由中国国际商会组织设立。涉外仲裁委员会由主任 1 人、副主任若干人和委员若干人组成。涉外仲裁委员会的主任、副主任和委员可以由中国国际商会聘任。”第 73 条规定：“涉外仲裁规则可以由中国国际商会依照本法和民事诉讼法的有关规定制定。”1995 年 7 月 28 日国务院办公厅国办发〔1995〕44 号《通知》中印发的《重新组建仲裁机构方案》中明确规定“依法可以设立仲裁委员会的市只能组建一个统一的仲裁委员会，不得按照不同专业设立专业仲裁委员会或者专业仲裁庭”。为了适应《仲裁法》的有关规定，中国贸促会对贸仲委的组织架构进行了调整，贸仲委主席、副主席改为主任、副主任，不再设立分会委员会。

贸仲委于 1956 年设立时，制定了《仲裁程序暂行规则》。1988 年中国贸促会准备修订《贸仲委仲裁规则》。为了适应贸仲委设立分会的工作需要，1988 年 3 月 12 日，中国贸促会在上报国务院《关于中国贸促会两个仲裁委员会改名和修改仲裁规则的请示》中提出“在新仲裁规则中，加入了设在我国各地的仲裁委员会分会受理案件适用本仲裁规则及其他职责的条款”。1988 年《仲裁规则》第 42 条规定：“本仲裁规则适用于仲裁委员会分会受理的争议案件。”因此自贸仲委分会成立之日起即适用贸仲委统一的《仲裁规则》。

贸仲委设立时，中国贸促会聘请当时国内知名的法律、经济贸易专家共 21 人担任委员（兼仲裁员）。1984 年设立深圳办事处后，为了适应特区仲裁工作的特点和需要，中国贸促会从深圳特区特聘七名仲裁委员，从香港工商界、法律界知名人士中特聘八名仲裁委员。中国贸促会第一届委员会第三次委员会议于 1988 年 9 月 12 日正式通过的贸仲委《仲裁规则》第 4 条规定：“仲裁委员会设立《仲裁员名册》。”自此，贸仲委的《仲裁员名册》与委员会名册分立，并统一适用于贸仲委及其分会。2012 年 2 月，中国贸促会（中国国际商会）批准了贸仲委委员会议审议通过的贸仲委《章程》和《仲裁规则》，该《仲裁规则》自 2012 年 5 月 1 日起施行。自 2012 年 5 月 1 日起，当事人依照仲裁条款中将争议提交中国国际经济贸易仲裁委员会分会仲裁的明确约定，将其争议提交中国国际经济贸易仲裁委员会分会仲裁的，中国国际经济贸易仲裁委员会的分会必须适用 2012 年《中国国际经济贸易仲裁委员会仲裁规则》，并统一适用中国国际经济贸易仲裁委员会制定并于 2011 年 5 月 1 日起施行的《仲裁员名册》。[1]

综上可以看出，贸仲委及其分会无论从历史事实上，还是与《仲裁法》相衔接上看，一直都是一个统一的仲裁委员会，制定统一的《仲裁规则》和《仲裁员名册》，按照统一的业务流程办案。从设立文件和历史沿革看，贸仲委与其分会的关系，分会作为贸仲委派出机构的定位是十分清楚的。无论是贸仲委上海分会或华南分会，还是贸仲委天津国际经济金融仲裁中心或西南分会，均为中国贸促会应地方人民政府的请求而批准

〔1〕 参见 http：//cn. cietac. org/notes/notes088. shtml.

设立的。尽管前两者的成立得到了国务院的批准，但并不妨碍中国贸促会为其设立主体。[1]

从仲裁立法角度上看，分会不属于独立仲裁机构，不具备独立的法律地位。根据我国《仲裁法》第10条及国务院办公厅关于印发《重新组建仲裁机构方案》、《仲裁委员会登记暂行办法》、《仲裁委员会仲裁收费办法》的通知等规定，仲裁法施行前在直辖市和省、自治区人民政府所在地的市以及其他设区的市设立的仲裁机构应当依照仲裁法的有关规定重新组建；依法可以设立仲裁委员会的市只能组建一个统一的仲裁委员会。1995年，上海和深圳均作为依据仲裁法首批重新组建仲裁机构的试点城市，在当地设立了仲裁委员会。贸仲委上海分会和深圳分会当时能够与其在同一城市并存的根本原因，就是在法律地位上它们是作为贸仲委分会，而非独立的仲裁机构存在。如果分会要求独立，与其产生程序同样，需要经过中国贸促会和国务院的批准，并应符合仲裁法的规定。而在现行法律框架下，倘若贸仲委的分会成为独立的仲裁机构，必然导致违反仲裁法和相关法律制度的规定，还有可能引发其它仲裁机构在设立分会制度方面以及相应的司法审查制度方面的连锁反应，破坏国家法制。

关于分会的职能，根据仲裁法的规定，分会作为贸仲委的派出机构，无权制定仲裁规则和仲裁员名册，自行制定仲裁规则和聘任仲裁员没有法律依据。根据2012年《中国国际经济贸易仲裁委员会仲裁规则》有关规定，中国国际经济贸易仲裁委员会及其分会案件管辖权和主体资格的决定，由中国国际经济贸易仲裁委员会或经其授权的仲裁庭作出；仲裁员由中国国际经济贸易仲裁委员会主任指定（当事人选定仲裁员的除外）；仲裁员回避事项由中国国际经济贸易仲裁委员会主任决定；裁决书、撤案决定和调解书等结案文书必须加盖中国国际经济贸易仲裁委员会印章。[2]

我国《仲裁法》实施后，贸仲委的分会只能作为贸仲委的派出机构，在分会所在城市设立了地方仲裁委员会的情况下继续开展工作。分会作为贸仲委的派出机构而不是一个独立的仲裁机构，是《仲裁法》实施后分会在地方合法存在的法律地位，这是严格执行《仲裁法》的必然要求。

（二）中国海事仲裁委员会

中国海事仲裁委员会（China Maritime Arbitration Commission，简称CMAC）。中国海

---

〔1〕 以贸仲委上海分会设立为例，有关文件表明，上海分会的设立是中国贸促会应上海方面的请求并上报国务院同意批准后，由上海市人民政府根据中国贸促会的决定作出的，具体业务在贸仲委垂直领导下开展。贸仲委分会与贸仲委的名称存在着紧密的关系，分会是贸仲委的分会，不是其他机构的分会，分会一直作为贸仲委的派出机构存在和运行。如果对分会设立意图或对分会“垂直领导”理解产生差异，亦应由决定主体即中国贸促会作出解释。上海市人民政府办公厅《关于中国国际经贸仲裁委员会上海分会隶属关系的通知》中有关上海分会“对外是独立的民间仲裁机构”的表述不能单独理解，需要与后句“即在中国国际经济贸易仲裁委员会垂直领导下独立办案”一并理解，后句是对前句的具体解释。单独将前句视作上海分会为独立仲裁机构的依据，实为断章取义。整句话的含义应为：作为贸仲委分会，应独立于上海市的行政部门和其他权力机构，在贸仲委垂直领导下办案，不受行政部门或其他企事业单位的干预，从而突出仲裁这种争议解决方式的民间性和独立性，而非“独立于贸仲委”。参见 http：//cn. cietac. org/NewsFiles/NewsDetail. asp？NewsID = 1160 中国国际经济贸易仲裁委员会网站。

〔2〕 参见 http：//cn. cietac. org/notes/notes088. shtml.

事仲裁委员会是1959年根据国务院的决定成立的，原名为“中国国际贸易促进委员会海事仲裁委员会”。1988年6月经国务院批准，更名为“中国海事仲裁委员会”。该仲裁委员会目前适用的是2004年10月1日施行的《中国海事仲裁委员会仲裁规则》。根据新的仲裁规则，中国海事仲裁委员会的受案范围包括：①海上、水上货物运输、旅客运输争议；②船舶、其他海上移动式装置的买卖、建造、修理、租赁、融资、拖带、碰撞、救助、打捞，或集装箱的买卖、建造、租赁、融资等业务所发生的争议；③海上保险、共同海损及船舶保赔业务所发生的争议；④船上物料及燃油供应、担保争议，船舶代理、船员劳务、港口作业所发生的争议；⑤海洋资源开发利用、海洋环境污染所发生的争议；⑥货运代理、无船承运，公路、铁路、航空运输，集装箱的运输、拼箱和拆箱，快递，仓储，加工，配送，仓储分拨，物流信息管理，运输工具、搬运装卸工具、仓储设施、物流中心、配送中心的建造、买卖或租赁，物流方案设计与咨询，与物流有关的保险，与物流有关的侵权争议以及其他与物流有关的争议；⑦渔业生产、捕捞等所发生的争议；⑧双方当事人协议仲裁的其他争议。

（三）中国新组建的仲裁委员会

根据我国《仲裁法》第79条的规定，各地可以组建新的仲裁机构。与原有仲裁机构比较，新仲裁机构的最大特色是独立于行政机关，与其不存在隶属关系。关于新组建的仲裁委员会对涉外案件的管辖权问题，《仲裁法》未作明文规定。根据该法第66条的规定，涉外仲裁机构可以由中国国际商会组织设立。该条并没有排除地方设立受理涉外案件仲裁机构的可能性。1996年6月8日国务院办公厅《关于贯彻实施〈中华人民共和国仲裁法〉需要明确的几个问题的通知》第3条则明确规定：“涉外仲裁案件的当事人自愿选择新组建的仲裁委员会仲裁的，新组建的仲裁委员会可以受理。”由此，各地仲裁委员会在当事人自愿选择的情况下，有权受理涉外仲裁案件。这有利于仲裁机构之间形成竞争的局面，提高仲裁的效率，增强仲裁的独立性与公正性。

三、仲裁协议

仲裁协议是指当事人在合同中订明的仲裁条款或以其他方式达成的提交仲裁的书面协议。

（一）仲裁协议形式

我国《仲裁法》第16条规定：“仲裁协议包括合同中订立的仲裁条款和以其他书面方式在纠纷发生前或者纠纷发生后达成的请求仲裁的协议。”可见内地对仲裁协议有严格的书面形式要求，但该协议无论是以独立的协议书形式还是以合同的争议解决条款形式或往来书信、文件中出现的形式记载都不影响其效力。依据2012年5月1日中国国际贸易仲裁委员会新的《仲裁规则》第5条规定：“仲裁协议应当采取书面形式。书面形式包括合同书、信件、电报、电传、传真、电子数据交换和电子邮件等可以有形地表现所载内容的形式。在仲裁申请书和仲裁答辩书的交换中，一方当事人声称有仲裁协议而另一方当事人不作否认表示的，视为存在书面仲裁协议。仲裁协议的适用法对仲裁协议的形式及效力另有规定的，从其规定。”

（二）仲裁事项

《仲裁法》第2条对可以仲裁的事项作了原则性的规定：“平等主体的公民、法人和其他组织之间发生的合同纠纷和其他财产权益纠纷，可以仲裁。”第 3 条规定：“下列纠纷不能仲裁：①婚姻、收养、监护、扶养、继承纠纷；②依法应当由行政机关处理的行政争议。”因此我国仲裁制度对仲裁事项的规定方式是概括式规定加上排除式列举。

（三）仲裁协议的独立性

《仲裁法》第 19 条规定：“仲裁协议独立存在，合同的变更、解除、终止或者无效，不影响仲裁协议的效力。”这仅仅是针对仲裁协议和合同的变更、解除、终止或者无效之间的关系而言的，对实践中出现的其他复杂情况（如合同没有成立或者虽然成立但未生效、无效，合同主体的变化，合同内容的变化等情况）没有涉及到，所以最高人民法院在解释《仲裁法》的时候对这些问题进行了明确和具体化。《仲裁法》司法解释第 8 条规定：“当事人订立仲裁协议后合并、分立的，仲裁协议对其权利义务的继受人有效。当事人订立仲裁协议后死亡的，仲裁协议对承继其仲裁事项中的权利义务的继承人有效。前两款规定情形，当事人订立仲裁协议时另有约定的除外。”第 9 条：“债权债务全部或部分转让的，仲裁协议对受让人有效，但当事人另有约定，在受让债权债务时受让人明确反对或者不知有单独仲裁协议的除外。”第 10 条规定：“合同成立后未生效或者被撤销的，仲裁协议效力的认定适用仲裁法第 19 条第 1 款的规定。当事人在订立合同时就达成仲裁协议的，合同未成立不影响仲裁协议的效力。”依据 2012 年 5 月 1 日中国国际贸易仲裁委员会新的《仲裁规则》第 5 条第 4 款的规定：“合同中的仲裁条款应视为与合同其他条款分离的、独立存在的条款，附属于合同的仲裁协议也应视为与合同其他条款分离的、独立存在的一个部分；合同的变更、解除、终止、转让、失效、无效、未生效、被撤销以及成立与否，均不影响仲裁条款或仲裁协议的效力。”

（四）对仲裁协议及/或管辖权的异议[1]

1. 仲裁委员会有权对仲裁协议的存在、效力以及仲裁案件的管辖权作出决定。如有必要，仲裁委员会也可以授权仲裁庭作出管辖权决定。

2. 仲裁委员会依表面证据认为存在由其进行仲裁的协议的，可根据表面证据作出仲裁委员会有管辖权的决定，仲裁程序继续进行。仲裁委员会依表面证据作出的管辖权决定并不妨碍其根据仲裁庭在审理过程中发现的与表面证据不一致的事实及/或证据重新作出管辖权决定。

3. 仲裁庭依据仲裁委员会的授权对管辖权作出决定时，可以在仲裁程序进行中单独作出，也可以在裁决书中一并作出。

4. 当事人对仲裁协议及/或仲裁案件管辖权的异议，应当在仲裁庭首次开庭前书面提出；书面审理的案件，应当在第一次实体答辩前提出。

5. 对仲裁协议及/或仲裁案件管辖权提出异议不影响仲裁程序的继续进行。

6. 上述管辖权异议及/或决定包括仲裁案件主体资格异议及/或决定。

7. 仲裁委员会或经仲裁委员会授权的仲裁庭作出无管辖权决定的，应当作出撤销案件的决定。撤案决定在仲裁庭组成前由仲裁委员会秘书长作出，在仲裁庭组成后，由仲裁庭作出。

---

[1] 2012 年 5 月 1 日生效实施的中国国际贸易仲裁委员会新《仲裁规则》第 6 条。

四、仲裁程序[1]

仲裁程序自仲裁委员会秘书局收到仲裁申请书之日起开始。

(一) 申请仲裁

当事人依据本规则申请仲裁时应提交由申请人或申请人授权的代理人签名及/或盖章的仲裁申请书。仲裁申请书应写明：①申请人和被申请人的名称和住所，包括邮政编码、电话、传真、电子邮件或其他电子通讯方式；②申请仲裁所依据的仲裁协议；③案情和争议要点；④申请人的仲裁请求；⑤仲裁请求所依据的事实和理由。在提交仲裁申请书时，附具申请人请求所依据的证据材料以及其他证明文件，并按照仲裁委员会制定的仲裁费用表的规定预缴仲裁费。

(二) 案件的受理

仲裁委员会根据当事人在争议发生之前或在争议发生之后达成的将争议提交仲裁委员会仲裁的仲裁协议和一方当事人的书面申请，受理案件。仲裁委员会秘书局收到申请人的仲裁申请书及其附件后，经审查，认为申请仲裁的手续完备的，应将仲裁通知、仲裁委员会仲裁规则和仲裁员名册各一份发送给双方当事人；申请人的仲裁申请书及其附件也应同时发送给被申请人。仲裁委员会秘书局经审查认为申请仲裁的手续不完备的，可以要求申请人在一定的期限内予以完备。申请人未能在规定期限内完备申请仲裁手续的，视同申请人未提出仲裁申请；申请人的仲裁申请书及其附件，仲裁委员会秘书局不予留存。仲裁委员会受理案件后，秘书局应指定一名案件秘书协助仲裁案件的程序管理工作。

(三) 答辩

被申请人应自收到仲裁通知后 45 天内提交答辩书。被申请人确有正当理由请求延长提交答辩期限的，由仲裁庭决定是否延长答辩期限；仲裁庭尚未组成的，由仲裁委员会秘书局作出决定。答辩书由被申请人或被申请人授权的代理人签名及/或盖章，并应包括下列内容及附件：①被申请人的名称和住所，包括邮政编码、电话、传真、电子邮件或其他电子通讯方式；②对仲裁申请书的答辩及所依据的事实和理由；③答辩所依据的证据材料以及其他证明文件。仲裁庭有权决定是否接受逾期提交的答辩书。被申请人未提交答辩书，不影响仲裁程序的进行。

(四) 合并仲裁

经一方当事人请求并经其他各方当事人同意，或仲裁委员会认为必要并经各方当事人同意，仲裁委员会可以决定将根据本规则进行的两个或两个以上的仲裁案件合并为一个仲裁案件，进行审理。合并仲裁时，仲裁委员会应考虑相关仲裁案件之间的关联性，包括不同仲裁案件的请求是否依据同一仲裁协议提出，不同仲裁案件的当事人是否相同，以及不同案件的仲裁员的选定或指定情况。除非各方当事人另有约定，合并的仲裁案件应合并于最先开始仲裁程序的仲裁案件。

(五) 保全及临时措施

当事人依据中国法律规定申请保全的，仲裁委员会秘书局应当依法将当事人的保全

---

[1] 参见 2012 年 5 月 1 日生效实施的中国国际贸易仲裁委员会新《仲裁规则》第二章。

申请转交当事人指明的有管辖权的法院。经一方当事人请求，仲裁庭依据所适用的法律可以决定采取其认为必要或适当的临时措施，并有权决定请求临时措施的一方提供适当的担保。仲裁庭采取临时措施的决定，可以程序令或中间裁决的方式作出。

（六）仲裁员

仲裁员不代表任何一方当事人，应独立于各方当事人，平等地对待各方当事人。仲裁员的回避：①当事人收到仲裁员的声明书及/或书面披露后，如果以仲裁员披露的事实或情况为理由要求该仲裁员回避，则应于收到仲裁员的书面披露后 10 天内书面提出。逾期没有申请回避的，不得以仲裁员曾经披露的事项为由申请该仲裁员回避。②当事人对被选定或被指定的仲裁员的公正性和独立性产生具有正当理由的怀疑时，可以书面提出要求该仲裁员回避的请求，但应说明提出回避请求所依据的具体事实和理由，并举证。③对仲裁员的回避请求应在收到组庭通知后 15 天内以书面形式提出；在此之后得知要求回避事由的，可以在得知回避事由后 15 天内提出，但应不晚于最后一次开庭终结。④当事人的回避请求应当立即转交另一方当事人、被请求回避的仲裁员及仲裁庭其他成员。⑤如果一方当事人请求仲裁员回避，另一方当事人同意回避请求，或被请求回避的仲裁员主动提出不再担任该仲裁案件的仲裁员，则该仲裁员不再担任仲裁员审理本案。上述情形并不表示当事人提出回避的理由成立。⑥除上述第⑤款规定的情形外，仲裁员是否回避，由仲裁委员会主任作出终局决定并可以不说明理由。⑦在仲裁委员会主任就仲裁员是否回避作出决定前，被请求回避的仲裁员应继续履行职责。仲裁委员会主任根据本规则的规定指定仲裁员时，应考虑争议的适用法律、仲裁地、仲裁语言、当事人国籍，以及仲裁委员会主任认为应考虑的其他因素。

（七）仲裁庭

仲裁庭由一名或三名仲裁员组成。除非当事人另有约定或本规则另有规定，仲裁庭由三名仲裁员组成。仲裁委员会制定统一适用于仲裁委员会及其分会/中心的仲裁员名册；当事人从仲裁委员会制定的仲裁员名册中选定仲裁员。当事人约定在仲裁委员会仲裁员名册之外选定仲裁员的，当事人选定的或根据当事人之间的协议指定的人士经仲裁委员会主任依法确认后可以担任仲裁员。

三人仲裁庭的组成包括以下内容：申请人和被申请人应各自在收到仲裁通知后 15 天内选定或委托仲裁委员会主任指定一名仲裁员。当事人未在上述期限内选定或委托仲裁委员会主任指定的，由仲裁委员会主任指定。第三名仲裁员由双方当事人在被申请人收到仲裁通知后 15 天内共同选定或共同委托仲裁委员会主任指定。第三名仲裁员为仲裁庭的首席仲裁员。双方当事人可以各自推荐一至五名候选人作为首席仲裁员人选，并按照上述第 2 款规定的期限提交推荐名单。双方当事人的推荐名单中有一名人选相同的，该人选为双方当事人共同选定的首席仲裁员；有一名以上人选相同的，由仲裁委员会主任根据案件的具体情况在相同人选中确定一名首席仲裁员，该名首席仲裁员仍为双方共同选定的首席仲裁员；推荐名单中没有相同人选时，由仲裁委员会主任指定首席仲裁员。双方当事人未能按照上述规定共同选定首席仲裁员的，由仲裁委员会主任指定首席仲裁员。

独任仲裁庭的组成包括以下内容：仲裁庭由一名仲裁员组成的，按照本规则第 25

条第2、3、4款规定的程序，选定或指定该独任仲裁员。

多方当事人仲裁庭的组成包括以下内容：①仲裁案件有两个或两个以上申请人及/或被申请人时，申请人方及/或被申请人方应各自协商，各方共同选定或共同委托仲裁委员会主任指定一名仲裁员。②首席仲裁员或独任仲裁员应按照本规则第25条第2、3、4款规定的程序选定或指定。申请人方及/或被申请人方按照本规则第25条第3款的规定选定首席仲裁员或独任仲裁员时，应各方共同协商，并提交各方共同选定的候选人名单。③如果申请人方及/或被申请人方未能在收到仲裁通知后15天内各方共同选定或各方共同委托仲裁委员会主任指定一名仲裁员，则由仲裁委员会主任指定仲裁庭三名仲裁员，并从中确定一人担任首席仲裁员。

五、仲裁裁决[1]

仲裁庭应在组庭后6个月内作出裁决书。经仲裁庭请求，仲裁委员会秘书长认为确有正当理由和必要的，可以延长该期限。

仲裁裁决的作出：①仲裁庭应当根据事实和合同约定，依照法律规定，参考国际惯例，公平合理、独立公正地作出裁决。②当事人对于案件实体适用法有约定的，从其约定。当事人没有约定或其约定与法律强制性规定相抵触的，由仲裁庭决定案件实体的法律适用。③仲裁庭在其作出的裁决书中，应写明仲裁请求、争议事实、裁决理由、裁决结果、仲裁费用的承担、裁决的日期和地点。当事人协议不写明争议事实和裁决理由的，以及按照双方当事人和解协议的内容作出裁决书的，可以不写明争议事实和裁决理由。仲裁庭有权在裁决书中确定当事人履行裁决的具体期限及逾期履行所应承担的责任。④裁决书应加盖“中国国际经济贸易仲裁委员会”印章。⑤由三名仲裁员组成的仲裁庭审理的案件，裁决依全体仲裁员或多数仲裁员的意见作出。少数仲裁员的书面意见应附卷，并可以附在裁决书后，该书面意见不构成裁决书的组成部分。⑥仲裁庭不能形成多数意见时，裁决依首席仲裁员的意见作出。其他仲裁员的书面意见应附卷，并可以附在裁决书后，该书面意见不构成裁决书的组成部分。⑦除非裁决依首席仲裁员意见或独任仲裁员意见作出并由其署名，裁决书应由多数仲裁员署名。持有不同意见的仲裁员可以在裁决书上署名，也可以不署名。⑧作出裁决书的日期，即为裁决发生法律效力的日期。⑨裁决是终局的，对双方当事人均有约束力。任何一方当事人均不得向法院起诉，也不得向其他任何机构提出变更仲裁裁决的请求。

六、法院对仲裁的监督

（一）对仲裁协议和仲裁管辖的监督

仲裁庭获得案件的管辖权是以当事人之间的仲裁协议为基础的，所以法院在当事人之间有有效的仲裁协议时是不认可当事人的诉讼请求的。我国《仲裁法》第20条规定：“当事人对仲裁协议的效力有异议的，可以请求仲裁委员会作出决定或者请求人民法院作出裁定。一方请求仲裁委员会作出决定，另一方请求人民法院作出裁定的，由人民法院裁定。”法院的作用在这里很明显。

---

〔1〕 参见2012年5月1日生效实施的中国国际贸易仲裁委员会新《仲裁规则》第三章。

（二）对仲裁程序的监督

在仲裁程序的进行过程中，法院的监督作用其实是很少的，唯一的监督就是在仲裁过程中当事人提出财产保全的由法院进行。《仲裁法》第28条规定："一方当事人因另一方当事人的行为或者其他原因，可能使裁决不能执行或者难以执行的，可以申请财产保全。当事人申请财产保全的，仲裁委员会应当将当事人的申请依照民事诉讼法的有关规定提交人民法院。"

（三）对仲裁裁决的监督

对仲裁裁决的监督可以说是法院监督仲裁最重要的途径，其作用得到充分发挥。我国目前还没有独立的执行机构，仲裁裁决的执行仍然由法院进行，在执行仲裁裁决之前法院要对仲裁裁决进行审查，如果发现仲裁程序和仲裁结果有法定情形的则会作出不予执行、发回重裁、撤销裁决的处理。其中撤销仲裁裁决分为当事人申请和法院依职权进行的。《仲裁法》第58条第1款规定，"当事人提出证据证明裁决有下列情形之一的，可以向仲裁委员会所在地的中级人民法院申请撤销裁决"，第3款规定："人民法院认定该裁决违背社会公共利益的，应当裁定撤销。"发回重裁是法院和仲裁庭之间互相支持和协助的体现，在法院撤销仲裁裁决之前给仲裁庭重新仲裁的机会，对当事人权利的保护和社会资源的节约都不无裨益；如果仲裁庭拒绝重新仲裁则法院恢复撤销程序。《仲裁法》没有明确规定法院对仲裁裁决的审查是形式审查还是实质审查，如果当事人没有提出撤销仲裁裁决的申请，一般情况下法院不得依职权主动撤销仲裁裁决；法院作出不予执行的裁定也多以当事人提出证据证明为基础，《民事诉讼法》第237条和《仲裁法》第63条有此规定。

我国对涉外仲裁和外国仲裁裁决主要是进行形式的审查。

第三节　香港地区仲裁制度

一、法律渊源

香港的仲裁制度始于1963年香港《仲裁条例》（The Arbitration ordinance）的生效实施，香港以英国仲裁法为蓝本，于1963年7月5日颁布了香港第一部仲裁法——香港《仲裁条例》，该条例从内容到文字几乎完全照搬了英国1950年的仲裁法。随着英国1979年对其仲裁法的重大修改，香港亦在1982年对其《仲裁条例》进行了大幅度的修改。1982年香港新的仲裁条例既汲取了英国1979年仲裁法的精华，又有许多创新和发展，如增加了调解，适用《联合国国际商事仲裁示范法》[1]（简称《示范法》）的仲裁程序等。之后，随着经济的发展和实际需要，香港又分别在1954、1955、1987、1989、1991及1996年对有关条文作了修改和增减。特别是对1996年新的仲裁条例，作了诸多重要修改，如放宽了对仲裁协议形式的要求、明确给予仲裁员责任豁免、授权仲裁员去

〔1〕联合国《国际商事仲裁示范法》是指由联合国国际贸易法委员会于1985年6月21日颁布的《国际商事仲裁示范法》。

判断谁应承担官司费用，等等。香港在仲裁法律方面一直采取主动的方针，如在 1990 年开始采纳了《示范法》及其一连串的增添条文。在当时，被视为相当前卫。其后，“Must ill”报告才建议英国的仲裁法亦应有同类修改。这为 1996 年英国仲裁法铺路。

而现行的香港仲裁制度亦是参考了 1996 年 7 月 17 日英国以重述及改善仲裁法律而修订《仲裁条例》为根据。不过，香港根据其具体情况和需要作了一些修改，包括法院对在仲裁程序中的作用和司法监督程序等。而经修改的香港《仲裁条例》于 1997 年 6 月 27 日生效，目标是基于《示范法》协调本地和国际仲裁活动。进一步在《示范法》的基础上作出改善，由一个独立无私的审裁机构在最少法庭干预之下以迅速而符合经济原则的形式解决争议，尽量贯彻仲裁当事人对案件的自主权，赋予审裁处更大权力，但仍保留法院的重要支持功能，涉讼双方未能达至协议委任仲裁员时，香港国际仲裁中心有权委任仲裁员。

香港《仲裁条例》只规定了仲裁程序的框架，没有细节性的仲裁规则，不过以附件的方法来补充了有关的不足。同时，现有的《仲裁条例》在铺排上并不流畅，需要以号码形式重新表达。虽然目前如此，但是这套条例由立法会修正之后，会成为一个新指针，进一步提高香港作为国际仲裁中心的声誉。而且，通过对《示范法》的适用，以增强香港作为国际仲裁中心的吸引力，并使香港仲裁法更为确定，更容易为各地当事人所接受。利用香港的仲裁机制比之利用英国同类机制的突出优点，主要表现在香港仲裁的当事人享有较大自由和香港法院对仲裁活动较少干预。也就是说，在香港的仲裁裁决基本上是终局的，对双方当事人有拘束力。不过，在香港的仲裁中，当事人对仲裁裁决不服仍可以提起上诉。这与内地《仲裁法》赋予仲裁裁决一裁终局的效力并不一致，内地法院对仲裁的司法监督权只有在《仲裁法》第 58 条规定的情形下，仲裁委员会所在地的中级人民法院才可依当事人的申请撤销仲裁裁决。另外，法院对仲裁的司法监督还体现在民事诉讼法的有关规定之中，我国《民事诉讼法》第 237、274 条分别规定了法院不予执行国内仲裁裁决和涉外仲裁裁决的情形。综观内地《仲裁法》和《民事诉讼法》的有关规定，可以发现，对内地仲裁裁决的司法监督既包括程序上的审查，又包括对认定事实和适用法律是否正确的实体方面的审查，而对涉外仲裁的司法监督仅限于程序方面的审查。这与香港的做法是一致的，也是符合国际上通行做法的。

近年来，随着内地和香港的经济交往日益频繁，两地经济合作的不断加强，特别是香港在内地投资的增加，两地争议不断增多。由于对法院判决的承认与执行大大难于对仲裁裁决的承认与执行，许多当事人已由诉讼转向仲裁，从而使仲裁成为解决内地与香港两地争议的一种主要手段。但是，两地在仲裁法制方面存在着诸多差异，且香港回归后还涉及到同一主权国家内部两个不同法域之间的仲裁裁决的承认与执行问题。1997 年 7 月 1 日以前，内地与香港仲裁裁决的相互承认和执行，主要依据《纽约公约》进行，多年来执行情况良好。香港回归后，两地间的司法协助已经改变为主权国家内不同法律区域间的司法安排，与国际司法协助有本质的区别。两地间相互执行对方仲裁裁决不再适用《纽约公约》。在“一国两制”的大前提下，充分考虑两地实行不同法律制度和社会制度的实际情况，尊重和维护香港独立的司法权和终审权的情况下，1999 年 6 月内地与香港达成了相互执行对方仲裁裁决的协议，即《关于内地与香港特别行政区相互执行仲裁裁决的安排》，两地相关机关协议订立机制，让内地与香港所作的仲裁裁决可以在两地的法院相互执行。这项安排体现了《纽约公约》的精神和原则。同时香港政府于2000年1月修订《仲裁条例》，此次新条例的修订集中体现了一国两制框架下仲裁制度的协调和合作，既保留了香港作为独立司法领域的特点，又保持了《纽约公约》在一国内的继续适用，同时又能配合和实施有关安排，实施以来，运作良好，广受投资者欢迎。《仲裁条例》于2000年6月再次修订，容许非《纽约公约》缔约国或地区，如亚阿尔巴尼亚、巴西、伊拉克、纽芬兰和澳门所作的裁决，同样可以在香港法院按简易程序执行。香港仲裁制度中有许多地方值得借鉴，尤其是最大限度地尊重当事人仲裁意愿这一点。香港为顺应商事仲裁制度的国际化和统一化的趋势，对其仲裁条例作过多次重大修改，以最充分地尊重当事人意思自治，尊重仲裁条款的合意性。2011年6月1日新《仲裁条例》在政府、立法会和仲裁界共同努力（长达超过10年的酝酿期）下生效，从此香港再没有本地与国际仲裁制度之分。新《仲裁条例》制定后，可在联合国国际贸易法委员会通过采用的《示范法》的基础上，订立适用于各类仲裁的单一仲裁制度。新《仲裁条例》使原来适用于香港的《示范法》条文经新《仲裁条例》明文规定的修订及补充后，产生法律效力。新《仲裁条例》涵盖不同范畴，包括进行仲裁时的程序、仲裁庭下达的临时措施和初步命令及仲裁裁决的执行。新《仲裁条例》亦载有"供选用的"条文，让享有仲裁服务的人得以继续使用现行条例中只适用于本地仲裁的某些条文。与现行制度比较，新《仲裁条例》限制法院干预的机会，让以仲裁解决争议的各方有更大的自主权。为了提高国际仲裁的保密性，除法庭另有规定外，有关仲裁的法院聆讯会以非公开聆讯方式进行。除非各方另有协议或在新《仲裁条例》许可的特殊情况下需要公开，否则任何一方不得发表、披露或传达任何关乎仲裁程序及裁决的数据。[1]

二、香港常设仲裁机构

（一）香港国际仲裁中心（HKIAC）

香港国际仲裁中心（Hong Kong International Arbitration Centre ，简称 HKIAC）是东南亚乃至亚洲地区最负盛名的仲裁机构，是一个民间非营利性中立机构。仲裁中心由理事会领导，理事会由来自不同国家的商人和其他具备不同专长和经验的专业人士组成，仲裁中心的业务活动由理事会管理委员会通过秘书长进行管理，而秘书长则是仲裁中心的行政首长和登记官。

香港国际仲裁中心的设立构想始于1979年，当时香港政府律政司（Attorney General，现称 Secretary of Justice）发起了一场法律复兴运动，并成立了法律改革委员会（Law Reform Commission）。为了应对当时英国《1979年仲裁法》的现代化运动，法律改革委员会被要求就香港是否必须紧跟英国修改仲裁法进行考虑和研究。经过细致研究和深入分析，法律改革委员会就此出具了一份报告，建议在采用现代仲裁体制时，力图使新的仲裁法适应香港本地的条件要求。结果，香港《仲裁条例》在1982年进行了修订，并于同年10月生效。按1982年修订《仲裁条例》的意念，香港律政司就着手考虑能否在香港成立一个国际或区际仲裁中心。为此，同年12月，香港高等法院 Hunter 大法官牵

---

〔1〕 http://www.ccarb.org/news_ detail.php? VID = 20800. 源自中国商事仲裁网。

头成立了筹备委员会，为香港如何确立其本地及国际仲裁的领导地位出具意见。1983 年 12 月，筹备委员会在报告书中提议成立“香港国际仲裁中心有限公司”，并随之开始筹集资金，以维持该组织的日常运作及发展。当时，在香港政府经济事务司 Jacobs 爵士及 Hunter 大法官的游说下，香港政府同意按照与所筹私人捐款 1:1 的比例拨付同等数额资金支持。截至 1984 年，香港 13 个主导性的行业及商业组织共筹集资金 150 万港币，香港政府在同年底拨款 120 万作为配套资助，同时将旧中区裁判法院以象征性的租金出租给 HKIAC 作为其办公场所。1985 年 5 月 21 日，HKIAC 根据《公司条例》以非营利性的法团担保有限公司的形式正式成立。同年 7 月 5 日，被授予慈善机构身份，9 月 1 日正式对外营业。在成立后的第一年，HKIAC 就接办了仲裁案 9 件。三年后，HKIAC 面临所筹款项即将用完的困境。在香港立法局议员 Jacobs 爵士（兼任香港政府经济事务司领导职务）的游说下，香港立法局于 1989 年 6 月 21 日同意香港政府拨款 1910 万元资助 HKIAC，拨款的利息收入及部分本金被用于中心的日常运作。[1] 1990 年，HKIAC 迁至香港中环金融中心区交易广场大楼内，仍只须象征性地缴付租金。

HKIAC 虽然最初由香港商界和香港政府出资设立，但现在它已完全独立于商界和政府，在财政上自给自足。HKIAC 由理事会负责管理，理事会设主席一名、副主席若干名，理事会成员虽来自不同国家，但都是香港商界和专业人士中的精英。HKIAC 的日常工作由秘书长和秘书处人员处理。HKIAC 的业务分属不同的委员会，各委员会受理事会指导。这些委员会包括：管理委员会、评选委员会（仲裁员）、域名仲裁员评选委员会、调解员认可委员会、海事仲裁组、市场和推广委员会、电子商务委员会、香港调解会及其下属委员会，如家事委员会、建筑委员会和商事委员会。

在仲裁活动中，HKIAC 扮演的是辅助角色，并不统一管理所有仲裁的案件。HKIAC 采用了与内地完全不同的运作模式，它不但有别于依据香港《仲裁法》所组建的国内仲裁机构，也有别于设立于中国国际商会之下的仲裁机构。与内地仲裁机构的做法不同，HKIAC 不向当事人收取仲裁费用，亦不向仲裁员收费。HKIAC 的主要功能是委任仲裁员，提供仲裁员名册，供当事人选用。根据香港《仲裁条例》第 12 条的规定，HKIAC 在当事人未能达成一致意见委任仲裁员的情况下，有权代为委任仲裁员或公断人。在委任仲裁员后，仲裁员的收费及案件的进展则只由仲裁员与当事人共同推进。HKIAC 也为仲裁员、当事人提供各种服务及后勤工作，包括提供场所进行聆讯、安排翻译、提供视像会议服务、存放和保管资料等，但需另行收取费用。仲裁裁决书只需仲裁员本人签署，无规定须 HKIAC 盖印以其名义发出，但如当事人提出要求，HKIAC 亦可加盖印章以证明裁决书为其中心所委任仲裁员发出。同时，HKIAC 鼓励仲裁员将裁决书在中心存档，以资记录。HKIAC 是把机构仲裁和临时仲裁结合在一起，扮演的是辅助的角色，既为机构仲裁提供设施和服务，也为临时仲裁提供设施和服务。此外，HKIAC 也提供如下有限的行政服务：①代替仲裁员、调解员持有费用及开支的按金；②按仲裁员指示持有争议款项或讼费的保证金。同时，还为公众提供免费查询服务，提供有关香港仲裁法律

---

〔1〕 Christopher Wing TO, *Developments of the Hong Kong International Arbitration Center*, 15Mealey's Int'L. Arb. Report. 30 (December 2000).

和程序的一般信息，为当事人提供有关在其他国家进行仲裁事宜的咨询。

在案件的受理上，仲裁中心的设立是为了满足东南亚地区的商务仲裁的需要，同时也为中国内地当事人和外国当事人之间的经济争端提供“第三地”的仲裁服务。1990 年修正后的《香港国际仲裁中心仲裁条例》（以下简称《仲裁条例》）规定了本地仲裁和国际仲裁两种不同的仲裁制度。HKIAC 既受理香港本地仲裁案件，也受理国际商事仲裁案件。这里的本地案件是指，在仲裁协议中未作任何明示或默示方式约定该争议将在香港以外的任何国家或地区进行仲裁，且在仲裁开始时，签署仲裁协议或提出仲裁申请的当事人中没有一方是外国的自然人或居住在香港以外地区的自然人，或者是外国公司或法人，或在香港以外地区没有主营业所的公司或法人的案件。HKIAC 备有专门处理香港本地仲裁的《本地仲裁规则》（Domestic Arbitration Rules）以及与此相配套的指南，即《本港仲裁规则下之仲裁指南》(Guide to Arbitration under the Domestic Arbitration Rules)[1]，以协助当事人和规范仲裁员的仲裁行为。就国际仲裁而言，指的是一方或双方当事人具有外国国籍或在香港无住所的自然人、或者是在外国注册或在香港无主要营业地的公司或法人的仲裁案件。HKIAC 并没有制定自己的国际仲裁规则，当事人有权自由选择适用支配国际仲裁的仲裁规则。不过，HKIAC 推荐当事人使用《联合国国际贸易法委员会仲裁规则》。2010 年香港修订了《仲裁条例》，于 2011 年 6 月 1 日生效，新的《仲裁条例》不再区分本地仲裁和国际仲裁。

值得一提的是，为了迎接香港回归，1996 年 6 月内地与香港特别行政区终于在相互承认与执行仲裁裁决的问题上率先达成协议，即《关于内地与香港特别行政区相互执行仲裁裁决的安排》，并在内地于 2000 年 1 月 1 日起开始施行。同时，在 2000 年 1 月 13 日香港特别行政区正式公布了 2000 年《仲裁条例》，废除了旧的《仲裁条例》中与《香港基本法》相抵触的规定，并增加了“内地”、“内地裁决”等相关内容，将上述安排内容纳入 2000 年《仲裁条例》中，以保证香港回归后内地和香港仲裁裁决的相互承认和执行的问题。

（二）香港建筑师学会（HKIA）及香港测量师学会（HKIS）

自 1968 年开始，香港建筑工程中通行一套标准格式建筑合同（Standard Form of Building Contract）。该标准格式合同由香港数个建筑业界专业团体公司编印，包括香港建筑师学会（Hong Kong Institute of Architects，简称 HKIA）、香港测量师学会（Hong Kong Institute of Surveyors，简称 HKIS）、香港营造师协会等。合同条款源自英国联合合同委员会（Joint Contracts Tribunal）1963 年编制的标准格式建筑合同版本，几十年未有变化，被建筑行业沿用至今。虽然 2005 年 4 月香港建筑业界拟定了一份新的标准格式建筑合同，但这将经历一个较长的过渡期，才会普遍地被适用。1968 年标准格式合同第 35 条规定：[2]“与合同的解释和工程的实施有关而引起的业主与承包商之间的任何争议，不管在工程实施中或其竣工后，所争议的问题应由以下人士作出最终决定：①由各方同

〔1〕《仲裁指南》在 1998 年进行了修正，现为“Revised Guide to Arbitration under the Domestic Arbitration Rules”(1993)。

〔2〕2005 年 4 月，香港建筑行业出台了新的标准格式合同，其第 41.1 条也有类似的“委任仲裁员”条款。

意的人士；②如一方提出要求委任仲裁员而另一方未在 14 天内同意，由香港建筑师学会会长或副会长及香港测量师学会会长或副会长委任。”[1] 如今，这两个学会的联合仲裁员名册主要是由 HKIS 运作，表面上虽为机构仲裁，但其性质、职能跟 HKIAC 类似，即在委任仲裁员之后，由仲裁员以临时仲裁形式操作。这也是机构仲裁与临时仲裁相结合的方式。由于合同管理者（Contract Arbitrator）为建筑师，合同文件亦多由测量师负责草拟，因此，标准格式建筑合同在建筑业界被大量采用。仲裁员的委任自然落在 HMA 及 HKIS 身上。因此，香港每年建筑工程纠纷案件多是由 HKIA 联合 HKIS 委任仲裁员或由 HKIA 委任。在建筑工程行业仲裁（Trade Arbitration）领域，HKIA 及 HKIS 扮演着重要的仲裁机构的角色，对案件是非曲直进行仲裁。

（三）香港国际商会（ICC）

国际商会（International Chamber of Commerce，简称 ICC）是民间经贸组织。ICC 通过其下设的专业委员会，制定许多国际商业领域的规则和惯例，亦为商界提供仲裁服务。国际商会国际仲裁院（简称 ICC 国际仲裁院）便是仲裁的部门，附设于 ICC，成立于 1923 年，现已是世界上著名的国际商事仲裁机构。

香港 ICC 是 ICC 属下香港分支机构，以前亦在香港提供仲裁服务，但其在亚洲的主要行政管理机构已转移至新加坡，委托仲裁员亦须由新加坡方面处理。近年亦有以香港为仲裁地委任仲裁员，但个案很少。ICC 仲裁的对象均为典型的国际商事纠纷。它所采用的是“国际商会仲裁规则”，现行版本于 1998 年 1 月 1 日生效，ICC 仲裁的特色是其国际性（universality）及弹性。与其他仲裁机构不同，ICC 仲裁并没有固定的仲裁员名册，因而在组成仲裁庭时，给当事人提供最大的选择自由及弹性。凡提交 ICC 仲裁的申请，ICC 便在申请人所在地选出资历合适的仲裁员组成仲裁庭。在仲裁员的费用上，ICC 仲裁员的酬金由 ICC 决定。除考虑仲裁争议的标的额，还要考虑仲裁员的效率及劳动所用的时间、处理仲裁快捷程度及仲裁事项的复杂性等因素。ICC 仲裁另一特色是仲裁裁决须经国际仲裁院核准。其目的是为了确保仲裁裁决能达到最高水平，从而使 ICC 仲裁更能令人信服。

（四）与仲裁有关的其他机构或组织

英国特许仲裁员协会（香港分会）[Charter Institute of Arbitrators（Hong Kong Branch），简称 CIArb] 于 1972 年在香港成立。[2] 其服务包括仲裁员和专家证人的登记注册，提名和指定仲裁员，提名专家证人，教育和培训仲裁当事者。据报告，在 HKIAC 成立之前的 1978 年～1980 年间，分会共处理了 5 宗仲裁案。1995 年，香港仲裁司学会（Hong Kong Institute of Arbitrators，简称 HKIArb）成立。它是一家非营利机构，享有福利机构的税收优惠待遇，会址借用 HKIAC 的办公场所。1998 年 3 月，HKIArb 与 HKIAC 合作，组建成立了“香港仲裁法委员会”，其成员来自香港不同的专业领域，就香港仲

---

〔1〕 香港回归之前，独任仲裁员由香港建筑师学会会长或副会长和皇家测量师学会（香港分会）会长或副会长联合任命。香港回归之后，英国皇家测量师学会关闭了其设在香港的分会，香港建筑标准合同中的仲裁条款也相应进行了修改，由香港测量师学会替代。

〔2〕 英国特许仲裁员协会（香港分会）现已更名为英国特许仲裁员协会（东亚分会）。

裁法律改革向政府提供建议。在2003年4月，委员会向香港政府提交报告书，就《仲裁条例》提出修改意见。2005年6月，香港立法会就此报告书讨论了改革仲裁法的事宜。与HKIAC的功能相比，CIArb及HKIArb皆主要从事培训及学术上的工作，与HKIAC主要从事委任仲裁员及推广仲裁有所不同。正是在这些机构组织的大力推动下，香港作为地区性国际仲裁中心的地位日渐巩固，并稳步向国际性仲裁中心迈进。

三、临时仲裁在香港的发展

临时仲裁（ad hoc arbitration）是根据双方当事人的仲裁协议，在争议发生后由双方当事人推荐及同意的仲裁员临时组成仲裁庭，负责审理当事人之间的有关争议，并在审理终结作出裁决后即行解散的仲裁。[1] 在发出仲裁裁决书后，仲裁员的权力便正式终止。在临时仲裁中，仲裁程序的每一个环节都由双方当事人保持完全的控制，当事人决定仲裁员的指定方法及其管辖范围或权力，也可以决定仲裁地点和仲裁程序的进行。仲裁地点既可能是明确具体的指定地点，也可能以仲裁员的住所地或惯常居住地作为仲裁地。程序规则既可能选择某一国家或某一机构的仲裁规则，也可能由双方当事人自行确定。简言之，凡与仲裁审理有关的事项，包括仲裁庭的组成、仲裁地点、仲裁适用的规则、使用的语言等事项，都应在仲裁协议中约定。与机构仲裁相比，临时仲裁的一个显著优点在于它的形式比较符合当事人的意愿和特定争议的实际情况。由于临时仲裁具有较大的弹性，许多涉及到国家当事人的争议的处理，均常采用临时仲裁。在过去30多年时间内，曾进行过多宗关于石油特许协议争议的仲裁，其中不少属于临时仲裁。

临时仲裁的主要不足就是它的有效性将取决于双方当事人的合作，如果当事人在程序问题上不能达成一致意见，很容易使仲裁拖延误时。香港《仲裁条例》第ZGA条，便特别规定仲裁庭的责任：ZGA. 仲裁庭的一般责任：①仲裁庭在进行仲裁程序或行使藉本条例或由任何该等程序的各方所授予该庭的任何权力，必须（a）……（b）采用适合该个别案件的程序，以避免不必要的拖延和省却不必要的开支，从而提供公平的方法以解决该等程序所关乎的争议……此规定立法原意便是避免仲裁拖延的弊端。如果一开始当事人在组成仲裁庭方面就不合作，而在此之前也无已约定的现成的仲裁规则可用以处理这种情况，仲裁庭将难以组成。这时除非要求仲裁地法院补救，否则仲裁将陷入僵局。从香港的仲裁实践来看，在双方当事人就临时仲裁员的人选无法达成一致时，一方当事人会按《仲裁条例》第12条申请由香港国际仲裁中心指定仲裁员，而对方当事人大多会就该仲裁员的管辖权提出异议（Challenge of Jurisdiction）[2]。只有组成了仲裁庭，确定了进行仲裁的程序规则，临时仲裁才可以避免一方当事人拒绝参与程序的影响，从而正常地进行仲裁程序。

临时仲裁在香港相当活跃，这与香港是世界上重要的金融、贸易、旅游和客货运输中心密不可分。而在商事仲裁案件中，尤以建筑纠纷仲裁的数量及标的额比例最重。1985年HKIAC成立以前，在香港进行的仲裁都是临时仲裁。即便在HKIAC成立以后，在该中心进行的仲裁也不是内地仲裁法上的机构仲裁。虽然HKIAC为常设仲裁机构，但

---

〔1〕 张斌生主编：《仲裁法新论》，厦门大学出版社2002年版，第177页。

〔2〕 1996年《仲裁条例》修订前，香港高等法院有权指定仲裁员。

其仲裁是结合机构仲裁及临时仲裁一起处理的。

事实上，并非凡有仲裁机构的仲裁都是机构仲裁，仲裁机构在仲裁程序中可能有不同的作用，其职能上的差异使仲裁机构划分为两大类：

（一）全面管理型

中国国际经济贸易仲裁委员会（CIETAC）和国际商会仲裁院（ICC）就属于此类。[1] 当事人提交的所有材料或仲裁庭向当事人发出的任何通知都必须交给秘书处一份，且申请书应具备一定的内容和格式。申请人只有提交了足够份数的仲裁申请且预交了确定的管理费，秘书处才会立案。此外，仲裁员的指定经过仲裁院秘书长确认，在案卷移送给仲裁员后，进行实体审查前，仲裁员应拟定一份“审理事项”，把争议的范围、仲裁请求的摘要及其他仲裁事项提交仲裁院。仲裁员依据仲裁程序、仲裁规则作出裁决书时，应先将草案交给仲裁院，经批准后仲裁员才能签署。

（二）促进型

这类仲裁机构的职能在于宣传仲裁或在适当的时候给予仲裁案件当事人协助。HKIAC 的一项主要职能就是为了在香港及东南亚推广仲裁，并提供协助，如推荐和指定仲裁员、提供庭审地点。至于立案、传递仲裁文件、提供文字或同声传译等方面的服务都不属于其职责范围，而由委任的仲裁员自己处理。所以，不论案件标的额大小，HKIAC 收取的费用只有数千港币而已。实际的仲裁费用由仲裁员与双方当事人私下议定，与中心无关。仲裁裁决是由仲裁员以个人名义作出，无须中心认可、签发。该中心也可作为指定机构，根据当事人申请为临时仲裁指定仲裁员。在这种情况下，中心也可根据当事人的请求提供管理方面的服务，如提供仲裁场所及其他与仲裁有关的各项设施及服务，并适当收取费用。

由此可见，全面管理型的仲裁机构，只要当事人在仲裁协议中约定提交该机构仲裁或按照该机构的仲裁规则进行仲裁，都将导致机构仲裁；而促进型的仲裁机构，即使仲裁协议约定由该机构进行仲裁，或约定适用某一仲裁规则，也不会导致真正意义上的机构仲裁。[2] 香港《仲裁条例》在 1996 年修订时虽授权 HKIAC 在某些情况下委任仲裁员或公断人，[3] 但仍不能改变仲裁的“临时性”的本质。因此，如把在香港国际仲裁中心进行的仲裁笼统划至机构仲裁的范畴是值得商榷的。以建筑工程仲裁为例，1968 年沿用至今的标准格式建筑合同要求将相关争议提交仲裁解决。根据该仲裁条款，任何一方当事人均可要求香港建筑师学会会长或副会长和香港测量师学会会长或副会长联合任命一名独任仲裁员，对案件是非曲直进行仲裁。虽有两大建筑界专业机构联合任命仲裁员，但这种建筑仲裁从性质上讲仍属于临时仲裁，香港建筑师学会和测量师学会与案件之间惟一的联系就是应当事人请求指定仲裁员。至于仲裁的程序规则、仲裁费用的缴纳以及文书的制作及送达，均在仲裁员和当事人之间进行，而且仲裁裁决也是以仲裁员个人名义作出的。所以，此种有专业机构参与的仲裁很难说其属于内地仲裁法意义上的机

---

〔1〕 杨良宜：《国际商务仲裁》，中国政法大学出版社 1997 年版，第 138 页。

〔2〕 康明：“临时仲裁及其在我国的现状和发展”，参见 http//cdmd. cnki. com. cn/article.

〔3〕 参见香港《仲裁条例》第 12 条。

构仲裁。

在HKIAC进行的仲裁与此大同小异，中心主要是协助当事人指定仲裁员，而仲裁的程序规则和实体规则均由当事人约定。中心在给当事人的“申请独任仲裁员或申请决定仲裁员人数的指南”中指出：中心提供免费的信息服务。该指南要求当事人决定仲裁是国际的还是非国际的，因为HKIAC的《本地仲裁规则》仅适用于非国际仲裁部分。对于国际仲裁，则参照中心的《仲裁程序（包括联合国国际贸易法委员会仲裁规则）》或采用其他规则。在国际仲裁中，当事人在任命仲裁员之前应该确认仲裁员的数量，在仲裁员数量未确定之前，当事人不得指定仲裁员。

由此可见，在香港仲裁的程序规则中，无论是建筑工程仲裁还是在进行的其他仲裁，其核心环节就是任命仲裁员，仲裁员人选的确定意味着仲裁程序的推进，其后续各环节基本上在仲裁员和当事人之间展开，仲裁机构只在必要的时候提供服务。可以说，仲裁员是整个仲裁程序的主人（master of the procedures），惟一的要求是做到自然公正（natural justice）。显然，这就是临时仲裁的本质所在。

不过，值得注意的是，2005年HKIAC向机构仲裁的程序上迈进了一步，接近国内仲裁机构的运作模式。2005年3月31日，HKIAC开始推行“管理国际仲裁程序”（Procedures for the Administration of International Arbitration）。该程序明确规定，HKIAC为仲裁的管理者（administrator）。据此，HKIAC有权收取行政费用，虽无权干预仲裁员费用的收取，但可以协助双方与仲裁员商讨仲裁费的数额，并由当事人先行缴存于HKIAC。HKIAC亦开始在仲裁裁决书上加盖公章，并以其名义发出。只不过，这主要适用于国际仲裁案件。此种安排，与2003年修改生效的《美国仲裁协会（American Arbitration Association）国际仲裁规则》中国际争议解决中心（ICDR）改革的方向是一致的。如今，整个HKIAC自秘书长以下，总共只有7名员工，能应付现时繁重的工作量实属难得。再者，由于HKIAC地处香港金融中心区，由其提供庭审地点而收取的租金，相对充裕，在量入为出、以精英员工提供优良服务方面，其他仲裁机构可能很难做到。

四、香港法院对仲裁的监督

香港法院对仲裁的监督程度和力度比内地更深更大。香港的仲裁立法与实践上，法院的主要作用是执行《仲裁条例》第2H条项下的国内仲裁和根据《仲裁条例》第44和2H条执行《纽约公约》裁决[1]，香港法院对仲裁的监督主要表现如下：

1. 法院代为指定仲裁员。《仲裁条例》第12条规定了多种法庭或法官指定仲裁员的情形，如当事人或仲裁员不能就独任仲裁员或首席仲裁员的人选达成一致；仲裁协议规定的指定机构拒绝指定或在规定的或合理的期限内未能指定；被指定的仲裁员或公断人拒绝履行其职责，或无履行能力、或死亡；仲裁员或公断人被法院依法免职，法院依当事人的申请指定；等等。

2. 法院撤销对仲裁员的指定。《仲裁条例》第25条第1款规定了法院免除仲裁员或公断人职务的情形；《仲裁条例》第26条第1款规定了当事人可以提起撤销对仲裁员的

---

〔1〕《仲裁条例》第2H条规定：根据仲裁协议作出的裁决，经法庭认可后，与法庭判决或命令具有相同的执行力，并且一经法庭认可，即可根据裁决作成判决。

授权的诉讼。

3. 某些情况下由法院决定仲裁中的法律问题。根据《仲裁条例》第23A条第2款的规定，法院只有在考虑到各方面情况后，认为对当事人提出的申请事项作出决定可能为当事人节省大量的费用，以及当事人提出的法律问题与上诉有关，而且此项上诉依第23条第3款B项的规定很可能得到准许的情况下，才能就提交法院解决的有关法律问题的申请案作出裁定。

4. 仲裁员和法官身份的重合，这在司法仲裁中体现得最为明显。

5. 法院对仲裁裁决的监督主要表现为对仲裁裁决的执行，发回复议和撤销仲裁裁决也是体现法院的监督。《仲裁条例》第2H条规定："根据仲裁协议做出的裁决，经法庭认可后，与法庭判决或命令具有相同的执行力，并且一经法庭认可，即可根据裁决做成判决。"第24条规定："①凡提交仲裁的案件，法院或法院的法官得随时将提交仲裁的一项或多项事宜发回仲裁员或首席仲裁员复议；②发回裁决时，除非命令中另有规定，否则仲裁员或首席仲裁员应于命令发出3个月内作出裁决。"撤销仲裁裁决是内地和香港法院对仲裁裁决监督的共通方式，在其他国家都有类似的规定。第25条第2款规定："如仲裁员或首席仲裁员渎职或对仲裁程序处理不当，或者仲裁或裁决是以不适当的方式完成的，法庭可以将裁决撤销。"

第四节 澳门地区仲裁制度

一、法律渊源

澳门自16世纪中叶开阜以来，逐渐成长为一个繁荣的商业社会，并一直在东西方交流中起着桥梁作用。中国实行改革开放后，澳门在南中国地区经济圈中的重要地位得到进一步加强。如今，澳门域内不仅商业交往频繁，而且与中国内地、香港和台湾乃至世界各国均有广泛的商业联系。在这种背景下，在澳门产生或者与澳门有关的各种民商事纠纷自然会日益增多。过去，澳门的民商事纠纷除了在民间用中国传统的方式加以解决外，主要通过诉讼解决，尽管在澳门施行的《民事诉讼法典》第四卷也有仲裁制度的规定，但长期有名无实。如果澳门仍然固守自己的传统，仅依赖司法诉讼途径去解决民商事争议，显然不能满足实际的需要。因此，澳门有必要尽快建立自己的民商事仲裁制度和机构。

早在1962年，《葡萄牙民事诉讼法典》第四卷关于仲裁制度的规定已经延伸适用于澳门，但是此一制度又随着葡萄牙的民事诉讼改革而在1986年被废止。直到1991年，于8月29日第112－91号法律所通过的《澳门司法组织纲要法》第5条第2款才规定："得设立仲裁庭，并得设非司法性质之方法及方式，以排除冲突。"然而，上述规定亦仅仅是纲要性质，还不能算是一套完整的仲裁法律制度，直到1996年，当时的立法会才在《司法组织纲要》的基础上制定了《仲裁法律制度》（即第29/96/M号法令，于1996年9月15日开始生效）。该法规一共44条，规范了仲裁的标的、适用的法律、仲裁协议的形式、仲裁庭的组成、仲裁员的指定、仲裁员与参与人的报酬、仲裁的程序、裁决及上诉等。为自愿仲裁的进行创造了必要的法律条件。考虑到以机构形式长期进行仲裁工作，将更有利于当事人利用自愿仲裁解决争议，澳门政府又于同年7月制定了第40/96/M号法令，确立了机构自愿仲裁的法律制度即《自愿仲裁机构组织法案》。在回归以前，有关申请须向当时的澳门总督作出，而现时则为澳门特区首长——行政长官，许可批示并以摘录形式刊登于《政府公报》。1996年制定的两部法规虽然设定了澳门仲裁制度的基本框架，但是没有处理有关涉外仲裁的问题。

事实上，借助仲裁解决大部分因国际或者涉外商事关系产生之争议，系日益全球化的世界趋势，而在实行有效吸引外资及外资发展对外贸易之政策方面，仲裁已经被视为一项重要因素。如今，澳门不仅域内商业交往频繁，而且与中国内地、香港和台湾乃至世界各国均有广泛的商业联系。在这种背景下，在澳门产生或者与澳门有关的各种民商事纠纷自然会日益增多。为回应上述目标，立法会于1998年11月核准了第55/98/M号法令（即《涉外商事仲裁专门制度》），该法规几乎完全参照联合国国际贸易法委员会于1985年6月21日通过，并由同年12月11日联合国大会第40/72号决议书采纳的《国际商事仲裁示范法》。澳门立法者对《示范法》所作的修改仅仅包括第7条第1款以及第36条第1款，内容仅涉及仲裁标的以及拒绝执行仲裁裁决之依据部分。

值得注意的是，澳门已于1999年12月20日回归祖国。根据《澳门基本法》的规定，在“一国两制”的原则下，澳门享有行政管理权、立法权、独立的司法权和终审权，其现行的法律制度及生活方式基本保持不变。澳门回归前，其隶属国葡萄牙属于大陆法系地区，虽然内地在法律渊源上受大陆法影响，但由于其各自的文化背景不同，两国司法体系各异。在澳门回归后，澳门与内地之间仲裁裁决的相互执行问题仿照内地与香港间仲裁裁决相互执行的方法办理。自2008年开始，内地与澳门依据两地关于相互认可与执行仲裁裁决的安排解决相关问题。

二、澳门仲裁机构

考察澳门有关仲裁方面的法律规定，并没有如内地关于仲裁机构设立的具体规定。仲裁庭按照当事人的协议设立，如当事人未有约定，就适用澳门《自愿仲裁机构组织法》第15条规定的补充制度。根据澳门《自愿仲裁机构组织法案》第21条规定，当事人可以通过协议而约定适用某一专门机构所制定的仲裁规则。筹组仲裁工作交由该等机构负责时，此约定视为存在。同时又在澳门《涉外商事仲裁法案》第2条规定，争议当事人只要依法将争议提交仲裁机构，而不论仲裁工作是否交予一常设仲裁机构。从上述规定可以得出，在澳门，仲裁机构可以是常设仲裁机构，也可以由当事人选择临时性质的仲裁机构。

（一）自愿仲裁机构

澳门本地仲裁法授权总督通过法令，制定进行一般或专门性质的常设仲裁机构的必要条件，以及修订或废除该条件的规则。根据上述法律精神，1996年7月22日，澳门政府以第40/96/M号法令颁布了澳门《自愿仲裁机构组织法案》。该法案基本内容是：①成立自愿仲裁机构应向澳门总督申请许可；②成立自愿仲裁机构的申请得到批准必须符合三个条件，即应考虑申请实体在进行仲裁活动方面的代表性、适当性及技术能力；③对获准成立自愿仲裁机构的实体划分为一般性质的仲裁实体和专门性质的仲裁实体；

④获准成立的自愿仲裁机构，由司法事务司于每年的1月15日前公布；⑤已成立之自愿仲裁机构如不符上述第2条的条件时，即予以废止；⑥对未经许可擅自进行机构自愿仲裁的实体，将处以2万到4万澳门币的罚款。

从这一法令的内容分析看，澳门实际上对自愿仲裁机构的审批是开放性的，只要符合和具备“代表性、适当性及技术能力”三项条件的申请实体即能获得许可。而这三项条件的弹性很大，完全取决于审批者的主观判断。根据上述标准，各行各业的行业协会、政府部门甚至相关学术团体，如想成立本行业的自愿仲裁机构，实际上都可以设法满足上述三个条件。

（二）消费争议仲裁中心

在设定了仲裁法律制度的基本框架之后，第一个获得许可在澳门设立的仲裁机构是“澳门消费者委员会”的民事或商事之小额消费争议自愿仲裁中心。该中心于1998年2月由总督通过第19/GM/98号批示许可设立。这一机构的运作适用《澳门消费争议仲裁中心规章》。其标的是通过中介、调解及仲裁方式促进解决在澳门地区发生的，涉及金额不高于澳门币5万元的消费争议。将争议提交仲裁中心是出于自愿的，当事人无须为有关程序承担费用。仲裁中心由消费者委员会协助。为此，消费者委员会在卷宗的组成方面指定一名负责人及分配专门的技术员，向当事人提供适用的法律援助。仲裁裁决由一位以兼职制度担任仲裁法官职务的法院司法官作出。

（三）律师工会自愿仲裁中心

消费者委员会的自愿仲裁中心成立一个月后，澳门总督又于1998年通过第26/GM/98号批示许可设立“澳门律师工会自愿仲裁中心”。该中心设立的目的是为了解决以下争议：①律师间之争议；②律师与顾客间之争议；③涉及民事、行政事宜或者商事之任何争议。有关争议应由当事人通过预先订立的仲裁协议，提交该中心处理。

（四）世界贸易中心自愿仲裁中心

1998年6月澳门总督又通过第48/GM/98号批示核准设立“澳门世界贸易中心自愿仲裁仲裁中心”。该中心的宗旨是倡议解决以下纠纷：①澳门世界贸易中心有限公司会员之间的纠纷，与其他世界贸易中心会员之间或与美国特拉华州世界贸易中心协会会员之间的纠纷；②上项所指会员与第三者之间的纠纷；③第三者之间民事、行政或者商事事务的任何纠纷。世界贸易中心自愿仲裁中心的运作由《自愿仲裁中心内部规章》规范。

（五）金融管理局仲裁中心

在回归后，行政长官又于2001年9月通过第192/2001号行政长官的批示，许可澳门金融管理局设立一个专门性质的仲裁中心，在有关保险以及私人退休基金的民事或者商事争议范围内进行机构自愿仲裁，但不得超过初级法院的法定上诉利益限额，即澳门币5万元。

综上，虽然澳门政府在回归前后分别设立了几个仲裁中心，并在经费上有所资助，但是将争议交由仲裁机构处理的案件并不多。其中消费者委员会的自愿仲裁中心处理了一些案件，但是数量相当有限。另外，澳门世界贸易中心的自愿仲裁中心也开始接到了一些案件的申请。必须注意的是，现在澳门运作的几个仲裁中心之中，有两个专门处理小额争端（利益值上限为5万元澳门币），而且对争议事宜的范围还有所限制（消费争端和有关保险及私人退休基金的民事或商事争议）。由于澳门又于2005年设立了轻微民事案件法庭，利益值的上限也是5万元澳门币。所以上述两个以小额争端为对象的仲裁中心的运作空间将进一步受压。对于另外几个无论在利益值，还是受理事宜的范围均有较大自由的仲裁中心而言，则应该有更广阔的前景。

三、澳门仲裁法主要内容

1996年澳门立法会在《司法组织纲要》的基础上制定了《仲裁法律制度》（即第29/96/M号法令，于1996年9月15日开始生效）。该法令共有三章44条。第一章第1～39条规定自愿仲裁；第二章第40条规定强制仲裁，即特别法规之仲裁，它要求特别法规定的仲裁依特别法支配，无特别法规定的仲裁依自愿仲裁之规定；第三章第41～44条为最后及过渡规定，规定了机构自愿仲裁、废止、修改和该法令的生效等问题。

由该法令第一章关于自愿仲裁的规定是其本体，故本文主要依第一章来讨论其内容。

（一）当事人意思自治原则

当事人意思自治是第29/96/M法令的首要原则，该法令第1条规定，争议当事人，无论是自然人还是法人，都可以通过缔结仲裁协议将其争议提交一名或数名仲裁员仲裁解决。这一原则还在该法令的许多其他条款中得到体现。例如，根据该法令第4条第1款，当事人可以约定通过仲裁解决争议，甚至包括正在受法院审理的争议。另外，对仲裁过程中的许多事项，该法令都规定先由当事人通过仲裁协议约定，在无约定时，才要求当事人依该法令的有关规定。

（二）仲裁的对象

仲裁的对象即可仲裁的事项或争议。按第29/96/M号法令，涉及可处分权利的争议均可作为仲裁的对象，这意味着涉及不可处分权利的争议不得进行仲裁。不可处分的权利是指主体不能转移或消灭的权利，如配偶之个人权利、人身权、亲权等。另外，下列争议也不得通过仲裁解决：①特别法规定应由法院和通过强制仲裁处理者；②已经确定裁判的争议；③导致检察院参与诉讼之争议。该法令关于仲裁事项的规定是较为广泛的，不仅包括商事争议，也包括许多一般民事争议。

（三）仲裁的法律适用

一般来讲，在国际仲裁中，争议当事人可以选择支配争议解决的实体法。但在一些国家的国内仲裁实践中，当事人的这种自由受到一定限制。第29/96/M号法令第3条规定，仲裁员应依据现行法律，即澳门现行法律进行仲裁。这意味着当事人没有权利选择非澳门法律支配其争议。但该条同时肯定，当事人可以在仲裁协议中或者订立的其他书面协议中明示准许仲裁员依公平或衡平原则仲裁。这也就是说，当事人可以授权仲裁员抛开法律依公平或衡平原则仲裁。

关于仲裁程序的法律适用，根据第29/96/M号法令第21条，当事人可以在仲裁协议或随后的书面协议中约定仲裁应遵守的程序规则。当事人也可以约定适用某一专门机构所制定的仲裁规章，而且在当事人将筹组工作交由此等机构负责时，视为存在此约定。在当事人未就仲裁所适用的程序规则约定时，由仲裁员确定。

（四）仲裁协议

争议当事人可以通过仲裁协议将其现存或将来可能发生的争议提交仲裁。仲裁协议应是书面的，既可以在合同中以仲裁条款的形式出现，也可以单独的仲裁协议为之。如果仲裁协议载于合同中，主合同无效并不导致仲裁协议无效。仲裁协议应明确规定争议事项，指定仲裁员或最低限度地指出指定仲裁员的方式。当事人对有关争议事项不一致时，由仲裁庭决定。当事人还可以在作成仲裁裁决之日前签署文件废止仲裁协议，并通知仲裁庭。

（五）仲裁庭

仲裁庭由当事人指定的独任仲裁员或单数之数名仲裁员组成。当事人在仲裁协议中无仲裁员人数的约定时，仲裁则由三名仲裁员组成。当事人指定双数仲裁员时，则由被指定之仲裁员协商选定另一名仲裁员，不能达成协议时，由澳门普通管辖法院作出有关任命。仲裁庭的首席仲裁员由当事人选定或以当事人书面确定的选定方式选择，否则，由仲裁员互选产生，仍不能选出时，由澳门普通管辖法院选定。关于仲裁员的指定，当事人应在仲裁协议中指定一名或数名仲裁员，或者确定仲裁员的方式，如无指定或约定，则每一方当指定一名仲裁员；如约定每一方当事人指定一名以上仲裁员，则双方所指定的人数必须相同。

第29/96/M号法令要求仲裁员具有完全行为能力。同时，当事人也可在仲裁协议中指定一个法人作仲裁员。该法人按其规章筹组仲裁工作。而在设立仲裁庭之前曾担任同案调解人者，不得再担任仲裁员，除非当事人另有约定。

对于仲裁员的指定，被指定者可以自由接受或拒绝指定。接受指定后在基于嗣后发生之原因而不担任仲裁员的，可以自行回避。但是，接受仲裁员指定后无合理理由推辞担任职务时，应对由此造成的损害负责。当事人或被指定的仲裁员还可按民事诉讼法的规定申请回避或自行回避。仲裁员还可以因被指定后所出的原因而被拒绝。任何仲裁员死亡、自行回避、被拒绝或不能担任职务或因任何理由使指定无效时，应按照适用于指定或任命之规则进行替换，当事人可以约定不得替换。

（六）仲裁程序

第29/96/M号法令要求，在仲裁程序中，当事人应获得绝对的平等对待，且任何一方当事人应有行使权利的机会。就争议及仲裁程序中所出现的问题，在确保适用辩论原则的前提下，任何一方当事人应有充分机会支持其主张及表述其观点。被诉人须被传唤作出答辩，且可以在仲裁协议范围内提出反诉。在作出终局裁决前，应听取双方当事人口头或书面意见。而且，在向当事人发出有关仲裁庭审查证据之听证及讨论解决法律问题之会议日期及地点的通知，以及所有陈述书、申请书、所提交的文件及裁决书时，应提前足够时间并以挂号信或其他约定的方式为之。

（七）仲裁裁决

在无仲裁协议明确规定的情况下，仲裁庭应在6个月内作出仲裁裁决，但这一裁决期间可以经当事人书面协议延长一次或多次。在一般情况下，如仲裁庭由一名以上的仲裁员组成，仲裁员之裁决取决于表决之多数。但是，仲裁协议或随后签署的书面协议可以规定由特定多数作出决议，或者不能取得必要的多数时，由首席仲裁员自行决定。仲裁员的终局裁决必须是书面的，并由仲裁员签名。属一名以上仲裁员参与之仲裁程序，有关裁决应载有仲裁庭多数成员之签名，并应有其他成员不签名的原因。仲裁裁决除载明通常的内容外，还应说明裁决的理由。

仲裁裁决作出后，如无约定其他期间时，任何一方当事人得自终局裁决通知日起30日内，有一次机会请求更正任何错漏、误算或相同性质的错误，或者澄清裁决依据或裁决部分含糊或模棱两可之处。仲裁庭也可依职权更正上述错误。在听取当事人意见之后，仲裁庭应对更正或澄清之请求作出决定，该决定为仲裁裁决的补充及组成部分。

仲裁庭将仲裁裁决通知当事人后如果无任何更正或澄清之请求，仲裁庭首席仲裁员应命令将裁决书正本存在于澳门普通管辖法院办事处，并将有关事宜通知当事人。而仲裁员的权利在存在通知发出后终止。

仲裁裁决作出后，在一定条件下，当事人可以上诉。第29/96/M号法令第34条规定，当事人可以在仲裁协议或随后签署的书面协议中确定一上诉仲裁审级，但必须订明提起上诉的条件及期间、上诉的方式及审理上诉之仲裁实体之组成，否则其约定无效。不过，当事人引用的仲裁机构规章对上述事宜已有规定的不受此限制。另外，当事人也可以在仲裁协议或在随后签署的书面协议中确定仲裁裁决上诉应向澳门高等法院提出，且在程序上适用民事诉讼法的相应规定。但无论如何，约定允许仲裁员按公平或衡平原则进行裁决时不得就仲裁裁决提起上诉。

在澳门，仲裁裁决一经确定，也即仲裁裁决不能请求更正、澄清或上诉时，即具有与普通管辖法院判决相同的执行效力。仲裁裁决的执行由澳门普通管辖法的规定进行。被执行人可以按照民事诉讼法的规定反对仲裁裁决的执行。

（八）仲裁裁决的无效及撤销

仲裁裁决在下列情况下被视为无效：①有关争议不是涉及当事人可处分权利的争议，不能遵循仲裁途径解决；②未传唤被诉人答辩，且被诉人未参与有关程序；③仲裁庭审理不属其管辖权范围内的问题或未对应审理问题进行审查；④裁决违反公共秩序原则。在澳门，任何利害关系人或检察院可以随时主张裁决无效所作出的裁判得向高等法院提起上诉。

在当事人未约定可以对仲裁裁决上诉时，仅澳门普通管辖法院可以在下列任何一情况下撤销仲裁裁决：①当事人一方无缔结仲裁协议的能力，或者就非常仲裁争议进行裁决；②裁决由无管辖权或不符合规则设立的仲裁庭作出；③没有遵守仲裁程序的一般原则；④裁决不是书面的并欠缺仲裁员签名，或者仲裁员不签名原因；⑤裁决未说明理由。就申请撤销仲裁裁决，任何一方当事人可以在裁决通知之日起30日内向澳门普通管辖法院提出。撤销之诉待决不妨碍根据仲裁裁决无效提起执行之诉。而且，对撤销之诉的判决可以向高等法院提起上诉。第29/96/M号法令的颁布意味着在澳门建立了较为现代化的本地仲裁制度，这可以说是澳门法制的一大进步。但是，仅有此法令是不够的，现在问题的关键是有关方面应积极行动起来，以保证该法令贯彻实施。尽管载有仲裁制度的葡萄牙《民事诉讼法典》早于1962年延伸适用于澳门，但澳门后来30多年事实上一直没有民商事仲裁的事例和机构。第29/96/M号法令颁布以来，尽管澳门报刊对该法令有所报道，也有个别组织表示将依此法令建立仲裁中心，如澳门消费委员会计划设立“消费自愿仲裁中心”，但从总的情况来看，各方面的反应并不强烈。这种情况一方面反映了人们对仲裁这种争议解决方式认识不足，另一方面，也反映了该法令本身的可操作性不强和政府的重视不够。该法令广泛采纳当事人意思自治原则虽然值得肯定，但在澳门这样一个对仲裁不太了解的地区，过分依赖当事人自治，政府不加推动和协助，对建立完善的仲裁制度是不利的。

有鉴于此，澳门政府指定一机构或设立一仲裁委员会来推动开展仲裁工作。在政府的推动和协助下，澳门应尽快成立一常设性民间仲裁机构，可称之为“澳门仲裁中心”或“澳门仲裁院”。该仲裁机构应根据当事人在争议发生之前或者在争议发生之后达成的将争议提交该仲裁机构进行仲裁的仲裁协议和一方当事人的书面申请，既受理产生于国际民商事交往中的争议案件，也受理产生于澳门本地的民商事争议案件，在1999年后还应受理跨中国内地、香港和台湾等区际民商事争议案件。该仲裁机构最好以第29/96/M号法令为根据，并借鉴联合国《国际商事仲裁示范法》和联合国《国际贸易法委员会仲裁规则》，并参照其他国家或地区的仲裁实践，制定自己的仲裁规则，它可有选择地聘请世界上，特别是东南亚及中国内地、香港、台湾和澳门本地的知名专业人士和法律专家担任备选仲裁员，建立自己的仲裁员名册。尤其重要的是，澳门应尽快制定自己的国际仲裁法，以此健全自己的仲裁制度，推动和规范本地区涉外仲裁活动的开展。

四、澳门仲裁的机遇

尽管仲裁这种解决争端的机制在澳门尚未真正普及，但是随着澳门经济的发展以及本身的优越性，仲裁机制的更普遍应用是充满机遇的。

1. 必须注意的是，对于澳门社会（尤其是法律生态）而言，仲裁基本上还是一个新鲜事物。仲裁机制在过去应用的比较少，既可能是因为民商事主体对该机制缺乏相当的了解，也可能因为其法律制度以及机构建设尚未给予大众以足够的信心。近几年来，澳门的仲裁机构已经在推广仲裁作为解决争端之机制问题上做了很多努力，例如，澳门世贸自愿仲裁中心办的“简述仲裁及调解制度研讨会”、澳门世贸自由贸易中心于2006年11月与法律及司法培训中心合办的“澳门仲裁法律制度研讨会”，而仲裁法律制度与机构设置也日趋完善。

2. 近年来澳门的经济发展非常迅速，本地与外地的投资均非常活跃（据澳门统计局发布的数据显示，从2003年到现在，澳门的本地生产总值每年增长；对外贸易、博彩、旅游以及建筑不动产等领域都非常发达）[1]。在商业活动增加的前提下，法律争议增加自然是不可避免的。可是，又由于澳门法院的负荷非常大（终审法院院长在2007年~2008年澳门特别行政区司法年度的讲话中指出，澳门法官人数严重不足，三级法院只有29位法官，但每年要审理超过2万宗案件，其中初级法院实际审判案件的每位法官过去一年要处理的案件为1123件）[2]，而且诉讼程序为保障各方利益必然有一定的复杂性，所以对案件的审理必然需要一段较长的时间。因此，通过传统的诉讼途径解决争端不一

---

〔1〕 参见 http：//www. gov. cn/gzdt/2011 －02/28/content_ 1812697. htm. 源自统计局发布2010年国民经济和社会发展统计公报。

〔2〕 http：//www. gcs. gov. mo/showCNNews. php？ DataUcn ＝27536&PageLang ＝C.

定能符合民商领域的当事人希望快捷地解决争议的利益。

3. 仲裁本身是解决争议的一种非常优越的替代性方式。仲裁的应用范围非常广阔。凡载有仲裁条款的任何民事、行政或商事方面的合同，如买卖合同、公司合同、租赁合同或任何其他合同，均可请求仲裁。而仲裁条款是指经双方协议的书面声明，该声明规定倘若某行为或法律事实引致争议时，当事人可通过仲裁解决。仲裁条款可在合同制定时，包括在合同内或之后，在合同生效期间，在取得双方当事人同意下，附注在原合同内，倘若合同未载明仲裁条款，但只要双方当事人同意订立仲裁协议，均可交由仲裁庭审理。在效力方面，当仲裁涉及当事人可处分的权力时，仲裁庭的裁决如同法院的判决一样，而且其裁决为终局裁决，裁决对双方当事人均有约束力及强制执行的效力。在程序上，当事人有权选任仲裁员，订出审理的程序规则及仲裁员进行审理的方式。其所需时间一般比法院诉讼时间要短（裁决一般在6个月内便可以作出），而且还具有更佳的保密性[1]。另外，因其运作更为灵活，为解决争议，双方当事人可安排听证的次数，以便进一步辩论。因此，仲裁并没有一般审判带来的创伤及严格的诉讼程序，因而程序也更快捷。

在上述背景之下，仲裁机制在澳门发展的机遇是可以期待的。现在摆在澳门仲裁机构与专业人员面前的问题是要主动做好推广工作，积极地完善制度与提高人员的专业素质，以迎接未来的挑战。

第五节　台湾地区仲裁制度

一、法律渊源

我国台湾的仲裁制度，是由民国时期的“公断”制度发展而来的。1921年，民国政府颁布了“民事公断暂行条例”（以下简称“暂行条例”）。1949年10月1日以后，该“暂行条例”在台湾地区继续施行，直到1971年将该“暂行条例”予以废止。台湾地区正式的仲裁机构是1955年成立的“中华商务仲裁协会”（通称台湾商务仲裁协会，简称CAA）。设在台北的商务仲裁协会，旨在对内部及对外商业纠纷进行仲裁以及调停对外贸易纠纷，该协会是台湾最早依法登记成立的仲裁机构。

台湾商务仲裁协会成立后，为了适应商务仲裁的需要，台湾当局于1961年制定了“商务仲裁条例”。1982年和1986年台湾先后两次修订该条例，增加了诸多商事仲裁程序及法律。1982年修正案规定了在台湾承认与执行外国仲裁裁决。1986年修订时加入了第二十八章，规定在涉外争议的当事人之间未定有仲裁协定的情况下，经过一方当事人请求和其他当事人的同意，商事仲裁协会可以通过当事人所委任的仲裁员主持调解。1986年修订案还简化了执行仲裁裁决的程序，以便当事人能更经常地运用裁决手段。随

---

〔1〕 为确保隐私，双方当事人均有权决定仲裁庭听证的时间及地点，听证亦可在澳门特别行政区或者澳门自愿仲裁中心以外的地点进行。而请求法院审理的案件则只能在法院内进行，时间亦不能自由作出，且法院的庭审都是公开的，只有法律规定的某类特别情况才会不公开审理。

着各国仲裁制度的相互借鉴，尤其联合国《国际商事仲裁示范法》（简称《示范法》）大大推动了各国仲裁制度的趋同化进程，"商务仲裁条例"已经落后于时代潮流。此外，有关方面还认为，仲裁对解决两岸经贸争议的作用将不断加强，在大陆已经颁布仲裁法的情况下，台湾应尽快完成"商务仲裁条例"的第三次修正，以利于两岸经贸交流，基于此，台湾商务仲裁协会1993年后开始起草仲裁法草案。1998年，台湾再度修订"商务仲裁条例"并将其更名为"仲裁法"。与大陆仲裁法不同，该法不采"国内仲裁"与"涉外仲裁"的二元立法体例，而且把可仲裁事项从商事争议扩大到"民事诉讼法"规定的所有"得为和解"事项中。2002年，台湾又对1998年的"仲裁法"进行了修订，从而最终建立起了台湾仲裁制度的完整体系。

台湾"仲裁法"不仅广泛借鉴英、美、德、日等国仲裁制度，而且注重吸收《示范法》的先进立法经验，其立法思想和具体规范基本符合仲裁制度的最新发展趋势，尤其确立了效率优先的基本价值取向，既注重扩大当事人意思自治的范围与程度，又赋予仲裁庭较大的权力，把仲裁机制中权利与权力的平衡推向新的高度，保障并促进了仲裁程序的便捷进行。从总体上看，1998年台湾"仲裁法"是一项比较成功的立法成果。

二、仲裁机构

"仲裁协会"（Chinese Arbitration Association，TAIPEI，简称CAA）于1955年成立，1996年向法院登记为社团法人，以仲裁台湾地区内外依法得和解的争议及调解有关的争议为宗旨，为一具有公司法功能的民间机构。

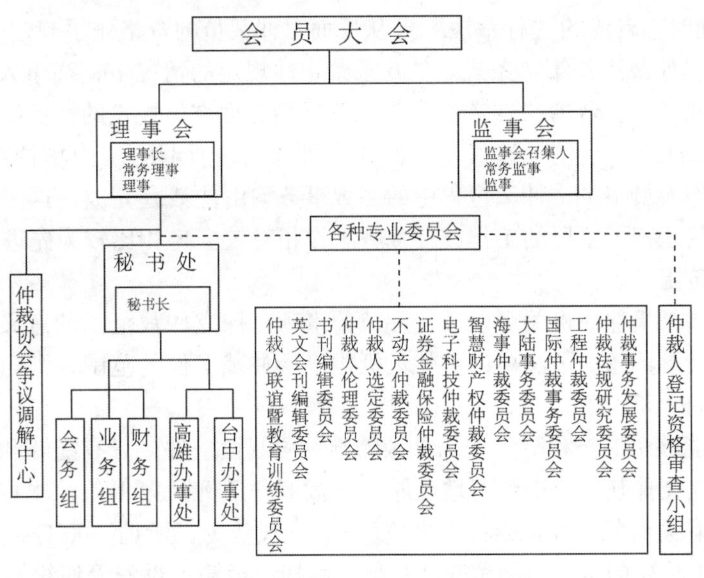

"仲裁协会"组织结构图示〔1〕

〔1〕 http：//image. baidu. com/i？ ct =503316480.

2002 年前，台湾唯一的仲裁机构更名为“中华商务仲裁协会”。在此期间，台湾地区又设立了台湾营建仲裁协会、“中华工程仲裁协会”等两家商事仲裁机构，此外，台湾也有劳动争议仲裁机构。依据台湾“仲裁法”第 54 条规定“仲裁机构得由各级职业团体、社会团体设立或联合设立，负责仲裁人登记、注销登记及办理仲裁事件。”由此规定可知，目前台湾地区的仲裁机构为民间机构，不具官方性质，这实际上与理论通说上将仲裁机构定性为民间组织的观点是一致的。究其原因是由于仲裁的性质和特点就在于其民间性，民间色彩越浓厚，仲裁不同于诉讼的优点就表现得越突出。

台湾仲裁机构多由大财团发起设立，比如“中华仲裁协会”是由力霸集团和东森科技集团发起成立，台湾营建工程协会由土木技师工会发起成立，“中华工程仲裁协会”由财团法人营建基金会整合不动产 8 大相关产业、43 个公会团体和组织联合设立。大财团为仲裁机构提供了稳定的资金保障，在使其免于资金匮乏之忧的前提下，也逐渐摆脱财团的控制，使其彻底摆脱政府的不当干预，从而为公正裁判奠定基础。

许多国家和地区，特别是英美法系国家并不给仲裁员的资格作硬性规定，只交由当事人来自由约定，而台湾“仲裁法”却对此作出了明确具体的规定。台湾“仲裁法”第 6 条规定：“具有法律或其他各业专门知识或经验，信望素孚之公正人士，具备下列资格之一者，得为仲裁人：①曾任实任推事、法官或检察官者。②曾执行律师、会计师、建筑师、技师或其他与商务有关之专门职业人员业务五年以上者。③曾任‘国内、外’仲裁机构仲裁事件之仲裁人者。④曾任‘教育部’认可之‘国内、外’大专院校助理教授以上职务 5 年以上者。⑤具有特殊领域之专门知识或技术，并在该特殊领域服务 5 年以上者。”与此同时，台湾的“仲裁法”还从反面对仲裁员的资格作了规定，在此基础上，只要在不违反“仲裁法”第 7 条规定的 6 条禁止性规定的情况下，当事人仍可约定仲裁员的资格。由此可见，台湾“仲裁法”是从正反两方面作出规定的，更显严谨、明确。

根据我们的了解，台湾地区最主要的仲裁机构就是所谓的“中华仲裁协会”，该仲裁机构专职工作人员很少，仲裁过程中的多数事务均由仲裁庭完成，这一点与大陆（大陆多数仲裁机构承担了主要的工作，仲裁庭工作相对较少）相比较为先进。

三、仲裁范围

仲裁的范围是指仲裁机关可以进行仲裁的事项。探究仲裁范围的意义在于，如果当事人约定的仲裁事项超出了法律许可仲裁机构接受仲裁案件的范围，则当事人约定的仲裁协议是无效的。

台湾将“能够调解与和解”作为仲裁的唯一限制性条件，只有能够和解或者调解的事项，才可以提交仲裁。依据台湾地区原“仲裁商务条例”第 1 条的规定，仲裁处理的范围仅限于“有关商务上现在或将来之争议”。一般认为，所谓“商务”包括一切合同与非合同的商事性质的事项，如贸易、租赁、承揽、运输、投资等纠纷。不过台湾 2002 年修订的新“仲裁法”，规定的仲裁事项范围却相对宽泛。新“仲裁法”将这一项中的“商务上”三字删去，修改为“有关现在或将来之争议，当事人得订立仲裁协议，约定由仲裁人一人或单数之数人成立仲裁庭仲裁之。”同时增订第 2 款而规定“前项争议，以依法得和解者为限”。之所以删去“商务”二字，主要是考虑到商务的概念在各国都没有统一的解释，即使在一国和地区之内，也没有明确的内涵和外延，在法律适用上很容易产生“是否是商务争议”的疑问，而且世界先进各国的仲裁立法，除美国联邦仲裁法外，均未限于“商务上的争议”。从内容上来看，台湾地区“仲裁法”认为各种争议均可以提交仲裁，仅有一个限制，即争议“以依法得和解者为限”，即凡属于当事人有权自由处分的事项，不涉及公序良俗或强行法禁止的规定都可以申请仲裁。

台湾“仲裁法”所确立的仲裁事项的范围充分扩大了仲裁的范围，仅仅以“依法得和解者为限”来限制仲裁的范围，充分体现了意思自治的原则。如何确定仲裁事项的范围，涉及到个人利益和公共利益协调的问题。仲裁是建立在当事人意思自治基础上的，仲裁的效力不是来源于国家的强制性，而是来源于当事人对仲裁方式的选择和对仲裁裁决的认可，也就是说来源于当事人的意思自治。只要发生争议的实体权益纠纷，除非涉及到第三人的利益或者社会公众的利益，就应当允许当事人选择仲裁这种纠纷解决方式，因此台湾“仲裁法”所确立的仲裁事项的范围应当说是比较合理的。

台湾地区关于仲裁事项范围的界定，可以给祖国大陆以充分启示与借鉴，台湾将“能够调解与和解”作为仲裁的唯一限制性条件，仲裁的范围大大宽于祖国大陆，而且使其仲裁的特色更加鲜明，值得我们在修改仲裁法时参考。

四、仲裁协议

所谓仲裁协议，就是指当事人通过协商而确定的将其争议事项提交仲裁的协议。仲裁协议在仲裁中具有非常重要的意义，它是仲裁机构受理案件的依据，是法院承认和执行仲裁裁决的前提，同时有效的仲裁协议也具有排除法院司法管辖权的作用。本书从仲裁协议的形式、效力及仲裁协议的异议管辖三个方面来对台湾地区的仲裁协议作出如下介绍。

（一）仲裁协议的形式

台湾“仲裁法”第 1 条第 3 项规定：“仲裁协议，应以书面为之。”由此可见，台湾承认仲裁协议的形式是书面形式，这主要是考虑到仲裁协议的重要性和严肃性，如果当事人未达成书面协议，就认定其已经决定提交仲裁，并排除法院的司法管辖，显然是不适当的。问题在于如何理解书面形式，换言之，书面形式是指必须采用合同书的形式，还是可以包括其他书面形式。台湾“仲裁法”第 1 条第 4 项规定：“当事人间之文书、证券、信函、电传、电报或其他类似方式之通信，足认为有仲裁合意者，视为仲裁协议成立。”可见台湾“仲裁法”承认仲裁协议不限于以合同书的形式达成，而可以采取现代化的通讯方式达成仲裁协议，但该条没有明确规定仲裁协议是否可以采取电子邮件的方式。由于该条采取的是具体列举的方式，而在具体列举中又没有具体列举电子数据交换和电子邮件，似乎可以认为台湾“仲裁法”是不承认通过电子数据交换和电子邮件可以达成仲裁条款的，这实际上与国际上通行的做法和立法趋势是不相适应的。从总体上看，台湾地区关于仲裁协议的要求要比大陆严格。

（二）仲裁协议的效力

台湾“仲裁法”第 4 条第 1 项规定：“仲裁协议，如一方不遵守，另行提起诉讼时，法院应以他方申请，裁定停止诉讼程序，并命原告于一定期间内提付仲裁。但被告已为本案之言辞辩论者不在此限。”据此，虽有仲裁协议的存在，原则上法院仍得受理该诉讼，但若另一方当事人在本案第一次言辞辩论前提出抗辩的，法院应命令将争议提付仲裁。所以，台湾地区方面对于仲裁协议的效力是以停止诉讼为主，并辅以抗辩驳回制，比较接近反诉抗辩制。由此可见，台湾“仲裁法”并不主动排除司法管辖权，而仅在被告提出申请时才裁定停止诉讼程序。依仲裁制度的基本价值判断，当事人既可通过合意赋予仲裁机构以管辖权，自然也可以通过合意排除其管辖权，法院并无介入的必要。在处理仲裁协议与司法管辖的问题上，台湾地区和大陆的规定是一致的。

（三）仲裁协议的异议管辖

传统的仲裁理论认为，仲裁庭的管辖权来源于仲裁协议，如果当事人对仲裁协议的成立或效力产生异议，应当由法院来决定，而不应当由仲裁庭行使管辖权自行解决。但20世纪80年代以后，自裁管辖权理论逐渐为各国立法和学说所接受。所谓自裁管辖权是指仲裁庭对管辖权问题享有管辖权。台湾“仲裁法”第22条和第30条已经确认了此理论，根据这两条的规定，“当事人对仲裁庭的管辖权之异议，有仲裁庭决定之。但当事人已就仲裁协议标的之争议未陈述者，不得异议”，“当事人下列主张，仲裁庭认为其无理由时，仍得进行仲裁程序，并为仲裁判断：①仲裁协议不成立……”，承认自裁管辖权进一步尊重了当事人的意思自治，也限制了法院对当事人意志的不正当干涉，使得仲裁条款真正具有了独立性。

五、仲裁程序

仲裁程序是有关仲裁机构、仲裁庭、仲裁员、申请人、被申请人、代理人、鉴定人以及法院之间在仲裁案件进行过程中的相互关系和活动方式的规定的总称。一般包括仲裁申请和受理、仲裁受理和仲裁裁决等程序，下面仅对其中若干问题进行介绍。

（一）仲裁程序的确定

台湾地区仲裁的一个特色就是当事人可以自行确定仲裁程序，而仲裁庭应当尊重当事人的自愿选择。根据台湾“仲裁法”第19条规定，仲裁程序首先应当由当事人自由约定，当事人未作约定时，则适用“仲裁法”的规定，“仲裁法”未规定者，仲裁庭可准用“民事诉讼法”有关诉讼程序或采取其认为适当之仲裁程序。该规定体现了仲裁法对当事人意思自治的充分尊重，表明了仲裁程序的自由民主特征，与仲裁的普遍实践是一致的。

（二）仲裁员的选任

台湾“仲裁法”第9~13条全面规定了仲裁员选任的具体方法，即以当事人约定为原则，辅之以法院选任、仲裁机构选任、以当事人多数意见选任或抽签选任（当事人一方有2人以上时）。其选任方法虽较严谨但略显繁琐，而且法院对仲裁员选任的介入可能降低仲裁效率，这可能是立法当局为确保仲裁程序能正常运作，对运作仲裁程序的主体即仲裁员给予高度重视并施以严格要求造成的。

（三）仲裁进行程序

仲裁进行程序是仲裁庭根据法律规定或当事人约定的方式查明事实，分清是非的过程。在台湾，由于“仲裁法”第19条已经授权当事人约定仲裁程序，约定仲裁进行程序应属当然之义，同时，“仲裁法”还对特定事项作出某些强制性规定，以防止仲裁进行程序不因当事人之约定或一方当事人之消极行为而受阻，为保证仲裁合法、迅捷进行，此类强制性规定是必要的。

（四）裁决程序

台湾地区仲裁裁决程序的一个特色是，仲裁庭可以依公平正义观念作出裁决，也可以依当事人自行约定的规则作出裁决，而不必完全依照法律裁决。仲裁庭对提交仲裁的案件在审理过程中或进行审理后，根据已查明的事实和认定的证据，对当事人提出的仲裁请求或反请求及其他事项作出书面决定。台湾广泛借鉴《国际商事仲裁示范法》及瑞士、法国等国仲裁法实践，允许在特定情势下以衡平原则作出裁判，即在不违反法律、公序良俗以及基本的仲裁程序前提下，经当事人明示作出授权，仲裁员可以依公平正义观念作出裁决。其"仲裁法"第31条规定："仲裁庭经当事人明示合意者，得适用衡平原则为判断。"由此明文规定可知，台湾是准许衡平仲裁制度存在的。

在裁决规则方面，台湾"仲裁法"第32条规定，仲裁裁决采过半数原则，当同意数未达半数时，"以最多额之意见顺次算入次额之意见，至达过半数为止"，如果还不能达半数时，非基于当事人的约定，则终结仲裁程序，此规定是借鉴台湾"法院组织法"的做法，但显然无助于发挥仲裁的制度价值，这与仲裁法的普遍实践是背道而驰的。另外，为充分发挥仲裁制度价值，各国和地区相关规定一般允许仲裁庭在仲裁过程作出部分裁决。而台湾"仲裁法"没有涉及部分裁决的规定，但该法对仲裁裁决极为重视，体现了程序优先的立法取向。我们认为，诉讼制度尚且肯定部分判决，作为提高纠纷解决效率重要实践的仲裁理应包括部分裁决的内容，应当说未确认部分裁决是台湾"仲裁法"的一个缺点，但该法关于中间裁决的规定却值得借鉴。

综上所述，台湾地区并不刻意比较仲裁和民事诉讼两种制度的优劣，适用哪种纠纷解决方式，完全由当事人在市场机制下进行自由选择。不过，随着仲裁制度的不断完善，仲裁与民事诉讼作为解决民商事纠纷的最主要渠道在台湾也日渐协调。仲裁逐渐形成了其优势领域，即公共工程、海事、国际贸易等，尤其是工程领域。对于工程合同案件，虽然当事人可以诉请法院，但是，由于法官并非专业出身，致使其无法精确解决纠纷，加上诉讼程序冗长，三五年内难以结案，仲裁最长只需9个月即可完成裁决，效力与法院相同，因而，越来越多人开始选择仲裁。台湾仲裁制度的优势在那些需要当事人自行选择裁决程序和规则的领域与案件也非常明显。据台湾仲裁机构提供的数字，目前台湾每年仲裁收入超过20亿新台币，这一数字正在呈不断增加趋势。而法院在工程领域、海事和国际贸易领域的受案量则在下降。

第六节　涉港澳台区际民商事仲裁裁决相互认可与执行

一、概述

仲裁裁决的承认与执行是国际商事仲裁制度的核心问题。承认和执行外国仲裁裁决是既有联系又有区别的两个问题。承认外国仲裁裁决指法院依法确认某一外国裁决在内国有可予执行的法律效力。仲裁裁决的承认在于固定、确认裁决的效力，防止当事人反悔；执行外国仲裁裁决指法院在承认外国仲裁裁决效力的基础上，依照本国法律规定的执行程序予以强制执行。仲裁裁决的执行是法院根据胜方当事人的申请，以查封、扣押、强制划拨银行存款等强制手段迫使败方当事人履行裁决。

在国际商事仲裁中，因为其涉外性，会出现裁决作出地和承认与执行地在不同国家的情况，从一国的角度看主要包括三种情况：①承认及执行地和裁决作出地在同一个国家，例如，中国国际经济贸易仲裁委员会仲裁庭作出的仲裁裁决在中国法院的承认与执行，对此种裁决的执行一般依照该国的法律进行，不会涉及国际公约的调整。尽管如此，但因其具有涉外性，所以与承认和执行一项纯粹的国内裁决还是有所不同，甚至有的国家在法律适用上实行不同的规则和条件，所以这也是我们应该探讨的内容。②承认及执行地和裁决的作出地在同一个国家，但因为仲裁适用了外国的仲裁法或仲裁规则而被认为是非内国的仲裁裁决。凡是作这种认定的国家均依照承认和执行外国仲裁裁决的程序和条件进行。③承认及执行地和裁决作出地在不同国家，即当事人在裁决作出地以外的国家寻求裁决的承认与执行。这就是狭义上的“外国仲裁裁决的承认与执行”概念，一般依照国际条约承认与执行。综观各国承认与执行外国或其他法域的仲裁裁决的法律依据，主要有国内立法与国际条约。世界上大多数国家或独立法域制定了自己的仲裁法，一般均涉及到外国仲裁裁决的承认与执行问题。若无仲裁法，其民事诉讼方面的法律对外国仲裁裁决的承认与执行也会有相关规定。

区际相互承认与执行仲裁裁决的法律依据目前发展尚不完善，比较典型的是英国与美国的实践模式。英国不同法域的英格兰与威尔士之间，相互承认与执行对方仲裁裁决参照适用1958年的《承认及执行外国仲裁裁决公约》（以下简称《纽约公约》）；在美国，不同法域的州与州之间亦是参照《纽约公约》以保证申请承认与执行仲裁裁决的顺畅与便利。两国这种实践模式是各法域之间相互承认与执行法院判决理念的延伸，是一种简便而较为成功的方式。

中国由于存在“一国两制四法域”的复杂情况及近年来各法域间经济联系的进一步密切，仲裁以其公正、迅速、费用低廉以及对选择适用法律原则、商业惯例较富弹性的优点，越来越多地被各法域当事人选择作为他们之间已经或将要发生纠纷的解决手段。因此，仲裁在解决我国区际民商事争议方面起着非常重要的作用。为了更好地运用仲裁解决区际民商事争议，各法域纷纷加强了本法域的仲裁立。

涉港澳台区际仲裁裁决的相互承认与执行是指各法域间相互承认与执行仲裁裁决，它是中国区际司法协助中的重要内容。1996年6月内地与香港特别行政区终于在相互承认与执行仲裁裁决的问题上率先达成协议，即《关于内地与香港特别行政区相互执行仲裁裁决的安排》并在内地于2000年1月1日起开始施行。我们认为，该安排在中国司法协助中具有里程碑的意义。

二、内地对外国（外法域）仲裁裁决承认与执行的立法与实践

目前在内地实施的有关的商事仲裁法律既有国内立法及规范又有国际条约。国内立法包括1995年9月1日正式实施的《中华人民共和国仲裁法》、2012年重新修订颁布的《中华人民共和国民事诉讼法》以及一些单行法规及最高人民法院司法解释中的有关仲裁的规定。我国缔结或参加的有关承认和执行外国仲裁裁决的公约中，最重要的就是1958年《纽约公约》，该公约于1987年4月22日对内地生效并具有优先于上述《民事诉讼法》的效力。此外，我国迄今缔结的司法协助条约也大都规定了相互承认与执行仲裁裁决的内容。我国的《仲裁法》既适用于内地仲裁，也适用于在内地发生的国际商事仲裁[1]。

在内地，审理国际商事争议的仲裁机构为中国国际经济贸易仲裁委员会（CIETAC）以及中国海事仲裁委员会（CMAC）。此外，1996 年 6 月中国国务院办公厅发出通知，授权依《仲裁法》而设立的国内仲裁机构在争议当事人自愿的情况下可将其受案范围扩大到涉外商事争议。这一通知结束了涉外（包括港、澳、台地区）案件属于中国国际经济贸易仲裁委员会及海事仲裁委员会专门管辖的状况，这是中国实行社会主义市场经济，强调当事人意思自治的具体体现。中国国际经济贸易仲裁委员会也于1998 年在其修订后的仲裁规则中将受案范围扩大到除涉外案件之外的涉及香港特别行政区、澳门特别行政区及台湾地区的商事争议以及在中国境内的外商投资企业与其他中国自然人、法人或组织之间的争议。按照《仲裁法》的规定，当事人可以自由地决定是否采用仲裁方式解决其商事争议，但一旦选择仲裁，只能由中国的常设机构进行审理，与香港地区不同的是，内地至今尚未开展临时仲裁（Ad hoc Arbitration），每一个仲裁机构均有自己的仲裁员名册（其中 CIETAC 仲裁员名册中包括相当比例的外籍仲裁员及来自香港的仲裁员），并制定了自己的仲裁规则，但是，按照现行仲裁法及各机构的仲裁规则，当事人若选择中国的仲裁机构仲裁，只能适用该机构的仲裁规则，而且仲裁委员会对仲裁庭行使积极的监督职能。中国亦是《纽约公约》的成员国，但与香港不同的是，在内地《纽约公约》无须转化为国内法，而是可以直接被适用。

根据上述国内立法与国际条约的规定，我国内地涉及到的国际商事仲裁裁决包括三类：①具有涉外因素的中国内地仲裁裁决，主要指由中国内地仲裁机构作出的含有涉外因素的仲裁裁决；②外国仲裁裁决，主要指外国仲裁机构作出的仲裁裁决；③港澳台地区的仲裁裁决。

（一）涉外仲裁裁决在中国内地的承认与执行[2]

《中华人民共和国仲裁法》第 62 条以及《中华人民共和国民事诉讼法》第 237 条、274 条对涉外仲裁裁决在中国国内的执行作了规定。具体的涉外仲裁裁决的执行程序、执行措施则根据《民事诉讼法》规定的执行程序进行。具体内容如下：

1. 申请法院执行涉外仲裁裁决的期限和提交的文件。根据《民事诉讼法》第 217 条之规定，当事人申请法院执行涉外仲裁裁决的期限为 2 年。该期限从法律文书规定履行期间的最后一日起计算，法律文书规定分期履行的，从规定的每次履行期间的最后一次起计算。我国规定的期限与其他国家相比较短。涉外仲裁的一方当事人向法院申请强制执行裁决时，应提交书面申请书、裁决书副本和载有仲裁条款的合同书或仲裁协议书。

2. 管辖法院。《仲裁法》第 62 条规定："当事人应当履行裁决，一方当事人不履行的，另一方当事人可以依照民事诉讼法的有关规定向人民法院申请执行，受申请的人民法院应当执行。"《民事诉讼法》第 273 条规定："经中华人民共和国涉外仲裁机构裁决的，当事人不得向人民法院起诉。一方当事人不履行仲裁裁决的，对方当事人可以向被

---

〔1〕《仲裁法》第七章是关于中国涉外仲裁法的特别规定，国际商事仲裁的其他制度与国内仲裁相同。

〔2〕参考杜新丽主编：《国际民事诉讼与商事仲裁》，中国政法大学出版社 2009 年版，第 336 ~ 340 页。

申请人住所地或者财产所在地的中级人民法院申请执行。”根据上述规定，对涉外仲裁裁决域内执行有管辖权的法院为被申请人住所地或者财产所在地的中级人民法院。根据最高人民法院2001年12月25日发布的《关于涉外民商事案件诉讼管辖若干问题的规定》，申请撤销、承认与强制执行国际商事仲裁裁决的案件，由省会、直辖市中级人民法院、国务院批准设立的经济技术开发区法院、高等法院管辖，即采取的集中管辖原则。

3. 法院的审查。法院接到申请人执行涉外仲裁裁决申请书之后，仅应进行必要的形式审查，其审查的内容与《纽约公约》的规定基本一致。这里需要注意的是，在审理仲裁裁决的执行案中，法院不应主动依据《民事诉讼法》第274条第1款的规定进行审查，而只有在被申请执行人提出抗辩认为涉外仲裁裁决具有《民事诉讼法》第274条规定的四种情形之一时，法院才可据此组成合议庭进行审查。但法院可以依据《民事诉讼法》第274条第2款的规定，主动审查以下两项内容：即涉外仲裁裁决是否违反中国的公共利益和依照中国的法律，裁决的事项是否属于我国法律允许的可仲裁的事项。我国《仲裁法》第71条、《民事诉讼法》第274条第1款规定了人民法院拒绝执行涉外仲裁裁决的理由。根据该规定，被申请人提出证据证明裁决有下列情形之一的，人民法院裁定不予执行：①当事人在合同中没有订立仲裁条款或者事后没有达成书面仲裁协议的；②被申请人没有得到指定仲裁员或者进行仲裁程序的通知，或者由于其他不属被申请人负责的原因未能陈述意见的；③仲裁庭的组成或仲裁的程序与仲裁规则不符的；④裁决的事项不属于仲裁协议的范围或者仲裁机构无权仲裁的。

4. 法院审查中的报告制度。最高人民法院1995年8月28日发布《关于人民法院处理与涉外仲裁及外国仲裁事项有关的通知》，即针对中国内地一些地区存在地方保护主义，一些外国仲裁机构的裁决有时难以在中国内地得到承认与执行现象[1]，建立不予执行涉外仲裁裁决的报告制度。最高人民法院在该《通知》中明确规定，凡一方当事人向人民法院申请执行我国涉外仲裁裁决，如果法院认为仲裁裁决具有《民事诉讼法》第274条情形之一的，在裁定不予执行之前，必须报请本辖区所属高级人民法院进行审查；如果高级人民法院同意不予执行，应将其审查意见报最高人民法院，待最高人民法院答复后，方可裁定不予执行。实际上，裁定不予执行涉外仲裁裁决的权力高度集中在最高人民法院。这种事前报批的制度，只适用于中国境内的涉外仲裁裁决以及外国仲裁裁决，在香港回归前，也同样适用于香港的仲裁裁决，但不适用于单纯的国内裁决。据统计，该制度施行后运作良好，大约有80%由中级人民法院及高级人民法院认定应予拒绝执行的案件最后被最高人民法院推翻[2]。目前，由香港特别行政区仲裁机构及临时仲裁

---

〔1〕 1993年由瑞典斯德哥尔摩商会仲裁院裁决的“某美籍公司诉某市远东航天技术进出口公司仲裁案”中，尽管当事人之间有仲裁协议，但某市中级人民法院仍受理了中方当事人的起诉，并在外方向该法院申请执行裁决时，不驳回中方的起诉申请，也不受理外方的执行申请，直至1996年最高人民法院直接干预，中方企业宣告破产后才同意受理外方的申请。该外方甚至因此向美国国会提出反对中国加入世界贸易组织的动议。转引自Alberto Mora，The Case for Strengthening the New York Convention，in International Commercial Litigation，October，1995。

〔2〕 陈焕文：“大陆地区仲裁判断执行问题之解决”，载《商务仲裁》1998年第51期。

庭所作出的裁决在内地的承认与执行仍适用上述报批制度〔1〕。

（二）外国仲裁裁决在中国内地的承认与执行

我国承认和执行外国仲裁裁决大致分为三种情况：①依照我国参加的联合国1958年《纽约公约》承认和执行；②依据我国缔结的双边协定的规定进行；③依照互惠原则办理。由于我国参加的1958年《纽约公约》在世界上有广泛影响，因而我国法院承认和执行外国仲裁裁决主要是依据该公约进行。根据1986年12月2日全国人民代表大会常务委员会《关于我国加入〈承认及执行外国仲裁裁决公约〉的决定》（即《纽约公约》），1987年4月10日最高人民法院《关于执行我国加入的〈承认及执行外国仲裁裁决公约〉的通知》的规定以及1991年的《民事诉讼法》的有关规定，我国承认和执行外国仲裁裁决的现行制度包括以下内容：

1. 中国承认的公约裁决范围。我国加入《纽约公约》时作了两项保留，即互惠保留和商事保留。根据互惠保留声明，我国只承认和执行在该公约对我国生效后另一缔约国领土内作成的仲裁裁决。而对于在非缔约国领土内作出的仲裁裁决，不依《纽约公约》承认与执行。如果需要承认和执行的，应按《民事诉讼法》第283条的规定办理。根据商事保留声明，我国仅对按照我国法律属于契约性和非契约性的商事法律关系所引起的争议适用该公约。所谓"契约性和非契约性商事法律关系"，具体是指由于合同、侵权或者有关法律规定而产生的经济上的权利义务关系，例如货物买卖、财产租赁、工程承包、加工承揽、技术转让、合资经营、合作经营、勘探开发自然资源、保险、代理、信贷、运输以及产品责任、环境污染、海上事故和所有权争议等，但不包括外国投资者与东道国政府之间的争端。根据《纽约公约》第3条的规定，每一缔约国应该承认仲裁裁决具有约束力，并且按照裁决需要承认与执行的国家的程序规则予以执行。《纽约公约》对外国仲裁裁决的承认与执行作了区分，一项裁决申请承认和执行，法院有时可以裁定承认而不予执行，但是一项裁决得到法院的执行，则必然为其所承认。我国法院根据情况有时也会只作出承认的裁定，例如，当事人申请承认和执行的一项外国仲裁裁决，经法院审查执行的条件已不具备，就只能仅作出一个承认的裁决。

当事人申请承认和执行的期限。申请我国法院承认及执行的仲裁裁决，仅限于1958年《纽约公约》对我国生效后在另一缔约国领土内作出的仲裁裁决。该项申请应当在《民事诉讼法》第237条规定的申请执行期限2年内提出。

2. 申请承认执行的条件和程序。对于申请承认和执行外国仲裁裁决的条件，《纽约公约》作了统一规定，为了获得对仲裁裁决的承认与执行，公约要求申请人提供：①经正式认证的裁决书正本或经正式证明的副本；②属公约范围的仲裁协议正本或经证明的副本；③如果上述裁决或协议不是用被请求承认和执行所在国的正式文字作成，请求的当事人应为这些文件提供被申请国正式文字的译本。译本应由官员或经宣誓的翻译人员或外交、领事代表证明。对于进行认证和证明的手续在何地办理，依何国法律办理，公约均未作规定。对此我国法律以及司法解释也未作规定，在实践中，根据《民事诉讼

---

〔1〕 The Agreement between Mainland China and the Hong Kong SAR on Mutual Enforcement Arbitral Awards: Problems and Prospects, *Hong Kong Law Journal* (1999), p. 469.

法》关于发生在域外的事实和证据，要求公证机关的公证和认证的规定，对于当事人向我国法院请求承认和执行的裁决，当事人必须提供由我国驻仲裁地国家使领馆对裁决书正本的认证。对于需要证明的仲裁协议和裁决书副本，则应有仲裁地公证机关的公证和我国驻当地使领馆的认证。这些内容是申请承认和执行外国仲裁裁决的条件，如果当事人向法院申请时不具备这些条件，应由当事人进一步提供，如果提供不了或者不予提供，则可不予立案，但不得以上述理由裁定不予承认和执行，因为上述原因不构成公约规定的拒绝承认和执行的法定理由。按《纽约公约》的规定，承认执行的程序依据被申请地国家的法律。向我国申请的承认和执行案件，适用中国的程序法。我国法院承认和执行外国仲裁裁决和国内仲裁裁决的费用是一样的，执行的程序也和执行国内案件相同，即法院依据《纽约公约》的规定对裁决予以承认和执行时，按照我国《民事诉讼法》的规定作出裁定，该裁定是我国法院的法律文书，同我国的其他文书——判决书、裁定书等具有同等的法律效力。如果当事人不执行，则依照我国《民事诉讼法》规定的执行程序予以强制执行。

3. 管辖法院与法院审查。根据《纽约公约》第 4 条的规定，申请我国法院承认和执行的另一缔约国领土内作出的仲裁裁决，是由仲裁的一方当事人提出的，对于当事人的申请应由我国下列地点的人民法院管辖：①被执行人为自然人的，为其户籍所在地或者居住地；②被执行人为法人的，为其主要办事机构所在地；③被执行人在我国无住所、居所或者主要办事机构，但有财产在我国境内的，为其财产所在地。我国有管辖权的法院接到被申请执行一方当事人的申请后，应对申请承认与执行的仲裁裁决进行审查。如果认为不具有《纽约公约》第 5 条第 1、2 款所列情形的，应当裁定承认其效力，并且按照《民事诉讼法》规定的程序执行，如果认定具有第 5 条第 2 款所列的情形之一的，或者根据被执行人提供的证据证明具有第 5 条第 1 款所列情形之一的，应当裁定驳回申请，拒绝承认与执行。如上所述，拒绝承认和执行的情形还包括法院主动审查的两项，即不可仲裁事项和公共政策。根据《纽约公约》的规定，认定不可仲裁的事项依据承认和执行地国家的法律，我国《仲裁法》对仲裁的范围作了规定。关于承认执行裁决中的公共秩序，我国《民事诉讼法》第 282 条作了规定。依据法律，我国在司法实践中一般对以下问题适用公共秩序保留制度：①承认和执行该外国裁决，将违反我国的宪法原则，损害我国的国家统一和民族团结；②承认和执行该裁决，将损害我国的主权和安全；③承认和执行该裁决，将违反我国缔结或参加的条约所承担的义务或者违反国际社会公认的国际法原则；④如果承认和执行该项仲裁裁决，将违反我国的法律基本原则；⑤承认和执行该裁决将会违反我国刑法的规定。例如仲裁裁决项下的是毒品、赌博、洗钱等犯罪行为。关于外国仲裁裁决的承认执行同样适用法院的内部报告制度。

（三）香港、澳门地区的裁决在内地的承认与执行

香港回归祖国以前，按照内地承认与执行外国裁决的规定，由于英国参加了《纽约公约》并延伸适用于香港地区，内地也是该公约的参加国，因此，香港地区仲裁裁决在内地的承认与执行依照《纽约公约》办理即可。与中国其他法域间在相互承认与执行仲裁裁决上不同的是，中国内地与香港地区之间有过长期适用《纽约公约》相互承认与执行仲裁裁决的良好实践。据统计，从 1989 年中国国际经济贸易仲裁委员会（CIETAC）

所作仲裁裁决首次在香港原高等法院得到执行开始，到1997年7月1日香港回归前夕，已有大约150个中国国际经济贸易仲裁委员会（CIETAC）及海事仲裁委员会（CMAC）的仲裁裁决，向香港原高等法院申请承认与执行[1]。同一时期，也有13件香港仲裁裁决得到内地法院的承认与执行[2]。澳门地区没有适用《纽约公约》，内地与澳门地区也没有共同适用的其他相关条约，因此，澳门地区仲裁裁决在内地应依互惠原则处理。但香港、澳门回归祖国后，一个主权国家内不同法律区域间的司法协助，不应再适用《纽约公约》及国际法上的互惠原则，而香港、澳门裁决显然也不是内地本土裁决，由此一些学者将回归后的香港、澳门的裁决称之为"第三类裁决"，这类裁决在香港、澳门回归后的一段时间内，处于无法可依的尴尬境地。例如1998年7月31日，山西省太原市中级人民法院在RAAB Karcher Gmbh v. Shanxi Sanjia Coal - Chemistry Company Limited申请执行香港裁决案中即裁定暂不执行。

1.《内地与香港特别行政区相互执行仲裁裁决的安排》。香港回归祖国后，由于《纽约公约》停止在两地间继续适用，香港特别行政区与内地在仲裁裁决的相互承认与执行问题上经历了近两年的法律真空（Legal Vacuum）时期，两地的仲裁机构及司法部门都希望继续以《纽约公约》的主体内容为依据，以司法协助协议的形式作出两地裁决相互承认与执行的新安排，这也符合《香港基本法》第95条的规定。在内地，中国国际经济贸易仲裁委员会及最高人民法院曾先后向全国人大常委会及国务院港澳办提出解决这一问题的类似动议[3]。主要内容如下：①1958年《纽约公约》仍可继续适用于香港特别行政区与其他缔约国之间仲裁裁决的承认与执行；②中国内地作出的仲裁裁决可以向香港高等法院申请承认与执行；③在香港特别行政区内作出的仲裁裁决可以向被执行人在内地的财产所在地或其住所地的中级人民法院申请承认与执行；④一方法院拒绝承认与执行他方仲裁裁决的理由仍可依照《纽约公约》第5条之规定。此外，香港特别行政区律政司司长梁爱诗于1998年11月11日在香港举行的"国际争议解决方式研讨会"（1998 International Dispute Resolution Conference Hong Kong）的发言中也明确提出，解决两地间仲裁裁决相互承认与执行问题不应采用传统的普通法救济方式，而应以《纽约公约》的内容为基础制定两地间的司法互助安排，最后由两地立法机关将该协议转化为各自的法律。在香港，可通过制定仲裁条例修正案的方式（Arbitration Ordinance Amendment）予以具体化，而在内地则可由最高人民法院作出司法解释。

在上述讨论与建议的基础上，1999年6月最高人民法院与香港特别行政区律政司在深圳签署了《关于内地与香港特别行政区相互执行仲裁裁决的安排》（以下简称《内地与香港裁决执行安排》），并以司法解释的形式予以公布，自2000年2月1日起施行。

---

〔1〕 资料来源见 Dejun Chen，'CIETAC Annual Report' Made on 10 April 1998 in CIETAC and CMAC：China International Commercial Arbitration Yearbook（Beijing：CIETAC and CMAC，1998），p. 9.

〔2〕 参见1999年6月22日香港《文汇报》第13版对最高人民法院副院长沈德咏的访谈。

〔3〕 参见王生长：The Mutual Enforcement Of Arbitral Awards in Hong Kong Special Administrative Region and the Mainland China：A Deadlock Must Be Broken as Soon as Possible. A Paper Presented at the International Disputes Resolution Conference，Hong Kong，November 1998. 转引自陈力：《一国两制下的中国区际司法协助》，复旦大学出版社2003年版，第139～140页。

《内地与香港裁决执行安排》体现了“一国两制”的基本原则，在具体内容上基本采纳了《纽约公约》的规定。该《内地与香港裁决执行安排》的主要内容为：[1]

（1）确立相互继续保持《纽约公约》内容连续与稳定的指导思想。根据安排，香港特区法院同意执行内地仲裁机构（名单由国务院法制办公室经国务院港澳事务办公室提供）依据《中华人民共和国仲裁法》所作出的裁决，内地法院同意执行在香港特区按香港特区《仲裁条例》所作出的裁决。内地执行香港裁决时，对于我国在加入《纽约公约》时所作出的商事保留继续适用。而香港执行内地的涉外仲裁裁决，也应包括截至1999年5月内地依据《仲裁法》成立的148家仲裁机构的有关裁决。

（2）提交的文书及执行申请书的内容。申请人向有关法院申请执行在内地或者在香港作出的仲裁裁决的，应当提交以下文书：执行申请书；仲裁协议；仲裁裁决书。执行申请书的内容应当载明下列事项：①申请人为自然人的情况下，该人的姓名、地址；申请人为法人或者其他组织的情况下，该法人或者其他组织的名称、地址及法定代表人姓名。②被申请人为自然人的情况下，该人的姓名、地址；被申请人为法人或者其他组织的情况下，该法人或其他组织的名称、地址及法定代表人姓名。③申请人为法人或者其他组织的，应当提交企业注册登记的副本；申请人是外国籍法人或者其他组织的，应当提交相应的公证和认证材料。④申请执行的理由与请求的内容，被申请人的财产所在地及财产状况。

（3）管辖法院与法院对仲裁裁决的审查。内地或者香港特别行政区作出的仲裁裁决，一方当事人不履行仲裁裁决的，另一方当事人可以向被申请人住所地或者财产所在地的有关法院申请执行。上述的有关法院，在内地指被申请人住所地或者财产所在地的中级人民法院，在香港特别行政区指香港特区高等法院。被申请人住所地或者财产所在地在内地不同的中级人民法院辖区内的，申请人可以选择其中一个人民法院申请执行裁决，不得分别向两个或者两个以上的人民法院提出申请。被申请人的住所地或者财产所在地，既在内地又在香港特别行政区的，申请人不得同时分别向两地有关法院提出申请，只有在一地法院执行不足以偿还其债务时，才可就不足部分向另一地法院申请执行，两地法院先后执行仲裁裁决的总额，不得超过裁决数额。在内地或者香港特区申请执行的仲裁裁决，被申请人接到通知后，提出证据证明有下列情形之一的，经审查核实，有关法院可裁定不予执行，这些情形包括：①仲裁协议当事人依对其适用的法律属于某种无行为能力的情形；或者该项仲裁协议依约定的准据法无效；或者未指明以何种法律为准据法时，依仲裁裁决作出地的法律该协议是无效的。②被申请人未接到指定仲裁员的适当通知，或者因他故而未能陈述意见。③裁决所处理的争议不是仲裁的标的或者不在仲裁协议条款之内，或者裁决载有关于交付仲裁范围以外事项的决定的；但如果交付仲裁事项的决定可以与未交付仲裁的事项划分的，裁决中关于交付仲裁事项的决定部分应当予以执行。④仲裁庭的组成或者仲裁程序与当事人之间的协议不符，或者在有关当事人没有这种协议时与仲裁地法律不符。⑤裁决对当事人尚无约束力，或者业经仲裁地的法院或者按仲裁地的法律撤销或者停止执行的，有关法院认定依执行地法律，争

[1] 参见杜新丽主编：《国际民事诉讼与商事仲裁》，中国政法大学出版社2009年版，第341页。

议事项不能以仲裁解决时，则不予执行该裁决。但是审查均只限于程序问题，不涉及事实的认定和法律的适用。被申请执行人在接到通知后，提出证据证明存在5种情形之一的，经审查核实，有关法院可以裁定不予执行。该5种情形与《纽约公约》中规定的条件基本相同。

(4)《内地与香港裁决执行安排》中规定的其他内容。如内地法院认定在内地执行某项香港裁决违反内地社会公共利益，或者香港法院认定在香港执行该仲裁裁决违反香港的公共政策，则可不予执行。申请人向有关法院申请执行在内地或者香港特别行政区作出的仲裁裁决，应当根据执行地法院有关诉讼收费的办法交纳执行费用。1997年7月1日以后申请执行在内地或者香港特别行政区作出的仲裁裁决按本安排执行，对1997年7月1日至本安排生效之日的裁决申请问题，双方同意的情况下，1997年7月1日至本安排生效之日因故未能向内地或者香港特别行政区法院申请执行，申请人为法人或者其他组织的，可以在本安排生效后6个月内提出，如申请人为自然人的，可以在本安排生效后1年内提出；对于内地或香港特别行政区法院在1997年7月1日至本安排生效之日拒绝受理或者拒绝执行仲裁裁决的案件，应允许当事人重新申请。此外，本安排在执行过程中遇到问题和修改，应当通过最高人民法院和香港特别行政区政府协商解决。

综观《内地与香港裁决执行安排》尽管只有11条内容，但得到了广泛的好评，它的重大意义是显而易见的。表现在三个方面：①《执行安排》的制定，反映了“一国两制”的精神。从内容上看，《内地与香港裁决执行安排》最大限度地保留了《纽约公约》关于仲裁裁决执行条件的规定，把《纽约公约》中的有关规则纳入《内地与香港裁决执行安排》之中。这样可以使两地之间仲裁裁决的相互执行实践与“九七回归”之前保持平稳的衔接和延续。②《内地与香港裁决执行安排》在保留《纽约公约》基本精神和规则的同时，使两地的法律制度受到充分的尊重。首先，《内地与香港裁决执行安排》内容的落实分别通过两地各自的法律程序完成，即在内地由最高人民法院颁布司法解释，而在香港特别行政区则由立法会修改《仲裁条例》，增加了“内地裁决强制执行”的部分。其次，《内地与香港裁决执行安排》规定两地对仲裁裁决的执行程序，按照各自的法律进行，不作另行规定，两地仲裁裁决执行程序的差别仍然存在。[1] ③在《内地与香港裁决执行安排》的制度框架下，从根本上解决了两法域之间仲裁裁决的相互承认与执行的问题，使香港和内地仲裁裁决的相互执行有了更为深入和广泛的发展。

2.《内地与澳门特别行政区相互认可和执行仲裁裁决安排》。2006年9月内地与澳门特区代表在湖南长沙就两地仲裁裁决认可与执行安排举行了第一轮磋商，之后在2007年5月和2007年10月，内地与澳门特区代表分别在澳门、北京又进行磋商，并修改和交换文本十余次。根据《澳门基本法》第93条的规定，最高人民法院与澳门特别行政区经协商，达成《关于内地与澳门特别行政区相互认可和执行仲裁裁决的安排》（以下简称《内地与澳门裁决安排》)，并于2007年10月30日签署。《内地与澳门裁决安排》于2007年9月17日由最高人民法院审判委员会第1437次会议通过并自2008年1月1日起实施。

---

〔1〕 参见郭晓文：“中国内地和香港之间仲裁裁决的相互执行”，载《中国仲裁与司法》2004年第3期。

《内地与澳门裁决安排》内容如下：

（1）适用范围。内地人民法院认可和执行澳门特别行政区仲裁机构及仲裁员按照澳门特别行政区仲裁法规在澳门作出的民商事仲裁裁决，澳门特别行政区法院认可和执行内地仲裁机构依据《中华人民共和国仲裁法》在内地作出的民商事仲裁裁决，适用本安排。本安排没有规定的，适用认可和执行地的程序法律规定。

（2）管辖法院。在内地或者澳门特别行政区作出的仲裁裁决，一方当事人不履行的，另一方当事人可以向被申请人住所地、经常居住地或者财产所在地的有关法院申请认可和执行。内地有权受理认可和执行仲裁裁决申请的法院为中级人民法院。两个或者两个以上中级人民法院均有管辖权的，当事人应当选择向其中一个中级人民法院提出申请。澳门特别行政区有权受理认可仲裁裁决申请的法院为中级法院，有权执行的法院为初级法院。

（3）同时申请执行问题。被申请人的住所地、经常居住地或者财产所在地分别在内地和澳门特别行政区的，申请人可以向一地法院提出认可和执行申请，也可以分别向两地法院提出申请。当事人分别向两地法院提出申请的，两地法院都应当依法进行审查。予以认可的，采取查封、扣押或者冻结被执行人财产等执行措施。仲裁地法院应当先进行执行清偿；另一地法院在收到仲裁地法院关于经执行债权未获清偿情况的证明后，可以对申请人未获清偿的部分进行执行清偿。两地法院执行财产的总额，不得超过依据裁决和法律规定所确定的数额。

（4）提交申请的形式要件。申请人向有关法院申请认可和执行仲裁裁决的，应当提交以下文件或者经公证的副本：申请书；申请人身份证明；仲裁协议；仲裁裁决书或者仲裁调解书。上述文件没有中文文本的，申请人应当提交经正式证明的中文译本。

（5）申请书的内容：①申请人或者被申请人为自然人的，应当载明其姓名及住所；为法人或者其他组织的，应当载明其名称及住所，以及其法定代表人或者主要负责人的姓名、职务和住所；申请人是外国籍法人或者其他组织的，应当提交相应的公证和认证材料。②请求认可和执行的仲裁裁决书或者仲裁调解书的案号或识别资料和生效日期。③申请认可和执行仲裁裁决的理由及具体请求，以及被申请人财产所在地、财产状况及该仲裁裁决的执行情况。

（6）认可与执行期限和费用。申请人向有关法院申请认可和执行内地或者澳门特别行政区仲裁裁决的期限和费用，依据认可和执行地的法律确定。

（7）不予认可的情形。对申请认可和执行的仲裁裁决，被申请人提出证据证明有下列情形之一的，经审查核实，有关法院可以裁定不予认可：①仲裁协议一方当事人依对其适用的法律在订立仲裁协议时属于无行为能力的；或者依当事人约定的准据法，或当事人没有约定适用的准据法而依仲裁地法律，该仲裁协议无效的。②被申请人未接到选任仲裁员或者进行仲裁程序的适当通知，或者因他故未能陈述意见的。③裁决所处理的争议不是提交仲裁的争议，或者不在仲裁协议范围之内；或者裁决载有超出当事人提交仲裁范围的事项的决定，但裁决中超出提交仲裁范围的事项的决定与提交仲裁事项的决定可以分开的，裁决中关于提交仲裁事项的决定部分可以予以认可。④仲裁庭的组成或者仲裁程序违反了当事人的约定，或者在当事人没有约定时与仲裁地的法律不符的。

⑤裁决对当事人尚无约束力，或者业经仲裁地的法院撤销或者拒绝执行的。

对申请认可和执行的仲裁裁决，有关法院依执行地法律不予以认可和执行的情形：①争议事项不能以仲裁解决的；②内地法院认定在内地认可和执行该仲裁裁决违反内地法律的基本原则或者社会公共利益，澳门特别行政区法院认定在澳门特别行政区认可和执行该仲裁裁决违反澳门特别行政区法律的基本原则或者公共秩序，不予认可和执行该裁决。

（8）关于仲裁裁决的撤销。一方当事人向一地法院申请执行仲裁裁决，另一方当事人向另一地法院申请撤销该仲裁裁决，被执行人申请中止执行且提供充分担保的，执行法院应当中止执行。根据经认可的撤销仲裁裁决的判决、裁定，执行法院应当终结执行程序；撤销仲裁裁决申请被驳回的，执行法院应当恢复执行。当事人申请中止执行的，应当向执行法院提供其他法院已经受理申请撤销仲裁裁决案件的法律文书。

（9）保全措施。法院在受理认可和执行仲裁裁决申请之前或者之后，可以依当事人的申请，按照法院地法律规定，对被申请人的财产采取保全措施。

（10）溯及力。本安排实施前，当事人提出的认可和执行仲裁裁决的请求，不适用本安排。自 1999 年 12 月 20 日至本安排实施前，澳门特别行政区仲裁机构及仲裁员作出的仲裁裁决，当事人向内地申请认可和执行的期限，自本安排实施之日起算。

（11）其他。①由一方有权限公共机构（包括公证员）作成的文书正本或者经公证的文书副本及译本，在适用本安排时，可以免除认证手续在对方使用。②为执行本安排，最高人民法院和澳门特别行政区终审法院应当相互提供相关法律资料。最高人民法院和澳门特别行政区终审法院每年相互通报执行本安排的情况。③本安排在执行过程中遇有问题或者需要修改的，由最高人民法院和澳门特别行政区协商解决。本安排自 2008 年 1 月 1 日起实施。

《内地与澳门裁决安排》是继内地与澳门特区 2001 年签署的《关于内地与澳门特别行政区法院就民商事案件相互委托送达司法文书和调取证据的安排》、2006 年签署的《内地与澳门特别行政区关于相互认可和执行民商事判决的安排》之后，司法协助领域又一重大成果。《内地与澳门裁决安排》的签署，标志着两地司法向更紧密协助关系迈进，相互协助的范围从民商事文书送达、调查取证、判决的认可和执行方面向更加广泛的领域扩展。《内地与澳门裁决安排》的签署，必将在贯彻落实“一国两制”方针，保护两地当事人合法权益，维护两地司法权威，促进内地、澳门经济发展和澳门特区长期繁荣稳定方面产生积极的影响。同时对内地与澳门特区法律界关系的进一步发展及未来司法方面的更大合作奠定基础。

（四）台湾地区仲裁裁决在内地的承认与执行

关于大陆与台湾地区裁决的承认执行问题，根据最高人民法院审判委员会于 1998 年 1 月 15 日通过的《关于人民法院认可台湾地区有关民事判决的规定》（以下简称《规定》），对台湾地区有关法院的民事判决、裁定和仲裁裁决在祖国大陆的效力，在遵守“一个中国”原则、不违反国家法律的基本原则、不损害社会公共利益的前提下，人民法院经审查，予以认可。权利人可以依照《中华人民共和国民事诉讼法》的有关规定，向法院申请强制执行。这是大陆法院执行台湾裁决的转折点。该《规定》第 9 条规定了大陆法院拒绝认可台湾地区裁决的几种情况：①裁决的效力未确定；②裁决是在被申请人缺席又未经合法传唤或者在被申请人无行为能力又未得到适当代理的情况下作出的；③案件系人民法院已作出的判决，或者外国、境外地区法院作出判决或境外仲裁机构作出仲裁裁决已为人民法院所承认的；④裁决违反国家法律的基本原则，或者社会公共利益的。尽管该《规定》针对的是台湾法院判决的认可与执行，但仲裁裁决是类推适用的，因此该《规定》在颁布后，仍然对台湾裁决的执行起到有效而积极的作用。目前，已有多起台湾裁决在大陆得到执行。为了更好地解决认可台湾地区有关法院民事判决的相关问题，维护当事人的合法权益，最高人民法院对《关于人民法院认可台湾地区有关法院民事判决的规定》作出补充规定（以下简称《补充规定》）。该《补充规定》自2009年5月14日起施行。《补充规定》用10条对于适用范围、案件管辖、举证责任、财产保全、审查程序、审判组织、申请认可及审理的期限等方面作了规范。[1]

三、香港地区对内地的仲裁裁决的承认与执行

（一）香港回归前

香港地区承认与执行外国仲裁裁决的立法与实践深受英国影响，基于所谓“债务学说”，法院把外国裁决当作双方当事人之间设立的一种债务契约依法进行审查。而调整香港仲裁活动的主要法律是1982年的《仲裁条例》［Arbitration Ordinance（Cap 341）1982］。该条例参考1950年和1979年的《英国仲裁法》制定，并根据香港的具体情况和需要作了一些修改，包括法院在仲裁程序中的作用和司法监督的程序等。《仲裁条例》于1990年4月6日作了第一次修正；1996年英国通过新的仲裁法，并于1997年1月31日生效。而香港于1996年12月18日也通过修改《仲裁条例》的附件，包括了1923年《仲裁条款议定书》、1927年《执行外国仲裁裁决公约》、1958年《纽约公约》（英国是该公约缔约国，1977年香港以所谓“英属领土”而适用该公约）、有关法官仲裁人的特殊附件、联合国《国际商事仲裁示范法》（鉴于英国代表香港加入《纽约公约》，因此香港未采用该示范法第八章内容）。香港回归后，在2000年对香港《仲裁条例》进行了修改，最近的一次修改是2011年5月。

香港《仲裁条例》中对香港本地仲裁及在香港进行的国际商事仲裁作出了分别规定。《仲裁条例》第二部分是调整香港本地仲裁的，而第ⅡA部分则采纳了联合国《国际商事仲裁示范法》（UN－CITRAL Model Law）作为香港调整国际商事仲裁的法律依据。香港国际仲裁中心（Hong Kong International Arbitration Center，简称HKIAC）是香港唯一的仲裁机构，既受理香港本地仲裁，也受理国际商事仲裁案件，同时该仲裁中心拥有自己的仲裁员名册以及本地仲裁和国际商事仲裁规则，但当事人选择香港国际仲裁中心仲裁并不意味着必须要适用其仲裁规则，当事人可以选择其他仲裁机构的仲裁规则。

香港《仲裁条例》第四部分采纳了《纽约公约》，因此香港在承认与执行外国仲裁裁决上将依《纽约公约》的规定进行。根据香港《仲裁条例》的内容，香港对不同性质的仲裁裁决规定了不同的承认和执行条件：①港内仲裁裁决的执行。香港仲裁机构作出的裁决与法院判决或决定有相同的法律效力，可以用法院判决或决定相同的方式保证其

［1］ 相关内容参考本书第十章。

执行；或者将裁决的内容转变为法院判决予以执行。②港外的仲裁裁决的执行。它可分为“外国仲裁裁决的执行”[1] 与“公约裁决的执行”[2]。其中，“外国仲裁裁决”是指香港以外地区或国家仲裁机构作出的裁决，它必须是在1924年7月28日后作出的裁决，且该裁决必须是根据日内瓦仲裁条款议定书所适用的仲裁协议而作出的裁决，并且请求执行裁决的当事人所属国与英国有执行裁决的互惠协议。“公约裁决”是指根据在香港以外的国家或地区达成的仲裁协议所作的裁决且该等作出的上述裁决的国家或地区必须是1958年《纽约公约》的缔约国或地区。但1997年后，1923年的日内瓦《仲裁条款议定书》、1927年日内瓦《执行外国仲裁裁决公约》不再适用于香港特别行政区。[3] 因此，此后的港外仲裁裁决就是指“公约裁决”。由于英国是《纽约公约》的缔约国，香港地区原以所谓“英属领土”而适用公约。我国于1986年加入公约，次年公约对我国生效。故香港回归前，香港是将我国内地仲裁裁决视为“公约裁决”加以承认和执行的。

此外，由于判例在香港法律渊源中占有很大比重，自从我国于1986年加入《纽约公约》之后，香港与内地关于仲裁裁决的承认与执行的案件累积达到100多宗。因此研究这方面的案例对于理解此类法律问题具有重大意义。下面列举几个案例以说明香港在回归前对内地仲裁裁决承认与执行的法律依据。

案例一：1989年1月，香港最高法院受理了我国加入公约后第一起申请承认与执行我涉外仲裁机构作出裁决的案件。被告的律师对仲裁机关的名称变化及我国加入公约时间对执行的影响提出异议，原告律师举证并加以反驳。1989年6月23日香港最高法院在判决中对被告的两点抗辩给予驳回，并指出从原告提示的证据可以看出，合同规定的仲裁机构与作出裁决的仲裁机构事实上是同一个机构，仅仅是由于中国国际贸易仲裁委员会改变了名称而已；裁决是在中国加入公约之后作出的，该裁决应当认为是“公约裁决”。

案例二：“Paktito investments ltd. v. klocker East Asia ltd.（1991）案”。本案原告根据《仲裁条例》第44条规定要求在香港执行该裁决。被告主张仲裁庭采取的一些程序使被告未能表明其有关情况。特别是仲裁庭任命的专家所作的调查报告，被告没有评价该专家报告的机会。受理执行此案的凯佩兰（kaplan）法官指出：“当事人同意中国仲委会仲裁，因此被视为遵循其所了解的中国仲裁实践和程序。由于中国仲委会仲裁规则和中国民事诉讼法均允许当事人对仲裁庭取得的专家证据提出质疑，被告有权期望评价仲裁庭任命的专家的报告，这是当事人的基本权利。”因此，裁定不予执行。此案成为中国加入《纽约公约》以来，香港最高法院拒绝承认与执行内地仲裁裁决的第一件案例。

---

〔1〕 参见香港2000年《仲裁条例（修订）》第Ⅲ部。

〔2〕 参见香港2000年《仲裁条例（修订）》第Ⅳ部。

〔3〕 徐宏：《国际民事司法协助》，武汉大学出版社1996年版，第394页。

综合上述两个案例内容，我们至少可知，香港回归前承认与执行内地仲裁裁决主要法律依据是《纽约公约》，确认内地仲裁裁决为“公约裁决”是承认与执行的法定要件。将内地仲裁裁决提经香港最高法院审查后，将如同香港法院判决一样得到执行。香港最高法院对仲裁裁决只作仲裁程序的审查，不作实体权利的审查。承认与执行内地仲裁裁决所作的仲裁程序审查主要法律依据是《仲裁条例》第 44 条的规定。除程序确有问题的以外，对内地的仲裁裁决一律加以执行。上述提及的有 100 多宗中国国际经济贸易仲裁委员会仲裁裁决在香港地区得到了强制执行，只有 2 个仲裁裁决因程序方面的问题被拒绝执行。[1] 实践证明，《纽约公约》是“香港与内地目前在相互承认与执行仲裁裁决方面的合作，可以说是迄今为止两地最为正规、最有法律保障的司法协助形式”。[2]

（二）香港回归后

《香港基本法》第 8 条规定：“香港原有法律，即普通法、衡平法、条例、附属立法和习惯法，除同基本法相抵触或香港特别行政区修改者外，予以保留。”该法第 160 条第 1 款规定：“香港特别行政区成立时，香港原有法律除由全国人民代表大会常务委员会宣布为同本法抵触者外，采用为香港特别行政区法律，如以后发现有的法律与本法抵触，可依照本法规定的程序修改或停止生效。”香港回归后，其承认和执行外国或其他法域的仲裁裁决的依据相应改变：①原香港法院承认与执行中国内地的仲裁的主要域内法律依据是香港《仲裁条例》，回归后与基本法抵触者应作相应的修改。②香港与内地都是中国统一主权下的不同地区，相互之间已不能直接适用《纽约公约》，需要寻求新的解决办法。而香港与其他国家之间则仍可适用《纽约公约》。③判例法原则上由香港法院采纳与遵循，但以未同基本法相抵触为前提。

在香港回归之后，根据 1999 年 6 月 24 日内地最高人民法院与香港特别行政区律政司签订的《关于内地与香港特别行政区相互执行仲裁裁决的安排》的精神，香港特别行政区于 2000 年修订了香港《仲裁条例》，将上述安排的精神反映在 2000 年《仲裁（修订）条例》“第 IIIA 部 内地裁决的强制执行”之中。第 IIIA 部详细规定，内地寻求香港法院强制执行裁决的程序与条件，同时规定了拒绝执行的条件。特别的是《香港仲裁条例》第 40C 条（强制执行内地裁决限制）第 2 款规定了同一裁决的多法域执行问题，即“凡—（a）已在内地作出申请，寻求强制执行某内地裁决；但（b）该裁决并没有藉上述强制执行而完全履行，则在该裁决中尚未藉上述强制执行而完全履行的范围内，该裁决可根据本部强制执行。”[3] 正是由于内地与香港之间的安排作了比较详细的考虑，在我国的四法域之间，内地与香港之间相互承认与执行仲裁裁决最为顺利。

四、澳门对外国（法域）仲裁裁决的承认与执行

澳门仲裁制度起步较晚，不发达，这同葡萄牙本身对仲裁重视不够是分不开的。葡萄牙的仲裁制度并不丰富，在 1986 年之前，葡萄牙的仲裁法规并不独立。1939 年制定

---

〔1〕 参见《香港高等法院资料》（1995）MP1274；《香港上诉法院资料》（1995），NO. 213。转引自邹立刚：“国际商事仲裁裁决的承认和执行”，载《国际私法与比较法年刊》，法律出版社 1998 年版，第 410 页。

〔2〕 徐宏：《国际民事司法协助》，武汉大学出版社 1996 年版，第 391 页。

〔3〕 参见 http：//www. szac. org/data/detail. aspx?

的《葡国民事诉讼法典》只是将仲裁作为其中第四章（第1508～1524条）加以规定。全文才16条，可见其分量之轻，而且长期有名无实。1986年8月29日，葡萄牙以第31号令颁布了仲裁的专门法规，但没有将其延伸适用于澳门地区。在国际上，葡萄牙参加的国际仲裁公约仅有1923年和1927年两个关于执行外国仲裁裁决的《日内瓦公约》和1958年的《承认及执行外国仲裁裁决公约》，但也没有将上述公约延伸适用于澳门地区。

80年代以来，澳门的国际贸易取得了巨大发展，1987年中葡关于澳门问题的联合声明公布后，澳门加紧了立法本地化步伐，仲裁法便是其中要考虑的一个法规。为此，澳门政府将此一工作列入其1988年～1990年的行动计划之中。经过一年多努力，1990年初《澳门本地仲裁法》（草案）终于问世，经公众讨论，并于1996年5月29日经澳门立法会通过，经澳门总督核准，并于同年6月11日在《澳门政府公报》（1996年第一组第24期）上公布的第29/96/M号法令发布。根据该法第44条规定，该法于1996年4月15日生效。应该指出的是，该法仅调整澳门本地仲裁，不适用于国际仲裁。

1998年11月13日澳门又颁布了以联合国《国际商事仲裁示范法》为蓝本的《澳门涉外商事仲裁法》[1]以建立国际仲裁制度，该法于1999年1月生效。显然，在仲裁立法上，澳门走了一条本地与国际仲裁分别立法的道路。根据《澳门涉外商事仲裁法》的规定，[2]承认与执行外国仲裁裁决的条件及程序包含以下内容：①在任何国家或地区作出的裁决均应承认具有约束力，除非澳门法院认为该国或地区亦会拒绝承认和执行在澳门作出的裁决。②如存在下列情形且经当事人证明，法院可拒绝承认与执行外国裁决：一是仲裁协议的当事人当时处于无行为能力状态或仲裁协议无效；二是败诉方未获关于指定或任命仲裁员或仲裁程序之适当通知；三是裁决所涉争议非为仲裁协议之标的，或裁决内容含有对仲裁协议范围以外事项之决定，但裁决对提交裁决之事项的决定可与未提交裁决的事项分开者，仅可拒绝对未提交仲裁之事项的决定；四是仲裁庭的设立或仲裁程序与当事人协议不符，或当事人无此协议时与仲裁地法律不符；五是裁决对当事人仍未有约束力，或裁决被裁决地国家或地区的管辖法院或依其法律作出裁决之国家或地区的法院撤销或中止。③如法院认定，依澳门法律争议不能通过仲裁解决的，或承认与执行裁决与公共秩序相抵触，澳门法院将拒绝承认与执行。

澳门回归后，由于葡萄牙没有将《纽约公约》延伸适用于回归前的澳门，因而，内地与澳门之间并没有如同与香港那样的以《纽约公约》为基础的相互承认与执行的合作历史。随着2007年10月《内地与澳门裁决执行安排》的签署，两地关于相互认可与执行仲裁裁决有了法律的保障。

五、台湾对大陆仲裁裁决的承认与执行

仲裁裁决效力，集中体现在仲裁裁决的执行力上。正是因为仲裁裁决具有司法上的可执行性，所以仲裁裁决才具有较强的法律效力。台湾“仲裁法”第37条第2款规定“仲裁判断，须申请法院为执行裁定后，方得为强制执行。”据此，在台湾地区，从原则

---

〔1〕该法令几乎完全参照1985年联合国国际贸易法委员会《国际商事仲裁示范法》，关于承认与执行外国仲裁裁决参见第八章。

〔2〕与《纽约公约》的有关规定基本一致。

上说，获得了仲裁判断的当事人不能直接向法院申请强制执行，该当事人欲申请强制执行，必须先获得法院的执行裁定。不允许仲裁裁决的直接执行极大地限制了仲裁裁决的效力，因此台湾“仲裁法”第37条又作出了一些例外规定，即“以给付金钱或其他替代物或有价证券之一定数量为标的者”、“以给付特定之动产为标的者”，且经当事人双方书面约定仲裁判断无须法院裁定即为强制执行者，可以直接申请法院强制执行。由此可见，虽然台湾在仲裁裁决的效力问题上都承认仲裁裁决具有执行力，但总体上还是对仲裁裁决的可执行性作出了严格的限制。台湾“仲裁法”虽然赋予法院一定的审查权，但是，法院对仲裁裁决的审查权力远小于大陆地区。“仲裁法”第38条规定：“有下列各款情形之一者，法院应驳回其执行裁定之声请：①仲裁判断与仲裁协议标的之争议无关，或逾越仲裁协议之范围者。但除去该部分亦可成立者，其余部分，不在此限。②仲裁判断书应附理由而未附者。但经仲裁庭补正后，不在此限。③仲裁判断，系命当事人为法律上所不许之行为者。”可见，这些规定均仅要求就程序问题进行审查，不涉及对实体问题的审查。在这一点上，台湾“仲裁法”赋予了法院较小的审查权，台湾法院对仲裁裁决的审查权力比大陆法院小得多。

在台湾地区，外国仲裁裁决的承认与执行主要规定在“商务仲裁条例”和1998年底修订实施的“仲裁法”第47~51条。依据“商务仲裁条例”，外国仲裁裁决须经申请法院作出承认裁定后才能执行。法院认为有下列情形的可驳回申请人申请：①裁决违反台湾法律的强制性规定；②裁决违背台湾的公共秩序和善良风俗；③依仲裁地的法规，所裁决的争议事项不能以仲裁方式解决。对方当事人在下列情况下也可请求法院驳回申请：一是仲裁组织或仲裁程序不符合仲裁地法；二是裁决依仲裁地法尚未生效，或者被仲裁地主管机关予以撤销或停止执行；三是裁决事项超越仲裁协议的范围。[1] 1998年的“仲裁法”由于其修订时，在承认与执行外国裁决的程序与条件和《纽约公约》基本相同，在此不加赘述。

台湾地区与大陆之间在仲裁问题上处于一种有依据无合作的状态。台湾承认和执行大陆仲裁裁决的依据表现在其“两岸关系条例”第74条。该条规定：“在大陆地区作成之民事确定裁判、民事仲裁判断，不违背台湾地区公共秩序或善良风俗者，得申请法院裁定认可。前项经法院裁定认可之裁判或判断，以给付为内容者，得为执行名义。”1997年修改为：“前二项规定，以在台湾地区作成之民事确定裁判、民事仲裁判断，得声请大陆地区法院裁定认可或为执行名义者，始适用之。”许多学者认为，这一条规定在海峡两岸区际仲裁裁决执行方面具有创造性。但由于该规定存在着将适用于大陆法院判决的执行条件适用于大陆仲裁裁决的执行，并且将不违反公共秩序作为执行大陆裁决的唯一条件，从而大大增加了执行仲裁裁决的难度。再加上该条的规定过于抽象，造成到目前为止并没有一起大陆仲裁裁决在台湾得到执行。此外，还有大陆法院生效的民事调解书不属于“两岸人民关系条例”中的“民事确定裁判”等诸多问题，均需要两岸有关机关加强协商以妥善解决。

---

〔1〕 黄进主编：《中国的区际法律问题研究》，法律出版社2001年版，第287页。

六、港澳台之间仲裁裁决的承认与执行

台湾地区与港澳地区之间仲裁裁决的相互承认与执行的法律依据目前也只有台湾地区单方订立的“香港澳门关系条例”第42条第2款的规定，其内容为：“在香港或澳门作成之民事仲裁判断，其效力、声请承认及停止执行，准用‘商务仲裁条例’第30条至第34条之规定。”该条文中所称的“商务仲裁条例”第30条至第34条均是针对“外国”仲裁裁决所作的规定。1998年台湾通过了新的台湾“仲裁法”，该法与原台湾“商务仲裁条例”相比发生了一些新的变化，其中对于“外国”仲裁裁决的判断标准采用了“领域”标准及“准据法标准”（又称“非本地裁决标准”）的双重标准，在拒绝承认与执行外国仲裁裁决的理由上也采纳了《纽约公约》第5条确立的七项标准，放弃了原条例众多的拒绝承认与执行标准。“香港澳门关系条例”所指的“商务仲裁条例”是否因新“仲裁法”的实施而被取代尚不清楚。[1]

而香港与澳门特别行政区对于台湾地区仲裁裁决的承认与执行尚未作出回应。由于港、澳、台地区是中国主权之下的三个独立法域，因此，香港特别行政区依《纽约公约》承认与执行外国仲裁决的做法不能适用于台湾地区的仲裁裁决，同样澳门特别行政区依“互惠”原则承认和执行外国仲裁裁决的做法亦不能延伸至台湾地区。台湾地区与香港地区之间就仲裁裁决的承认与执行问题倒是有一些协作关系。1987年台湾地区台北地方法院就曾裁定承认和执行一份香港仲裁裁决，证明了这种协作关系的存在。

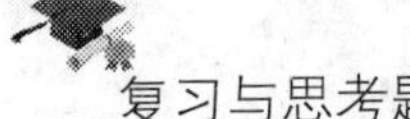

复习与思考题

1. 仲裁的相关法律制度有哪些？
2. 中国四个法域关于仲裁的制度是怎样规定的？
3. 区际相互承认与执行仲裁裁决制度的含义与特点是什么？
4. 中国各法域仲裁裁决承认与执行制度的立法与实践有哪些？
5. 《内地与香港相互承认与执行仲裁裁决安排》的主要内容是什么？

拓展阅读

1. 杜新丽主编：《国际民事诉讼与商事仲裁》，中国政法大学出版社2009年版。
2. 郭晓文：“中国内地和香港之间仲裁裁决的相互执行”，载《中国仲裁与司法》2004年第3期。
3. 涂宏：《国际民事司法协助》，武汉大学出版社1996年版。
4. 黄进主编：《中国的区际法律问题研究》，法律出版社2001年版。
5. 乔世明、刘景一：《仲裁理论与适用》，人民法院出版社1997年版。

---

〔1〕 陈力：《一国两制下的中国区际司法协助》，复旦大学出版社2003年版，第132页。

6. 董立坤主编：《中国内地与香港地区法律的冲突与协调》，法律出版社 2004 年版。

7. 康明："临时仲裁及在我国的现状和发展"，参见 http：//cdmd. cnki. com. cn/Article.

8. 杨良宜：《国际商务仲裁》，中国政法大学出版社 1997 年版。

9. 张斌生主编：《仲裁法新论》，厦门大学出版社 2002 年版。

10. 相关法律与法规：

联合国《国际商事仲裁示范法》

1958 年的《承认及执行外国仲裁裁决公约》

2012 年 5 月 1 日生效实施的中国国际贸易仲裁委员会《仲裁规则》

2011 年 5 月的香港《仲裁条例》

第九章　涉港澳台区际民商事争议之解决途径——诉讼（一）

[教学目的和基本要求]

通过本章的学习，了解中国各法域的司法制度和律师制度，掌握关于民商事管辖权方面的立法现状，掌握产生管辖权冲突的根本原因及协调冲突的方式。本章的重点和难点是掌握区际民商事案件管辖权冲突的协调方式。

第一节　涉港澳台之司法制度

一、香港地区司法制度

为了保持香港的繁荣与发展，并考虑到香港的历史与现实情况，全国人大授权香港特别行政区依照《香港基本法》的规定实行高度自治，有行政管理权、立法权、独立的司法权和终审权，使其法律制度，包括司法制度基本上保持不变。但是，基本不变不等于绝对不变，回归后，由于香港法律地位的根本变化，必然会带来其司法制度的部分变化。

（一）香港回归前的司法体制

通常，从狭义上解释来讲，人们讲到香港的司法体制多是指香港的法院体制。香港法院比较复杂，按体系结构及权力的大小可分为：①最高法院上诉庭。它是香港最高审级的上诉法庭，负责审理最高法院原讼庭和地方法院提出的民事和刑事上诉案件，以及土地审裁处提出的上诉案件，同时它还有权对其他任何法院提交的法律问题作出裁决。②最高法院原讼庭。又称高等法院，它对民事和刑事案件享有“无限管辖权”，即在处理案件的种类上，不受金额或最高刑罚方面的限制，受理的案件极为广泛。③地方法院。目前设有维多利亚、南九龙、九龙、荃湾、粉岭及沙田等6处地方法院，它“拥有有限的民事和刑事审裁权”，主要处理金额不大的民事案件及性质并不十分严重的刑事案件。④裁判司署。它是香港的初级刑事法院，主要受理较为轻微的刑事案件，对稍严重的案件只有听取供证，查明证据的初审权；其民事管辖权更为有限，仅限于下令强制执行民事事务以及依《未成年人监护条例》和《分居及赡养条例》下达的关于某些家庭纠纷方面的命令等。裁判司署内还附设有少年法庭和死因法庭。⑤审裁处。它是一种仿照英国行政裁判庭的形式设立的准司法性质的审裁机构，主要以简易程序采取调解的方法，迅速解决大量轻微的民事纠纷，以减轻法院的负担。目前主要有土地裁处、小额钱侦审裁处、劳资审裁处、色情物品审裁处四种。

值得一提的是，香港回归前没有自己独立的终审法院，其司法终审权属于在伦敦的英国枢密院司法委员会。然而，从广义的解释来讲，香港的司法体制是指香港法院和其他法律授权的专门机构适用法律，处理诉讼和非诉讼案件的组织体制。根据《中英联合声明》和《香港特别行政区基本法》，是指香港原来的审判机关、检控机关、各种司法辅助组织及律师组织等的总称，具体而言包括：执行审判任务的法院体制、负责维护社会治安担负部门检控任务的警务总署、从事检控的律政司署、专司调查、检控、惩治贪污罪案的廉政专员公署、对人员和货物进出香港实行监管的人民入境事务署和海关总署，对罪犯进行监管的惩教署以及具有各种司法辅助职能的注册署、法律援助署、律师组织等。

香港回归前的司法制度是指法院以及与法院审判活动相关的各项法律制度。这些法律制度对保证法院和法院审判活动公正地进行，保证司法体制的正常运转具有重要意义。

1. 司法独立制度。法官在审案时，不受任何方面的干预，特别是不受任何个人和行政部门的干预。司法独立制度是香港司法制度中的一项根本制度，司法权是由法院独立行使的，任何个人和机构都不能明目张胆地干涉法院的独立审判，不能轻易地、人为地改变法院的审判。但是，由于香港实行的是以总督为权力核心的专制主义体制，总督可以通过直接或间接的方式有条件地限制法官独立地行使司法权。

2. 陪审制度。它是沿袭英国而形成的，是保证司法公正的一项重要司法制度。一般高等法院审理的民、刑案件均用陪审制，陪审团由7名陪审员组成，一般案件有5名陪审员同意就可定罪，死刑案件须全体一致通过。被告人是否有罪由陪审团决定，定罪量刑由法官决定。如果陪审团对被告人是否有罪分歧极大，法官可以解散原陪审团重新组织新的陪审团。在香港陪审既是公民的一项重要权利又是他们的一项重要义务。

3. 法律援助制度。它是香港法律规定或认可的，由政府和律师为那些需要保障自身合法权益而又无力支付昂贵律师费用的人士提供相应法律帮助的一种制度。香港的法律援助制度由布政司署下设的法律援助署及律师公会负责推行。主要内容有法律援助署的“法律援助计划”与“法律援助辅导计划”，以及律师公会的“免费法律辅导计划”与“当值律师计划”。不仅为市民在民、刑案件中提供法律代理人、辩护人，而且为市民提供日常性的法律帮助。

此外，香港的司法制度还包括通过司法程序审查或裁决立法及行政是否违宪的司法审查制度，即违宪审查制度，以及负责制定、修改法院的司法行政工作原则和管理措施，包括诉讼程度管理、法院行政管理、涉外诉讼规则、诉讼费用标准和法院的各种费用管理的司法行政制度。

（二）香港回归后的司法制度

香港回归后的司法制度，是在香港回归前的司法制度的基础上演化而来的，这是一个能够保证香港特别行政区独立地行使司法权和终审权的制度。虽然，香港回归前司法制度基本不变是香港特别行政区司法制度的最重要的特点，但是，两者毕竟并不完全等同，有重要区别，主要体现在基本不变与部分变化两个方面。

1. 基本不变的方面。

（1）香港回归前的法院体系是由审裁处、裁判司署、地方法院、最高法院原讼庭（或称高等法院）、最高法院上诉庭和英国枢密院司法委员会担任的终审法院组成的，而香港特别行政区的法院体系则是由审裁处、裁判司署、区域法院、高等法院及独立的终审法院组成的，两者基本不变。

（2）香港回归后的各项司法制度，如司法独立制度、陪审制度、法律援助制度、司法审判制度以及司法行政制度等保持不变，香港特别行政区的刑事和民事诉讼中保留原在香港适用的原则和当事人享有的权利，如任何人在被合法拘捕后享有尽早接受司法机关公正审判的权利，未经司法机关判罪之前均假定无罪以及"法无明文规定不为罪"、"法不溯及既往"的原则等，各级法院组织的受理范围亦保持基本不变。

（3）香港回归前的有关法官和法官以外的其他司法人员的任用罢免制度也基本保持不变。香港特别行政区成立前在香港任职的法官和其他司法人员均可留用，且年资予以保留，薪水津贴、福利待遇和工作条件不低于原来的标准。

（4）香港特别行政区的警务总署、律政司署[1]、廉政公署、人民入境事务处和海关总署、餐教署、注册总署、法律援助署及律师组织亦基本不变，原则上保持回归前的结构和职能。

2. 部分变化的方面。

（1）香港回归后的司法制度性质上发生了根本变化。回归前，香港的司法制度从属于英国，是英国司法制度的组成部分；回归后，则属于中华人民共和国司法制度的组成部分。

（2）香港回归后的司法体制在组织结构上也发生了实质性的变化。首先，设立了完全独立的香港特别行政区的终审法院，体现了国家主权原则；其次，地方法院改为区域法院，最高法院改为高等法院。

（3）香港回归后各级法院的法官组成成分发生了根本变化。回归前，各级法院的法官基本上都由英国公民担任；回归后，除终审法院和高等法院的首席法官必须由在国外无居留权的香港特别行政区永久居民中的中国公民担任外，其他法官和司法人员，主要根据其本人的司法和专业才能选用，并可从其他普通法适用地区聘用。但是，毫无疑问，从总体上说回归后各级法院的法官逐渐过渡到主要由中国公民担任。

（4）香港回归后的法律语言也发生了变化。回归前，香港的法律都是用英文写成的，其各级法院的审判活动也是用英语进行的；回归后英文和中文都是香港特别行政区

---

〔1〕《香港特别行政区基本法》第63条规定："香港特别行政区律政司主管刑事检察工作，不受任何干涉。"可见，律政司是香港的检察机关，独立行使检察权。律政司原称律政司或律政署，是香港最大的法律机构，是一个地位特殊、角色复杂而多样化的法律部门。其职权涉及到立法、司法行政、检控、民事代理、法律政策制定与改革以及律师等多项职能。从其性质和任务来看，近似于美国的司法部。律政司作为检察机关，除了要全权负责香港刑事案件的检控之外，在所有起诉政府的民事诉讼（含行政诉讼）中均以被告身份参与诉讼，在法庭上代表政府。作为公众利益的维护者，它可以申请司法审查，以维护公众的合法权益；它还可代表公众利益出庭参与审理涉及重大公益的案件。它还将涉嫌藐视法庭的情况告知法庭，协助法庭工作。律政司长是特别行政区政府和行政长官的法律顾问。总之，律政司除无审判权之外，几乎肩负所有重要的法律事宜。

的法律语言。确定法律语言是中国恢复行使主权的重要标志，实行“双语制”是“一国两制”的具体体现，对香港的繁荣与稳定有着特殊的意义。

（三）香港特别行政区的法院组织体系

目前香港法院系统除类似内地四级法院的一个终审法院（5位法官）、一个高等法院（上诉法庭有7位法官、原诉法庭有21位法官）、一个区域法院（法官编制为33人）、九个裁判法院外，还设有一些专门法院，如遗产承办处、劳资审裁处、小额钱债审裁处、死因裁判法庭和家事法庭，共19个审判机构，构成香港的司法裁判系统。

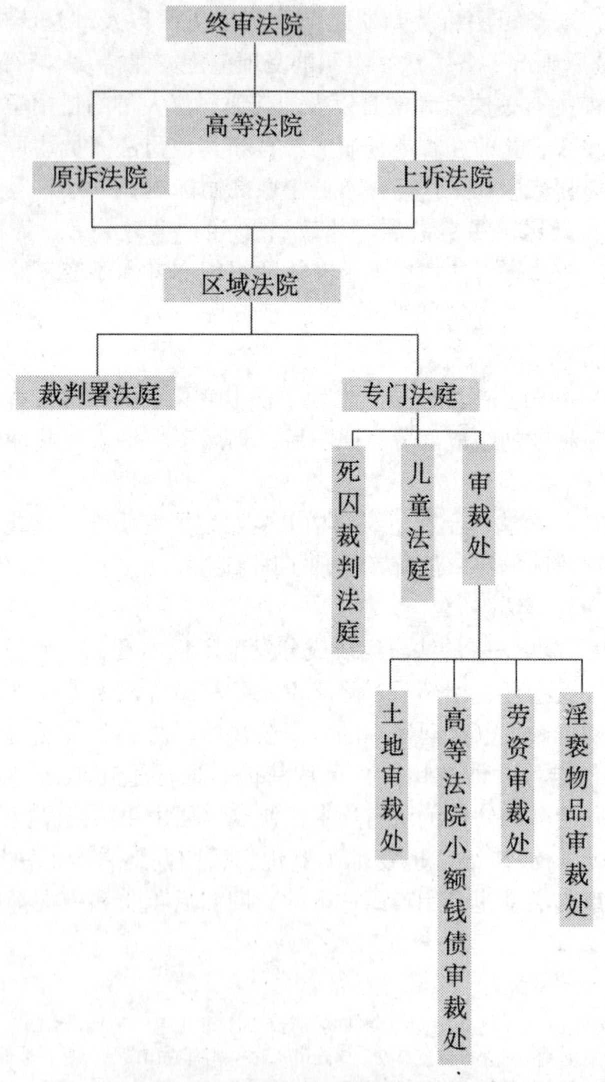

香港特别行政区的法院组织体系图〔1〕

〔1〕 参考 http：//www. chinalawinfo. com/chyzl/detail. asp?

1. 基层法院组织，由区域法院、裁判署法庭和其他专门法庭组成。区域法院原称地方法院，全港按地区设4所，在民事方面受理涉及60万元以下的案件及年租等不超过24万元的地产诉讼；刑事方面受理监禁7年以下的案件，但谋杀、误杀和强奸除外。裁判署法庭原称裁判司署，裁判法院相当于我国内地的基层法院，裁判官对多种刑事罪行具有审裁权，一般审理每项罪行可判监2年及罚款10万元的案件、个别条例授权可判3年监禁及巨额罚款，最高达500万元。所有可公诉的刑事案件诉讼程序均从裁判法院开始，因此全港按地域设有9个裁判法院。专门法院实际上与我们以往的一般理解有所差别，可分为三类：①相当于司法鉴定机构。例如，死因裁判处主要进行死因研究，淫亵物品审裁处确认某一物品是否淫亵物品或不雅。②具有高等法院原诉法庭相同的权力。例如，土地审裁处对收地、赔偿、物业差饷租值等案件进行审理，不服其裁决，向高等法院上诉法庭提出上诉。③相当于专业基层法院。例如，劳资审裁处和小额钱债审裁处，对其裁决不服可向高等法院原诉法庭上诉。香港的少年法庭仅设于东区、九龙城、荃湾、沙田及屯门五个裁判法院，审理18岁以下少年的案件。

2. 高等法院。高等法院设上诉法庭和原诉法庭，上诉法庭负责审理原诉法庭和区域法院移交的民事和刑事上诉案件、土地审裁处的上诉案件，及对其他等级较低法院所提交的法律问题作出裁决。原诉法庭审理民事和刑事及有关海事、破产、公司清算、家事、领养、遗嘱认证及精神健康等案件。最严重的刑事案件，如谋杀、误杀、强奸、抢劫、复杂商业诈骗、毒品等案件。

3. 终审法院。终审法院行使香港特别行政区的终审权，是特别行政区最高审级，其审理范围包括：不服高等法院上诉法庭的最终判决，争议事项所涉金额或价值达港币100万或以上的案件；上诉法庭或终审法院认为该上诉涉及的问题重大等理由而必须由终审法院裁决的，可酌情决定是否受理。因此，每年能在终审法院开庭审理的案件极少。从以上法院管辖情况看，香港法院是因事而设，非因级别而设。

（四）中国（司法部）委托公证人协会

根据中华人民共和国司法部2002年2月24日颁布的《中国委托公证人（香港）管理办法》和最高人民法院、司法部1996年2月18日联合发布的《关于涉港公证文书效力问题的通知》的规定，香港居民、法人以及在港的外国籍、其他地区的人士，在中国内地从事经济、民事活动所需要的证明发生在香港的法律行为、有法律意义的事实和文书均应经中国委托公证人出具并经中国委托公证人公证文书审核转递办公室审核并加章转递后，才能发至内地使用。证明的使用范围在内地，非经上述程序，内地各有关部门均不承认其效力。

中国委托公证人制度是中国公证制度的重要组成部分，是在“一国两制”的现实情况下，确保证明文书的合法性、真实性的需要。它的建立为香港居民、法人、在港人士到内地处理民事及经济事务提供了一条便捷、有效的法律服务途径，解决了在一个国家内部、两个不同的法律区域间公证文书的相互使用问题。委托公证人制度对香港律师发展内地业务起到了积极作用，对促进香港与内地法律界交流与合作发挥了桥梁作用。

中国委托公证人由具备委托公证人条件，并经司法部考试合格及授权的香港执业律师担任。目前，经司法部授权并注册的中国委托公证人有237位，他们都是在香港具有

10 年以上执业经验的资深律师，具有丰富的金融证券、公司事务、房地产、婚姻家庭等方面的专业知识，可以提供多方面的法律服务。

中国委托公证人证明的范围包括：

1. 在中国内地开设独资、合资、合作企业所需的各类证明文书；
2. 与在中国内地进行投资、融资、抵押贷款相关的证明文书；
3. 在中国内地进行企业收购、兼并、上市，公司股权转让所需的证明文书；
4. 中国内地房地产在港预售、销售、转让、抵押相关的证明文书；
5. 在中国内地与内地公民结婚、离婚所需的各类证明文书；
6. 继承、赠与或受赠在中国内地的财产所需的各类证明文书；
7. 在中国内地收养子女所需的各类证明文书；
8. 申请内地亲属来港探亲、定居所需的各类证明文书；
9. 与向中国内地法院提起诉讼、应诉、申请执行相关的证明文书；
10. 其他在中国内地所需的经济、民事的证明文书。

内地律师的当事人，在业务中如果需要上述证明文书，可以直接与香港中国委托公证人协会或委托公证人（律师）联系。但办理证明文书需要交付费用，按件收取，每件数千港元不等。

（五）中国法律服务（香港）有限公司

中国法律服务（香港）有限公司是经中华人民共和国司法部批准，在香港登记注册的提供中国法律服务的专门机构，是中华人民共和国司法部遵照“一国两制”的方针，在港设立并依托香港开展国际交流与合作的窗口公司。公司既是香港法人单位又是内地法人单位组织，是中国内地唯一一家可以在香港从事中国法律服务的机构。

公司的宗旨和业务范围是：弘扬公正、客观、严谨的法律精神，采取多元化、集团化的运作方式，不断拓展以中国内地为基础的国际业务网络，全面提供高效、优质的中国法律服务，积极参与、协助和促进港、澳、台以及世界各地与中国内地的双向经济交往和其他各类民商活动，维护和保障客户的合法权益。此外，公司在中国司法部特别授权下，协助管理在港的中国委托公证人和内地在港执业的律师。

与内地律师业务有关系的是：目前该公司新开办了一项可以代为送达国内法院的裁判文书的业务，这项业务已经得到内地法院的认可，其效率、效果比委托香港法院送达的更好、更快、更可靠。各地律师如有案件需要向香港当事人送达法律文书，可以向承办法院推荐。

另外，该公司也可以代理查询香港居民、公司的土地和房屋注册情况，公司（股份）注册情况，居民、公司资信情况等，但需要收费。

二、澳门特别行政区司法制度

（一）澳门现行司法制度是葡萄牙司法制度在海外的延伸

1976 年《澳门组织章程》第 51 条规定，澳门地区的一般司法工作继续受共和国主权机关颁布的法律所管制，属本地编制之司法官职位，得由共和国编制的司法官以定期委任制度填补。[1] 可见，澳门的司法制度是葡萄牙司法制度在海外的延伸，澳门的司法机关是葡萄牙司法机关的组成部分。因此，要了解澳门的司法制度，应首先了解葡国司法制度。

按照葡国法律规定，法院是代表人民行使审判权的主权机关，其职能是维护合法权益，制裁违法行为，解决公共机构之间、私人之间或公共机构与私人之间的利益纠纷。[2] 葡国法院分五大类：①宪法法院；②普通法院，包括最高法院、中级法院和初级法院；③行政法院，又名评政院，包括最高评政院和行政法院；④审计法院，还包括在各地区设立的分院；⑤军事法院，也包括在各地区设立的分院。[3] 宪法法院是对有关宪法性法律事项行使审判权的专门法院。许多欧美国家实行违宪审查制度，葡萄牙宪法法院的职能是实行违宪审查，包括对国际条约、法律和法令实行预防性审查，对已生效的法律文件进行审查以及对法院的违宪裁判进行审查。[4] 在普通法院系统中，设最高法院、中级法院和初级法院。葡萄牙将全国按地域分为 4 个大法区（Distritos Judiciais），即里斯本、波尔图、科英布拉和埃武腊。每个大法区又分为若干小法区（Comarcas）。最高法院设在里斯本，其管辖权及于全国及葡国管治地区；中级法院有 4 个，分别设立在 4 个大法区内；初级法院设立在各小法区。葡萄牙实行三审终审制，但最高法院只就适用法律事项进行审理。澳门属于葡国的一个小法区，也设立初级法院。行政法院负责审理有关行政与税务方面的案件。军事法院审理军事性质的罪行和依法归军事法院审理的其他严重罪行。审计法院的职权是对公共开支的合法性进行监督，对国家总决算、社会保险账目及各自治区决算作出评审，以及依法对财务违法行为进行追究。检察院作为司法机关的组成部分，其基本职能是代表国家提起刑事诉讼，维护民主法制和法律规定的利益，检察院依法享有自主权[5]。

澳门在司法体系中是葡国的一个小法区。宪法法院的权限只能由葡国宪法法院行使。普通法院方面只设立初级法院，由 3 名法官组成，依法审理本地区的民事、刑事和未成年人第一审案件。当事人对判决不服时，可向里斯本大法区的中级法院上诉。如被中级法院驳回，当事人还可向最高法院提出上诉。1976 年 7 月 23 日葡国颁布了法令，在澳门设立了刑事起诉法院（又译“刑事预审法院”），作为对刑事案件实行侦讯、辩诉和准备起诉的机构，分别在 1 名法官主持和 1 名检察官参与下开庭，对可能判处 2 年以上徒刑的案件进行立案和初步侦讯，并在初步侦讯的基础上进行辩诉。初步侦讯和辩诉结束以后，刑事起诉法院如决定准备起诉，应将案件移送检察院，由检察院起诉。在澳门设立了审计评政院，兼行评政院和审计法院两者的职能。澳门审计评政院由 3 名法官组成，其主要职权为：①对澳门政府每年的财政决算实行预先审查，提出报告，送交立法会审核；②对各行政机构和公益法人的账目进行审核；③对本地区行政当局在其权限范围内的行为和合同加以审核和批阅；④澳门政府财政司编制的本地区每年的账目和报

---

〔1〕参见《澳门组织章程》，澳门政府官印局 1988 年版，第 45 页。

〔2〕参见《葡萄牙共和国宪法》（1989 年修订）第 113 条。

〔3〕参见《葡萄牙共和国宪法》（1989 年修订）第 205 条。

〔4〕参见《葡萄牙共和国宪法》（1989 年修订）第 206 条、第 208～210 条。

〔5〕参见《葡萄牙共和国宪法》（1989 年修订）第 211 条、第 223～225 条。

告，应由总督在规定期限内送交审计评政院审核。澳门政府如对审计评政院就上述账目的审核或批阅意见有异议而提起上诉，由葡国审计法院裁决。在澳门也设立了军事法院，由普通法院中资历最深的法官1名和军衔高于被告的军事法官2名组成，专门审理军人犯罪和其他重大犯罪案件。澳门检察机关由1名助理总检察长、1名检察长和6名检察官组成，由助理总检察长领导。其中3名检察官参与刑事起诉法院的工作，另3名检察官则在普通法院和审计评政院中提起刑事诉讼，对违法的行政行为提出上诉。

由上可知，直到1987年以前，澳门司法方面的状况是：①澳门法院类别不全，审级不全，既无上诉法院，又无终审法院。②全部法官和检察官都由葡国任命，没有澳门当地的华人法官或检察官。③有关澳门司法机关的组织和运作的主要立法权仍属于葡国。④葡语一直是澳门的唯一法定语言，司法机关运作过程和审案程序都用葡语配以翻译进行。这种现状令司法不能融合在社会民众之中，使司法与现代社会经济发展不相适应。澳门社会多年来一直要求改变这种现状，实现司法的自治。

（二）1987年~1992年期间澳门司法改革的起步

1987年4月13日《中葡联合声明》规定，当中国于1999年12月20日对澳门恢复行使主权时，将设立澳门特别行政区直辖于中央人民政府；澳门特别行政区享有行政管理权、立法权、独立的司法权和终审权，同时，中国政府将承诺保持现行的社会、经济制度和生活方式五十年不变[1]。《联合声明》还规定，在《联合声明》生效之日起至1999年12月19日止的过渡时期内，由葡萄牙政府负责澳门的行政管理。进入过渡时期以来，澳门的司法制度开始发生了一些重要的变化。澳门地区小，人口集中，是一个国际性的城市和自由港，华人占澳门居民大多数，华洋杂居，中西文化交汇以及澳门原实施的大陆法法律制度，这些因素都应加以重视。1990年葡国议会修改了《澳门组织章程》，其中第51条修改为，“澳门地区拥有本身的司法组织，享有自治并应适应澳门的特点”。[2] 1991年8月葡国议会制定了《澳门司法组织纲要法》，1992年3月澳门政府公布了《澳门新司法组织总规章》和《澳门审计法院规章》。上述法律法令的主要内容是：

1. 确立澳门法院的类别和管辖权限。澳门法院分为普通审判权的法院与具有行政、税务、海关和财务审判权的法院。前者为初级法院、刑事起诉法院、高等法院，后者为行政法院和审计法院。这样，澳门法院的体系为：普通初级法院，刑事起诉法院，行政法院，审计法院和高等法院。

2. 设立高等法院，审理上诉案件。高等法院为目前澳门法院体系中最高等级的法院，由院长和6名法官组成，以全会或以分庭形式，作为第二审法院运作。在普通司法管辖权方面，高等法院的职权与葡国最高法院分庭的职权相同，但葡最高法院全体审判庭和刑事分庭的职权在澳门地区仍作保留。在行政、税务和海关审判管辖方面，澳门高等法院也将行使葡最高法院分庭的职权，审理本地区行政、税务和海关方面的上诉、权限冲突等案件，包括对澳门行政法院所作裁决的上诉以及高等法院合议庭所作裁决的上

〔1〕 参见《中华人民共和国政府和葡萄牙共和国政府关于澳门问题的联合声明》，外文出版社1987年版，第7页。
〔2〕 参见《澳门组织章程》，澳门政府官印局1991年版，第90页。

诉。最高行政法院全体审判庭对澳门地区的权限仍作保留。

3. 规定法官、检察官任职条件，设立司法参事。《澳门司法组织纲要法》规定澳门各级法院的法官和检察官可以定期委任方式从属于葡国编制的法官和检察官中委任，也可从在澳门居住 3 年以上，识中文的法律专业学士学历的人士中委任。审计法院的法官可由具有经济、财政或企业管理学士学位，并起码在政府或在私人机构担任领导或管理职位 3 年或担任监事会成员 3 年的人士出任。高等法院院长、法官及助理总检察长则需由至少在司法界、法律代理业或大学工作 15 年者担任。法律还设立了司法参事职位。凡具备公认的公民品德、识中文并受过法律培训的澳门居民，可被委任为司法参事；凡具备公认的公民品德、受过法律、经济或财政培训并懂中文的澳门居民，可被委任为审计法院的司法参事。司法参事辅助法官和检察官，可参与诉讼的准备和审判阶段工作，但不得作出裁决。

4. 设立管理当地法官和检察官的专门机构。《澳门司法组织纲要法》规定，澳门应设立负责管理本地法官和检察官的专门机构——澳门司法委员会和澳门司法高等委员会。这两个委员会负责对澳门法官的任免提建议，并负责他们的纪律处分事项。

（三）澳门特别行政区法院体系

1999 年 12 月 20 日，中国政府对澳门恢复行使主权，澳门特别行政区成立。根据《澳门特别行政区基本法》，澳门特别行政区实行高度自治，享有独立的司法权和终审权，这是对澳门特别行政区司法制度的原则性规定。澳门特别行政区设三级法院，即初级法院、中级法院、终审法院。因澳门地域狭小，没有必要按地域设不同的地区法院。同时，澳门特别行政区按职能设立的专门法院较少，只设行政法院。澳门特别行政区的初级法院为初审法院，可根据需要设若干专门法庭，如刑事、民事、劳动审判庭等。中级法院行使回归前高等法院的部分职权。行政法院是澳门特别行政区受理行政诉讼，税务诉讼和海关诉讼的专门法院。在审级上属初级法院，不服其判决，可上诉到中级法院。终审法院行使特别行政区的终审权。

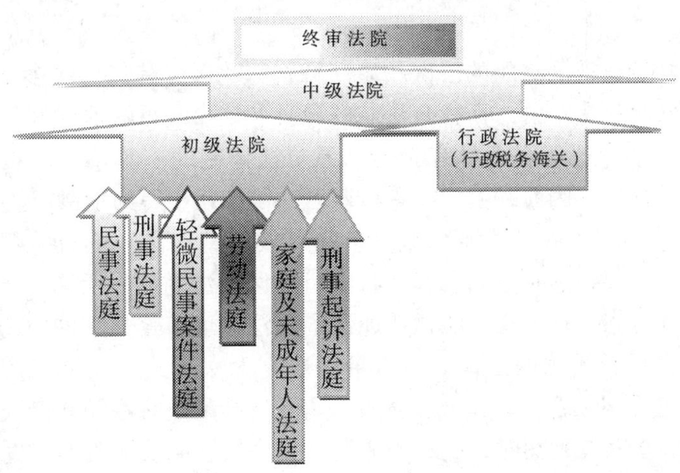

澳门特别行政区检察院是一个独立的机关，其地位与中华人民共和国最高人民检察

院有些相似，但两者有一个重大不同，就是澳门特别行政区检察院的检察长要由行政长官提名、报中央人民政府任命，检察官则由行政长官任命，他们的免职也由行政长官提出建议或进行免职，因此检察院不能不受行政长官的指挥和监督。

（四）澳门特区司法制度与香港特区司法制度的比较

澳门特别行政区与香港特别行政区都享有独立的司法权和终审权，其司法机关均自成体系。但是，由于法制传统的不同，两地在司法制度上存在着不少差异。

1. 司法机关的范围不同。香港特别行政区的司法机关只包括各级法院，而澳门特别行政区的司法机关除各级法院外，还包括检察院。香港原有的司法体制是以英国的司法体制为母本的。由于英国历来是将刑事检控职能归于行政系统，不设立独立的检察机构。因此，在原香港，主管刑事检控的机关一直属于港英政府的律政司管辖。这样，根据《中英联合声明》关于原在香港实行的司法体制，除因设立香港特别行政区终审法院而产生的变化外，予以保留的精神，《香港基本法》所规定的司法机关就只包括法院，而行使检察职能的律政司仍旧纳入行政系统之列。澳门现行的司法体制则是建立在葡萄牙的司法体制基础之上的。葡萄牙设有独立的检察官公署，检察官公署作为司法机关的组成部分，享有自主权和法律规定的检察职能。秉承葡萄牙司法体制的传统，澳门不但有检察院的设置，而且检察院被列入司法系统。这样，澳门基本法仍规定澳门特别行政区的司法组织中设立检察院，检察院独立于其他机关之外。

2. 法院体系的不同。香港特别行政区的法院体系，一方面是按地区设立的，另一方面又按法院的功能设置。在地区一级，设立有裁判司署法庭和区域法院；在全港范围内设立一个高等法院，在高等法院之上，设立有一个终审法院。此外，香港特别行政区还根据专属管辖原则依法设有独立于其他法院之外，受理某一方面诉讼案件的专门法庭，如土地法庭、劳资审裁处等。

澳门特别行政区的法院原则上是按审级设置，即澳门特别行政区只设立初级法院、中级法院和终审法院。在初级法院内可根据需要设立若干专门法庭。此外，澳门特别行政区也按法院功能设立行政法院，管辖行政诉讼和税务诉讼，同时保留了原刑事起诉法庭的制度。

可见，香港特别行政区法院的层次较澳门特别行政区法院的层次多，这是由两地地域、人口的不同状况所决定的。而行政法院的设置和刑事起诉法庭制度则是澳门特别行政区司法制度的特色，这些制度具有大陆法系司法体制的一贯传统，在澳门已运作多年，为广大居民所熟悉，因而在澳门特别行政区法院体系中得到了保留。

3. 审判原则的不同。从《香港基本法》和《澳门基本法》的有关规定看，香港特别行政区法院奉行的某些审判原则是澳门特别行政区司法制度中所不予要求的：①遵循先例的原则。长期以来，香港实行的是普通法的司法制度。普通法的一个重要特征，就是成文法只是法官可予适用的法律的一部分，以判例法形式表现出来的普通法、衡平法，也是法律的重要渊源之一。由于普通法、衡平法都是法官在司法判决中积累起来的司法原则，因此，法官在判案时，就应当遵循过去法官在判决同类案件时所确立的司法原则，这便是普通法系国家和地区在适用法律时所应遵循的一个基本原则，即遵循先例的原则。根据《香港基本法》的规定，香港特别行政区各级法院在适用法律时仍应坚持这一原则。而澳门特别行政区法律制度属大陆法系，其法院在审理案件时主要依据制定法，无须奉行遵循先例原则。②陪审制度的原则。《香港基本法》第 86 条规定："原在香港实行的陪审制度的原则予以保留法院在受理刑事案件时由陪审员参与庭审并认定案件事实的制度。"其原则包括：担任陪审员有资格的限制和要求；原则上，只有最高法院原讼庭受理刑事诉讼案件时才实行陪审；香港居民有应召出任陪审员的权利和义务。上述陪审制度的原则作为司法制度的基本原则之一在香港特别行政区得到了保留。而澳门特别行政区司法制度中不实行陪审制度，自然不会遵守陪审制度的有关原则。

4. 法官制度的不同。

（1）法院院长资格的不同。出任香港特别行政区高等法院和终审法院的首席法官的人不得具有外国居留权，而对于出任澳门特别行政区终审法院院长的人则无此限制。《香港基本法》的上述规定是针对英国政府单方面搞"居英权计划"[1]而作出的，目的在于限制取得居英权及其他国家居留权的人士担任高等法院和终审法院的首席法官。澳门的情况则不同。根据葡萄牙国籍法，凡在澳门出生的居民均有权取得葡萄牙国籍。相当一部分澳门居民中的中国公民都具有葡萄牙的居留权。鉴于这是历史形成的问题，《澳门基本法》没有要求终审法院院长在就职时，不得具有外国居留权。但为了避免可能引起的双重效忠问题，《澳门基本法》采取了变通性的措施，即终审法院院长在就职时必须宣誓效忠中华人民共和国。这就使得终审法院院长在任职时不得使用或利用外国的居留权，不致产生双重效忠问题。与之不同的是，《香港基本法》没有规定高等法院和终审法院的首席法官应宣誓效忠中华人民共和国，因为不得具有外国居留权的限制已经达到了这一目的。

（2）法官任免的不同。香港特别行政区终审法院法官和高等法院首席法官的任命，须由行政长官征得立法会的同意，而在澳门特别行政区无类似做法。香港特别行政区终审法院首席法官的免职，由行政长官根据其任命的不少于 5 名当地法官组成的审议庭的建议，并征得立法会同意后，予以决定。终审法院法官和高等法院首席法官的免职，也须由行政长官征得立法会的同意。而澳门特别行政区终审法院院长和法官的任命无需取得立法会的同意，其免职由行政长官根据立法会议员组成的审议委员会的建议决定，也不必征得立法会的同意。

（3）法官任用的不同。《香港基本法》规定，香港特别行政区成立前在香港任职的法官均可留用。而《澳门基本法》无类似规定，因为中葡联合声明并未规定原有法官可以留用，澳门现在的法官也基本上都属葡萄牙编制。

（五）澳门特区司法制度与内地司法制度的比较

从性质上看，澳门特区司法制度与内地司法制度都是有关行使审判权和法律监督权的制度。从本质上看，前者是资本主义的司法制度，后者则是社会主义的司法制度。它们之间既有共性，又有差别。

1. 法院的法律地位。我国内地实行人民代表大会制度，法院作为行使国家审判权的

---

〔1〕 1990 年英国政府违反其承诺推出的所谓"居英权计划"，单方面决定赋予 22.5 万名香港中国同胞以英国公民身份，使香港居民的国籍问题更为复杂。

机关，由人民代表大会产生，对其负责，受其监督。法院与政府、检察院具有平行的宪法地位，但处于人民代表大会这一国家权力机关之下。澳门特别行政区法院则与政府、立法会、检察院均处于平等地位，不对其他任何机关负责或受其他机关监督。

2. 法院体系。内地法院体系包括：最高人民法院、地方各级人民法院（含基层人民法院、中级人民法院和高级人民法院，在特定区域还设立了农垦法院、林区法院及经济技术开发区法院等）和专门人民法院（含军事法院、海事法院、铁路运输法院等）。可见，我国内地法院审级完备，建制完整。而澳门特别行政区法院仅包括初级法院（另在一审层次设有行政法院和刑事起诉法庭）、中级法院和终审法院三个层次，且均为单一设置。

3. 法院职权。就法律解释权而言，在内地，仅最高人民法院有权对审判过程中如何具体适用法律的问题进行解释，其解释对下级法院具有约束力。但这种解释不是指法官个人在个案审判中对所适用法律的解释，而是指最高法院就审判实践中所遇到了法律适用问题所作出的指示性解释，并且这种解释通常产生于对基层法院或中级法院、高级法院的个别请示的批复。而在澳门特别行政区，各级法院均依法享有法律解释权，这种司法解释实际上是法官个人在具体判案时对法律条文所进行的解释，但它不具有普遍的约束力。此外，内地法院享有的司法建议权（即法院在审理案件时，若发现不属于人民法院主管的不法行为，有权向相应的机关提出建议，要求其处理）和基层人民法院享有的指导人民调解委员会工作的职权都是澳门特别行政区法院所不具有的职权。

4. 审判原则。内地法院和澳门特别行政区法院均遵循独立审判的原则，但其含义有所不同。我国宪法规定，人民法院依法独立行使审判权，不受行政机关、社会团体及个人的干涉。显然，法院行使审判权须接受国家权力机关的监督。此外，在法院内部，独立审判并不表现为法官个人在行使职权上的完全独立，并且下级法院要受上级法院监督，各级法院和专门法院要统一受最高人民法院监督，对审判委员会就具体案件作出的决定，合议庭必须执行。而在澳门特别行政区，独立审判不仅意味着法院独立行使职权，不受其他任何机关、团体和个人的干涉，而且意味着法官在依法进行审判时，不听从任何命令或指示，法官履行审判职责的行为不受法律追究。就是在法院内部，上级法院对下级法院的审判也无权过问，只有在上诉时才能对该案发表意见。可见，澳门特别行政区法院行使职权时的独立性是绝对的。

5. 审级制度。内地法院实行四级两审终审制。即地方各级人民法院按照第一审程序对案件的判决和裁定，当事人可以按照法律规定的程序向上一级人民法院上诉；人民检察院可以按照法律规定的程序向上一级人民法院抗诉。上一级人民法院按照第二审程序进行审理，审理后的判决和裁定除法律规定应由最高人民法院核准的死刑案件外，都是终审的判定和裁定，不得上诉。但如果在上诉期限内不上诉或者不抗诉，那么第一审的判决和裁定就是终审的判决和裁定。中级人民法院、高级人民法院和最高人民法院审判的第二审案件的判决和裁定、最高人民法院审判的第一审案件的判决和裁定，都是终审的判决和裁定。而澳门特别行政区法院实行三级三审终审制。即当事人不服初级法院和行政法院的裁判，可以向中级法院上诉；如果不服中级法院对上诉所作的裁判，还可向终审法院上诉。当然，终审法院审判的第一审和第二审案件的裁判都是终审的裁判。

6. 法官条件。内地和澳门特别行政区都将担任法官的条件法定化，由法律保障实施，以保证法官的素质。但在具体要求上存在差别。内地法官的任职条件包括政治条件和专业条件，前者要求具备纯正的政治品质，后者要求相当程度的法律知识，具备一定的业务水平。澳门特别行政区法官的选用则以其专业资格为首要标准，在学历及经历方面均比内地要求高。在国籍要求方面，内地法官必须由中国公民担任，而澳门特别行政区法官除终审法院院长必须由中国公民担任外，其他法官无严格限制。

7. 法官任免。内地各级人民法院的院长由同级的人民代表大会任免（在地方两届人民代表大会之间，如果该级人大常委会认为有正当理由需要撤换法院院长，须报请上一级法院报经该法院的同级人大常委会批准），法官则由同级人大常委会任免。而澳门特别行政区各级法院的院长和法官均由行政长官任免，终审法院院长和法官的任免还须报全国人大常委会备案。在任期上，澳门特别行政区法官一经任命，即为终身制，除非无力履行其职责不能留任，或行为与其所职务不相称不宜继续任用以外，不能被罢免。对内地法官的任期，《中华人民共和国法官法》未予明确规定，但各级法院院长是有任期限制的（每届5年），到期必须换届选举。最高人民法院院长连续任职不得超过两届。

8. 澳门特区终审法院与最高人民法院。澳门特区终审法院与最高人民法院都是享有终审权的法院，二者之间不存在隶属关系。但是，这并不表明澳门特区终审法院具有与最高人民法院同等的地位。虽然最高人民法院不在澳门特别行政区行使审判权，但它仍然是中国的最高审判机关。虽然澳门特区终审法院有权受理当地各级法院的最后一级上诉，但它在全国法院系统中仍处于地方性法院地位。

三、台湾地区的司法制度

（一）司法沿革的历程

台湾地区的司法制度的沿革可以追溯到清末改制和国民政府迁台前的司法变革。1906年，清政府将刑部改为法部，掌理全国司法行政工作，改大理寺为大理院，专掌最高审判工作，配以检察厅办理检察事务，在诉讼制度上是四级三审制，这些重大的法制变革为后来的国民政府所继受。1927年，南京国民政府按照五权分立的理念，设行政院、立法院、司法院、考试院、监察院。在行政院下设司法行政部，主管司法行政事宜，下设民事、刑事、监狱、总务等司。司法院为最高司法机关，下设最高法院、行政法院和公务员惩戒委员会机构。之后，法院被分为地方法院、高等法院和最高法院，采三级三审制，并实行“审检合署”制，将检察机关配置于各级法院内，检察机关内部按照“检察一体”的原则行使职权。1947年施行的“宪法”进一步规定在司法院增设大法官会议，负责解释宪法和统一解释法律命令。至此，五权分立模式下的司法制度逐渐成形，但高等以下各级法院和检察机关皆隶属于行政院的司法行政部，作为最高司法机关的司法院所掌管的法院却只有最高法院、行政法院和公务员惩戒委员会。

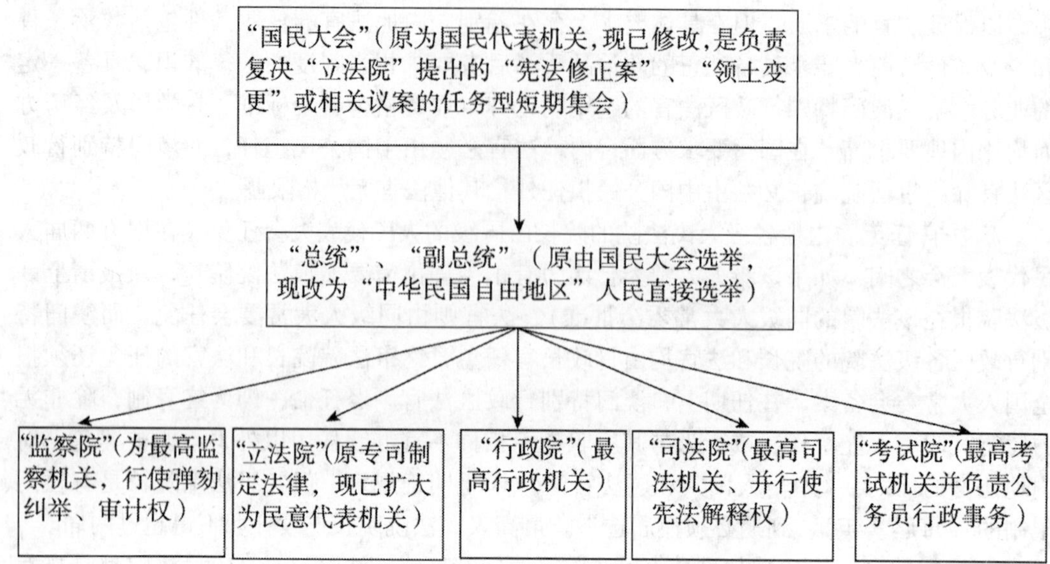

台湾的“五权宪法”[1] 示意图

自1950年以来，以司法权主导部门的变迁作为分水岭，台湾地区司法制度的沿革大体可以分为两个阶段。

第一个阶段从1950年到1980年，是由“司法行政部”主导的时期。此时的司法行政主要归属于“行政院司法行政部”，大部分司法政策都是由“司法行政部”推行，司法改革主要从技术性的层面进行，侧重于如何提高司法人员的专业素质，只是在后期才转到体制层面，开始由审检合署向审检分立改革。

这一期间厉行考试用人制度，各级司法人员均须考试及格，“司法行政部”并于1955年起成立司法官训练所培训司法官，藉此提升司法人员专业化的程度，这些举措对司法人员素质的提高颇具成效。另一方面，为保证审判的质量，法院内部实施实任法官裁判书宣判前送阅制度，上级必须审阅裁判书，没有院长的印章，裁判书不能送达。对法官实行严厉的考核，且考核成绩与法官的物质利益和职位升迁有着直接的关联。法官由地方法院到高等法院再到最高法院的“阶梯式”升迁模式，也有着浓厚的行政化色彩。文书送审、绩效考核和法官升迁制度的初衷是为了提高审判质量和培养专业人才，带来的弊端却是审判独立性受到伤害，从而受到外界的诟病。

在司法行政体制上，仅“最高法院在”行政上隶属“司法院”，“高等法院”、“地方法院”的司法行政却长期隶属于“行政院司法行政部”，各界对此一直存有质疑。大法官会议于1960年以第86号解释明确高等以下法院应改隶于“司法院”，经“行政、司

---

〔1〕“五权宪法”是中华民国国父孙中山对于宪法的创见，是孙中山的重要思想。孙中山在19世纪就有这种酝酿，1906年12月2日始正式见于文字。五权宪法乃指立法权、行政权、司法权、监察权、考试权，各自独立运作并互相监督制衡。“中华民国宪法”（1947年1月1日）大致采取了这种政治体制。参见 http://baike.baidu.com/view/23162.htm.

法两院”多次会商，这一规定于1980年予以落实，从此，“行政司法行政部”改称“法务部”，掌管检察、监所、司法保护及“行政院”法律事务，不再掌管“高等法院”以下的法院。审检也随之分立，各级法院的行政事务由“司法院”主管，各级检察行政则统归“法务部”，司法权与行政权有着更明确的划分，审判与检察也因此得以分别发挥各自功能。

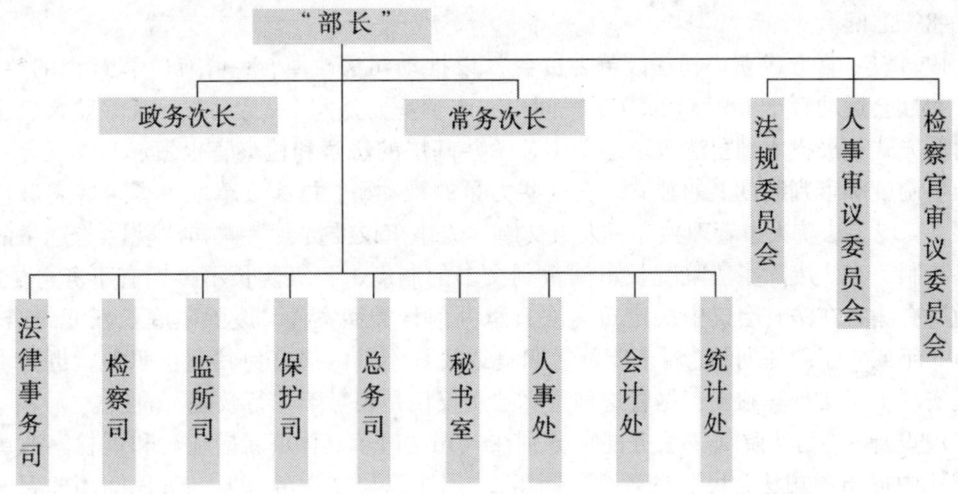

“法务部”的内部组织如图示〔1〕

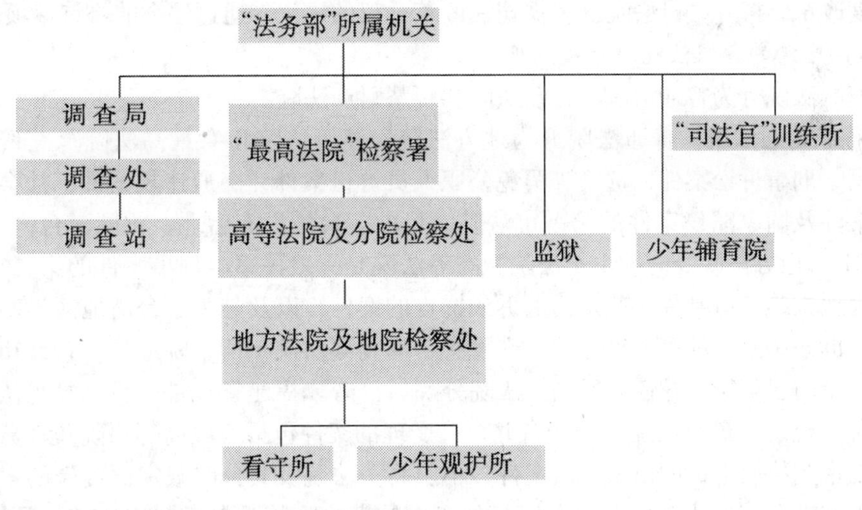

“法务部”的所属机关如图示〔2〕

〔1〕 参见http：//www.ndcnc.gov.cn/libpage/flyd/zgsf/gotzd.htm港、澳、台地区司法制度简介。

〔2〕 参见http：//www.ndcnc.gov.cn/libpage/flyd/zgsf/gotzd.htm港、澳、台地区司法制度简介。

第二个阶段从1980年到现在，是由“司法院”主导的时期。这一时期着力于体制性的改革，在司法独立、诉讼制度、法官保障等方面进行重大的变革。

在1994年以前，最重要的改革是量化司法，扩充司法以回应社会需求。此时，法官的薪水增长最快，法官优遇制度使人员更新换代更快。同时，为满足社会对法律专业的需求，律师考试开始放宽，1987年以前律师录取率很少超过1%，1989年至1993年的录取率高达10%以上，其中1993年的录取率达到15.22%，近年律师录取率则维持在7%~8%之间。[1]

1994年，官方成立“司法改革委员会”以推动司法改革，一群有改革意识的律师、学者和社会运动者于1995年成立了民间司法改革基金会，以民意调查、观察监督、法律研讨等方式积极投入到司法改革运动中。一些基层的法官和检察官也发起自治运动，争取人事制度和审判制度上的独立。在这些力量的推动下，司法改革取得了一些突破性的进展，实现了法院人事管理独立，人事交给“人事审议委员会”，“司法院”与选举的法官各控制一半。废除了法院院长审阅裁判文书的制度，各级院长不再拥有事务分配权，改由所有法官在法官会议中决定每名法官承办何种类型案件。废除了庭长任职终身制，实行3年或4年的任期制，对未能善尽职责或风评不佳的法官免其庭长职务。更为重要的是实现了司法预算独立，尽管这种预算独立仅仅是相对于“行政院”的独立。

1999年，“司法院”、“法务部”分别在《司法改革具体革新措施》和《检察改革白皮书》中提出“司法为民”的理念。同年，“司法院”、“法务部”与五民间团体召开司法改革会议，主要提出了三方面的改革，即由多元化审判体系向一元化审判体系的改革，将司法权和司法行政管理权合二为一的司法管理改革，以及由职权主义向当事人主义的诉讼制度改革，并由“司法院”依据司法改革会议的决议，通过法令的修订逐项落实。

（二）台湾的各级法院与审级制度

台湾的法院分为普通法院、行政法院和智慧财产法院。

1. 各级普通法院。普通法院分为地方法院、高等法院和“最高法院”三级。地方法院是民、刑事诉讼案件，选举、罢免公职人员诉讼案件，交通违规案件，社会秩序维护法事案件及国家赔偿案件的第一审法院。目前，台湾设有台北、桃园、台南、高雄、金门等21所地方法院及高雄少年法院。高等法院是一般民事、刑事案件的第二审法院，受理不服地方第一审判决、裁定而上诉或抗告的案件，以及是关于台湾地区最高领导人选举罢免诉讼等案件的第一审法院。现设有台湾高等法院1所，院址位于台北市，并分设台中、台南、高雄、花莲4所高等法院分院。台湾“福建省”部分设有高等法院金门分院1所。台湾“最高法院”设于台北市，受理的案件包括不服高等法院及其分院第一审、第二审判决而上诉的民事刑事案件、不服高等法院及其分院裁定而抗告的案件以及非常上诉案件和其他法律规定的案件。台湾“最高法院”是最后一审法院，是法律审，并不调查事实，因此并非所有案件都可上诉到“最高法院”，必须具备法律规定可以上诉第三审理由的案件才可上诉到“最高法院”。

2. 各级行政法院。设有高等行政法院和“最高行政法院”两级行政法院。高等行

---

〔1〕 郑正忠：《两岸司法制度之比较与评析》，（台湾）五南图书出版公司2002年版，第56~57页。

政法院受理除法律另有规定外，有关公法上争议的第一审行政案件。台湾地区共设有3所高等行政法院，依辖区区分为“台北高等行政法院”、“台中高等行政法院”、“高雄高等行政法院”。此外，高雄高等行政法院设台南分庭，采取巡回庭方式，受理台南地区的行政案件。“最高行政法院”，受理不服高等行政法院裁判而上诉或抗告的行政诉讼案件。

3. 智慧财产法院。智慧财产权即大陆所说的知识产权。台湾为保障智慧财产权，于2008年7月在台北县板桥市设立智慧财产法院，专门负责审理相关智慧财产案件。智慧财产法院是专业法院，集民事、刑事与行政诉讼案件于一个法院审理。依法律规定，受理与智慧财产有关的第一、二审民事案件、第二审刑事案件、第一审行政诉讼及强制执行案件，以及其他依法律规定或经司法院指定由智慧财产法院管辖的案件。其层级定位为高等法院，与之对应的检察署为高等法院检察署智慧财产分署。智慧财产法院受理的民事案件，其第一审由一位法官独任审判；第二审由三位法官合议审判；不服第二审判决，除另有规定外，可向“最高法院”提起上诉或抗告。涉及智慧财产的刑事案件，其侦查阶段的管辖及第一审管辖法院仍为各地方法院检察署及各地方法院；第二审管辖法院为智慧财产法院；第三审仍为“最高法院”。另外，与智慧财产有关的行政诉讼，第一审管辖法院为智慧财产法院；上诉审法院则为“最高行政法院”。

在台湾，普通法院审理民、刑事案件采三级三审制。如不服高等法院二审裁判，可向“最高法院”上诉或抗告，“最高法院”的审判为第三审，第三审为终审。但只有符合法律规定的条件，才可以上诉或抗告到“最高法院”。实践中大多数案件是二审即终结。

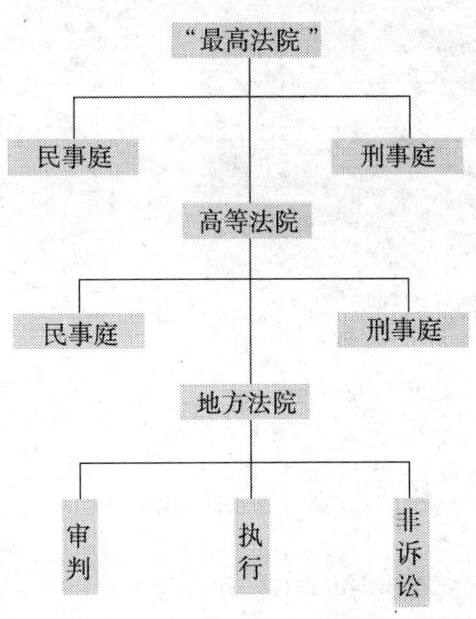

各级法院组织及业务大要图示〔1〕

〔1〕参见http：//www.ndcnc.gov.cn/libpage/flyd/zgsf/gotzd.htm港、澳、台地区司法制度简介。

台湾的普通法院设三级："最高法院"、高等法院、地方法院。三级法院之间是审级关系，而非行政隶属关系。①"最高法院"是台湾的最高审判机关，在审级上是第三审法院，是终审法院。设民事庭和刑事庭各5个，分别审理不同性质的案件。②高等法院设于省或特别区域，是台湾法院体系中的第二级。分设民事庭和刑事庭若干个，并设庭长1人，推事（法官）2人，还可设专业法庭，并设公设辩护人，刑事资料室、书记室等。③地方法院为台湾最低审判机关，原则上设于县、市；若县、市地域狭小，可数县、市合设一所地方法院；若县、市地域辽阔，可增设分院。地方法院审判案件一般由推事（法官）独任审判，对案情重大者则由3名推事（法官）合议审判。

另外，台湾还设行政法院专门负责审理行政诉讼案件。行政法院审理行政诉讼案件采二级二审制。高等行政法院受理第一审行政诉讼案件，如不服高等行政法院的裁判，除法律另有规定外，可以向"最高行政法院"上诉或抗告，"最高行政法院"的审制为第二审，此为终审。

（三）司法改革的成果

由于社会生活的不断变迁和发展，任何法系和地区的司法制度都不可能因某次或者数次改革而一劳永逸，在每一个阶段都不可避免地面临改革的问题，台湾地区也不例外，其司法制度也处在一个不断总结、反思与扬弃的过程中。台湾地区的司法改革从开始的技术性变革到后来的体制性变革，由自上而下的官方推进的改革逐步过渡到官方、民间互动的改革，司法改革朝着纵深方向行进，在违宪审查、司法独立、便民化的诉讼制度上取得了一系列的成果。

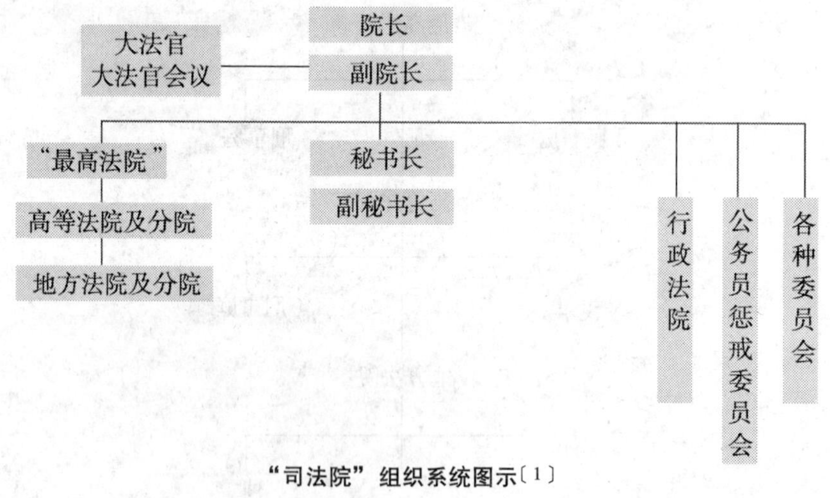

"司法院"组织系统图示〔1〕

1."司法院"大法官拥有违宪审查权。在台湾地区，违宪审查权不是由最高法院行使，也没有专门的宪法法院，而是由被喻为"宪法守护神"的大法官行使。自2003年10月起"司法院"设大法官17人，其中一人为院长，一人为副院长，由"总统"提名，经

〔1〕 参见 http://www.ndcnc.gov.cn/libpage/flyd/zgsf/gotzd.htm 港、澳、台地区司法制度简介。

“立法院”同意任命，任期8年，不得连任。大法官的遴选来自杰出的普通法官和有声望的教授、学者。“司法院”大法官会议的违宪审查权是由最初的“宪法”和法令的解释权演变发展而来。

“司法院”拥有广泛的职权，包括民事、刑事、行政诉讼审判权、公务员惩戒权、“宪法”及法律命令解释权，等等。另外，其下设的各种委员会还各自行使专门的职责。

由于中国早期是将整套的西方法律移植过来的，因此就必须有少数专家对法律作出解释，从而形成中国特有的解释制度，即由“司法院”特设大法官组成的大法官会议来行使解释权，解释分“宪法”解释和对法令的统一解释两种。大法官除职掌解释“宪法”、统一解释法令外，还负责审理政党违宪解散案件，对于解释“宪法”和统一解释法令案件，大法官以会议方式合议审理；对于政党违宪解散案件，大法官组成宪法法庭合议审理。

随着法治的发展，“司法院”大法官解释权在法律文字没有改动的情况下发生一些功能上的变化。在法律颁行之初，大法官会议不但有对“宪法”的解释权，还有对法令作出统一解释的权力。但随着审判实践的发展，大法官会议很少再对法令作统一解释，例如1994年以来，仅作出两次法令的统一解释，其职责实质已局限在“宪法”解释的范畴。而且，“宪法”解释也发生了变化，由抽象咨询变成具体“宪法”争议的仲裁。起初，最高部门之间的争议会提交到“司法院”，后来，公民、法人和政党也能向“司法院”申请解释。1980年以来，大法官对终局裁判适用的法令若认定违宪，即可给予特别救济，从此台湾地区就有了违宪审查制度。

2. 司法独立得到切实的保障。数十年来，台湾地区一直将司法独立作为司法改革的首要目标，并为之付出了艰辛的努力，时至今日，司法独立在台湾地区已经被认为不成问题了。“第一夫人”吴淑珍被起诉事件被认为是司法独立的印证之一。这一成效的取得，与司法权、行政权的厘清，与司法官的保障等制度的施行是分不开的。

五权分立的制度在宪法中虽已确立，但司法权与行政权的分立举措需要具体的细化和落实。在财政上，司法机关逐步实现了相对独立。1941年起，司法经费由各省自给改为统一由国库负担，以保障司法权不受地方行政部门的干涉，但根据“宪法”规定，司法预算案由“行政院”提出，司法难免不受牵肘；1997年，“宪法”新增了司法预算独立的条款，即“司法院”提出的年度司法预算，“行政院”不得删减，只能加注意见编入中央政府总预算案，送“立法院”审议，之后，法院经费年增长率从7%提升到21%，使得司法权能够较好地摆脱“中央”行政权的干预。[1] 在机构设置上，法院的设置和管辖范围的划定不受行政区划的限制，可以视地理环境和案件的多寡增设或者合设地方法院，使得地方法院可以超然面对地方政府权力的干预。

法官的独立审判权和经济待遇得到有力的保障。裁判文书宣判前送阅制度在1991年彻底废除，这一举措令一、二审的法官额手称庆，为回应各界对于审判独立的呼吁，“司法院”于1997年废止了“法院法官办案成绩考查实施要点”，并合理放宽法官管考制

---

〔1〕 林子仪：“法学教育与司法改革”，载《司法的重塑——民间司法改革研讨会论文集》，（台湾）桂冠图书股份有限公司2000年版，第133页。

度。同时，法官经济待遇得到大幅提高。1979 年间，地方法院法官月薪约 1 万多元台币，最高法院法官月薪约 2 万多元台币，1990 年间，司法官的待遇提高了 2. 3 倍，但外界仍批评比先进法治国家低太多。经过近些年的改革，现今法官的经济待遇比一般的公务员优厚 1 倍以上，初任法官的月薪在 11 万元台币以上。“宪法”、“法院组织法”和一些条例也规定并强化了对法官的终身保障制度，法官自愿退休时除退休金外并另加退养金，还规定了法官 70 岁不办案可照拿全薪的“优遇制度”。

3. 在“司法为民”理念的倡导下便民化的诉讼制度得以推行。

（1）将电子数据技术运用到庭审等诉讼活动中。在 2000 年底以前，台湾地区一、二审法院已全面使用电脑记录诉讼笔录，并在各法庭当事人的席位设置供诉讼关系人阅览的电脑，在法庭活动进行时，审判长认为适当的，可同步显示书记官制作的笔录内容，各当事人对于电子笔录内容有异议的，可当场提出，经确认后立即更正或补充，而讯问笔录更可当场打印交当事人签名。在笔录电子化作业以后，依法得调阅笔录的人可以在网络上调阅相关案件的电子笔录。2002 年 7 月起，为配合检察官全程到庭实行公诉及交互诘问的法庭活动，一、二审法院全面安装数码录音设备，以数码录音的方式真实记录法庭活动的过程，庭讯录音应保存至裁判确定后 30 日始能除去。2003 年 9 月起，诉讼关系人可以付费调取录音光碟，自行转译为文书提交法院以补正书记官的笔录。2004 年 1 月开始，各级法院全面实施远距讯问及接见作业，适用对象包括证人、鉴定人、被告、自诉人和其他诉讼关系人，降低了提押受刑人应讯的风险及社会成本，并可避免远方证人及诉讼关系人跨县市出庭应讯的困扰。此外，民事、刑事、行政诉讼的裁判书及公务员惩戒委员会的议决书已全面上网公开，民众可以检索查阅裁判书全文。

（2）民事案件当事人合意选定审判法官。2003 年 9 月，“司法院”拟定的“民事诉讼合意选定法官审判暂行条例”开始在台北、士林、板桥、台中、高雄、台南等 7 个地方法院试行，2004 年 7 月增加了台湾地区高等法院及其台中分院、台南分院及高雄分院等 4 所法院，共计有 11 所试行法院。这是台湾地区首创的一项诉讼制度，在不损害公益的情况下，民事诉讼当事人可以像看病选医生一样选择当事人信赖的法官来审理，以增进公民对裁判的信赖。当事人在一审起诉或二审上诉时，或者在该审级第一次言词辩论或准备期日前，得合意选定法官审判案件，但高等法院管辖的第一审案件，上诉于第二审法院的除外。法院应公告被选定的法官姓名及相关资料，并于每月初公告受理案件数、顺延受理及法官异动情形。选定法官后，除有法官应自行回避的原因外，当事人应受约束，不得任意变更。对于选定法官的裁判不服，可以依“民事诉讼法”的规定，提起上诉或抗告。

第二节　涉港澳台区际民商事诉讼管辖权

一、概述

国际民事诉讼中的管辖权，是指一国法院根据本国缔结或参加的国际条约和国内法对特定的涉外民商事案件行使审判权的资格。管辖权的确定依据包括国籍、住所、居所、惯常居所、营业地、行为地、诉讼标的物所在地、被告财产所在地、当事人合意选择的法院地等，一般都是通过各国国内立法来加以专门规定的。但由于各国确定涉外民事案件管辖权的法律依据存在较大差异，由各国国内立法对本国的涉外民事案件管辖权作出规定常常导致管辖权的冲突，即对某一具有国际因素的民事案件，所涉各国或地区都具有管辖权的积极冲突或任何一个国家（地区）都不具有管辖权的消极冲突。为了消除或避免这种冲突的发生，各国往往通过国际条约对国际民事案件管辖权作出统一规定或对国际民事案件管辖权的冲突予以协调。如1968年欧洲经济共同体《关于民商事案件管辖权及判决执行的公约》（以下简称《布鲁塞尔公约》）[1]的区域性公约对于欧洲有关国家的民事管辖权问题作了统一的全面规定。

港澳回归，“一国两制”顺利实行后我国的法律制度产生了深刻变化。内地、香港、澳门、台湾地区均有各自独立的法律体系，形成各有特色、非统一局面的四个不同法域。就中国的区际法律冲突而言，区际管辖权是指中国内地与港澳台法院受理区际民商事案件的权限范围及法律依据。中国的各个法域在审理互涉民事案件时存在跨法域民商事案件应由哪一个法域管辖的问题。由于历史的原因，使得内地、香港、澳门、台湾形成各自独立的法律体系。四法域都有自己审理涉外案件所适用的程序规则，却均未制定或完善审理区际案件的管辖权冲突规则。目前，内地与港澳地区法院均将互涉民商事案件作为涉外案件来处理，并适用本地关于涉外民事案件管辖权的规则[2]，而两岸关系的现状也决定了两岸法院依照各自的“民事诉讼法”来确定和行使互涉民事案件的管辖权。因此，各法域在审理互涉民事案件确立管辖权问题上的立法存在差异，区际民商事管辖权的积极与消极冲突不可避免。管辖权的冲突使得同一案件在不同法域的法院审理，会因各法域法院的案件的定性不同而适用不同的冲突规则，从而适用不同的准据法导致判决的最终结果不同，直接影响到当事人的权利与义务。这不仅会使当事人挑选法院或一事两诉现象大量出现，从而使判决结果难以预测，而且也会成为民商事审判难以相互承认和执行的重要原因。因此，协调或解决管辖权冲突在区际民商事诉讼中具有极其重要意义。

二、内地关于域外民商事诉讼管辖权的立法与实践[3]

在2001年12月25日最高人民法院审判委员会第1203次会议通过的，并于2002年3月1日施行的《关于涉外民商事案件诉讼管辖若干问题的规定》第5条规定“涉及香港、澳门特别行政区和台湾地区当事人的民商事纠纷案件的管辖，参照本规定处理。”

---

〔1〕《布鲁塞尔公约》适用于所有的欧洲经济共同体成员国。此外，1988年9月16日，所有欧共体成员国与欧洲自由贸易同盟（The European Free Trade Association，简称EFTA）的成员国（奥地利、芬兰、冰岛、挪威、瑞典、瑞士）又签署了一项与布鲁塞尔公约类似的《卢迦诺公约》。这两部公约是目前国际上仅有的两部关于统一规定管辖权问题的区域性国际公约。

〔2〕参见《最高人民法院关于审理涉港澳经济纠纷案件若干问题的解答》（1987年10月19日）第2条关于管辖的规定，以及Trading Investment Law In Hong Kong，1993，Butterworth by Smart & Halyard，p.462.

〔3〕由于我国内地几乎没有关于区际私法的立法，实践中通过“比照”国际私法的立法解决区际民商事案件，而且本书的体系力求在比较我国各法域区际民商事法律的基础上提出解决法律冲突的思路和办法，因此，本书在相关章节中阐明内地国际私法的立法与司法实践以填补区际立法的缺失。对于其他三个法域区际立法的阐述也采取相同的办法。

因此，内地对于涉港、澳、台民事案件比照“涉外案件”处理。目前，中国内地有关国际民事诉讼管辖权的立法规定，主要体现在国内立法和国际条约中。

（一）内地立法和司法实践

在我国内地的立法中，有关国际民事诉讼管辖权方面的规定集中于《中华人民共和国民事诉讼法》（2012 年修订版）及最高人民法院《关于适用〈中华人民共和国民事诉讼法〉若干问题的意见》、最高人民法院《关于涉外民商事案件诉讼管辖若干问题的规定》、《海事诉讼特别程序法》和最高人民法院《关于适用〈中华人民共和国海事诉讼特别程序法〉若干问题的解释》等相关立法和司法解释。综观上述相关立法与司法解释，我国内地在域外民商事案件管辖权问题上坚持以下原则：

1. 一般地域管辖。首先，采用的是“原告就被告原则”。我国民事诉讼法没有关于涉外民事案件一般管辖的专门规定，但根据《民事诉讼法》第 259 条的规定，涉外民事诉讼程序特别规定中没有规定的，适用民事诉讼法的其他有关规定，据此，我国关于一般管辖的规定与世界各国通行做法一样，也采用“原告就被告原则”，以被告住所地作为一般地域管辖的依据。根据我国《民事诉讼法》第 21 条和有关司法解释的规定，对公民提起的民事诉讼，由被告住所地人民法院管辖；被告住所地与经常居住地不一致的，由经常居住地人民法院管辖；对法人或其他经济组织提起民事诉讼，由被告住所地人民法院管辖。所谓公民住所即公民户籍所在地，经常居住地即连续居住 1 年以上的地方，法人住所地是指法人的主要营业地或主要办事机构所在地。其次，采用“被告就原告原则”的例外情形。我国《民事诉讼法》第 22 条规定的对不居住在我国境内的人提出有关身份的诉讼，对下落不明或者宣告失踪的人提起的有关身份关系的诉讼，由原告住所地或经常居住地人民法院管辖。最后，特别确立了涉外离婚案件的管辖权。根据最高人民法院《关于适用〈中华人民共和国民事诉讼法〉若干问题的意见》第 13 ~ 15 条的规定，在国内结婚并定居国外的华侨，如定居国法院以离婚诉讼须由婚姻缔结地法院管辖为由不以受理，当事人向人民法院提出离婚诉讼的，由婚姻缔结地或一方在国内的最后居住地人民法院管辖；在国外结婚并定居国外的华侨，如定居国法院以离婚诉讼须由国籍所属国法院管辖为由不予受理，当事人向人民法院提出离婚诉讼的，由一方原住所地或在国内的最后居住地人民法院管辖；中国公民一方居住在国外，一方居住在国内，不论哪一方向人民法院提起离婚诉讼，国内一方住所地的人民法院都有权管辖。如国外一方在居住国法院起诉，国内一方向人民法院起诉的，受诉人民法院有权管辖。

2. 特殊地域管辖。①涉外合同纠纷。《民事诉讼法》第 265 条规定：“合同纠纷或其他财产权益纠纷，对在我国领域内没有住所的被告提起的诉讼，如果合同在中华人民共和国领域内签订或履行，或诉讼标的物在我国领域内，或者被告在我国有可供扣押的财产，或者被告在我国领域内有代表机构，可以由合同签订地，合同履行地，诉讼标的物所在地，可供扣押财产所在地，侵权行为地或代表机构住所地人民法院管辖。”从这一规定可以看出，涉及涉外合同纠纷和其他财产权益纠纷的管辖，即使被告在我国领域内没有住所，我国人民法院也有权管辖。《民事诉讼法》以合同签订地、合同履行地、诉讼标的物所在地、被告可供扣押的财产的所在地以及被告代表机构所在地，作为确定管辖权的依据，只要这五个地点中的一个在我国领域内，我国人民法院就可以依法行使管辖权。②其他财产权益纠纷。因保险合同提起的诉讼，由保险标的物所在地人民法院管辖；因票据纠纷提起的诉讼，由票据支付地或被告住所地法院管辖；因铁路、公路、水上、航空运输和联合运输合同提起的纠纷，由运输始发地人民法院管辖；因侵权行为提起的诉讼，由侵权行为地人民法院管辖；因铁路、公路、水上和航空事故请求损害赔偿提起的诉讼，由事故发生地，车辆、船舶最先到达地，航空器最先降落地人民法院管辖；因船舶碰撞或其他海损事故请求损害赔偿提起的诉讼，由碰撞船舶最先到达地，加害船舶被扣留地人民法院管辖；因海难救助费用提起的诉讼，由救助地或被救船舶最先到达地人民法院管辖；因共同海损提起的诉讼，由船舶最先到达地，共同海损理算地或者航程终止地人民法院管辖。

3. 专属管辖。根据我国《民事诉讼法》第 33 条、第 266 条分别对四类案件规定了专属管辖：①因不动产纠纷提起的诉讼由不动产所在地法院专属管辖；②因港口作业发生纠纷而提起的诉讼，由港口所在地人民法院专属管辖；③因继承纠纷提起的诉讼，由被继承人死亡时的住所地或主要遗产所在地的法院专属管辖；④因在中华人民共和国境内履行的中外（港）合资经营企业合同、中外（港）合作经营企业合同、中外（港）合作勘探开发自然资源合同发生纠纷提起的诉讼，由我国法院专属管辖。另外，根据《中华人民共和国海事诉讼特别程序法》第 7 条的规定，除港口作业纠纷属专属管辖案件外，因船舶排放、泄漏、倾倒油类或者其他有害物质，海上生产、作业或者拆船、修船作业造成海域污染损害提起的诉讼，由污染发生地、损害结果地或者采取预防污染措施地海事法院管辖；因在我国领域和我国有管辖权的海域（即我国毗连区、专属经济区、大陆架以及有管辖权的其他海域）履行的海洋勘探开发合同纠纷提起的诉讼，由合同履行地海事法院，即我国法院专属管辖。

4. 协议管辖。关于管辖集中规定在我国《民事诉讼法》第 34 条规定："合同或者其他财产权益纠纷的当事人可以书面协议选择被告住所地、合同履行地、合同签订地、原告住所地、标的物所在地等与争议有实际联系的地点的人民法院，但不得违反本法对级别管辖和专属管辖的规定。"按照我国立法的规定，协议管辖具有以下特点：①争议范围的限制：协议管辖案件只能是涉外合同或涉外财产纠纷，有关身份关系争议不允许当事人协议管辖；②协议形式的限制：管辖协议用书面形式达成；③法院选择限制：一是协议选择的法院须与案件有实际联系；二是协议选择的管辖法院要符合我国《民事诉讼法》关于级别管辖和专属管辖的规定；三是协议选择的管辖法院只能是第一审法院。需要注意的是，关于协议管辖法院是否必须与争议存在实际联系的规定，我国《海事诉讼特别程序法》第 8 条不再要求纠纷与选择法院存在实际联系："海事纠纷的当事人都是外国人、无国籍人、外国企业或者组织，当事人书面协议选择中华人民共和国海事法院管辖的，即使与纠纷有实际联系的地点不在中华人民共和国领域内，中华人民共和国海事法院对该纠纷也具有管辖权。"这一规定与当今世界各国的普遍做法基本接轨，所不同的是，我国《海事诉讼特别程序法》将这一规定限定在外国当事人之间。

根据最高人民法院《关于涉外民商事案件诉讼管辖若干问题的规定》（以下简称《规定》），涉外合同和侵权纠纷案件、信用证纠纷案件、申请撤销、承认与强制执行国际仲裁裁决的案件、审查有关涉外民商事仲裁条款效力的案件、申请承认和强制执行外国法院民商事判决、裁定的案件，其第一审管辖法院是：①国务院批准设立的经济技术开发区人民法院；②省会、自治区首府、直辖市所在地的中级人民法院；③经济特区、计划单列市中级人民法院；④最高人民法院指定的其他中级人民法院；⑤高级人民法院管辖。这一规定也适用于涉港、澳、台地区民商事争议。

（二）国际条约

我国缔结或参加的有关国际民事诉讼管辖权的国际条约主要有：1953 年参加的《国际铁路货物联运协定》(1951 年)、1958 年参加的《统一国际航空运输某些规则的公约》(1929 年)、1980 年参加的《国际油污损害民事责任公约》（1969 年）。《国际铁路货物联运协定》规定，凡有权向铁路提出赔偿请求的人，只能由受理赔偿请求的铁路国的适当法院管辖。《统一国际航空运输某些规则的公约》适用于所有以航空器运送旅客、行李或货物而收取报酬的国际运输以及航空运输企业以航空器办理的免费运输。根据该公约规定，承运人对旅客因死亡、受伤或身体上的任何其他损害而产生的损失，对于任何已登记的行李或货物因毁灭、遗失或损坏而产生的损失以及对旅客、行李或货物在航运过程中因延误而造成的损失承担责任。发生索赔诉讼，原告有权在一个缔约国领土内，向承运人住所地，或其总管理处所在地，或签订合同的机构所在地，或目的地法院提出。《国际油污损害民事责任公约》规定，油污损害如在一个或若干缔约国领土（包括领海）发生或在上述领土或领海内采取了防止或减轻油污损害的预防措施的情况下，有关诉讼只能向上述一个或若干缔约国法院提出，每一缔约国都保证它的法院具有处理上述赔偿诉讼的必要管辖权。

我国与一些国家的双边经贸协定、双边司法协助条约或领事条约中也规定了管辖权的确定原则，例如1987 年中法《关于民事、商事司法协助的协定》、1980 年《中华人民共和国和美利坚合众国领事条约》等，在这些双边条约中，一般采用“原告就被告”原则确定直接国际民事诉讼管辖权以及外国法院判决承认与执行中的间接国际民事诉讼管辖权。

三、香港域外民商事诉讼管辖权的司法实践

香港对于涉外民事管辖权没有一个具体的成文法规予以全面的规定，它是由法官在司法实践中，根据成文法和已有的判例法，或参加的国际条约，或根据法理以及著名法学家的学说，或是当事人意思决定对具体案件行使管辖权。但无论如何，普通法判例都是香港管辖规则的最主要渊源。

（一）一般管辖

对于一般涉外民事诉讼，香港奉行英国的“实际控制”说，即法院对案件行使管辖权，必须对其所管辖的案件有实际的支配力，如被告能被传唤到庭、判决能被有效的执行。依据“实际控制”说，香港将民事诉讼分为对人诉讼和对物诉讼两大类，对人诉讼是指当事人之间的诉讼，要求被告作为或者不作为某一特定行为，以解决当事人之间的权利问题，判决仅对诉讼当事人之间有约束力。如合同、一般财产问题、侵权行为等都列入该类诉讼中。香港法院就该诉讼行使管辖权既不考虑双方当事人的国籍、住所或居所，也不考虑诉因的性质，只要被告身在香港，香港法院的起诉书可以在香港送达被告；或被告自愿接受香港法院的管辖，“任何人都可以订立合同明示或默示地服从一个他本来不必服从的法院管辖”；或被告在香港以外的地方，法院根据《高等法院规则》

第11号令批准把起诉文件送达被告时，才可行使管辖权。[1] 对物诉讼是指原告根据财产权利向他人主张财产权益的诉讼。在对物诉讼中，法院判决不仅约束当事人，而且可以针对所有对该财产提出权利主张的第三人。对物诉讼大致包括三种类型：①决定物之所有权或其他权利的诉讼；②海商诉讼，即为决定船舶作为货物的权利或对该船舶或货物有任何请求的诉讼，包括因该船舶或货物所造成损害而有请求权的诉讼；③有关身份行为的诉讼，诸如有关婚姻的效力、离婚、婚后子女的确定、认领等诉讼。[2] 该诉讼中原告的诉讼目标往往是用该标的物满足其请求。对于前两类案件，凡标的物在香港的，香港法院就可以行使管辖权。对于确定当事人身份的诉讼，多由当事人住所地或惯常居所地法院行使管辖权。原告一般会请求法院扣押标的物，如船舶、货物等，被告往往不得不提供担保并接受管辖以寻求解除扣押。如果原告只是请求对物诉讼，就只能请求得到标的物本身或标的物变卖后的收益，否则不在此限。[3]

（二）特别管辖

对于无法在香港境内对被告送达传票的诉讼，当原告向香港法院起诉并单方申请许可令（Leave）请求法院对在香港境外的被告送达传票时，香港法院也可以行使域外（扩大）管辖权。但这种管辖权的行使是由法院裁量决定的。原告在申请法院行使此项管辖权时必须举证证明：①该申请属于《香港高等法院规则》（Rules of the Supreme Court）第11条（Order 11）规定的情形之一，如侵权行为发生于香港、合同的签订地或履行地在香港、合同或信托的准据法是香港法、土地或财产位于香港境内、被告虽未在香港出现但其住所或惯常居所位于香港等；②原告必须充分坦诚地披露与案件有关的所有事实情况并证明其可诉性；③原告必须证明行使管辖权的香港法院为适当法院（Appropriate Forum）。而在决定是否行使此种扩大管辖权时，香港法院需要考虑以下因素：一是香港法院是否为适当法院，有无审理该案的更适当的外国法院；二是原告是否无法在外国法院获得应有的司法救济；三是允许原告利用香港的利益（Advantages）对原告是否公正以及对被告是否不公正。

（三）协议管辖

香港法院也承认当事人协议管辖。香港法律将当事人选择法院的协议分为排他性（专属）管辖权（exclusive jurisdiction）协议和非排他性（非专属）管辖权（non－exclusive jurisdiction）协议。专属管辖协议，是指当事人排他地将案件授予某个国家或地区法院管辖的协议，香港法院一般不改变当事人所选择的法院的管辖权，承认其选择协议的绝对效力。对于非专属管辖协议香港法院有自由裁量权，根据当事人举证、案件同所选择法院的关系、选择的合理性等因素决定协议的有效性。[4] 由此可见，香港法院允许当

〔1〕 陈弘毅、陈文敏：《人权与法治——香港过渡时期的挑战》，（香港）广角镜出版社1987年版，第40～41页。

〔2〕 涉及有关身份行为的诉讼之所以被纳入对物诉讼当中，是因为普通法认为身份与物有类似之处，更重要的是当事人住所地法院对其身份问题的判决应被全世界承认，其效力可以及于当事人之外的第三人。关于对物诉讼部分，参见陈隆修：《国际私法管辖权评论》，（台北）五南图书出版公司1986年版，第30～34页。

〔3〕 John O' Brien: *Smith's Conflict of Laws*, Cavendish Publishing Limited, 2nd ed., pp. 179～180. 转引自赵相林主编：《国际私法》，中国政法大学出版社2002年版，第453页。

〔4〕 董立坤主编：《中国内地与香港地区法律的冲突与协调》，法律出版社2004年版，第425页。

事人协议管辖的范围极为广泛，在协议形式上也极为灵活，既可以是书面协议，也可以是口头协议。需要注意的是，如果双方以协议方式明确选择香港法院的管辖，该协议必须载有指定送达被告的程序或方法（例如送达至被告在香港的代理人），如无此种指定或安排，则原告仍须申请许可令请求香港法院依照《高等法院规则》第11条的规定进行域外送达。

（四）排除管辖

香港关于解决区际和国际民事诉讼管辖权冲突运用更合理诉讼地原则，[1] 确立了不方便法院原则拒绝受理案件或中止本地法院的诉讼。当外国法院是审理该特定案件的“自然法院”（Natural Forum），即外国法院与案件或当事人有更为密切及真实的联系时（closest and most real connection），香港法院可以拒绝受理该案或中止自己的诉讼。在香港判例法中首次全面运用和解释不方便法院原则的判例是香港上诉法院于1987年判决的“麦阮迪案”（The Adhiguna Meranti）。此后，香港法院据此为权威指导而在有关国际民事诉讼管辖权冲突案件中运用。在行使“不方便法院”这一裁量权时，香港法院主要考虑的因素有审理案件的费用、获取或收集证据的方便程度、准据法、当事人的住所或营业所位于何地等，此外法院还必须确定，由外国法院审理该案不仅对于原告及被告是有益的，而且还可以保证判决结果的公正性。另外，当发生一事两诉的情况时，香港法院除了可以裁量终止本地诉讼之外，还可以发布禁令（injunction），禁止当事人参加在香港境外的诉讼。但由于发布此种禁令往往会严重破坏国际礼让的原则（Comity Doctrine），因此，香港法院对此持非常谨慎的态度，轻易不会行使这一裁量权。此外，香港法院行使管辖权存在条约或其他义务而不得行使管辖权，例如遇有国家或外交豁免的情况，就必须放弃管辖。

（五）专属管辖

关于专属管辖，香港法律规定得不甚明确。但从香港对物诉讼的实践中一般可以推定，香港法院只对位于其境内的不动产物权诉讼行使专属管辖。

（六）司法管辖豁免

英国1979年《国家豁免（海外属地）法令》［State Immunity（Overseas Territories）order 1979］及英国《1978年国家豁免法》（State Immunity Act 1978）施行于香港。按照该法的规定，外国国家在香港法院享有司法管辖豁免，也就是说，香港法院原则上不得受理对一个外国国家提起的民事诉讼，但在外国国家自愿接受法院管辖除外。从事商业交易、其作为或不作为构成侵权等情况下，该外国国家不享有香港法院的管辖豁免。另外，根据国际法、香港法院尊重外交代表、领事官员和一些国际组织及其部分职员所享有的一定司法管辖豁免权。

（七）香港法院对涉外民事案件行使管辖权还受条约和协议的约束

第一类是香港在1997年回归以前，根据《英王制诰》，英国政府缔结参加的国际条约适用于香港地区。特别是英国参加了许多有关涉及民商事案件管辖的国际条约，如1968年欧洲共同体《关于民商事案件管辖权及判决执行公约》、1972年的《欧洲国家豁

[1] 莫世健：“香港‘更合理诉讼地’原则浅议”，载《政治与法律》1999年第3期。

免公约》等条约适用于香港地区。第二类是中华人民共和国作为当事方或成员方参加的条约，香港回归后适用于该地区。涉及国际私法类的条约主要有1965年的《关于向国外送达民事或商事司法文书和司法外文书公约》、1958年的《承认及执行外国仲裁裁决公约》以及《国际油污损害民事责任公约》。第三类是中华人民共和国尚不是当事方，自1997年后继续在香港特别行政区适用的87项条约，涉及民商事管辖权的主要还有1924年的《统一提单若干规则的国际公约》和1952年的《船舶碰撞中民事管辖权方面若干规则的国际公约》。因此，上述的规定已成为香港特别行政区民商事案件管辖权的一部分。

四、澳门域外民商事诉讼管辖权的立法现状

在澳门回归以前，1961年《葡萄牙民事诉讼法典》延伸适用于澳门，该法典第65条对域外民事案件的司法管辖权作出了规定[1]。

1987年中葡《关于澳门问题的联合声明》宣布澳门于1999年12月20日回归中国，对澳门原有法律实施本土化形成了澳门五大法典，包括《澳门刑法典》、《澳门刑事诉讼法典》、《澳门民法典》、《澳门民事诉讼法典》和《澳门商法典》。其中新的《澳门民事诉讼法典》以葡萄牙1961年的《葡萄牙民事诉讼法典》为蓝本进行本地化改造，1999年10月8日颁布的第55/99/M号法令在核准新的澳门《民事诉讼法典》的同时，废止了经1962年7月30日第19305号训令延伸适用于澳门的1961年《葡萄牙民事诉讼法典》及所有更改该法典的法律规范，并将上述1961年《葡萄牙民事诉讼法典》中关于涉外民商事案件司法管辖权的规定予以删除。按照葡萄牙法律专家的解释，原法典为葡萄牙延伸适用于澳门的法律，葡萄牙作为一个主权国家，在其《葡萄牙民事诉讼法典》中当然应对国际民商事诉讼管辖权作出规定，但澳门是一个不具有独立主权的地区，理应不就国际民事诉讼管辖权进行立法规定。在本地区适用的《澳门民事诉讼法典》中不应对涉外民事案件的司法管辖权作出规定。葡方的这一立法观念罔顾了澳门作为一个闻名遐迩的国际性开放城市，涉外民事法律关系形式多样、数量繁多的事实，导致新法典在形式上留下对涉外民事案件司法管辖权不作规定的空白点。这样的立法处理意味着澳门现行法律中有关民事诉讼司法管辖权的制度既适用于一般民事案件的审理，又适用于涉外民事案件的审理。

（一）澳门（涉外）民事案件司法管辖权的种类

1. 级别管辖。新《澳门民事诉讼法典》本身并未就级别管辖问题作出专门规定，有关法院的审级问题原由葡萄牙为澳门制定的《澳门司法组织纲要法》作出规定。根据该纲要法第6条的规定，澳门的法院组织由第一审和第二审两个审级的法院构成。第一审法院又分为具有一般审判权的法院和具有行政、税务及海关审判权的专门管辖法院和特定管辖法院。就民事诉讼而言，一般审判权由普通管辖法院行使，该普通管辖法院下

---

〔1〕 葡萄牙法院对下列情形之一的民事案件行使管辖权：①根据葡国法律有关地域管辖的规定，应在葡国起诉的案件；②构成诉讼理由的事实发生在葡国；③被告为外国人，原告为葡国人的案件，但以被告所属国亦有同样规定为前提；④要提起的诉讼与葡国境内的人或物有密切的关系，如不向葡国法院起诉，则有关权利难以实现的案件。同时，也规定了专属管辖的情形：①有关不动产物权的诉讼，且该不动产位于葡国；②对某法人的破产宣告或无偿还能力宣告之诉，且该法人的总部设在葡国；③对有关工作关系之诉。

设三个法庭，配备四名法官，每年轮流由一名法官担任院长。该法院拥有民事案件第一审的全部审判权。而澳门高等法院则以第二审法院及审查法院的形式运作。该高等法院是主权回归前澳门等级最高的法院，由一名院长和四名法官组成，以全会或分庭的方式进行审判活动。在实行三审终审制的葡萄牙司法体系中，澳门高等法院虽然仅是第二审法院，但对澳门其他法院作出的裁判，当事人都可以直接上诉到高等法院。依照纲要法的规定，葡萄牙最高法院和最高行政法院对澳门地区的上诉管辖只限于纲要法未作规定的事宜，但这类事宜并不多见，故澳门高等法院对澳门地区绝大多数的案件实际上具有终审权。主权回归后的澳门特别行政区则设立三级法院，这三级法院的组建工作在主权回归前夕已完成。有鉴于此，新《澳门民事诉讼法典》的相关条文中首次出现了"初级法院"、"中级法院"和"终审法院"的名称，以保证该《澳门民事诉讼法典》在主权回归后与《澳门基本法》中关于司法组织及民事诉讼的指导原则协调一致。

2. 地域管辖。所谓地域管辖是指同级法院之间按地域划分审理第一审民事案件的权限。鉴于澳门地域狭小，每一审级均只有一个法院，故澳门法院的地域管辖在很大程度上就是澳门法院与其他法域或其他国家的法院之间划分审理第一审民事案件的权限，这种地域管辖实际上就是"涉外"地域管辖。新《澳门民事诉讼法典》对地域管辖作了以下规定：

（1）普通地域管辖。普通地域管辖是指按照当事人的所在地与其所在地法院的隶属关系确定的管辖。新《澳门民事诉讼法典》第 15 条（澳门法院具管辖权之一般情况）可视为普通地域管辖的一般原则，该条规定："当出现下列任一情况时，澳门法院具管辖权：①作为诉因的事实或任何组成诉因之事实发生在澳门；②被告非为澳门居民而原告为澳门居民，前提是该被告在其居住地法院提出相同诉讼时，该原告得在当地被起诉；③如不在澳门提起诉讼，有关权利将无法实现，且拟提起之诉讼在人或物方面与澳门存在任何应予考虑的连结点。"这一条文中所指的"被告非为澳门居民"、"原告为澳门居民"的当事人之间的民事案件无疑属于涉外或涉及外法域的民事案件。

（2）特殊地域管辖。特殊地域管辖是指根据诉讼标的特殊性与特定法院管辖的必要性所确定的管辖。新《澳门民事诉讼法典》第 16 条（对于某些诉讼具管辖权之情况）规定，澳门法院对涉及履行债务、享益债权、抵押、船舶取得、共同海损理算、船舶碰撞、船舶救助、共有物分割、离婚、遗产继承、宣告破产等 12 种案件具有管辖权。[1]

---

〔1〕《澳门民事诉讼法典》第 16 条列举了澳门法院在下述特殊案件中的管辖权，同时该条第 2 款又规定，澳门法院依据特殊管辖所具有的管辖权不影响因第 15 条规定而具有的管辖权：①为要求履行债务、因不履行或有瑕疵履行债务要求赔偿，或因不履行债务要求解除合同而提起之诉讼，只要有关债务应在澳门履行或被告在澳门有住所；②涉及享益债权之诉讼、勒迁之诉、优先权之诉及预约合同特定执行之诉，只要诉讼之标的物为在澳门之不动产；③加强、代替、减少或消除抵押之诉讼，只要涉及船舶及航空器时，其已在澳门登记，或涉及其他财产时，其系在澳门；④为裁定以无偿或有偿方式取得之船舶不受优先受偿权约束而提起之诉讼，而取得船舶时船舶系停泊在澳门港口；⑤为理算交付或原应交付有关货物至澳门港口之船舶遭受之共同海损而提起之诉讼；⑥基于船舶碰撞而提起之请求损害赔偿之诉讼，而有关意外系在本地区管理之水域发生，澳门为肇事船舶船主之住所地，肇事船舶在澳门登记或在澳门港口被发现，或澳门港口为被撞船舶最先到达之港口；⑦为要求给予救助或援助船舶应付之费用而提起之诉讼，而有关救助或援助系在本地区管理之水域作出，澳门为被救助物之物主住所地，或被救助船舶在澳门登记或在澳门港口被发现；⑧分割共有物之诉讼，只要诉讼之标的物系在澳门；⑨离婚诉讼，而原告居于澳门或在澳

此外，新《澳门民事诉讼法典》第17条（对于其他诉讼具管辖权之情况）规定："遇有下列情况，澳门法院具管辖权审理第16条或特定规定中未规定之诉讼，并且不影响澳门法院根据第15条行使管辖权，这些情况是：①被告在澳门有住所或居所；②被告无常居地，被告不能确定或下落不明，而原告在澳门有住所或居所；③被告为法人，而其住所或主要行政机关，或分支机构、代办处、子机构、代理处或代表处位于澳门。"这一条似乎可视为普通地域管辖一般原则的例外，又像是普通地域管辖一般原则和特殊地域管辖的补充。

3. 专属管辖。根据新《澳门民事诉讼法典》第20条（澳门法院之专属管辖）规定："澳门法院具管辖权审理下列诉讼：①与位于澳门的不动产物权有关之诉讼；②旨在宣告住所在澳门的法人破产或无偿还能力的诉讼。"

4. 协议管辖。根据新《澳门民事诉讼法典》第29条第1项规定，如出现争议之实体关系与一个以上之法律秩序有联系，当事人得约定何地之法院具管辖权解决某一争议或某一法律关系可能产生之争议。该条第2项规定，透过协议，得指定仅某地之法院具管辖权，或指定其他法院与澳门法院具竞合管辖权；如有疑问，则推定属竞合指定。该条第3项规定了协议管辖应具备的要件：①涉及可处分权利之争议；②被指定之法院所在地之法律容许该指定；③该指定符合双方当事人之重大利益，或符合一方当事人之重大利益，且不会对另一方引致严重不便；④有关事宜不属澳门法院专属管辖；⑤协议以书面作出或确认，且在协议中明确指出何地之法院具管辖权。该条第4项进一步就"书面"作出解释，认为以书面作出或确认的协议是指"载于经双方当事人签署之文件，或在往来书信或其他可作为书面证据之通讯方法中体现之协议，均视为以书面作出之协议，而不论在该等文件中直接载有协议，或该等文件中之条款指明参照载有该协议之某一文件"。

除了上述几类类管辖外，新《澳门民事诉讼法典》还系统规定了"执行事宜上的管辖权"等问题。

（二）澳门（涉外）民事案件司法管辖权的延伸及变更

新《澳门民事诉讼法典》第一卷第二编第二章对管辖权的延伸和变更问题作了专门规定，主要涉及以下几方面问题：

1. 关于附随问题的管辖权。新《澳门民事诉讼法典》第26条第1项规定："对有关诉讼具管辖权之法院，亦具管辖权审理该诉讼中出现之附随事项以及被告作为防御方法所提出之问题。"

门有住所；⑩旨在终结遗产共同拥有状况之财产清册诉讼，只要继承系在澳门开始，又或继承已在澳门以外地方开始，但死者在澳门遗下不动产，或虽无不动产，但在澳门遗下其大部分动产；⑪确认一人因他人死亡而具继受人资格之诉讼，只要符合上项所指任一要件，或待确认资格之人在澳门有住所；⑫旨在宣告破产之诉讼，只要有关商业企业主之住所或主要行政管理机关位于澳门，又或以上两者均不位于澳门，但诉讼系因在澳门所负之债务或应在澳门履行之债务而引致，且该商业企业主在澳门设有分支机构、代办处、子机构、代理处或代表处；然而，清算仅限于在澳门之财产。

2. 关于审理前的先决问题的管辖权。新《澳门民事诉讼法典》第27条第1项规定："如对诉讼标的之审理取决于对某一行政或刑事问题之裁判，而此裁判由澳门另一法院管辖，法官得在该管辖法院作出裁判前，中止诉讼程序，不作出裁判。"

3. 关于反诉的管辖权。新《澳门民事诉讼法典》第28条第1项规定："审理诉讼之法院得审理透过反诉所提出之问题，只要其对该等问题具管辖权。"

（三）澳门（涉外）民事司法管辖权的保障

新《澳门民事诉讼法典》第一卷第二编第三章对管辖权的保障作了规定，主要涉及以下几方面的问题：

1. 无管辖权问题。新《澳门民事诉讼法典》第30条至第34条分别规定了无管辖权的情况、对管辖权提出争辩的正当性和适时性、对无管辖权作出审理的时间、无管辖权的效果以及就无管辖权所作裁判的效力等问题。

2. 管辖权的冲突问题。新《澳门民事诉讼法典》第35条至第38条分别规定了管辖权积极冲突和消极冲突的概念、解决管辖权冲突的请求及初端驳回当事人请求以及解决管辖权冲突的程序等问题。

五、台湾地区域外民商事诉讼管辖权[1]

台湾地区的"民事诉讼法"在"法院"一章的第一节中规定了管辖权问题，并将域外民事管辖权问题融进管辖权的一般规定之中。

（一）一般地域管辖

台湾"民事诉讼法"将一般地域管辖称为普通审判籍，确定了"原告就被告"原则，无论被告是当地居民或外国人，只要其在台湾境内有住所、居所或曾有住所，则不管其在外国是否拥有住所或居所，台湾法院一概享有管辖权。2000年2月9日公布的新修订的"民事诉讼法"第1条规定："诉讼，由被告住所地之法院管辖，被告住所地之法院，不能行使职权者，有其居所地之法院管辖。""被告在台湾现无住所或住所不明者，以其在台湾之居所，视为其住所；无居所或居所不明者，以其在台湾最后之住所，视为其住所。""在外国享有治外法权的台湾人，不能以前两项规定管辖法院者，以台湾政府所在地视为其住所地。"同时，"民事诉讼法"规定被告住所的确认依据台湾"民法"第20条第1项的规定，即"以久住之意思住于一定之地域者，即为于该地有住所。"

当民事案件中的被告为法人时，通常以其国籍、主事务所及主营业所为管辖依据。台湾"民事诉讼法"第2条第1项规定："对于公法人之诉讼，由其公务所所在地之法院管辖"；第2项规定："对于私法人[2]或其他得为诉讼当事人之团体之诉讼，由其主事务所或主营业所所在地之法院管辖"；第3项规定："对于外国法人或其他得为诉讼当事人之团体之诉讼，由其在台湾之主事务所或主营业所所在地之法院管辖。"

---

〔1〕台湾有关成文立法法规取自《月旦六法全书》，（台北）元照出版有限公司2001年版。转引自赵相林主编：《国际私法》，中国政法大学出版社2005年版，第532～535页。

〔2〕按照台湾"民事诉讼法"的规定，私法人有社团法人和财团法人的区分。

（二）特别地域管辖

特别地域管辖在台湾地区被称为特别审判籍，其有关规定集中在“民事诉讼法”第3条~第19条。具体规定如下：①财产权纠纷其管辖依据主要是扣押财产地和请求标的所在地，按照台湾地区“民事诉讼法”第3条的规定，被告在台湾无住所或住所不明时，而因财产权涉讼者，被告可扣押之财产或请求标的所在地的法院有特别审判籍；若被告之财产或请求标的为债权，以债务人之住所或该债权担保之标的所在地，视为财产或请求标的之所在地。②因契约涉讼者，例如确认契约是否成立，或因契约的履行、解除，或因契约不履行而产生的损害赔偿等案件，如果当事人双方定有债务履行地，则该债务履行地法院拥有管辖权。③一般侵权行为的管辖法院为侵权行为地法院，侵权行为地既可以是侵权行为发生地，也可以是侵权行为结果地，只要其中之一在台湾，则台湾法院就拥有管辖权；因船舶碰撞或其他海上事故而发生的损害赔偿诉讼，则由受损害船舶最先到达地或加害船舶被扣留地或船籍港法院管辖；因航空器飞行失事或其他空中事故引发的损害赔偿诉讼，则由受损害航空器最初降落地或加害航空器被扣留地法院管辖。④因海难救助而引发的涉外民事案件，由救助地或被救助船舶最初到达地法院管辖。⑤因遗产的继承、分割、特留份或遗赠或其他因死亡而生效力的行为所产生的纠纷，由继承开始时被继承人住所地法院管辖；被继承人住所地法院不能行使职权，或被继承人系台湾人但在继承开始时在台湾没有住所或住所不明时，该被继承人的居所地、最后居所地或台湾省政府所在地法院行使管辖权。

（三）专属管辖

1. 不动产纠纷专属不动产所在地法院管辖。[1] 台湾地区学者大多认可不动产专属管辖规定，这与大多数国家和地区的立法和实践也是相吻合的。

2. 和解和破产宣告的声请，专属债务人或破产人住所地地方法院管辖，由营业所者专属其主营业所所在地地方法院管辖，主营业所在外国者专属其在台湾的主营业所所在地地方法院管辖。[2]

3. 人事诉讼专属管辖案件包括婚姻案件、亲子关系案件（具体又包括收养关系案件、认领案件、宣告停止亲权案件）、禁治产案件（含撤销禁治产案件）和宣告死亡案件。涉及人事诉讼案件的专属管辖规定为台湾“民事诉讼法”的一大特色，实际上，这类管辖规定与前述普通管辖规定和特殊管辖规定多有重合，例如，台湾“民事诉讼法”第568条规定：“婚姻无效或撤销婚姻，与确认婚姻成立或不成立及离婚或夫妻同居之诉，专属夫妻之住所地或夫、妻死亡时住所地之法院管辖。但诉之原因事实发生于夫或妻之居所地者，得由各该居所地之法院管辖。”“夫妻之住所地法院不能行使职权或在台湾无住所或其住所不明者，准用第1条第1项后段及第2项之规定。”“夫或妻为台湾人，不能依前二项规定，定管辖之法院者，由台湾省政府所在地之法院管辖。”由此可见，涉外离婚案件的管辖依据实际有两个：一是国籍，二是住所。原则上，该案件由夫妻住所地法院或其中一方死亡时的住所地法院管辖，但如果夫妻双方中的一方是台湾

〔1〕参见台湾“民事诉讼法”第10条。

〔2〕参见台湾“破产法”第2条。

人，则不管夫妻住所地位于何处，均由台湾法院管辖。所以，涉及涉外婚姻案件的管辖权既包括了以夫妻住所或居所为管辖依据的普通管辖，也包括了以国籍为依据的专属管辖。

（四）涉大陆民商事案件管辖

台湾当局于1992年颁布的“两岸人民关系条例”第41条规定：“台湾地区人民与大陆地区人民间之民事事件，除本条例另有规定外，适用台湾地区之规定。”但由于其条文规定过于原则，也引起对于涉大陆案件管辖权问题的争议。该条规定在被提请台湾“法务部大陆法规研究委员会”讨论时，曾引起不同争议。一种观点认为，该条例欠缺相关之程序规定，如涉及台湾地区与大陆地区之民事事件，台湾地区法院有无管辖权？大陆地区人民可否在台湾地区法院提起诉讼？同一事件在两地区重复诉讼，是否构成在台湾地区法院之诉讼不合法？因此，上述程序问题（管辖权问题）应增列补充规定。另一种观点认为，涉及台湾地区与大陆地区之民事事件，台湾地区法院当然有管辖权，否则“两岸人民关系条例”中即无设法律适用准据规定之必要；纵为大陆地区人民相互间之民事事件，亦有在台湾地区法院提起诉讼之可能，台湾地区法院受理后，即应依“两岸人民关系条例”第41条第2项[1]确定其准据法；大陆地区之裁判，除以给付为内容，经依“两岸人民关系条例”第74条声请台湾地区法院裁定认可得为执行名义者，或将来其他法律或特别法授权订立之协议中就其效力有特别规定者外，并不承认其效力，故似不构成所称在台湾地区之诉讼不合法问题。综上论之，“两岸人民关系条例”第41条尚无增列补充之必要[2]。最后，由于争议未果，“两岸人民关系条例”第41条仍予保留。由此可见，台湾方面对于涉大陆案件管辖权的法律依据问题仍然难以确定，这样无疑增加了台湾在涉大陆民商事案件管辖权确定上的随意性。

六、涉港澳台民商事管辖权冲突的协调

香港、澳门的回归，不但使中国出现了内地、香港、澳门及台湾地区四个法域，而且由于各法域各自独立的法律体系，各法域法院按照本法域的诉讼程序规则行使管辖权，并不考虑其他法域关于管辖权的规定，同时一法域的管辖权不因其他法域法院受理相同当事人之间的同一诉讼或已就该项诉讼作出判决而受影响，再加上各法域均未制定涉及我国区际之间管辖权的冲突规范，彼此间缺乏有效的协调，四法域至今未能就民商事案件管辖权达成任何协议。因此，区际民商事管辖权冲突不可避免地不断出现。

（一）“有效管辖”是中国区际民商事管辖权冲突的根本原因[3]

中国各法域的管辖权存在冲突，究其原因是因为历史上港澳台地区虽一直是我国不可分割的部分，但我国在相当长的一段时期，未能对港澳台地区实行有效的管治。在民商事案件的管辖权问题上，“司法权的国家主权原则”立法及司法理念一直占主导地位，

---

〔1〕“两岸人民关系条例”第41条第2项规定：“大陆地区人民相互间及其与外国人间之民事事件，除本条例另有规定外，适用台湾地区之规定。”

〔2〕台湾“法务部”编印：《“法务部”大陆法规研究委员会资料汇编（二）》，第25～26页，转引自刘铁铮、陈荣传：《国际私法论》，（台北）三民书局2004年版，第751～753页。

〔3〕陈友强：“论我国区际民商事案件管辖权的冲突与协调”，载广东省高级人民法院编《中国涉外商事审判热点问题探析》，法律出版社2004年版，第22～25页。

从而各法域追求管辖权的扩大化。通过上一节对我国四个法域有关民事管辖权的相关法律、法令和判例的考证，可见各法域在涉及不同法域区际民商事管辖权冲突时，基本上都以“有效管辖”为原则。例如，我国内地《中华人民共和国民事诉讼法》及最高人民法院对涉港澳台民商事案件的司法解释，除涉港澳台合同案件可由当事人协议管辖外，对其他案件实行“实际和有效管辖权”原则，规定内地法院对下列涉港澳台民商事案件行使管辖权：一方为内地居民的涉港澳台身份案件；标的物在内地的财产纠纷案件以及引起债务纠纷的法律事实或法律行为发生在内地，无论一方或双方为港澳台居民，内地法院均拥有管辖权。对于上述案件发生在港澳台的，由于存在传唤当事人、适用法律及判决的承认执行的困难，内地法院可不受理。香港基本上保留了英国对涉外民事案件管辖权的法律规定，其确定管辖权的基本理论依据是“实际控制及有效原则”，规定民商事案件只要被告在香港，或文书可送达外地当事人，或当事人的住所地，经常居住地或标的物所在地在香港的，具备有效传唤或判决能被有效执行的，则香港法院均具有管辖权。澳门地区关于民商事案件管辖权的规定与香港地区大体一致。如果认真考察《澳门民事诉讼法典》第二编第一章“管辖权”中第一节“一般规定”的有关条文，不难发现澳门法院在处理国际民事诉讼管辖权冲突问题上的做法也同中国内地相似，即在平行诉讼的情况下，极力主张自己的管辖权而听任管辖权冲突的发生，例如第15条第2款规定，若非澳门法院受理了以澳门居民为被告的诉讼，如果该澳门居民以原告身份在澳门法院针对同一案件也提起诉讼的话，则澳门法院具有管辖权。再如第15条第3款的规定，澳门法院可以基于实现权利且案件与澳门存在联系的考虑而主张享有管辖权，这一规定实际上也是在助长管辖权冲突的发生。这属于典型的“有效管辖”。台湾地区在其“民事诉讼法”中对涉及大陆、香港、澳门民商事案件也规定“有效管辖原则”，只要所涉案件与台湾有任何连结点，台湾地区法院均有管辖权。纵观四地民商事案件管辖权规范，可见我国四法域的均在管辖权冲突上确立了“有效管辖”的标准，并已形成各自较为固定的司法理念。

中国各法域对民商事案件的“有效管辖”原则对当事人获得必要的、对其有利的司法判决确实提供了诉讼上的某些便利，但有效管辖的结果在司法实践中并不一定合理。这是我国内地法院运用“有效管辖”原则管辖涉港澳外币借款担保纠纷案中得出的结论。在该类案件中，一般债权人为香港（澳门）的银行或其他商业公司，债务人为在香港或澳门或内地注册的公司，借款担保人为内地公司或为港（澳）注册的公司。按港澳地区的商业习惯，借款合同一般均为银行的格式合同，在法律适用和管辖条款中一般均规定“本契约及立约各方在本契约项下的权利及业务，应在各方面接受香港法律的管辖，并按香港法律解释；立约各方不可撤销的服从香港法院的非专属性司法管辖”。因此，当借款纠纷发生后，债权人一般按合同的约定向有管辖权的港澳地区法院提起诉讼，港澳地区法院依合同中的管辖条款自然享有管辖权。但由于我国各法域之间的判决承认与执行没有协调机制，因此有关的债权人依据《中华人民共和国民事诉讼法》，以担保人为内地公司或以港澳当事人在内地有可供执行的财产为由起诉到内地人民法院，内地法院依据民事诉讼“有效管辖”原则，即“被告住所地或可供扣押、执行的财产所在地或其他联结点为由”作出有管辖权的裁定。最高人民法院在相关案件[1]终审裁定中指出，香港法院依据合同条款与内地法院依据“有效管辖”的法律规定均享有管辖权。最高人民法院确定内地法院的管辖权是有法律依据的，但有效管辖的结果实际上引起涉港澳台民商事案件管辖权的积极冲突，主要体现在一案两审、一案存在两个结果不同的判决，这势必增加当事人的诉累，浪费不同法域间的诉讼资源，也势必导致区际民商事司法协助困难，彼此间判决得不到承认和执行。

由此可见，目前各法域管辖权的行使所采取的只顾有效而不顾合理的管辖原则，表面上看是管辖权的积极行使，但实际上更多的是以牺牲内地当事人的利益而求得平衡。因为在涉港澳台地区案件中，若内地当事人败诉则内地法院一般都得以执行；而败诉方是涉港澳台的当事人的，因目前各法域相互承认与执行的渠道不畅通而事实上难以执行。这样会对各法域当事人造成共同的损害。

（二）中国区际民商事管辖权冲突的协调方式

中国四个法域间的民事管辖权冲突是一个国家内部的区际法律冲突，与主权国家之间的民事管辖权冲突有着本质的区别，但这并不妨碍各法域在不违反国家主权及不损害国家整体利益的前提下借鉴国家之间协调管辖权冲突的做法。目前，各国间协调民事管辖权冲突的最有效的办法就是通过签订协议的模式，特别是双重协议模式，即将直接的管辖权标准与判决的相互承认与执行问题在协议中一并加以规定，各缔约国将共同遵守统一的管辖权规定。如1992年海牙国际私法会议开始拟订《民商事管辖权与外国判决公约》就是双重协议的典范。采用双重协议的方式来规范或协调各方的民事管辖权不仅可以为当事人提供明确的管辖权信息，使当事人能够预见审判的结果，更可便利各法域法院判决的相互承认与执行，节省时间与费用，符合诉讼经济的原则。当然，要达成一项规定直接管辖权标准的双重协议，对于法律差异较大的各法域而言并非易事。这有赖于各方的充分信任以及在管辖权问题上的自我限制。我国的区际民商事案件管辖权重构与协调是一个复杂的法治建设过程。笔者认为，解决区际民商事管辖权冲突应从以下方面加以协调：

1. 在尊重专属管辖的基础上，协商确立一致的专属管辖范围。尊重专属管辖是国际民事诉讼普遍遵循的原则。尽管中国各法域对专属管辖案件的规定差异较大，如大陆与台湾地区专属管辖的范围远远大于香港的专属管辖范围，但各法域彼此也应对专属管辖权予以尊重。在尊重的基础上通过区际协议，尽可能依照国际上关于专属的惯例在立法层面上作出统一的规定，适当缩小专属管辖的范围。这是协调各法域之间平行管辖冲突，使判决易于得到相互承认与执行的最好方法。当然，规定统一的专属管辖必须以各方放弃过分的、不合理的专属管辖为前提。如《中华人民共和国民事诉讼法》第33条第3款将遗产继承列为专属管辖的事项，主要是针对国内管辖作出的，如果将此条的规定适用于涉外法域继承案件，当被继承人的遗产在其他法域，而内地法院以被继承人死

〔1〕 最高人民法院（1999）终字第317号（香港）新中地产有限公司诉（香港）汇丰有限公司、广东发展银行江门分行借款担保纠纷案；（2000）终字第177号国华商业银行香港分行汕头宏业集团公司、汕头新业有限公司借款担保纠纷案等。

亡时在内地而行使管辖权时，可能无助于判决的执行。因此，在确定专属管辖范围时应充分考虑到行使专属管辖的有效及便利原则，尤其要考虑到依专属管辖作出的判决是否可以在其他法域得到顺利的承认与执行。为了统一专属管辖的范围，各法域可以借鉴1968年《关于民商事案件管辖权及判决执行公约》（以下简称《布鲁塞尔公约》）的规定，如涉及到不动产纠纷的诉讼应由不动产所在地法院专属管辖；因法人或其他非法人组织成立的有效性、解散或者其他内部事务提起的诉讼，由该法人或该组织的注册登记地或主要办事机构所在地专属管辖；以确认公共登记效力为标的的诉讼，包括须履行登记手续的知识产权有效性的诉讼由登记地法院专属管辖等。

2. 确立协议管辖优先原则。协议管辖原则是协调管辖权冲突的一项重要原则。协议管辖是尊重当事人意思自治的体现。如前所述，虽然各法域的立法均确认了协议管辖原则，但对协议管辖的限制程度不同。如香港法律要求当事人在书面协议选择香港法院管辖时，必须指定送达被告的具体方法，如未指定送达方式，原告只能向香港高等法院申请许可令，依《高等法院规则》第11条的规定予以送达。但是与内地及台湾“民事诉讼法”不同的是，香港判例法并不要求当事人合意选择的法院必须是与案件及当事人有实际联系的法院，也未明确规定将合意管辖限于合同纠纷或其他财产权益纠纷。《中华人民共和国民事诉讼法》第34条对协议管辖作出规定，在尊重当事人协议选择管辖法院的同时，又作了许多限制性的规定，如对争议性质的限制、“实际联系”的限制、协议形式的限制等。过多的限制与当前尽可能尊重当事人的协议管辖趋势不符。由于当事人的合意管辖可以改变各法域的平行管辖，因此它是一项非常有效的避免管辖权冲突的方法，因此，各法域在订立协议时，应当明确当事人的合意管辖不能改变各法域的专属管辖；当事人协议选择法院范围仅应限于与身份、税收、关税、行政事务等无关的平等主体之间的合同纠纷及其他财产权益纠纷；对于一些典型的“弱势合同”，如消费合同、雇佣协议（劳务合同）、保险合同等也应制定一些特殊的管辖权依据，限制合同双方的选择，以便更好地保护合同弱势一方当事人的利益。总之，在各法域民商事案件管辖问题上应尽可能尊重当事人协议确立的管辖法院，减少管辖权的冲突，增加当事人对处理争议的合理预期，这有利于争议的解决和判决的执行。

3. 确立“一事不再理”原则。“一事不再理原则”是国际上公认的一条普遍准则。它是指如果同一案件的同一诉求已由某国法院受理，或者已经作出生效的判决，另一国法院就不得对该案件的同一要求再予受理。因此，它是防止一事两诉，解决管辖权积极冲突的一项重要原则。内地民事诉讼法并未对“一事不再理原则”作出明确规定，但在司法实践中一般是否定这一原则的。最高人民法院《关于适用（中华人民共和国民事诉讼法）若干问题的意见》第15条及第306条[1]均表明，除我国参加的有关国际条约的

---

〔1〕最高人民法院《关于适用〈中华人民共和国民事诉讼法〉若干问题的意见》第15条规定：“中国公民一方居住在国外，一方居住在国内，不论哪一方向人民法院提起离婚诉讼，国内一方住所地的人民法院都有管辖权。如国外一方在居住国法院起诉，国内一方向人民法院起诉，受诉人民法院有管辖权。”第306条规定：“中华人民共和国法院和外国法院都有管辖权的案件，一方当事人向外国法院起诉，而另一方当事人向中华人民共和国法院起诉的，人民法院可予受理。判决后，外国法院申请或者当事人请求人民法院承认和执行外国法院对本案作出的判决、裁定的，不予准许，但双方共同参加或签订的国际条约另有规定的除外。”

规定之外，凡与我国有关的涉外民事案件，只要当事人向我国有关法院起诉，无论外国法院是否正式受理或作出判决，都不影响我国法院对该案行使管辖权。但是在中国与外国已达成的20余个双边司法协助协定中，一般都明确规定了“一事不再理”原则，只有当某一特定案件已由外国有管辖权的法院受理或已作出判决的情况下，内地法院才会拒绝当事人就同一争议向内地法院提起的诉讼。在香港，防止一事两诉的方法有二，一是依不方便法院原则中止香港本地诉讼，但中止香港诉讼的裁量权应在诉讼开始时行使，否则将是无效的；二是发布禁令禁止当事人（原告）在境外的诉讼。一般情况下，当原告同时在香港法院或香港境外法院起诉时，香港法院可以要求原告作出选择，如原告选择在境外诉讼，香港的诉讼程序将自动终止。由于我国各法域在管辖权的原则上存在差异，因此，一事两诉的情况不可避免。笔者认为，未来各法域间可以通过协议确立“一事不再理”的原则规定，如果发生了同一诉讼在内地和香港特别行政区有管辖权的法院同时进行的情况，应由最先受理案件的一方法院行使管辖权；如果是同时起诉的，则应允许当事人作出选择，未选择的，则应由与案件有更合理联系的一方法院受理；如果外国法院已经就同一诉讼标的作出了发生法律效力的判决并已得到两地任何一方法院承认和执行的，则可以拒绝承认和执行对方法院作出的判决。

4. 有条件地扩大“不方便法院原则”的适用范围。不方便法院原则是指在国际民事诉讼中，由于原告可自由选择一国法院提起诉讼，他就可能选择对其有利而对被告不利的法院。该法院虽然对案件具有管辖权，但如果审理此案将给当事人及司法带来种种不便之处，从而无法保障司法的公正，使争议得到迅速有效的解决，此时，如果存在对诉讼同样有管辖权的可替代法院，则该法院可以自身为不方便法院为依据，依职权或被告的请求作出自由裁量而拒绝行使管辖权。[1] 不方便法院原则主要存在于普通法国家和地区，这与普通法国家管辖权的范围较大有着密切的联系，其目的也是限制这些国家的一些“过分的”管辖权以及保留法院的自由裁量权和灵活性。虽然依照一事不再理原则，案件应由先受理法院审理，但是先受案的法院在实践中不一定是最合适的法院。而不方便法院原则正可弥补这一缺憾。笔者认为，由于我国各法域在“一国两制”下不存在国家主权的对立问题，在我国各法域民商事案件管辖权上扩大不方便法院原则的适用范围是可以实现的。具体方法主要应在借鉴国际民事诉讼有关规则和习惯做法的基础上，对“行使管辖权将会给当事人及司法带来极大的不便”这一条件作扩大性解释，从送达的难易程度、证人出庭的方便和费用、案件所适用的法律以及判决的执行等方面由法官根据自由裁量作出本法院管辖该案不方便。因此，在未来各法域的协议中，各方可以约定如果两地法院认为案件由自己审理是不方便的，而由对方审理更为方便的话，可以中止诉讼，直至对方法院受理该案；但如果对方法院也拒绝受理的话，则原审法院仍应行使其管辖权。

5. 增加必要管辖法院的规定。消极的管辖权冲突，是指对同一涉及两地的民商事案件，中国各法域法院都没有管辖权或都以对方拥有管辖权为由拒绝管辖的情形。这种情况虽然比较少见，但又是客观存在的。纠纷当事人无法通过司法途径获得必要的救济，

---

〔1〕 参见李双元等：《中国国际私法通论》，法律出版社2003年版，第535页。

显然不利于对当事人合法权益的保护。因此，为了维护当事人的利益，在各法域协商中也应该作出以下的补充规定，即在一国范围内，本法域法院虽然不是某一纠纷的最适合法院，但如果当事人能证明域外法院不愿受理，那么只要本法域法院与该纠纷有一定的连结点，即可考虑受理。否则可能会出现两地法院都不受理，使得当事人的起诉落空，出现我国的民事主体在本国因区际管辖权消极冲突而丧失应有的司法救济。

第三节　涉港澳台之律师制度

一、香港律师制度

香港的律师制度仿效英国律师制度，所以和英国一样，律师主要分为两种：即律师和大律师。他们不是高低级的分别，只是工作性质略有不同。

（一）律师的分类

1. 律师。律师的工作，包括给予市民和商业机构一般法律辅导，处理合同、租约、土地买卖、遗嘱、遗产承继、工商界及财经界所使用的法律文件等。他们也草拟诉讼程序中所用的控辩书和其他文件，并在较低级法院，如裁判司署及地方法院，代表当事人进行诉讼，还负责为当事人转聘大律师出庭诉讼，并协助处理诉讼的其他事务。

当律师必须具备律师资格和执业资格，有了律师资格，并不意味就有了执业资格，两者的含义有区别。

取得律师资格，通常有下列几条途径：①在香港大学法律学院修读3年，取得法学学士学位。再念1年的法律专业训练课程，即法律深造文凭课程。这1年的课程比较注重实用的法律技能，如草拟法律文件，学习诉讼程序，一般为五门课：土地交易及遗产办理、商务法、诉讼法、律师专业、税务法。完成上述所有课程后，再在律师楼实习2年。②在香港大学承认的外国大学取得学士学位，再修读香港大学第四年的法律深造文凭课程。再经2年实习。③在英国考取英国律师公会合格考试的第二部分，并在香港实习2年。

律师执业资格，根据香港现行《律师执业条例规定》，必须符合下列两项条件：①已完成香港大学规定的课程和2年的实习，并经考试合格，或能出示规定文件，证明其已取得英联邦的律师资格。②在申请执业资格时并没有受过除名或停止执业的处分。对英籍律师规定，在香港申请执业资格前，必须在香港居留不少于3个月，且在取得执业证书前，必须在香港居留不少于12个月，以确保他们对香港情况有一些基本的了解。

律师的营业形式与大律师不同，是以律师楼为单位。每个律师楼有一个或一个以上的老板，必须是律师，如是两个或两个以上的老板称为合伙人，其他成员是老板的雇员，包括助理律师、秘书、文员等。当一个见习律师实习期满，虽然已成为正式的律师，但仍未有资格开设自己的律师楼，成为老板。他只有在律师楼担任助理2年，然后才有资格开设律师楼或成为合伙人。

2. 大律师。大律师的主要职责是代表当事人在法庭上进行诉讼，可出席任何法庭的诉讼。但大律师不能直接受理当事人的案件，当事人也不能直接聘请大律师，必须由律师转聘，大律师与当事人之间并无直接的法律上关系。案件都在律师的掌握之下，他们搜集辩论的材料，大律师运用案例，研究案情，以最佳的辩论技巧，使对方论据一一被否定，或减低可信程度，或为被告人行为辩护，使陪审团认为他是无辜或情有可原。

大律师资格的取得与律师资格取得不同点主要有二：①须随一名至少有5年执业经验的大律师实习1年。②在英国考试最后部分合格者，回港实习1年。大律师执业资格的取得，《律师执业条例》作了明确规定，如申请人已完成香港大学课程和实习，曾在英联邦国家获得大律师资格，申请前已在香港连续居住18个月，或向法院证明有意在港定居等。除上述条件外，还必须经申请登记入大律师名册，并获执业证书。根据条例规定，最高法院经历司根据最高法院的批准，将获执业的大律师列入大律师名册，并签发证书。经历司亦可根据最高法院以某大律师行为不检，不适执业理由而除名的指令，将该大律师除名。

在香港现行制度下，大律师不可以合伙组织律师楼，每个大律师必须独立地执业，不可雇用其他大律师为其助手。大律师的收入大部分从诉讼途径得来，不可能做律师的非诉讼工作。其收入，一方面是接聘费，即正式聘用的费用，另一方面是每日聘费，即按法庭天数结付，是接聘费的2/3左右。大律师收费无法律规定，由当事人通过自己的律师与大律师洽谈。如果没法妥协，可另聘大律师，选择大律师的最终权在当事人手中。初出道的大律师很困难，据统计每年港大法律系毕业生通常只有10%左右选择大律师这一行，其中一个重大因素是大律师这一行立业困难，工作量不稳定而开支又大。所以很多人宁愿做实习律师，在律师楼打工，赚取固定收入。

3. 区别由来。要了解两种法律专业人员的区别，必须考察英国法律制度史。英国律师制度是始于14世纪初，当时英国的四大法学院已创立，即格雷法学院、林肯法学院、内殿法学院、中殿法学院，这些法学院是旅馆、食堂、学馆兼而有之的综合场所。有志之士，须下苦功夫，没有规定的结业年限，直到符合法学院大律师的要求，即其水平可以到法庭上担负起诉和辩护工作为止，才会被授予大律师资格。19世纪中期后，法学院学生则先参加考试，合格之后，才被授予律师资格。当时英国法庭上除律师外，还有法庭文书，他们接受当事人委托、为他们准备诉讼文件及担任出庭前的工作，称为“代办人”，在法律界处于较次要地位。17世纪初，四大法学院拒绝代办人加入他们的行列，所以在1739年，一批代办人成立了自己的组织，即现在律师公会前身。

从19世纪开始，代办人地位日益提高，单纯的法庭文书演变为多元化工作，即今日律师所需处理的日常事务。在法学院攻读的法律学者，历来偏重在法庭内担任控辩双方的代表工作，因而成为诉讼专家，称为大律师。他们依靠代办人与当事人直接接触并做诉讼准备工作，不跟当事人直接接触，这种习惯日久成规，成为今日大律师不能直接接触当事人，经律师委托，专心研究案情及出庭控辩工作。

近年来，英国欲取消两者区别，但意见纷纭，未能一致。有人认为，实无必要，有人认为大律师不会见当事人，能采取较客观态度。香港在双语立法时，对两类律师的正确中文翻译，一直争执不下，大律师公会坚持保留沿用的称号：大律师和律师，而律师会则认为“讼务律师”和“事务律师”既能贴切表达两类律师工作性质的差异，亦可以消除一些人以为大律师高人一等，律师地位低微的错误观念。

（二）律师管理

负责执行律师和大律师纪律的是他们的公会。律师接触当事人，必须接受较严谨的规定，如律师楼随时有全职律师驻守，处理委托人财物按法定方式，收费遵照律师公会的规定，根据 1983 年楼宇交易律师费，买卖合约楼价 10 万以下收 800 元，1000 万以上收 3000 元。[1] 市民对收费不满，可向律师公会投诉。律师公会 11 名以上会员组成惩戒委员会，纠查投诉，研究除名等，不服的，依民事诉讼程序，向合议庭提出上诉，律师公会为答辩人，以秘密方式进行。

大律师纪律由其公会和英国四大法学院规定，基本原则是不可与当事人直接接触，一般情况不能拒绝律师的聘任，不能对不缴费的当事人起诉，其聘任费由律师负担，大律师的律师费非常昂贵，据介绍，一个刑事案件，预计庭审 14 天，大律师收费 180 万港币。首席按察司委派调查委员会，对大律师公会对某大律师的指控加以调查，并作出判断。除了正式执业的律师和大律师外，政府机关、公共机构、工商企业等单位也聘请许多律师及大律师担任工作。大律师也可接受任何人的委聘为仲裁员。每年，终审法院首席大法官会委任少数执业 10 年以上的大律师为资深大律师。

（三）律师提供免费法律服务

法律服务计划保证社会各阶层享有免费法律服务。香港律师公会和大律师公会规定，律师除了接受当事人的聘请从事有偿服务外，还要为社会免费提供法律服务，主要有三种方式：①当值律师计划。由大律师和私人执业律师轮流在各裁判法院为犯有游荡、拒捕、贩毒等 9 项罪名的被告人提供法律帮助，律师在被告人第一次聆讯前会见被告人，为被告人申请保释，对所控之罪向法庭提出减轻或免除处罚的辩护意见。该项计划的实施为许多财力有限而又不了解法律程序的人士所欢迎；而且不必经过经济状况调查，只要属于上述案件范围，都有资格获得免费的法律服务。②法律指导计划。两个律师公会在香港岛、九龙、新界等地设有 8 个法律辅导中心，由大律师、事务律师和官方律师利用晚间提供法律咨询，为市民分析法律问题的根源和提供解决问题的方法。该项计划不包括起草法律文件或代理出庭的服务。③电话法律咨询服务。这是一项由香港律师公会于 1984 年开办的有关基本法律常识电话咨询服务，设有 10 条电话专线，内容包括婚姻、租务、刑事、钱债、立遗嘱、楼宇转让和赌博等法律项目。三项计划中的前两项计划由香港政府拨款资助。这三种法律服务以三种不同层次的方式面向三种对象。当值律师计划的受助人对于特定的控罪，可以由律师代理出庭。法律指导计划就具体民事法律问题为市民提供有针对性的解答。电话法律服务仅就公民日常生活中简单的法律常识提供有限解答，目的在于使市民对法律有初步的认识。

法律援助制度促进每个人平等地受到法律保护。香港法律援助由法律援助署统一管理实施。法律援助署人员必须具备律师资格，有权行使执业大律师和事务律师的权利、职务。为使法律援助落到实处，涉及范围包括民事和刑事案件两大类。对申请法律援助人的资格审查包括“经济”和“案情”两方面。经济审查的限额为，申请人的财政资源不超过 15.83 万港元。案情方面的审查，民事和刑事案件有所不同，但对谋杀罪名成立

---

〔1〕 参见 http：//www.gslawyer.com/W/HdContentDisp-19-1670-2010820-214331.htm.

的上诉案件，不论是否有理由提出上诉，均必须提供法律援助。对申请人提供经济情况时，作虚假供述或漏报重要事项的，可判罚款 1 万元或监禁 6 个月。对法律援助署不予批准法律援助的，申请人还可以向法院提出上诉。申请人一旦获得批准后，对少部分案件由法律援助署的律师出庭诉讼，大部分案件都聘请大律师出庭，并按照市场价格支付律师费。对接受法律援助胜诉的案件，根据情况申请人要向法律援助署缴纳一笔分担费，2004 年分担费的收入为 1.9 亿元，但法律援助署的支出为 7 亿多元，不足部分由政府财政拨款补足。[1]

二、澳门律师制度

澳门的律师制度在很长一段时间里发展极为缓慢，不仅表现在几乎没有专门的法律法规予以调整（受葡萄牙海外地方司法组织法的规范），而且表现在管理上缺乏共同的专门组织（由法院办理注册事宜），虽然有一个叫作澳门法学会的社团，律师可以藉此进行活动，但也限于学术活动，因此澳门律师的管理极为松散。直到 1991 年 5 月 6 日，澳门护理总督韦高信以第 31/91/M 号法令核准颁布《律师通则》（以下简称《通则》）后，“是对澳门执业律师第一次本地全面立法，标志着澳门本身律师制度的诞生”。[2] 澳门律师才开始有了自己的专门组织，并建立了律师职业资格确认和职业管理规范。该《通则》共有 41 条，分别就澳门律师管理组织、律师执业范围、律师执业条件、律师的权利和义务等作出了详细的规定。其中部分内容历经第 26/92/M、第 42/95/M 号法令的多次修改。在此基础上，澳门总督韦奇立又先后于 1992 年 12 月 31 日和 1995 年 9 月 7 日，分别以第 121/GM/92 号和第 53/GM/95 号法令颁布了《职业道德守则》和《律师纪律守则》，从而使澳门的律师制度逐步走向健全和完善。

（一）澳门的律师组织

澳门的律师组织主要由澳门律师公会和澳门律师业高等委员会组成。

澳门律师公会是澳门律师队伍实行自治的独立社团法人，其开展活动不受其他机关非法干涉，并且在澳门地区拥有自己的住所，但根据《通则》不得再设立类似组织，也不能从事工会团体的职务，以便使律师公会真正成为推动律师工作，发展律师业务，维护律师权益和增进律师间团结友爱的公共团体。律师公会的职责为：规范律师执业、给予律师及实习律师职业资格、增进律师职业的尊严与威望，并促进律师职业道德的遵守、在不违反公共利益的前提下维护律师职业的利益、权利及特权，增强公会成员之间的团结，促进法律的认识和运用，为规范司法组织、从事律师业、民事诉讼及刑事诉讼的法规提案或草案提出意见，章程规定的其他职责。为了履行上述职责，律师公会可以行使下列职权：制定和修改章程、制定和修改《职业道德守则》、制定其他职业规章、组织及保持强制性职业登记、组织及指导职业实习、制定《纪律守则》、对上述提案的修改提出意见。为使律师公会能更好地履行自己的职责和行使职权，律师公会设有执行、决议和监察机关，这些机关的组成、权限、管辖范围、其成员的委任方式均由律师公会章程规定。每个机关均由公会成员亲自以自由、直接及秘密、差额方式选举产生。

---

〔1〕 参见 http：//www. npc. gov. cn/npc/xinwen/fztd/fzsh/2007 - 12/26/content_ 1386700. htm. 中国人大网。

〔2〕 姚秀兰：“澳门与香港特别行政区律师制度之比较”，载《现代法学》1999 年第 1 期。

各机关成员及其负责人的任期不得超过2年。澳门律师公会可以依法从下列渠道获得收入，来满足公会履行职责的需要：成员交纳的会费、罚款、在本地区缴付的诉讼费用和司法税收分享额、公证署及登记局征收的手续费收人的分享额。

根据《通则》规定，澳门律师业高等委员会是律师的职业纪律机关，它由9名成员组成，其中3名由澳门律师公会在执业10年或10年以上的律师中选出，3名由该会从执业不到10年的律师中选出，1名由现任的法院法官中选出，1名由现任检察院司法官中选出，一名由澳门总督委任。上述成员的任期为2年，最多连任2届。委员会设主席和副主席，由担任该会成员的6名注册律师所在地一次会议上秘密投票选出，该委员会主席具有决定性投票权。委员会的职责主要是对律师违反纪律的行为制定规则和进行处分。①制定《纪律守则》。委员会主要围绕纪律处分的程序规则、期间、辩护等制定或修改《纪律守则》。但是该《纪律守则》及修改必须根据律师公会的建议或取得其同意，并且由总督收到后30 日内认可和公布。②进行律师执业处分。根据《通则》的规定，律师业高等委员会组织及运作所需费用，由律师公会负责拨付。

（二）律师业务范围和执业条件

澳门律师的业务范围主要包括诉讼代理、意定代理和法律咨询三项内容。诉讼代理是为委托人从事民事和刑事以及行政诉讼方面的代理业务。意定代理是指律师根据委托人意思表示从事的代理活动，亦即非诉代理活动，包括公司的登记、设立、房地产的买卖、遗嘱的代书、遗产的处理活动。法律咨询是对当事人提出的有关法律问题进行解答。

澳门律师的执业实行注册制度，即只有在澳门律师公会注册的律师才允许从事律师业务。为保证澳门律师执业水平和质量能够符合法律和当事人的要求，《通则》规定了严格的律师注册条件。根据规定，在澳门的大学获得法学学士学位的人士或经认可的其他学科学士学位的人士在完成律师业实习后有资格申请注册。澳门地区以外的大学法学学士，还必须根据澳门律师公会规定完成为其适应澳门法律体系的选修课程后才能进行注册。根据《通则》规定，法学硕士学位以上并在澳门大学担任教员职务2年以上的法律教师和在澳门任职2年以上并最后评核为良等以上的前司法官员可免除实习。除了上述学历、实习等注册条件，《通则》规定下列人员不能注册为律师：①道德品质不良，特别是因犯严重不名誉罪而被判罪者；②不完全民事行为能力者；③被判决宣告为无能力管理其个人及资产者；④处于不得兼任的状况或停止从事律师业务者；⑤由于缺乏道德品行被撤职、强迫退休或休职的司官及公务员等。

澳门除了律师以外，还有一种叫法律代办。法律代办只能在法律规定的情况下代表诉讼当事人出任简易民事案件的代理人或轻刑案件辩护人，不能办理其他重大案件。担任法律代办无须专业资格，只要通过法院主持的业务考试并领取执业证明即可，但不能参加律师公会。法律代办是葡萄牙针对偏远地区和殖民地因缺乏律师执业而采取的替补和变通手段。目前仍受葡萄牙法规范，澳门本地法尚未就此事务立法。

（三）注册律师的权利与义务

经澳门律师公会注册的律师，依《通则》的规定，具有下列执行法律业务的权利：

1. 在整个澳门地区任何审判机关、审级、当局、公共或私人实体内，根据自由职业制度从事诉讼代理、意定代理和法律咨询等法律业务、享受与律师业务相符的保障及待遇。为使律师正确和顺利地执行其业务，司法官员、执法人员及公务员应确保律师在从事其业务时受到与律师业的尊严及为其担任委托所需的适当条件相符的待遇，不能无故阻拦或限制。在审判听证中，律师应有专门座位并可以坐着发言。

2. 享有通讯权利。根据法律，律师有权亲自且私下与当事人通讯，不管当事人是否受到人身限制，也不论其是被监禁或拘留在民用监狱还是军事监狱。

3. 有权获取资料、查阅卷宗、申请证书。律师在从事其职业时可向任何法院或公共部门要求查阅卷宗、簿册、不属保留或机密性的文件，并可口头或书面申请发出证明，而不需要出示授权书。另外律师在从事其职业时，被问询的公务员应优先接待。

4. 律师有关业务函件受保护的权利。为保证律师从事其业务不受非法干涉，《通则》特别规定，律师的业务函件除涉嫌犯罪外，不得被扣押。如需要搜索律师事务所或进行类似措施或搜索任何其他收藏档案的地方，只能在法官的命令和指导下进行，且进行此项工作时，法官应通知律师及律师公会一名领导成员到现场观察，如发现有违法行为，可及时提出纠正意见。

澳门律师在享有以上权利的同时，亦必须承担相应义务：①不得兼任任何减损律师独立性及职业尊严的活动或职务。包括澳门地区管理机关的领导或成员、办公室的顾问、成员及公务员，或以合同聘用的服务人员，但立法会议员除外；在职或代任的法院、检察院司法官员，及法院的公务员或服务人员；市政厅主席、副主席、公务员或服务人员；公共公证员、登记机关局长及公证机关、登记机关的公务员或服务人员；其他公共部门的公务员或服务人员，但法律教师除外；现役军人；居间人或拍卖人；特别法规定的其他情形。②回避义务。为保持律师职业的独立性和公正性，防止案件处理不当，《通则》规定了严格的律师执业回避制度，即处于退休、休职、无薪长假或后备役状况的公务员或行政人员虽可以兼任律师，但在涉及任何有关公共或行政机关的事宜时应回避。另外立法会员在针对本地区的民事诉讼中，不得作为原告的诉讼代理人。市政议员也不得给作为当事人的市政厅充任诉讼代理人。③遵守律师职业道德守则。

（四）律师职业的道德守则

由于律师是代表正义提供法律服务的，因此为维护律师的良好形象必须遵守职业道德规则。根据澳门《职业道德守则》，律师应遵守的职业道德规则有：

1. 职业保密。律师在从事职业时，对客户的机密及秘密材料应保密，特别对下列事实有职业保密义务：客户透露或律师获悉的事实，其他负有保密义务的同业者告知的事实，与客户共同属原告、被告或有利害关系的人所告知的事实，在庭外和解期间由客户的对立当事人或有关代理人告知的事实。除非在绝对有需要维护律师本身、客户或其代理人的尊严、权利及正当利益时，经律师公会许可而终止外，律师的执业保密义务不受时间的限制。因律师违反职业保密义务的情况下所取得的证据无效。

2. 禁止招徕客户。为保证律师业的有序竞争，澳门禁止律师采取任何方式招徕客户，尤其是利用广告的形式，但是说明律师的学术头衔、在澳门律师公会所担任的职务或其执业合伙的，均不属广告形式，其他说明需经律师公会的许可。认真诚实地履行律师对社会、澳门律师公会、客户、同业者和司法官应尽的各项义务，努力维护社会的公正和法律秩序。

（五）律师的纪律处分

为了加强对律师的管理，《通则》及《律师纪律守则》对律师违反纪律的行为规定了相应的惩罚措施。律师由于过错而作为或不作为违反《通则》及《职业道德守则》或其他现行规定所订立的义务者，构成违反纪律的行为。律师业高等委员会对律师行使专属纪律管辖权，并根据《通则》第23条之规定审查律师品德的缺陷情况。委员会通过纪律程序调查处理律师违反纪律的行为。经调查律师违纪行为存在的，委员会可视情节轻重给予下列纪律处分：警告、谴责、最高至澳门币10万元罚款、中止执业10日至180日、中止执业6个月至5年、中止执业5年至15年。其中科处后四项处分时须委员会全体成员2/3通过。在处以上述处分时，可以一并要求返还款项、文件或物件，也可同时或分别处以丧失服务费。纪律处分的执行由委员会负责。

众所周知，1999年12月20日澳门回归后，原有规范律师职业的法律基本不变[1]，原有的律师制度仍然保留[2]，律师资格依然被承认有效[3]，律师公会、律师业高等委员会等律师组织依旧发挥作用。但是原来澳门律师制度中与基本法相抵触的部分，应作出修改，例如，澳门法律代办制度就存在明显的殖民地色彩，应对之加以改造。

三、台湾律师制度

规范台湾律师制度的立法，以“律师法”为核心，兼有“律师法实施细则”、“律师规范”、“律师检核办法”、“律师惩戒规则”、“律师登录规则”、“律师各公会办理平民法律扶助事项督导办法”等之配套，其立法体系完备、内容广泛齐全、实用性强，是法律工作得以全面实施的有效法律保证。同时，台湾律师制度亦有若干不足。

（一）律师的资格

台湾“律师法”规定，律师除应具备积极资格外，还受消极资格限制。其中积极资格分为两类：一类为经过律师考试及格的人，在台湾，律师考试属于高等考试，所有国民经律师考试合格的，均可取得律师资格；另一类为经过律师检核考试及格的人，即曾任推事（即法官，下同）或检察官的；或在高等院校法律系任教授2年，副教授3年，讲师5年的，或受过高等法律教育并任司法行政官（如公证人、书记官）4年的或任军法官4年的可申请检核。上述人员申请检核时，应缴学历资历证件以备审查。其中讲师5年的，司法行政官4年的还须面试“民法”、“刑法”、“民事诉讼法”、“刑事诉讼法”。检核合格后可取得律师资格。台湾“律师法”还规定了律师的消极条件，即有下列情况之一的，不得充任律师，已取得律师资格的，须撤销其律师资格：曾犯背叛罪的，服刑1年以上的（过失罪例外），曾受律师除名的，被撤职处分期间的公务员，精

---

〔1〕《澳门基本法》第8条规定：“澳门原有的法律、法令、行政法规和其他规范性文件，除同本法相抵触或经澳门特别行政区的立法机关或其他有关机关依照法定程序作出修改者外，予以保留。”

〔2〕《澳门基本法》第92条规定：“澳门特别行政区政府可参照原在澳门实行的办法，作出有关当地和外来律师在澳门特别行政区执业的规定。”

〔3〕《澳门基本法》第129条规定：“澳门特别行政区政府成立以前已经取得专业资格和执业资格者，根据澳门特别行政区的有关规定可保留原有的资格。”澳门特别行政区成立前已被承认的专业和专业团体，澳门特别行政区政府可以根据有关规定予以承认。

神病患者，吸毒者，受破产宣告尚未复权者。

从以上台湾律师资格的规定可以看出，台湾对律师消极资格的规定可谓条款周全，制度划一，律师既有所遵循，执行机关亦可依法处理，不得逾越。然而，台湾对于律师应考资格和学历要求都规定得过宽，没有要求所有律师应考者必须受过高等法律教育，却规定，所有国民不问其是否受过高等法律教育，一经律师考试合格即可取得律师资格。台湾的“律师资格的检核办法”，基本上是以学历或资历为条件“对号入座”的，而检核多少又带有主观随意性，弊端不少，难以保证律师队伍的整体素质。在台湾，律师一经考试及格或检核合格，即可执行律师职务，并没有律师的实习制度，也实乃一大缺憾。

（二）律师的权利

台湾“律师法”虽然对律师的权利，没有专门的规定，但实际上，从律师接受委托后，便享有种种权利。这些权利分散于“民法”、“民事诉讼法”，“刑事诉讼法”及“军事审判法”等法规中，摘其要点有以下几项：①拒绝接受委托的权利；②请求报酬的权利；③调查证据的权利；④拒绝因有关业务上知悉他人秘密的事项作证的权利；⑤不必经审判长批准，即可询问证人与鉴定人的权利；⑥抄阅案卷的权利；⑦声明上诉、复判的权利，但不得与被告明示之意思相反；⑧侦查阶段进行辩护的权利。

台湾律师享有的权利较为充分，具体表现如下：①台湾律师享有拒绝作为证人被询问有关他在业务活动中所了解的情况的权利。此项权利的享有，对于加强当事人对律师的信赖，维护律师的威信和职业道德极为有利。②台湾律师享有不必经审判长批准，即可询问证人与鉴定人的权利。倘若律师发问前，须经审判长许可方能发问，那么，审判长若不批准，则不得发问，这无异于此项权利的剥夺。而律师享有自由充分地向证人、鉴定人发问的权利，可以使证人或鉴定人的陈述臻于明确，以判断其真伪，这对于维护当事人的合法权益是极为有利的。③台湾律师有权在侦查阶段介入诉讼，行使辩护权，这无疑有助于律师辩护功能的充分发挥和被告人在整个诉讼过程中辩护权的充分行使。同时，也有利于避免错误逮捕和制约刑讯逼供等违法行为。

（三）律师的义务

律师在享有权利的同时，还必须承担由此而产生的相应义务。台湾法律对律师的义务作了明文规定，主要有：①尽忠职务，不得无故终止委托，如因懈怠或疏忽致使委托人受损，应负赔偿之责；②不得滥用律师的名义或权利；③不得兼任公务员；④不得兼营商业；⑤遵守秘密的义务；⑥不得举办曾因某种身份参与的事件；⑦回避的义务；等等。

综观台湾法律规定律师的各项义务，其对法治的促进具有积极的作用，具体表现如下：①规定由于律师的懈怠疏忽致使当事人遭受损失的，除了应负相应的纪律责任外，还应负一定的经济赔偿责任。这对于加强律师的责任心，提高律师工作质量和信誉无疑是十分必要的。②律师既然是为全社会提供法律服务，就应当尽忠尽职；如果兼经商营利，势必不能专心于律师工作，致使当事人的利益受到损害，从而影响律师的任务。为使律师工作专业化，台湾法律规定律师不得兼营商业，是十分可取的。③在司法实践中，常常遇到律师是举办该案的推事、检察官或司法警察官的近亲属或与之有其他友好关系，或与之有利害冲突；或律师曾向举办该案的推事、检察官或司法警察官的利益相抵触的人提供过或正在提供法律帮助等情况。这些情况都有可能影响案件得到客观、公正的处理。为了保证案件得到公正的处理，律师有回避之义务，对此，台湾法律作了详尽、具体、明确的规定，足见其律师义务规定之完备。

（四）律师的管理

台湾的律师尽管是自由职业者，个体开业，但台湾当局通过律师公会对律师进行的监督管理还是比较严格的。律师必须加入所在法院境内的律师公会，否则不得执行律师职务。台湾律师公会实行双重领导制。律师公会联合会的行政主管机关在“中央”为“内政部”，在地方为省、市、县社会行政主管机关，其业务活动由“法务部”及所在地方法院检察处指挥、监督。律师公会订立的章程，应报地方所辖法院检察处转“法务部”批准。若违反章程，可分别予以警告、撤销决议、整顿、解散等处分。律师如有违反“律师法”、“律师公会章程”的行为，应受惩戒处分。处分共有警告、申诫、停止执行职务2个月以上2年以下、除名四种。处分是由高等法院或其分院及地方法院检察处，依职权送交律师惩戒委员会处理。被惩戒人或移送惩处的检察处对律师惩戒委员会的决议不服的，可向律师惩戒复审委员会请求复审，复审结论，受处分的律师必须服从，不得更改或推翻。至于犯有罪行应受刑事处罚者，则按法定程序，追究法律责任。

纵观台湾律师的管理，有利也有弊。台湾对律师的管理较为严格，律师的惩戒制度较完备，使得律师有所遵循，执行机关亦有章可依。但是，由于台湾律师公会实行的是双重领导制，律师业务隶属法院检察处指挥、监督，这就难免有碍于律师真正保持法律上的独立性，致使律师伸张正义，维护当事人的合法权益功能受阻。此不能不说是台湾律师管理的一大弊端。台湾律师今后宜独立出来，自行管理，自成体系，将行政与业务管理一体化，实行垂直领导，而不应受制于检察机关。

复习与思考题

1. 中国四个法域的司法制度和法院体系是怎样的？
2. 区际管辖权的含义与特点是什么？
3. 中国各法域管辖权的立法与司法实践是什么？
4. 如何协调中国各法域管辖权的冲突？
5. 中国四个法域的律师制度是怎样的？

拓展阅读

1. 董立坤主编：《中国内地与香港地区法律的冲突与协调》，法律出版社2004年版。

2. 莫世健：“香港‘更合理诉讼地’原则浅议”，载《政治与法律》1997年第3期。

3. 丁伟："论澳门（涉外）民事案件的司法管辖权制度"，载《中国国际私法与比较法年刊》（第三卷），法律出版社2000年版。

4. 陈友强："论我国区际民商事案件管辖权的冲突与协调"，载广东省高级人民法院编《中国涉外商事审判热点问题探析》，法律出版社2004年版。

5. 冯霞："论国际民事诉讼中协议管辖原则"，载《法律适用》2005年第7期。

6. 姚秀兰："澳门与香港特别行政区律师制度之比较"，载《现代法学》1999年第1期。

第十章　涉港澳台区际民商事争议之解决途径——诉讼（二）

[教学目的和基本要求]

通过本章学习，掌握涉港澳台区际司法协助的概念和模式，了解中国区际民商事司法协助中送达、取证和判决认可与执行等司法协助途径的立法与实践，要求掌握六个《安排》和最高人民法院的相关司法解释的主要内容。本章的重点和难点是掌握六个《安排》。

第一节　涉港澳台区际民商事司法协助概述

一、涉港澳台区际民商事司法协助范围与主体

（一）涉港澳台区际民商事司法协助的行为范围

司法协助的行为范围，也被称为司法协助的内容，即哪些司法行为需要对方司法机关提供协助。民商事司法协助的范围，涉及到民商事诉讼过程的各个环节。由于各国和各地区的民事诉讼法关于司法行为范围规定的不同，有的行为在有些国家和地区被规定为司法行为，而在有的国家则不被认为是司法行为，对民商事司法协助范围的理解也不同。归纳起来，国际社会对民商事司法协助范围的理解有“狭义说”和“广义说”两种[1]。

在中国的民商事司法协助立法和司法实践中，采用了“广义说”的观念。《中华人民共和国民事诉讼法》第四编第二十八章规定，人民法院可以根据国际条约和互惠原则与外国法院开展包括送达文书、调查取证、承认与执行法院判决和仲裁裁决的司法协助。在中国与外国——尤其是与欧洲国家签订的双边司法协助协定中，一般均规定提供协助的范围包括：司法文书和司法外文书的送达、调查取证、法院判决和仲裁裁决的承认与执行、法律情报的交换以及公文书认证的免除等。在区际民商事司法协助方面，虽然我国法律并没有对区际司法协助的范围问题作出具体规定且区际司法协助协议尚不全面，但根据其他国家区际司法协助的开展实践以及最高人民法院关于审理涉港澳台案件有关问题的司法解释的精神，涉港澳台区际民商事司法协助的范围与国际民商事司法协助的范围应该是一致的。当然，对于特定司法协助行为的开展，还取决于有关法域间是

〔1〕 参见本书第三章内容。

否存在司法协助协议、被请求方本地立法的规定和协助意愿等。因此，涉港澳台区际民事司法协助是指基于法律或协议，一法域的法院接受另一法域法院的请求，代为履行某些诉讼行为的制度，包括送达文书、取证、承认和执行外法域法院的判决和仲裁机构的裁决[1]等内容的制度。

（二）涉港澳台区际民商事司法协助的主体

对于区际民商事司法协助主体的认识，离不开对如下命题的准确理解，即民商事司法协助属于为了保证民事诉讼活动的正常进行和诉讼结果的实现而由被请求方通过行使司法权力提供协助活动。从这一前提和命题出发，根据区际民商事司法协助活动开展的实践，其主体可分为请求主体和协助主体两类。

《香港基本法》和《澳门基本法》均规定，特别行政区可与全国其他地区的司法机关通过协商依法进行司法协助方面的联系和相互提供协助。该规定明确了中国区际司法协助的主体是司法机关。而对于司法机关范围的认识，则应根据各法域本地法律的规定来认定。但是，我国内地的法律并没有对司法机关的范围作出明确的规定，结合“司法”的本意以及《中华人民共和国宪法》的相关规定，我国的司法机关应当包括人民法院、人民检察院和公安机关[2]。对于与民商事诉讼活动有关的民商事司法协助而言，其相对应的司法机关也仅仅是负责民商事案件审理和根据当事人申请执行法院判决和仲裁裁决的人民法院。虽然人民检察院负有对民商事审判活动进行法律监督的法定职责，但民商事司法协助范围内的活动显然与其工作范围无关。

《香港基本法》和《澳门基本法》对司法机关的规定都非常明确，香港的司法机关就是指法院组织，澳门的司法机关包括法院和检察院，但与民商事司法协助有关的也仅是法院组织。

1. 区际民商事司法协助的请求主体。在区际民商事司法协助中，请求的提起往往是在民事诉讼过程之中。其目的或者是为了保证民事诉讼活动的顺利进行，如文书的送达、域外证据的调取、外法域法律情报资料的获取等；或者是为了保证民事诉讼和仲裁结果的实现，即法院判决和仲裁裁决的承认与执行。根据我国法律，司法文书的送达属于司法行为，法院可以依职权调查取证和查明外国法，因此，对于这些领域的司法协助的请求，应当由法院提出，法院是请求主体。对于判决和仲裁裁决的执行，由于法院并不负有主动执行判决和仲裁裁决的法律义务，而且法院的执行行为也只能在本法域内进行，所以当判决和仲裁裁决需要在外法域执行时，根据本地法和区际协议的规定，应当由当事人向有关法域的法院提出申请，当事人是承认与执行判决和仲裁裁决的请求主体。

2. 区际民商事司法协助的协助主体。司法协助是司法机关通过行使司法权力而为请求方提供协助的行为。协助行为的司法属性是司法协助的本质特征。因此，司法协助的协助主体只能且必须是司法机关。在民商事司法协助领域，作为协助主体的司法机关就

---

〔1〕 参见本书第八章内容。

〔2〕《中华人民共和国宪法》规定，人民法院是审判机关、人民检察院是法律监督机关；人民法院、人民检察院和公安机关在办理刑事案件的过程中，应当分工负责，互相配合，互相制约。

是法院。在区际民商事司法协助的主体问题上，还要区分区际民商事司法协助关系主体和具体区际民商事司法协助行为的主体。区际民商事司法协助关系是一个主权国家内不同法域的司法机关即法院之间的一种司法合作关系，这种合作关系的主体就是法院，该主体彼此之间的关系是平等的。但是，在区际民商事司法协助关系建立之后，在两个法域间根据这种合作关系开展具体的司法协助行为时，其主体就不限定于法院了。从申请提供司法协助来讲，其最初的提出者往往并不是法院，而是当事人；比如在调查取证领域，一方当事人由于举证能力的限制，申请受案法院调取证据，在法院接受该项申请且证据在另一法域的情况下，法院会根据当事人的申请委托另一法域的法院提供司法协助。在申请承认与执行法院判决和仲裁裁决的领域，作为申请执行人的当事人直接向域外法院提出申请。因此，在具体的司法协助行为中，如果申请者一方是当事人，协助方是法院，申请者和协助方彼此之间的地位并不平等。当然，在申请者为当事人的情况下，司法协助的性质不受影响，对于作为协助方的法院而言，其是在为对方法院的司法活动提供协助。

二、涉港澳台区际民商事司法协助模式与现状

（一）涉港澳台区际民商事司法协助模式

长期以来，由于香港、澳门处于外国的统治下和海峡两岸政治上的对立，中国并没有建立起统一的区际司法协助制度。在“一国两制”原则下，中国的两个特别行政区所享有的高度自治权是任何一个复合法域国家的法域所不能比拟的，因此，中国的区际司法协助涉及的问题更多，情况更复杂，在区际司法协助的模式上，没有任何现成的答案可供选择。通过对其他复合法域国家区际司法协助模式作考察，如以宪法规定基本原则的美国模式，统一立法的澳大利亚以及分别立法的英国模式等[1]，学者们对中国区际司法协助模式提出了不少设想或方案，归纳起来，大体上有以下10种：①准国际私法模式[2]；②借助国际条约模式；③中央统一立法模式[3]；④窗口模式[4]；⑤中心机关模

〔1〕参考本书第三章内容。

〔2〕这是指在中国恢复对香港、澳门行使主权之后，内地与香港和澳门可参照国际司法协助制度，在互惠的基础上开展区际司法协助，即把区际司法协助问题和国际司法协助问题合二为一，均适用本地的涉外司法协助制度。在立法上，我国内地1991年实行的《中华人民共和国民事诉讼法》第四编以及香港的《最高法院规则》关于外国诉讼的规定均有关于国际司法协助制度方面的内容。这种运用国际司法协助制度来解决区际司法协助问题的做法是世界上不少复合法域国家的普遍实践，其在实质上属于“分别立法”模式的一种特殊方式。

〔3〕所谓“中央统一立法”模式，就是由中央政府的立法机关统一制定调整区际民商事司法协助的法律制度统一适用于全国各法域。

〔4〕所谓“窗口”模式，其具体设想是：按行政区域划分，中国内地有31个省、自治区和直辖市，如果要求特别行政区分别同内地31个省、自治区和直辖市进行协商，既不现实，也无必要。基于此，有些学者认为，内地作为一个独立的法域，可以先由内地有权机关指定其中某个地方行政区域如广东省作代表，同特别行政区签订区际司法协助协议，内地其他省、自治区和直辖市参照执行。这样做的好处是既可以避免内地各省、自治区和直辖市分别与特别行政区签订协议，也可以防止出现多个协议之间内容繁简不一、互有差异甚至相互抵触的现象。参见黄进、黄风主编：《区际司法协助研究》，中国政法大学出版社1993年版，第49页。

式；⑥示范法模式；⑦分别立法模式[1]；⑧律师协助模式；⑨分片中心模式[2]；⑩区际协议（安排）模式[3]。

对上述种种模式，学者们都作了详细的利弊分析，鉴于特别行政区基本法的规定和中国各法域的现状，“中央统一立法”模式在相当长的一段时间内不可能成为中国区际司法协助的立法模式，中国在现阶段只能通过本地自主立法或协商一致的形式来建立涉港澳台区际民商事司法协助制度[4]。因此，可供选择的涉港澳台区际民商事司法协助立法模式有三种：分别立法模式、“示范法”模式和“安排”模式。

1. 分别立法模式。分别立法模式，就是各法域自主制定有关区际民商事司法协助的法律。由于各法域拥有独立的立法、司法权，各法域通过本地立法的方式规范区际司法协助行为，是解决此问题的最基本的方式。但是，从目前的情况看，大陆对台湾地区、台湾地区和澳门地区对我国其他法域的区际民商事司法协助有非协议基础的本地立法。“分别立法”模式最大的弊端就是各法域完全从本法域的利益出发来考虑相关区际司法协助制度建立和完善的必要性，而这种出发点往往导致相关本地立法的缺位、不完善、各法域相关规定的不统一和彼此间司法互助条件和程度的差异。

2. “示范法”模式。随着经济一体化的发展，与之相适应的国际和区际法律的统一化运动已成为一种潮流。在这一运动中，一些民间的学术机构制定了一些示范法，作为供立法机关立法时采用的法律草案，这就是“示范法”模式。在美国，为了解决区际法律冲突问题和更好地促进各州法律的协调和一致，各州于1892年共同成立了一个半官方机构，即“统一州法委员会全国会议”。其委员由各州州长委派，该组织在认真比较研究各州的法律法规以后，根据实际情况，负责拟定法规草案，制定一个统一立法的最低

---

〔1〕 这是最原始、最简单的区际民商事司法协助立法模式，也是最可能导致区际司法协助法律冲突的模式。但是，由于区际司法协助属于各法域自治权范围内的事项，“分别立法”是各法域建立区际民商事司法协助制度最直接、最普遍的模式。

〔2〕 所谓“分片中心”模式，具体设想是：中国内地作为一个独立的法域，可以先同澳门特别行政区签订区际司法协助协议，然后在协议中将内地的省、自治区和直辖市分成四至五个片，每片指定一个省（或自治区、直辖市）的高级人民法院作为中心机关，负责本片的区际司法协助事务。换而言之，也就是“一个协定，几个中心”。这种“分片中心”模式既吸取了国际上的成功经验，又尊重了中国的实际情况，发展了上述“窗口”模式，还符合基本法的规定。

〔3〕 区际协议模式是指不同法域的司法机关在进行区际司法协助时，通过相互协商的途径进行的一种比较灵活的做法。它既包括个案协商模式，也包括一般协议模式，但主要指各不同法域的司法机关在司法协助问题上达成一般性的协议。一般来说，代表港澳方签订协议的机构是其终审法院，但代表内地签订协议的机构则颇有争议，主要有以下几种观点：①最高人民法院，其地位高于特别行政区终审法院，不宜互订协议；②最高人民法院业务庭，分别与其他法域签订协议；③内地各高级人民法院分别与其他法域签订协议，但很不经济，且可能发生抵触；④中央可授权内地某高级法院，如广东省、福建省高级人民法院代表内地分别与港澳台地区签订协议。有人认为所签订的协议当然地适用于内地的全部范围；有人则认为内地其他地方无需加入该协议，而由签订协议的广东、福建省高级人民法院办理整个内地的区际司法协助业务；也有人认为，内地的其他地方可根据需要加入该协议。参见黄进、黄风主编：《区际司法协助研究》，中国政法大学出版社1993年版，第50页。

〔4〕 其实，通过协商一致的形式进行立法，其本质上还是属于本地立法的一种特殊形式。因为，从法律渊源上讲，有关制度的渊源是本地立法，而作为本地立法的基础的区际协议，至少在目前中国各法域的法律体系中，还没有其应有的位置，其从本质上讲不是任何形式的法律，其价值在于根据“约定必须遵守”原则，各法域对自己签署的协议通过转化为法律的方式予以遵守。

标准。草案经全体会议通过后，建议各州采用。如在1965年，密苏里、阿肯色等8个州就采纳并实施了一项统一州法，该法对相互执行州法院的判决作了具体规定。[1] 这种模式对于建立和统一区际民商事司法协助制度无疑是有积极意义的，它不仅可免除各法域之间进行谈判、协商、签约等复杂的环节，而且能够充分发挥专家学者的作用，自由、简便，易于被各方所采用和接受。此外，美国区际司法协助还有一种示范法模式。这是在美国法学会的组织下，由美国著名国际私法学者提出的。它以示范法的方式将区际司法协助的原则、程序、途径等订立在1971年《第二次冲突法重述》中，该规定对调整美国区际司法协助颇具影响，但它毕竟只是一种非官方的没有约束力的规则汇编。各种区际民商事司法协助的立法模式之间并非完全孤立，它们可以相互补充和转化。如通过“示范法”模式制定的示范法，既可以通过各法域本地立法采用，也可以成为“中央统一立法”的法律草案。

作为一种立法模式，“示范法”模式对于中国区际民商事司法协助法律制度的完善乃至中国所有区际法律问题的解决，均具有重要的现实意义。

（1）从背景因素上分析，在国外，示范法主要是几个有特色的联邦制国家的国内法律统一化的方法。美国、加拿大等国采用示范法来协调其区际法律冲突，源于其独特的政治体制和宪法限制，即要想通过全国统一立法来解决区际法律冲突问题存在诸多困难。依照我国特别行政区基本法，实施“一国两制”是协调我国区际冲突法的基本原则和前提，特别行政区享有高度的自治权，各区域均有独立的立法权、司法权和终审权，上述因素使得在现阶段通过全国统一的立法模式来实现区际冲突法及实体法的统一的条件尚不具备。因而可以考虑当各地在某些领域不能达成协议时，立法机关可通过直接协商，或采用有关研究机构和学术团体的示范法，制定相同或相似的法律规则，这就为示范法留下了巨大的适用空间。

（2）采用示范法体现了解决我国区际民商事司法协助立法问题的渐进性和灵活性。中国内地同港澳台地区的法律差异极大，差异之大甚于国际法律冲突。就中国目前的情况而言，区际法律的统一只能是长期和渐进的过程。而示范法模式体现出来的灵活开放性，有利于推进区际法律的统一，是解决中国区际法律冲突所需的。我们通常讨论的区际冲突解决模式是一个总体框架的设想，而现实中区际法律冲突的某些领域，由于其本身存在较多的趋同因素，加之各地在该领域分歧较少，可能先于其他领域在两岸四地间达成较为一致的认识，并在理智、公平心态下，协商解决彼此间的法律冲突，从而在该领域首先走向统一。在这个过程中，“示范法”模式在实体法、程序法及冲突法中均可以发挥作用。示范法的开放性则在于考虑到了各个法域经济、文化、法制本身的交流和渐进融合，可以针对不同的阶段，不断进行修正和补充，以一种“活”的立法形式与不断变化中的区际法律文化的交流融合保持同步。

（3）示范法的客观公允的示范性，增加了其被接受的可能性。美国、加拿大和澳大利亚从事示范法立法的机构都是民间学术机构，民间学术机构的独立性有助于减少特定州或利益集团对立法的影响，并能够充分调动立法所需的学术资源，客观公正地制定某

---

〔1〕 转引自徐昕：“中国区际司法协助方案选择”，载《政治与法律》1996年第1期。

一领域所需的法律规则。借鉴其他国家制定示范法的经验，我国各法域可以合作共建法律协商和协调机制，成立专家组，由其作为示范法的起草机构。以该协商、协调机构作为草拟示范法的主体，同样有利于消除各法域间因法律文化和法律制度的差异而产生的互不信任，也避免了四个法域各自分别立法时以我为主的偏向。另外，通过各地官方代表和学者的共同参与，易于草拟出客观公允的法律草案，并最终以各法域立法采纳的方式来达成区际法律逐步统一。多元法制是21世纪中国法制的新现象、新特色和新课题。毫无疑问，区际法律问题及其处理，或者说区际法律事务及其处理，中国法律的理论与实务将会长期面对“理论会因对其研究而丰富，实务会因对其处理而多彩”的现实。从这个意义上讲，“示范法”模式的引入，无疑有其独特意义。从当今世界多法域国家的立法和司法实践看，区际民商事司法协助立法模式是不断发展变化着的。随着时代的发展，各法域间各方面各层次关系的发展和融合，以及中央政府与各法域政府权限的此消彼长，区际民商事司法协助立法模式也会不断地推陈出新。

3. “安排”模式。从1999年3月份开始，随着内地与香港签署了关于送达、仲裁裁决的承认与执行的安排和认可执行法院判决的安排，内地与澳门签署了关于送达和调取证据、认可执行法院判决的安排，一种具有中国特色的以区际协议为本质特征的区际民商事司法协助制度的建立模式被确立，这就是“安排”模式。所谓“安排”，其英文表述是“Arrangement”，其实质是两个法域之间就有关事项达成的协议。但是，为了将这种区际协议区别于国际协议，就没有采用“协议”二字，而是采用不具有主权特征的“安排”二字。这种表述也被用于内地与香港、澳门签订的关于建立区际更紧密经贸关系的协议中，即CEPA。

（1）“安排”模式对原有相关法律制度的重大突破。“安排”模式提出了我国区际民商事司法协助的新思路。最高人民法院虽然是国家的最高司法机关，但在中国区际法律问题的解决中，它可以作为内地司法机关的代表与香港特区的代表机关就两地有关的司法协助问题进行协商，对于协商的成果，内地由最高人民法院以司法解释的形式予以公布，由内地法院执行；香港特区由立法机关修改或制定相关的法例以保证两地司法协助的进行。这表明涉港澳台区际民商事司法协助方式有了重大突破。

第一，“安排”模式的最重要突破在于正式确立内地与特别行政区是中国领域内地位平等、互相独立、司法机关互不隶属的“法域”，特别行政区可作为与内地平行的法域，与最高人民法院代表一起讨论区际司法协助问题。从理论上说，香港终审法院、澳门终审法院和内地的最高人民法院是在中国领域内的三个不同法域的终审法院，彼此没有上下级的隶属关系。因此，最高人民法院作为内地法域的终审法院同香港和澳门的有关代表机关就彼此间民商事司法协助进行商谈是正常的，完全不涉及国家的主权问题。这种认识虽然在理论上没有任何问题，但是在实践中实行又是另外一回事，尤其是在中国尚未完全解决帝国主义侵略所造成的主权问题、国家统一大业尚未完成的今天。但是，“安排”模式标志着我们终于突破了这个心理禁区，这对推动中国各法域间法律关系和经济关系的发展是具有十分重要的意义的。

第二，“安排”模式的第二个重大突破是为内地与香港、澳门共同实施《基本法》找到了共同的方法，保证了三地民商事司法协助事宜的有序进行。众所周知，《基本法》

是全国性的法律，香港和澳门要实施，内地各相关部门也应落实它的有关规定。《基本法》关于区际司法协助的规定确定了三地司法协助是各法域司法部门应共同履行的法律义务，由三地代表共同协商，达成共识，并各自按本地的法律程序实施之。从某种意义上说，有关"安排"是三地共同实施《基本法》有关司法协助规定的"实施细则"。这里面还有一个签署相关"安排"的各法域相关机关的主体资格问题。例如，在内地和香港之间，之所以内地由最高人民法院为代表，香港由特区政府和香港高等法院为代表商谈并签署《安排》及其备忘录，是因为两地实施《基本法》的方式不同而导致的。在内地，《基本法》作为我国一项基本法律，对于司法协助问题，由最高法院以"司法解释"方式即可实施。而《基本法》是香港宪法性的法律，应由香港立法机关修改或制定相关的法律以保证其具体条文的实施。根据《基本法》第62条的规定，香港特区政府有拟定并提出法案、议案和附属法规的职权。因此，香港特区为履行其提出法案的职权，由其派出代表与内地的最高人民法院的代表商谈、讨论、决定落实《基本法》相关条款是完全符合香港的法律程序和法律规定的。

由最高人民法院与香港和澳门的特区政府就民商事司法协助问题进行协商、制定共同规则，并按照各自的法律程序在各自法域内保证其实施，保证了彼此间民商事司法协助事宜的有序进行。"如果由内地的各省、自治区和直辖市分别同香港和澳门特区商谈司法协助的程序和方法，这不仅在实践中难以执行，而且也造成内地法制的不稳定，使地方保护主义大行其道，危害内地与香港地区的稳定和繁荣，有碍实行'一国两制'"。[1]

（2）"安排"模式的特点。

第一，"安排"模式坚持和体现了"一国两制、法域平等"的基本法律原则。内地与香港和澳门之间签署的有关《安排》是在最高人民法院与香港、澳门特区政府就有关内地与两个特别行政区的具体的民商事司法协助事宜，经协商达成共识后，由最高人民法院以司法解释的形式予以公布的。因此，从严格意义上说，作为区际协议的《安排》不是最高人民法院单方面的行为，而是两地有权机关意思一致的表示。在这里，最高人民法院作为内地法域的代表与香港、澳门特别行政区处于平等的地位，这种平等是基于内地与两个特别行政区是中国领域内实行不同法律和法律制度、相互独立的法域而产生的。但这种对等地位不是地位平等的政治实体之间的对等，相关《安排》也不具有条约的性质，它是中华人民共和国辖下的几个地区的具体部门，作为贯彻全国性的法律——《基本法》而共同作出的一项区际协议。这项落实《基本法》有关条款的协议在内地由最高人民法院以司法解释的形式予以实施；在香港和澳门则通过修改或制定立法保证其实施。由此也可以看出，香港和澳门在《安排》的签署和实施的过程中不可能表现出任何主权特征，它们是中国的地方行政区域，这充分体现了"一国两制"的原则。

第二，从内容上看，通过"安排"模式建立的区际民商事司法协助法律制度在具体内容上既吸收了均适用于两个法域的有关国际公约的规定、同国际条约接轨，也采纳了

---

〔1〕 董立坤："论我国区际司法协助的模式及其特点——兼论最高人民法院与香港特区司法协助的有关《安排》"，载《深圳大学学报（人文社会科学版）》2000年第1期。

两地间原来已经实行的有关规定和习惯，保证了两地民商事司法协助关系的连续性。例如,《海牙送达公约》和《纽约仲裁公约》均适用于内地和香港，而两地间的两个《安排》也充分考虑到这两个条约的有关规定，特别是在关于仲裁裁决的承认与执行的《安排》中，许多重要的条款都采用了《纽约仲裁公约》中的规定。如拒绝承认和执行仲裁裁决的条款是《纽约仲裁公约》中最重要的实质性条款之一，该条款被《安排》第7条予以采用。《安排》也充分考虑到存在于内地与香港特区已有的司法协助关系。例如，1988年7月1日施行的《广东省高级人民法院和香港高等法院相互委托送达民事、经济纠纷案件诉讼文书问题协议》，其有关规定也基本上被关于送达的《安排》采纳。

第三,"安排"模式程序简单，易于执行。有关《安排》与相关的国际公约相比，都简化了程序。由于这是我国不同法域之间的民商事司法协助，所以《安排》摒弃了相关条约中设立一个相应的中央机关来执行有关司法协助事宜的做法，由内地有关法院和两个特别行政区的有关法院直接实施和执行。在内地与香港之间签署的承认与执行仲裁裁决的《安排》中规定的执行条件不仅比内地《民事诉讼法》和《仲裁法》所规定的执行涉外仲裁裁决的条件更为优惠，而且比《纽约仲裁公约》所规定的执行条件更加宽松。需要特别说明的是,"安排"模式在实际上已适用于内地与台湾地区有关司法协助事项[1]。这充分说明该种模式的普遍意义，我们可依此模式继续前进，进一步推动我国区际民商事司法协助制度的健全和完善。

（二）涉港澳台区际民商事司法协助现状

1999年3月30日，最高人民法院以司法解释形式发表了由最高人民法院与香港特别行政区代表签署的《关于内地与香港特别行政区法院相互委托送达民商事司法文书的安排》。根据双方约定，该安排也于同日通过修改后的香港高等法院规则在香港特别行政区实施。1999年6月21日最高人民法院副院长沈德咏与香港特区律政司司长梁爱诗在深圳签署了《内地与香港特别行政区相互执行仲裁裁决的安排》的备忘录，双方约定在内地与香港特别行政区分别通过发布司法解释和修改香港仲裁条例的方式予以执行。2001年8月15日，最高人民法院副院长刘家琛与澳门特区行政法务司司长陈丽敏在澳门签署了《关于内地与澳门特别行政区法院对民商事案件相互委托送达司法文书及调取证据的安排》，内地于8月27日发布公告，以司法解释的形式公布了《安排》，澳门于8月29日在《澳门特别行政区公报》公告了《安排》。上述三个《安排》，我们普遍认为是中国区际司法协助方式的里程碑性的文献，具有一系列突破性的意义，表明我国内地与香港和澳门特别行政区是中华人民共和国领域内地位平等、互相独立、司法机关互不隶属的"法域"，从而也基本结束了有关中国区际司法协助模式的争论。随后，最高人民法院与澳门特别行政区经协商，于2006年2月28日签署达成《内地与澳门特别行政区关于相互认可和执行民商事判决的安排》，又于2007年10月30日签署达成《内地与澳门特别行政区仲裁裁决执行安排》。本着相互尊重、平等协商、求同存异、先易后难、

---

〔1〕 内地民间机构"海峡两岸关系协会（海协会）"和台湾地区的"海峡交流基金会（海基会）"于1993年4月在"汪辜会谈"时签订的"两岸公证书使用查证协议"已为两岸的有权机关所确认，从而成为海峡两岸间开展民商事案件送达和调取证据的依据。

务求实效的原则于2002年7月首次启动磋商。经过历时4年的7次磋商，于2006年7月14日签署《内地与香港特别行政区法院相互认可和执行当事人协议管辖的民商事案件判决的安排》。

另外，关于大陆与台湾地区的区际司法协助问题，由于目前尚缺乏法域之间的协商基础，难以达成共识的意见，现实的做法是，通过各自的立法，例如1992年台湾地区公布和施行的“两岸人民关系条例”和1998年最高人民法院通过的《关于人民法院认可台湾地区有关法院民事判决的规定》以及2009年3月30日最高人民法院颁布的《关于人民法院认可台湾地区有关法院民事判决的规定》来作单方面的规定，这种方式属于分别立法模式。由于该模式缺乏协商，在进行区际司法协助时，会带来许多困难而难以执行。

从内地法域看，中国区际民商事司法协助问题已经有了一些法律依据，除两部《基本法》的一些原则性规定外，那便是最高人民法院以司法解释形式颁布的：《关于人民法院认可台湾地区有关法院民事判决的规定》（1998年5月26日起施行），《关于内地与香港特别行政区相互委托送达民商事司法文书的安排》（1999年3月30日起施行），《关于内地与香港特别行政区相互执行仲裁裁决的安排》（2000年2月1日起施行），《关于内地与澳门特别行政区法院民商事案件相互委托送达司法文书和调取证据的安排》（2001年9月15日起施行），《关于内地与澳门特别行政区关于相互认可和执行民商事判决的安排》（2006年4月1日起生效），《关于内地与澳门特别行政区仲裁裁决执行安排》（2008年1月1日起实施），《关于内地与香港特别行政区法院相互认可和执行当事人协议管辖的民商事案件判决的安排》（2008年8月1日起生效）。上述一个《规定》和六个《安排》使我们看到对司法协助问题的解决是一对一的“双边”方式，依循序渐进的做法，而不是订立包罗万象的所谓“一揽子”协议。然而我们也应看到，这远远没有达到涉港澳台区际民商事司法协助的全部内容。法律依据尚有如下欠缺：①大陆与台湾地区之间调查取证；②内地与香港之间调查取证。

此外，在区际民商事司法协助方面相关最高人民法院的司法解释还有：1987年10月19日的《关于审理涉港澳经济纠纷案件若干问题的解答》，2002年3月1日的《关于涉外民商事案件诉讼管辖权若干问题的规定》，2001年8月7日的《关于如何确定涉港澳台当事人公告送达期限和答辩、上诉期限的请示的复函》，1993年5月11日的《司法部关于印发〈海峡两岸公证书使用查证协议实施办法〉的通知》（附《两岸公证书使用查证协议》、《海峡两岸公证书使用查证协议实施办法》），1999年4月9日的《关于当事人持台湾地区有关法院民事调解书或者有关机构出具或确认的调解协议书向人民法院申请认可人民法院应否受理的批复》，2001年4月27日的《关于当事人持台湾地区有关法院支付命令向人民法院申请认可人民法院应否受理的批复》，2008年4月17日最高人民法院《关于涉台民事诉讼文书送达的若干规定》，2009年2月16日最高人民法院《关于涉港澳民商事案件司法文书送达问题若干规定》，2009年3月30日的《关于人民法院认可台湾地区有关法院民事判决的规定》（以下简称《补充规定》）。上述司法解释对有关具体问题作了进一步的解答，也是指导内地法域进行区际司法协助的重要依据。

综上，在两岸四地在有关安排和协议框架下，在最高人民法院高度重视并大力推动下，人民法院涉港澳台司法协助工作稳步开展。最高人民法院三次召开专题会议研究部署涉港澳台司法协助工作，两次举办专题培训班，授权各高级人民法院开通涉台送达文书司法互助案件二级联络窗口，发布了24种涉台司法互助案件文书样式，同时注意及时研究解决办案中出现的问题。目前，一个体系相对完整、内容比较完善、操作性较强的人民法院涉港澳台司法协助工作规范体系和组织体系已基本形成。[1]

三、涉港澳台区际私法协助中公共秩序保留制度的运用

（一）公共秩序保留原则在我国区际私法中的存在

公共秩序保留原则本来是国际私法中的一项重要制度，其目的是在国际交往中维护主权国家的根本利益。那么，在实行不同法律制度，乃至不同社会制度的中国，是否也存在各法域所特有的公共秩序、是否在区际私法中也存在公共秩序保留制度呢？对此问题，理论界有过争论，基本上存在两种观点：一种观点认为由于各法域在社会、经济、政治及法律制度上存在巨大差距，这种基本社会、政治法律制度的特殊性本身就意味着各法域均存在自己的特殊公共秩序，这种特殊公共秩序是为了维护本法域政治、经济和法律制度的独立性和特殊性所必需的。另一种观点则认为，公共秩序保留是在国际私法中适用的一项基本原则，是为了维护国家的主权和利益时必须采取的，而在处理国内矛盾时，则首先应当互相尊重、互相承认与执行彼此的裁决。我国各法域虽然在政治、经济、法律乃至生活等各方面存在着巨大的差异，但在“一国两制”的大前提下，这种状况已被对方所接受和认可。如果现在仍以公共秩序保留作为处理区际纠纷的手段，彼此将对方置于不同国度的地位，不仅有违“一国两制”的原则，而且不利于各法域共同发展的长远目标的最终实现。笔者同意第一种观点。首先，一国允许和承认境内不同法域的存在本身就意味着确认各法域拥有自身特有的公共秩序，这种公共秩序得到了中央政府的承认，本地的司法机关也有义务保护这种公共秩序。其次，由于公共秩序保留原则的存在有助于各法域维护作为独特法域赖以存在的根本利益，其存在和正确适用不仅不会阻碍区际关系的发展，而且使各法域的有权机关和人民免除了种种疑虑和后顾之忧，积极地参与到区际合作和发展之中。最后，无论区际私法和国际私法是否由于立法模式的不同而统一规定或分别规定，适用于区际私法领域的公共秩序保留原则有自身特定的内涵，它包括本地法中的区际公共秩序（其中当然包括作为国内法的前文所称的国际公共秩序）和跨国公共秩序。

各国在如何将其公共秩序保留制度适用于自己的区际私法问题上，大致有两类情形：一是在那些将国际法律冲突与区际法律冲突不予区别对待的国家，公共秩序保留制度同其他国际私法规则一样，既用于解决前者，又用于解决后者；二是在那些将两类法律冲突区分对待的国家，具体又分两种情形：①规定专门的区际公共秩序保留规则单独适用或与其国际私法规则结合适用；②无专门的区际公共秩序保留规则而类推适用其国际私法规则。

从我国各法域现有的区际民商事司法协助的规定和区际协议来看，我国是承认各法域拥有各自特殊的公共秩序并在区际司法协助中承认公共秩序保留原则的适用的。例

---

[1] http://ielaw.uibe.edu.cn/html/guojingyaowen/20120727/18392.html. 访问日期：2012年7月28日。

如，《关于内地与香港特别行政区相互执行仲裁裁决的安排》第7条第3款规定："内地法院认定在内地执行该仲裁裁决违反内地社会公共利益，或者香港法院认定在香港执行该仲裁裁决违反香港的公共政策，则可不予执行该裁决。"《关于内地与澳门特别行政区法院就民商事案件相互委托送达司法文书和调查取证的安排》第8条第2款规定："受托方法院在执行受托事项时，如果该事项不属于法院职权范围，或者内地人民法院认为在内地执行该事项将违反其基本法律原则或社会公共利益，或者澳门特别行政区法院认为在澳门特别行政区执行该受托事项将违反其基本法律原则或公共秩序的，可以不予执行。"台湾地区的"两岸人民关系条例"第74条也规定了承认和执行大陆法院判决和仲裁裁决的公共秩序保留原则。而与之相对应，最高人民法院在关于认可台湾地区民事判决、仲裁裁决的司法解释中，也规定了公共秩序保留原则。

（二）公共秩序保留原则在区际司法协助中的正确适用

公共秩序保留原则是一项排除外法域法和拒绝提供司法协助的依据和理由。公共秩序保留原则的正确适用有助于维护各法域的根本利益，保证各法域在没有后顾之忧的情况下积极地开展区际司法协助活动和完善区际司法协助制度。但是，如果适用不当或者基于地方保护主义或者将其在国际私法和区际司法中不加区别的滥用，则会成为开展区际司法协助活动的壁垒，会阻碍区际民商事交流和区际民商事司法协助制度的完善和发展。

在目前中国各法域的立法中，虽然均承认在区际私法中公共秩序保留原则的存在，但对于区际私法中公共秩序保留原则和国际私法中公共秩序保留原则如何区别适用，就如同公共秩序保留原则概念本身的不确定性一样，无法予以确定。现实是，香港关于公共秩序保留制度的适用可以说是受严格限制的；澳门地区的法律规定中存在"明显违反"原则。《澳门民法典》第20条规定："如适用冲突规范所指之澳门以外之法律规定，导致明显与公共秩序相违背，则不适用该规定。"可见，澳门关于公共秩序保留制度的适用也是予以严格限制的。相比较之下，内地关于公共秩序保留原则的规定则稍显粗糙，无论是上述关于区际司法协助的安排和司法解释的规定，还是我国现行法律关于国际司法协助中公共秩序保留原则的规定，均只提出了该原则，而没有任何带有限制性的规定。为了保证在区际司法协助中正确适用公共秩序保留原则、促进中国区际司法协助制度的发展和完善，应当做如下几个方面的工作：

1. 内地应当通过立法或司法解释的方式规定，只有在为其他法域提供司法协助"明显违反"内地的社会公共利益的情况下，才能适用公共秩序保留原则拒绝提供协助。公共秩序保留原则并不是根植于保护个人利益，而是服务于国家利益。任何国家都存在所谓起到"安全阀"作用的公共秩序保留制度，但对于什么是明显违反，任何国家的国内法以及国际条约都没有作一个明确的界定。只有在违反本地最基本的道德、公平、法律的基本原则或精神以及重大的国家利益时，才能被拒绝。

2. 对于"公共秩序"的界定，各法域之间最好通过协商达成共识，以便各地在司法实践中具体掌握，也避免相互之间产生误解。从香港、澳门以及内地法律与司法实践中均严格限制适用公共秩序保留制度的现状分析，各法域之间协调解决"公共秩序"保留问题是有良好基础的，统一认识是完全可行的。单就内地而言，从内地法院审理涉港澳纠纷案件以及审查港澳地区的法院判决和仲裁裁决、为港澳地区的法院提供其他司法协助的角度出发，内地法院在以下情形下可以适当援用公共秩序保留制度：①有损国家统一和民族团结的；②有损国家主权和安全的；③违反我国宪法基本精神和内地法律的基本原则的。但绝不能因所应适用的港澳地区的法律规定与内地相关法律规定不一致即以违反公共秩序为由拒绝适用港澳地区的法律，或者以港澳地区作出的仲裁裁决或法院判决所依据的法律与内地相关规定不一致即以违反公共秩序为由拒绝予以承认和执行该仲裁裁决或法院判决。公共秩序保留制度不能滥用，不能被用来作为随意地拒绝适用其他法域的法律以及依据其他法域的法律作出的仲裁裁决和法院判决的工具。但这也并不意味着不用，为了维护根本利益的需要时，这就是必要的法律依据。关键要把握好一个“度”。

3. 在对台湾地区提供司法协助时，要正确适用公共秩序保留原则。现阶段，两岸的许多政治观点及其用法律调整两岸关系的许多做法，常常处于两难乃至自相矛盾的境地。不可忽视的是，现今两岸经济交往极为密切，在进行法律调整时如果不持实事求是的态度，很难制定出有实效的法律，最终损害的是全体中国人民的利益及两岸的经济发展。那种一方面强调台湾是中国的一个法域，而另一方面又将在国际司法协助中“对等、互惠”的要求引入大陆与台湾之间的区际民商事司法协助领域的主张和做法是极其有害的。对台湾地区裁决的公共秩序审查应尽量具体并有所限制，弹性不要太大，更不能使民商事问题政治化。例如，在坚持“一个中国”的前提下，对台湾地区法院判决和仲裁裁决中出现的机构名称、法规标题和内容、当事人名称以及仲裁机构名称中出现的敏感名词，应作灵活理解。

总而言之，内地与香港、澳门在政治、经济、法律制度等诸多方面都存在着巨大的差异，有条件地适用公共秩序保留制度是有必要的。但在适用该制度时，不能与我国的国家主权、安全和国家的根本利益相违背。可以借鉴国际间解决同类问题的做法，但这并不是说具有国际法上的意义，而应当始终明确这是一个主权国家内部的司法联系。

第二节　涉港澳台区际民商事司法协助之送达

中国各法域间司法及司法外文书的相互送达不仅因各法域法律制度的差异而有所不同，而且因历史发展阶段的不同而有所变化。1999 年 3 月 29 日最高人民法院根据其与香港特别行政区代表协商达成的一致意见，以司法解释的形式发布了《关于内地与香港特别行政区法院相互委托送达民商事司法文书的安排》（以下简称《内地与香港送达安排》）。2001 年 8 月 7 日最高人民法院审判委员会第 1186 次通过《关于内地与澳门特别行政区法院就民商事案件相互委托送达司法文书和调取证据的安排》（以下简称《内地与澳门送达与取证安排》）。填补了香港、澳门回归后两地司法协助中的一项空白。这两个《安排》的达成不仅为内地与香港、澳门进行进一步的司法合作开创了良好开端，更为其他法域间就司法及司法外文书的相互送达及开展其他司法协助提供了有益的示范。[1]

一、内地关于向香港、澳门、台湾地区送达司法文书的规定及司法实践

（一）香港、澳门回归祖国以前

香港、澳门回归祖国之前，内地向香港送达有关司法文书的主要依据有：1987 年最高人民法院《关于审理涉港澳经济纠纷案件若干问题的解答》，1991 年《中华人民共和国民事诉讼法》中关于涉外民事诉讼程序的规定[2]，1992 年最高人民法院、外交部、司法部关于执行 1965 年《海牙送达公约》有关程序的通知，关于印发《关于执行海牙送达公约的实施办法》的通知以及 1985 年广东省高级人民法院与香港最高法院以换文方式订立的七点协议（以下简称为粤港送达协议）等。依照上述法律，内地与香港、澳门之间的文书相互送达主要通过下列途径进行：

1. 最高人民法院的司法解释。

（1）早在 1985 年 8 月，广东省高级人民法院制定的《关于审理涉外、华侨、港澳民事案件程序制度若干问题的意见》第 9 条规定，对在港澳的当事人，公告送达期限为 3 个月，上诉期限为 15 天。根据案件的具体情况公告可以登报，也可以在法院公告栏和被告在国内的最后居所公开张贴。公告送达法律文书应将法律文书一并张贴。这一规定和 1984 年 8 月 30 日最高人民法院《关于贯彻执行民事诉讼法（试行）若干问题的意见》（以下简称《1984 年司法解释》）的规定一致，把向港澳当事人公告送达的期间确定为与内地当事人公告送达相同的期间，而不是视同外国人对待。该司法解释一直适用至 1996 年 12 月 31 日被废止。

（2）1987 年 10 月 9 日最高人民法院发布《关于审理涉港澳经济纠纷案件若干问题的解答》（以下简称《解答》），该解答第 3 项规定，审理涉港澳经济纠纷案件，在诉讼程序方面按照《民事诉讼法（试行）》第五编关于涉外民事诉讼程序的特别规定处理，一般理解为包括送达部分。但该解答第 5 项又特别提到送达问题，提出可以用双挂号邮寄送达，交受送达人的诉讼代理人或其他人送达。地址不详或邮寄送达不到的可公告送达，公告期 6 个月。这与《1984 年司法解释》公告期 3 个月规定的不同。但解答确认了双挂号邮寄送达的方式，使此前广东各级法院对港澳当事人送达采用最多的送达方式有了充分的依据。

（3）1989 年最高人民法院发布《全国沿海地区涉外、涉港澳经济审判工作座谈会纪要》（以下简称《纪要》），该纪要第 3 项指出：涉港澳经济纠纷案件，诉讼过程中的文书送达，按照民事诉讼法和其他法律中的程序规定办理，在公告送达方面适用国内当

---

〔1〕据初步统计，1999～2011 年，内地法院委托香港法院送达民商事司法文书 10 760 件，香港法院委托内地法院送达民商事司法文书 1226 件。2001～2011 年，内地法院委托澳门法院送达民商事司法文书、调查取证 395 件，澳门法院委托内地法院送达民商事司法文书、调查取证 155 件。2009 年 6 月～2012 年 6 月，人民法院办理涉台司法互助案件已经超过 1.9 万件，其中协助台方送达文书案件 17 799 件，协助台方调查取证案件 313 件，请求台方送达文书案件 1219 件，请求台方调查取证案件 46 件。http://ielaw.uibe.edu.cn/html/guojingyaowen/20120727/18392.html. 访问日期：2012 年 7 月 28 日。

〔2〕参见 1991 年《中华人民共和国民事诉讼法》第 78～84 条规定的六种送达方式；第 247 规定的七种送达方式。

事人的期间。[1] 由于《纪要》与《解答》及《1984 年司法解释》的规定不同，导致了全国各地法院的标准不统一，引发了实践中的混乱。

（4）1995 年，最高人民法院发布了《关于终止地方法院与国外地方法院司法部门司法协助协议的通知》，提出司法协助关系国家的司法主权，地方法院无权与国外签订司法协助协议，但是未对 1985 年粤港送达协议的效力作出说明。

2.《粤港送达协议》。1985 年 10 月广东省高级人民法院与当时的香港最高法院协商，就相互代为送达民商事司法文书（不包括司法外文书）达成 7 点协议，协议约定：①双方互相委托送达民商事案件的司法（诉讼）文书，包括：起诉状副本、上诉状副本、传票、判决书、调解书、裁定书、通知书。②委托方要求受托方送达上述诉讼文书，应出具盖有委托方印章的书面委托书。委托书须写明被送达人的名称和详细地址，用中英两种文字书写。③受托方已送达诉讼文书之凭证须交给委托方，如无法送达，则受托方将无法送达的原因书面通知委托方。④受委托方毋需负法律责任。⑤上述文书之样本，由双方互相提供。⑥互相委托送达诉讼文书，均通过广东省高级人民法院和香港最高法院进行。⑦代为送达诉讼文书均采用双挂号邮寄方法，不收费用；如果委托方在委托书中指定采用特殊方法送达所发生的费用，由委托方负担。《粤港送达协议》的签订为广东省及香港地区之间的民商事司法文书送达提供了正式的渠道，但是由于《粤港送达协议》适用范围有限，实践中，有一部分是内地其他省份的高级人民法院委托广东省进行送达，广东省再委托香港法院代为送达的，这种情况使港方觉得不对等。此外，由于该协议规定了比较复杂的送达手续，而且送达周期太长，与尽快审理案件、解决争议的宗旨不符。因此，实践中该协议的使用效率并不高。

3. 1965 年《海牙送达公约》。中国政府在 1991 年 3 月经全国人大常委会批准正式成为《海牙送达公约》的成员国，为此，1992 年 9 月，司法部、最高人民法院、外交部联合发布《关于执行〈海牙送达公约〉的实施办法》，要求我国有关机关和法院在办理公约成员国的委托事项或委托成员国办理委托送达事项时，应按上述通知和实施办理的规定办理。此外，最高人民法院“法办（1992）86 号通知”明确指出，《海牙送达公约》适用于香港，今后香港最高法院和内地人民法院送达司法文书和司法外文书，可以参照上述程序办理。因此，从中国政府加入《海牙送达公约》至 1997 年 7 月 1 日香港特别行政区成立，内地与香港之间民商事文书的送达最重要的法律依据即为《海牙送达公约》。依照《海牙送达公约》，两地间相互送达的主要方式是“中央机关”送达的间接方式，即由两地指定的“中央机关”（内地为司法部，香港为布政司署）转交各自的法院送达。在内地，有关文书由有关中级人民法院或专门人民法院将请求书和所送司法文书送有关高级人民法院转最高人民法院，再由最高人民法院送司法部转送香港布政司署，然后由布政司署转送香港最高法院送达；香港的有关文书则是由香港最高法院将请求书和所送司法文书经布政司署转送中华人民共和国司法部，再由司法部转最高人民法院转送有关中级人民法院。但由于依据公约送达程序复杂，环节较多实际应用极少，多数法院仍沿袭原来的做法。

---

〔1〕 参见 1982 年《中华人民共和国民事诉讼法（试行）》第 75 条规定的对境内受送达人的公告期限为 3 个月。

综上所述，在港澳回归以前无论是最高人民法院的司法解释，还是《海牙送达公约》及《粤港送达协议》等法律文件均存在局限性，因此，实践中内地与香港、澳门间的文书送达经常采取非正规的途径或方式。归纳起来，在港澳回归前，司法实践中内地向港澳地区送达文书通过以下途径：[1] ①向受送达人的诉讼代理人送达；②留置送达；③向受送达人在内地设立的代表机构送达；④邮寄送达；⑤对于香港当事人可依据粤港送达协议委托香港高等法院，采用专人直接送达的方式送达；⑥在不能以上述方式送达的，可公告送达。尽管上述的送达方式缺乏充分的法律保障，但由于这些方式较为灵活、简便和快捷，因此在实践中仍为法院及当事人所接受。

（二）香港、澳门回归祖国后

香港、澳门回归后又可分为两个时期：首先是涉港澳民商事案件送达在法律依据上的法律空白期。由于港澳主体地位发生了变化，即香港、澳门成为我国的特别行政区，与内地同属于一个主权，因此，港澳地区与内地的文书委托送达不能再适用《海牙送达公约》，否则违反国际法基本准则和"一国两制"的根本原则。同时，原有规范三地送达工作的法律文件也随着港澳主体地位的变化不能继续适用，在没有新的规定出台以前，涉港澳民商事案件送达在法律依据上出现了空白。因此，至《关于内地与香港特别行政区法院相互委托送达民商事司法文书的安排》和《关于内地与澳门特别行政区法院就民商事案件相互委托送达司法文书和调取证据的安排》（以下简称两个《安排》）实施之前，内地在涉港澳民商事案件送达上，一般采取不违反1991年《中华人民共和国民事诉讼法》及相关的司法解释的方法加以解决。例如，广东法院作为审理涉港澳民商事案件最多的法院[2]，给予港澳当事人送达文书的期限为60天，这与给予内地当事人送达文书的期限相同；另外，对实行双挂号邮寄送达信封书写时做技术上的处理，即只写法院的地址和送达人的名字，不写法院的名称；还采取电话约当事人来法院领取诉讼文书等措施。[3] 这些司法实践在两个《安排》实施以前发挥的重要作用，也为内地与香港、澳门特别行政区协商制定两个《安排》打下了坚实的基础。其次是两个《安排》实施后。依据《中华人民共和国香港特别行政区基本法》第95条和《中华人民共和国澳门特别行政区基本法》第93条的规定，经过协商，内地与香港特别行政区于1998年12月30日正式签署了《关于内地与香港特别行政区法院相互委托送达民商事司法文书的安排》，2001年8月7日最高人民法院审判委员会第1186次通过《关于内地与澳门特别行政区法院就民商事案件相互委托送达司法文书和调取证据的安排》。该两个《安排》是在双方平等协商的基础上由两地代表，分别代表各自法域而签订的，充分体现了一国两制及香港、澳门特别行政区高度自治的原则。

1.《内地与香港送达安排》的内容。两个《安排》是中国内部不同法域之间的司法协助协议，与国际间开展的司法协助存在着根本区别，也有别于内地不同法院之间提供

---

〔1〕参见1996年广东省高级人民法院编写的《广东审判工作规程》。

〔2〕广东省的涉外、涉港澳台民商事案件一直占全国的30%左右，其中涉港澳民商事案件又约占80%。参见广东省高级人民法院编：《中国涉外商事审判热点问题探析》，法律出版社2004年版，第264页。

〔3〕广东省高级人民法院编：《中国涉外商事审判热点问题探析》，法律出版社2004年版，第265页。

强制性协助义务的特点。我们可以《内地与香港送达安排》为例，概括两个《安排》的具体内容如下：

(1)《内地与香港送达安排》第1、2条对两地互送司法文书的主管机关作了明确规定。在内地，委托送达司法文书的主管机关为内地各高级人民法院及最高人民法院，即内地中级人民法院—省高级人民法院—香港特区高等法院。在香港，可以提出委托申请的主管机关只有香港特区高等法院，即凡由香港高等法院原讼法庭审理的案件或下级法院（香港各区域法院）审理的涉内地案件需向内地送达的司法文书，均应通过高等法院向内地的各高级人民法院或最高人民法院提出委托申请。

(2) 按照《内地与香港送达安排》的规定，两地通过主管机关相互送达的文书仅限于民商事司法文书，《内地与香港送达安排》所规定的民商事司法文书范围包括：在内地，包括起诉状副本、上诉状副本、授权委托书、传票、判决书、调解书、裁定书、决定书、通知书、证明书、送达回证；在香港特别行政区则包括起诉状副本、上诉状副本、传票、状词、誓章、判案书、判决书、裁决书、通知书、法庭命令、送达证明[1]。这就意味着《内地与香港送达安排》排除了刑事司法文书及民商事司法外文书的相互送达。

(3)《内地与香港送达安排》明确规定了中文是两地相互送达文书的正式语言，不仅委托书须以中文文本提出，对于香港法院而言，如其所附司法文书不是中文文本的，还应当提供中文的译本[2]。两地相互送达司法文书须以委托书方式提出请求。委托书中应说明委托机关的名称、受送达人姓名或名称、详细地址及案件的性质。同时，委托书必须加盖委托方印章。[3]

(4)《内地与香港送达安排》第8条明确规定，委托送达司法文书的费用互免，但委托方在委托书中请求的特定送达方式送达所产生的费用，则由委托方负担。

(5)《内地与香港送达安排》要求受委托方接到委托书后，应当及时完成送达，最迟不得超过自收到委托书之日起2个月[4]。

(6)《内地与香港送达安排》第6条规定，送达司法文书，应当依照受委托方所在地法律规定的程序进行。

(7) 送达司法文书后，内地人民法院应当出具送达回证，香港特别行政区法院应当出具送达证明书。出具送达回证和证明书，应当加盖法院印章。

(8)《内地与香港送达安排》第3条对被请求方的异议作出明确规定，只有受托方认为委托书与本安排的规定不符时，才可提出异议，但应及时通知委托方，必要时可以要求委托方补充材料。

(9) 关于文书的拒绝，《内地与香港送达安排》的规定体现了原则上不得拒绝的精

---

〔1〕 参见《内地与香港送达安排》第9条。
〔2〕 参见《内地与香港送达安排》第3条第2项。
〔3〕 参见《内地与香港送达安排》第3条第1项。
〔4〕 参见《内地与香港送达安排》第4条第2项。

神，国与国之间在相互送达文书时适用公共秩序保留原则予以拒绝的理由[1]对中国的两个法域间文书相互送达并不适用。《内地与香港送达安排》只规定了当受托方无法送达时，才可拒绝委托申请，但应在送达回证或证明书上注明妨碍送达的原因、拒收日期及事由，并及时退回委托书及所付全部文书。实践中，无法送达的主要原因是被送达人地址不详。

(10)《内地与香港送达安排》第 10 条规定："本安排在执行过程中遇有问题和修改，应当通过最高人民法院与香港特别行政区高等法院协商解决。"

内地与香港特别行政区的《内地与香港送达安排》是香港回归祖国后，内地与香港特别行政区之间达成的第一个区际司法协助协议，其意义不仅在于为两地提供了正式的制度化的相互送达司法文书的渠道，更为重要的是，它为两地或其他法域进一步达成其他的司法协助协议提供了良好的示范。它首次以立法形式确立了内地作为一个独立法域与香港特别行政区之间在司法上的平等地位。它在原有《粤港送达协议》基础上将其适用范围拓展于广东省以外的内地 31 个省、自治区、直辖市各级人民法院的司法文书向香港地区的送达。为了更好地解决积压已久的涉港诉讼文书在内地的送达，更好地实施《内地与香港安排》，最高人民法院外事司司法协助处要求各高级人民法院设立外事办公室，对涉港诉讼文书送达进行集中归口管理，同时，指定北京、上海、重庆、广东省、福建省高级人民法院为第一批送达域外诉讼文书的法院。此外，《内地与香港安排》也充分体现了一个国家的原则，即在接到请求后，除因地址不明无法送达外，任何一方不得以违反本地公共秩序为由予以拒绝。

但不可否认的是，《内地与香港送达安排》也存在着以下几个缺陷：①适用范围狭窄，仅限于"民商事"司法文书的相互送达，而未规定刑事司法文书的相互送达。②将两地相互送达的文书限于"司法"文书，而排除了司法外文书（extra - judicial documents）的送达。③仅规定了一种送达途径（方式），即法院直接委托的单一途径，并未规定其他的送达途径，如邮寄送达、个人送达及公告送达等途径。[2] 由此可见，《内地与香港送达安排》的这些缺陷是亟待解决的问题。

2. 最高人民法院《关于涉港澳民商事案件司法文书送达问题若干规定》。为规范涉及香港特别行政区、澳门特别行政区民商事案件司法文书送达，根据《中华人民共和国民事诉讼法》的规定，结合审判实践，2009 年 2 月 16 日最高人民法院审判委员会第 1463 次会议通过法释〔2009〕2 号《关于涉港澳民商事案件司法文书送达问题若干规定》(以下简称《涉港澳送达规定》)。

(1) 适用范围。《涉港澳送达规定》第 1 条规定本规定适用于人民法院审理涉及香港特别行政区、澳门特别行政区的民商事案件时，向住所地在香港特别行政区、澳门特别行政区的受送达人送达司法文书。

(2) 送达文书的种类。本规定所称司法文书，是指起诉状副本、上诉状副本、反诉

---

〔1〕 参见《海牙送达公约》(1965 年) 第 13 条的规定及《中华人民共和国国民事诉讼法》第 276 条第 2 款的规定。

〔2〕 陈力：《一国两制下的中国区际司法协助》，复旦大学出版社 2003 年版，第 72 ~ 74 页。

状副本、答辩状副本、传票、判决书、调解书、裁定书、支付令、决定书、通知书、证明书、送达回证等与诉讼相关的文书。

（3）送达途径。包括以下几种：①直接送达：受送达人在内地设立有代表机构的或者在内地设立有分支机构或者业务代办人并授权其接受送达的，人民法院可以向上述机构直接送达。②留置送达：人民法院向在内地的受送达人或者受送达人的法定代表人、主要负责人、诉讼代理人、代表机构以及有权接受送达的分支机构、业务代办人送达司法文书，可以适用留置送达的方式。③《安排》方式送达：人民法院向在内地没有住所的受送达人送达司法文书，可以按照《最高人民法院关于内地与香港特别行政区法院相互委托送达民商事司法文书的安排》或者《最高人民法院关于内地与澳门特别行政区法院就民商事案件相互委托送达司法文书和调取证据的安排》送达。按照前款规定方式送达的，自内地的高级人民法院或者最高人民法院将有关司法文书递送香港特别行政区高等法院或者澳门特别行政区终审法院之日起满3个月，如果未能收到送达与否的证明文件且不存在本规定第12条规定情形的，视为不能适用上述安排中规定的方式送达。④邮寄送达：人民法院向受送达人送达司法文书，可以邮寄送达。邮寄送达时应附有送达回证。受送达人未在送达回证上签收但在邮件回执上签收的，视为送达，签收日期为送达日期。自邮寄之日起满3个月，虽未收到送达与否的证明文件，但存在本规定第12条规定情形的，期间届满之日视为送达。自邮寄之日起满3个月，如果未能收到送达与否的证明文件，且不存在本规定第12条规定情形的，视为未送达。⑤电子送达：人民法院可以通过传真、电子邮件等能够确认收悉的其他适当方式向受送达人送达。⑥公告送达：人民法院不能依照本规定上述方式送达的，可以公告送达。公告内容应当在内地和受送达人住所地公开发行的报刊上刊登，自公告之日起满3个月即视为送达。⑦多种送达途径并重：除公告送达方式外，人民法院可以同时采取多种法定方式向受送达人送达。采取多种方式送达的，应当根据最先实现送达的方式确定送达日期。

（4）视为送达的情形。受送达人未对人民法院送达的司法文书履行签收手续，但存在以下情形之一的，视为送达：①受送达人向人民法院提及了所送达司法文书的内容；②受送达人已经按照所送达司法文书的内容履行；③其他可以确认已经送达的情形。

（5）送达程序。下级人民法院送达司法文书，根据有关规定需要通过上级人民法院转递的，应当附申请转递函。上级人民法院收到下级人民法院申请转递的司法文书，应当在7个工作日内予以转递。上级人民法院认为下级人民法院申请转递的司法文书不符合有关规定需要补正的，应当在7个工作日内退回申请转递的人民法院。

3. 最高人民法院《关于涉台民事诉讼文书送达的若干规定》。为维护涉台民事案件当事人的合法权益，保障涉台民事案件诉讼活动的顺利进行，促进海峡两岸人员往来和交流，根据《民事诉讼法》的有关规定，最高人民法院审判委员会第1421次会议于2008年4月17日通过《关于涉台民事诉讼文书送达的若干规定》（以下简称《涉台送达规定》），自2008年4月23日起施行。《涉台送达规定》共计11条，其内容如下：

（1）适用范围。人民法院审理涉台民事案件向住所地在台湾地区的当事人送达民事诉讼文书，以及人民法院接受台湾地区有关法院的委托代为向住所地在大陆的当事人送达民事诉讼文书，适用本规定。

（2）送达原则。涉台民事诉讼文书送达事务的处理，应当遵守“一个中国”原则和法律的基本原则，不违反社会公共利益。

（3）送达司法文书的种类。人民法院送达或者代为送达的民事诉讼文书包括：起诉状副本、上诉状副本、反诉状副本、答辩状副本、授权委托书、传票、判决书、调解书、裁定书、支付令、决定书、通知书、证明书、送达回证以及与民事诉讼有关的其他文书。

（4）送达方式。人民法院向住所地在台湾地区的当事人送达民事诉讼文书，可以采用下列方式：①直接送达方式和留置送达方式。首先，受送达人居住在大陆的，直接送达。受送达人是自然人，本人不在的，可以交其同住成年家属签收；受送达人是法人或者其他组织的，应当由法人的法定代表人、其他组织的主要负责人或者该法人、组织负责收件的人签收。受送达人不在大陆居住，但送达时在大陆的，可以直接送达。其次，受送达人在大陆有诉讼代理人的，向诉讼代理人送达。受送达人在授权委托书中明确表明其诉讼代理人无权代为接收的除外。再次，受送达人有指定代收人的，向代收人送达。最后，受送达人在大陆有代表机构、分支机构、业务代办人的，向其代表机构或者经受送达人明确授权接受送达的分支机构、业务代办人送达。采用本规定上述方式送达的，由受送达人、诉讼代理人或者有权接受送达的人在送达回证上签收或者盖章，即为送达；拒绝签收或者盖章的，可以依法留置送达。②邮寄送达方式。受送达人在台湾地区的地址明确的，可以邮寄送达；采用邮寄方式送达的，应当附有送达回证。受送达人未在送达回证上签收但在邮件回执上签收的，视为送达，签收日期为送达日期。自邮寄之日起满 3 个月，如果未能收到送达与否的证明文件，且根据各种情况不足以认定已经送达的，视为未送达。③电子送达方式。有明确的传真号码、电子信箱地址的，可以通过传真、电子邮件方式向受送达人送达；采用电子方式送达的，应当注明人民法院的传真号码或者电子信箱地址，并要求受送达人在收到传真件或者电子邮件后及时予以回复。以能够确认受送达人收悉的日期为送达日期。④两岸认可的其他送达方式。其他方式送达应当由有关的高级人民法院出具盖有本院印章的委托函。委托函应当写明案件各方当事人的姓名或者名称、案由、案号、受送达人姓名或者名称、受送达人的详细地址以及需送达的文书种类。⑤公告送达方式。采用上述方式不能送达或者台湾地区的当事人下落不明的，公告送达。公告内容应当在境内外公开发行的报刊或者权威网站上刊登。公告送达的，自公告之日起满 3 个月，即视为送达。⑥委托送达方式。人民法院按照两岸认可的有关途径代为送达台湾地区法院的民事诉讼文书的，应当有台湾地区有关法院的委托函。人民法院收到台湾地区有关法院的委托函后，经审查符合条件的，应当在收到委托函之日起 2 个月内完成送达。民事诉讼文书中确定的出庭日期或者其他期限逾期的，受委托的人民法院亦应予送达。

（5）送达回复。人民法院按照委托函中的受送达人姓名或者名称、地址不能送达的，应当附函写明情况，将委托送达的民事诉讼文书退回。完成送达的送达回证以及未完成送达的委托材料，可以按照原途径退回。受委托的人民法院对台湾地区有关法院委托送达的民事诉讼文书的内容和后果不负法律责任。

二、香港关于向内地诉讼文书送达的规定

（一）香港回归祖国以前

香港回归以前与世界很多国家和地区的民事司法协助关系是建立在英国缔结或参加的双边或多边国际条约基础之上的。这样的条约如1961年订于海牙的《取消要求外国公文书的认证公约》，1965年订于海牙的《民商事件诉讼和非诉讼文件的国外送达公约》，1970年订于海牙的《民商事件国外调取证据公约》，1970年订于海牙的《承认离婚和分居公约》，1973年订于海牙的《抚养义务判决的承认和执行公约》，1958年订于纽约的《关于承认和执行外国仲裁裁决的公约》等，以及英国与其他国家缔结的一些关于相互承认和执行法院判决的协定。英国一些有关立法也在香港适用，如英国《1920年司法执行法》（Administration of Justice Act 1920）、《1920年赡养令（执行措施）法》[Maintenance Orders（Facilities for Enforcement）Act 1920]等。此外，香港自己也相应颁布了一些有关民事司法协助的法律、或在一些法律中作了有关的规定，如《外国判决（相互执行）条例》[Foreign Judgments（Reciprocal Enforcement）Ordinance]，《仲裁条例》（Arbitration Ordinance）、《赡养令（相互执行）条例》[Maintenance Orders（Reciprocal Enforcement）Ordinance]、《证据条例》（Evidence Ordinance）等。

根据适用于香港的条约和香港的司法实践，香港法院向域外送达文书主要通过如下方式：①基于有司法协助协定，通过被请求国的中央机关送达，即香港的主管机关或司法官员向被请求国的中央机关交一份请求书，该被请求国中央机关对请求无异议，便自行或由其适当的代理机构或根据该被请求国法律规定的方式送达。②通过外交或领事途径直接向境外人员送达或将文件转交给缔约国指定的机关请其代为送达。③在目的地国不反对的前提下，通过邮寄送达。④香港主管司法人员、官员、诉讼利害关系人或其他人员直接通过目的地国的主管司法人员、官员、诉讼利害关系人或其他人员直接通过目的地国的主管司法人员、官员或其他人员送达。⑤代替送达（Substituted service）。如果被告所在地不明，原告可以说明情况，向香港法院申请用"代替送达"的方式进行送达，如通过登报通知或在被告最后居住处张贴通告等方式传唤被告。

（二）香港回归祖国以后

内地与香港特别行政区诉讼文书送达值得一提的是，1985年香港最高法院与广东省高级人民法院就相互委托送达民事、商事案件诉讼文书达成《粤港送达协议》和1999年3月29日最高人民法院根据其与香港特别行政区代表协商达成的一致意见，以司法解释的形式发布《关于内地与香港特别行政区法院相互委托送达民商事司法文书的安排》（以下简称《内地与香港送达安排》）。这两个司法协议为香港与内地之间诉讼文书的送达提供了方便，也可以使我们了解香港法院涉外送达实践。

香港以1999年第39号法律公告方式将上述达成的共识体现在《香港高等法院规则》第11号令第5A条规则中，即依据《内地与香港送达安排》，香港司法机构向中国内地发布送达令状来完成送达。具体做法有以下几点：①凡按照本规则须在中国内地将令状送达须予送达的人，则该令状须通过中国内地的司法机构送达。②任何人如欲根据第1款送达令状，必须向登记处递交一份请求作出该项送达的请求书，连同令状的文本两份，并须就须予送达的人额外递交两份令状文本。③根据第2款递交的请求书必须载

有以下资料：一是须予送达的人的姓名或名称及地址；二是对法律诉讼程序所属性质的描述，如提出请求的人希望中国内地的司法机构采用某一特定的送达方法须示明该送达方法。④每份根据第2款递交的令状文本均须以中文写成，或附同中文译本。⑤每份根据第4款递交的译本，均须由拟备该份译本的人核证为正确译本；而该证书并必须载有一项关于该人的姓名或名称、地址及以何种资格拟备该份译本的陈述。⑥根据第2款妥为递交的文件，须由司法常务官送交中国内地的司法机构，并须附同一份请求书，请求中国内地的司法机构安排送达令状，或如已有根据第3C款示明某一特定的送达方法，则请求以该方法送达令状。

此外，英国于1967年11月加入《海牙送达公约》，并于1970年7月将该公约扩大适用于香港地区。香港回归前，由于受英国统辖，因此两地间的司法协助具有国际因素，采用《海牙送达公约》规定的送达方式进行文书送达可以弥补两地缺乏制度化送达途径的不足，在实践中该公约也确实起到一定的作用。香港回归祖国后，由于内地与香港的司法协助成为一个主权国家之内的区际司法协助，因此《海牙送达公约》完成了其历史使命。且公约确立的国家间的“中央机关”模式由于程序复杂，不符合区际司法协助应具有的高效、便捷原则，因此也不再适合两地间的司法及司法外文书送达。

三、澳门关于向内地文书送达的规定

（一）澳门回归祖国以前

在澳门回归祖国前，内地与澳门之间的文书相互送达的主要依据是《海牙送达公约》及非正式的民间途径，与香港不同的是，澳门未曾与内地任何省份签订过类似《粤港送达协议》的官方文件，而是依据《澳门民事诉讼法典》中的规定进行诉讼文书的送达。

根据《澳门民事诉讼法典》，送达的诉讼文书包括传唤和通知。传唤是法院以司法文书的形式告知被告已被提起诉讼，并让其出庭辩护。传唤也可以用于对其他与案件有关的人员的第一次通知。而通知则是指在其他任何情况下让某人出庭或告知某一事实。传唤的形式可以是向本人传唤和公示传唤，向本人传唤须以邮递传唤、司法人员传唤方式作出。具体内容如下：

1. 不能执行送达的时间。根据《澳门民事诉讼法典》规定，送达不得在受送达人结婚日或其配偶、父母、子女死亡日及其后8天内进行，也不得在受送达人任何长辈、晚辈、兄弟姐妹死亡日及其后3天内进行。[1]

2. 送达途径。

（1）邮递送达。有关文书经官方核准以挂号信方式作出，并内附收件回执。收件地址是被送达人的居所或工作地方，如果被送达人是法人，则收件地址是其住所或其行政管理机关惯常运作地点。邮递送达由邮政部门的送件人完成。在收件回执上签名之日视为以邮递方式作出送达之日；即使收件回执由第三人签名，也被视为已向被送达人本人作出，并推定信件已适时送交被送达人，但有完全反证除外。如果未能送交信件，邮政部门的送件人应留下通知给被送达人，指明发出该信件的法院及有关的诉讼程序，并注

〔1〕 米健等：《澳门法律》，中国友谊出版公司1997年版，第186页。

明未能送交的理由，以及清楚指明存放该信件的邮局；该信件将存在于该邮局8天，以备受送达人领取。如果被送达人拒绝在收件回执上签名或拒绝接收信件，送件人须于送回邮件前就该事件作出注记。在该情况下，则适用司法人员指定时间的送达。[1]

（2）司法人员送达。针对无法邮寄送达、被送达人拒绝在证明上签名或拒绝接收起诉状复本的情形，司法人员可以直接与被送达人接触或以挂号信通知被送达人前往办事处领取起诉状副本。如果司法人员知悉应被送达人确实在某地居住或工作，但因其不在而未能送达的，则留下通知，指明在某一时间再到该处送达，而该通知应交予在场且最能将其转交被送达人的人，如不可行，则将有关通知张贴在最适当的地方。在指定的时间，司法人员遇见被送达人的，则向其本人送达；如果该人不在，则通过最能将文书转递被送达人的人委托送达（接受委托而未能履行者，将构成违令罪）；如果不能获得第三人的合作，则在最适当的地方张贴传唤通知书。[2]

（3）公示送达。对未能确定被送达人地址的可以采取公示送达，须通过张贴告示及刊登公告方式进行。告示应张贴3份，分别张贴在法院内、被送达人在澳门的最后居所门上、市政厅大楼内；公告则视情况，在澳门报章中最多人阅读的其中一份中文报章或一份葡文报章上连续刊载两次，也可以在该两份报章上连续刊登两次。对于域外被告的公告期限为30日。

（4）对居住在澳门以外地方的被告送达途径。《澳门民事诉讼法典》第193条专门作出规定，首先适用司法协助协议规定的方式送达，其次适用邮递方式、请求书方式、公示方式。

葡萄牙政府于1973年就批准加入了《海牙送达公约》并延伸适用于澳门。在澳门回归祖国前，内地与澳门间通过海牙公约相互送达的比例及数量远远低于内地与香港之间，据统计从1995年至1998年，内地依据条约向澳门发出的送达请求只有3件，而澳门则无一起向内地司法部提出的送达申请。[3]

（二）澳门回归祖国以后

“一国两制”下澳门特区与内地为分属两个不同的法律区域，实行不同的法律制度和司法制度，但又都同属中央人民政府管辖下的地方行政区域。而且，两地之间的文书送达仅仅是一法域司法机关将有关文书送达给另一法域有关当事人的活动，不涉及国家主权、安全和公共秩序。2001年根据《中华人民共和国澳门特别行政区基本法》第93条的规定，由最高人民法院与澳门特别行政区代表经过协商所达成《关于内地与澳门特别行政区法院民商事案件相互委托送达司法文书和调取证据的安排》（以下简称《内地与澳门送达与取证安排》），该《内地与澳门送达与取证安排》涉及送达和取证，就送达问题规定了如下内容：

1. 送达文书的范围。民商事案件（在内地包括劳动争议案件，在澳门包括民事劳工

---

〔1〕 参见《澳门民事诉讼法典》第182～184条。

〔2〕《澳门民事诉讼法典》第185～187条。

〔3〕 统计资料引自张晓鸣：“中国国际司法协助及中国内地与香港区际司法协助”，载“一国两制”下的司法合作学术会议提交的论文。转引自陈力：《一国两制下的中国区际司法协助》，复旦大学出版社2003年版，第64页。

案件）的司法文书在内地是指起诉书副本、上诉状副本、反诉状副本、答辩状副本、授权委托书、传票、判决书、调解书、裁定书、支付令、决定书、通知书、证明书、送达回证以及其他司法文书和所附相关文件；在澳门是指起诉状复本、答辩状复本、反诉状复本、上诉状复本、陈述书、申辩书、声明异议书、反驳书、申请书、撤诉书、认诺书、和解书、财产目录、财产分割表、和解建议书、债权人协议书、传唤书、通知书、法官批示、命令状、法庭许可令状、判决书、合议庭裁判书、送达证明书以及其他司法文书合所附相关文件。

2. 送达途径。《内地与澳门送达与取证安排》只规定了两地法院之间的相互委托送达，一般由内地各高级人民法院和澳门特别行政区终审法院进行，如果案件由最高人民法院直接审理的，则有关司法文书也可以由最高人民法院与澳门终审法院直接相互委托。

3. 委托书内容与语言。委托书由请求送达司法文书的法院出具，须加盖法院印章，委托书中要注明委托机关的名称、受送达人的姓名或名称、详细地址及案件性质。如果执行方法院请求按特殊方式送达或者有特别注意的事项的，应当在委托书中注明。委托书及所附司法文书和其他相关文件一式两份，受送达人为 2 人以上的，每人一式两份。委托书应当以中文文本提出，所附司法文书与其他相关文件没有中文文本的，应当提供中文译本。

4. 委托送达的执行。各高级人民法院和澳门终审法院相互收到对方法院的委托书后，应当立即将委托书及所附司法文书和相关文件转送根据其本辖区法律规定有权完成该受托事项的法院。如果受委托方法院认为委托书不符合本安排规定，影响其完成受托事项时，应当及时通知委托方法院，并说明对委托书的异议。必要时可以要求委托方法院补充材料。委托方法院应当在合理期限内提出委托请求，以保证受委托方法院收到委托书后，及时完成受托事项。受委托方法院应优先处理受托事项。完成受托事项的期限，送达文书最迟不得超过自收到委托书之日起 2 个月。受委托方法院应当根据本辖区法律规定执行受托事项。委托方法院请求按照特殊方式执行委托事项的，如果受委托方法院认为不违反本辖区的法律规定，可以按照其特殊方式执行。受委托方法院收到委托书后，不得以其本辖区法律规定对委托方法院审理的该民商事案件享有专属管辖权或不承认对该请求事项提起诉讼的权利为由，不予执行受托事项。不论委托方法院司法文书中确定的出庭日期或者期限是否已过，受委托方法院均应送达。受委托方法院对委托方法院委托送达的司法文书和所附相关文件的内容和后果不负法律责任。

5. 不予执行委托。受委托方法院在执行受托事项时，如果该事项不属于法院职权范围，或者内地人民法院认为在内地执行该受托事项将违反其基本法律原则或社会公共利益，或者澳门特别行政区法院认为在澳门特别行政区执行该受托事项将违反其基本法律原则或公共秩序的，可以不予执行，但应当及时向委托方法院书面说明不予执行的原因。

6. 澳门法院协助送达请求后，可以下述方式安排送达：①委派专人送达；②用有回执的双挂号邮寄送达；③公告送达；④采用本法域内法律允许的其他方式送达，或双方协定的其他方式送达。在澳门，则以澳门法律允许的方式进行送达。两地法院之间可以相互委托、代为送达。委托送达时，不需要通过中心机关的方式，而由内地各省的高级人民法院或专责部门与澳门终审法院行政办公室直接联系。送达请求书和送达回证的要求仿照《海牙取证公约》的有关规定制订（不能完全照搬）；送达时，应适用被请求地的法律，但也可采用请求一方要求的特定方式，除非这种特定方式不符合被请求方的法律；代为送达应相互免费，但采用特定送达方式所产生的费用除外[1]。上述送达方式，不影响过去两地在文书送达方面行之有效的其他方式，如由当事人的诉讼代理人送达、由当事人的亲属转达等方式，1999 年后仍可继续采用。这里应明确，各法院对委托送达的法律文书内容和后果不负法律责任。同时，学者原则上不主张两地司法机关到对方地区内直接行使职权，即不主张两地司法人员跨地区直接送达，凡有关文书送达事宜均应通过上述途径解决。

7. 内地与澳门特别行政区法院双方相互委托送达司法文书，均需要通过各高级人民法院和澳门特别行政区终审法院进行。

8. 最高人民法院与澳门终审法院可以直接相互委托送达司法文书。司法文书的委托送达，应符合下列要求：①委托法院请求送达司法文书，须出具盖有其委托法院的印章的委托书，并在委托书中说明委托机关的名称、受送达人的姓名（名称）、详细地址及案件性质。②如果执行法院请求按特殊方式送达或者特别注意的事项的，委托书中应注明。③委托书及所附司法文书和其他相关文件一式两份，受送达人为 2 人以上的，每人一式两份。④完成司法文书送达事项后，内地人民法院应出具送达回证，澳门特别政行区法院应出具送达证明书。出具的送达回证及送达证明书应注明送达的方式、日期、地点、接收人的身份，并加盖法院的印章。⑤不论委托方法院司法文书中确定的出庭日期是否已过，受委托方均应送达：受委托方对委托方委托送达的司法文书的内容和后果不负法律责任。

四、台湾地区与大陆、香港及澳门之间相互送达司法文书及司法外文书的实践

（一）台湾地区与大陆之间关于送达问题的司法实践

由于大陆与台湾地区之间特殊的政治关系和地缘关系，两岸之间在投资、贸易以及婚姻家庭和继承等领域出现了大量的民商事法律关系，相互间文书送达问题尤为突出，但由于两岸在相互送达文书的问题上缺乏官方的正式接触，因此，实践中对于司法协助中的这一重要环节都是通过单向立法及经官方授权的民间途径开展的。

就大陆司法实践来看，有关授权委托书、继承、亲属关系等方面的公证文书可依据司法部 1990 年 1 月 26 日发布的《关于办理涉台法律事务有关事宜的通知》中的委托律师送达途径予以送达：

（1）委托与台湾律师有联系的大陆律师事务所，再转委托台湾的律师代理。

（2）委托司法部和贸促会在香港设立的中国法律服务（香港）有限公司代理，并由该公司转委托台湾律师办理。

（3）福建省对外经济律师事务所与台湾律师合办的“蔚理律师事务所”，各自办理涉及大陆和台湾的法律事务，当事人可以委托该律师事务所的律师代理。

---

〔1〕 单长宗主编：《中国内地与澳门司法协助纵横谈》，人民法院出版社 1999 年版，第 229 页。

（4）司法部在北京成立的中国国际经济与法律咨询公司，1989 年 8 月已经与台湾、香港的律师在香港设立的“海峡两岸法律服务公司”签订了合作协议，开始建立合作关系，当事人可以委托该公司，再转委托台湾的律师办理。

（5）根据我国《民事诉讼法》的规定，如果台湾当事人在大陆有代理人或亲属的，内地法院也采取由他们代为送达方式；如果他们在大陆没有代理人或亲属的，内地法院也可通过邮寄送达或公告送达方式进行。

另外，最高人民法院在 1984 年 8 月 30 日发布的《关于贯彻执行〈民事诉讼法（试行）〉若干问题的意见》（以下简称《意见》）中指出，对涉及港澳台地区的民商事案件中的文书送达，可以采用邮寄送达及由当事人的诉讼代理人送达等方式。该《意见》虽然因 1991 年《中华人民共和国民事诉讼法》的正式施行而被废止，但在实践中，上述方式在大陆审理涉台案件时仍予以保留。

台湾地区在进行域外民事司法协作时，往往并非以国际条约或双边协定作为基础，而是以互惠原则作为主要依据。在相关法规方面，最重要的是：①1963 年公布实行的“外国法院委托事件协助法”。其中第 5 条规定，法院受委托送达民事或刑事诉讼上之文件，依民事或刑事诉讼法关于送达之规定办理。委托送达应于委托书内详载受送达人之姓名、国籍及其住所、居所或事务所、营业所。台湾地区的“民事诉讼法”中规定的送达方式包括交付送达（直接送达）、留置送达、付邮送达（邮寄送达）、嘱托送达（委托送达）、公示送达（公告送达）等多种形式。[1] ②台湾方面在制定“两岸人民关系条例”时，已将司法协作问题纳入考虑范围。此外，台湾在处理涉大陆民事案件司法实践中，也与大陆一样采用了由当事人的诉讼代理人送达的方式，如台湾法院审理大陆原告陈某诉台湾居民邓某一案，就是通过大陆当事人委托的作为诉讼代理人的台湾律师代为送达的；[2] 同时，依据台湾“两岸关系条例施行细则”第 7 条和第 8 条规定，台湾“司法院”及相关机构已指定财团法人——“海基会”处理关于与大陆的文书送达事项，即台湾各级法院可直接函请海基会代为送达司法文书，而且以副本送“司法院民事庭”。

值得一提的是，1993 年 4 月在新加坡举行的“汪辜会谈”中，海基会与海协会就有关公证书的查证及相关送达问题达成一致。[3] 协议规定分别以海基会及中国公证员协会或有关省、自治区、直辖市公证员协会进行联系，相互寄送上述公证书的副本。[4] 该协议签订后的数年，两岸每年相互寄送公证书副本 4 万余份，成为两岸签署协议中执行最为成功的一个范例。但该协议适用范围十分有限，仅涉及有关民事公证书的相互送达问题，而不包括两岸间的民商事司法文书的相互送达。

---

〔1〕 姚瑞光：《民事诉讼法论》，中国图书公司出版社 1983 年版，第 190 页。

〔2〕 全国人民代表大会常务委员会法制工作委员会：《法制参考资料汇编》第 6 辑，光明日报出版社 1986 年版，第 220 页。

〔3〕 该协议规定了涉及继承、收养、婚姻、出生、死亡、委托、学历、定居、抚养、财产权利等十种公证书的副本寄送及查证事宜。

〔4〕 参见《两岸公证书使用查证协议》第 2 条第 1 款，后双方又以换文方式增加寄送涉及税务、病历、经历、专业证明等四项公证书副本。

（二）台湾地区与港澳地区间司法文书的相互送达

随着香港、澳门回归祖国，台湾地区与港澳地区的关系也发生了变化。英国结束对香港的统治，葡萄牙结束对澳门的统治之后，台湾与香港、澳门相互间发生的区际民商事关系必然会持续发展，而它们之间的法律差异又较大，需要明确如何解决相互间区际法律冲突的办法。1995 年 6 月 22 日，中华人民共和国国务院副总理兼外长钱其琛，在香港特区预委会第五次全体会议上表示，“九七”之后的香港特别行政区与台湾地区之联系，乃两岸关系特殊组成部分；“九七”后香港的涉台问题，凡属涉及国家主权与两岸关系之事务，由中央人民政府安排处理，或由香港特别行政区在中央人民政府指导下处理。钱副总理代表国务院宣布了“九七”后香港涉台问题的七点基本原则与政策。其中第 6 条规定，香港特别行政区与台湾地区之间以各种名义进行的官方接触往来、商谈、签署协议和设立机构，须报请中央人民政府批准，或经中央人民政府授权，由特别行政区长官批准。

台湾地区为维护及促进台湾与香港、澳门之关系，保障三地区自然人、法人的权益，在完成“两岸人民关系条例”之后，即着手“香港澳门关系条例”的拟定工作。1997 年 4 月 2 日及 6 月 27 日，台湾地区分别就涉港澳关系问题正式颁布“香港澳门关系条例”以及“香港澳门关系条例施行细则”。该条例及实施细则仅就涉港澳文书验证及港澳判决及仲裁裁决在台湾地区的承认与执行问题作了原则性规定，并未明确涉及司法及司法外文书的相互送达问题。但依该条例理解，文书的相互送达也应依该条例第 9 条规定的民间途径进行。“香港澳门关系条例”第 56 条进一步规定，台湾地区与香港或澳门之司法相互协助，得依互惠原则处理，进一步保留了今后台湾地区与港澳地区以协议方式规范司法文书的相互送达问题。

第三节　涉港澳台区际民商事司法协助之调查取证

在 2001 年 9 月内地与澳门特别行政区间就相互调取民商事证据问题作出安排之前，各法域间的相互调查取证活动是以一些非正式的或民间的途径开展的。实践中，内地与港澳地区、大陆与台湾地区以及港澳与台湾地区之间的相互取证是采取不同的途径或处理方法的。

一、内地域外调查取证的立法与司法实践

（一）我国内地域外调查取证的主要依据

1. 1970 年《关于从国外调取民事或商事证据的公约》。我国于 1997 年 7 月 3 日加入的《关于从国外调取民事或商事证据的公约》（以下简称《海牙取证公约》），根据《公约》第 2 条，指定中华人民共和国司法部为中央机关，负责接收来自另一缔约国司法机关的请求书，并将其转交给执行请求的主管机关；根据《公约》第 23 条声明，对于普通法国家旨在进行审判前文件调查的请求书，仅执行已在请求书中列明并与案件有直接密切联系的文件的调查请求；根据《公约》第 33 条声明，除第 15 条以外，不适用《公约》第二章的规定，即关于领事和特派员取证，只允许外交官和领事人员在我国境内对

其本国国民调查取证。我国加入该公约时，和大多数国家一样，对审判前文件调查的请求作了有限制的保留，即对于以不特定文件或与案件无密切联系的文件为取证对象的取证请求，我国予以拒绝，而并非对所有旨在进行审判前文件调查的请求都予以拒绝。这种有限制的保留，既维护了我国的司法主权，也不致于堵死了与其他国家开展域外调查取证合作的大门，是合理和可行的。在实践中，应当严格审查请求执行的事项是否在请求书中列明并且与案件有直接密切的联系。

《海牙取证公约》对我国生效后，还会出现这样的情况，即有些国家如法国、土耳其、塞浦路斯等既与我国有双边的司法协助条约关系，同时又是《海牙取证公约》的成员国，而早先缔结的司法协助条约不可避免地会与《海牙取证公约》有所出入。对此，《海牙取证公约》规定，公约不影响缔约国间已签署或将签署的、包含有本公约所规定事项的条款。这表明，当我国缔结的双边司法协助条约与《海牙取证公约》不相一致时，以双边的司法协助条约优先使用，这也是与“特别优于一般”的原则相符合的。

2. 我国缔结的双边的司法协助条约或者领事条约。截至2005年，我国共缔结了40多项双边的民事司法协助条约，这些司法协助条约都涉及了域外调查取证的问题，尽管各条约的具体规定有所不同，但主要包括了以下内容：代为调查取证的联系途径；域外调查取证的适用范围；执行请求书的方式；请求的拒绝。此外，司法协助条约还就关于证人、鉴定人的保护及拒绝作证的权利和义务、请求书的格式、文字、执行结果的通知、费用等问题作了规定。[1]

3. 我国《民事诉讼法》及相关的司法解释。

（1）《民事诉讼法》第二十七章第276条、277条、278条、279条对域外调查取证作了相关规定。《民事诉讼法》第276条对法院间的协助取证作了规定。第277条规定了请求和提供司法协助的途径。第278条规定了司法协助中请求书的文字问题。第279条就人民法院提供司法协助时所适用的法律作了规定。

（2）司法解释和相关的规定。最高人民法院1986年8月14日颁布并实施的《最高人民法院、外交部、司法部关于我国法院和外国法院通过外交途径相互委托送达法律文书若干问题的通知》〔外发（1986）47号〕规定，我国法院和外国法院通过外交途径相互委托代为调查或取证，参照本通知的有关规定办理。最高人民法院、外交部、司法部1992年6月11日颁布并实施的《最高人民法院、外交部、司法部关于我国法院接受外国法院通过外交途径委托送达法律文书和调查取证收费的通知》（外发［1992］18号）就我国法院接受外国法院通过外交途径委托送达法律文书和调查取证的收费作了规定，我国法院接受外国法院通过外交途径委托代为调查取证后，每次按实际开支收费。有关法院应出具收费清单并注明各项具体费用（如证人的交通费、住宿费、误工补贴费，鉴定人的鉴定费，译员的交通费、误工补贴费等）。必要时，由外交部领事司商最高人民法院有关局决定。请求国与我国签订有双边条约或都是有关国际公约当事国的，根据条约或公约的规定办理。

此外，2001年最高人民法院颁布的《关于民事诉讼证据的若干规定》规定了“域

---

〔1〕黄进主编：《中国的区际法律问题研究》，法律出版社2001年版，第166～167页。

外证据公证证明制度”。该规定第11条第1款规定：“当事人向人民法院的提供证据系在中华人民共和国领域外形成的，该证据应当经所在国公证机关证明，并经中华人民共和国驻该国使领馆予以认证，或者履行中华人民共和国与所在国订立的有关条约中规定的证明手续。”第2款规定：“当事人向人民法院提供的证据是在香港、澳门、台湾地区形成的，应当履行相应的证明手续。”此规定是对我国民事诉讼法的较大突破。

（二）我国内地民商事域外调查取证的司法实践

结合1997年7月3日我国加入的1970年《海牙取证公约》所规定的域外取证的三种主要方式——代为取证、领事取证及特派员取证方式，介绍我国内地民商事域外取证的司法实践。

1. 代为取证制度，即请求书制度，是各国进行域外取证所采用的主要方式。

（1）代为取证的范围。我国与外国缔结的司法协助条约一般规定，域外调查取证的范围包括：询问当事人、证人和鉴定人，获取与民事和商事有关的证据，进行鉴定和司法检查。《海牙取证公约》对取证的概念和范围均未作正面规定。但《海牙取证公约》第3条规定了请求书所应包含的内容：被调查人的姓名和地址，要向被调查人提出的问题以及需了解的问题的内容说明，需检查的文件或其他动产或不动产。由此可见，《海牙取证公约》取证的范围也包括询问被调查人、提供或检查文件或其他动产和不动产。此外，我国《民事诉讼法》还规定，我国人民法院与外国法院可以相互请求，“进行其他诉讼行为”；我国与蒙古、俄罗斯联邦、古巴、罗马尼亚、波兰签订的司法协助协定，也规定缔约双方法院可以相互请求代为“其他与调查取证有关的诉讼行为”或“收集其他证据”。

（2）请求的提出和接收。我国与外国缔结的司法协助条约规定有权提出请求的机关为“法院或其他主管机关”。《海牙取证公约》规定为“司法机关”。上述规定均表明，提出请求和执行请求的机关均为“司法机关”。对于这一概念，各国通常将之理解为对民、商事案件有管辖权及有权执行取证请求的法院。另外，在特定情况下，其他机关和个人，如司法部长、法院特派员、公证员或律师，只要依其本国法律有权发出或执行请求，都可视为“司法机关”。[1]就我国而言，要求外国代为取证的请求只能由法院提出，执行外国法院或其他主管机关取证请求的机关也是法院。

关于提出请求的途径，《民事诉讼法》规定了两种途径：当我国与外国有条约关系时，依条约规定的途径；当我国与外国没有条约关系时，则通过外交途径。我国与外国签订的司法协助条约一般都规定，这类请求应通过双方的中央机关提出。我国将司法部作为中央机关，其他国家也多将司法部作为其中央机关，例如，1995年4月25日签署的《中华人民共和国和塞浦路斯共和国关于民事、商事和刑事司法协助的条约》第6条规定，缔约双方应通过各自的中央机关就请求和提供司法协助事宜进行联系，缔约双方的中央机关为各自的司法部。

（3）请求书的形式要件。我国缔结的司法协助条约通常规定请求书应包括：请求法院和被请求法院的名称；据以提出请求的诉讼；当事人及代理人的姓名、地址以及其他

---

〔1〕 李双元主编：《中国与国际私法统一化进程》，武汉大学出版社1998年版，第137页。

一切有助于辨别其身份的情况；协助的事项，包括应进行的行为；有助于执行该请求的其他一切情况。必要时请求书还应包括被调查人的姓名、地址和其他一切有助于辨别其身份的情况，以及需要向其提出的问题。有的司法协助条约还专门制定了取证请求书的标准格式。《海牙取证公约》第3条规定，请求书需写明：请求机关和被请求机关的名称；当事人及其代理人的姓名和地址；诉讼的性质、标的及案件的简况；要取得的证据或其他要执行的司法行为；取证对象的情况，以及取证应使用的特殊程序要求等。1978年和1985年海牙国际私法会议特委会会议曾根据《取证公约》的规定，起草并修订了一份请求书的标准格式，供各国在执行《海牙取证公约》时参考。[1]

关于请求书使用的语言，我国司法协助条约多规定，请求书及所附文件应使用提出请求的缔约一方的文字，并附有经证明的被请求的缔约一方的文字或英文的译文。《海牙取证公约》与我国缔结的的司法协助条约的规定有所不同。《海牙取证公约》第4条规定：①一般情况下，请求书应用被请求国的文字作成或附有该种文字的译本。②每一缔约国除非在签署、批准或参加时依公约对第33条作了保留，应接受以法文或英文写成的或附有其中一种文字译本的请求书。③使用多种官方语言的国家须指明其不同区域所使用的不同语言。④一国可声明其所能接受的其他语言，如荷兰、卢森堡声明可接受用德语提出的要求。⑤任何译文均需证明无误。此外，根据《海牙取证公约》第28条、第32条的规定，各缔约国之间可以协议所使用的语言。由此可见，如一国既与我国签订有域外取证方面的司法协助条约，同时也是《海牙取证公约》的参加国，则关于请求书及所附文件所使用的文字仍依司法协助条约的规定。

（4）关于执行请求所适用的法律。被请求国的司法机关执行请求书时应适用其本国法，这是各国普遍接受的一项原则，我国也不例外。《海牙取证公约》第9条规定："负责执行请求的司法机关应根据其本国法律所规定的方式和程序进行。但是，也可根据请求机关的要求，依特殊方式进行。"但关于"特殊方式"的含义，无论是民事诉讼法、司法协助条约，还是《海牙取证公约》都未作正面解释，只是对其作了一定程度的限制，如《民事诉讼法》规定特殊方式不得违反中华人民共和国法律；司法协助条约一般仅规定"不违反被请求方的法律"或"不违反被请求方法律的基本原则"；《海牙取证公约》则规定当该特殊程序和方式与被请求国的国内法相抵触，或因被请求国国内惯例和程序或因存在实际困难而不能执行时，被请求国可以拒绝执行。由此可见，《海牙取证公约》的规定较我国法律和司法协助条约更为灵活。

（5）关于强制措施的使用。关于该问题，我国缔结的多数司法协助条约都未作规定，仅有与法国、西班牙、塞浦路斯等少数国家签订的民商事司法协助条约对此作了明确规定。如《中国和塞浦路斯民事、商事和刑事司法协助条约》第21条规定："在执行请求时，被请求机关应在其本国法对执行本国主管机关的决定所规定的情形下和相同的范围内，采取适当的强制措施。"尽管多数条约未对此问题作出规定，但这些条约均规定取证适用本国法律，那么自然包括本国法律中所规定的强制措施。《海牙取证公约》第10条规定，执行机关代为取证是否采取强制措施，由被请求国法律来决定，且须符

---

〔1〕 参见 http：//www. hcch. net/index_ en. php？ act = conventions.

合以下两个条件：措施是适宜的；措施与被请求国在进行国内诉讼时适用的条件相符合。

（6）关于证人的权利与豁免问题。我国缔结的多数司法协助条约都未对此问题作出规定，但既然取证依被请求国的法律进行，则证人有权依此拒绝作证。至于证人能否根据请求国法律拒绝作证，则应取决于公约的具体规定。如《中国和泰国民商事司法协助和仲裁合作协定》规定，证人可根据请求国法律拒绝作证。当条约未作规定时，证人一般不享有此种权利。关于证人能否依第三国法律拒绝作证，我国签订的司法协助条约均未涉及。《海牙取证公约》也赋予证人拒绝作证的权利，这一权利的行使既可基于被请求国法律，也可基于请求国法律甚至第三国法律。证人依据被请求国法律拒绝作证，这一做法早为世界各国所接受，公约也对此作了明确规定。对于证人援引请求国法律主张权利，则有一定限制，即此种权利必须是请求国法律明文规定，且请求机关在请求书中对此已有说明。而证人能否依据第三国法律拒绝作证则完全取决于取证地国家是否作了声明。目前仅荷兰一国作了声明：只有负责执行请求的法院才有权决定证人是否可根据第三国的法律拒绝作证。我国在加入该公约时，未作声明。因此，证人不能援引第三国法律拒绝作证。

（7）关于取证结果的通知及费用的负担。我国缔结的司法协助条约规定，被请求机关执行请求，取得证据后，有义务立即将取证结果通过请求机关所采用的同一途径送交请求机关。如果请求书全部或部分未予执行，也应通过同一途径及时通知请求机关并告知理由。在没有条约关系时，通过外交途径转递。《海牙取证公约》也有相同的规定。关于代为取证的费用，我国缔结的司法协助条约一般规定，协助取证应相互免费。有的协定规定，取证过程中的鉴定费和翻译费以及采用特殊方式所产生的费用由请求一方负担。具体执行视各条约规定。在没有条约关系时，费用原则上由请求一方负担，除非另有协议。《海牙取证公约》也规定，代为取证应免费执行。但同时规定了例外情况，如鉴定人与译员的费用以及使用特殊程序所产生的费用，应由请求方支付。

（8）请求的异议和拒绝。我国缔结的司法协助条约对调查取证请求补充情况的提出以及退回执行请求书等均有详细规定。例如《中国和法国民事、商事司法协助协定》规定："被请求一方的法院如果无法按照请求一方指明的地址代为调查取证，应当主动采取必要的措施以确定地址，完成委托事项，必要时可以要求请求一方提供补充材料。如果经过努力，仍无法确定地址，被请求一方的法院应当通过其中央机关通知请求一方，并退还所附的一切文件。"《海牙取证公约》第5条对请求书的异议作了规定："如中央机关认为请求不符合本公约规定，则应迅速通知递交请求书的请求国机关，并指明对该请求书的异议。"关于请求的拒绝，我国民事诉讼法以及我国缔结的司法协助条约都将主权、安全和公共秩序作为拒绝协助的理由。我国和土耳其的《司法协助协定》第5条规定："如果缔约一方认为提供司法协助有损于国家主权、安全或公共秩序，可以拒绝缔约另一方提出的司法协助要求，但应将拒绝的理由通知缔约另一方。"请求书的拒绝也不是毫无限制的，我国缔结的许多司法协助条约均作了明确规定，如《中国和泰国民商事司法协助和仲裁合作协定》规定："被请求的缔约一方不得仅因为其国内法对该诉讼标的规定了专属管辖权，或其国内法不允许对该项诉讼标的有起诉权而拒绝执行。"

《海牙取证公约》第 12 条规定了拒绝执行的两条理由：执行不属于执行国司法机关的权限；执行请求书将危及执行国的主权或安全。这两项条件，已被国际社会普遍接受。该条第 2 款进一步规定：一是不得以专属管辖权为由拒绝执行请求；二是不得以法律不承认请求所涉的诉因为由拒绝执行请求。这与我国现有的立法和实践是相一致的。

2. 领事取证。我国《民事诉讼法》第 277 条第 2 款规定："外国驻中华人民共和国的使领馆可以向该国国民送达文书和调查取证，但不得违反中华人民共和国的法律，并不得采取强制措施。"我国缔结的司法协助条约也有相似规定，如《中国和法国民事、商事司法协助协定》规定："缔约一方可通过本国的外交或领事代表机关，直接向另一方领域内的本国国民调查取证，但须遵守缔约另一方的法律，并不得采取任何强制措施。"上述规定表明，我国允许外国领事官员在我国境内向其本国国民调查取证。但关于领事官员向我国国民或第三国国民取证的问题，我国的法律均未予以确认。《海牙取证公约》也规定领事可对本国国民在不加限制的情况下取证。公约在将其作为领事取证的一般原则的同时规定了一条限制性内容，即第 15 条第 2 款："缔约一国可以声明，只有在外交官员或领事代表向声明国所指定的适当机关提出取证申请，且获得许可后，他才能调查取证。"《海牙取证公约》第 16 条规定，对驻在国国民和第三国国民取证必须经过驻在国主管机关的事先允许，并保证遵守其规定的条件，除非该国声明免除。我国在加入该公约时，根据《海牙取证公约》第 33 条声明，除第 15 条以外，不适用公约第二章的规定。即关于领事和特派员取证，只允许外交官和领事人员在我国境内对其本国国民调查取证。

3. 特派员取证。特派员取证是英美国家诉讼中的一种独特制度。我国和其他许多国家都没有此制度，因此，在我国缔结的司法协助条约中未对其作任何规定。我国《民事诉讼法》第 277 条第 3 款规定，除外交和领事人员向其本国国民调查取证外，未经我国主管机关准许，任何外国机关或个人不得在我国境内取证。由此可见我国在原则上不允许外国特派员在中国境内取证。《海牙取证公约》虽然也规定了特派员取证制度，但对其进行了较领事取证更为严格的限制，且允许缔约国就此作出保留。我国在加入该公约时，对此作了保留。当遇特殊情况时，我国可以特许外国法院特派员来华进行取证，实践中也确有实例。1983 年经我国外交部准许，美国法院曾就美国钻井船"爪哇号"沉船案派员来我国对该事故进行调查取证。

二、内地与香港地区之间的相互调查取证的问题

在 1997 年 7 月 1 日香港回归之前，英国是 1970 年《海牙取证公约》的成员国，而中国于 1997 年 7 月 3 日加入《海牙取证公约》，因此，在 1997 年 7 月 1 日香港回归之前，内地与香港地区之间的域外调查取证参照 1986 年《最高人民法院、外交部、司法部关于我国法院和外国法院通过外交途径相互委托送达法律文书若干问题的通知》办理。香港回归之后，由于香港地区与内地属于同一主权国家，彼此之间的域外调查取证不应再适用 1970 年《海牙取证公约》，依照《香港基本法》第 95 条的规定："香港特别行政区可与全国其他地区的司法机关通过协商依法进行司法方面的联系和相互提供协助。"但是，目前内地与香港地区尚未就域外调查取证的问题作出统一的安排。

（一）香港域外取证规则

香港属于普通法地区，调查取证原则上采取当事人主义，即由当事人或其代理人（律师）自行调查取证，法院在审理案件时只依照其证据法规则对当事人提供证据的关联性、可采性及证据力进行审查并作出判断。香港域外取证规则的法律渊源主要有两类：

1. 香港有关的成文立法，包括《证据条例》和《最高法院规则》等。成文立法集中在《证据条例》第八章“域外诉讼中的证据”、第八章A“为香港刑事诉讼调取域外证据”和《最高法院规则》中第70号“为外国法院获取证据”。《证据条例》制定于1886年，后经历了60多次的修改。规定民事诉讼中证据的条文主要有第75条、76条、77条、77A条，其主要内容如下：①只规定了域外发生的民事诉讼需要在香港取证的协助问题，指定香港高等法院是接受域外法院委托并协助取证的唯一机关，从而排除了其他级别的法院直接协助外国法院取证的合法性。②协助条件：一是申请必须是香港以外的国家或领域行使管辖权的法院或法庭（请求法院）发出，或以其名义发出的请求提出；二是申请涉及的证据是为已经在请求法院提起，或准备提起的民事诉讼之目的而获取；三是只要符合上述协助条件，香港高等法院便有权依法给予取证协助，不需要以国际条约为基础，也不需要坚持互惠原则；四是在香港回归后，提供证据如果损害中国主权或香港内的安全利益，可拒绝发布强制命令要求某人提供任何证据。同时指定了专门机构来说明可能造成的损害。③取证操作既给法院以具体的授权，又赋予证人以一定的特权、豁免和保护。④协助取证的方式。未明确指出适用香港法，原则上排除采取任何特殊步骤的要求，并许可排除普通法中基本作证方式，即用宣誓的方式作证。

此外，根据《证据条例》的规定，民事诉讼证据的收集主要由当事人及其律师承担，而法院居于消极地位，因此，《证据条例》未对当事人及其律师的域外取证方式及是否寻求域外法院协助事项作出规定，但是，香港高等法院可以接受域外法院的请求协助域外法院取证，而且该取证请求也可以由当事人依据域外法院发出或以其名义发出的请求为之。《最高法院规则》中第70号“为外国法院获取证据”对《证据条例》作了进一步的补充，规定了司法管辖权的解释与行使、特定实践中要求律师的申请、取证人员和询问方式、证词的处理等内容。

2. 有关的国际条约。在香港地区适用的国际条约中最主要的就是1970年《海牙取证公约》，值得一提的是，中国在香港回归祖国之后才加入到该公约。由于《海牙取证公约》仅适用于主权国家之间，因此，两地之间的取证问题不曾适用《海牙取证公约》。

（二）内地获取在香港地区证据的途径

与香港地区相反，内地属成文法地区，在调查取证方面，法院负有积极主动调查取证的责任。当然，在民事诉讼中，当事人亦负有配合法院提供证据的责任。

1. 司法实践中的做法。香港已经回归祖国，实践中，由于缺乏法定的渠道，内地法院通常采取以下方法来获取在港境内的证据：

（1）当事人举证。依据《中华人民共和国民事诉讼法》第64条规定：“当事人对自己提出的主张，有责任提供证据。”实践中，内地法院在审理涉港案件时，往往要求当事人自行举证，例如港方当事人亲自到庭质证，或在其举证后由有关部门进行鉴定并由法院认定，如果有关当事人不愿作证，还需其内地亲友做工作，劝其回来作证。[1]

（2）律师取证。律师取证为香港法律所允许，因此内地在香港地区调查取证时多采用该方式，或者由香港律师代为完成，或者由当事人的内地律师以私人身份进入香港地区调查取证。早在1981年，内地司法部就开始委托香港律师办理港澳同胞回归内地处理民事法律事宜的有关证明，曾在1985年、1987年和1991年先后委托49名香港律师办理此业务，而最高人民法院对司法部的有关通知及时进行了转发，要求全国法院办理有关证明时参照执行，在司法部和最高人民法院的共同努力下，内地与香港律师之间的协助日益加强，并在此基础上，由司法部批准在香港设立了“中国法律服务（香港）有限公司”，大大方便了两地之间的司法协助。香港律师不仅办理了大量的香港居民到内地处理民事法律事宜所用证明，还办理了大量的香港公司团体等到内地处理经济方面的法律事务所需的各种证明文书，以及香港公司在内地法院诉讼、仲裁机关仲裁所需的各种证明文书。

委托香港律师办理香港当事人来内地处理民事和经济法律事务所需要的公证主要涉及以下事项：①凡发生在香港地区的法律行为，有法律意义的事实和文书的公证事宜；②公证机关在受理内地与香港公司、企业签订的经济合同时，如有需要，可要求港方当事人提供由司法部委托的香港律师就该公司、企业的登记注册记录、银行资信、银行担保、企业纳税等方面出具证明；③香港同胞因婚姻、财产纠纷在内地人民法院诉讼时，提交给人民法院的答辩书、意见书、委托书等有关材料的证明；④香港公司、企业因经济合同纠纷在内地人民法院诉讼时，提交给人民法院的法人登记注册证、委托书等有关材料的证明；⑤香港同胞到内地申请收养子女及其相关证明。

上述公证事宜涉及到在香港发生的或涉及到香港当事人的绝大多数民商事事项，在相当程度上解决了内地在香港的调查取证问题。

（3）委托内地驻港澳机构或港澳本地群众团体、私家侦探社等代为取证。

（4）司法人员直接到香港取证。内地法院在审理涉港澳案件时对其中特别重大或情况紧急的案件往往委派法院工作人员以经商、旅游、探亲等名义赴港取证。

（5）通过我国司法部委托的香港公证律师代我方办理有关公证事宜。

2.《中国委托公证人（香港）管理办法》。1995年中国司法部颁布的《中国委托公证人（香港）管理办法》（以下称《办法》）第3条规定：“委托公证人的业务范围是证明发生在香港地区的法律行为、有意义的事件和文书；证明的使用范围在内地。”2000年司法部对上述《办法》作了进一步修改和完善，使委托公证制度更加规范化。20多年来，通过委托公证人办理发往内地使用的各类公证文书就有近60万件，内容包括了婚姻、继承、收养子女等民事事务，也包括了投资、贷款、房地产、抵押、贸易等经济法律事务。另外，内地驻港机构（如新华社香港分社）和香港的社会团体（如香港港九工会联合会）也对发生在香港地区证据的证明发挥了积极作用。

3. 2001年最高人民法院颁布的《证据规定》。2001年最高人民法院颁布的《证据规定》第11条第1款和第2款规定了“域外证据公证证明制度”。无论是在我国领域外形

---

〔1〕 蓝天主编：《一国两制法律问题研究》（总卷），法律出版社1997年版，第188页。

成的证据，还是在我国领域内港澳台地区形成的证据，都应提供公证和认证手续，但并没有阐明具体的证明方法。在香港形成的证据的证明手续，规定在司法部关于委托香港律师办理香港当事人来内地处理民事和经济法律事务所需要公证的几个通知中[1]。

三、内地与澳门地区之间调查取证的问题

澳门回归以前，由于葡萄牙是1970年《海牙取证公约》的成员国，澳门也适用此公约，因此该公约构成了澳门域外取证制度的重要内容。

1999年12月20日澳门回归祖国后，内地和澳门之间的域外调查取证也不应再适用1970年《海牙取证公约》，根据《澳门基本法》第93条“澳门特别行政区可与全国其他地区的司法机关通过协商依法进行司法方面的联系和相互提供协助”的规定，最高人民法院与澳门特别行政区代表经协商，就内地与澳门特别行政区法院民商事案件相互委托送达司法文书和调取证据问题达成了《关于内地与澳门特别行政区法院就民商事案件相互委托送达司法文书和调取证据的安排》（以下简称《内地与澳门送达与取证安排》），并于2001年8月7日由最高人民法院审判委员会第1186次会议通过，在内地以最高人民法院发布司法解释（法释［2001］26号）的形式予以公布，自2001年9月15日起施行。澳门将相互委托调取证据的途径与手续在官方网站上予以了公布。该司法解释是内地与澳门特别行政区之间相互进行域外调查取证的依据。这是澳门回归祖国后，内地与澳门之间达成的第一项司法协助安排。

《内地与澳门送达与取证安排》集民商事司法文书相互送达与相互调取民商事证据于一体，也是中国四个法域间达成的唯一关于民商事相互取证安排，开创了内地与澳门制度化司法合作的先例，具有重要的意义。

（一）《内地与澳门送达与取证安排》的内容

1. 内地人民法院与澳门特别行政区法院就民商事案件（在内地包括劳动争议案件，在澳门特别行政区包括民事劳工案件）相互委托送达司法文书和调取证据，均适用本安排。

2. 双方相互委托送达司法文书和调取证据，均须通过各高级人民法院和澳门特别行政区终审法院进行。最高人民法院与澳门特别行政区终审法院可以直接相互委托送达和调取证据。本安排在执行过程中遇有问题，应当通过最高人民法院与澳门特别行政区终审法院协商解决。

3. 各高级人民法院和澳门特别行政区终审法院相互收到对方法院的委托书后，应当立即将委托书及所附司法文书和相关文件转送根据其本辖区法律规定有权完成该受托事项的法院。如果受委托方法院认为委托书不符合本安排规定，影响其完成受托事项时，应当及时通知委托方法院，并说明对委托书的异议。必要时可以要求委托方法院补充材料。

4. 委托书应当以中文文本提出。所附司法文书及其他相关文件没有中文文本的，应当提供中文译本。

---

〔1〕 参见《经济与法律》（中国香港）1992年第1期，第49页。转引自陈力：《一国两制下的中国区际司法协助》，复旦大学出版社2003年版，第77页。

5. 委托方法院应当在合理的期限内提出委托请求，以保证受委托方法院收到委托书后，及时完成受托事项。受委托方法院应优先处理受托事项。完成受托事项的期限，送达文书最迟不得超过自收到委托书之日起 2 个月，调取证据最迟不得超过自收到委托书之日起 3 个月。

6. 受委托方法院应当根据本辖区法律规定执行受托事项。委托方法院请求按照特殊方式执行委托事项的，如果受委托方法院认为不违反本辖区的法律规定，可以按照其特殊方式执行。

7. 委托方法院无须支付受委托方法院在送达司法文书或调取证据时发生的费用或税项。但受委托方法院根据其本辖区法律规定，有权在调取证据时，要求委托方法院预付鉴定人、证人、翻译人员的费用，以及因采用委托方法院在委托书中请求以特殊方式送达司法文书或调取证据所产生的费用。

8. 受委托方法院收到委托书后，不得以其本辖区法律规定对委托方法院审理的该民商事案件享有专属管辖权或不承认对该请求事项提起诉讼的权利为由，不予执行受托事项。受委托方法院在执行受托事项时，如果该事项不属于法院职权范围，或者内地人民法院认为在内地执行该受托事项将违反其基本法律原则或社会公共利益，或者澳门特别行政区法院认为在澳门特别行政区执行该受托事项将违反其基本法律原则或公共秩序的，可以不予执行，但应当及时向委托方法院书面说明不予执行的原因。

9. 委托方法院请求调取的证据只能是用于与诉讼有关的证据。

10. 双方相互委托代为调取证据的委托书应当写明：委托法院的名称；当事人及其诉讼代理人的姓名、地址及其他一切有助于辨别其身份的情况；委托调取证据的原因，以及委托调取证据的具体事项；被调查人的姓名、地址及其他一切有助于辨别其身份的情况，以及需要向其提出的问题；调取证据需采用的特殊方式；有助于执行该委托的其他一切情况。

11. 代为调取证据的范围包括：代为询问当事人、证人和鉴定人，代为进行鉴定和司法勘验，调取其他与诉讼有关的证据。

12. 如委托方法院提出要求，受委托方法院应当将取证的时间、地点通知委托方法院，以便有关当事人及其诉讼代理人能够出席。

13. 受委托方法院在执行委托调取证据时，根据委托方法院的请求，可以允许委托方法院派司法人员出席。必要时，经受委托方允许，委托方法院的司法人员可以向证人、鉴定人等发问。

14. 受委托方法院完成委托调取证据的事项后，应当向委托方法院书面说明。如果未能按委托方法院的请求全部或部分完成调取证据事项，受委托方法院应当向委托方法院书面说明妨碍调取证据的原因，并及时退回委托书及所附全部文件。如果当事人、证人根据受委托方的法律规定，拒绝作证或推辞提供证言时，受委托方法院应当以书面通知委托方法院，并退回委托书及所附全部文件。

15. 受委托方法院可以根据委托方法院的请求，并经证人、鉴定人同意，协助安排其辖区的证人、鉴定人到对方辖区出庭作证。证人、鉴定人在委托方地域内逗留期间，不得因在其离开受委托方地域之前，在委托方境内所实施的行为或针对他所作的裁决而被刑事起诉、羁押，或者为履行刑罚或者其他处罚而被剥夺财产或者扣留身份证件，或者以任何方式对其人身自由加以限制。证人、鉴定人完成所需诉讼行为，且可自由离开委托方地域后，在委托方境内逗留超过 7 天，或者已离开委托方地域又自行返回时，前款所指的豁免即行终止。证人、鉴定人到委托方法院出庭而导致的费用及补偿，由委托方法院预付。该条所指出庭作证人员，在澳门特别行政区还包括当事人。

16. 受委托方法院取证时，被调查的当事人、证人、鉴定人等的代理人可以出席。

（二）《内地与澳门送达与取证安排》的主要特点

1. 两地相互委托调取民商事证据的主体是内地各高级人民法院和澳门特别行政区终审法院，而最高人民法院与澳门特别行政区终审法院之间也可以直接相互委托调取证据。

2. 《内地与澳门送达与取证安排》在相互取证的途径上采用了法院直接委托的方式，即在一定条件下允许一方法域的司法人员赴另一法域调查取证，必要时该司法人员可以向证人、鉴定人等发问，未采纳国际司法协助中普遍采用的中央机关途径，大大简化了程序，体现了高效便捷的原则。依照《海牙取证公约》，双方相互委托调取民商事证据，均须通过内地各高级人民法院和澳门特别行政区终审法院进行；而最高人民法院与澳门特别行政区终审法院之间可以直接相互委托送达和调取证据。这种做法对于两地司法协助效率的提高具有积极意义。

3. 《内地与澳门送达与取证安排》充分体现了法域平等原则，例如，受托方法院可以根据委托方法院的请求并经证人、鉴定人同意，协助安排其辖区的证人、鉴定人到对方辖区出庭作证，但证人或鉴定人在委托方地域逗留期间，享有一定条件的刑事责任豁免权。[1] 再如，受委托方法院在执行受托事项时，如果该事项不属于法院职权范围，或者内地人民法院认为在内地执行该受托事项将违反其基本法律原则或社会公共利益，或者澳门特别行政区法院认为在澳门特别行政区执行该受托事项将违反其基本法律原则或公共秩序的，可以不予执行。[2]

4. 《内地与澳门送达与取证安排》较好地借鉴了 1970 年《海牙取证公约》，如国际司法协助中的“特派员取证”方式。特派员取证是《海牙取证公约》中规定的一种特殊的直接取证方式。《海牙取证公约》第 17 条规定，在民商事案件中，被合法地专门指定为特派员的人在另一缔约国境内，如果已得到取证地国家指定的主管机关给予一般性或对特定案件的许可，并且遵守主管机关在许可中设定的条件，则可在不加限制的情况下进行取证。此外，依《海牙取证公约》，特派员在取证时可以按照派遣国法律所规定的程序和方式进行，但此种方式和程序不能是取证地国家所禁止的。[3] 该公约虽然旨在解决主权国家之间的调查取证，基于主权考虑，我国在加入《海牙取证公约》时，对特派员取证方式作了保留，即不承认此种取证方式。由于内地与澳门在司法协助没有主权上的法律障碍，在一定条件下允许一方法域的司法人员（特派员）赴另一法域调查取证。

---

〔1〕 参见《内地与澳门送达与取证安排》第 21 条。

〔2〕 参见《内地与澳门送达与取证安排》第 8 条第 2 款。

〔3〕 参见《海牙取证公约》第 21 条。

这样做不仅不会破坏国家的整体利益，而且还能提高司法协助的效率，缩短协助取证的时间。

（三）发生在澳门地区证据的证明

2001 年我国内地最高人民法院《关于民事诉讼法证据的若干规定》的颁布，也涉及到对发生在澳门地区的法律行为、有法律意义的事件和文书进行证明的问题。在澳门地区形成的证据，司法部没有采取如在香港地区实行的委托公证人制度。为解决澳门同胞回内地处理民事法律事宜的需要，司法部于 1986 年 6 月委托澳门南光公司（已改名为新华社澳门分社）、澳门南光（集团）有限公司、澳门南通银行（中国银行澳门分行）三机构，澳门工会联合会、澳门中华教育会、澳门中华总商会、澳门街坊会联合总会四社团，为其所属 4 万多职工、会员出具回内地处理民事法律事宜所需要的有关证明文书。我国内地司法机关和行政机关承认其证明效力，对其他澳门机构、团体所出具的证明则不予承认。

四、大陆与台湾地区之间的相互调查取证的问题

根据“一国两制”方针，大陆与台湾地区之间的法律冲突无论是过去、现在或未来和平统一之后都只能是一个国家内部的区际法律冲突。与港澳地区间的区际司法协助不同，由于两岸之间政治的不统一，双方始终未有正式的官方层面的接触。因此，实践中有关两岸间相互调查取证的活动都是通过两地官方授权的民间途径展开的。

（一）台湾地区的域外取证制度

台湾地区的域外取证制度主要反映在台湾地区“民事诉讼法”和 1963 年公布实行的域内单行法“外国法院委托事件协助法”中。在其“民事诉讼法”中只有第 295 条的规定涉及域外取证制度，该条规定，在外国调查证据是应有审判长（对外行文用法院或院长名义为之较妥）嘱托该外国管辖机关或驻在该国的“外交代表机构”为之；该外国机关取证时应遵照所属国法律，但即使违背该国法律而不违背台湾法律，则仍视取证有效。[1] 该条尽管规定了域外取证的请求主体、联系途径和取证的准据法，但未就域外取证的原则及具体事项作出规定，因此极不完善。相比之下，现有的“外国法院委托事件协助法”规定了较系统的域外取证制度。首先，域外取证制度以互惠为基础。如该法第 4 条规定：委托法院所属国应声明对台湾法院如有相同或类似事件须委托代办时，应为同等之协助。其次，单向式域外取证制度。即“外国法院委托事件协助法”仅适用于外国法院作为委托者而台湾法院为受托者的情况。再次，在调查取证问题上含纳了刑事事件与民事事件的调查取证。“外国法院委托事件协助法”第 6 条规定：“法院委托调查民事或刑事诉讼上的证据，移委托本旨，按照‘民事诉讼法’或‘刑事诉讼法’关于调查证据之规定办理。委托调查证据，应于委托书内详载诉讼当事人之姓名、证据方法之种类，应受调查人之姓名、国籍、住所、居所或事务所、营业所及应加调查之事项，如系刑事事件，并附事件摘要。”最后，在取证方式上只明确接纳法院间的代为取证方式，而未明确外国的当事人、律师或其他机关能否委托代为取证或直接在台湾地区取证。鉴于台湾地区现行涉外取证制度的上述规定，我们认为对于区际调查取证的协助并无太大

---

〔1〕 詹世元、刁荣华：《民事诉讼法实务》，（台湾）汉林出版社 1981 年版，第 145 页。

的意义。

除此之外，台湾当局在1992年9月18日实施其“两岸人民关系条例”，并就两岸司法协助问题作了几条原则性的规定。该条例第4条第1款规定：“‘行政院’得设立或指定机构或委托民间团体，处理台湾地区与大陆人民往来有关之事务。”第7条规定：“在大陆地区制作之文书，经‘行政院’设立或指定之机构或委托之民间团体验证者，推定为真正。”第8条则规定：“应于大陆地区送达司法文书或为必要之调查者，司法机关得嘱托或委托第4条之机构或民间团体为之。”

（二）台湾地区获取证据在大陆的证明力

一直以来在大陆的司法实践中，对台湾居民从台湾向大陆人民法院提供证据，如有台湾公证机关的证明，人民法院承认其效力。台湾公证机关的公证书是大陆人民法院审理涉台案件认定事实的依据。1988年《最高人民法院处理涉台刑事申诉、民事案件座谈会纪要》中指出：“去台人员和台胞在人民法院进行诉讼，应依大陆法律规定，提供有关证明。对其提供的台湾公证机关或其他部门、民间组织出具的证明书，可作为证据。”

1990年1月26日中国司法部发布了《关于办理涉台法律事务有关事宜的通知》（以下称《通知》）指出，需要在台湾地区办理的法律事务可以委托台湾律师办理。委托代理的主要方式有：①委托与台湾律师有联系的大陆律师事务所，再转委托台湾地区的律师代理；②委托司法部和贸促会在香港设立的中国法律服务（香港）有限公司代理，并由该公司转委托台湾地区的律师办理；③福建省对外经济律师事务所与台湾律师合办的“蔚理律师事务所”，各自办理涉及祖国大陆和台湾地区的法律事务，当事人可以委托该律师事务所的律师代理；④司法部在北京成立的中国国际经济与法律咨询公司，1989年8月已经与台湾、香港的律师在香港设立的“海峡两岸法律服务公司”签订了合作协议，开始建立合作关系，当事人可以委托该公司再转委托台湾地区的律师办理。此外，《通知》明确指明“涉台法律事务”包括授权委托书公证、继承公证、亲属关系公证等方面的公证文书向台湾的送达。事实上，目前台湾的“司法院”及相关机构已经委托其海基会处理关于对大陆的文书送达及证据调查等事项。

（三）两岸相互调查取证的民间途径

综上，虽然两岸官方机构都对两岸的司法协助，尤其是相互送达文书及调取证据等问题有所规定，但这些规定毕竟是单方面的、片面性的规定，缺乏两岸司法协助关系创立的必要法律共识。在两岸共同努力下，在1993年4月于新加坡举行的著名的“汪辜会谈”中，海协会与海基会终于达成了包括《汪辜会谈共同协议》、《两岸公证书使用查证协议》等在内的四项协议〔1〕。其中，《汪辜会谈共同协议》第1条确立了商谈两岸司法机关之相互协助的基本原则，而《两岸公证书使用查证协议》则明确规范了两岸间相关公证书副本寄送以及公证书的查证事宜，即有关两岸公证书副本的寄送、查证，均由台湾海基会直接与大陆“中国公证员协会”及其各地分支机构联系，若有其他相关事项，大陆海协会与台湾海基会得直接联系。《两岸公证书使用查证协议》第2条第1款规定，双方同意相互寄送涉及继承、收养、婚姻、出生、死亡、委托、学历、定居、抚

〔1〕另两项协议为《两岸挂号函件查询、补偿事宜协议》以及《两岸联系与会谈制度协议》。

养亲属及财产权利证明公证书副本，其后双方又以换文方式增加寄送涉及税务、病历、经历、专业证明等四项公证书副本。并以比对方式确认辨别文书之真伪，不必再以函查方式办理。此外，该协议还规定，公证书遇有列举的七种情形之一时，双方即应相互协助查证[1]，且双方亦同意就公证书以外的文书查证事宜进行个案协商并予以协助[2]。这一民间协议为两岸间公证书文本的寄送及查证提供了制度化的渠道。

为落实该协议内容，台湾地区“司法院”于1993年6月订立了两岸公证书使用查证协议应注意的事项[3]，主要内容包括法院在处理公证书副本寄送及证书查证时的程序性规范，寄送公证书副本及查证事宜的主体为中国公证员协会或有关省、自治区、直辖市公证员协会（大陆方面）和海基会（台湾方面），并规定该协议所称公证书也包括由法院公证人作成的认证书[4]。

五、台湾地区与港澳地区之间的相互调查取证问题[5]

“香港澳门关系条例”在调查取证方面作出了原则性的规定，如第9条规定：“在香港或澳门制作的文书，‘行政院’得授权第6条所规定之机构或民间团体办理验证。前项文书之实质内容有争议时，由有关机关或法院认定。”此外，“香港澳门关系条例施行细则”第11条与第12条也作了补充性规定。该“实施细则”第11条规定：“本条例第9条所称验证，包括驻外馆处文件证明办法所规定的各项文件证明事务。”第12条规定：“本条例第9条之机构或民间团体的办理验证，准用驻外馆处文件证明办法之规定。”同时，为了防止台湾地区与港澳地区之间没有协议而缺乏回应，“香港澳门关系条例”第53条规定：“台湾地区与香港或澳门司法之相互协助，得依互惠原则处理。”

第四节　涉港澳台区际民商事法院判决之相互认可与执行

一、内地法院对外法域法院民商事判决的承认与执行

目前，关于承认和执行外国法院判决的相关法律，主要是2012年修订的《中华人民共和国民事诉讼法》（以下简称《民事诉讼法》）、最高人民法院的有关规定以及我国缔结或参加的双边条约和国际公约。

我国《民事诉讼法》对承认与执行外国法院判决和对我国人民法院判决在外国的承认和执行作了明确规定。对人民法院作出的发生法律效力的判决、裁定在外国的承认与执行，我国《民事诉讼法》第280条规定，如果被执行人或其财产不在中华人民共和国领域内，当事人请求执行的，可以由当事人直接向有管辖权的外国法院申请承认和执行，也可以由人民法院依照中华人民共和国缔结或参加国际条约的规定，或者按照互惠

〔1〕参见《两岸公证书使用查证协议》第3条第1款。

〔2〕参见《两岸公证书使用查证协议》第5条。

〔3〕台湾“司法院”（1993）院台厅民三字第09487号函发布，资料引自王志文：“台湾与香港、大陆间之民事司法协助问题”，载《一国两制下的司法合作学术会议提交论文》。

〔4〕参见《两岸公证书使用查证协议》注意事项第2点。

〔5〕陈力：《一国两制下中国区际司法协助》，复旦大学出版社2003年版，第80页。

原则，请求外国法院承认和执行。外国法院作出的发生法律效力的判决、裁定，需要中华人民共和国法院承认与执行的，依照我国《民事诉讼法》第281条的规定，可以由当事人直接向中华人民共和国有管辖权的中级人民法院申请，或由外国法院依据该国与中华人民共和国缔结或参加的国际条约的规定，或者按照互惠原则，请求人民法院承认和执行。我国《民事诉讼法》第282条还规定了承认与执行外国法院判决的条件、方式、适用的法律及拒绝承认与执行外国法院判决的条件。承认与执行外国法院判决的条件是：①在对外国法院判决进行形式审查的基础上，认为该国与我国存在条约关系，或存有互惠关系；②该判决在请求国已发生法律效力；③该外国法院判决不违反我国法律的基本原则或者国家主权、安全和社会公共利益。符合上述条件的，以裁定方式承认其效力。如果需要执行，则由人民法院发出执行令，按照我国法律规定的程序予以执行。

拒绝承认与执行外国法院判决的条件，除我国《民事诉讼法》作了规定外，我国与外国签订的司法协助协议也作了规定，这些条件是：①依被请求国法律，裁决是由无管辖权的法院作出的；②依请求国法律，裁决尚未生效，不能执行；③败诉一方当事人未经合法传唤因而没有出庭参加诉讼，或当事人在缺乏诉讼行为能力时被剥夺了应有的代理或答辩的可能性；④被请求国法院对于同一当事人之间就同一诉讼标的案件已作出了发生法律效力的裁决；⑤判决的承认与执行有损被请求国国家主权、安全或公共秩序。凡符合上述条件之一的外国法院的判决，我国人民法院可不予承认与执行。此外，据不完全统计，从1987年5月4日与法国签订第一个双边民商事司法协助协定以来，近20年来中国又与70多个国家签订了双边司法协助协定[1]。其中绝大部分是关于或包括民商事司法协助的协定，且一般都涉及民商事判决的承认与执行问题，这些双边协定成为中国与相关国家之间相互承认与执行民商事司法判决的主要法律依据。

综上，从《民事诉讼法》有关规定及中外已达成生效的双边司法协助协定来看，外法域法院民商事判决若要得到中国法院的承认与执行，必须具备下列条件：

1. 外法域法院判决必须是终局性判决。《民事诉讼法》第二十七章关于司法协助的规定都明确指出，向中国法院申请承认和执行的外国判决必须是依该外国法已经发生法律效力的判决或裁定。

2. 执行外法域法院判决的前提条件是中国与该外国之间有条约或互惠关系。凡是与中国缔结了双边民商事司法协助协定国家的法院判决，均可依条约规定的方式及程序在中国得到承认与执行；两国间没有条约关系的，外国法院判决只能依互惠原则在我国获得执行。这里所称“互惠”，应指事实上的互惠，即两国（地）关系一向友好，且相互有承认和执行对方法院判决的先例。我国实际上也不是所有领域都要求互惠关系的，如涉及身份方面的外国判决，只要该判决符合我国法律规定的条件，我国法院就予以承认，而不要求互惠。

3. 外国法院判决不违反我国的公共秩序。根据我国《民事诉讼法》规定的精神，我国的公共秩序大致包括下列内容：我国法律的基本原则和精神、我国国家主权及安全

---

〔1〕 最高人民法院刑事检察厅编：《中外司法协助与引渡条约集》，中国人民公安大学出版社1997年版，第201页。

以及我国社会公共利益。也就是说，我国法院对外国法院的判决的承认或执行，不得违反上述内容，否则我国法院将据此拒绝承认和执行该外国判决。

4. 外国民商事判决是由具有管辖权的外国法院作出的。我国《民事诉讼法》并未对这一条件作出明确的规定，但我国与外国签订的有关条约的规定[1]以及参加有关国际公约的讨论所持观点，[2]特别是我国与外国缔结的双边经贸协定、领事条约[3]以及双边司法协助协定中对此均有明确要求。只是确定特定外国法院是否具有管辖权的标准有所不同，例如中国与俄罗斯、白俄罗斯、哈萨克斯坦、乌克兰、希腊、塞浦路斯、吉尔吉斯斯坦及塔吉克斯坦等国签订的双边司法协助协定规定，以本国法院具有专属管辖权为由排除外国法院的管辖权；中国与法国、波兰、蒙古、罗马尼亚、古巴、保加利亚、土耳其、摩洛哥及匈牙利政府签订的双边司法协助协定仅规定根据被请求国法律，在作出判决的法院享有管辖权时才能承认和执行该法院的判决；中国政府与意大利、西班牙、埃及签订的双边司法协助协定中详细列明外国法院具有管辖权的各种情况，如作出判决一方法院的管辖权依据不符合协定列举的情况，则判决得不到被请求国法院的执行。此外，在最高人民法院《关于中国公民申请承认外国法院离婚判决程序问题的规定》中，对外国法院的离婚判决也要求管辖权标准。[4]

5. 外国法院的审判程序必须严格遵守其程序规则，并对败诉一方当事人进行了合法传唤以及给他提供了充分的出庭应诉的机会。

6. 不存在“一事两诉”的情况。如果被请求方法院对于相同当事人之间就同一诉讼标的案件已经作出了发生法律效力的裁决，或正在审理，或已经承认了第三国法院对该案所作的发生法律效力的裁决，则可以拒绝承认或执行对方法院的判决。

关于承认与执行外国法院判决的申请的提出，根据《民事诉讼法》的规定，分为依当事人申请和依外国法院请求两种方式。由当事人提出时，人民法院不必考虑裁决地国与我国是否存在条约或互惠关系即应受理该申请，受理后再审查裁决地国与我国是否有

---

〔1〕我国缔结或参加的有关国际民事诉讼管辖权的国际条约主要有：1951 年《国际铁路货物联运协定》、1929 年《统一国际航空运输某些规则的公约》和 1969 年《国际油污损害民事责任公约》等。根据上述公约规定，铁路货物联运方面的纠纷，凡有权向铁路提出赔偿请求的人，只能由受理赔偿请求的铁路国的适当法院管辖。航空运输纠纷，承运人对旅客因死亡、受伤或身体上的任何其他损害而产生的损失，对于任何已登记的行李或货物因毁灭、遗失或损坏而产生的损失以及对旅客、行李或货物在航运过程中因延误而造成的损失承担责任。发生索赔诉讼，原告有权在一个缔约国领土内，向承运人住所地，或其总管理处所在地，或签订合同的机构所在地，或目的地法院提出。油污损害纠纷，损害如在一个或若干缔约国领土（包括领海）发生或在上述领土或领海内采取了防止或减轻油污损害的预防措施的情况下，有关诉讼只能向上述一个或若干缔约国法院提出，每一缔约国都保证它的法院具有处理上述赔偿诉讼的必要管辖权。

〔2〕我国在参加起草海牙《民商事案件管辖权和判决承认与执行公约》的讨论中，也没有对承认与执行外国法院判决中的管辖权条件提出反对。

〔3〕例如 1980 年《中华人民共和国与美利坚和众国领事条约》等，就规定了确定国际民事案件管辖权以及外国判决承认与执行中的管辖权标准问题。

〔4〕根据最高人民法院 1991 年通过的《关于中国公民申请外国法院离婚判决程序问题的规定》，外国法院的离婚判决具有下列情形之一的，不予承认：①判决尚未发生法律效力；②作出判决的外国法院对案件没有管辖权；③判决是在被告缺席且未得到合法传唤情况下作出的；④该当事人之间的离婚案件，我国法院正在审理或已作出判决，或者第三国法院对该当事人之间作出的离婚案件判决已为我国法院所承认；⑤判决违反我国法律的基本原则或危害我国国家主权、安全和社会公共利益。

条约和互惠关系以及是否存在不应予以承认和执行的情形。如果是外国法院向我国人民法院提出承认和执行的请求时，我国与该外国没有条约或互惠关系，则人民法院不应受理该请求。关于承认与执行外国法院裁决的审查程序方面，依《民事诉讼法》第282条的规定，我国法院在接受委托协助执行外国法院判决时，应对外国法院判决进行审查。凡符合条件的，即可作出裁定，承认其效力，发出执行令，然后依我国民事诉讼法规定的执行程序交付执行。

二、内地与香港地区相互认可与执行民商事判决

香港回归前，中英两国共同参加了1965年《海牙送达公约》以及1970年《海牙取证公约》，且英国将该两项公约扩大适用于香港，但中英两国并未共同参加或缔结涉及判决相互承认与执行问题的国际公约或双边司法协助协定，因此香港回归前，香港法院作出的判决只能依《民事诉讼法》的规定在互惠的基础上由中国主管法院予以审查并决定是否给予承认和执行。

香港回归后，在两地有关协议正式达成之前，这种局面仍将维持。由于缺乏共同协议，内地与香港之间极少有直接相互承认与执行判决的实例。有时，内地只能通过变通方式使香港法院判决得以执行，如1986年，珠海市中级人民法院对一件由香港高等法院审理并作出应在珠海执行判决的案件，由于未直接受香港法院的委托，珠海法院没有直接执行该判决，而是根据原告的起诉重新审理了案件，最后由法院调解，双方达成了协议，顺利完成了执行[1]。

（一）香港地区法院对外法域民商事判决的承认与执行

1997年香港回归祖国后，《香港基本法》第8条的规定，香港特别行政区成立后，香港原有法律，即普通法、衡平法、条例、附属立法和习惯法，除同《基本法》相抵触或经香港特别行政区的立法机关作出修改者外，一概予以保留。因此，香港原有的关于对外国法院民商事司法判决承认与执行的普通法或制定法仍然继续适用。由于香港的实践深受英国普通法的影响。他们把承认和执行外国法院判决和仲裁裁决建立在“债务学说”（the doctrine of obligation）基础上，在他们看来，当具有合法管辖权的外国法院或仲裁机关已裁定一方当事人应支付另一方当事人一笔金额后，支付这笔金钱就构成为法律上的债务，可以通过债务诉讼使之在内国执行。正因为如此，香港的承认和执行外国法院判决的程序和条件很有特色。

1. 承认和执行外国法院判决的程序。在承认和执行外国法院判决的程序方面，同时实行着两套不同的承认和执行外国判决的程序：

（1）依成文法实行的特殊登记程序。香港地区先后颁布了三部有关承认和执行外国法院判决的成文法，即1921年颁布的《判决（强制执行措施）条例》、1960年颁布的《外地判决（交互强制执行）条例》和1985年颁布的《外国判决（限制承认及强制执行）条例》。其中较重要的是《外国判决（交互强制执行）条例》（Cap 319），它是依据1933年英国同名法律而制定的香港本地条例，专门适用于承认和执行某些特定管辖区域（Jurisdiction）高级法院（Superior Courts）作出的判决。这些特定管辖区域主要是原

〔1〕 黄进主编：《区际司法协助的理论与实务》，武汉大学出版社1994年版，第188～189页。

英联邦国家或地区以及与香港订有相互执行判决协议的国家，包括澳大利亚、斯里兰卡、印度、马来西亚、新西兰、巴基斯坦、新加坡、比利时、法国、德国、意大利、奥地利、荷兰、以色列等[1]。而来自于其他管辖区域的国家或地区的法院判决只能采用普通法规则才可在香港法院获得执行。同样，内地法院作出的判决若在香港申请执行也只能依据普通法的规则。

根据英国的《1933 年外国判决（相互执行）法》［Foreign Judgments（Reciprocal Enforcement）Act 1933］和香港的《外国判决（交互强制执行）条例》的规定，属于《外国判决（交互强制执行）条例》范围国家的判决采用的是该条例规定的特殊登记程序（Register）。该程序较为直接简便，一旦在香港高等法院登记，即取得与香港本地判决完全同等的效力，而一旦登记发生了这样的效力，就不可能再否定有关的判决，即使是在普通法上提起的执行外国判决的诉讼中，能够否定该判决的理由也不能否定经过登记的判决。有关外国法院判决的胜诉方，可以在判决作出后 6 年以内将该判决在香港（或英国）登记。但要求该判决是外国高级法院作出的请求支付一笔金钱的终局判决，而且不属于支付税款、罚款的判决或其他惩罚性判决。登记时要对外国判决进行一般审查，在遇有下列场合之一时则必须拒绝登记：①判决不属于《1933 年外国判决（相互执行）法》所适用的范围；②外国法院无管辖权判案；③作为原先诉讼中被告的判决债务人（judgment debtor）没有及时接到诉讼通知以便能够为自己辩护和出庭；④判决是通过欺诈获得的；⑤执行判决与本地公共政策相抵触；⑥判决所规定的权利不属于申请者。另外，如果一个有管辖权的法院已就外国判决所解决的问题作出了终审判决，也可以拒绝登记。凡经在香港（或英国）登记并经审查允许在香港执行的判决，将由香港司法机关强制执行，如同香港法的判决。

（2）普通法依据和程序（Common Law Rule）。根据普通法程序，外国法院判决不能在香港直接执行，它只能作为香港法院重新提起诉讼的根据，诉讼经英国法院重新审理后，如认为与本地法律不相抵触，则由香港法院作出一个与外国判决相同的判决，然后予以执行。

显然，采用成文法的登记方式比普通法的重新起诉方式更为快速和简易，可以避免高额的诉讼费用。但无论采用何种方式，香港法院只对外国法院判决中涉及的非实质问题（程序问题）予以审查，而不审查实质问题，即法律适用及事实认定是否准确。

2. 承认和执行外国法院判决的条件。从承认与执行的条件看，依照成文法或普通法确立的执行规则，外国法院判决若欲在香港获得执行，必须符合以下条件：①该外国判决必须为终局判决（Final and Conclusive determination）。申请承认和执行的外国法院判决必须是依判决作出地国法律已经生效和可以执行的判决，即案件实质上具有终局性，对其所裁决的任何事项都是终局的，不能因为事实或法律的错误而受到质疑。②特定的支付金钱的判决（For a definite sum of money）。只有该外国判决是支付一笔金钱的判决才能在香港法院获得执行，但该“金钱”判决不包括税款或其他类似的费用或罚款以及

［1］ Trade and Investment Law in Hong Kong，1993，Butterworth by Smart & Halyard.

其他处罚，如一个涉及惩罚性的多重损害赔偿的美国判决是不能在香港获得执行的[1]。③该外国判决必须是由具有管辖权的法院作出的（by a court of competent jurisdiction）。判断外国法院是否具有管辖权的依据是香港法律而非受理案件的法院地国法律[2]。

香港法院可能拒绝承认的条件有：①被告获得参加诉讼的通知后未获得充分时间为自己辩护和未得到法院听讯；②该判决是以欺诈手段获得；③强制执行该判决违背香港的公共政策。在法律实践中，香港法院曾在“Chiyu Banking Corp Ltd v Chan Tin Kwan”（［1996］2 HKLR 395）一案中，以检察院提起抗诉程序为由，认定内地法院的判决不是最终的、不可推翻的判决，从而在抗诉期间停止执行程序的进程。

香港回归祖国后，内地与香港地区在司法协助方面先后达成了《内地与香港特别行政区法院相互委托送达民商事司法文书的安排》和《内地与香港特别行政区相互执行仲裁裁决的安排》。香港便将与内地相互承认与执行民商事判决问题列入议事日程。2001年12月20日香港立法会议讨论了以下事项：①在香港特别行政区执行内地判决，以及香港特区与内地交互执行判决的好处；②《关于司法管辖权及民商事外国判决的公约》初稿中选择诉讼地的条文，以及这些条文对交互执行判决的影响。2002年3月20日香港政府有关部门将《香港特别行政区与内地相互执行商事判决》大纲，送至香港有关法律专业界、商会、行业协会及立法会司法及法律事务委员会，要求提出咨询意见，大家一致认为与内地订立相互执行判决安排对香港有利，会促进和加强两地的经济合作。尽管该立法会文件还没有形成相关立法，但为香港与内地在相互承认与执行民商事判决方面打下坚实的基础。

（二）内地与香港地区相互执行法院判决安排

随着内地与香港经济交往的日益频繁，涉及两地的民商事纠纷不断增加。《内地与香港关于建立更紧密经贸关系的安排》签署后，内地与香港特别行政区相互认可和执行民商事判决的问题日益突显。根据《香港基本法》第95条的规定香港特别行政区可与全国其他地区的司法机关通过协商依法进行司法方面的联系和相互提供协助。本着相互尊重、平等协商、求同存异、先易后难、务求实效的原则于2002年7月首次启动磋商。经过历时4年的7次磋商，于2006年7月14日签署，最高人民法院于2008年7月3日公布，于2008年8月1日起正式实施《内地与香港特别行政区法院相互认可和执行当事人协议管辖的民商事案件判决的安排》（以下简称《内地与香港法院判决执行安排》）。

1. 适用的范围。判决所涵盖的文书种类包括：内地人民法院和香港特别行政区法院在具有书面管辖协议的民商事案件中作出的须支付款项的具有执行力的终审判决，当事人可以根据本安排向内地人民法院或者香港特别行政区法院申请认可和执行。

（1）关于“具有执行力的终审判决”：①在内地是指：最高人民法院的判决；高级人民法院、中级人民法院以及经授权管辖第一审涉外、涉港澳台民商事案件的基层人民法院（名单附后）依法不准上诉或者已经超过法定期限没有上诉的第一审判决，第二审判决和依照审判监督程序由上一级人民法院提审后作出的生效判决。②在香港特别行政

〔1〕 Dicey & Morris, The Conflict of Laws, London, Stevens,（11thed. 1987）.

〔2〕 Trade and Investment Law in Hong Kong, 1993, Butterworth by Smart & Halyard.

区是指终审法院、高等法院上诉法庭以及原讼法庭和区域法院作出的生效判决。

本安排所称判决，在内地包括判决书、裁定书、调解书、支付令；在香港特别行政区包括判决书、命令和诉讼费评定证明书。当事人向香港特别行政区法院申请认可和执行判决后，内地人民法院对该案件依法再审的，由作出生效判决的上一级人民法院提审。

（2）关于“书面管辖协议”，是指当事人为解决与特定法律关系有关的已经发生或者可能发生的争议，自本安排生效之日起，以书面形式明确约定内地人民法院或者香港特别行政区法院具有唯一管辖权的协议。“书面形式" 是指合同书、信件和数据电文（包括电报、电传、传真、电子数据交换和电子邮件）等可以有形地表现所载内容、可以调取以备日后查用的形式。书面管辖协议可以由一份或者多份书面形式组成。除非合同另有规定，合同中的管辖协议条款独立存在，合同的变更、解除、终止或者无效，不影响管辖协议条款的效力。

（3）关于“特定法律关系”，是指当事人之间的民商事合同，不包括雇佣合同以及自然人因个人消费、家庭事宜或者其他非商业目的而作为协议一方的合同。

（4）关于判决的数额与诉讼费，内地与香港特别行政区法院相互认可和执行的标的范围，除判决确定的数额外，还包括根据该判决须支付的利息、经法院核定的律师费以及诉讼费，但不包括税收和罚款。在香港特别行政区诉讼费是指经法官或者司法常务官在诉讼费评定证明书中核定或者命令支付的诉讼费用。

2. 受理认可和执行申请的管辖法院。申请认可和执行符合本安排规定的民商事判决，在内地向被申请人住所地、经常居住地或者财产所在地的中级人民法院提出，在香港特别行政区向香港特别行政区高等法院提出。被申请人住所地、经常居住地或者财产所在地在内地属于不同的中级人民法院辖区的，申请人应当选择向其中一个人民法院提出认可和执行的申请，不得分别向两个或者两个以上人民法院提出申请。被申请人的住所地、经常居住地或者财产所在地，既在内地又在香港特别行政区的，申请人可以同时分别向两地法院提出申请，两地法院分别执行判决的总额，不得超过判决确定的数额。已经部分或者全部执行判决的法院应当根据对方法院的要求提供已执行判决的情况。

3. 申请认可和执行必须具备的条件。申请人向有关法院申请认可和执行判决的，应当提交以下文件：①请求认可和执行的申请书；②经作出终审判决的法院盖章的判决书副本；③作出终审判决的法院出具的证明书，证明该判决属于本安排第 2 条所指的终审判决，在判决作出地可以执行；④身份证明材料：申请人为自然人的，应当提交身份证或者经公证的身份证复印件；申请人为法人或者其他组织的，应当提交经公证的法人或者其它组织注册登记证书的复印件；申请人是外国籍法人或者其他组织的，应当提交相应的公证和认证材料。此外，向内地人民法院提交的文件没有中文文本的，申请人应当提交证明无误的中文译本。执行地法院对于本条所规定的法院出具的证明书，无需另行要求公证。

请求认可和执行申请书应当载明下列事项：①当事人为自然人的，其姓名、住所；当事人为法人或者其他组织的，法人或者其他组织的名称、住所以及法定代表人或者主要负责人的姓名、职务和住所。②申请执行的理由与请求的内容，被申请人的财产所在地以及财产状况。③判决是否在原审法院地申请执行以及已执行的情况。

4. 申请执行的期限。申请人申请认可和执行内地人民法院或者香港特别行政区法院判决的程序，依据执行地法律的规定。本安排另有规定的除外。申请人申请认可和执行的期间为2年。前款规定的期间，内地判决到香港特别行政区申请执行的，从判决规定履行期间的最后1日起计算，判决规定分期履行的，从规定的每次履行期间的最后1日起计算；香港特别行政区判决到内地申请执行的，从判决可强制执行之日起计算，该日为判决上注明的判决日期，判决对履行期限另有规定的，从规定的履行期限届满后开始计算。

5. 裁定不予认可和执行的情形及当事人的救济途径。对申请认可和执行的判决，原审判决中的债务人提供证据证明有下列情形之一的，受理申请的法院经审查核实，应当裁定不予认可和执行：①根据当事人协议选择的原审法院地的法律，管辖协议属于无效。但选择法院已经判定该管辖协议为有效的除外。②判决已获完全履行。③根据执行地的法律，执行地法院对该案享有专属管辖权。④根据原审法院地的法律，未曾出庭的败诉一方当事人未经合法传唤或者虽经合法传唤但未获依法律规定的答辩时间。但原审法院根据其法律或者有关规定公告送达的，不属于上述情形。⑤判决是以欺诈方法取得的。⑥执行地法院就相同诉讼请求作出判决，或者外国、境外地区法院就相同诉讼请求作出判决，或者有关仲裁机构作出仲裁裁决，已经为执行地法院所认可或者执行的。

内地人民法院认为在内地执行香港特别行政区法院判决违反内地社会公共利益，或者香港特别行政区法院认为在香港特别行政区执行内地人民法院判决违反香港特别行政区公共政策的，不予认可和执行。

根据本安排而获认可的判决与执行地法院的判决效力相同。当事人对认可和执行与否的裁定不服的，在内地可以向上一级人民法院申请复议，在香港特别行政区可以根据其法律规定提出上诉。

6. 关于“一事不再理”。在法院受理当事人申请认可和执行判决期间，当事人依相同事实再行提起诉讼的，法院不予受理。已获认可和执行的判决，当事人依相同事实再行提起诉讼的，法院不予受理。对于根据本安排第9条不予认可和执行的判决，申请人不得再行提起认可和执行的申请，但是可以按照执行地的法律依相同案件事实向执行地法院提起诉讼。

7. 终止和恢复认可和执行程序的情形。对于香港特别行政区法院作出的判决，判决确定的债务人已经提出上诉，或者上诉程序尚未完结的，内地人民法院审查核实后，可以中止认可和执行程序。经上诉，维持全部或者部分原判决的，恢复认可和执行程序；完全改变原判决的，终止认可和执行程序。内地地方人民法院就已经作出的判决按照审判监督程序作出提审裁定，或者最高人民法院作出提起再审裁定的，香港特别行政区法院审查核实后，可以中止认可和执行程序。再审判决维持全部或者部分原判决的，恢复认可和执行程序；再审判决完全改变原判决的，终止认可和执行程序。

8. 保全措施。法院受理认可和执行判决的申请之前或者之后，可以按照执行地法律关于财产保全或者禁制资产转移的规定，根据申请人的申请，对被申请人的财产采取保全或强制措施。当事人向有关法院申请执行判决，应当根据执行地有关诉讼收费的法律和规定交纳执行费或者法院费用。

9. 溯及力、修改及生效问题。①内地与香港特别行政区法院自本安排生效之日（含本日）起作出的判决，适用本安排。②本安排在执行过程中遇有问题或者需要修改，由最高人民法院和香港特别行政区政府协商解决。③本安排在内地由最高人民法院发布司法解释以及在香港特别行政区完成修改有关法律程序后，由双方公布生效日期并予以执行。

综上，《内地与香港法院判决执行安排》的适用范围有限，并取决于当事人约定的书面管辖协议，因此，《内地与香港法院判决执行安排》能在多大范围内被进行跨境民商事活动的当事人有意识地加以利用，还有待于实践的检验。尽管如此，《内地与香港法院判决执行安排》的签署，仍使当事人不仅能以仲裁的方式解决跨境民商事争议，同时拥有在内地或香港法院进行诉讼的选择。

可见，《内地与香港法院判决执行安排》充分体现了“一国两制，法域平等”的原则。毫无疑问，《内地与香港法院判决执行安排》的签署，将为内地与香港特别行政区法院相互认可和执行民商事案件判决创造一个良好的开端，使内地和香港特区法院的判决能在两地简便地实现相互执行，有助于进一步消除投资者对诉讼和执行判决的疑虑，使两地的投资环境更具吸引力。

三、内地与澳门地区相互认可与执行法院判决

（一）澳门特别行政区法院对外国民商事判决的承认与执行

澳门回归后也没有专门规范区际间判决承认与执行的法律。澳门在其新颁布的《澳门民事诉讼法典》第十四编中没有区分区际法院判决承认与执行和外国法院判决的承认与执行，而是对“澳门以外地方之法院”所作的关于私权的裁判都规定相同的承认要件，包括：①对载有有关裁判之文件之真确性及对裁判之理解并无疑问；②按作出裁判地之法律，裁判已确定；③作出该裁判之法院并非在法律欺诈之情况下具有管辖权，且裁判不涉及属澳门法院专属管辖之事宜；④不能以案件已由澳门法院审理为由提出诉讼，已系属之抗辩或案件已由确定裁判之抗辩，但澳门以外地方之法院首先行使裁判权者除外；⑤根据原审法院地之法律，已依规定传唤被告，且有关之诉讼程序中以遵守辩论原则及当事人平等原则；⑥在有关裁判中并无包含一旦或确认将会导致产生明显与公共秩序不相容之结果之决定。

（二）内地与澳门地区法院判决执行安排

在香港和澳门回归祖国后，由于缺乏协议，内地与香港、澳门间相互承认与执行民商事判决的现行法律依据是各自的制定法及判例法，即彼此仍将承认与执行某些外国法院判决的规定适用于对方的判决。2004 年 11 月最高人民法院院长肖扬考察访问澳门期间，双方正式确定启动该项目后，两地均着手积极筹划运作。两地代表于2005 年下半年分别在澳门和珠海进行了两次正式磋商。期间经过各自进行研究论证、征求相关部门意见以及多次交换书面修订文本和电话沟通。根据《澳门基本法》第 93 条的规定，最高人民法院与澳门特别行政区经协商，达成《关于内地与澳门特别行政区相互认可和执行民商事判决的安排》（以下简称《内地与澳门判决执行安排》），并于 2006 年 2 月 28 日签署。《内地与澳门判决执行安排》已于 2006 年 2 月 13 日由最高人民法院审判委员会

第1378次会议通过并公布。根据双方一致意见，《内地与澳门判决执行安排》自2006年4月1日起生效。综观《内地与澳门判决执行安排》，其涵盖的范围比较全面，共24条，主要涉及以下内容：

1.《内地与澳门判决执行安排》适用的范围是内地与澳门特别行政区民商事案件（在内地包括劳动争议案件，在澳门特别行政区包括劳动民事案件）判决的相互认可和执行，亦适用于刑事案件中有关民事损害赔偿的判决、裁定。《内地与澳门判决执行安排》不适用于行政案件。

2. 判决所涵盖的文书种类，在内地包括判决、裁定、决定、调解书、支付令；在澳门特别行政区包括裁判、判决、确认和解的裁定、法官的决定或者批示。

3. 有权受理认可和执行申请的管辖法院在内地为被申请人住所地、经常居住地或者财产所在地的中级人民法院。两个或者两个以上中级人民法院均有管辖权的，申请人应当选择向其中一个中级人民法院提出申请。澳门特别行政区有权受理认可判决申请的法院为中级法院，有权执行的法院为初级法院。

4. 两地同时申请执行及其协调问题。被申请人在内地和澳门特别行政区均有可供执行财产的，申请人可以向一地法院提出执行申请。申请人向一地法院提出执行申请的同时，可以向另一地法院申请查封、扣押或者冻结被执行人的财产。待一地法院执行完毕后，可以根据该地法院出具的执行情况证明，就不足部分向另一地法院申请采取处分财产的执行措施。两地法院执行财产的总额，不得超过依据判决和法律规定所确定的数额。

5. 被请求方法院经审查核实存在下列情形之一的裁定不予认可：①根据被请求方的法律，判决所确认的事项属被请求方法院专属管辖；②在被请求方法院已存在相同诉讼，该诉讼先于待认可判决的诉讼提起，且被请求方法院具有管辖权；③被请求方法院已认可或者执行被请求方法院以外的法院或仲裁机构就相同诉讼作出的判决或仲裁裁决；④根据判决作出地的法律规定，败诉的当事人未得到合法传唤，或者无诉讼行为能力人未依法得到代理；⑤根据判决作出地的法律规定，申请认可和执行的判决尚未发生法律效力，或者因再审被裁定中止执行；⑥在内地认可和执行判决将违反内地法律的基本原则或者社会公共利益；在澳门特别行政区认可和执行判决将违反澳门特别行政区法律的基本原则或者公共秩序。

6. 当事人的救济途径。法院就认可和执行判决的请求作出裁定后，应当及时送达。当事人对认可与否的裁定不服的，在内地可以向上一级人民法院提请复议，在澳门特别行政区可以根据其法律规定提起上诉；对执行中作出的裁定不服的，可以根据被请求方法律的规定，向上级法院寻求救济。经裁定予以认可的判决，与被请求方法院的判决具有同等效力。判决有给付内容的，当事人可以向该方有管辖权的法院申请执行。

7. 其他内容。请求认可和执行的申请书的内容、所附相关证明文件、所附司法文书的文本及证明问题，以及上述文书所用语言问题；认可判决的程序；受理认可和执行请求期间的财产保全及另行诉讼问题；公共机构文书的免除认证、诉讼费用及其减免问题；《内地与澳门特别行政区判决执行安排》生效前案件的处理问题；为执行该安排，最高人民法院与澳门终审法院的协作问题。

总之，《内地与澳门判决执行安排》的签署，是“一国两制”下内地与澳门特区之间在民商事司法协助领域，继2001年8月关于相互委托送达司法文书和调取证据的安排达成之后又一次成功的实践。相互认可和执行判决是这一领域最重要的环节，因此《内地与澳门判决执行安排》的签署标志着两地司法协作向更紧密的层次迈出了强健的一步。由此，将使诉讼当事人经一地法院判决确定的权利在另一地得到实现，《内地与澳门判决执行安排》的实施，既节省诉讼成本和司法资源，又使两地居民、企业的合法权益得到更有效的保障；既体现了“司法为民”的理念，也有利于维护两地司法判决的效力和增强司法的权威，更好地为两地的发展提供有效的司法保障，从而促进两地在人员、物资、资金、信息等方面的自由流动，有利于实现更紧密的经贸联系，促进中国经济的持续、健康、快速发展。此外，内地与香港特别行政区关于相互认可与执行民事判决的磋商正在进行中，相信会有令人满意的结果。

四、大陆与台湾地区相互认可与执行民商事判决

随着两岸经贸关系不断发展，一方面两岸关系再一次进入暖春时期，另一方面民商事纠纷也保持逐年递增之势。尽管台湾地区与大陆未就相互承认与执行民商事判决达成双方协议，但在这一问题上已取得了实质性的突破。两岸先后通过单方的正式立法或司法解释认可及执行对方法院的民商事判决，为两岸进一步协商达成协议奠定了良好的基础。

（一）台湾地区承认与执行大陆民商事判决的司法实践

台湾地区承认与执行大陆民商事判决的法律依据主要是1992年9月18日，在台湾地区正式颁布施行的“两岸人民关系条例”及其若干次的修订。归纳起来，大陆民商事判决在台湾地区承认与执行应具备三个条件：

1. 大陆法院判决须为确定之裁判，并不违反台湾地区的公共秩序或善良风俗（大陆判决违反台湾地区法律规定的专属管辖的，视为违反其公共秩序）。如“两岸人民关系条例”第74条对承认与执行大陆民事判决作了原则规定：“在大陆地区作成之民事确定裁判、民事仲裁判断，不违背台湾地区公共秩序或善良风俗者，得声请法院裁定认可。前项经法院裁定认可之裁判或判断，以给付为内容者，得为执行名义。”由于该条规定较为原则，缺乏可操作性，台湾“司法院”对认可大陆判决的准则作过几点解释：①依台湾地区有关规定，大陆法院之判决违反专属管辖的，因与公益有关，不予认可。②认可大陆法院之判决仅审查其判决内容有无违背台湾地区公共秩序或善良风俗。③公共秩序或善良风俗原系不确定之法律概念，是否违背该规定应就个别具体案件来探究，并应注意下列事项：首先，依台湾“宪法”保障人民基本权利之原则；其次，应注意保障台湾地区人民福祉之原则；最后，大陆法院之判决违反台湾地区强制禁止规定的，得视个别具体情形认定是否违反公共秩序或善良风俗[1]。

2. 台湾地区承认与执行大陆民商事判决采用互惠与对等原则，即以大陆法院承认与执行台湾地区民事判决为前提条件。如1997年5月台湾当局又对“两岸人民关系条例”第74条进行了修订，在第74条原有的第1项与第2项之外又增列了第3项规定，即

---

〔1〕 新华通讯社编：《台港澳情况》，1993年5月第18期，第8～9页。

“前两项规定，以在台湾地区作成之民事确定裁判、民事仲裁判断，得声请大陆地区法院裁定认可或为执行之名义，始适用之。”该增加的第3项规定实际上是要求台湾承认大陆判决须以互惠及对等为前提条件，台湾“立法院”对修正该条的理由作了解释：“依本条例规定，在大陆地区作成之民事确定裁判及民事仲裁判断，不违背台湾地区公共秩序或善良风俗者，得声请我法院裁定认可，并得以执行名义；惟大陆方面却未能秉持互惠、对等之原则，承认在我方作成之民事确定裁判及民事仲裁判断，得声请大陆地区法院裁定认可并得在大陆地区执行，显属不公，故依公平及互惠原则，增订第三项规定，期使大陆当局正视两岸司法互助问题，能以诚意解决，维护两岸法律制度，并兼顾当事人权益。”

3. 大陆法院判决须经“行政院”认可的民间团体验证，方可在台湾地区承认与执行。如1998年5月，台湾“行政院”对“两岸人民关系条例施行细则”第54条增订了一条款项，即“依本条例（指‘两岸人民关系条例’）第74条规定声请法院裁定认可之民事确定裁判、民事仲裁判断，应经‘行政院’设立或指定之机构或委托之民事团体验证”。这一新增之规定，扩张了海基会的验证权限与功能，自然也增加了两岸在民事司法协助上的处理流程〔1〕。

据悉，1999年10月15日台湾板桥地方法院以裁定的方式，认可大陆地方法院——海南省海口市中级人民法院于1995年10月26日所作（1995）海中法经初字第54号民事确定判决。这是大陆人民法院涉及财产给付的民事判决向台湾地方法院申请强制执行在台湾地方法院获得认可的第一件民事判决，从而启动了人民法院的生效民事判决在台湾申请执行的程序。2005年5月19日《法制日报》以“台湾法院首次认可大陆法院裁决，浙江一企业大陆跨海峡赔偿案在台走完三审程序”为题，对浙江省纺织进出口集团有限公司诉台湾长荣国际储运股份有限公司执行债权一案〔2〕进行了报道。据悉，此案不仅是台湾地区法院根据“两岸人民关系条例”第74条规定认可祖国大陆法院裁决执行债权的首例案件，也是第一个在台湾走完三审程序的案件。

（二）大陆认可与执行台湾地区民商事判决的法律依据

大陆对于两岸间进行民事司法协助一直持肯定态度。1991年4月全国人大第七届第四次会议的最高人民法院工作报告中，时任最高人民法院院长任建新就表示：“台湾居民在台湾地区的民事行为和依台湾地区的法规所取得的民事权利，如果不违反中华人民共和国法律的基本原则，不损害社会公共利益，可以承认其效力。对台湾地区的法院的民事判决，也将根据这一原则，分别不同情况，具体解决承认其效力问题。”〔3〕1998年5月26日最高人民法院颁布了《关于人民法院认可台湾地区有关法院民事判决的规定》（以下简称《规定》），〔4〕使大陆承认与执行台湾地区民事判决有了具体的法律依据。这一规定在海峡两岸及海内外引起很大反响，各种新闻媒介都对这一消息给予了广泛而深

〔1〕王志文：“台湾与香港、大陆间之民事司法协助问题”，载《一国两制下的司法合作学术会议提交论文》。

〔2〕中华人民共和国上海市高级人民法院民事判决书（2003）沪高民四（海）终字第39号。http://www.simic.net.cn/news_show.php?id=14400 国际海事信息网。

〔3〕《最高人民法院公报》1991年第2期。

〔4〕《最高人民法院公报》1998年第3期。

人的报道，并给予充分肯定的评价[1]。台湾一学者也认为“大陆方面公布此一规定，为两岸间之司法协助踏出了较为积极的一步，也为大陆方面承认台湾之民事判决提供了重要的法令依据。”[2]

下面对最高人民法院《规定》的主要内容及特点进行介绍分析。

1.《规定》明确了承认与执行台湾地区法院民事判决的性质与宗旨，将承认与执行台湾地区民事判决定位于中国区际司法协助的性质。《规定》第1条明确规定：“为保障我国台湾省地区和其他省、自治区、直辖市的诉讼当事人的民事权益与诉讼权利，特制定本规定。”

2.《规定》第9条将拒绝认可台湾地区有关法院民事判决的条件限制在一个较小的范围，体现了务实性的特点，6项条件为：①申请认可的民事判决的效力未确定的；②申请认可的民事判决，是在被告缺席又未经合法传唤或者在被告无诉讼行为能力又未得到适当代理的情况下作出的；③案件系人民法院专属管辖的；④案件的双方当事人订有仲裁协议的；⑤案件系人民法院已作出判决，或者外国、境外地区法院作出判决或境外仲裁机构作出仲裁裁决已为人民法院所承认的；⑥申请认可的民事判决具有违反国家法律的基本原则，或者损害社会公共利益情形的。

3. 与中国承认与执行外国法院民商事判决的规定不同，《规定》在认可台湾地区民商事判决上体现了相当的灵活性：①赋予当事人较大的自由处分权，②不完全受制于“一事不再理”的原则。

在赋予当事人自由处分权的问题上，首先，除保证当事人有申请人民法院认可民事判决的自由外，在当事人提出认可申请并由人民法院受理后，只要人民法院还没有正式作出认可裁定之前，申请人有权提出撤回认可申请的要求（《规定》第14条）；在台湾地区有关法院作出民事判决后，如果当事人不提出认可申请，而愿意就同一案件事实向人民法院起诉的，只要符合起诉条件，人民法院应予受理（《规定》第13条）。

在发生“一事两诉”的情况下，人民法院应区分不同的情况，灵活地运用一事不再理原则，不必完全受制于该原则。即如果就同一案件，人民法院已经作出判决或已经承认或执行了外国（或外法域）法院就同一事实作出的判决或仲裁机构的裁决的，人民法院将拒绝认可台湾法院作出的判决（《规定》第9条第5项），这是一事不再理原则的体现；如果案件已经台湾地区有关法院作出判决，但当事人未向人民法院申请认可，而是就同一案件事实向人民法院起诉的，则完全不受制于一事不再理原则，人民法院在这种情况下应该受理（《规定》第13条）；当人民法院与台湾地区法院就同一案件均已受理，但一方当事人首先申请台湾地区法院判决的，在人民法院作出判决前，应当中止诉讼，对当事人的认可申请进行审查，经审查对符合第9条等规定的认可条件的，则依一事不再理原则，终结自己的诉讼，认可台湾法院的判决，但对于不符合认可条件的，则不受

---

[1] 杜万华：“《关于人民法院认可台湾地区有关法院民事判决的规定》的几个问题”，载《中国法律》1999年第3月刊。

[2] 王志文：“台湾与香港、大陆间之民事司法协助问题”，载《一国两制下的司法合作学术会议提交论文（1999年）》。

该原则限制，仍应恢复人民法院的诉讼（《规定》第16条）；对人民法院不予认可的民事判决，申请人不得再提出申请，但可以就同一案件事实向人民法院提起诉讼（《规定》第15条），一事不再理原则在这种情况下也不适用。

为了更好地解决认可台湾地区有关法院民事判决的相关问题，维护当事人的合法权益，最高人民法院对《关于人民法院认可台湾地区有关法院民事判决的规定》作出补充规定（以下简称《补充规定》）。该《补充规定》已于2009年3月30日由最高人民法院审判委员会第1465次会议通过并公布，自2009年5月14日起施行。《补充规定》用10条对于适用范围、案件管辖、举证责任、财产保全、审查程序、审判组织、申请认可及审理的期限等方面作了规范。

1. 适用范围。申请人同时提出认可和执行台湾地区有关法院民事判决申请的，人民法院应按规定对认可申请进行审查。经人民法院裁定认可的台湾地区有关法院民事判决，与人民法院作出的生效判决具有同等效力。申请人依裁定向人民法院申请执行的，人民法院应予受理。申请认可的台湾地区有关法院民事判决，包括对商事、知识产权、海事等民事纠纷案件作出的判决。申请认可台湾地区有关法院民事裁定、调解书、支付令，以及台湾地区仲裁机构裁决的，适用《规定》和《补充规定》。

2. 管辖法院。申请人向两个以上有管辖权的中级人民法院申请认可的，由最先立案的中级人民法院管辖。申请人向被执行财产所在地中级人民法院申请认可的，应当提供被执行财产存在的相关证据。

3. 举证责任。申请人申请认可台湾地区有关法院民事判决，应当提供相关证据，以证明该判决真实并且效力已确定。

4. 财产保全。申请人提出认可台湾地区有关法院民事判决的申请时，或者在案件受理后、人民法院作出裁定前，可以提出财产保全申请。申请人申请财产保全的，应当向人民法院提供有效的担保。申请人不提供担保或者提供的担保不符合条件的，驳回其申请。具有下列情形之一的，人民法院应当及时解除财产保全：①人民法院作出准予财产保全的裁定后，被申请人提供有效担保的；②人民法院作出认可裁定后，申请人在申请执行期限内不申请执行的；③人民法院裁定不予认可台湾地区有关法院民事判决的；④申请人撤回保全申请的。申请财产保全的其他程序，适用民事诉讼法及相关司法解释的规定。

5. 审查程序与审判组织。申请认可台湾地区有关法院民事判决的案件，应根据案件的不同类型，由相关民事审判庭的审判人员组成合议庭进行审理。人民法院受理申请人申请后，应当在6个月内审结。

6. 申请认可及审理的期限。人民法院经审查能够确认该判决真实并且效力已确定，且不具有《规定》第9条所列情形的，裁定认可其效力；不能确认的，裁定驳回申请人的申请。申请认可台湾地区有关法院民事判决的，应当在该判决效力确定后2年内提出。当事人因不可抗拒的事由或者其他正当理由耽误期限而不能提出认可申请的，在障碍消除后的10日内，可以申请顺延期限。

《补充规定》与1998年颁布的涉台司法解释相比，首先是扩大了申请认可的范围，不仅包括申请认可台湾地区有关法院的民事判决，还包括法院民事裁定、调解书、支付令以及台湾地区仲裁机构的裁决。《补充规定》还明确，前述的民事判决包括对商事、知识产权和海事纠纷案件作出的判决。其次，《补充规定》参照《民事诉讼法》的规定，对财产保全作了专门规定，特别是把担保制度引入财产保全程序。同时，将原来规定的申请认可台湾地区有关法院民事判决的期限，由1年改为2年。

由此可见，与台湾地区的"两岸人民关系条例"及其"实施细则"相比，大陆的《规定》内容十分具体详尽，对于认可与执行台湾地区民事判决具有很强的操作性，同时也体现了原则性与灵活性相结合的特点。据报道，1999年7月，上海市第一中级人民法院首次以裁定方式，认可了台湾地区高雄地方法院于1999年就一宗债务纠纷所作成之判决[1]。

五、台湾地区与港澳地区相互承认与执行民商事判决的法律现状

1997年4月2日，台湾方面正式公布了"香港澳门关系条例"，作为规范"九七"及"九九"之后台湾与港澳间往来关系的法律依据。台湾地区在承认与执行香港、澳门特别行政区法院判决的审查条件是依据1998年6月17日修订的"香港澳门关系条例"第42条规定："在香港或澳门作成之民事确定裁判，其效力、管辖及得为强制执行之要件，适用'民事诉讼法'第402条及'强制执行法'第4条之一之规定。在香港或澳门作成之民事仲裁判断，其效力、申请法院承认及停止执行，适用'商务仲裁条例'第30条至第34条之规定"。也就是说，台湾地区法院在承认和执行香港或澳门法院判决时的审查事项同审查外国法院判决一样，适用"民事诉讼法"第402条和"强制执行法"第4条的规定。因此，实际上台湾将其与港澳地区之间的民事司法协助定位于"准国际"司法协助[2]，与同内地之间进行司法协助的定位是不同的。

台湾地区"民事诉讼法"第402条是关于外国法院确定判决之效力的规定，已生效外国法院判决方可被申请承认和执行，有下列情形之一的外国法院将不被台湾地区承认和执行：①依台湾法律，外国法院无管辖权；②诉讼程序不符合自然正义，即败诉一方为台湾人而未应诉，但开始诉讼所需之通知或命令已在该国送达本人，或依台湾法律上之协助者，不在此限；③外国法院的判决违背台湾公共秩序或善良风俗；④不存在互惠关系。而台湾地区现行"强制执行法"第4条对于承认与执行外国法院判决的程序作出的规定："依外国法院之确定判决声请强制执行者，以该判决无'民事诉讼法'第420条各款情形之一，并经台湾法院以判决宣示许可执行者为限，得为强制执行。该项请求许可执行之诉，由债务人住所地之法院管辖。债务人于台湾地区无住所者，由执行标的物所在地或应为执行行为地之法院管辖。"

此外，"香港澳门关系条例"第56条规定："台湾地区与香港或澳门司法之相互协助，得依互惠原则处理。"香港回归前，由于在国际法上，英国只承认"一个中国"的原则，中华人民共和国政府是代表中国的惟一合法政府，因此，香港只承认中华人民共和国的判决及裁决，而不承认台湾地区法院的判决与裁决。实践中，香港与台湾地区

---

〔1〕台北《中国时报》1999年7月23日，第14版。

〔2〕王志文："台湾与香港、大陆间之民事司法协助问题"，载《一国两制下的司法合作学术会议提交论文（1999年）》。

“虽无外交关系，法院判决亦无相互承认，惟台湾法院对香港仲裁判断之声请承认，则基于国际互惠原则及礼让精神，裁定准予承认……”〔1〕香港及澳门回归祖国后，港澳台地区同属中国主权之下的独立法域，因此在判决的相互承认与执行上不应再存在任何国际法上的障碍。但到目前为止，香港及澳门特别行政区均未对台湾地区“香港澳门关系条例”所涉司法协助事宜作出任何回应。

复习与思考题

1. 区际民商事送达制度的特点是什么？
2. 各法域间相互送达的立法与实践有哪些？
3. 香港、澳门与内地相互送达的《安排》的具体内容是什么？
4. 最高院关于涉港澳送达的规定有哪些？
5. 最高院关于涉台送达的规定有哪些？
6. 中国内地区际送达制度存在的问题及协调原则和方法是什么？
7. 区际调查取证的特点是什么？如何协调区际调查取证的难点问题有哪些？
8. 中国各法域相互调查取证的法律与实践是什么？
9. 澳门与内地相互调查取证《安排》的具体内容有哪些？

拓展阅读

1. 金彭年：《国际民商事程序法》，杭州大学出版社1995年版。
2. 广东省高级人民法院编：《中国涉外商事审判热点问题探析》，法律出版社2004年版。
3. 米健等：《澳门法律》，中国友谊出版公司1996年版。
4. 冯霞：“我国内地区际民商事送达制度的司法探索”，载《人民司法》2006年第8期。
5. 李双元、谢石松：《国际民事诉讼法概论》，武汉大学出版社2001年版。
6. 江伟主编：《民事诉讼法》，高等教育出版社、北京大学出版社2000年版。
7. 黄进主编：《中国的区际法律问题研究》，法律出版社2001年版。
8. 李双元主编：《中国与国际私法统一化进程》，武汉大学出版社1998年版。
9. 蓝天主编：《一国两制法律问题研究》（总卷），法律出版社1997年版。
10. 沈娟：《中国区际冲突法研究》，中国政法大学出版社1999年版。
11. 黄进主编：《区际司法协助的理论与实务》，武汉大学出版社1994年版。
12. 杜万华：“《关于人民法院认可台湾地区有关法院民事判决的规定》的几个问

〔1〕林俊益：“香港、大陆仲裁判断在台湾之承认与执行”，载《法令月刊》（台湾）第44卷第5期。

题"，载《中国法律》1999年3月。

13. 谢石松："对外国法院判决的承认与执行"，载《中国社会科学》1990年第5期。

14. 董立坤："内地与香港相互承认与执行民商事判决中的'终局性'问题"，载《法律适用》2004年第9期。

15. 涂昕："中国区际司法协助方案选择"，载《政治与法律》1996年第1期。

16. 黄进、黄风主编：《区际司法协助研究》，中国政法大学出版社1993年版。

17. 董立坤："论我国区际司法协助的模式及其特点——兼论最高人民法院与香港特区司法协助的有关《安排》"，载《深圳大学学报（人文社会科学版）》2000年第1期。

18. 詹世元、刁荣华：《民事诉讼法实务》，（台湾）汉林出版社1981年版。